U0636153

20世纪儒学研究大系

主编：傅永聚　韩钟文

儒学与西方哲学

本卷主编　韩钟文

中 华 书 局

20世纪儒学研究大系

编辑委员会

主　任：许传俊　　傅永聚

副主任：迟振邦　　王克孝　　孔祥林　　杨春炳

编　委：宋殿钧　　孔祥良　　孙玉山　　郑国平

齐金江　　范文峰　　孔祥安　　韩钟文

孔凡岭　　李绍强　　张　涛　　刘雪飞

杨荫楼　　李　建　　曾振宇　　刘绍云

范学辉　　李景明　　唐明贵　　刘德增

张颂之　　李兆祥　　王曰美　　杜　豫

刘振佳　　赵利民　　李孝弟　　杨春梅

刘厚琴　　苗润田

主　编：傅永聚　　韩钟文

中国文化的基本精神（代序）

在现今时代,做一个中国人,最重要的是具有爱国意识。爱国意识有一定的思想基础,必须感到祖国的可爱,才能具有爱国意识。而要感到祖国的可爱,又必须对于中国文化的优秀传统有正确的理解。中国文化,从传说中的羲、农、黄帝以来,延续发展了四五千年,在15世纪以前一直居于世界文化的前列。15世纪,中国的四大发明传入欧洲,促进了西方近代文明的发展,于是西方文化突飞猛进,中国落后了。19世纪40年代之后,中国受到资本主义列强的侵略凌辱,中国各阶层的志士仁人,奋起抗争,努力寻求救国的道路,经过100多年的艰苦斗争,终于取得了胜利,于1949年建立了新中国,"中国人民站起来了!"中国文化虽然一度落后,但又能奋发图强,大步前进。这不是偶然的,必有其内在的思想基础。中国文化长期延续发展,虽曾经走过曲折的道路,但仍能自我更新,继续前进。这种发展更新的思想基础,就是中国文化的基本精神。

何谓精神? 精神即是思维运动发展的精微的内在动力。中国文化中的基本精神,在中国历史上确实起到了推动社会发展的作用,成为历史发展的内在思想源泉。当然,社会发展的基本原因在于生产力的发展,但是思想意识在一定条件下也有一定的积极作用。文化的基本精神必须具有两个特点:一是具有广泛的影响,为

20世纪儒学研究大系

大多数人民所接受领会,对于广大人民起了熏陶作用。二是具有激励进步、促进发展的积极作用。必须具有这两方面的表现,才可以称为文化的基本精神。

　　我认为,中国几千年来文化传统的基本精神的主要内涵有四项基本观念,即(1)天人合一;(2)以人为本;(3)刚健有为;(4)以和为贵。

一　天人合一

　　天人合一即肯定人与自然的统一,亦即认为人与自然界不是敌对的,而具有不可割裂的关系。所谓合一指对立的统一,即两方面相互依存的关系。天人合一思想在春秋时即已有之。《左传》昭公二十五年记载郑大夫子大叔述子产之言说:"夫礼,天之经也,地之义也,民之行也。天地之经,而民实则之。"又记子大叔之言说:"礼,上下之纪,天地之经纬也,民之所以生也,是以先王尚之。"这是认为礼是天经地义,即自然界的必然准则,"天经"与"民行"是统一的。应注意,这里天是对地而言,天地相连并称,显然是指自然之天。子产将天经地义与民则统一起来,但也重视天与人的区别,他曾断言:"天道远,人道迩,非所及也,何以知之?"(《左传》昭公十八年)当时占星术利用所谓天道传播迷信,讲天象与人事祸福的联系,子产是予以否定的。孟子将天道与人性联系起来,他说:"尽其心者,知其性也。知其性,则知天矣。"(《孟子·尽心上》)孟子认为人性是天赋的,所以知性便能知天。但孟子没有做出明确的论证。《周易大传》提出"裁成辅相"之说,《象传》云:"天地交,泰。后以裁成天地之道,辅相天地之宜,以左右民。"《系辞》云:"范围天地之化而不过,曲成万物而不遗。"《文言》提出"与天地合德"的思想:"夫'大人'者,与天地合其德,与日月合其明,与四时合其序,与鬼神合其吉凶。先天而天弗违,后天而奉天时。"这里所谓先天指为天之前导,后天即从天而动。与天地合德即与自然界相互适应,相互调谐。

汉代董仲舒讲天人合一,宣扬"天副人数",陷于牵强附会。宋代张载明确提出"天人合一"的四字成语,在所著《西铭》中以形象语言宣示天人合一的原则。《西铭》云:"乾称父,坤称母,予兹藐焉,乃混然中处。故天地之塞,吾其体;天地之帅,吾其性。民吾同胞,物吾与也。"所谓天地之塞指气,所谓天地之帅指气之本性,就是说:天地犹如父母,人与万物都是天地所生,人与万物都是气构成的,气的本性也就是人与万物的本性,人民都是我的兄弟,万物都是我的朋友。这充分肯定了人与自然界的统一。但张载也承认天与人的区别,他在《易说》中讲:"鼓万物而不与圣人同忧者,此直谓天也,天则无心,……圣人所以有忧者,圣人之仁也。不可以忧言者天也。"天是没有思虑的,圣人则不能无忧,这是天人之别。所谓天人合一是指人与自然界既有区别,而又有统一的关系,人是自然界所产生的,是自然界的一部分,人可以认识自然并加以改变调整,但不应破坏自然。这"天人合一"的观念与西方所谓"克服自然"、"战胜自然"有很大区别。在历史上,中西不同的观点各有短长,西方近代的科学技术取得了改造自然的辉煌成绩,但也破坏了自然界的生态平衡。时至今日,重新认识人与自然的统一,确实是必要的了。

二　以人为本

以人为本是相对于宗教家以神为本而言的,可以称为人本思

20世纪儒学研究大系

想。孔子虽然承认天命,却又怀疑鬼神。他说:"务民之义,敬鬼神而远之,可谓知矣。"(《论语·雍也》)认为人生最重要的是提高道德觉悟,而不必求助于鬼神。孔子更认为应重视生的问题,而不必考虑死后的问题。《论语》记载:"季路问事鬼神,子曰:'未能事人,焉能事鬼?'曰:'敢问死!'曰:'未知生,焉知死?'"(《先进》)孔子更不赞成祈祷,《论语》载:"子疾病,子路请祷。子曰:'有诸?'子路对曰:有之,诔曰:'祷尔于上下神祇。'子曰:'丘之祷久矣。'"(《述而》)孔子对于鬼神采取存疑的态度,既不否定,亦不肯定,但认为应该努力解决现实生活中的问题,而不必向鬼神祈祷。孔子这种思想观点可以说是非常深刻的。

这种以人为本的思想,后汉思想家仲长统讲得最为鲜明。仲长统说:"所贵乎用天之道者,则指星辰以授民事,顺四时而兴功业,其大略也,吉凶之祥,又何取焉? ……所取于天道者,谓四时之宜也;所壹于人事者,谓治乱之实也。……从此言之,人事为本,天道为末,不其然与?"(《全后汉文》卷八十九)这里提出"人事为本",可以说是儒家"人本"思想最明确的表述。所谓以人为本,不是说人是宇宙之本,而是说人是社会生活之本。

佛教东来,宣传灵魂不灭、三世轮回的观念,一般群众颇受其影响,但是儒家学者起而予以反驳。南北朝时何承天著《达性论》,宣扬人本观念。何承天说:"人非天地不生,天地非人不灵,……安得与夫飞沈蠕蠕,并为众生哉? ……至于生必有死,形毙神散,犹春荣秋落,四时代换,奚有于更受形哉!"这完全否定了灵魂不灭、三世轮回的迷信。范缜著《神灭论》,提出形为质而神为用的学说,更彻底批驳了神不灭论。

宋明理学中,不论是气本论,或理本论,或心本论,都不承认灵魂不灭,不承认鬼神存在,而都高度肯定精神生活的价值。气本论以天地之间"气"的统一性来论证道德的根据,理本论断言道德原于宇宙本原之"理",心本论则认为道德伦理出于"本心"的要求。这些道德起源论未必正确,但是都摆脱了宗教信仰。受儒家影响的中国知识分子,宗教意识都比较淡薄,在中国文化中,有一个以道德教育代替宗教的传统。虽然道德也是有时代性的,但是这一道德传统仍有其积极的意义。

三　刚健自强

先秦儒家曾提出"刚健"、"自强"的人生准则。孔子重视"刚"的品德:他说:"刚毅木讷近仁。"(《论语·子路》)刚毅即是具有坚定性。孔子弟子曾子说:"可以托六尺之孤,可以寄百里之命,临大节而不可夺也。君子人与? 君子人也。"(同上《泰伯》)临大节而不可夺,即是刚毅的表现。《周易大传》提出"刚健"、"自强不息"的生活准则。《大有·象传》云:"大有,柔得尊位,大中而上下应之,日大有,其德刚健而文明,应乎天而时行。"《乾·文言传》云:"大哉乾乎! 刚健中正,纯粹精也。"《乾·象传》云:"天行健,君子以自强不息。"乾指天而言,天行即日月星辰的运行。日月星辰运行不已,从不间断,称之日健,亦日刚健。人应效法天之运行不已,而自强不息。自强即是努力向上、积极进取。《系辞下传》又论健云:"夫乾,天下之至健也,德行恒易以知险。"这是说,天下之至健在于能知险而克服之以达到恒易(险指艰险,易指平易)。所谓自强,含有克服艰险而不断前进之意。儒家重视"不息",《中庸》云:"故至诚无息。不息则久,久则征;征则悠远,悠远则博厚,博厚则高明。……《诗》云:'维天之命,於穆不已。'盖日天之所以为天也。'於乎不显,文王之德之纯!'盖日文王之所以为文也,纯

20世纪儒学研究大系

亦不已。"儒家强调不懈的努力,这是有积极意义的。

在古代哲学中,与刚健自强有密切联系的是关于独立意志、独立人格和为坚持原则可以牺牲个人生命的思想。孔子肯定人人都有独立的意志,他说:"三军可夺帅也,匹夫不可夺志也。"(《论语·子罕》)又赞扬伯夷叔齐"不降其志,不辱其身"(同上《微子》),即赞扬坚持独立的人格。孔子更认为,为了实行仁德可以牺牲个人的生命,他说:"志士仁人,无求生以害仁,有杀身以成仁。"(同上《卫灵公》)孟子进而提出:"生亦我所欲也,义亦我所欲也,二者不可得兼,舍生而取义者也。生亦我所欲,所欲有甚于生者,故不为苟得也;死亦我所恶,所恶有甚于死者,故患有所不辟也。"(《孟子·告子上》)这里所谓"所欲有甚于生者"即义,其中包括人格的尊严。他举例说:"一箪食、一豆羹,得之则生,弗得则死。呼尔而与之,行道之人弗受;蹴尔而与之,乞人不屑也。"不受嗟来之食,即为了保持人格的尊严。坚持自己的人格尊严,这是刚健自强的最基本要求。

先秦时代,儒道两家曾有关于刚柔的论争。与儒家重刚相反,老子"贵柔"。老子提出"柔弱胜刚强"(《老子》三十六章),认为"天下之至柔,驰骋天下之至坚"(四十三章)。他以水为喻来证明柔能胜强:"天下柔弱莫过于水,而攻坚,强莫之能先,其无以易之。故弱胜强,柔胜刚,天下莫能知,莫能行。"(七十八章)老子贵柔,意在以柔克刚,柔只是一种手段,胜刚才是目的,贵柔乃是求胜之道。孔子重刚,老子贵柔,其实是相反相成的。

在中国古代哲学中,儒家宣扬"刚健自强",道家则崇尚"以柔克刚",这构成中国文化思想的两个方面。儒家学说的影响还是大于道家影响的,在文化思想中长期占有主导的地位。刚健自强的思想可以说是中国文化思想的主旋律。《周易大传》"天行健,君子以自强不息"的名言,在历史上,对于知识分子和广大人民,确实起了激励鼓舞的积极作用。

四　以和为贵

中国古代以"和"为最高的价值。孔子弟子有若说:"礼之用,和为贵。先王之道斯为美,小大由之。"(《论语·学而》)孔子亦说:"君子和而不同,小人同而不和。"(同上《子路》)区别了"和"与"同"。按:和同之辨始见于西周末年周太史史伯的言论中。《国语》记述史伯之言说:"夫和实生物,同则不继。以他平他谓之和,故能丰长而物归之。若以同裨同,尽乃弃矣。"(《郑语》)这里解释和的意义最为明确。不同的事物相互为"他","以他平他"即聚集不同的事物而达到平衡,这叫做"和",这样才能产生新事物。如果以相同的事物相加,这是"同",是不能产生新事物的。春秋时齐晏子也强调"和"与"同"的区别,他以君臣关系为例说:"君所谓可而有否焉,臣献其否,以成其可。君所谓否而有可焉,臣献其可,以去其否。"这称为"和"。如果"君所谓可",臣亦曰可;"君所谓否",臣亦曰否,那就是"同",而不是"和"了。晏子说:"若以水济水,谁能食之? 若琴瑟之专一,谁能听之? 同之不可也如是。"(《左传》昭公二十年)这是说,必须能容纳不同的意见,兼容不同的观点,才能使原来的思想"成其可"、"去其否",达到正确的结论。孔子所谓"和而不同"也就是能保留自己的意见而不人云亦云。"和"的观念,肯定多样性的统一,主张容纳不同的意见,对于文化的发展确有积极的促进作用。

老子亦讲"和",《老子》四十二章:"万物负阴而抱阳,冲气以为和。"又五十五章:"知和曰常,知常曰明。"这都肯定了"和"的重要。

20世纪儒学研究大系

但是老子冲淡了"和"与"同"的区别,既重视"和",也肯定"同"。五十六章:"塞其兑,闭其门,挫其锐,解其忿,和其光,同其尘,是谓玄同。"这"和光同尘"之教把西周以来的和同之辨消除了。

墨子反对儒家,不承认和同之辨,而提出"尚同"之说。墨家有许多进步思想,但是尚同之说却是比和同之辨后退一步了。

儒家仍然宣扬和的观念,《周易大传》提出"太和"观念,《乾·象传》说:"乾道变化,各正性命,保合太和,乃利贞。"这里所谓大和指自然界万物并存共育的景况。儒家认为,包含人类在内的自然界基本上是和谐的。《中庸》云:"万物并育而不相害,道并行而不相悖。"这正是儒家所构想的"太和"景象。

孟子提出"人和",他说:"天时不如地利,地利不如人和。三里之城,七里之郭,环而攻之而不胜。夫环而攻之,必有得天时者矣;然而不胜者,是天时不如地利也。城非不高也,池非不深也,兵革非不坚利也,米粟非不多也,委而去之,是地利不如人和也。故曰:域民不以封疆之界,固国不以山溪之险,威天下不以兵革之利。得道者多助,失道者寡助。寡助之至,亲戚畔之;多助之至,天下顺之。"(《孟子·公孙丑下》)这里所谓人和是指人民的团结,人民的团结是胜利的决定性条件。"得道多助,失道寡助",这是今天仍然必须承认的真理。

儒家以和为贵的思想在历史上曾经起了促进民族团结、加强民族凝聚力、促进民族融合、加强民族文化同化力的积极作用。在历史上,得民心者得天下,失民心者失天下,已成为长期起作用的客观规律。在历史上,汉族本是由许多民族融合而成的;在近代,汉族又和五十几个少数民族融合而合成中华民族。中华民族内部密切团结而成为一个统一的整体。中华民族是多元的统一体,中国文化也是多元的统一体。多元的统一,正是中国古代哲学家所谓"和"的体现。所谓"和"，不是不承认矛盾对立，而是认为应该解决矛盾而达到更高的统一。

以上所谓"天人合一"、"以人为本"、"刚健自强"、"以和为贵"，都是用的旧有名词。如果采用新的术语，"天人合一"应云"人与自然的统一"，或者如恩格斯所说"人与自然的一致"（《自然辩证法》1971 年版第 159 页）、"自然界与精神的统一"（同书第200 页）。"以人为本"，应云人本主义无神论。"刚健自强"，应云发扬主体能动性。"以和为贵"，即肯定多样性的统一。这些都是中国古代哲学中的精湛思想，亦即中国文化基本精神之所在。

以上，我们肯定"天人合一"、"以人为本"、"刚健自强"、"以和为贵"等思想观念在历史上曾经起了促进文化发展的积极作用。但是，历史的实际情况是非常复杂的，许多思想观念的含义也不是单纯的。正确的观念与荒谬的观念、进步的现象与反动的落后的现象，往往纠缠在一起。所谓天人合一，在历史上不同的思想家用来表示不同的含义。例如董仲舒所谓天人合一主要是指"人副天数"、"天人感应"，那完全是穿凿附会之谈。程颐强调"天道人道只是一道"，认为仁义礼智即是天道的基本内容，也是主观的偏见。在董仲舒以前，有一种天象人事相应的神学思想。认为天上星辰与人间官职是相互应合的，所以《史记》的天文卷称为"天官书"，但这不是后来哲学家所谓的"天人合一"。如果将上古时代天象与人事相应的神学思想称为天人合一，那就把问题搞乱了。这是应该分别清楚的。儒家肯定"人事为本"，表现了无神论的倾向，但是这并不意味着宗教迷信在中国社会并无较大的影响。事实上，中国旧社会中，多数人民是信仰佛教、道教以及原始的多神教的。但是这种情况也不降低儒家人本思想的价值。"以和为贵"是儒家所宣扬的，但是阶级斗争、集团之间的斗争、个人与个

20世纪儒学研究大系

人的斗争也往往是很激烈的。我们肯定"和"观念的价值,并不是宣扬调和论。

中国文化具有优秀传统,同时也具有陈陋传统,简单说来,中国文化的缺陷主要表现于四点:(1)等级观念;(2)浑沦思维;(3)近效取向;(4)家族本位。从殷周以来,区分上下贵贱的等级,是传统文化的一个最严重的痼疾,辛亥革命推翻了君主专制,但等级观念至今仍有待于彻底消除。中国哲学长于辩证思维,却不善于分析思维。事实上,科学的发展是离不开分析思维的。如何在发扬辩证思维的同时学会西方实验科学的分析方法,是一个严肃的课题。中国学术向来注重人伦日用,注重切近的效益,没有"为真理而求真理"的态度,表现为一种实用主义倾向,这也是中国没有产生自己的近代实验科学之原因之一。中国近代以前的社会可以说是以家族为本位。西方近代社会可以说是"自我中心、个人本位",而中国近代以前则不重视个人的权益,这是一个严重的缺陷。五四运动以来,传统的家族本位已经打破了。在社会主义时代,应该是社会本位、兼顾个人权益。

我们现在的历史任务是创建社会主义的新文化,正确认识中国传统文化的长短得失,是完全必要的。

傅永聚、韩钟文同志主编的《20世纪儒学研究大系》,循百年思想学术发展的脉络,以现代学术分类的原则,择选有学术价值、文献价值的代表文章,以"大系"的形式编纂而成,共有20多卷,每卷附有专题研究的"导言"一篇。这部《20世纪儒学研究大系》是由曲阜师范大学、孔子研究院、山东大学、复旦大学等单位的中青年学者合力编纂而成,说明了儒学研究事业后继有人。《大系》被列入国家社会科学基金规划项目,又由中华书局出版,都在弘扬和培育中华民族精神方面做出了一件非常有意义的事情,我感到十分欣慰。编者征求我的意见，于是略陈关于中国文化的基本精神和儒家文化传统的一些感想，以之为序。

張岱年

前　言

傅永聚　韩钟文

　　儒学犹如一条源远流长的大河,导源于洙泗,经过二千五百多年生生不息的奔腾,从曲阜邹城一带流向中原,形成波澜壮阔的江河,涉及整个中国,辐射东亚,流向全球,泽惠万方。儒学曾经是中华文化的主流、东亚文明的精神内核。但是进入 20 世纪后的儒学,遭遇到空前严峻的挑战,也面临着再生与复兴的历史机遇。一百多年来,儒学几经曲折,备受挫折,又有贞下起元、一阳来复之象,至 20、21 世纪之交成为参与"文明对话"的重要角色。

　　牟宗三先生说:"察业识莫若佛,观事变莫若道,而知性尽性,开价值之源,树价值之主体,莫若儒。"(《生命的学问》)儒、道、释及西方的哲学、耶教等都指示人的生命意义的方向,但就中国人特别是中国古代知识分子而言,儒学是安身立命之道。孔子、儒家追求的"内圣外王之道",一直是中国人的人格修养与经世事业的价值理想。"士不可以不弘毅,任重而道远。仁以为己任,不亦重乎? 死而后已,不亦远乎?"(《论语·泰伯》)从孔子、曾子、子思、孟子至康有为、梁启超、梁漱溟、熊十力、牟宗三,中国的儒学代表人物就是怀抱志仁弘道的精神去实践自己的生命价值,开拓教化

20 世纪儒学研究大系

天下的事业与创建文化中国的理想的。中华文化历尽艰难，几经跌宕，却如黄河、长江一样流淌不息，且代有高潮，蔚成奇观，与孔子及其所创建的儒家学派所做的贡献是分不开的。

儒学一直对中华文化各个层面产生着巨大而又深远的影响。儒学统摄哲学、伦理、政治、教育、宗教、艺术等人文社会科学的学术品格及关怀现世人生的精神，使它成为一套全面安排人间秩序的思想体系，从一个人的生存方式，到家、国、天下的构成，都在儒学关怀与实践的范围之内。经过二千多年的传播、积淀，儒学一直影响着中华民族的民族性格、心理结构的形成。然而，进入20世纪，又出现类似唐宋之际"儒门淡泊，收拾不住"的危机，陷入困境之中。唐君毅以"花果飘零"、余英时以"游魂"形容儒学危机之严峻，张灏则称这是现代中国之"意义危机"、"思想危机"。

从19世纪中后期开始，中国社会、文化进入从传统农业社会向现代工业社会、从传统文化向现代文化转型的时代。1905年废除科举制度，1911年辛亥革命推翻了帝制，"五四"新文化运动的兴起，西方各种思潮、主义潮水般地涌入，风起云涌的政治革命、文化革命、社会转型、文化转型，导致了传统士阶层的解体与分化，新型知识分子的诞生与在文化思想领域倡导"新思潮"、"新学说"，激进的反传统思潮的勃兴，现代化进程的启动和在动荡不安中急遽推进，使20世纪中国处于"三千年未有的大变局"的境遇之中，儒学的危机也由此而生。

一个世纪以来，儒学的命运与中国现代化的历史进程相消长，也与学术界、思想界及政治界对儒学与现代化的关系、儒学与西方文化的关系、儒学与全球的"文明对话"的关系所形成的认识有关。从19世纪末至21世纪初，一百多年来，中国的学术界、思想界与政治界围绕着孔子、儒家及儒学的命运、前景问题展开了广泛的持久的争鸣,而这类争鸣又直接或间接地同传统文化与现代化、中学与西学、新学与旧学、科学主义与人文主义、全球化与中国化、文明冲突与文明对话、西方智慧与东方智慧等等论题交织在一起,使有关儒学的思想争鸣远远超出中国儒学史的范围,而成为20世纪中国思想史、学术史的有机组成部分。

百年儒学的历史大致沿着两个方向演进:一、儒学精神的新开展,使儒学于危机中、困境中得以延续、再生或创造性转化;二、儒家学术思想的研究,包括批判性研究、诠释性研究、创造性研究在内。由于20世纪中国是以"革命"为主潮的世纪,学术研究与政治革命的关系特别密切,故批判性研究常常烙上激进的政治革命的烙印,超出学术研究的范围,并形成批判儒学、否定儒学的思潮,酿成批判论者、诠释论者与复兴论者的百年大论争,并一直延续到21世纪。

回顾百年儒学精神新开展与儒学研究的历程,有一奇特现象值得重视。活跃于20世纪中国思想界、学术界、政治界、教育界的精英或代表人物,都不同程度地介入或参与了有关孔子、儒家思想的争鸣。如:早期马克思主义者陈独秀、李大钊、瞿秋白、李达、郭沫若、范文澜、侯外庐等,三民主义者蔡元培、陶希圣、戴季陶等,自由主义的代表人物严复、胡适、殷海光、林毓生等,无政府主义者吴稚晖、朱谦之等,现代新儒学的代表人物梁漱溟、熊十力、唐君毅、牟宗三、徐复观等,学衡派的代表人物梅光迪、吴宓、陈寅恪、汤用彤等,东方文化派的杜亚泉、钱智修等,新士林学派的罗光等,以及张申府、张岱年等,都参与了有关儒学的争鸣,并在争鸣中形成思想的分野,蔚成中国近代思想文化史上最壮观的一幕。

20世纪中国思想史的复杂性、丰富性远远超出了唐宋之际和明清之际,其思想争鸣具有现代性或现代精神的特色。美国学者列文森在《儒教在中国及其现代命运》中以"博物馆化"象征儒学生命的终结,有些中国学者也说儒学已到"寿终正寝的时节"。但从百年儒学的精神开展与儒学研究的种种迹象看,儒学的生命仍然如古老的大树一样延续着,儒学曾经创造性地回应了印度佛教文化的挑战,儒学也正在忧患之中奋然挺立,回应西方文化的挑战,这是儒学传统现代创造性转换的契机。人们在展望"儒学第三期"或"儒学第四期"的来临。百年儒学的经历虽曲折艰难,时兴时衰,但仍是薪火相传,慧命接续,间有高潮,巨星璀璨,跨出本土,落根东亚,走向世界,成为一种国际性的思潮,在全球性的"文明对话"中扮演着重要角色,为人类重建文明秩序提供了可资汲取的智慧。儒学并没有"博物馆化",儒学的新生命正在开始。因此,对百年儒学作系统的全面的反思与总结,是一项具有历史意义与现实意义的学术课题。

纵观百年儒学的历程,大致经历了五个阶段,在这五个阶段中,儒学的命运、所遭遇的景况不尽相同,分述如下:

19 世纪末至 1911 年辛亥革命为第一阶段　洋务运动、戊戌变法导致儒家经世思想的重新崛起,晚清今文经学的复兴,特别是康有为《新学伪经考》、《孔子改制考》的出版,托古改制,以复古为解放,既开导儒学的新方向,又开启"西潮"的闸门,如思想"飓风",如"火山火喷"。章太炎标举古文经学的旗帜,与以康有为为代表的今文经学派展开经学论争,而这场思想学术争鸣又与政治上的革命或改良、反清或保皇、君主立宪与民主共和等论争交错在一起,显得格外严峻与深沉。诸子学的复兴,西学输入高潮的到来,政治革命的风暴席卷神州,社会解体与重建进程加速发展,传统士阶层的分化与新型知识分子的诞生,预示后经学时代的降临。思想界、学术界先觉之士以"诸子学"、"西学"为参照系,批判儒学或重新诠释儒学,传统儒学向现代儒学转型已初见端倪。

以辛亥革命至 1928 年南京政府成立为第二阶段　康有为、陈焕章等仿效董仲舒的"崇儒更化"运动创建孔教会,"五四"新文化运动兴起,吴虞、胡适等提倡"打孔家店",《新青年》派陈独秀、胡适与文化保守主义者梁启超、梁漱溟、杜亚泉等,学衡派梅光迪、吴宓等展开思想文化争鸣,以张君劢、梁启超等为代表的人文主义与以丁文江、胡适、王星拱等为代表的科学主义的论辩,马克思主义者李大钊、瞿秋白等也积极参与思想争鸣,各大思潮的冲突与互动,不论是批判儒学,或者是重释儒学及复兴儒学,有一个共同的特点,都是将儒学的研究纳入现代思想学术的领域之中,使思想争鸣具有现代性,从而导致儒学向现代思想学术转型。20 世纪中国人文社会科学的学科建制、研究方法深受"西学"的影响,有关孔子、儒学的论争已不同于经学时代,且与国际上各种思潮的论争息息相通。以现代西方哲学、科学、政治等学科的范畴、概念、方法去解读、分析、批判或重新诠释儒学,成为一时的学术风气,还出现"援西学入儒学"的现象。有些思想家、哲学家试图摄纳西学、诸子学及佛学中有价值的东西重建儒学,如梁启超的《儒学哲学及其政治思想》、《儒学哲学》等文及《欧游心影录》,梁漱溟的《东西文化及其哲学》,冯友兰的《人生哲学》,已透露出现代新儒学即将崛起的消息。

1928 年至 1949 年中华人民共和国建立为第三阶段　30 年代后,中国思想界、学术界出现"后五四建设心态"。吸取西学的思想、方法,以反哺儒学传统,创造性地重建传统儒学,如张君劢、冯友兰、贺麟等;或者回归儒学传统,谋求儒学的重建,如熊十力、钱穆、马一浮等;即使是"五四"时期及传统的学者,在胡适提倡"研究问题,输入学理,整理国故,再造文明"之后,也将儒学作为

"国故"的重要组成部分,作为学术史、思想史、文化史的思想资料加以系统的研究。胡适的《说儒》就是一篇以科学方法研究孔子、儒学的示范之作。"后五四建设心态"的形成,对中国现代学术的建构起了积极的作用。一大批专家、学者参照西方人文社会科学学科建制的原则与方法,分哲学、宗教学、政治学、经济学、伦理学、社会学、法学、史学、美学、文学艺术、教育学、心理学等等,对儒学进行系统的研究,还对不同学科的发展史作深入的探讨,如中国哲学史、中国教育思想史、中国政治思想史、中国学术史、中国伦理学史、中国文化史、中国通史等等,儒学研究也纳入分门别类的学科及学科发展史的研究之中。钱穆在《现代中国学术论衡》中说:"民国以来,中国学术界分门别类,务为专家,与中国传统通人通儒之学大相违异。"将数千年经学、儒学作为学术思想的资源或资料,分门别类地纳入学科专题研究之中,虽然使儒家"内圣外王之道"的"道"变为"学术",由"专门之学"代替"通儒之学",但恰恰是这种转变,才促使了儒学由传统形态向现代形态转型。这一阶段是中国社会动荡不安的年代,令人惊异的是,在动荡的岁月中出现了一个学术繁荣期,学术研究的深度与广度并不亚于乾嘉时代,儒学研究也是如此。"专门之学"代替"通儒之学"乃大势所趋,是现代学术的进步。

　　抗日战争的爆发、救亡运动的高涨,把民族文化复兴运动推向高潮,为儒学精神的新开展或创造性重建提供了历史机缘。儒学在民族文化复兴的大潮中获得再生并走向现代。1937年沈有鼎在《中国哲学今后的开展》,1941年贺麟在《儒家思想之开展》,1948年牟宗三在《鹅湖书院缘起》中,都强调中国进入一个"民族复兴的时代"。民族复兴应该由民族文化复兴为先导,儒家文化是中华文化的主流,儒家文化的命运与民族文化的命运血脉相连、息息相关。他们认为，如果中华民族不能以儒家思想或民族精神为主体去儒化或汉化西洋文化，则中国将失掉文化上的自主权，而陷于文化上的殖民地。他们期望"儒学第三期"的出现，上接宋明儒学的血脉，对儒学作创造性的诠释，或者会通儒学与西学，使古典儒学向现代思想学术形态转换。以熊十力、贺麟、牟宗三等为代表的新心学，以冯友兰、金岳霖等为代表的新理学，是儒学获得现代性并走向成熟的重要标志。此外，王新命、何炳松等十教授发表《中国本位的文化建设宣言》(1935 年 1 月 10 日)，新启蒙运动倡导者张申府、张岱年等提出"打倒孔家店，救出孔夫子"的口号及综合创造论，都体现了"后五四建设心态"，都有利于儒学的学术研究之开展。

1949 年至 1976 年"文革"结束为第四阶段　余英时在《现代儒学论》序言中指出：20 世纪中国以 1949 年为分水岭，在前半个世纪与后半个世纪，中国的文化传统特别是儒家命运截然不同。1949 年以前，无论是反对或同情儒家的知识分子大部分曾是儒家文化的参与者，他们的生活经验中渗透了儒家价值。即使是激进的反传统者，他们并没有权力可以禁止不同的或相反的观点，故批判儒学或复兴儒学之争可以并存甚至互相影响。1949 年以后，儒家的中心价值在中国人的生活方式中已退居边缘，知识分子无论对儒学抱着肯定或否定的态度，已失去作为参与者的机会了，儒学和制度之间的联系中断，成为陷于困境的"游魂"。

就实际状况而言，这一阶段的儒学研究或者儒家思想之开展，比余英时分析的还要复杂，值得注意的是分化现象：大陆出现批判儒学的新趋向，50 年代至 60 年代中期，以批判性研究为主，除梁漱溟、熊十力、陈寅恪等少数学人外，像冯友兰、贺麟、金岳霖等新理学与新心学的代表人物，都经过思想改造、脱胎换骨之后批判自

20世纪儒学研究大系

己的学说，即使写研究孔子、儒学的文章，也离不开批判的框框。当时思想界、学术界的儒学研究，多以"苏联哲学"为范式，进行"唯心"或"唯物"二分式排列，批判与解构儒学成为当时的风潮。70年代中期出现群众性的批孔批儒运动，真正的学术研究根本无法进行。儒学已经边缘化了。在港台地区和海外华人社群中，儒学却得到不同程度的认同，移居港台、海外的学者，如张君劢、钱穆、陈荣捷、唐君毅、牟宗三、徐复观、方东美等，继续以弘扬儒家人文精神为己任，立足于学术界、教育界，开拓儒学精神的新方向，成就了不少持之有据、言之成理的"一家之言"。

70年代后期至21世纪初为第五阶段　中国大陆的改革开放，思想解放运动，传统文化与现代化的论争，"文化热"的出现，以及日本、韩国、新加坡等国与香港、台湾地区经济腾飞所产生的影响，东亚现代化模式的兴起，全球化进程中形成的文化多元格局，文明对话、全球伦理、生态平衡，以及"文化中国"等等课题的讨论，使人们对孔子、儒学研究逐渐复苏，重评孔子、儒学的论文、论著陆续出版，有关孔子、儒学、中国文化的学术会议频繁举行，中国孔子基金会、国际儒学联合会、中华孔子学会、中国文化书院、孔子研究院等学术团体和研究机构的建立，历代儒家著作及其注解、白话文翻译、解读本的大量出版，有关儒家的人物评传、思想研究、专题研究以及儒学与道、释、西方哲学及宗教的比较研究，成为学术界关注的课题。还有分门别类的人文社会科学及自然科学，也将儒学纳入其中作专门研究，如儒家哲学思想、儒家伦理思想、儒家美学思想、儒家史学思想、儒家政治思想、儒家教育思想、儒家宗教思想、儒家科学思想、儒家管理思想等等。专门史的研究也涉及儒学，如中国哲学史、中国经济思想史、中国教育思想史、中国伦理思想史等等，一旦抽掉孔子、儒家与儒学，就会显得十分单薄。此外,原来处于边缘化的港台、海外新儒家,乘改革开放的机遇,或者进入大陆进行学术交流,或者将其思想、学说传入大陆,至 90 年代,出现当代新儒家、自由主义与马克思主义重新论辩、对话与互动的格局,有关"儒学第三期"、"儒学第四期"的展望,儒学在国际思想界再度引起重视,说明儒学的确在展示着其"一阳来复"的态势。

纵观百年儒学的历程,不论在哪一个阶段,不论是儒家思想之新开展,或者是有关儒学的学术研究,都积有丰富的思想资源或文献资料,已经到了对百年儒学进行系统研究、全面总结的时候了。站在世纪之交的高度,我们组织编纂《20 世纪儒学研究大系》,就是为了完成这一学术使命。

《20 世纪中国儒学研究大系》是孔子研究院成立后确定的一项浩大的学术工程,现已列入 2002 年国家社会科学基金项目。《大系》的编纂与出版,实为孔子、儒学研究的一大盛事,必将对 21 世纪的儒学研究产生积极而又深远的影响。

编选原则及体例

《20世纪儒学研究大系》是一部大型的相对成套的专题分卷的儒学研究丛书,力求通过选编20世纪学术界研究儒学的代表性论文、论著,全面反映一百年来专家、学者研究儒学的学术成果及水平,为进一步研究儒学提供一部比较系统的学术文献。

一、将20世纪海内外专家、学者研究儒学的代表性论文、论著按研究专题汇集成册,共分21卷。所选以名家、名篇及具有代表性的观点为原则,不在多而在精,力求反映20世纪儒学研究的全貌。

二、所选以学术性讨论材料、思想流派性材料为主,兼收一些具有代表性并产生过重大影响的批判性文章。

三、每一卷包括导言、正文、论著目录索引三个主干部分。

四、每卷之始,撰写导言,综论20世纪该专题研究的大势及得失,阐发本专题研究的学术价值和意义,为阅读利用本卷提示门径。

五、一般作者原则上只入选一篇具有代表性的成果,重要代表人物可选2—3篇。

六、所收文章均加简要按语,介绍作者学术生平及本文内容。合作创作的论著,只介绍第一作者。

七、每卷所收文章,原则按公开发表或正式出版的时间先后为序。

　　八、所收文章，尽量使用最初发表的版本，并详细注释文章出处、发表或写作时间。

　　九、入选文章、论著篇幅过长者，适当予以删节，并予以注明。

　　十、为统一体例，入选文章一律改用标准简化字，一律使用新式标点。

　　十一、所选文章的注释一律改为文中注和页下注，以保持丛书的整体风格。材料出处为文中注（楷体），解释性文字为页下注。

　　十二、每卷后均列论著目录索引，将未能入选但又有学术价值与参考价值的论著列出。论文和著作分门别类，并按公开发表和正式出版的时间先后为序。

目　录

20世纪儒学研究大系

20世纪儒学研究大系

导　言

韩钟文

一

儒学与西方哲学的接触、交流、对话，早在明清之际已经初步展开。来华的耶稣会士不仅传入西方宗教，同时也带来西方的科学与哲学，特别是亚里士多德、奥古斯丁、托马斯·阿奎那的哲学思想，对儒学经学而言，是一种异质思想。

19 世纪末与 20 世纪初，西方哲学东渐的进程加速推动，至 20 世纪 30 年代首度繁荣。希腊罗马时期古典哲学、中世纪经院哲学、文艺复兴时期哲学、近代哲学及现代哲学，相继传入中国，而又恰逢经学衰落，儒门淡泊的时机。西方哲学思潮的冲击既加深了因经学式微而引发的"意义危机"，又促使中国传统哲学向现代哲学形态转型的"范式革命"，也导致现代新儒学的诞生，一个后经学时代的来临。

所谓"20 世纪中国儒学"，是指由 19 世纪末 20 世纪初开始的至今仍在继续演进的一个儒学发展进程；一个由中国"古典儒学"或"经学时代"的儒学转向现代思想形态的进程。一方面儒学在中西文化、中西哲学的大撞击、大交流中从思想、哲学方面现代化，另一方面又是获得新的生命活力、具有现代思想、现代哲学品格的儒学汇入"世界哲学"总体格局之中，成为多元文化、不同文明之间对话的重要角色。

在"后经学时代",儒学与西方哲学的关系是一种崭新的关系,儒学与西方哲学的对话、交流、融会的意义,已远远超出早期经学与西学交流的意义。20世纪中国儒学与西方哲学的关系,是以"世界哲学"形成、发展为背景的新关系。自张君劢、唐君毅、牟宗三、徐复观等联名发表《为中国文化敬告世界人士宣言》后,这种新关系就更清楚地浮现于人们心中。儒学与西方哲学,在20世纪人类文明进程中,是一个具有现代意义的话题,是东西方文明对话的重要部分,也是20世纪比较哲学、比较宗教学关注的课题。就现当代中国思想史而言,从康有为、梁启超、严复、王国维到20世纪末与21世纪初的新一代学人,儒学与西方哲学之间的冲突、对话、沟通与会通,一直是百年中国思想界、哲学界辩论、争鸣的话题。不同的思想流派,或者以西方哲学为思想尺度,批判以至否定儒学;或者以西方哲学的概念、范畴、观念与方法重新诠释儒学,赋予儒学现代学术形态与品格;或者归宗儒学,旁摄西方哲学,以求重建儒学;或者以世界哲学的眼光比较儒学与西方哲学的异同,求其精神的会通,创造现代哲学。这就从一个侧面反映出百年中国思想史的精神风貌,体现了中国思想家"一方面吸收输入外来之学说,一方面不忘本来民族之地位,此二种相反而适相成之态度",为新世纪中国思想文化的发展诏示方向。

梁启超在《中国史叙论》(1901)中将中国史划分为三个阶段:"自黄帝以迄秦之统一,是为中国之中国,即中国民族自发达自竞争自团结之时代也。""自秦一统至清代乾隆之末年,是为亚洲之中国,即中国民族与亚洲各民族交涉繁颐竞争最烈之时代也。""自乾隆末年以至今日,是为世界之中国,即中国民族合同全亚洲民族,与西人交涉竞争之时代也。"同年6月,他在《清议报》上发表《过渡时代论》,认为"今日之中国,过渡时代之中国也"。既潜伏危险又充满希望。将中国数千年历史划分为"中国之中国"、"亚洲之中国"与"世界之中国"三大阶段，又称从20世纪初开始中国进入"过渡时代"，说"近世史者，不过将来史之楔子"，实为智者的慧眼。

柳诒徵将《中国文化史》分为三编，取义与梁启超相似。他在《中国文化史》绪论中说"自邃古以迄两汉，是为吾国民族本其造之力，由部落而建设国家，构成独立之文化时期"；"自东汉以迄明季，是以印度文化输入吾国，与吾国固有文化由抵牾而融合之时期"；"自明季迄今日，是以中印两种文化均已就衰，而远西之学术、思想、宗教、政法以次输入，相激相荡而卒相合之时期。"柳诒徵大致将中国文化史分为三大阶段，第一阶段是中国本土文化之起源、发展、成熟的阶段，第二阶段是中印文化接触、冲突、融变的阶段，第三阶段则是中国文化与西方文化接触、撞击、嬗变与会通的阶段。第二、第三期都属于中国本土文化与外来异质文化"相激相荡而卒相合之时期"。他还强调："此三期者，初无截然划分之界限，特就其蝉联蜕化之际，略分畛畔，以便寻绎。实则吾民族创造之文化，富于弹性，自古迄今，绵绵相属，虽间有盛衰之判，固未尝有中绝之时。"柳氏从1919年起着手编写中国文化史讲义，至1925年陆续在《学衡》杂志上发表，是中国文化史开山之作。梁启超曾拟编《中国文化史》，因忙于政务，力不从心，未能成书。但他在《中国史叙论》划分中国历史发展三期说与柳诒徵中国文化三期说，对20世纪中国学人探研儒学发展史、儒学与印度佛教、儒学与西学的交流史，都有深远的影响与智慧的启迪。梁启超所说的"世界之中国"、柳诒徵所说的"吾民族创造之文化""未尝有中绝之时"，而在第三期与"远西之学""相激相荡而卒相合之时期"皆足以启迪后人从狭隘的"华夏中心主义"或"西方中心主义"眼界中超越出来，以世界之眼光、从人类文化的有机整体性来把握20世纪中国文化与西方文化、儒学与西方哲学的关系。

王国维在《论近年之学术界》中说："外界之势力之影响于学术

岂不大哉！自周之衰,文王、周公势力之瓦解也,国民之智力成熟
于内,政治之纷乱乘之于外,上无统一之制度,下迫于社会之要求,
于是诸子九流各创其学说,于道德、政治、文学上,灿然放万丈之光
焰。此为中国思想之能动时代。自汉以后,天下太平,武帝复以孔
子之说统一之,其时新遭秦火,儒学唯以抱残守缺为事,其为诸子
之学者,亦但守其师说,无创作之思想,学界稍稍停滞矣。佛教之
东适值吾国思想凋敝之后。当此之时,学者见之如饥者之得食,渴
者之得饮。担簦访道者,接武于葱岭之道;翻经译论者,云集于南
北之都。自六朝至于唐室,而佛陀之教极千古之盛矣,此为吾国思
想受动之时代。然当是时,吾国固有之思想与印度之思想,互相并
行而不相化合;至宋儒而一调和之。此又由受动之时代出,而稍带
能动之性质者也。自宋以后,以至本朝,思想之停滞略同于两汉,
至今而第二之佛教又见告矣,西洋之思想是也。”王国维认为西洋
的宗教、哲学、科学,特别是进化论输入中国,“一新世人之耳目”。
但他强调,当时虽有严复、康有为、谭嗣同等“蒙西洋学说之影响,
而改造古代之学说,于吾国思想界上占一时之势力”,但在中国“能
接欧人深邃伟大之思想者”并不多,况且中国与西方“风俗文物殊
异”,西方学术思想输入后,“非与我中国固有之思想相化,决不能
保其势力”。至于“进化论”对中国人的影响,王国维作了具体分
析。一方面是“达尔文、斯宾塞之名,腾于众人之口;物竞天择之
语,见于通俗之文”;另一方面则是“严氏之学风,非哲学的,而宁科
学的也,此其所以不能感动吾国之思想界者也”。所以,思想界“能
动之力”不足,也不能算真正“受动”。陈旭麓在《浮想偶存》中指
出:进化论取代变易论,是古典哲学的终结,近代哲学的开始,是新
时代到来之前的第一潮音。此乃近人的新感受。尽管王国维的感
受与近人不完全相同,但他明确指出中国思想史有三个时期:自先
秦至汉武帝是“中国思想之能动时代”,即思想的原创时代;自此后

有缓慢停滞的阶段,自六朝至唐朝为"思想受动的时代",发展至宋朝变为"由受动之时代出而稍带能动之性质"的阶段;自宋以后至晚清进入西洋学术输入,中西思想接融的时代。这一看法与梁启超、柳诒徵的看法大致相近,而重点则在指出西洋学术只有与中国固有之思想相化,才能真正激发"能动之力"。

当中国思想家以世界眼光审视中西文化、中西哲学的冲突、嬗变时,既要自觉迎接外来异质文化大量涌入的挑战,又要寻求中国文化发展、变革的内在动力和思想资源。"中体西用"、"西化"、"全盘西化"、"昌明国粹、融化新知"、"学无中西"、"不中不西、即中即西"、"充分世界化"、"充分现代化"、"西体中用"、"会通中西"、"创造性转换"、"中国本位的中西互为体用"、"复兴中国文化"等等观点的提出,都与回应西方文化的挑战,寻求中国文化变革的动力与思想资源有关。各种思潮、各种流派、各种主义及其代表人物围绕着"古今"、"中西"、"传统与现代化"、"中国文化向何处去"等问题,展开了思想争鸣,而儒学与西方哲学的关系问题,也就成了这类问题争鸣的一个重要部分;尤其是思想家们寻求创建新哲学或思想体系的内在动力及精神资源时,对儒学的褒贬抑扬心态不尽相同,处于西方哲学语境中的儒学命运,自然是思想界不同学派论辩的热点。哲学是文化的内核与中坚,"古今""中西"之争往往会转变为儒学与西方哲学之辩,儒学的重建、复兴问题也随之提出来了。

陈寅恪在《冯友兰〈中国哲学史〉审查报告》中写道:"窃疑中国自今日以后,即使能忠实输入北美或东欧之思想,其结局当亦等于玄奘唯识之学,在吾国思想史上既不能居最高之地位,且亦终归于歇绝者。其真能于思想上自成系统,有所创获者,必须一方面吸收输入外来之学说,一方面不忘本来民族之地位。此二种相反而适相成之态度,乃道教之真精神、新儒家之旧途径,而二千年吾民族与他民族思想接触史之所诏示者也"。西方哲学输入中国犹如印度佛教传入中国，都属于"外来之学说"，不论是希腊哲学、罗马哲学、中古哲学、近代及现代哲学，抑或是柏拉图、亚里士多德哲学、康德、黑格尔哲学等等，其在中国思想史上的地位最高者也只能类似"玄奘唯识之学"。而"新儒学"之所以"于思想上自成系统"，是能遵循"一方面吸收输入外来之学说，一方面不忘本来民族之地位"的途径。这种"相反而适相成之态度"，是中外思想交流史所诏示的方向与理路。后来，陈寅恪在《邓广铭〈宋史职官志考证〉序》中说："吾国近年之学说，如考古历史文艺及思想史等，以世局激荡及外缘薰习之故，咸有显著之变迁。将来所止之境，今固未敢断论。惟可一言蔽之曰，宋代学术之复兴，或新宋学之建立是已。""宋学"或"新宋学"的范围虽然超过了"新儒学"，但新儒家所创建的新儒学是"宋代学术"的主流，"新宋学的建立"自含有新儒学复兴之意。1937年，沈有鼎在《中国哲学今后的开展》中说得更为明白：中国文化第一期是尧舜三代秦汉的文化，"以儒家穷理尽性的哲学为主脉"。第二期从魏晋六朝至明清，"以道家的归真返朴的玄学为主脉"，第三期尚在酝酿、产生之中，"要以儒家哲学的自觉为动因"，其结果将是穷理尽性的唯心大系统。此论影响颇为深远，而以熊十力、牟宗三为代表的现代新儒家的崛起，其哲学犹如陈荣捷所说的，是"唯心论新儒家"，而此一哲学大系统的创建，开启了一条消化西方哲学的新路。"援西学入儒"、"摄知归仁"、"转仁成智"，以求"仁智双成"，是中西文化自身调整走出困境的途径，而儒学与西方哲学的关系问题，20世纪中国儒学的崛起并汇入世界哲学的大流之中，都应从"世界之中国"的宏观背景中考察。

二

儒学源远流长。从《庄子·天下》、《荀子·非十二子》、《韩非子·

显学》、《史记·太史公自序》、《史记·儒林列传》、《淮南子·要略》、《汉书·艺文志》，到近人余炳文的《儒史略》(1906)、黄嗣东的《道学渊源录》(1908)、徐世昌主持编修的《清儒学案》(1928—1938)、章太炎的《国学论衡》中的《原儒》(1910)、梁启超的《儒家哲学》(1927)、胡适的《说儒》(1934)、熊十力的《原儒》(1954—1956)、张君劢的《新儒家思想史》(1955—1963)、钱穆的《朱子新学案》(1971)、牟宗三的《心体与性体》(1968—1969)《从陆象山到刘蕺山》(1984)、杜维明的《现代精神与儒家传统》(1997)，二千多年来，儒学及儒学研究一直延续着，即使在佛教、西学东渐及盛行的时期，尽管有"儒门淡泊、收拾不住"的危机，但儒学的研究并未中断；特别是"轴心文明"与"儒学传统"、"古代文明"与"哲学的突破"、"全球伦理"与"儒学思想资源"等课题的提出，儒学研究又变得相当活跃，思想界对儒学、儒学史、20世纪儒学发展的曲折历程，作了种种反思与争论，对儒学的命运及发展前景作了种种的预测与展望。尤其是牟宗三、杜维明等提出的"儒学第三期发展的可能性"问题，引起国内外思想家热烈的论争，这种论争与亨廷顿提出的"文明的冲突"而导致的论争一样，其影响不仅仅在中国或美国，而是世界性的。

　　近百年中国思想家、哲学家对儒学及儒家思想史的研究，往往因为对"儒家"、"儒学"概念内涵与外延的界定不同，研究的重点、方向、范围及对象就不同。方东美在《原始儒家思想之因袭与创造》中说："儒家这一'儒'字，具有很广泛的意义。譬如在春秋战国时代，所谓'儒'，乃是泛而言之，等于当时的知识阶层，因为这一个字的意义很广泛，所以有时不免引起误解。甚至在某一个时代的知识阶层里面，其中固然是有特立独行的人，但是同时也夹杂着知识界的败类。所以，儒家这一名词，一方面是赞美的名词，第二方面文人以为是不好的名词。譬如在《论语》里，孔子往往就分辨'君子儒'与'小人儒';甚至荀子,他本身是儒家,但是他对于儒家的某派——子思、孟轲,颇有微辞。他把儒分类为三种:一,俗儒;二,雅儒;三,大儒。"

胡适在《说儒》中称:"儒是殷民族的礼教的教士","儒是一个古宗教的教师,治丧相礼之外,他们还要做其他的宗教职务","儒的职业需要博学多能,故广义的'儒'为术士的通称"。他认为"孔子是儒的中兴领袖,而不是儒教的创始者"。"孔子扩大了旧'儒'的范围,把那个做殷民族的祝人的'儒'变做全国人的师儒了"。"他把那有部落性的殷儒扩大到那'仁以为己任'的新儒;他把那亡国遗民的柔顺取容的殷儒抬高到那弘毅进取的新儒"。章太炎在《国故论衡》中有《原儒》一文,将儒分为三科:达名为儒:儒者,术士也;类名为儒:粗明德行政教之趣而已,未及六艺也,其科于《周官》为"师氏"。傅斯年的《战国子家叙论》则称"儒家者流,出于教书匠",即"出于职业"。冯友兰在《原儒墨》一文中综合胡适、傅斯年的见解,认为"所谓儒,是一种有知识有学问之专家,他们散在民间,以为人教书相礼为生"。钱穆在《古史辩》第四册序中说:"柔乃儒通顺,术士乃儒之别解。""儒为术士,即通习六艺之士,古人以礼乐射御书数为六艺,通习六艺,即得进身贵族,为之冢宰小相,称陪臣焉,孔子然,其弟子亦无不然。"他后来在《驳胡适之说儒》中重申了此说,并强调儒是"当时社会生活职业一流品"。从思想史的立场来看,不能仅仅视"儒"为教士、术士、"教书匠",《周礼》所说的"儒以道得民"的"道"字尤宜重视,方东美引孔子"汝为君子儒,勿为小人儒"一语,体现了孔子分疏不同品流的儒的深意。

"君子谋道不谋食","君子忧道不忧贫","朝闻道,夕死可矣","士不可以不弘毅,任重而道远"(《论语》)。以道自任的精神在儒家表现得最为强烈,从孔子、孟子到梁漱溟、熊十力、牟宗三、徐复观,儒家生命智慧之方向与本质皆与"道"相关。所以牟宗三称"直相应孔孟之生命智慧而以自觉地作道德实践以清澈自己之生命，以发展其德性人格为儒学"(《心体与性体》)。而梁启超则以"内圣外王之道"一语概括儒家哲学真谛(《儒家哲学》)。

从辛亥革命到五四新文化运动期间，儒学受到最有权势、最堕落的军阀、官僚、政客的腐蚀，也受到章太炎、陈独秀、胡适、鲁迅、李大钊、吴虞、吴稚晖等第一流知识分子的批判，同时也引起梁启超、梁漱溟、杜亚泉、陈寅恪、吴宓、贺麟、钱穆等思想家的反思，对儒学的分疏和重释也相继进行。贺麟在《儒家思想之开展》中指出："新文化运动之最大贡献，在破坏扫除儒家的僵化部分的躯壳形式末节，和束缚个性的传统腐化部分。他们并没有打倒孔孟的真精神、真意思、真学术。反而因他们的洗刷扫除的工夫，使得孔孟程朱的真面目更是显露出来。"贺麟认为儒学或儒家思想含有三个方面：有理学，以格物穷理，寻求智慧。有礼教，以磨练意志，规范行为。有诗教，以陶养性灵，美化生活。以西洋哲学发挥儒家之理学，吸收基督教之精华以充实儒家之礼教，领略西洋之艺术以发扬儒家之诗教，是儒家思想新开展的方向。儒学是合诗教、礼教、理学三者为一体的学养，也是艺术宗教哲学三者的和谐体。贺麟的梳理与重释，也含儒学创造性转化之意。所以，他强调中华民族文化的复兴，也是儒家文化的复兴，同时是儒化"西洋文化"。

陈寅恪在《冯友兰〈中国哲学史〉审查报告》中，对儒学的不同层面作了初步梳理。他认为中国自秦以后，迄于今日，其思想之演变历程，至繁至久。要之，只为一大事因缘，即新儒学之产生及其传衍而已。儒者在古代本为典章学术所寄托之专家。李斯受荀卿之学，佐成秦治。秦之法制实儒家一派学说之附系。《中庸》之"车同轨，书同文，行同伦"为儒家理想之制度，而于秦始皇之身而得以实现之也。汉承秦业，其官制法律亦袭用前期。遗传至晋以后，法律与礼经并称，儒家《周官》之学说悉采入法典。夫政治社会一切

20世纪儒学研究大系

公私行动莫不与法典相关,而法典为儒家学说具体之实现。故二千年来华夏民族所受儒家学说之影响最深最巨者,实在制度法律公私生活之方面;而关于学说思想之方面,或转有不如佛道二教者。仔细品味陈氏之论,他大致将儒家学说分为三个层面,一,思想学说层面;二,政治制度层面;三,社会公私生活层面。二千多年影响至深至巨的是制度化儒学与社会化儒学。

谭其骧在《中国文化的时代差异和地区差异》中批评了"儒家主流说",他认为中国文化一方面随着时代的演进而随时变化,各时代的差异是相当大的,不存在着一种几千年来以儒家思想为核心或代表的一成不变的文化。"五四"以前,儒家思想始终并没有成为任何一个时期的惟一的统治思想。两汉是经学和阴阳、五行、谶纬之学并盛的时代,六朝隋唐则佛道盛而儒学衰,宋以后则佛道思想融入儒教,表面上儒家思想居于统治地位,骨子里则不仅下层社会崇信菩萨神仙远过于对孔夫子的尊敬,就是仕宦人家,一般也都是既要参加文庙的祀典,也乐于上佛寺道观参拜菩萨神仙。控制当时整个社会精神世界的,是菩萨神仙,而不是周公孔子孟子。此论可视作对陈氏观点的补充。这一补充还启迪人们注意"深层化儒学"问题,在深层的文化结构中或中国人的心理积淀中,陈寅恪、谭其骧都认为佛道两教影响更大,"儒门淡泊,收拾不住"的意义危机与此有关。

余英时在《现代儒学的困境》中指出:儒学在中国历史上遭遇困境有四次,第一次困境是孔子之后的杨、墨挑战;第二次困境是汉晋之际新道家反周孔名教运动,接着是佛教长期支配中国的思想界和民间信仰;第三次困境发生于晚明,李贽倡"不以孔子之是非为是非",泰州学派风行一时,遂有"三教合一"运动的兴起;第四次困境自19世纪中叶开始,西方势力、西方文化的冲击,反儒学运动风起云涌,儒学面临的困境是空前的。儒学和制度之间的联系中断了,制度化的儒学已死亡了。儒学死亡之后已成为一个游魂了。为了分析儒学的困境和社会解体的程度之间的关系,他着重论及了儒学的性质。

余英时认为:儒学不只是一种单纯的哲学或宗教,而是一套全面安排人间秩序的思想体系,从一个人自生至死的整个历程,到家、国、天下的构成,都在儒学的范围之内。在两千多年中,通过政治、社会、经济、教育种种制度的建立,儒学已一步步进入百姓的日常生活的每一角落。儒学决不仅限于历代儒家经典中的教义,而必须包括儒家教义影响而形成的生活方式,特别是制度化的生活方式,虽然中国人日常生活中可以找到非儒学的成分,儒学在制度化过程中发生着缘饰和歪曲现象。从余英时的分疏中可以发现儒学的三个层面:具有哲学或宗教性质的思想层面、制度化层面与弥漫于百姓日常生活中的层面。

陈寅恪、谭其骧、余英时等人对儒学不同层次的分疏,显示的是史家的慧识。而"归宗于儒家、重开生命之学问"的牟宗三,则以"内圣外王之道"为中枢,疏导出不同层面的儒学。他在《道德的理想主义》中指出:儒家思想不同于耶,不同于佛。其所以不同者,即在其高深之思想与形上之原则,不徒为一思想,不徒为一原则,且可表现为政治社会之组织。六艺之教,亦即组织社会之法典也。是以儒者之学,自孔孟始,即以历史文化为其立言之根据。故其所思所言,亦必反而皆有历史文化之用。本末一贯内圣外王,胥由此而见其切实之意义。他在《心体与性体》中进一步发挥了这一观点。

牟宗三认为:"内圣外王"一语虽出于《庄子·天下篇》,然以之表象儒家之心愿实最恰当。"内圣之学"亦曰"心性之学"、"成德之教","内圣"者,内在于个人自己,则自觉作圣贤工夫(作道德实践)以发展完成其德性人格之谓也。"外王"者,外而达于天下,则行王者之道也。外王一名,其含义大体可分为三层:

一、客观而外在地于政治社会方面以王道治国平天下：此是其初义，亦是其基本义。就"以王道治国平天下"言，此中含有政治之最高原则如何能架构成而有实际之表现之问题，亦含有政体国体之问题。

二、在此最高原则以及此最高原则所确定之政体国体之下各方面各部门，开展进行其业务之制度之建立：此是其第二义，亦即永嘉派所谓"经制事功"皆是。

三、足以助成此各方面各部门业务之实现所需有之实际知识之研究与获得：此是其第三义，此大体是顾亭林与颜元、李塨之所向往。

三义相连而生，却有其层次之不同。第一层为政治，践之者为政治家。第二层为事功，践之者为百官众有司以及社会上之各行业。第三层为知识，践之者或实际去研究，为专家为学者(参见《心体与性体》)。牟宗三此说，后来为杜维明、刘述先、李明辉分疏儒学的依据。

杜维明认为儒家传统有两个方面：一是道德化儒家，以儒家的道德理想转化政治，使政治变成一个德化的政治；二是政治化儒家，从政治的力量影响学术以至道德实践。儒家思想始终在二者的张力下演进着，而至明清时期政治化的儒家变成了主流，儒家思想在现实的权力网络中遭到扭曲和利用，这是近代儒学衰微的主要原因。杜维明分疏出"道德化儒家"与"政治化儒家"，首先是为了厘清"儒家的象征符号"，他认为西化知识分子对儒家传统进行学术文化的批判，其结果对孔孟之道的精义不无厘清的积极作用。他还指出：在儒学的传统中，以孔子、孟子、朱熹、王阳明、刘宗周、王夫之、黄宗羲、顾炎武等人所代表的儒学的真精神，和政治化(政权化)的儒家一直有着斗争，以人文理想转化政权的儒家，有着相当深厚的批判精神，体现了儒学的生命力，对中国知识分子产生了深远的影响,现代新儒家承继与弘扬的是这种"道德化儒家"的人文精神(《儒家传统的现代转化》)。

普林斯顿大学的社会学家罗斯曼(Gilbert Rozman)将儒学分疏为五种:皇权儒学、改良儒学、知识分子儒学、商人儒学和大众儒学。针对这一分类,杜维明在《东亚价值与多元现代性》中指出:对儒学现象有三个分析角度,一是从学科入手,可以在人类学、社会学、历史学、宗教学、政治学、哲学等等不同学科进行。二是从比较文化入手,对儒学的不同文化形态进行分疏,就中国儒学而言,台湾儒学不同于中国大陆,体现了台湾意识内部的儒家因素,福建、湖北、广东等的儒学都不同。更何况中国儒学不能涵盖日本、越南、朝鲜等儒学,这些国家的儒学学者可以完全不认同中国文化。三是从不同的阶段入手,如先把先秦、汉、宋明、现代等儒学发展的不同阶段性区分开来,还可进而区别出作为中国文化主流的儒学、作为东亚文明体现的儒学与作为全球伦理思想资源的儒学。用梁启超的话来说,儒学有属于"中国之中国"、"亚洲之中国"及"世界之中国"三大层面,都应做出具体的分疏与厘清。

刘述先在《儒家思想与现代世界》导言中,将儒家思想或儒学分为三种不同层次:一,精神的儒家:指孔孟、程朱、陆王精神的大传统;二,政治化的儒家,指汉代以来作为朝廷意理的大传统;三,民间的儒家,指三教流行在民间的价值信仰。这三种层次或类型的儒学,各有其互异的思想内涵,不可一概而论。刘述先的三层次说,实际上是受陈寅恪、牟宗三的启迪分疏而成,为学术界多数学者认同。

马克斯·韦伯在《儒教与道教》中强调:儒教是人间的俗人伦理,儒教适应世界及其秩序和习俗,归根结底不过是一部受过教育的世俗人的政治准则和社会礼仪规则的大法典。他将儒教与西方的清教作了比较研究,得出儒教阻碍中国资本主义发展的结论。

金耀基在《后儒家时代儒学的转化——理性传统主义在香港的形成》中探讨了"儒家伦理与东亚现代化"的问题,认为韦伯和"五四"领导者所分析的那种儒家文化如果没有完全死亡的话,也早已解体了,我们现在生活在一种"后期儒家"的社会政治结构之中。这种后期儒家社会的文化体系是一种本土文化价值与西方文化影响的混合物。就香港来说,儒家文化还仍然很有生命力,但是它已经发生了转化。一种新的价值取向,是促进香港成为新型工业社会的极重要、极有利的文化因素,这种新的价值取向可名之为"理性传统主义"。香港的中国人已经自觉或不自觉地把儒家学说转变成为一种"理性的传统主义"。基于这一观点,金耀基认为韦伯所谓的儒教可以称为"帝制儒学"或"制度化儒学",它是一种极复杂而精微的混合物,其中包括国家的统治义理,一整套涉及全局的制度,如文人学士科举制度,特别是皇权官僚主义。在香港只存在着"社会儒学"或"世俗儒学",这是一组广为市民所奉行的儒家信念和价值观念。它并不是一种严格的信仰体系,而是一组指导性的社会原则,以用来指导人们处理家庭及家庭外部的社会关系,它是构成理性传统主义的内核部分,故可称为"理性主义的儒学"。金耀基的分析,实际上是已将儒学分为"帝制儒学"或"制度化儒学"及"社会化儒学"两大类型。李明辉在《当代儒学的自我转化》中对金氏的分类表示质疑,因为这一分类忽略了"深层化儒学"的存在,"儒学"仍然存在于当代中国人的心理积淀中,继续支配他们的思维模式和行为方式。但就此"深层化儒学"而言,由于它仅存在于无意识的文化结构或心理积淀之中,而非出于当事者自觉的理性抉择,故由此无法显示出孔、孟及历代儒者的精神生命之创造性。为了把握儒学的特点,必须在"制度化儒学"、"社会化儒学"、"深层化儒学"三个层面上承认另一个层面,这个层面显示儒家思想之超越性。现当代儒家常将此层面称为儒家思想"超越而内在"或"内在超越”，以与西方宗教、西方哲学中“超越的存在”或“外在超越性”的特质相对比，牟宗三、余英时、杜维明等人对儒家“超越性”层面作了系统的阐述。依据李明辉的分析，儒学大致有四个层面：超越性儒学、制度化儒学、社会化儒学、深层化儒学。

综合上述见解，从不同角度对儒学的类型、层次及区域的分疏，是 20 世纪儒学研究者关注的课题之一。“儒学”与“西方哲学”不是完全对应的概念，“儒学”涵盖的领域与范围远远超出“西方哲学”，儒学的不同层次约略相近于西方文化的不同层次，“儒学”只有“道”、“义理”部分略近于“西方哲学”。

三

从先秦原始儒学到现当代新儒学，儒学形成、发展的历史长达数千年。要对如此悠久的儒学有更具体、深切的理解，必须探究儒学史的分期问题，这样才能把握不同历史时期儒学的特征。从百年研究儒学的成果看，最有代表性的分期说有如下几种：

一、钱穆“六期说”：钱穆在《中国儒学与文化传统》一文中，依据中国学术思想史内在演变的脉络，批评将儒学仅仅限于哲学领域或以西方哲学比附儒学的观点，突破冯友兰《中国哲学史》“子学时代”、“经学时代”的说法，将儒学分为六期。第一，先秦，儒学创始期。第二，两汉，儒学奠定期。以经学为主，儒学落实在一切政治制度、社会风尚、教育宗旨以及私人修养之中。第三，魏晋南北朝，儒学扩大期，不但有义疏之学的创立，而且扩大到史学，从此经、史并称。第四，隋唐，儒学转进期，儒学在经、史之外又向文学转进，杜甫之诗与韩愈之文都为儒学别开生面。第五，宋元明，儒家之综汇期与别出期。所谓综汇，指上承经、史、诗文的传统而加以融汇；所谓别出，则是理学。第六，清代，儒学仍沿综汇与别出两条路进行,但内容已不尽相同;清儒的别出在考据而不在理学,至于晚清公羊学的兴起则更是别出中之别出了。

什么是儒学的别出?钱穆在《中国学术通论》中以陆王之学为例证说:"陆王之学为理学中之别出,而阳明可谓乃别出儒中之最是登峰造极者。因别出之儒,多喜凭一本或两本书,或凭一句或两句话作为宗主,或学的。如二程常以大学、西铭开示学者;象山则专据孟子,又特提先得乎其大者一语;而阳明则专拈孟子良知二字,作为学者入门,同时亦是学者之止境,彻始彻终只此二字。后来王门大致如此,只拈一字或一句来教人。"所以陆九渊、王阳明是"别出儒中之尤别出者"。钱穆虽未提及以熊十力、牟宗三为代表的现代新儒家,但从他对"陆王之学"的分析中可以推论出来,特尊陆王之学的熊十力、牟宗三,又援柏格森、康德等西方哲学入儒学之中,更是"别出儒中之尤别出者"。钱穆晚年自称:晚学得新知,汇百川以归海;忘年为述古,综六艺以尊朱,发愤著《朱子新学案》。他说朱子"欲以综汇之功而完成其别出之大业"。因此,研究朱子学,不仅为治中国八百年之学术思想史者一重要课题,实亦为治中国两千年之儒学史者一重大课题。循钱穆思路,儒学第七期也将沿综汇与别出两条路进行,援西方哲学入儒学,自然是"别出儒中之尤别出者"。

二、冯友兰"四期说":冯友兰对儒学史的分期问题没有作专题研究,而他的代表论著《中国哲学史》、《中国哲学史新编》、《中国哲学简史》、《三松堂学术文集》、《贞元六书》、《新理学》、《新事论》、《新世训》、《新原人》、《新原道》、《新知言》等,也涉及分期的观点。冯友兰研究了中国哲学史的分期问题,前后有两种不同的观点。他在《中国哲学史》中分为二大时期:"子学时代"、"经学时代"。后来,他在《中国哲学史新编》中又分为"四个时代":古代(有两个段落,从殷周至春秋末战国初为前期;战国为后期),中古时代(有三个段落,两汉为第一段落,魏晋至隋唐为第二段落,宋、元、明、清为第三段落),近代与现代。

冯友兰在《中国中古近古哲学与经学之关系》中指出:西洋哲学史分为上古中古近古三时期,此三时期之哲学,实各有特别精神,特殊面目。中国哲学历史,若只注意于其时间方面,本亦可以上古中古近古名之。但自别一方面观之,则中国实只有上古与中古哲学,而尚无近古哲学也。在中国哲学史中,自孔子至淮南王为子学时代,自董仲舒至康有为为经学时代。在经学时代中之诸哲学家,无论有无新见,皆须依旁古代哲学家之名,大部分依旁经学之名,以发布其所见。由此方面言之,则在中国哲学史中,自董仲舒至康有为皆中古哲学,而近古哲学则尚未见萌芽也。他还对经学时代的哲学做有进一步的分疏,认为有哲学成分的经学有:今文家之经学,古文家之经学,清淡家之经学,理学家之经学,考据家之经学,经世家之经学。

冯友兰的《中国哲学史》撰写于1927年至1933年,1934年正式出版。其时还难以对中国近、现代哲学进行总结。蔡元培在《五十年来中国之哲学》(1923)一文中说:"最近五十年,虽渐渐输入欧洲的哲学,但是还没有独创的哲学,所以严格地讲起来,'五十年中国之哲学'一语实不能成立。"此论可印证冯氏之说。依据冯友兰"子学时代"、"经学时代"的说法,儒学也相应有"子学时代"的儒学与"经学时代"的儒学。如《中国哲学史》上册有"孔子及儒家之初起"、"孟子及儒家中之孟学"、"荀子及儒家中之荀学"、"秦汉之际之儒家"、"儒家之六艺及儒家之独尊"等专论,而下册的目录除"董仲舒在西汉儒者中之地位"一节用了"儒者"一词外,凡与儒家相关的学术思想,均采用"经学"与"道学"等术语了,而经学中有今文经学,古文经学;道学中有理学与心学。《三松堂学术文集》收入《儒家哲学之精神》、《先秦儒家哲学述评》、《宋明儒家哲学述评》、《对于儒家哲学之新修正》、《新理学在哲学中之地位及其方法》、《新理学答问》等文,还有《中国现代哲学》一文,后来冯友兰又写《中国哲学与将来世界哲学》(1948)一文,并撰写"贞元之际"六本书,对中国哲学史、儒学史的看法已突破"子学时代"、"经学时代"的"二期说"了,中国哲学现代化或儒学现代化的问题已在他的思考之中。

　　冯友兰在《中国哲学史新编》绪论中论述了他分期的依据。他认为中国历史有三次社会大转变时期,在大转变时期,政治、经济、文化各方面都起了根本的变革。这三次大转变时期,一次在古代,春秋战国时期,一次在近代,新民主主义革命时期;一次在现代,社会主义革命与社会主义建设时期;以这三个大转变时期为关键,中国历史显然分为四个时代,中国哲学史也相应地分为四个时代。冯友兰将儒家及其思想学说纳入中国哲学史"四个时代"的哲学之中,从孔子到荀子为先秦时期儒家,属于古代,从董仲舒到王夫之,是"封建社会"的儒家,属于中古时代,而黄宗羲等人是第二次大转变时期思想界中的先行者。从魏源到康有为、章太炎,是"半殖民地、半封建社会"的儒家,属于近代,而梁漱溟、金岳霖、熊十力及他自己等,则纳入现代哲学之中,是中国哲学现代化时代中的理学与心学,可称为"新理学和新心学"。"中国哲学史完结了经学时代,进入了现代化的时代",现代化和民族化融合为一,论道的体系确是"中国哲学",并不是"哲学在中国",是"接着讲",而不是"照着讲","卓然能自成一系统"。胡适曾批评冯氏《中国哲学史》为"正统的"哲学史,而冯氏晚年又修正了了"子学时代"与"经学时代"的分期说,所以,他的"四个时代"说更有代表性。而他所称的"近代"与"现代",恰恰是儒学与西方哲学冲突、交流、对话与融汇的时代,他所说的"现代化和民族化融合为一",实际上是儒家哲学与西方某种哲学的会通,如金岳霖的《知识论》、《论道》,他的《新理学》等等。

　　三、牟宗三、杜维明、王邦雄等"三期说":自沈有鼎的《中国哲学今后的发展》、贺麟的《儒家思想之开展》发表之后，"儒学第三期"的来临已是呼之欲出了。但自觉地将中国儒学发展史划分为三大时期，并以推动"儒学第三期"的创造、发展为毕生志业者，莫过于牟宗三、杜维明等现当代新儒家了。郭湛波的《近五十年中国思想史》（1936）已将现代新儒家及其先驱人物如梁启超、梁漱溟、张君劢、冯友兰等，纳入论题之中。谢幼伟的《现代哲学名著述评》（1944），有专论熊十力、贺麟的章节，并称熊十力《新唯识论》"体大思精"，不仅中国哲学上尚是少见，即置诸西洋哲学名著中，亦当占一地位；还称"著者思想遂倾向儒家"。贺麟的《当代中国哲学》（1947），以"新心学"的眼光评述了五十年中国哲学，时人称之为"现代新儒家者"，如梁漱溟、熊十力，马一浮、冯友兰、方东美、唐君毅、牟宗三等，都有所评述，而对"新理学"、"新心学"论之尤精辟。儒学复兴之说，在《中国哲学的调整与发扬》一章有了更透彻的分析。牟宗三在沈有鼎、贺麟等启迪下，尤其是熊十力"狮子吼"般的唤醒，开启了一种慧命，对儒学的分期有一种新的理解。

　　牟宗三首次提出"儒学发展三期说"，是在《重振鹅湖书院缘起》（1948）一文中，后来他在《道德的理想主义》、《心体与性体》、《时代与感受》等论著中不断完善"儒学三期说"。杜维明在《儒家传统的现代转化》、《创造的转化》、《儒学第三期发展的前景问题》、《儒家人文主义的第三期发展》、《现代精神与儒家传统》、《东亚价值与多元现代性》等文章中，维护与扩展了牟宗三的"儒学三期说"，并强调儒学经过西方思想的冲击后，有无第三期发展的可能，取决于它能否对西方文化的挑战有一个创建性的回应，儒学对于现代世界的意义在于为现代精神提出具有儒家特色的人文价值。王邦雄的《从中国现代化过程中看当代新儒家的精神开展》，则对"先秦原始儒家"、"宋明新儒家"、"当代新儒家"三个阶段作了缜密的分疏。

20世纪儒学研究大系

　　牟宗三在《道德的理想主义》将儒学思想演进分为三个时期，从孔孟荀至董仲舒为儒学第一期，宋明儒学为第二期，而他自己生存的时代，"儒家必有其第三期之发扬"。他说："第一期之形态，孔孟荀为典型之铸造时期，孔子以人格之实践与天合一而为大圣，其功效则为汉帝国之建构。此则为积极的、丰富的、建设的、综合的。第二期形态则为宋明儒之彰显绝对主体性时期，此则为消极的、分解的、空灵的，其功效见于移风易俗。"而"第三期，经过第三期反显，将有类于第一期之形态。将为积极的、建构的、综合的、充实饱满的。惟此期将不复能以圣贤之人格为媒介，而将以思想家为媒介，因而将更为逻辑的"。牟宗三认为："第三期之发扬"，有二义值得重视。一，以往之儒学，及纯以道德形式而表现，今则复须其转进至以国家形式而表现。二，以往之道德形式与天下观念相应和，今则复需一形式以与国家观念相应和。唯有此特殊之认识与决定，乃能尽创制建国之责任。政制既创，国家既建，然后政治之现代化可期。政治之现代化可期，而后社会经济方面可充实而生动，而风俗文物亦可与其根本之文化相应和而为本末一贯之表现。他还指出，第三期儒学"充实之道，端赖西方文化之特质之足以补吾人之短之吸纳与融摄"。如"名数之学""及其连带所成之科学"，"在现实历史社会上，国家政制之建立"。牟宗三在《从儒家的当前使命说中国文化的现代意义》中说得更为明白："儒学学术第三期的发展，所应负的责任即是要开这个时代所需要的外王，亦即开新的外王。"而"今天这个时代所要求的新外王，即是科学与民主政治"。所以儒家的当前使命，乃是透过儒家思想的真正抉发，涵摄科学与民主，而能将中国文化从近代的泽薮之中导向新生和完美的境地。

　　值得注意的是，牟宗三还强调"儒学第三期"的世界意义。他在《道德的理想主义》中说：对吾人之文化言，则名数之学与民族国家正显其充实架构之作用,而自西方文化言则实日趋于自毁。然则西方文化之特质,融于中国文化之极高明中,而显其美,则儒学第三期之发扬,岂徒创造自己哉? 亦所以救西方之自毁也。故吾人之融摄,其作用与价值,必将为世界性,而为人类提示一新方向。

自梁启超的《欧游心影录》发表之后,"西方的没落"、西方人"好像沙漠中失落的旅人"的观念已为国内不少学者所接受,西方人自陷入混乱矛盾之中,而呱呱有待于救济。梁启超、梁漱溟、杜亚泉、张君劢等都有以东方智慧、中国智慧拯救西方的观点。牟宗三此论是这种观点的系统发挥,杜维明称儒家第三期要从中国文化、东亚文明走向世界,及"新轴心时代"的可能,都是"为人类提示一新方向"。

四、李泽厚"四期说":李泽厚对儒学的研究散见于他的《中国古代思想史论》、《中国近代思想史论》、《中国现代思想史论》、《美的历程》、《世纪新梦》、《己卯五说》、《论语今读》等论著之中,其中如《孔子再评价》、《荀易庸记要》、《宋明理学片论》、《经世观念随笔》、《试谈中国的智慧》、《略论现代新儒家》、《初拟儒学深层结构说》、《为儒学的未来把脉》、《说儒学四期》、《说儒法互用》等文,比较集中地体现了李泽厚的儒学观。

李泽厚的"儒学四期说",是针对牟宗三、杜维明等"现代新儒家"的"儒学三期说"而提出的。李泽厚在《为儒学的未来把脉》、《说儒学四期》等文中指出:"三期说"的表层偏误有二:一是以心性——道德理论来概括儒学,失之片面;二是抹杀荀学及以董仲舒为代表的汉代儒学。"三期说"的深层理论困难也有二:一是"内圣开外王",二是"超越而内在"。"三期说"大都是纯学院式的深玄妙理,与大众社会几毫无干系,是倡导者们本人的道德——宗教修养问题。牟宗三、杜维明等是"现代宋明理学"的承继者,他们的思想只是宋明理学在现代的某种回光返照而已。儒学真要"复兴",还得另辟蹊径。基于上述思考他提出"儒学四期说"。

20世纪儒学研究大系

　　李泽厚认为儒学是华夏文化的主流、骨干,它对民族的文化心理结构的形成起了很大的作用;不但在"大传统",而且也在"小传统"中,儒学都占统领地位。儒学的表层结构,指的便是孔门学说和自秦汉以来的儒家政教体系、典章制度、伦理纲常、生活秩序、意识形态等,它表现为社会文化现象,基本是一种理性形态的价值结构或知识/权利系统。儒学的深层结构则是"百姓日用而不知"的生活态度、思想定势、情感取向;它们并不纯是理性的,而毋宁是一种包含着情绪、欲望却与理性相交绕纠缠的复合物,基本上是以情——理为主干的感性形态的个体心理结构。理中有情,情中有理,即理性、理知与情感的交融、渗透、贯通、统一,是儒学所建造的中国文化心理结构的重要特征。以西方哲学与西方宗教的特质来比照儒学,儒学既不是哲学,也不是宗教,用西方宗教、哲学等概念来套很难套上。儒学有半宗教半哲学、亦宗教亦哲学的特征,或者说儒学的宗教性和哲学性是交融一起溶合无间的。儒学虽然不纯粹是宗教,但它却包含宗教的热情;儒学虽不纯粹是哲学,但它却包含了哲学的理性。西方宗教有"两个世界":上帝之城与尘世之城,儒学只有"一个世界":人间或人生。如果说儒学是哲学,这种哲学是中国实用理性的哲学,它具有哲学的理性品格与充满诗意的情感内容,而非柏拉图式的理念追求与黑格尔式的逻辑结构。以一个世界为根基,以乐感文化、实用理性为特色的华夏文化心理结构,与儒学这种半宗教半哲学的、亦宗教亦哲学的精神长期影响、积淀有密切关系。此外,李泽厚还多次指出,自孔子以后,儒学的发展有两条线索,一是偏于"内圣"、"心性"的线索,以孟子、二程、陆九渊、王阳明以至牟宗三为代表,一是偏于"外王"、"事功"的线索,以荀子、董仲舒、王通、陈亮、叶适等为代表。以阴阳五行为框架的秦汉儒学和以心性本体为框架的宋明理学,是继孔、孟、荀之后的两大儒学发展体系,它构成儒学发展的第二期和第三期。

这样,李泽厚从哲学与历史的维度分疏出儒学的分期:第一期孔、孟、荀,第二期以董仲舒为代表的汉儒,第三期宋明理学,所谓"现代新儒学"熊十力、冯友兰、牟宗三等人,只能算第三期的承续或在现代的回光返照。儒学在现在或未来如要发展或"复兴",则应为虽继承前三期、却是颇有不同特色的"第四期"。所谓"另辟蹊径",即是:面对当代现实问题的挑战,挑战来自内外两方面,而都与现代化有关,需要从马克思主义、自由主义、存在主义以及后现代等方面吸收营养和资源,理解而同化之。

儒学发展的分期问题,是研究儒学或儒学史的一个重要问题,除上述四种代表观点外,还有其他一些不同的分期说。丁伟志在《儒学的变迁》(1978)一文中指出:孔子是儒学的创建者;孔子死后,"儒分为八",是"儒学的分化",主要有孟派儒学与荀派儒学;汉代是"儒学的神学化"时期;宋明理学的诞生与发展,儒学发展成哲理化的新阶段;从19世纪中叶开始至今,儒学统治的覆灭,已经使儒门信徒再也无法创造出一种新形态的儒学来,儒学史到此终结。丁氏虽没标明具体的分期,但从他分析的"儒学变迁史"中大致可以看出五个阶段:儒学的创建、儒学的分化、儒学的神学化、儒学的哲学化及儒学的终结。赵吉惠等编著《中国儒学史》(1991),提出"五个阶段说":"先秦为儒学形成和初步发展时期,两汉为儒学经学化的时期,魏晋南北朝至隋唐为儒学的玄学化和儒、道、释三教融合时期;宋明为儒学理学化的时期;清代为儒学衰落的时期。"宋志明在《现代新儒家研究》中说:"如果把孔孟儒学算作儒家哲学发展的第一阶段,汉代经学算作第二阶段,宋明理学算作第三阶段的话,那么,五四以来的'新儒家'哲学可以说是它的第四阶段。"这也是一种"四阶段说"或"四期说"。楼宇烈在《中国儒学的历史演变与未来发展》一文中,也提出"四阶段说":一,孔、孟、荀等为代表的先秦原始儒学。二,以董仲舒、《白虎通义》为代表的两汉政治制度化和宗教化的儒学。三,以程、朱、陆、王等为代表的宋、明、清时期的性理之学的儒学。四,从康有为开始的,与西方近代民主、科学思想交流融通的近现代新儒学。楼氏还强调,相对于当代新儒家的注重于开出"新外王"的取向,开出儒学的"新内圣"之学似乎更为社会所需要,并且具有广阔而深远的发展前景。相对于李泽厚的"四期说"或牟宗三的"第三期"皆为展望未来而言,而楼氏的开出儒学的"新内圣"也如此。

此外,国内学者也有称"儒学"为"儒教"者。如任继愈、李申就致力于中国儒教史的研究。任继愈将儒教发展进程分为六个阶段:一,前儒教时期,秦汉以前;二,准儒教时期,两汉;三,三教并立时期,魏晋、隋唐;四,儒教形成时期,北宋(张、程);五,儒教完成时期,南宋(朱熹);六,儒教凝固时期,明清。此也属一家之言。

儒学史分期的问题,是一个比较复杂的问题,史学家与哲学家或思想家的见解不尽相同,钱穆的"六期说",是史家的慧识,而牟宗三的"三期说"、李泽厚的"四期说",则具有哲学家或思想家的智慧,更侧重于儒学在西方哲学、宗教挑战下如何创建性的回应问题。冯友兰的"二期说"或"四期说",似乎介于哲学家与史学家之间。丁伟志的儒学变迁史近于冯氏之说,而赵吉惠等人"五阶段说"则偏于史家之说,任继愈的"六阶段说"是着眼于宗教史而言的,楼宇烈"四阶段说"相近于牟宗三、李泽厚之说,即讲历史又关注未来前景的展望。研究儒学与西方哲学、西方宗教的关系,研究20世纪儒学发展史,至少应承认儒学并没有在晚清终结,冯友兰、牟宗三、李泽厚,楼宇烈之观点更有启迪性。

四

20世纪中国的儒学现象,既丰富又复杂,怀疑、反叛、批判以至打倒,儒学的危机与困境确如余英时所说的是"空前的";但又出现对儒学的重新诠释或创造性的建构,儒学现代化及儒学复兴的思潮时有勃兴,似断又续,还崛起几代现代新儒家,活跃于中国、国际的思想论坛上。有的思想家称"儒学"到了"寿终正寝的时节";有的思想家则说儒家似"游魂",或如"花果飘零,随风吹散";有的思想家认为儒学并没有死亡,早已积淀为华夏民族文化心理结构;有的学者则指出儒学已边缘化;有的学者探讨儒学与东亚地区工业文明及经济腾飞的关系;而在世纪之交,"儒学与21世纪",又成为思想界、学术界讨论的话题。从康有为的《新学伪经考》(1891)、《孔子改制考》(1898)先后刊行,到牟宗三的《圆善论》(1985)出版,困境中的儒学又时断时续、时衰时兴、曲曲折折地走过了百年。

萧公权在《近代中国与新世界:康有为变法与大同思想研究》中指出:康有为可说是一儒家修正主义者。他对儒家思想内容的修订与充实,可说有功于儒学。儒学自其创始人死后二千多年曾经过多次理论发展的阶段。第一阶段成立于秦始皇统一中国后不久,当时由孟子和荀子所建的相对立的学派在将儒学带向两个不同的方向。第二阶段至汉代董仲舒及其他公羊学者之时达到高潮。第三阶段因宋代理学而起,道家与佛家的思想给儒学前所未有哲学上的充实。康有为则直接从19世纪公羊学者获得线索,并用西方以及佛家思想给予儒学以一普及的意义,因此扩大了它的伦理与政治学说。然则他可能是开导了第四阶段的儒学发展,所以可说是在儒学史上占有极重要的地位。

视康有为"开导了第四阶段"儒学发展的前驱者,萧公权确是慧眼独具。梁启超在《清代学术概论》中说"若以《新学伪经考》比飓风",则《孔子改制考》、《大同书》是"火山大喷也"。"以复古为解放",其影响极为深远。值得重视的是,康有为的思想转变,与他阅读西方译著、体识西方哲学有关。萧公权认为20世纪初中国思想家转向西方寻求哲学上的启蒙,西潮达到高潮。而康有为是最早开启水闸、引发潮水者之一。由此可见,20世纪儒学发展的"开导"者,又是"西潮"的"开启水闸者",这二者的结合,给20世纪儒学烙上了深深的烙印。楼宇烈在《中国儒学的历史演变与未来展望》中说:"中国儒学的近代转化,或者说把传统儒家思想与近代西方文化连接起来、融通起来,我认为是从康有为开始的。"这一看法与萧公权的观点大体相近。值得注意的是,康有为不仅是20世纪中国儒学发展的"开导"者,同时,也由他启开了批判儒学或儒教的思潮。早在戊戌变法时期,康有为上了《请尊孔圣为国教,立教部、教会,以孔子纪年,而废淫祀折》,民国成立以后,他为《孔教会杂志》写了两篇《孔教会序》,继续主张以孔教为国教、以孔子为教主,并担任孔教会总会长,从事孔教会的各种活动,希望把孔教写进民国宪法之中。康有为、陈焕章等推动的国教运动,名为效仿西方基督教,实则为一种董仲舒式的更化运动,定孔子、儒学于一尊的思想运动,给批判儒学的思想家提供了一个大题目。

梁启超在《清代学术概论》中说:"启超自三十以后,绝口不谈'伪经',亦不甚谈'改制'。而其师康有为大倡设孔教会定国教祀天配孔诸议,国中附和不乏,启超不谓然,屡起而驳之。"此时尊尚思想自由、学术自由的梁启超,认为将孔教定于一尊会使思想、学术窒息,大胆宣称:"吾爱孔子,吾尤爱真理;吾爱先辈,吾尤爱国家;吾爱故人,吾尤爱自由。"自由或自由主义,是康梁师生思想分途的原因之一。继梁启超、谭嗣同之后,易白沙、吴虞、陈独秀、胡适、李大钊、鲁迅、吴稚晖等人发表了大量的批判孔子、儒教或儒学的文章,反儒思潮风起云涌。可见,康有为在20世纪中国儒学发展史上,是一位开启性的人物。中国近、现代儒学思想的演进与回应西方哲学、西方宗教的挑战有关。康有为在这两个方面都有自己的回应方式,而且从正负面影响中国思想界至今日。

从儒学与西方哲学、宗教的关系这一角度考察,如果说康有为是20世纪中国儒学的开启人物,那么,牟宗三则是归宗儒学、摄纳西学、衡论百家、重建儒学的卓然大家了。20世纪中国学术思想、特别是哲学,最重要的特点是"世界走向中国",同时"中国也走向世界"。中西学术、中西哲学这样一种双向交流的运动,既有冲击、互斥,又有交融、会通,而交融、会通始终占主流地位。20世纪的思想家、哲学家、学者,不论归属于哪一家、哪一派,要在中国思想界学术界占有一席之地并发生影响,都要走中西对话、交融与会通的道路。而牟宗三所重建的"新儒学",不仅是20世纪中国儒学在思想学术方面"复兴"的标志,同时也是中西哲学会通的典范,故刘述先、傅伟勋、王邦雄、吴森等人称牟氏为世界性的、国际性的"哲学大师"。自20世纪90年代以来,中国大陆、港、台召开的"当代新儒学国际学术会议"、"牟宗三与当代新儒学国际学术会议",牟宗三的思想或哲学一直是国内外研究中国哲学和儒学的学者讨论的主题之一。牟门弟子及受牟宗三哲学影响的人极多,牟宗三哲学不仅在港、台地区有影响,还传入大陆,辐射东亚新加坡、韩国等国以及输入欧美,所谓"波士顿儒学"、杜维明与南乐山(Robert C. Nevile)的对话,牟宗三重建的新儒学是对话的重点,并引发南乐山关于"成为一名基督徒的儒家"之思考。

王邦雄在《开启一条消化西学的新路——牟宗三先生的思想及其风范》中指出:"牟先生立身当代中国,诠释深化了民族文化的传统,也开启了一条消化西学的新路,他建造了一套融贯中西学问的概念系统,已普遍被当代中国学人所接受。今后我们只有两条路:一是继承他,一是超越他,开出涵盖性更大的概念系统。"刘述先在《当代新儒家的探索》中则说:"新儒家思想发展到牟先生,可谓无论对于古典的解释,问题的厘清,思想的分解与融通,未来文化的指向,都有了相当清楚的掌握,而到达了一个新的高峰。但牟

20世纪儒学研究大系

先生的思想仍然有其本质性的限制所在。牟先生对当代中国文化的片面西化之走错道路有严厉的批评,他所指出的中西文化融通的道路,对于东西哲学大流的理念的掌握,都对人有莫大的启发。但他所成就的毕竟只是一个起点,不能当作一个终点看待。"傅伟勋在《哲学探求的荆棘之路》下篇中说:"我个人觉得,牟(宗三)先生是王阳明以后继承熊十力理路而足以代表近代到现代的中国哲学真正水平的第一人。中国哲学的未来发展课题也就关涉到如何消化牟先生的论著,如何超越牟先生理路的艰巨任务。"牟宗三著述极富,如《历史哲学》、《道德的理想主义》、《政道与治道》、《生命的学问》、《中国哲学的特质》、《名家与荀子》、《才性与玄理》、《心体与性体》、《从陆象山到刘蕺山》、《智的直觉与中国哲学》、《现象与物自身》、《中国哲学十九讲》、《中西哲学之会通十四讲》、《四因说演讲录》、《康德的道德哲学》、《五十自述》、《时代与感受》、《圆善论》等,洋洋数百万言,涉及儒学与西方哲学、宗教之间各个层面的问题,而《圆善论》依儒家的智慧方向,融摄西学,会通佛、道、耶,完成了传统儒学向现代形态的过渡。因此,消化与超越牟宗三哲学,自然成了"后牟宗三时代"儒学发展的新起点。

　　20 世纪中国儒学的代表人物,如梁漱溟(1893—1988)、冯友兰(1895—1990)、贺麟(1902—1992)、钱穆(1895—1990)、徐复观(1903—1982)、牟宗三(1909—1995)的一生,几乎贯穿整个 20 世纪,而牟宗三是最后逝世的儒学大师。正因为如此,大陆、港、台及海外学者都反思"后牟宗三时代"中国儒学新开展的问题。如余英时在《追忆牟宗三先生》一文中说:"牟先生是当代新儒家的最后一位大师,他的逝世在 20 世纪中国儒学史上划下了一个清晰的阶段——一个'承先启后'的阶段。"李泽厚则针对牟宗三为核心的"儒学第三期",提出"儒学四期"说,"另辟蹊径,另起炉灶",认为儒学要在马克思主义、自由主义、存在主义及各种后现代主义的对话与

20世纪儒学研究大系

互动中求得新发展，"儒学四期"的风貌，是期待某种多元化、多样化的发展。郑家栋在《断裂中的传统——信念与理性之间》中，直接做"后牟宗三的思考"，认为牟宗三的思想学术代表了新儒学发展的一个高峰，它同时也标志着一个发展过程的终结。牟宗三的哲学体系具有某种经典的意义，同时也不可避免地隐含着众多的矛盾的问题。正是这些矛盾与问题成为儒学与中国哲学继续发展的契机。继牟宗三先生之后，当代儒学必将开显出一个多元发展的格局。

"内圣外王之道"，一直是百年儒学延续的主题。康有为在《长兴学记》中说："孔子之学，有义理，有经世。宋学本于《论语》，而《小戴》之《大学》、《中庸》及《孟子》佐之。朱子为嫡嗣，凡宋明以来之学，皆其所统，宋、元、明及国朝学案，其众子孙也，多于义理者也。汉学则本于《春秋》之《公羊》、《穀梁》，而《小戴》之《王制》及《荀子》辅之，而董仲舒为《公羊》嫡嗣，刘向为《穀梁》嫡嗣，凡汉学皆其传统，《史记》、两汉君臣政议，其支脉也，近于经世者也。"梁启超在《儒家哲学》中以《论语》"修己安人"，《庄子》"内圣外王"概括儒家哲学中心思想，是康有为之意。

一般说来，以"内圣外王之道"来概括儒学精神，也是康、梁以后的儒家如梁漱溟、熊十力、张君劢、马一浮、冯友兰、牟宗三等人的主导思想。但从牟宗三、杜维明等论儒学的思路看，狭义的现代新儒家尤其重视"心性之学"、"成德之教"、"为己之学"，即"内圣"一面，要求"自内圣向外开以重建其外王之道"。故王邦雄在《从中国现代化过程中看当代新儒家的精神开展》中总括说：外王是"术"，内圣是"道"，要通过"道"来开出"术"，来定住"术"。当代新儒家面对的问题就是民主科学如何透过内圣而开出外王，此内圣要在儒家。这一思路是从熊十力到杜维明一系的新儒家的主导精神，在20世纪中国儒学史上占有重要地位，世纪之交研究现当代儒学的论著,大部分是讨论这一系的思想为主。

康有为所说的"经世"之学,即外王一面,或以公羊学为主的政治儒学,是否得到延续与弘扬,也是近百年儒学史的一个关键问题。李泽厚在《宋明理学片论》、《经世观念随笔》、《试谈中国的智慧》、《略论现代新儒家》、《说儒学四期》等文中一再强调熊十力、牟宗三等新儒家延续、弘扬的是孔学内圣一面,即由曾子、子思、孟子、陆九渊、王阳明发挥的心性之学,而孔学外王一面,即由荀子、董仲舒、王通、陈亮、叶适等承继的儒家外王之学,却被指斥为"落入第二义第三义"。他说:"孔门'内圣之学'之所以在宋明理学中大放光彩,重要因素之一是由于吸收消化佛、道的原故。它之所以在今天现代新儒学那里作为主体重现色彩,因素之一是由于吸收了西方现代哲学的原故。那么,孔门的'外王'之学今天为何不可以如此呢?"基于这一认识,李泽厚对牟宗三、杜维明的"儒学三期说"提出质疑,不仅批评他们"抹杀荀学"、"抹杀以董仲舒为代表的汉代儒学",而且主张"另辟蹊径,另起炉灶"。"因之,原始儒学和宋明理学有'内圣'决定'外王'的格局便应打破,而另起炉灶"。

主张承续与弘扬儒家外王之学者,莫过于蒋庆了。他在《公羊学引论》(1995年)自序中说:世有论儒学为"为己之学"者,言现代儒学之最大功用在成德成圣,不在经世治国,其言下之意谓今日经世治国非西学不能为功,儒家之政治智慧已为出土文物矣。蒋庆所批评的论儒学者,自然是指牟宗三、杜维明等一系的新儒家。"成德成圣"之教是牟宗三《心体与性体》的核心精神,所谓"直就孔子之生命智慧之方向而言成德之教以为儒学",是"新儒家"之所以"为新"的特点。杜维明在《儒学传统的现代转化》则明白指出:儒学为"为己之学"或"身心性命之学"。唐君毅、牟宗三等发表的《为中国文化敬告世界人士宣言》,就强调心性之学是中国学术思想之核心,儒家心性之学是中国文化的神髓。

　　蒋庆认为："吾儒之学,有心性儒学,有政治儒学。宋明理学为心性儒学,公羊学为政治儒学。二学性质不同,治世方法各异。然二学均得孔子之一体,在儒学传统中自有其应有之地位与价值。惜千余年来,心性儒学偏盛,政治儒学受抑。时至今日,心性儒学宗传不断,讲论不息,大儒辈出,政治儒学则无人问津,学绝道丧,门庭冷落。职是之故,孔子道术既裂,儒学传统不全,如车之只轮,鸟之独翼,国人只知吾儒有心性儒学,而不知吾儒有政治儒学,无怪乎谈政治只能拱手让于西学矣。"(《公羊学引论》序)他撰写《公羊学引论》,就是为了扭转这一局面,上承与弘扬儒家的公羊学精神,发抉儒家之政治智慧,提示世人重视"外王儒学"。

　　蒋庆认为公羊学有四大特质:一,是区别于心性儒学的政治儒学;二,是区别于政治化儒学的批判儒学;三,是区别于内圣儒学的外王儒学;四,是在黑暗时代提供希望的实践儒学。因为公羊学是今文经学,他写的《公羊学引论》也属"今文经学"。他特别指出:宋儒只从生命的角度来承续吾国的儒学传统,把孟学完全理解为只重个体心性的内圣儒学,有其历史的客观理由,可以理解。但孟子继承《春秋》的经世精神,发扬公羊的外王理想,不幸被宋儒所遗忘,此弊一直流传到现在,这不能不说是吾国儒学史上的一个悲剧。公羊学创立于孔子,传承于孟子、荀子、司马迁、董仲舒、何休等后儒,是春秋至汉七百年间儒家集体政治智慧的产物。清末公羊学的复兴,是这一传统的体现。当代儒家迫于现实政治的压力,已开始转向公羊学来寻求儒家的政治智慧,以期能够回应时代提出的新问题。他预见与期待公羊学在当代中国的复兴与新的发展。后来,蒋庆在《政治儒学中的责任伦理资源》等文中对儒家两个独特传统——生命儒学(心性儒学)与政治儒学作了进一步的阐释,并认为儒家的政治儒学传统有非常丰富的责任伦理资源。从康有为写《新学伪经考》、《孔子改制考》,到20世纪80—90年代李泽厚、蒋庆等强调弘扬儒家外王之学或政治儒学,中经由熊十力、牟宗三等发挥陆、王心学而建构的现代新儒学,近百年儒家思想史或儒学思想研究史似乎走了正反合的路径。心性儒学(生命儒学)与政治儒学是儒学精神的双翼或两轮。但在儒学思想演进史上,也出现两种传统离异以至对立的现象,这种现象在 20 世纪表现得尤为突出。

近百年儒学史,不论从心性儒学传统,或者从政治儒学传统来看,都遇到了史无前例的困境。余英时在《现代儒学论》中称现代儒学的困境在于:儒学和制度之间的联系中断了,制度化的儒学死亡了,但也是儒学新生命的开始。儒学成了"游魂",它将以何种方式维持它的新生命? 传统儒学的特色在于它全面安排人间秩序,因此只有通过制度化才能落实。没有社会实践的儒学似乎是难以想像的。即使在道德领域内,儒学的真正试金石也只能是在实际中所造成的人格,即古人所说的"气象"或"风范"。如果儒学仅仅发展出一套崭新而有说服力的道德推理,足以与西方最高明的道德哲学抗衡,然而这套推理并不能造就一个活生生的人格典范,那么这套东西究竟还算不算儒学,恐怕总不能说不是个问题。像这样用尖锐的问题凸显出儒学的现代困境,并不是余英时一个人。李泽厚在《说儒学四期》中指出:熊、牟系统的新儒学,大都是纯学院式的深玄妙理,高头讲章,至今未能跨出狭小学院门墙,与大众社会几毫无干系。熊十力则早被梁漱溟批评为"不事修正实践,而癖好者思想把戏";冯友兰谈"天地境界",却演出了迎合当时的批孔闹剧。凡此种种,使余英时不得不含蓄地提出:究竟是这些高谈心性、大畅玄风的"现代新儒家",还是在为人做事,生活实践中恪守孔义如陈寅恪等人,更能体现或代表儒家传统或儒家精神? 郑家栋在《断裂中的传统——信念与理性之间》中也指出:自梁漱溟、熊十力经冯友兰、贺麟再到唐君毅、牟宗三,当代新儒家的理论贡献一言以蔽之,就是引进西方哲学的学理来阐释儒家哲学的精神,这基本上是一种理性化的工作。西方的学理是理智的、分解的,儒家哲学的精神是实践的、体认的,此种"学理"与"精神",形式与内容之间的张力,到牟宗三这里可以说是发展到了极致。长此以往,儒学正在脱离历史,成为某种形上架构;脱离社会,成为某种专家之业。因此,"走出学院、走向社会、走向生活",成了"后牟宗三儒学"的新课题了。

五

从康有为开导"儒学第四期",迈进20世纪大门,到牟宗三在20世纪末逝世,百年儒学的发展经历了曲折艰难、时兴时衰,但仍是薪火相续、间有高潮,巨星闪耀,跨出本土,走向东亚及欧美,成为一种国际性的思潮。而对20世纪中国儒学的发展历程,早在半个世纪前就已有思想家、哲学家作了初步反思,而这种反思在20世纪与21世纪之交时,变得更为理性、系统了。进行反思的有现代新儒家的代表人物及其思想传人,也有自由主义、马克思主义等学派的哲学家、史学家,他们对百年儒学的发展中的分期问题、特征问题、儒学在中西文化冲突交流中的命运、儒学与中国现代化的关系、中国儒学与东亚日本韩国新加坡及欧美诸国儒学的种种关系,以及儒学与21世纪等等问题,也作了批判性的反思与总体性的审视。

将20世纪儒学作为一个整体来做思想史的考察,只有到了20世纪80年代90年代及新世纪来临时才能真正进行。如刘述先的《当代新儒家的探索》、杜维明的《儒学第三期发展的前景问题》、蔡仁厚的《新儒家的精神方向》、韦政通的《现代中国儒家的挫折与复兴——中心思想的批判》、王邦雄的《从中国现代化过程中看当代新儒家的精神开展》、罗光的《新儒家论丛》、林安悟的《当代新儒家评述》、余英时的《现代儒学论》、成中英的《现代新儒学建立的基础》、黄俊杰的《儒学与现代台湾》、李明辉的《当代儒学的自我转化》、方克立的《现代新儒学的发展历程》、罗义俊的《论当代新儒家的历程和地位》、李泽厚的《略论现代新儒家》、李宗桂的《儒学与中国现代思潮》、李锦全的《现代新儒学思潮的历史评价》、郑家栋的《现代新儒学与传统哲学现代化》、李翔海的《康有为与现代新儒学》、郑大华的《梁漱溟与现代新儒学》、郭齐勇的《论熊十力对现代新儒学之形上学基础的奠定》、颜炳罡的《牟宗三先生与第三期儒学之发展》等等,此外,研究现当代儒学、儒家及儒学史的论著也大量出版,如方克立主编的《现代新儒学辑要丛书》、黄克剑主编的《当代新儒学八大家集》、罗义俊编的《评新儒家》、郑家栋的《现代新儒学概论》、《当代新儒学史论》、《断裂中的传统——信念与理性之间》、胡伟希的《传统与人文:对港台新儒家的考察》、陈少明的《儒学的现代转折》、宋志明的《现代新儒家研究》、卢连章的《中国新儒学史》、启良的《新儒学批判》、李毅的《中国马克思主义与现代新儒学》、施忠连的《现代新儒学在美国》、赵德志的《现代新儒家与西方哲学》等等,关于现代儒家的前驱康有为、梁启超、梁漱溟,现代新儒学的代表人物熊十力、张君劢、马一浮、冯友兰、贺麟、唐君毅、牟宗三、徐复观及他们的传人,儒家型的史学大师王国维、钱穆、陈寅恪、柳诒徵等等的专题研究、译传,出版了不少,20 世纪中国儒学的研究成为百年思想史、学术史或哲学史研究的热点之一。

　　自 19 世纪中叶以来,在西方势力冲击之下中国社会开始了长期而全面的解体与转型过程,儒学也面临着空前的危机与陷于困境之中,但其薪火未断。"智山慧海传真火,愿随前薪作后薪",冯友兰的诗是有象征意义的。儒学思想由一代代的儒家用他们的生命作为燃料传递下去。牟宗三在《生命的学问》中说:"察业识莫若佛,观事变莫若道,而知性尽性,开价值之源,树立价值之主体,莫若儒。"儒学是学问,亦是生命,怀抱护持生命之源、价值之本,以期端正文化生命之方向,而纳民族生命于正轨的志向,牟宗三以自己的生命为燃料传续与弘扬儒学这团真火。近百年"儒门淡泊,收拾不住"的状况并不亚于隋唐时期,但以生命传真火,期望"贞下起元"的儒家毕竟维护、延续、弘扬了这生命的学问。儒学思想史饱含着时代的悲情延伸到 21 世纪,成为新世纪思想界反思的热点之一。

正因为有"传真火"者,思想仍旧延续着,对思想史的研究也并未中断。因为"经学时代"的终结,对儒学思想史的研究一般都纳入"思想史"、"学术史"、"哲学史"、"文化史"等专门史中进行,对百年儒学的研究也是这样。梁启超的《清代学术概论》、《中国近三百年学术史》、《五十年中国进化概论》,钱穆的《中国近三百年学术史》,柳诒徵的《中国文化史》,王国维的《论近年之学术界》、《论新学语之输入》等论著、论文,对儒家思想的研究都延伸到 20 世纪初。蔡元培写的《五十年来中国之哲学》,已初步论及世纪初叶儒学与批判儒学的新趋向,谈及儒学的"文艺复兴"运动,对康有为、谭嗣同、章太炎、严复、宋恕、夏曾佑、梁启超、胡适、梁漱溟等人与儒学、诸子学及西方哲学的种种关系,作了平实的回顾与反思。杨东莼的《中国学术史讲话》最后两讲论及 20 世纪前 25 年儒学学术新变与反儒学思潮。贺麟的《当代中国哲学》,分"中国哲学的调整与发扬","西方哲学的绍述与融会"、"时代思潮的演变与剖析"等章,对 20 世纪前 45 年的中国哲学各种思潮、流派及其代表人物作了系统的研究,特别关注从康有为到梁漱溟、熊十力、马一浮、冯友兰的新儒家思潮,认为康有为倡陆、王心学是现代新儒家思潮的前驱,而熊十力则"为陆、王心学之精微化系统化最独创之集大成者",而冯友兰的"新理学",虽受英、美新实在论的影响,但仍不失

20世纪儒学研究大系

为接着程朱理学讲的中国哲学,对新儒学、新子学、新佛学与西方哲学、宗教的种种关系,作了批判性的反思与评述。由于贺麟是自觉推动儒学复兴运动的新儒家,此书可视为 20 世纪儒学思想史研究的开山之作,虽然该书的研究对象是现代中国哲学。

此外,冯友兰的《中国现代哲学》、《中国哲学史新编》近代部分、《中国现代哲学史》,侯外庐的《中国近世思想学说史》、《中国近代哲学史》,郭湛波的《近五十年中国思想史》,冯契主编的《中国近代哲学史》、冯契著的《中国近代哲学的革命进程》,陈旭麓的《近代史思辩录》,李泽厚的《中国近代思想史论》、《中国现代思想史论》,吕希晨的《中国现代哲学史》,袁伟时的《中国现代哲学史稿》,许全兴、陈战雄等著的《中国现代哲学史》,方松华的《20 世纪中国哲学与文化》,许纪霖编的《20 世纪中国思想史论》等等,都或多或少涉及儒学、儒学与西方哲学、现代新儒学思潮等专题,有助于我们了解 20 世纪中国出现的批判儒学、重释儒学、重建儒学、复兴儒学、儒学与西方哲学会通等现象。

余英时在《现代儒学论》序中论及 20 世纪中国儒学的历史命运时提出:20 世纪的中国便恰好完整地经历了两个阶段的"西化",即"西化"与"反西化的西化"。以 1949 年为分水岭,前半个世纪中国知识分子向慕西方主流文化,所以"民主"与"科学"成为"五四"新思潮的两大纲领;后半个世纪则是"反西化的西化"在中国取得了绝对的统治地位。在这两个阶段中,儒家或儒学,所受到的待遇截然不同。在前一阶段中,领导西化运动的主要是一部分知识分子,他们并没有权力可以禁止种种不同的甚至相反的议论。"打倒孔家店"和阐释儒家的人仍然可以并存,在社会影响上彼此也往往互相制约。无论是反对或同情儒家的知识分子都曾是儒家文化的参与者,因为他们的生活经验中都渗透了不同程度的儒家价值。但是 1949 年以后,儒家的中心价值在中国人的日常生活中已不再公开露面。今天中年以后的知识分子，无论对儒学抱着肯定或否定的态度，都已没有做参与者的机会了；他们在生活经验中或者接触不到多少儒家的价值，或者接触到的是一些完全歪曲了的东西。儒家的价值必求在"人伦日用"中实现，而不能仅止于成为一套学院式的道德学说与宗教哲学。在这个意义上，儒学在传统中国确已体现为中国人的生活方式，而这一生活方式则依附在整套的社会结构上面。20 世纪以来，传统的社会结构解体了，生活方式也随之发生了根本的改变。我们今天观察儒学在中国的实际状况，不能不得出一个不可避免的结论，即儒学"托之空言"已远远超过"见之行事"了。

　　余英时从社会转型、历史变迁的角度探讨了 20 世纪中国儒学问题，实际上已初步描述了百年儒学命运，也涉及分期问题。他以1949 年为分水岭，分为两大时期，重点谈到儒学与"西化"、儒学与"反西化的西化"问题。"儒学"成为知识分子的"论说"，儒学的价值与现代的"人伦日用"的疏远，成为"游魂"等等，都是对于儒学从传统到现代转变的切身体验与观察。

　　冯友兰在《中国现代哲学》(1934)一文中，将从 19 世纪后期至1934 年的中国思想史分为三个时期。其中，1898 年在光绪皇帝领导下，是儒家公羊派康有为为首的政治改革时期，康有为、谭嗣同为代表，是第一个时期。第二个时期，是 1919 年高涨的新文化运动时期，陈独秀、胡适等批判旧文化，梁漱溟则是东方文化的维护者，他的《东西文化及其哲学》也是体现了他那个时期的时代精神。第三个时期是建立起国民政府的 1926 年的民族运动时期。冯友兰在《中国哲学史新编》将 1894 年至 1990 年近百年的中国哲学分为近代、现代两大阶段，近代部分论述了康有为、谭嗣同、严复、王国维等人，现代部分则论述了章太炎、孙中山、蔡元培、胡适、梁漱溟、陈独秀、李大钊、毛泽东、金岳霖、冯友兰与熊十力等人，1949

年仍然是一个分水岭。儒学思想的演变融化于中国近、现代哲学史之中。康有为的新公羊学或今文经学，章太炎对康有为今文经学的批评，胡适、陈独秀对儒家的批判，梁漱溟"接着"陆王讲，复兴儒学，还有中国哲学现代化时代中的"理学"与"心学"，都纳入百年中国哲学史中论述，脉络十分清晰。

　　郭湛波的《近五十年中国思想史》(1936)将50年思想的演变分为三个阶段：第一阶段，从甲午战争(1894)到辛亥革命(1911)，康有为、梁启超、谭嗣同、严复、章太炎、王国维、孙中山为代表；第二阶段，自民国成立(1911)至"北伐成功"(1928)，陈独秀、胡适、李大钊、吴敬恒、梁漱溟、张东荪为代表；第三阶段，从1928年至30年代中期，冯友兰、张申府、郭沫若、李达、陶希圣为代表。该书对新公羊学思潮，反孔思潮，疑古思潮，诸子学复兴，东西文化论战，科学与玄学论战，中国社会史论战及西学输入高潮等问题作了较系统的阐述，类似冯友兰的《中国哲学史新编》近、现代部分，能够帮助人们认识20世纪前半叶儒学思想演变的轨迹，可与贺麟的《当代中国哲学》一书互相参照。

　　到了20世纪后期，对百年中国儒学、哲学的回顾与反思，成了思想界、学术界的热点之一。方克立主编了《现代新儒学辑要丛书》，主持了"现代新儒学研究"的课题。他在《现代新儒学的发展历程》、《二十世纪中国哲学的宏观审视》等文中对广义的现代新儒学及中国哲学的百年历程作了批判性的总结和反思。他认为中国哲学走向世界，西方哲学走向中国，中西哲学的双向交流、融合、会通成为时代的潮流。自由主义、现代新儒家、马克思主义等哲学思潮，都是中西文化碰撞、冲突、交融与会通的产物。20世纪中国历史的几个重大关节点，也大体成为百年中国哲学发展阶段性的基本标志。从世纪初到20年代末的五四运动是第一个阶段，从"五四"到中华人民共和国建立，这30年是第二阶段；后半个世纪是第三阶段。第三阶段的中国哲学又有大陆与港台两条线索。"援西学入儒"是现代新儒学的一个重要特征,如梁漱溟与柏格森哲学,熊十力与生命哲学,冯友兰、金岳霖与新实在论,贺麟与新黑格尔主义、牟宗三与康德哲学等等。方克立认为现代新儒学诞生于 20 世纪初期,经过 30 多年奠基和发展,已经成为一个重要的学术思想派别,它的前期代表人物梁漱溟、熊十力、冯友兰等都在中国现代思想史上占有显赫的地位。1949 年后,作为一个思潮和学派来说,因其反对马克思主义而不可能在大陆继续存在和发展,它的阵地遂转移到港台和海外,而就整个中国现代思想史来说,现代新儒学并没有断绝薪火,在第二个 30 年它又经历了新的重要发展阶段,进入 80 年代以后更有进一步走向世界、发展成为一种国际性思潮的趋势。

郑家栋沿着方克立的思路,撰写了《现代新儒学概论》、《当代新儒学史论》、《断裂中的传统——信念与理性之间》等论著,对从梁漱溟、熊十力到牟宗三、唐君毅及其传人杜维明、刘述先等三代新儒家的思想历程做了系统的研究,对"后牟宗三"的儒学发展做了反思与预测。同时,他对近五十年来大陆儒学的发展与现状也做了专题探讨。他认为:近五十年大陆儒学发展大致经历三个阶段。一,1950 年至 1979 年,意识形态背景下的儒学,由批判性的儒学研究到群众性的批孔批儒,孔子、儒家的地位每况愈下。二,1980 年至 1990 年,"思想解放"大潮中的儒学,大陆重新评价孔子、儒学,港、台和海外的新儒学传入大陆,围绕着传统文化与现代化、社会转型等问题又引发了关于儒学的思想争鸣。三,90 年代至新世纪来临。儒学研究显示出相对独立的学术和文化意义。大陆的现代新儒学研究兴起于 80 年代末,大盛于 90 年代初。先秦、汉唐、宋明清的儒学思想史、专题史、学派与代表人物的研究也空前繁荣。儒学与西方哲学、宗教,儒学与中国、东亚现代化,儒学和后现代,儒学与马克思主义,儒学与自由主义等等专题研究的开

20世纪儒学研究大系

拓,都显示出大陆儒学研究与儒学发展具有了和以往不同的意义。从李维武的《二十世纪中国哲学本体论问题》、李毅的《中国马克思主义与现代新儒学》、施忠连的《现代新儒学在美国》、赵德志的《现代新儒家与西方哲学》等论著的内容看,郑家栋的分析是切合实际的。从孔子、孟子到张君劢、牟宗三、唐君毅、徐复观,二千多年的儒家代表人物都有学者做专题研究或撰写思想评传,90 年大陆儒学研究的繁荣由此可见一斑。

有的学者,对百年中国儒学的发展历程还做了专题研究,如夏乃儒的《用世纪之交的目光来审视儒学》、罗义俊的《当代新儒家的历程和地位问题》。夏乃儒认为在 20 世纪思想舞台上,儒学虽然不能说唱的是主角,但它确实扮演了一个重要的角色。儒学在百年来的遭遇,可以分四个阶段来考察:第一阶段,世纪初围绕儒学的争论,以康有为、梁启超与章太炎的论争为典型。第二阶段,五四运动前后,儒学成为新文化运动所鞭打的对象。启蒙思想家批孔批儒,集中于纲常伦理方面,对儒家的理论层次,如仁、义、心、性等问题尚少提到,而以后现代新儒学的兴起,恰恰是在儒学理论层次上寻找其生长点。第三阶段,20 世纪中叶,现代新儒学的兴起与"文化大革命"中批孔运动的爆发。第四阶段,20 世纪 80 年代起围绕儒学与现代化这一主题的对话。大陆学者与港、台、海外学者的学术对话,现代新儒家第三代传人穿梭于大陆与港台、亚洲与欧美之间,关于孔子与儒学的国际学术会议频繁召开,成为 20 世纪最后十年值得记一笔的大事。

罗义俊是位"以儒者生命为生命"的人,近十几年来他对"现代新儒学"的传播、研究贡献并不亚于方克立与郑家栋等人。他写的《第三期儒学发展的回顾与展望》、《论当代新儒家的历程和地位》、《从经济意义上论儒学与现代化的关系》、《钱穆先生传略》、《论钱穆先生的史学对象论》、《钱穆对新文化运动的省察梳要》、《牟宗三先

生与人文友会》、《新儒家传略》、《客观的了解与创造性的重建》、《重
铸实践的智慧学:生命与无穷的奋斗》、《分判与会通》、《儒学与儒
教》等文章,对大陆学者了解现当代新儒学思潮,了解钱穆、牟宗三
等现代大儒的思想,起了积极的作用。罗义俊在《当代新儒家的历
程和地位问题》中认为当代新儒家至今已经历了两段路程,进入第
三个历程。自梁漱溟在北大宣言发扬孔子,到抗战胜利,是第一个
历程,王新命、何炳松等十教授发表《中国本位文化建设宣言》、沈有
鼎宣读《中国哲学今后的发展》、贺麟发表《儒家思想的新开展》、钱
穆发表《中国近代儒学之趋势》,可以视作第一历程的小结,来途的
昭示。自抗战胜利直至 70 年代,进入第二历程。第一历程重在救
亡图存,是创立与奠基期,第二历程重在民主建国,是内外开展期。
牟宗三等起草的《鹅湖书院缘起》提出"儒学第三期",新亚书院的创
建,成了弘扬儒学精神的重镇。张君劢、唐君毅、牟宗三、徐复观等
联名发表的《为中国文化敬告世界人士宣言》成为新儒学走向国际
的标志,1978 年唐君毅的去世,可视为第二历程的结束。自此之后,
现当代新儒学进入第三历程,杜维明、刘述先、蔡仁厚、王邦雄等新
生代的崛起,国际哲学界与新一代儒家的对话,大陆学者与港台儒
学二代传人的对话,使人们重新看待百年儒学思潮,讲授和编写当
代中国哲学思想史,将不得不写上"当代新儒家"这一章。

六

　　反思与总结 20 世纪中国儒学与西方哲学、宗教接触、碰撞、交
融、会通的百年历程,综合上述学者的基本观点,我们可以得出如
下几点看法。

　　一、百年中国儒学思想历程,大致可以划分为五个阶段:

　　(一)20 世纪初至 1911 年辛亥革命为第一阶段。儒学在"经

学时代"终结后面临着新的困境,西方哲学、宗教、科学的输入高潮即将来临,"诸子学"的兴起,才智之士悦"西学"、"子学"之风特盛,以西学、子学为参照系批判儒学的思想初潮。科举制度的废除,辛亥革命的爆发,社会解体与重构的加速,导致制度化的儒学死亡。现代儒学新生命的诞生由此获得新的契机,以西方哲学、宗教为参照,重新诠释儒学的工作初见端倪。康有为、梁启超、王国维等已开始探索会通儒学与西方哲学、宗教之路。

(二)从辛亥革命后至 1928 年为第二阶段。一方面康有为、陈焕章等仿效董仲舒的"崇儒更化",借鉴西方基督教,创建孔教会,希望定孔教为国教。另一方面,西学如潮水般涌入中国,启蒙思想家推动的新文化运动,以批孔批儒反传统为其主要内容。"打孔家店"的声浪中又出现像梁漱溟、杜亚泉等东方文化派,梅光迪、吴宓、汤用彤、陈寅恪等新人文主义(学衡派),与陈独秀、胡适等人为代表的《新青年》派展开的论战,接着又出现以丁文江、胡适为代表的科学主义与以张君劢、梁启超为代表的人文主义之间的论争,形成广义的现代儒家人文主义、自由主义与马克思主义三大思潮的冲突与互动,催生了现代中国哲学,儒学也向现代哲学形态转变。

(三)1928 年至 1949 年为第三阶段。抗日战争的爆发,救亡运动的高涨,使民族文化复兴思潮兴起。现代儒学在民族文化复兴运动中走向成熟,以熊十力、贺麟、牟宗三为代表的新心学,以冯友兰、金岳霖为代表的新理学,"援西学入儒学",上接宋明程朱与陆王两大儒学,创造性地综合儒学与西学,成功地促使儒学现代化。"五四"时期启蒙思想家如胡适,也转向研究儒学,他的《说儒》是一篇以科学方法研究孔子与儒学的里程碑式的作品。他研究中国思想史的论著,在发掘儒家人文主义与理性主义精神方面有新的突破。一种后五四建设心态已经形成。

(四)1949 年至 1976 年。大陆出现批判儒学的新趋向,前期是批判性的研究,原来被视为儒学的代表人物,除梁漱溟、熊十力等少数人外,像冯友兰、贺麟、金岳霖等等都改造思想、脱胎换骨,以至批判自己前期的新理学与新心学,以"苏联哲学"为典范,批判、解构儒学成为一时风潮,西方哲学与宗教也在批判之列。70年代则出现群众性的批孔批儒运动,孔子、儒学及西方哲学是否定的对象,根本无学术性的研究可言。儒学边缘化,在港、台地区与海外得到某种程度的发展。

(五)70年代后期至21世纪初。儒学研究逐步复苏,重新评价孔子、儒学的文章逐渐引起思想界的关注。"边缘化"的港、台新儒学开始传入大陆,马克思主义、现代新儒家、自由主义的对话与互动,在世纪末得以形成新的格局,儒学与西方哲学、宗教的比较研究,在第二次西学输入高潮中成为思想界关注的课题,儒学与21世纪也成了中外学者讨论的热点,大陆儒学研究出现多元化、多样化的发展势头。从百年儒学思想演进的历程看,不论从儒学思想本身的发展看,或者从儒学思想研究的历程看,20世纪的中国儒学与西方哲学、宗教之间的碰撞、冲突、交流、会通,儒学的现代化,是贯穿始终的一条主线。

二、20世纪中国的儒学现象,从儒学与西学的关系史考察,出现了以西方哲学、主义为坐标、价值尺度或参照系,或者批判儒学,或者重释儒学,或者重建儒学,或者会通儒学与西方哲学、宗教,或者在综合儒学与西方哲学或主义的基础上进行创造。这种种现象的出现,与近百年中国各种哲学思潮、学派之间的学术争鸣交织在一起,使20世纪中国思想史的复杂性与丰富性远远超过唐、宋中印思想交流的时期。

(一)以西方哲学中的某一流派或某种主义为坐标或价值取向,结合中国"诸子学"的道、墨、法哲学,或者与佛教哲学结合,以平等的眼光审视儒学,或者以批判的心态否定儒学,激进的思想家

20世纪儒学研究大系

还提出"打孔家店"的口号,如陈独秀称西学为"人类公有之文明",即以西学为坐标,认为"旧有的孔教"与"输入之欧化"之间是水火不相容的,"新旧之间绝无调和两存之余地"。如章太炎的《订孔》、《驳建立孔教议》,谭嗣同的《仁学》、《原儒》,易白沙的《孔子平议》,吴虞的《家族制度为专制主义之根据论》、《吃人与礼教》,陈独秀的《宪法与孔教》、《尊孔与复辟》、《孔子之道与现代生活》、《孔子与中国》,胡适的《寄吴又陵先生书》、《吴虞文录》序、《读梁漱溟先生的〈东西文化及其哲学〉》、《写在孔子诞辰纪念之后》,李大钊的《孔子与宪法》、《圣人与皇帝》,蔡尚思的《中国传统思想总批判》、《孔子思想体系》,郭沫若的《奴隶制时代》,杨荣国的《孔墨的思想》、《中国古代思想史》、《简明中国哲学史》,侯外庐、邱汉生等主编的《宋明理学史》,殷海光的《中国文化的展望》等等,是自由主义者或马克思主义者从思想、学术方面批判孔学与儒学的代表作品。自由主义哲学或马克思主义哲学都是由西方传入中国的,而儒学则是中国传统哲学的主流,以自由主义哲学或者以马克思主义哲学为准则批判儒学,是百年来中国思想学术史中最值得反思的现象,即使是文化保守主义者或现代新儒家,也对这一现象进行了反思。如贺麟在《儒家思想之开展》、杜维明在《儒学第三期发展的前景问题》、余英时在《中国近代思想史上的激进与保守》、《现代儒学论》、陈来在《人文主义的视界》中就做了这种反思。

　　"五四"前后的启蒙思想家、自由主义者或马克思主义者对孔子、儒学的批判,形成了一股"打倒孔家店",反对儒家传统的浪潮,加上来自非学术、非文化的腐蚀,儒学的现代命运是够悲惨的了!但确如贺麟、杜维明、余英时等人的分析,批判有助于厘清儒学的真精神、真学术、真价值,是促进儒学思想新发展的一个转机。有志于发展现代新儒学的人,把握住这个大转机,接着"宋明理学或心学"讲,不断开辟着"形上智慧"、"天道性命相贯通的大义"或"儒家的人文精神”的领域,而西方的柏拉图、康德、黑格尔、柏格森、怀德海、海德格尔、伽达默尔、罗蒂等的哲学思想,成为现代儒学的外援。批判儒学刺激以至启迪现代新儒家引进西方的学理来阐释、重建儒学,建构了具有现代学术特征的思想体系。出现这种现象的原因是复杂的,但当时批孔批儒的主流知识分子没有权力禁止相反的议论,思想自由、学术自由在一定范围内还不受限制,“打孔家店”与“复兴儒学”的人仍然可以并存,如陈独秀、胡适与梁漱溟、熊十力等,都在蔡元培“兼容并包”的精神指导下的北京大学,是其中原因之一。

“文化大革命”期间,大陆的群众性批孔批儒运动出现后,只有梁漱溟、熊十力、陈寅恪等少数儒家或有儒家精神的学者能在内心世界中恪守信念外,疾风暴雨般的大批判使曾期望“贞下起元”的冯友兰也演出了迎合当时的批孔闹剧,儒学的困境真可说是空前绝后的了。值得注意的是,50年代以后的胡适,却写文章称孔子、孟子、朱子等是“提倡自由主义的先锋”,从儒学中发掘人文主义与理性主义的精神。

(二)会通中西文化、会通中西哲学是近百年中国思想史上与批判中国传统文化、复兴中国文化二种思潮鼎足而立的一大思潮。会通派认为,不仅西方文化有两重性,中国文化也有两重性,简单的扬中抑西或扬西抑中都于世无补,通过中西文化比较对各自的文化不足有深刻的反省,将中西文化有价值的成分在精神层面上互补会通,“淬砺所固有,采补所本无”,才能融合东西方智慧。所以,一般来说,会通派都主张儒学与西方哲学、宗教在精神价值层面的对话、交流、融合与会通。如梁启超提倡的“淬砺其所本有而新之”、“采补其所本无而新之”、“不中不西、即中即西”、“二十世纪,则两文明结婚时代也”;王国维强调的“学无新旧也,无中、西也”,学衡派梅光迪、吴宓、汤用彤等主张的“论究学术,阐求真理,昌明国粹,融化新知",东方文化派杜亚泉融合新旧、会通中西的调适智慧,都是会通派的主导思想。梁启超的《释新民之义》、《欧游心影录》、《论中国学术思想变迁之大势》的"总论",吴宓的《论新文化运动》、《论白璧德、穆尔》,梅光迪的《评提倡新文化者》,汤用彤《评近人之文化研究》,杜亚泉的《静的文明与动的文明》、《战后东西文明之调和》、《迷乱之现代人心》、《新旧思想之折衷》,蔡元培的《北京大学月刊发刊词》、《东西文化结合》、《三民主义的中和性》、《中华民族与中庸之道》,张东荪的《现代的中国怎样要孔子》,潘光旦的《中国人文思想的骨干》、《荀子与斯宾塞论解蔽》、《人文学科必须东山再起》等等,都体现了一种会通中西哲学的精神。

　　C·A·穆尔在《东西方哲学》论文集序言中说:"不论东方哲学还是西方哲学都不是'自足的',都不具备全面的、整体的哲学特征。"双方的互相补充,一方所欠缺或不够重视的思想观念,由另一方来弥补或加以强调。人类思想的各个不同方面被汇集在一起,就能达到综合,而且是应该达到的。正是这一综合才能把我们引向"世界哲学"。东西方智慧的交融与会通不仅是梁启超、杜亚泉、吴宓等中国思想家的见解,也是一种国际性的思潮。徐光启早有"欲求超胜,必须会通"之论,梁启超在《欧游心影录》中说:"拿西洋的文明来扩充我的文明,又拿我的文明去补助西洋的文明,叫他化合起来成一种新文明。"吴宓在《论白璧德、穆尔》中说:"今将由何处而可得此为人之正道乎? 曰:宜博采东西,并览古今,然后折衷而归一之。"他在《论新文化运动》中说:"光绪末年以还,国人动忧国粹与欧化之冲突,以为欧化盛则国粹亡。言新学者,则又谓须先灭绝国粹而后始可输入欧化。其实,二说均非是。盖吾国言新学者,于西洋文明之精要,鲜有贯通而彻悟者。苟虚心多读书籍,深入幽探,则知西洋真正之文化与吾国之国粹,实多互相发明,互相裨益之处,甚可兼蓄并收,相得益彰。诚能保存国粹,而又昌明欧化,融会贯通,则学艺文章,必多奇光异彩。"郭湛波称誉的"输入西洋哲学方面最广、影响最大"的张东荪也说:"一方面输入西方文化,同时他方面必须恢复固有的文化。我认为这两方面不但不相冲突,并且是相辅佐的。因为中国固有的文化可以儒家思想为代表,他只是讲做人的道理。"

　　如果我们仔细比较主张中西会通的思想家的言论,就儒学与西方哲学、宗教的关系而言,会通派内部实际上也有不同的倾向,有的偏向于"中体西用",如陈寅恪、吴宓;有的偏向于自由主义,如蔡元培、杜亚泉、张东荪,杜亚泉还有"儒家自由主义先驱"之称;有的偏向于现代新儒家,如梁启超、梁漱溟,就被视为现代新儒家的先驱;有的会通派是马克思主义者,如李大钊。此外,确如梁启超强调的:"孔子教人择善而从,不经一番择,何由知得他是善?"(《欧游心影录》)若无选择的智慧,根本谈不上真正的会通。是选择古希腊哲学,还是近代启蒙主义哲学? 是选择德国古典哲学,还是法国实证主义? 是现代主义哲学,还是后现代主义? 是科学、民主精神,还是希伯莱文明的基督教精神?"西方"是一个历史文化、政治地理方面非常复杂而又丰富的概念,百年来走中西会通之路的思想家,都必须在"会通"的具体内容中作出智慧的选择。欲求会通,必先抉择,善择者是会通之前提,只这个择字,便是思想解放的关目。

　　(三)以儒家思想为中国文化的主干或主流,特重儒家传统中的心性之学、成德之教,或者"接着"宋明道学的精神讲说,援西方哲学入儒,统摄诸子百家,归宗儒学,以承续、弘扬中华文化生命为己任,回应西方文化的挑战,创造性地重建儒学,是现当代新儒家的基本思路或精神方向。贺麟所说的"以儒家思想或民族精神为主体去儒化或华化西洋文化"、"以西洋之哲学发挥儒家之理学",是几代新儒家所走的路径。杜维明在《儒家传统的现代化》中说:"如果儒学第二期的发展,是针对印度文化,或者说是佛教文化的挑战,所作的创建性的回应,即消化了印度文化,提出一套中国特有的思考模式,那么儒学有无第三期发展的可能,也就取决于它能否对西方文化的挑战有一个创建性的回应。"创建性的重建,除哲学外,还涉及"超越的层次"、"社会政治经济层次"与"深度的心理学"层次。他在《创造的转化》中又说:传统的中国文化,因为西方文化的撞击而变得残破不堪,这是儒学所面临的燃眉之急的挑战。怎样严肃地吸取西方文化的菁华,真正吸收它的养分,这是决定儒学能否进一步发展的先决条件。所以,要在超越精神、社会建构、深度心理三个层次上接受西方文化的洗礼。重建儒家哲学,已有三代人的努力,梁漱溟、熊十力、张君劢、贺麟等属于第一代人,牟宗三、唐君毅、徐复观等属于第二代人,而杜维明、刘述先、蔡仁厚等则属于第三代人。

　　确如韦政通所说的:新儒家三代人"已为中国哲学的重建立下不朽的功绩"。梁漱溟的《东西文化及其哲学》、《中国文化要义》、《人心与人生》,熊十力的《新唯识论》、《读经示要》,张君劢的《民族复兴之学术基础》、《明日之中国文化》、《新儒家思想史》,冯友兰的"贞元之际"六种书《新理学》、《新事理》、《新原道》等,贺麟的《当代中国哲学》、《文化与人生》、《近代唯心论简释》,钱穆的《国史大纲》、《朱子新学案》等,唐君毅的《中国文化之精神价值》、《人文精神之重建》、《生命存在与心灵境界》,牟宗三的《道德的理想主义》、《历史哲学》、《心体与性体》、《智的直觉与中国哲学》等,徐复观的《中国人性论史》、《中国思想史论集》等,杜维明的《人性与自我修养》、《道·学·政——儒家知识分子论集》、《现代精神与儒家传统》等,刘述先的《朱子哲学思想的发展与完成》、《儒家思想与现代化》、《儒家思想开拓的尝试》等,蔡仁厚的《新儒家的精神方向》、《儒家思想的现代意义》,罗义俊的《评新儒家》,蒋庆的《公羊学引论》等等,都是重建儒学的代表论著。冯友兰将自己的《新理学》、

《新原道》等书称为"贞元之际"所写的书，期望的是"贞下起元"。杜维明以"一阳来复"名自己的随笔，也是期望"儒学第三期"的真正出现。王邦雄称牟宗三"开启一条消化西学的新路"，实际上，儒化或华化西方哲学、宗教是新儒家的共同点。

（四）"创造的综合"或"综合创新论"，是与批判儒学论、重建儒学论不同，近似中西会通论但又有新的特色的理论。20 世纪 30 年代由张申府、张岱年兄弟提出，苏渊雷、方克立等学者先后响应，至 80、90 年代为大陆研究儒学的不少学者认同与接受，成为马克思主义者研究孔子、儒学的主导观点。方克立、郑家栋等主持的"现代新儒学思潮研究"，大陆马克思主义与港台、海外现代新儒家展开的学术对话，近 20 多年关于孔子、儒学、中国文化与现代化等专题的学术争鸣，综合创新论就成为最基本的、最重要的精神方向。"中国文化向何处去"，自始至终存在三种主张、三种选择，自由主义的"西化"或全盘西化论、保守主义的儒学复归论、马克思主义的综合创新论。张岱年形象地说："两股支流是岔道，一条大道是主流"，他晚年在《文化与哲学》自序中说："30 年代曾经参加当时关于文化问题的讨论。我反对东方文化优越论，也反对全盘西化论，主张兼取中西文化之长而创造新的中国文化。我的主张可以称为'综合创新论'。"

张申府的《什么是新启蒙运动》、《五四纪念与新启蒙运动》，已明确提出"新启蒙运动应该是综合的"。"所要造的文化不应该只是毁弃中国传统文化，而接受外来西洋文化，当然更不应该是固守中国文化，而拒斥西洋文化；乃应该是各种现有文化的一种辩证的或有机的综合"。张岱年在《世界文化与中国文化》、《哲学上一个可能的综合》、《西化与创造》、《关于中国本位的文化建设》、《论现在中国所需要的哲学》等文中，进而将张申府的"综合"论发展为"综合的创造"，强调"文化的创造主义"，认为创造新的中国本位的

文化是中国文化之唯一的出路,晚年,在"文化热"中,他明确提出
"文化综合创新论"。他与程宜山合著的《中国文化和文化论争》、
与王东合撰的《中华文明的现代复兴和综合创新》,是"综合创新
论"的集大成之作。此外,苏渊雷的《文化综合论》、《与张季同先生
书》、《中华民族文化论纲》,方克立的《批判继承、综合创新》等文,
都是循此思路发展的。从张岱年的《中国哲学大纲》、《玄儒评林》、
《求真集》、《文化与哲学》、《真与善的探索》(《天人五论》)等论著
看,综合"中国古典哲学"、"英国新实在论"与"辩证唯物论"之长而
创建"分析的辩证唯物论"。他对中国哲学、孔子、儒学的研究,也
是以这种思路与方法进行的。

　　张申府在倡导新启蒙运动期间,对"五四"新文化运动启蒙思
想家们反儒学、打孔家店的思潮做了批判性反思,提出"打倒孔家
店"、"救出孔夫子";"科学与民主"、"第一要自主"的新口号,此一
转语,是新启蒙与"五四"时期启蒙思想家的重要区别,由"全盘性
的反传统主义",转向"后五四时期的建设心态"了。张申府在《论
中国化》中明确指出:"五四时期的启蒙运动有的地方不免太孩子
气了。因此为矫正'打倒孔家店'的口号,我曾提出'打倒孔家店,
救出孔夫子',就是认为中国的真传统遗产,在批判解析地重新估
价,拔去蒙翳,剥去渣滓之后,是值得接受承继的。"以马克思为主,
兼摄罗素、孔子等哲人的思想,是张申府、张岱年哲学上综合创造
的基调,也是这一派研究儒学的思路。方克立在《现代新儒学研究
的自我反省》中提出"同情地了解,客观地评价、批判地超越",也可
视为此种思路的发挥。

<h2 style="text-align:center">七</h2>

　　20世纪中国儒学思想史或儒学研究史,有一非常突出的现象

是重视儒学、中国哲学与西方哲学、宗教的比较研究,通过异同的比较,探求各自的特质,追溯造成不同特质或差异的根源,探求东西方智慧互补、会通的方法、方向或途径。

近百年在中国出现的各种思潮、各种学派的代表人物,如康有为、章太炎、梁启超、王国维、严复、蔡元培、胡适、陈独秀、鲁迅、李大钊、梁漱溟、杜亚泉、吴宓、陈寅恪、汤用彤、熊十力、冯友兰、贺麟、金岳霖、张君劢、钱穆、方东美、马一浮、唐君毅、牟宗三、谢幼伟、张东荪、吴稚晖、朱谦之、徐复观、罗光、季羡林、朱光潜、宗白华、黄建中、沈有鼎、张申府、张岱年、李泽厚、殷海光、韦政通、杜维明、刘述先、成中英、傅伟勋、余英时、冯契、张世英等等,都具备广博的中西学术修养,有的学者还是中国现代比较哲学、比较美学、比较伦理学、比较宗教学、比较文学等方面的开拓者。如梁启超的《儒家哲学》、《科学精神与东西文化》、胡适的《先秦名学史》、《中国哲学史大纲》、梁漱溟的《东西文化及其哲学》、冯友兰的《人生哲学》、《中国哲学简史》、贺麟的《宋儒的思想方法》、《朱熹与黑格尔太极说之比较观》、朱谦之的《中国思想对于欧洲文化之影响》、吴宓的《文学与人生》、方东美的《哲学三慧》、唐君毅的《中西哲学思想之比较研究》、《生命存在与心灵境界》、金岳霖的《论道》、牟宗三的《智的直觉与中国哲学》、《中西哲学之会通十四讲》、张世英的《天人之际》、《进入澄明之境》等等,都是中西哲学比较研究的代表之作。

王国维在《奏定经学科大学文学科大学章程书后》中说:"若夫西洋哲学之于中国哲学,其关系亦与诸子哲学之于儒教哲学等。今即不论西洋哲学自己之价值,而欲完全知此土之哲学,势不可不研究彼土之哲学。异日发明光大我国之学术者,必在兼通世界学术之人,而不在一孔陋儒,固可决也。"20世纪初在思想界最引人关注的现象是西学的涌入,诸子学的复兴,经学的终结,儒学面临着严峻的挑战与重建的机遇。王国维视"西洋哲学"、"诸子哲学"与"儒教哲学"鼎足而立的关系,实开比较研究的先声。所谓"国初之学大,乾嘉之学精,道咸以降之学新","新"就是"诸子学复兴"与"西学涌入"后,儒学在挑战中重新追求新范式、新方向。梁启超在《湖南时务学堂学约十章》中说:"居今日而言经世,与唐宋以来之言经世者,又稍异。必深通六经制作之精意,证以周秦诸子,及西人公理公法之书,以为之经,以求治天下之理。"从学理的重建与经世致用的实践,儒学都要在"诸子学"、"西学"的挑战与互动中求得新生,而比较研究,或用牟宗三的话说,具体的分判与会通工作就蕴涵于其中。

牟宗三在《中西哲学之会通十四讲》中谈到"中西哲学会通的分际与限度"时指出:中西哲学之会通是核心地讲,由此核心扩大而言也可说是中西文化之会通。文化之范围太大,可以从各角度、各方面来看,但向内收缩到最核心的地方,当该是哲学。哲学可以做庞大的文化这一综和体的中心领导观念。而会通的可能性和哲学真理之普遍性与特殊性相关,由普遍性言会通,由特殊性言限制,会通中有分判,分判是会通的基础,由分判走向会通,故有普遍性也不失其特殊性,有特殊性也不失其普遍性,由此可言中西哲学的会通,也可谓多姿多采。一般说来,包括牟宗三在内,近百年来中国思想家、哲学家探求儒学与西方哲学、宗教的异同,有"核心地讲",着眼于哲学比较,也有"扩大而言"者,比较的是中西文化,因为儒学的范围与领域并不限于"哲学",涉及文化各个层面,故可以从"核心"及"扩大"两方面来比较。

林毓生在《中国意识的危机》、李泽厚在《中国现代思想史论》都将近现代知识分子划分了几代,而中西文化、中西哲学的不同特质的问题,是第一代与第二代知识分子特别关注的课题,他们思考与得出的初步结论影响极为深远。严复通过比较研究,发现中国传统文化中缺乏"个体自由"与"逻辑"方法。他说："夫自由一言，真中国历古圣贤所深畏，而未尝立以为教者也。"（《论世变之亟》）这是中西文化、中国人与西方人差异的关节点。"自由既异，于是群异丛然以生，粗举一二言之：则如中国最重三纲，而西人首明平等；中国亲亲，而西人尚贤；中国以孝治天下，而西人以公治天下；中国尊主，而西人隆民；中国贵一道而同风，而西人喜党居而州处；中国多忌讳，而西人众讥评。其于财用也，中国重节流，而西人重开源；中国追淳朴，而西人求欢娱。其接物也，中国美谦屈，而西人务发舒；中国尚节丈，而西人乐简易。其于为学也，中国夸多识，而西人尊新知。其于祸灾也，中国委天数，而西人持人力。"（同上）以"自由"为核心来衡论中西各自不同的特质，虽然在学理上有偏颇之处，但思想之锐利与深刻是足以警示国人的。严复称中西文化各有其体用，国人不宜"尽去吾国之旧，以谋西人之新"而应"自具法眼，披沙见金"，"阔视远想，统新故而视其通，苞中外而计其全"。他以《大学》"絜矩之道"诠释西方"自由"观念，强调"自由"要关切"群己权界"，实际上已经将儒家思想与穆勒自由观作了比照与会通。"中国道理与西法自由最相似者，曰恕、曰絜矩。然谓之相似则可，谓之真同则大不可也。何则？中国恕与絜矩，专以待人及物而言。而西人自由，则于及物之中，而实寓所以存我者也。"（同上）他在《群己权界论》的"译凡例"中还说："吾观韩退之《伯夷颂》，美其特立独行，虽天下非之不顾。王介甫亦谓圣贤必不循流俗，此亦可谓自由之至者矣。至朱晦翁谓虽孔子所言，亦须明白讨个是非，则尤为卓荦俊伟之言。谁谓吾学界中无言论自由乎！"可见，对中西文化、中西哲学的普遍性与特殊性问题，严复是极为关注的。

此外，严复还十分重视输入西方近代的逻辑学、认识论，译介了《穆勒名学》、耶芳斯《名学浅说》。他认为"西学之所以翔实，天函日启，民智滋开，而一切皆归于有用者，正以此再"（《名学浅

20世纪儒学研究大系

说》)。儒家经典中有些重要概念、范畴的解释会出现"意义歧混百出",与缺乏"逻辑学"有关。故"廓清指实,皆有待于后贤也"(同上)。金岳霖在《中国哲学》一文中指出,"逻辑和认识论的意识不发达"是中国传统哲学的特征之一,其观点实导源于严复。

王国维虽然从哲学真理的普遍性出发,强调"学无新旧也,无中西也,无有用无用也",所谓"新旧之争"、"中西之争"是"学之义不明于天下"的缘故,但他并不忽视中西文化、中西哲学各自的特殊性。他在《论新学语之输入》中说:"抑我国人之特质,实际的也,通俗的也;西洋人之特质,思辨的也,科学的也;长于抽象而精于分类,对世界一切有形无形之事物,无往而不用综括及分析之二法,故言语之多,自然之理也。吾国人之所长,宁在于实践之方面,而于理论之方面,则以具体的知识为满足,至分类之事,则除迫于实际之需要外,殆不欲穷究之也。"从思维方式与语言文字方面比较中西思想学术之差异,是王国维慧眼独到之处。季羡林在《郎润琐言》中称中国哲学长于综合思维方式,西方哲学则以分析思维为主导。李泽厚在《中国的智慧》中认为中国哲学思维的特质之一是实践理性,张世英在《天人之际》中以"天人合一"与"主客二分"辨中西哲学的分际和限度,皆为王国维此论的补充或发挥。

值得注意的是,王国维不仅仅是为了辨异,他还着眼于补不足。"夫抽象之过,往往泥于名而远于实,此欧洲中世学术之一大弊,而今世之学者犹或不免焉。乏抽象之力者,则用其实而不知其名,其实亦遂漠然无所依,而不能为吾人研究之对象。何则?在自然之世界中,名生于实,而在吾人之概念之世界中,实反依名而存故也。"(同上)金岳霖曾戏言西方哲学是"概念的游戏",有可能遗忘生活世界与实存的人,导致逻辑的、概念的世界与意义的、价值的世界割裂开来,王国维所说的"可信"与"可爱"的矛盾,大概也与此有关。

王国维在《论哲学家与美术家之天职》中说："披我中国之哲学史，凡哲学家，无不欲兼为政治家者，斯可异已！孔子，大政治家也；墨子，大政治家也；孟、荀二子，皆抱政治上之大志者也；汉之贾、董，宋之张、程、朱、陆，明之罗、王无不然。"因此，"我国无纯粹之哲学，其最完备者，唯道德哲学与政治哲学耳。至于周、秦、两宋间之形而上学，不可欲固道德哲学之根底，其对形而上学，非有固有之兴味也。其于形上学且然，况乎美学、名学、知识论等冷淡不急之问题哉？"此论对儒家、儒学与西方哲学的不同特质作了提纲挈领的论述，对以后学者影响颇深。如金岳霖在《中国哲学》中认为中国哲学的特点主要有如下几点：一是"逻辑和认识论的意识不发达"，二是"天人合一"，三是个人不能离开社会而生活，哲学家直接或间接地与政治发生联系、关心政治。孔子本人就既是哲学家又是政治家。"天人合一"也是伦理与政治合一，个人与社会合一。中国哲学和政治思想意味深长地结成了一个单一的有机模式。四是哲学和政治的统一，总是部分地体现在哲学家身上。中国哲学家到目前为止，与当代的西方哲学家大异其趣。他们属于苏格拉底、柏拉图那一类。中国哲学家都是不同程度的苏格拉底式的人物。其所以如此，是因为伦理、政治、反思和认识集于哲学家一身，在他那里知识和美德是不可分的一体。金氏所论的中国哲学特质，可视为对王国维的观点进一步发挥与系统化。20世纪以来，出现了职业哲学家或专业哲学家，他们懂哲学却不用哲学。哲学家与哲学分离已经改变了哲学的价值，使世界失去了绚丽的色彩。金氏预感到儒家一旦脱离生活实践，走学院化、学理化的道路，不再像孔子那样慨然"以仁为己任"，只能成为专业哲学家，而不是真儒。"熊十力哲学背后有熊十力这个人"，此说最恰当地彰显了中国哲学的主要特征。

1919年12月，在哈佛大学留学的陈寅恪与吴宓讨论中、西、

印文化异同,得出几点结论,记于《雨僧日记》之中。陈寅恪认为:

一、中国之哲学美术,远不如希腊。不特科学为逊泰西也。但中国古人,素擅长政治及实践伦理学,与罗马人最相似。其言道德,唯重实用,不究虚理。其长处短处均在此。长处即修齐治平之旨;短处即实事之利害得失,观察过明,而乏精深远大之思。故昔则士子群习八股,以得功名富贵。而学德之士,终属极少数。今则凡留学生,皆学工程实业,其希慕富贵,不肯用力学问之意则一。而不知实业以科学为根本,不揣其本,而治其末,充其极,只成下等之工匠。境遇学理,略有变迁,则其技不能复用。所谓实用者,乃适成为最不实用。至若天理人事之学,精深博奥者,亘万古、横九垓,而不变。凡时凡地,均可用之。而救国经世,尤必以精神之学问(谓形而上学)为根基。乃吾国留学生不知研究,且鄙弃之。不自伤其愚陋,皆由偏重实用积习未改之故。此后若中国之实业发达,生计优裕,财源浚辟,则中国人经商营业之长技,可得其用。而中国人,当可为世界之富商。然若冀中国人以学问美术等之造诣胜人,则决难必也。

夫国家如个人然。苟其性专重实事,则处世一切必周备,而研究人群中关系之学必发达。故中国孔孟之教,悉人事之学。而佛教则未能大行于中国。尤有说者,专趋实用者,则乏远虑,立己营私,而难以团结,谋长久之公益。即人事一方,亦有不足。今人误谓中国过重虚理,专谋以功利机械之事输入,而不图精神之救药,势必至人欲横流,道义沦丧。即求其输诚爱国,且不能得。西国前史,陈迹昭著,可为此鉴也。

二、中国家族伦理之道德制度,发达最早。周公之典章制度实中国上古文明之精华。至若周秦诸子,实无足称。老、庄思想高尚,然比之西方之哲学士,则浅陋之至。余如管、商之政学,尚足研究。外则不见有充实精粹之学说。汉晋以还,佛教输入,而以唐为盛。唐之文治武功，交通西域，佛教流布，实为世界文明史上大可研究者。佛教于性理之学（Metaphysics）独有深造，足救中国之缺失，而为常人所欢迎。唯其中之戒律，多不合于中国之风俗习惯。故昌黎等攻辟之。然辟之而另无以济其乏，则终难遏之。于是佛教大盛。宋儒若程若朱，皆深通佛教者，既喜其义理之高明详尽，足以救中国之缺少，而又忧其用夷复夏也。乃求得而两全之法，避其名而居其实，取其珠而还其椟。采佛理之精粹以之注解四书五经，名为阐明古学，实则吸收异教。声言尊孔辟佛，实则佛之义理，已浸渍濡染，与儒家之宗传，合而为一。此先儒爱国济世之苦心，至可尊敬而曲谅者也。故佛教实有功于中国甚大。而常人未之通晓，未之觉察，而以中国为真无教之国，误矣。自得佛教之裨助，而中国之学问，立时增长元气，别开生面。故宋、元之学问文艺均大盛，而以朱子集其大成。朱子之在中国，犹西洋中世之 Thomas Aquinas（托马斯·阿奎那），其功至不可没。而今人以宋、元为衰世，学术文章，卑劣不足道者，则实大误也。欧洲之中世，名为黑暗时代（Dark Ages），实尽未然。吾国之中世，亦不同。甚可研究而发明之也。

　　三、自宋以后，佛教以入中国人之骨髓，不能脱离。唯以中国人性趋实用之故，佛理在中国，不得发达，而大乘盛行，小乘不传。而大乘实粗浅，小乘乃佛教之正宗也。然唯中国人之重实用也，故不拘泥于宗教之末节，而遵守"攻乎异端，斯害也已"之训，任儒、佛（佛且别为诸多宗派，不可殚数）、回、蒙、藏诸教之并行，而大度宽容（tolerence），不加束缚，不事排挤，故从无有如欧洲以宗教牵入政治，千余年来，虐杀教徒、残毒倾挤，甚至血战百年不息，涂炭生灵。至于今日，各教各派，仍互相仇视，几欲尽铲除异己者而后快。此中国人之素习适反。今夫耶教若专行于中国，则中国之精神亡。且他教尽可容耶教，而耶教（尤以基督教为甚）决不能容他教（谓佛、回、道及儒。儒虽非教,然此处之意,谓凡不入耶教之人,耶教皆不容之,不问其信教与否耳),必至牵入政治,则中国之统一愈难,而召亡益速,等等。

后来,陈寅恪在《清华大学王观堂先生纪念碑铭》、《冯友兰〈中国哲学史〉审查报告》、《王静安遗书序》、《邓广铭〈宋史职官志考证〉序》等文,吴宓在《论新文化运动》、《新文化运动之反应》、《清华开办研究院之旨趣及经过》、《研究院发展计划意见书》、《孔子之价值及孔教之精义》等文中,进一步修正、补充与完善了上述观点,并总结出中、印、西文化交流"相反而适相成"的历史规律,启后人无数法门。

"哲学"philosophia,意为"爱智"或"爱智慧"。柏拉图、亚里士多德把哲学从热爱智慧引向了追求普遍知识,这一方向性的转变决定了西方哲学的形态。日本学者西周借用古汉语"哲学"译philosophia。19世纪末,黄遵宪、康有为、梁启超等先后把日本的译称介绍到中国。1902年《新民晚报》上一篇文章首次用"哲学"一词指称中国传统思想,1914年北京大学设立"中国哲学门",1919年蔡元培改革北京大学,改"中国哲学门"为哲学系。谢无量的《中国哲学史》(1916)、胡适的《中国哲学史大纲》(1918)先后出版。儒学与"哲学"的关系问题也引起思想界的关注。梁启超1927年在清华学校讲授《儒家哲学》,对儒学或儒家哲学与西方哲学的不同特质作了比较。他认为西方哲学之出发点,完全由于爱智,西方人解释哲学,为求知识的学问,求的是最高的知识、统一的知识。故西方哲学最初发达的为宇宙论、本体论,后来才讲到论理学,认识论。中国学问不然,与其说是知识的学问,毋宁说是行为的学问。中国先哲虽不看轻知识,但不以求知识为出发点,亦不以求知识为归宿点。直译的 philosophy,其涵义实不适于中国。若勉强借用,只能在上头加上个形容词,称为人生哲学。世界哲学大致有三派：印度、犹太、埃及等东方国家，专注重人与神的关系；希腊及现代欧洲，专注重人与物的关系；中国专注重人与人的关系。中国一切学问，无论哪一时代，哪一宗派，其趋向皆在此一点，尤以儒家为最博深切明。儒家哲学范围广博，概括说起来，其用功所在，可以《论语》"修己安人"一话括之；其学问最高目的，可以《庄子》"内圣外王"一语括之。单用西方治哲学的方法，研究儒家，研究不到儒家的博大精深。最好的名义，仍以"道学"二字为宜，儒家哲学或儒家道术在中国文化居主流地位，所以研究儒家哲学，就是研究中国文化。梁启超对儒学与西方哲学不同特质的分判，得到牟宗三、唐君毅、罗光、李泽厚等学者的认同，他们沿着梁启超的思路作了更为系统的探讨。

牟宗三在《历史哲学》中指出：中华民族之灵魂乃为首先握住"生命"者。因为首先注意到"生命"，故必注意到如何调护生命、安顿生命。故一切心思、理念，及讲说道理，其基本义旨在"内用"。而一切外向之措施，则在修德安民。故"正德、利用、厚生"三词实概括一切。用心于生命之调护与安顿，故首先所涌现之"原理"为一"仁智之全"，为一普遍的道德实在，普遍的精神实体。西方哲学起自用心于"自然"，此其对象在外不在内。故"对象"之意显明，而生命之为对象，则甚隐微而难明。用心于自然，故一方彰"理智"之用，一方贞"自然"之理（理型、秩序）。而于生命之内润，则甚欠缺。故西方以智为领导原则，而中国则以仁为领导原则。中国文化里之注意生命把握生命不是生物学的把握或了解，乃是一个道德政治的把握。就在如何如何调护安顿我们的生命这一点上，中国的文化生命里遂开辟出精神领域：心灵世界或价值世界。仁智合一的观念形态，而以仁为笼罩者，所以中国的文化系统是一个仁的文化系统。中国人之运用其心灵是内向的，由内而向上翻；而西方则外向，由外面向上翻。其所观解的是自然，而能观解的"心灵之光"

就是"智"。因为智是表现观解的最恰当的机能,所以西方文化是智的系统,智的一面特别突出。智的全幅领域就是逻辑数学科学。基于这一比较,牟宗三认为中国哲学体现的是"综和的尽理之精神",而西方哲学体现的是"分解的尽理之精神"。因为西方的文化生命虽是分解的尽理之精神,却未尝不可再从根上消融一下,融化出综和的尽理之精神。而中国的文化生命虽是综和的尽理之精神,亦未尝不可再从其本源处,转折一下,开辟出分解的尽理之精神,这里将有中西文化会通的途径。后来,牟宗三在《中国哲学的特质》、《智的直觉与中国哲学》、《中国哲学十九讲》、《中西哲学之会通十四讲》等论著中进一步发挥了上述见解,对哲学真理之普遍性与特殊性问题、中西哲学会通的分际与限度问题作了系统的阐述,会通中有分判,由分判走向会通,开显了中西哲学会通之门径。

唐君毅是"仁者型"的儒家,他从事哲学研究活动,一开始就以中西哲学思想之比较研究为重点,有《中西哲学思想之比较研究集》(1943年)出版。后来,他在《中国文化之精神价值》、《人文精神之重建》、《中国人文精神之发展》、《哲学概论》、《中国哲学原论》、《生命存在与心灵境界》等论著中,对中国哲学、特别是儒学与西方哲学的不同特质做了更深入系统的研究。他在《中西文化精神之比较》(1947)中指出:中西文化所重视之文化领域中心点之不同,显示出其精神之差别。西洋文化之中心在宗教与科学,而论其文化为科学宗教精神所贯注支配。中国文化之中心在道德与艺术,而论其文化为道德与艺术精神所贯注。这是就中西文化比较而言,如不以中西相较,则西方与中国在不同之时代,亦各有其所重视之文化领域之不同。以西方而言,则希腊文化以科学艺术为主,罗马以法律政治为主。希伯来文化传入欧洲,而中世纪之基督教文化,以宗教道德为主。近代西洋文化中,科学与经济所居地位之重要,又昔之所无。以中国而言,则汉代文化以政治为主,魏晋

以文学艺术为主,隋唐宗教之盛,乃昔之所无。宋明理学家之重视
道德与社会教育,亦有划时代之意义。中西比较,要发现中国文化
之长处与短处。唐君毅认为中国古代对器物之发明虽多,然为西
方科学本原之形数之学与逻辑,终未发达。重概念之分析理型之
观照之希腊科学精神,依假设之构造以透入自然之秘密,而再以观
察实验实证之近代西方科学精神,二者在传统之中国文化中,终为
所缺。至于中国固有之天地信仰,则自孔子以后即融入儒家道德
精神,化为道家之形上智慧。墨子畅言天志而期于实用,向往超世
之情不显著,终未能成宗教。佛教东来,中国人之宗教意识,复寄
托于佛。宋元明道教复兴,得性命双修,仍缺西方重超越上帝之精
神也。中国之文化与其中仅有之科学宗教,皆为道德艺术精神所
贯注主宰。这是一种融合主观客观之精神,与科学宗教之精神之
为主客对待者异矣。

　　唐君毅在《中国文化之精神价值》中还说西方言哲学者,必先
逻辑、知识论,再及形上学、本体论,而终于人生哲学伦理、政治。
而中国古代学术之发展,适反其道而行,乃由政治、伦理以及人生
之道。而由人生之道以知天道与性,而终于名学、知识论之讨论。
墨辩及名家兴,而诸家之学衰,而后世中国之学术,亦未尝改而以
名学、知识论为哲学科学之首,则为西方文化精神之特殊精神之所
在者,如文化之分殊的发展,超越精神、个体性之自由之尊重、与理
智之理性之客观化之四者,皆中国文化精神中之忽视者。他又指
出:中国固有之哲学重妙悟、重智慧、重体证,而略论证与批判辩
证。吾人亦当摄西方哲学之真精神,以自补其缺。后来,张世英在
《天人之际》中以"天人合一"与"主客二分"为主线索分判中西哲学
之不同特质,与唐君毅所说的"融合主观客观"与"主客对待"的中
西哲学比较观有相通之处。中国哲学史以天人合一为主导,到近
代转向主客二分和主体性思想,转向人欲和个性,转向重自然知识

的新思潮,而西方哲学史以主客二分为主导,是从思维与存在、主体与客体浑然一体观,经过这两分离对立的观点,到近代后期与现代哲学中逐步走向两者对立统一的观点,以至到达批评、反对主客二分式的观点的发展史。张世英所思考的中西哲学的困惑与选择问题,与牟宗三思考的分判与会通的问题、唐君毅反思中西文化的重点与中心是相近的。

罗光是中国新士林哲学的代表人物,对欧洲的士林哲学与中国儒学的分判与会通问题也做了反思与探索。他在《宗教与哲学》、《士林哲学》、《中国哲学思想史》、《中国哲学的展望》、《儒家哲学的体系》、《新儒家论丛》等论著中,对儒学与西方宗教、哲学不同特质的问题提出了自己的看法。他认为从《诗》、《书》开始中国生命的哲学,《易经》予以形上的哲学基础,历代儒者予以发挥,成为儒家思想的脉络,上下连贯,从古到今。道家佛家也在生命的哲学上和儒家相通,生命乃是中国哲学的精神。罗光在《儒家生命哲学的形上和精神意义》一文中指出:中国古代的哲学思想和希腊古代的哲学思想,表现出两种不同的途径。希腊古代哲学探索宇宙万物的本质,在变易的宇宙中寻求不变的常体,柏拉图乃创观念世界,亚里士多德以理则学的推论法,推到永久长存的最高实体(Supreme Being)。变者没有价值,永久不变者才是完全的实有(Perfect Being)。中国古代哲学在《易经》和《书经》里,以"人"为中心;人代表万有,连结天和地。人的价值在于心灵的生活;侧重心灵的生活,综合天地万物的意义和价值。希腊古代哲学,研究宇宙万物的本体,以静为研究的观点;中国古代哲学,讲论人生,以动为研究的观点。由静的观点去研究,所用方法为逻辑的分析法;由动的观点去研究,所走的路径为实际的体验和言行合一的实践。

杜亚泉在 1916 年 10 月在《东方杂志》上发表《静的文明和动的文明》,认为西洋社会为动的社会,我国社会为静的社会。由动的社会,发生动的文明;由静的社会,发生静的文明,侧重于商业或工业文明社会与农业文明社会的差异来辨析中西文明。中西文明各有长短,相辅相成,二者适可互为调剂补正。梁漱溟在《东西文化及其哲学》中提出人类文化三类型说,认为西方文化是意欲向前为其根本精神,中国文化是以意欲自为、调和、持中为其根本精神的,而印度文化是以意欲反身向后要求为其根本精神的。钱穆在《中国文化史导论》、《文化学大义》中将人类文化分为三大类型:游牧文化、农耕文化和商业文化,而西方文化则以商业文化为主。他以"安足静定"、"内倾型"和"和合性"与"富强动进"、"外倾型"、"分别性"来区别中西文化各自特征,并进而指出中国文化体现了人文精神、融合精神与历史精神,中国文化是以道德精神为其最高领导的一种文化,最缺乏的是科学与宗教。余英时在《士与中国文化》自序中称希腊哲学家所向往的是"静观的人生",而不是"行动的人生"。中国的儒家所关注的不是"静观的人生",而是"行动的人生"。中国文化具有内倾的性格,和西方式的外倾文化适成一对照。这些看法都是从不同角度考察中西文化、中西哲学之不同特质。

通过中西哲学的比较,罗光论及儒家哲学的现代意义。他认为哲学的任务,在于研究事物的最高理由。研究事物的最高理由,是人用自己的理智去研究,理智所以在哲学上占重要的位置。理智的运用,须有方法;西方哲学从亚里士多德以后,常运用逻辑,在这一方面比较中国哲学占优胜。但是人运用理智去研究事理,是人的生活的一种表现:人的生活是整个的生活。在整个生活中,情感意志为最广最深的一部分,而情感意志须受理智的指导,因为人号称理智的动物。因此人研究事理所得知识,应当是为人的情感意志生活。因此这些不能仅是抽象的知识,而是对于人的生活具有同化的作用。西方哲学和宗教信仰相连结而又相分离,哲学

20世纪儒学研究大系

专重理性的研究,生活的指导则归于宗教信仰。西方的精神生活,在培育和发扬上,都由宗教信仰的灵修学去引导。而且宗教信仰规范一个人的整体生活,宗教信仰也就是规范哲学的研究。现代西方人的宗教信仰日形薄弱,生活和信仰脱节,哲学再不受宗教信仰的规范,因而整个社会受哲学的引导而趋向物质生活。中国的哲学以人生为中心,由人的生命上溯到化生的来源,进入形上的领域,发现整个宇宙为一个生命的大海,而又是一道生命的洪流。一切万物都继续变易,这种内在的变易就是生命。内在的变易由最低的存在,到最高的精神生命,层次互列,而又互相调协。人便是最高的精神生命,在这种生命里,人能在精神上涵盖宇宙,和天地同德,协助万物的发育。这种精神生命的哲学,包括西方哲学的理性部分和宗教信仰的情感意志部分,把整个人的生命,融合在研究和实践的精神生活中。在这个生命的体验中,中国哲学比较西方哲学占优胜。(《儒家生命哲学的形上和精神意义》)

李泽厚从写《孔子再评价》到《试谈中国的智慧》、《初拟儒学深层结构说》、《说儒学四期》,一直关注儒学与中华民族的文化心理结构的关系问题。他对中西文化、中西哲学不同特质的探讨,也是循着此思路进行的。思想史既不是博物馆,也不是图书馆,思想史研究要深入探究沉积在人们心理结构中的文化传统,去探究古代思想对形成、塑造、影响本民族诸性格特征(国民性、民主性)亦即心理结构和思维模式的关系。展现为文学、艺术、思想、风习、意识形态、文化现象,正是民族心灵的对应物,是它的物态化和结晶体,是一种民族的智慧。血亲基础、实用理性,儒道互补,乐感文化、天人合一等,是以儒学为主干的中国传统思想的主要现象,它们既是呈现于表层的文化特征,也是构成深层的心理特点。而这些特征与一个世界(人生)的观念联系在一起,儒学以及中国文化以此作为基础的结构层的存在。儒学不断发展着这种"一个世界"的基本观念,以此际人生为目标,不侈求来世的幸福,不希冀灵魂的拯救。这是儒学既不同于西方哲学,也不同于西方宗教的特质,是儒学成为中国文化主干的原由。因此,儒学既不是宗教,也不是哲学,儒学可说是半宗教半哲学、亦宗教亦哲学。从哲学的角度来看,儒家是最讲实际,最重情感的;从宗教的角度来看,儒学是最宽宏、最讲理性的。儒学虽然不纯粹是宗教,但它却包含着宗教的热情;儒学虽然不纯粹是哲学,但它却包含了哲学的理性。这就是儒学的特点。近百年来,从梁启超讲《儒家哲学》到李泽厚《为儒学的未来把脉》,儒学与西方哲学、宗教各自不同的特质问题一直是思想界关注的课题,以西方哲学、宗教的概念、范畴去套用、剪裁及曲解儒学的论著也不少,值得我们重新反思。

20世纪儒学研究大系

儒 家 哲 学

梁启超

第一章　儒家哲学是什么

"哲学"二字,是日本人从欧文翻译出来的名词,我国人沿用之,没有更改。原文为 Philosophy,由希腊语变出,即爱智之意。因为语原为爱智,所以西方人解释哲学,为求知识的学问,求的是最高的知识,统一的知识。

西方哲学之出发点,完全由于爱智。所以西方学者,主张哲学的来历,起于人类的好奇心。古代人类,看见自然界形形色色,有种种不同的状态,遂生惊讶的感想,始而怀疑,既而研究,于是成为哲学。

西方哲学,最初发达的为宇宙论,本体论,后来才讲到论理学,认识论。宇宙万有,由何而来? 多元或一元? 唯物或唯心? 造物及神是有是无? 有神如何解释? 无神如何解释? ……等等,是为宇宙论所研究的主要问题。

此类问题,彼此两方,持之有故,言之成理,辩论终久不决。后来以为先决问题,要定出个辩论及思想的方法和轨范:知识从何得来? 如何才算精确? 还是要用主观的演绎法,先立原理,后及事实才好? 还是采客观的归纳法,根据事实,再立原理才好? 这样一来,就发生论理学。

再进一步,我们凭什么去研究宇宙万有?人人都回答道凭我的知识,但"知识本身"到底是什么东西呢?若不穷究本源,恐怕所研究的都成砂上楼阁了。于是发生一种新趋向,从前以知识为"能研究"的主体,如今却以知识为"所研究"的对象,这叫做认识论。认识论发生最晚,至康德以后,才算完全成立。认识论研究万事万物,是由知觉来的真?还是由感觉来的真?认识的起原如何?认识的条件如何?认识论在哲学中,最晚最有势力。有人说除认识论外,就无所谓哲学,可以想见其位置的重要了。

这样说来,西洋哲学由宇宙论或本体论趋重到论理学,更趋重到认识论,彻头彻尾都是为"求知"起见,所以他们这派学问称为"爱智学",诚属恰当。

中国学问不然,与其说是知识的学问,毋宁说是行为的学问。中国先哲虽不看轻知识,但不以求知识为出发点,亦不以求知识为归宿点。直译的 Philosophy,其涵义实不适于中国。若勉强借用,只能在上头加上个形容词,称为人生哲学。中国哲学以研究人类为出发点,最主要的是人之所以为人之道:怎样才算一个人?人与人相互有什么关系?

世界哲学大致可分三派:印度、犹太、埃及等东方国家,专注重人与神的关系;希腊及现代欧洲,专注重人与物的关系;中国专注重人与人的关系。中国一切学问,无论哪一时代,哪一宗派,其趋向皆在此一点,尤以儒家为最博深切明。

儒家哲学范围广博,概括说起来,其用功所在,可以《论语》"修己安人"一语括之;其学问最高目的,可以《庄子》"内圣外王"一语括之。做修己的功夫,做到极处,就是内圣;做安人的功夫,做到极处,就是外王。至于条理次第,以《大学》上说得最简明。《大学》所谓"格物致知诚意正心修身",就是修己及内圣的功夫;所谓"齐家治国平天下",就是安人及外王的功夫。

然则学问分做两橛吗？是又不然。《大学》结束一句"一是皆以修身为本"。格致诚正，只是各人完成修身工夫的几个阶级，齐家治国平天下，只是各人以已修之身去齐他治他平他，所以"自天子以至于庶人"都适用这种工作。《论语》说"修己以安人"，加上一个"以"字，正是将外王学问纳入内圣之中，一切以各人的自己为出发点。以现在语解释之，即专注重如何养成健全人格。人格锻炼到精纯，便是内圣；人格扩大到普遍，便是外王。儒家千言万语，各种法门，都不外归结到这一点。

以上讲儒家哲学的中心思想，以下再讲儒家哲学的范围。孔子尝说："智仁勇三者，天下之达德也。""知者不惑，仁者不忧，勇者不惧。"自儒家言之，必三德具备，人格才算完成。这样看来，西方所谓爱智，不过儒家三德之一，即智的部分。所以儒家哲学的范围，比西方哲学的范围，阔大得多。

儒家既然专讲人之所以为人，及人与人之关系，所以他的问题，与欧西问题，迥然不同。西方学者唯物唯心多元一元的讨论，儒家很少提及；西方学者所谓有神无神，儒家亦看得很轻。《论语》说："子不语怪力乱神。"孔子亦说："未知生，焉知死？"把生死神怪，看得很轻，这是儒家一大特色，亦可以说与近代精神相近，与西方古代之空洞谈玄者不同。

儒家哲学的缺点，当然是没有从论理学认识论入手。有人说他空疏而不精密。其实论理学认识论，儒家并不是不讲，不过因为方面太多，用力未专，所以一部分的问题，不如近代人说得精细。这一则是时代的关系，再则是范围的关系，不足为儒家病。

东方哲学辩论得热闹的问题，是些什么？如：

一、性之善恶，孟、荀所讨论。

二、仁义之内外，告、孟所讨论。

三、理欲关系，宋儒所讨论。

四、知行分合，明儒所讨论。

此类问题，其详细情形，到第五章再讲。此地所要说明的，就是中国人为什么注重这些问题？他们是要讨论出一个究竟，以为各人自己修养人格或施行人格教育的应用，目的并不是离开了人生，翻腾这些理论当玩意儿。其出发点既与西方之以爱智为动机者不同，凡中国哲学中最主要的问题，欧西古今学者，皆未研究，或研究的路径不一样。而西方哲学中最主要的问题，有许多项，中国学者认为不必研究；有许多项，中国学者认为值得研究，但是没有研究透彻。

另外有许多问题，是近代社会科学所研究的，儒家亦看得很重。在外王方面，关于齐家的如家族制度问题；关于治国的，如政府体制问题；关于平天下的，如社会风俗问题。所以要全部了解儒家哲学的意思，不能单以现代哲学解释之。儒家所谓外王，把社会学政治学经济学……等等都包括在内；儒家所谓内圣，把教育学心理学人类学……等等都包括在内。

因为这个原故，所以标题"儒家哲学"四字，很容易发生误会。单用西方治哲学的方法，研究儒家，研究不到儒家的博大精深处。最好的名义，仍以"道学"二字为宜。先哲说："道者非天之道非地之道，人之所谓道也。"又说："道不远人，远人不可以为道。"道学只是做人的学问，与儒家内容最吻合。但是《宋史》有一个《道学传》，把道学的范围，弄得很窄，限于程朱一派。现在用这个字，也易生误会，只好亦不用他。

要想较为明显一点，不妨加上一个"术"字，即《庄子·天下篇》所说"古之道术有在于是者"的"道术"二字。道字本来可以包括术，但再分细一点，也不妨事。道是讲道之本身，术是讲如何做去，才能圆满。儒家哲学，一面讲道，一面讲术，一面教人应该做什么事，一面教人如何做去。

就前文所举的几个问题而论，如性善恶问题，讨论人性本质，是偏于道的；如知行分合问题，讨论修养下手功夫，是偏于术的。但讨论性善恶，目的在教人如何止于至善以去其恶，是道不离术；讨论知行，目的在教人从知入手或从行入手以达到理想的人格境界，是术不离道。

外王方面亦然。"民德归厚"是道，用"慎终追远"的方法造成他便是术。"政者正也"是道，用"子帅以正"的方法造成他便是术。"平天下""天下国家可均"是道，用"所恶于上毋以使下，所恶于下毋以事上……"的"絜矩"方法造成他便是术。道术交修，所谓"六通四辟小大精粗其运无乎不在"。儒家全部的体用实在是如此。

由此言之，本学程的名称，实在以"儒家道术"四字为最好。此刻我们仍然用"儒家哲学"四字，因为大家都用惯了，"吾从众"的意思。如果要勉强解释，亦未尝说不通。我们所谓哲，即圣哲之哲，表示人格极其高尚，不是欧洲所谓 Philosophy 范围那样窄。这样一来，名实就符合了。

第二章　为什么要研究儒家哲学

为什么要研究儒家道术？这个问题，本来可以不问。因为一派很有名学说，当然值得研究，我们从而研究之，那本不成问题。不过近来有许多新奇偏激的议论，在社会上渐渐有了势力，所以一般人对于儒家哲学，异常怀疑，青年脑筋中，充满了一种反常的思想，如所谓"专打孔家店"，"线装书应当抛在茅坑里三千年"等等。此种议论，原来可比得一种剧烈性的药品。无论怎样好的学说，经过若干时代以后，总会变质，搀杂许多凝滞腐败的成分在里头。譬诸人身血管变成硬化，渐渐与健康有妨碍，因此，须有些大黄芒硝一类瞑眩之药泻他一泻。所以那些奇论，我也承认他们有相当的

20世纪儒学研究大系

功用。但要知道,药到底是药,不能拿来当饭吃。若因为这种议论新奇可喜,便根本把儒家道术的价值抹煞,那便不是求真求善的态度了。现在社会上既然有了这种议论,而且很占些势力,所以应当格外仔细考察一回。我们要研究儒家道术的原因,除了认定为一派很有名的学说而研究之以外,简括说起来,还有下列五点:

一、中国偌大国家,有几千年的历史。到底我们这个民族,有无文化? 如有文化,我们此种文化的表现何在? 以吾言之,就在儒家。

我们这个社会,无论识字的人与不识字的人,都生长在儒家哲学空气之中。中国思想儒家以外,未尝没有旁的学派,如战国的老墨,六朝、唐的道佛,近代的耶回,以及最近代的科学与其他学术。凡此种种,都不能拿儒家范围包举他们,凡此种种,俱为形成吾人思想的一部分,不错。但是我们批评一个学派,一面要看他的继续性,一面要看他的普遍性。自孔子以来,直至于今,继续不断的,还是儒家势力最大;自士大夫以至台舆皂隶普遍崇敬的,还是儒家信仰最深。所以我们可以说,研究儒家哲学,就是研究中国文化。

诚然儒家以外,还有其他各家,儒家哲学,不算中国文化全体;但是若把儒家抽去,中国文化,恐怕没有多少东西了。中国民族之所以存在,因为中国文化存在,而中国文化,离不了儒家。如果要专打孔家店,要把线装书抛在茅坑里三千年,除非认过去现在的中国人完全没有受过文化的洗礼,这话我们肯甘心吗?

中国文化,以儒家道术为中心,所以能流传到现在。如此的久远与普遍,其故何在? 中国学术,不满人意之处尚多,为什么有那些缺点? 其原因又何在? 吾人至少应当把儒家道术,细细研究,从新估价。当然,该有许多好处,不然,不会如此悠久绵远。我们很公平的先看他好处是什么,缺点是什么,有好处把他发扬,有缺点把他修正。

　　二、鄙薄儒家哲学的人，认为是一种过去的学问，旧的学问。这个话，究竟对不对？一件事物到底是否以古今新旧为定善恶的标准，这是一个很大的问题。

　　我们不能说新的完全是好的，旧的完全是坏的；亦不能说古的完全都是，今的完全都不是。古今新旧，不足以为定善恶是非的标准。因为一切学说，都可以分为两类，一种含有时代性，一种不含时代性，即《礼记》所谓“有可与民变革者，有不可与民变革者”。

　　有许多学说，常因时代之变迁而减少其价值。譬如共产与非共产，就含有时代性。究竟是共产相利，还是集产相利？抑或劳资调和相利？不是含时代性就是含地方性。有的在现在适用，在古代不适用；有的在欧洲适用，在中国不适用。

　　有许多学说，不因时代之变迁而减少其价值。譬如不患寡而患不均；不患贫而患不安；利用厚生，量入为出；养人之欲，给人之求；都不含时代性，亦不含地方性。古代讲井田固然适用，近代讲共产亦适用；中国重力田，固然适用，外国重工商，亦能适用。

　　儒家道术，外王的大部分，含有时代性的居多，到现在抽出一部分不去研究他也可以。还有内圣的全部，外王的一小部分，绝对不含时代性。如智仁勇三者，为天下之达德，不论在何时何国何派，都是适用的。

　　关于道的方面，可以说含时代性的甚少。关于术的方面，虽有一部分含时代性，还有一部分不含时代性。譬如知行分合问题，朱晦庵讲先知后行，王阳明讲知行合一，此两种方法都可用，研究他们的方法，都有益处。儒家道术，大部分不含时代性，不可以为时代古思想旧而抛弃之。

　　三、儒家哲学，有人谓为贵族的非平民的，个人的非社会的。不错，儒家道术，诚然偏重私人道德，有点近于非社会的，而且二千年来诵习儒学的人都属于“士大夫”阶级，有点近于非平民的。但是这种现象,是否儒学所专有? 是否足为儒学之病? 我们还要仔细考察一回。

文化的平等普及,当然是最高理想,但真正的平等普及之实现,恐怕前途还远着哩。美国是最平民的国家,何尝离得了领袖制度? 俄国是劳农的国家,还不是一切事由少数委员会人物把持指导吗? 因为少数人诵习受持,便说是带有贵族色彩,那么,恐怕无论何国家,无论何派学说,都不能免,何独责诸中国,责诸儒家呢? 况且文化这件东西,原不能以普及程度之难易定其价值之高低。李白、杜甫诗的趣味,不能如白居易诗之易于普及享受,白居易诗之趣味,又不能如盲女弹词之易于普及享受,难道我们可以说《天雨花》比《白氏长庆集》好,长庆集又比李杜集好吗? 现代最时髦的平民文学,平民美术,益处虽多,然把文学美术的品格降低的毛病也不小,这是不能否认的事实。何况哲学这样东西,本来是供少数人研究的。主张"平民哲学",这名词是否能成立,我不能不怀疑。

儒家道术,偏重士大夫个人修养,表面看去,范围似窄,其实不然。天下事都是士大夫或领袖人才造出来的,士大夫的行为,关系全国的安危治乱及人民的幸福疾苦最大。孟子说得好:"惟仁者宜在高位,不仁而在高位,是播其恶于众也。"今日中国国事之败坏,那一件不是由在高位的少数个人造出来? 假如把许多掌握权力的马弁强盗,都换成多读几卷书的士大夫,至少不至闹到这样糟。假使穿长衫的穿洋服的先生们,真能如儒家理想所谓"人人有士君子之行",天下事有什么办不好的呢? 我们受高等教育的青年,将来都是社会领袖,造福造祸,就看我们现在的个人修养何如。儒家道术专注重此点,能说他错吗?

四、有人说自汉武帝以来,历代君主,皆以儒家作幌子,暗地里实行高压政策,所以儒家学问,成为拥护专制的学问,成为奴辱人民的学问。

诚然历代帝王，假冒儒家招牌，实行专制，此种情形，在所不免。但是我们要知道，几千年来，最有力的学派，不惟不受帝王的指使，而且常带反抗的精神。儒家开创大师，如孔、孟、荀都带有很激烈的反抗精神，人人知道的，可以不必细讲。东汉为儒学最盛时代，但是《后汉书·党锢传》，皆属儒家大师，最令当时帝王头痛。北宋二程，列在元祐党籍，南宋朱熹，列在庆元党籍，当时有力的人，摧残得很厉害。又如明朝王阳明，在事业上虽曾立下大功，在学问上到处都受摧残。由此看来，儒家哲学也可以说是伸张民权的学问，不是拥护专制的学问；是反抗压迫的学问，不是奴辱人民的学问。所以历代儒学大师，非惟不受君主的指使，而且常受君主的摧残。要把贼民之罪加在儒家身上，那真是冤透了。

五、近人提倡科学，反对玄学，所以有科学玄学之争。儒家本来不是玄学，误被人认是玄学，一同排斥，这个亦攻击，那个亦攻击，几于体无完肤。

玄学之应排斥与否，那是另一问题。但是因为排斥玄学，于是排斥儒家，这就未免太冤。儒家的朱、陆，有无极太极之辩，诚然带点玄学色彩，然这种学说，在儒家道术中地位极其轻微，不能算是儒家的中心论点。自孔、孟以至陆、王，都把凭空虚构的本体论搁置一边，那能说是玄学呢？

再说无极太极之辩，实际发生于受了佛道的影响以后，不是儒家本来面目。并且此种讨论，仍由扩大人格出发，乃是方法，不是目的，与西洋之玩弄光景者不同。所以说，玄学色彩，最浅最淡，在世界要算中国，在中国要算儒家了。

儒家与科学，不特两不相背，而且异常接近。因为儒家以人作本位，以自己环境作出发点，比较近于科学精神，至少可以说不违反科学精神。所以我们尽管在儒家哲学上，力下工夫，仍然不算逆潮流，背时代。

据以上五种理由,所以我认为研究儒家道术,在今日实为有益而且必要。

（1927 年在清华学校讲授,周传儒笔记,选自《饮冰室合集·专集》第二十四册,上海中华书局 1941 年版。原载《清华周刊》第 26 卷第 1—3 期,1926 年 10—12 月）

梁启超（1873—1929）,字卓如,号任公,别号沧江,又号饮冰室主人,广东省新会县人,杰出的启蒙思想家、史学家,现代新儒家的先驱,维新变法的卓越宣传家、立宪派的领袖,晚年专心于讲学和著述,曾任清华研究院导师;著有《新民说》、《饮冰室自由书》、《论中国学术思想变迁之大势》、《清代学术概论》、《先秦政治思想史》、《中国近三百年学术史》、《中国历史研究法》、《欧游心影录》等,后人辑为《饮冰室合集》。

《儒家哲学》一文是梁启超 1927 年在清华学校讲授的专题,由周传儒笔记;文中重点阐述了"儒家哲学是什么"及"为什么要研究儒家哲学"的问题,强调"内圣外王"或"修己安人"是儒家哲学的中心思想。文中将世界哲学分为三大系:印度、犹太、埃及等东方国家的哲学,注重人与神的关系;希腊及现代欧洲的哲学,专注人与物的关系;中国哲学,专注人与人的关系;进而比较了儒家哲学与以"爱智"为主的西方哲学的异同。

书辜氏汤生英译中庸后

王国维

古之儒家,初无所谓哲学也。孔子教人,言道德,言政治,而无一语及于哲学。其言性与天道,虽高第弟子如子贡,犹以为不可得而闻,则虽断为未尝言焉可也。儒家之有哲学,自《易》之《系辞》、《说卦》二传及《中庸》始。《易传》之为何人所作,古今学者,尚未有定论。然除传中所引孔子语若干条外,其非孔子之作,则可断也。后世祖述《易》学者,除扬雄之《太玄经》、邵子之《皇极经世》外,亦曾无几家。而此数家之书,亦不多为人所读,故儒家中此派之哲学,未可谓有大势力也。独《中庸》一书,《史记》既明言为子思所作,故至于宋代,此书遂为诸儒哲学之根柢。周子之言"太极",张子之言"太虚",程子、朱子之言"理",皆视为宇宙人生之根本,与《中庸》之言诚无异,故亦特尊此书,跻诸《论》、《孟》之例。故此书不独如《系辞》等传表儒家古代之哲学,亦古今儒家哲学之渊源也。然则辜氏之先译此书,亦可谓知务者矣。

然则孔子不言哲学,若《中庸》者又何自作乎?曰《中庸》之作,子思所不得已也。当是时略后孔子而生,而于孔子之说外,别树一帜者老氏(老氏之非老聃,说见汪中《述学》补遗)、墨氏。老氏、墨氏亦言道德,言政治,然其说皆归本于哲学。夫老氏道德政治之原理,可以二语蔽之曰:"虚"与"静"是已。今执老子而问以人何以当虚当静,则彼将应之曰:天道如是,故人道不可不如是,故曰:"致虚

极,守静笃,万物并作。"(《老子》十二章)此虚且静者,老子谓之曰
"道",曰:"有物混成,先天地生,寂兮寥兮,独立不改,(中略)吾不
知其名,字之曰道(二十五章)由是其道德政治之说,不为无据矣。
墨子道德政治上之原理,可以二语蔽之曰:"爱"也,"利"也。今试
执墨子而问以人何以当爱当利,则彼将应之曰:天道如是,故人道
不可不如是。故曰:"天兼而爱之,兼而利之。"又曰:"天必欲人之
相爱相利,而不欲人之相恶相贼。"(墨子《法仪篇》)则其道德政治
之说,不为无据矣。虽老子之说虚静,求诸天之本体,而墨子之说
爱利,求诸天之意志,其间微有不同,然其所以自固其说者,则一
也。孔子亦说仁说义,又说种种之德矣。今试问孔子以人何以当
仁当义,孔子固将由人事上解释之。若求其解释于人事以外,岂独
由孔子之立脚地所不能哉,抑亦其所不欲也。若子思则生老子、墨
子后,比较他家之说,而惧乃祖之教之无根据也,遂进而说哲学以
固孔子道德政治之说。今使问子思以人何以当诚其身,则彼将应
之曰:天道如是,故人道不可不如是,故曰:"诚者物之终始,不诚无
物。"其所以为此说者,岂有他哉,亦欲以防御孔子之说,以敌二氏
而已。其或生二子之后,濡染一时思辨之风气,而为此说,均不可
知。然其方法之异于孔子,与其所以异之原因,不出于此二者,则
固可决也。

　　然《中庸》虽为一种之哲学,虽视诚为宇宙人生之根本,然与西
洋近世之哲学,固不相同。子思所谓诚,固非如裴希脱(Fichte)之
"Ego",解林(Schelling)之"Absolut",海格尔(Hegel)之"Idea",叔本
华(Schopenhaue)之"Wil",哈德曼(Hartmann)之"Unconscious"也。
其于思索,未必悉皆精密,而其议论,亦未必尽有界限。如执近世
之哲学,以述古人之说谓之弥缝古人之说则可,谓之忠于古人则恐
未也。夫古人之说,固未必悉有条理也,往往一篇之中,时而说天
道,时而说人事。岂独一篇中而已,一章之中,亦复如此。幸而其

所用之语，意义甚为广漠，无论说天说人时，皆可用此语，故不觉其不贯串耳。若译之为他国语，则他国语之与此语相当者，其意义不必若是之广，即令其意义等于此语，或广于此语，然其所得应用之处，不必尽同，故不贯串不统一之病，自不能免。而欲求其贯串统一，势不能不用意义更广之语，然语意愈广者，其语愈虚。于是古人之说之特质渐不可见，所存者其肤廓耳。译古书之难，全在于是。如辜氏此书中之译"中"为"Our true self,"和为"Moral order"，其最著者也。余如以"性"为"Law of our being"，以"道"为"Moral law"，亦出于求统一之弊。以吾人观之，则"道"与其谓之"Moral law"，宁谓之"Moral order"。至"性"之为"Law of our being"，则"Law"之一字，除与"Moral law"之"law"字相对照外，于本义上固毫不需此，故不如译为"Essence of our being 'or' Our true nature"之妥也。此外如此类者，尚不可计。要之，辜氏此书，如为解释《中庸》之书，则吾无间然，且必谓我国之能知《中庸》之真意者，殆未有过于辜氏者也。若视为翻译之书，而以辜氏之言即子思之言，则未敢信以为善本也。其他种之弊，则在以西洋之哲学解释《中庸》。其最著者，如"诚则形，形则著"数语，兹录其文如左：

Where there is truth, there is substance。Where there is substance, there is reality. Where there is reality, there is intelligence. Where there is intelligence, there is power. Where there is power, there is influence. Where there is influence, there is creation.

此等明明但就人事说，郑注与朱注大概相同，而忽易以"Substance"、"reality"等许多形而上学上之语（Metaphysical Terms），岂非以西洋哲学解释此书之过哉。至"至诚无息"一节之前半，亦但说人事，而无"息久征悠远博厚高明"等字，亦皆以形而上学之语译之，其病亦与前同。读者苟平心察之，当知余言之不谬也。

　　上所述二项,乃此书中之病之大者,然亦不能尽为译者咎也。中国语之不能译为外国语者,何可胜道! 如《中庸》之第一句,无论何人,不能精密译之。外国语中之无我国"天"字之相当字,与我国语中之无"God"之相当字无以异。吾国之所谓"天",非苍苍者之谓,又非天帝之谓,实介二者之间,而以苍苍之物质具天帝之精神者也。"性"之字亦然。故辜氏所译之语,尚不失为适也。若夫译"中"为"Our true Self or Moral order",是亦不可以已乎。里雅各(James Legge)之译"中"为"Mean",固无以解"中也者天下之大本"之"中",今辜氏译"中"为"Our true Self",又何以解"君子而时中"之"中"乎! 吾宁以里雅各氏之译"中"为"Mean",犹得《中庸》一部之真意者也。夫"中(Mean)"之思想,乃中国古代相传之思想。自尧云"执中",而皋陶乃衍为"九德"之说,皋陶不以宽为一德,栗为一德,而以二者之中之宽而栗为一德,否则当言十八德,不当言九德矣。《洪范》"三德"之意亦然。此书中《尊德性》一节,及《问强》、《索隐》二章,尤在发明此义。此亦本书中最大思想之一,宁能以"Our ture self or our central self"空虚之语当之乎? 又岂得以类于雅里士多德(Aristotle)之《中说》而唾弃之乎? 余所以谓失古人之说之特质,而存其肤廓者,为此故也。辜氏自谓涵泳此书者且二十年,而其"涵泳"之结果如此,此余所不能解也。余如"和"之释为"Moral order"也,"仁"之释为"Moral sense"也,皆同此病。要之,皆过于求古人之说之统一之病也。至全以西洋之形而上学释此书,其病反是。前病失之于减古书之意义,而后者失之于增古书之意义。吾人之译古书如其量而止则可矣,或失之减,或失之增,虽为病不同,同一不忠于古人而已矣。辜氏译本之病,其大者不越上二条,至其以己意释经之小误,尚有若干条。兹列举之如左:

　　(一)"是以君子戒慎乎其所不睹,恐惧乎其所不闻"。辜氏译为:

Wherefore it is that the moral man watches diligently over what his eyes cannot see and is in fear and awe of what his ears can not hear.

其于"其"字"一"字之训,则得矣,然中庸之本意,则亦言不自欺之事。郑玄注曰:

> 小人闲居为不善,无所不至也。君子则不然,虽视之无人,听之无声,犹戒慎恐惧自修,正是其不须臾离道。

朱注所谓"虽不见闻,亦不敢忽"。虽用模棱之语,然其释"独"字也曰:

> 独者,人所不知而己所独知之地也。

则知朱子之说,仍无以异于康成,而辜氏之译语,其于"其"字虽妥然涵泳全节之意义,固不如旧注之得也。

(二)"隐恶而扬善",辜氏译之曰:

He looked upon evil merely as something negative,and he recognised only what was good as having positive existence.

此又以西洋哲学解释古书,而忘此节之不能有此意也。夫以"恶"为"Negative","善"为"Positive",此乃希腊以来哲学上一种之思想。自斯多噶派(Stoics)及新柏拉图派(Neo Platonism)之辨神论(Theodicy),以至近世之莱布尼兹(Leibnitz)皆持此说,不独如辜氏注中所言大诗人沙士比亚(Shakespeare)及葛德(Goethe)二氏之见解而已。然此种人生观,虽与《中庸》之思想非不能相容,然与好问察言之事,有何关系乎? 如此断章取义以读书,吾窃为辜氏不取也。且辜氏亦闻《孟子》之语乎?《孟子》曰:

> 大舜有大焉,善与人同。舍己从乐人,取于人以为善。

此即好问二句之真注脚。至其译"执其两端,用其中于民",乃曰:

Taking the two extremes of positive and negative, he applied the mean between the two extremes in his judgement, employment and dealings with people.

夫云"to take the two extremes of good and evil"（执善恶之中），已不可解，况云"taking the two extremes of positive and negative"乎？且如辜氏之意，亦必二者皆"positive"，而后有"extremes"之可言。以"positive"及"negative"为"two extremes"，可谓支离之极矣。今取朱注以比较之曰：

> 然于其言之未善者，则隐而不宣，其善者则播而不匿，（中略）于善之中，又执其两端，而量度以取中，然后用之。

此二解之孰得孰失，不待知者而决矣。

（三）"天下国家可均也"。辜氏译为：

> A man may be able to renounce the possesion of Kingdoms and Empire.

而复注之曰：

> The word 均 in text above, literally 'even, equally divided' is here used as a verb 'to be indifferent to'（平视），hence to renounce.

然试问"均"字果有"to be indifferent to（漠视）"之训否乎？岂独"均"字无此训而已，即"平视"二字（出《魏志·刘桢传》注），亦曷尝训此。且即令有此训，亦必有二不相等之物，而后可言均之平之。孟子曰："舜视弃天下犹弃敝屣也。"故若云天下敝屣可均，则辜氏之说当矣。今但云"天下国家可均"，则果如辜氏之说，将均天下国家于何物者哉？至"to be indifferent to"，不过外国语之偶有均字表面之意者，以此释"均"，苟稍知中国语者，当无人能首肯之也。

（四）"君子之道，造端乎夫妇。及其至也，察乎天地。"郑注曰：

> 夫妇谓匹夫匹妇之所知所行。

其言最为精确。朱子注此节曰"结上文"，亦即郑意。乃辜氏则译其上句曰：

> The moral law takes its rise in relation between man and woman.

而复引葛德《浮斯德》戏曲(Faust)中之一节以证之，实则此处并无此意，不如旧注之得其真意也。

（五）辜氏于第十五章以下，即译《哀公问政》章（朱注本之第二十章），而继以《舜其大孝》、《无忧》、《达孝》三章，又移《鬼神之为德》一章于此下，然后继以《自诚明》章。此等章句之更定，不独有独断之病，自本书之意义观之亦决非必要也。

（六）辜氏置《鬼神》章于《自诚明》章之上，当必以此章中有一"诚"字故也。然辜氏之译"诚"之不可掩也，乃曰：

> Such is evidence of things invisible that it is impossible to doubt the spirtual nature of man.

不言"诚"字，而以鬼神代之，尤不可解。夫此章之意，本谓鬼神之为物，亦诚之发现，而乃译之如此。辜氏于此际，何独不为此书思想之统一计也。

（七）"身不失天下之显名，尊为天子，富有四海之内，宗庙享之，子孙保之。"此数者，皆指武王言之。朱注："此言武王之事是也。"乃辜氏则以此五句别为一节，而属之文王，不顾文义之灭裂，甚矣其好怪也！辜氏独断之力如此，则更无怪其以武王未受命，为文王未受命，及周公成文、武之德，为周公以周之王成于文、武之德也。

（八）"礼所生也"之下"居下位"三句，自为错简，故朱子亦从郑注。乃辜氏不认此处有错简，而意译之曰：

> For unless social inequalities have a true and moral basis, government of the people is an impossibility.

复于注中直译之曰：

Unless the lower orders are satisfied with those above them, government of the people is an impossibility.

复于下节译之曰：

If those in authority have not the Confidence of those under them, government of the people is an impossibility.

按"不获乎上"之意，当与《孟子》"是故得乎邱民而为天子，得乎天子为诸侯，得乎诸侯为大夫"，及"不得乎君则热中"之"得"字相同。如辜氏之解，则经当云"在上位不获乎下"，不当云"在下位不获乎上"矣。但辜氏之所以为此解者，亦自有故。以若从字句解释，则与上文所云"为天下国家"，下文所云"民不可得而治"不相容也。然"在下位"以下，自当如郑注别为一节，而"在下位者"既云"在位"，则自有治民之责，其间固无矛盾也，况《孟子》引此语亦云"居下位而不获于上，民不可得而治也"乎。要之此种穿凿，亦由求古人之说之统一之过也。

（九）"王天下有三重焉，其寡过矣乎"。辜氏译之曰：

To attain to the sovereignty of the world, there are three important things necessary; they may perhaps be summed up in one: blame lessness of life.

以三重归于一重，而即以"寡过"当之，殊属非是。朱子解为"人得寡过"固非，如辜氏之解，更属穿凿。愚按：此当谓王天下者，重视仪礼、制度、考文三者，则能寡过也。

（十）"上焉者，虽善无征，无征不信，不信民弗从。下焉虽善不尊，不尊不信，不信民弗从。"此一节承上章而言，"无征"之"征"即"夏礼、殷礼不足征"之"征"。故《朱子章句》解为"虽善而皆不可考"是也。乃辜氏译首二句曰：

However excellent a system of moral truth appealing to Supernatural authority may be, it is not verifiable by experience.

以"appealing to supernatural authority"释"上"字，穿凿殊甚。不知我国古代固无求道德之根本于神意者，就令有之，要非此际子思之所论者也。

至辜氏之解释之善者，如解"凡为天下国家有九经，所以行之者一也"之"一"为"豫"，此从郑注而善者，实较朱注更为直截。此书之不可没者唯此一条耳。

吾人更有所不慊者，则辜氏之译此书，并不述此书之位置如何，及其与《论语》诸书相异之处，如余于此文首页之所论。其是否如何，尚待大雅之是正，然此等问题，为译述及注释此书者所不可不研究明矣。其尤可异者，则通此书无一语及于著书者之姓名，而但冠之曰孔氏书。以此处《大学》则可矣，若《中庸》之为子思所作，明见于《史记》，又从子思再传弟子孟子书中，犹得见《中庸》中之思想文字，则虽欲没其姓名，岂可得也！又译者苟不信《中庸》为子思所作，亦当明言之，乃全书中无一语及此，何耶？要之，辜氏之译此书，谓之全无历史上之见地可也。唯无历史上之见地，遂误视子思与孔子之思想全不相异；唯无历史上之见地，故在在期古人之说之统一；唯无历史上之见地，故译子思之语以西洋哲学上不相干涉之语。幸而译者所读者，西洋文学上之书为多，其于哲学所入不深耳。使译者而深于哲学，则此书之直变为柏拉图之《语录》、康德之《实践理性批评》，或变为裴希脱《解林》之书，亦意中事。又不幸而译者不深于哲学，故译本中虽时时见康德之《知识论》，及伦理学上之思想，然以不能深知康德之《知识论》，故遂使西洋形而上学中空虚广莫之语，充塞于译本中。吾人虽承认中庸为儒家之形而上学，然其不似译本之空廓，则固可断。也又译本中为发明原书故多引西洋文学家之说。然其所引证者，亦不必适合。若再自哲学上引此等例，固当什伯千万于此。吾人又不能信译者于哲学上之知识狭隘如此，宁信译者以西洋通俗哲学为一蓝本，而以中庸之思想附会之,故务避哲学家之说,而多引文学家之说,以使人不能发见其真藏之所在。此又一说也。由前之说则失之固陋;由后之说,则失之欺罔。固陋与欺罔,其病虽不同,然其不忠于古人则一也。故列论其失,世之君子或不以余言为谬乎。

（选自《静庵文集》,辽宁教育出版社"新世纪万有文库"1997年版。原载《教育世界》第160、162、163号,1907年10—12月）

　　王国维(1877—1927),字静安,初号观礼,晚号观堂,浙江海宁人,卓越的国学大师,为中国近三百年学术的终结者、现代新学术的开拓者,曾任北京大学研究所国学门通信导师、清华研究院导师,一生著述宏富、涉及史学、哲学、宗教学、教育学、文艺学、考古学等领域,是我国现代比较哲学、比较文化研究的开拓者,著有《观堂集林》、《静安文集》、《古史新证》、《宋元戏曲史》、《人间词话》、《红楼梦评论》等,后人辑有《海宁王静安先生遗书》、《王国维全集》。

　　《书辜氏汤生英译中庸后》一文作于光绪丙午年(1906),文中对辜鸿铭英译本《中庸》(The Universal Order, or Conduct of life)作了系统的评析,涉及中国哲学、特别是儒家哲学与西方哲学不同特质的问题。文章分析了儒家哲学的源流及《中庸》一书蕴涵的哲学思想在儒家哲学思想史中的地位与价值,进而比较了以"诚"为内核的"中庸"哲学与德国近代古典哲学及叔本华哲学思想的不同特征,指出不宜"以西洋之形而上学"剪裁或套译中国哲学,造成以西方哲学比附中国哲学的弊病。

论中西文化及其哲学

陈寅恪

据 1919 年 11 月 11 日《雨僧日记》:"是日为欧战休战周年纪念日 Armistice Day,校中放假。午陈君寅恪来,谈印度哲理文化与中土及希腊之关系。又谓宓欲治中国学问,当从目录之学入手,则不至茫无津埃,而有洞观全局之益。当谨遵之。"

又同年十二月十四日《雨僧日记》,记有寅恪伯父与父亲之间的一次纵论中、西、印文化的极其重要的谈话:"星期,小雪。午陈君寅恪来,所谈甚多,不能悉记。惟拉杂撮记精要之数条如下:

"(一)中国之哲学美术,远不如希腊。不特科学为逊泰西也。但中国古人,素擅长政治及实践伦理学。与罗马人最相似。其言道德,惟重实用,不究虚理。其长处短处均在此。长处即修齐治平之旨;短处即实事之利害得失,观察过明,而乏精深远大之思。故昔则士子群习八股,以得功名富贵。而学德之士,终属极少数。今则凡留学生,皆学工程实业,其希慕富贵,不肯用力学问之意则一。而不知实业以科学为根本,不揣其本,而治其末、充其极,只成下等之工匠。境遇学理,略有变迁,则其技不复能用。所谓最实用者,乃适成为最不实用。至若天理人事之学,精深博奥者,亘万古、横九亥,而不变。凡时凡地,均可用之。而救国经世,尤必以精神之学问(谓形而上之学)为根基。乃吾国留学生不知研究,且鄙弃之。不自伤其愚陋,皆由偏重实用积习未改之故。此后若中国之实业发达，生计优裕，财源浚辟，则中国人经商营业之长技，可得其用。而中国人，当可为世界之富商。然若冀中国人以学问美术等之造诣胜人，则决难必也。（宓按，即以中国之诗与英文诗比较，则中国之诗，句句皆关于人事，而写景物之实象，及今古之事迹者。故杜工部为中国第一诗人，而以诗史见称。若英文诗中之虚空比喻Allegorical①，Symbolical②，Abstract nouns③，Personifications④，etc.及仙人仙女之故典，Mythological allusions⑤及云烟天色之描写，皆为中国诗中所不多见者。宓意以诗论诗，中国诗并不弱，然不脱实用之轨辙也。）夫国家如个人然。苟其性专重实事，则处世一切必周备，而研究人群中关系之学必发达。故中国孔孟之教，悉人事之学。而佛教则未能大行于中国。尤有说者，专趋实用者，则乏远虑，利己营私，而难以团结、谋长久之公益。即人事一方，亦有不足。今人误谓中国过重虚理，专谋以功利机械之事输入，而不图精神之救药，势必至人欲横流，道义沦丧。即求其输诚爱国，且不能得。西国前史，陈迹昭著，可为比鉴也。

　　"（二）中国家族伦理之道德制度，发达最早。周公之典章制度实中国上古文明之精华。今中国文字中，如伯、叔、妯、娌、甥、舅等，人伦之名字最为详尽繁多。若西文则含混无从分别。反之，西国化学原质七八十种，中国则向无此等名字。盖凡一国最发达之事业，则其类之名字亦最备也。至若周秦诸子，实无足称。老、庄思想尚高，然比之西国之哲学士，则浅陋之至。余如管、商等之政

---

①　比喻，寓意。
②　象征的。
③　抽象名词。
④　拟人法。
⑤　神话隐喻。

学,尚足研究。外则不见有充实精粹之学说。今人盛称周秦之国粹,实大误。汉晋以还,佛教输入,而以唐为盛,唐之文治武功,交通西域,佛教流布,实为世界文明史上,大可研究者。佛教于性理之学 Metaphysics 独有深造。足救中国之缺失,而为常人所欢迎。惟其中之规律,多不合于中国之风俗习惯。如祀祖、娶妻等。故昌黎等攻辟之。然辟之而另无以济其乏,则终难遏之。于是佛教大盛。宋儒若程若朱,皆深通佛教者,既喜其义理之高明详尽,足以救中国之缺失,而又忧其用夷复夏也。乃求得而两全之法,避其名而居其实,取其珠而还其椟。采佛理之精粹以之注解四书五经,名为阐明古学,实则吸收异教。声言尊孔辟佛,实则佛之义理,已浸渍濡染。与儒教之宗传,合而为一。此先儒爱国济世之苦心,至可尊敬而曲谅之者也。故佛教实有功于中国甚大。(宓按,西洋,当罗马末造,世道衰微,得耶教自东方输入,洗涤人心,扶正纲维,Regeneration of the Human Will,白璧德师等常言之。自后在西洋,耶教 Christianity 与希腊、罗马之古学 Pagan Classicism 合而为一。虽本不相容,而并行不灭,至今日人鲜能分别之者。实则二派宗传,本不相径庭者也——参阅 Paul E. More 先生之《Shelburne Essays》第九册——Paradox of Oxford 一篇中述此意极详尽。故中西实可古今而下,两两比例。中国之儒,即西国之希腊哲学,中国之佛,即西国之耶教。特浸渍普通,司空见惯,而人在其中者,乃不自觉耳。——又按中国史事,与西洋史事,可比较者尚多,立此其大纲也。)而常人未之通晓,未之觉察,而以中国为真无教之国,误矣。(宓按,近来法国及日本儒者,研究佛教之源流关系极详尽。现此间若陈君寅恪及锡予,均治佛学。陈君又习古梵文,异日参考中国古籍,于此道定多发明。掳其所言——但举一例。中国之'胭脂'一字,乃译自佛语,半以月,余一半则摹其音者耳。——又如'阎罗',亦印度神名。见后注。)自得佛教之裨助,而中国之学问,立时增长元气,别开生面。故宋、元之学问文艺均大盛,而以朱子集其大成。朱子之在中国,犹西洋中世之 Thomas Aquinas①,其功至不可没。而今人以宋元为衰世,学术文章,卑劣不足道者,则实大误也。欧洲之中世,名为黑暗时代 Dark Ages。实未尽然。吾国之中世,亦不同。甚可研究而发明之也。

"(三)自宋以后,佛教已入中国人之骨髓,不能脱离。惟以中国人性趋实用之故,佛理在中国,不得发达,而大乘盛行,小乘不传。而大乘实粗浅,小乘乃佛教古来之正宗也。然惟中国人之重实用也,故不拘泥于宗教之末节,而遵守'攻乎异端,斯害也已'之训,任儒、佛、佛且别为诸多宗派,不可殚数。回、蒙、藏诸教之并行,而大度宽容(tolerance),不加束缚,不事排挤,故从无有如欧洲以宗教牵入政治。千余年来,虐杀教徒,残毒倾挤,甚至血战百年不息,涂炭生灵。至于今日,各教各派,仍互相仇视,几欲尽铲除异己者而后快。此与中国人之素习适反。今夫耶教不祀祖,又诸多行事,均与中国之礼俗文化相悖。耶教若专行于中国,则中国之精神亡。且他教尽可容耶教,而耶教尤以基督新教为甚。决不能容他教。谓佛、回、道及儒(儒虽非教,然此处之意,谓凡不入耶教之人,耶教皆不容之,不问其信教与否耳)。必至牵入政治,则中国之统一愈难,而召亡益速。此至可虑之事。今之留学生,动以'耶教救国'为言,实属谬误。(宓按,今西人之能解耶教之真义者,已不可多得。白师常言之。青年会之流,无殊佛僧之烧香吃斋,以末节轰动群俗,以做热闹而已。)又皆反客为主,背理逆情之见也。

(笔者按,父亲在第(四)段前加有眉批:"第(四)段,多参以宓之见解。惟以上三段,则尽录陈君之语意。")

① Saint Thomas Aquinas 阿奎那(1125—1274),意大利神学家。

"(四)凡学问上之大争端,无世无之。邪正之分,表里精粗短长之辨,初无或殊。中国程朱陆王之争,非仅以门户之见,实关系重要。程朱者,正即西国历来耶教之正宗。主以理制欲,主克己修省,与人为善。若 St. Paul①, St. Augustine②, Pascal③ Dr. Johnson④,以至今之白师及 More(Paul E.)先生皆是也。此又孟子五百年之说,一线相承,上下千载,道统传授,若断实连,并非儒者之私谈。陆王者,正即西国 Sophists⑤, Stoics⑥, Berkeley⑦,以及今 Bergson⑧ 皆是也。一则教人磨砺修勤,而裨益久远;一则顺水推舟,纵性偷懒,而群俗常喜之。其争持情形,固无异也。又如宋儒精于义理之学,而清人则于考据之学,特有深造,发明详尽,训诂之精,为前古所不及。遂至有汉宋门户之争。西国今日亦适有之。今美国之论文学者,分为二派:一为 Philologists⑨,即汉学训诂之徒也。一为 Dilettantes⑩ 即视文章为易事,甚或言白话文学。有类宋儒语录。其文直不成章。于是言文者,不归杨,则归墨。而真知灼见,独立不倚,苦心说道,砥柱横流,如白师与 More 先生者,则如凤毛麟角。如其迹象,均与中国相类似也。

"注:阎罗王——旧译琰魔罗,梵语为 Yama Loksha,与女神

---

① 圣·保罗,基督的使徒。
② 圣·奥古斯丁,基督教初期的圣僧(350—430)。
③ Blaise Pascal 巴斯噶,法国哲学家、数学家及物理学家(1623—1662)。
④ Samuel Johnson(通称 Dr. Johnson). 约翰逊,英国文学家(1709—1784)。
⑤ 古希腊修辞学、哲学、雄辩术、伦理学等教师。
⑥ 古希腊斯多葛学派传人,禁欲主义者。
⑦ George Berkeley 贝克莱,爱尔兰主教及哲学家(1685—1753)。
⑧ Henri Bergson 柏格森,法国哲学家(1859—1941)。
⑨ 语言学家。
⑩ 艺术外行,半瓶醋。

Yami 为孪生兄妹。故阎罗亦名俱生神。二神同居。Yami 情不自禁,媚诱威逼,欲夫阎罗,按与西方亚当夏娃之事略同。事见《力皮陀经》曲。古译《赞诵》。第十卷第十章。阎罗不从。女神怒曰:'呜呼阎罗,汝何委靡,毫无情感,视彼青藤,绕树紧匝,愿相偎抱,如带围腰。'Alas! Thou art indeed a weakling, Yama, We find in thee no trace of heart or spirit. As round the tree the woodbine clings, another will cling about thee girt as with a girdle. 阎罗卒从之。二人死后,遂掌死籍,性慈善。华人视为刚直之神,讹矣。"

（本文节选自吴学昭《吴宓与陈寅恪》,清华大学出版社1992年版,第9—13页,题目为编者拟定）

　　陈寅恪（1890—1969）,字鹤寿,江西修水人,出生于湖南省长沙市,生于义宁陈家,自幼饱受传统学术文化浸染,游学欧美,深知西学的真谛;自谓"思想囿于咸丰同治之世,议论近乎曾湘乡张南皮之间",治学特重"自由思想、独立精神";著《隋唐制度渊源略论稿》、《唐代政治史述论稿》、《元白诗笺证稿》、《金明馆丛稿初编》、《金明馆丛稿二编》、《寒柳堂集》、《论再生缘》、《柳如是别传》等,曾任清华国学研究院导师、清华大学、北京大学、岭南大学、中山大学教授,中央研究院院士、中国科学院哲学社会科学学部委员,被后人称誉为国学大师、一代大儒。

　　选文初见于《雨僧日记》1919 年 12 月 14 日,是陈寅恪与吴宓(雨僧)关于中、西、印文化异同的对话实录;在对话中,陈寅恪指出中国古人素擅长政治及实践伦理学,长于修齐治平之旨,短处即实事之利害得失,观察过明,而乏精深远大之思;在哲学、科学等方面远逊于西方;孔孟之教,悉为人事之学,宋儒采佛理之精粹以之注解四书五经,名为阐明古学,实则吸收异教,避其名而居其实,取其珠而还其实,导致儒学"增长元气,别开生面"的转变。

中西哲学简论

熊十力

答 张 东 荪

弟以病躯,常有神伤不敢窥时报之感,故未阅晨报。昨闻人言,兄有一文,题曰《中西哲学合作的问题》。登在北平《晨报》思辨栏。系对弟前登天津《大公报》之文而发者。弟固素喜闻吾兄之言论,因觅取一读。关于合作一词,弟前文中,尚未用及,只有如下数语。愚意欲新哲学产生,必须治本国哲学与治西洋哲学者,共同努力。彼此热诚谦虚,各尽所长。互相观摩,毋相攻伐。互相尊重,毋相轻鄙。务期各尽所长,然后有新哲学产生之望,云云。

兄或即由此段文字,而判为主张合作。实则与尊意所谓中西分治,元是一致也。分治之说,自社会言之,却是完成合作。如造针厂然。锻铁乃至穿鼻等等,人各分工而治,恰恰以此完成合作之利。但就个人治哲学而言之,是否应当中西兼治,弟颇因尊论而愿有所言。常以为如有人焉,能尽其诚,以兼治中西之学,而深造自得,以全备于我,则真人生一大快事,更有何种理由,能言此事之不应当耶。如兄引《荀子》书云,君子之学也,入乎耳,著乎心,布乎四体,形乎动静。端而言,蠕而动,一可以为法则。小人之学也,入乎耳,出乎口,口耳之间则四寸耳,曷足以美七尺之躯哉。古之学者为己,今之学者为人。君子之学也,以美其身。小人之学也,以为

20世纪儒学研究大系

禽犊。此段话,确足代表东方各派哲学底一致的根本的精神。中国儒道诸家如是,印度佛家亦如之。佛家经典,形容佛身——毫端放大光明,表示宇宙底清净就在他身上实现着。易言之,他就是真理显现。所以他说真如一名法身,不是当作所知的外在境界。特各家所造自有浅深,此姑不论。然此等实践的精神,即把真理由实践得到证明。人只要不妄自菲薄,志愿向上。则从事此等学问。用一分力,有一分效。用两分力,有两分效。谁谓治西洋哲学者对中国哲学,便当舍弃不容兼治耶。

尊论云,中国人求学的动机是求善,而不是求真。西方人底求知,志在发掘宇宙的秘密。便和开矿一样,其所得是在外的。与得者自身不必有何关系。所以西方能成功科学。这个态度,是以求知道实在为目标,不是当作一个价值来看。总之,西方人所求底是知识。而东方人所求的是修养。换言之,即西方人把学问当作知识,而东方人把学问当作修养。这是一个很可注意的异点。此段话,是真见到中西文化和哲学根本不同处。非精思远识如吾兄者,何能道及此。但吾兄必谓中西可以分治,而不堪融合。则愚见适得其反。吾侪若于中国学问痛下一番工夫,方见得修养元不必屏除知识,知识亦并不离开修养。此处颇有千言万语,当别为详说。唯于兄所谓西学求真,中学求善之旨,是以真善分说。弟不必同意。兄云,西人态度,以求知道实在为目标。则所谓真者,即实在之异语。然实在之一词,或真之一词,似宜分别其用于何等领域之内,方好判定其涵义。而西洋哲学家真善分说之当否,亦将视真字之意义为何,然后可论。弟意哲学实只玄学所求之真或实在,与科学所求之真或实在,本不为同物。科学所求者。即日常经验的宇宙或现象界之真。易言之,即一切事物相互间之法则。如凡物皆下坠,凡人皆有生必有死,地球绕日而转,此等法则,即事物之真,即现象界的实在。科学所求之真即此。但此所谓真,只对吾人分辨事物底认识的错误而言。发见事物间必然的或概然的法则，即得事物底真相，没有以己意造作，变乱事物底真相，即没有错误。故谓之真。是所谓真底意义，本无所谓善不善，此真既不含有善的意义，故可与善分别而说。西洋人自始即走科学的路向，其真善分说，在科学之观点上，固无可议。然在哲学之观点上亦如之，则有如佛家所斥为非了义者。此不可不辨也。哲学所求之真，乃即日常经验的宇宙所以形成的原理，或实相之真。实相犹言实体。此所谓真，是绝对的，是无垢的，是从本己来，自性清净，故即真即善。儒者或言诚。诚即真善双彰之词。或但言善孟子专言性善，而真在其中矣。绝对的真实故，无有不善。绝对的纯善故，无有不真。真善如何分得开。真正见到宇宙人生底实相的哲学家，必不同科学家一般见地把真和善分作两片说去。吾兄谓中人求善，而不求真。弟甚有所未安。故敢附诤友之末，略为辨析。总之，中国人在哲学上，是真能证见实相。所以，他总在人伦日用间致力，即由实践以得到真理的实现。如此，则理性、知能、真理、实相、生命，直是同一物事而异其名。此中理性知能二词，与时俗所用，不必同义，盖指固有底而又经过修养的之明智而言。中人在这方面有特别成功。因此，却偏于留神践履之间，如吾兄所谓本身底修养，便不能发展科学。吾前言，修养元不必屏除知识。须知不必云云，则已不免有忽视知识的趋势。周子曰，天下势而已矣。势，轻重也。富哉斯言。古今几人深会得。凡事势流极，至于天地悬殊者，其肇端只在稍轻稍重之间，非析理至严者莫之察也。《易》云，差之毫厘，谬以千里。有味哉斯言也。罗素常说，喜马拉雅山头一点雨，稍偏西一点，便落入印度洋去。稍偏东一点，便落入太平洋去。中人学问，起初只是因注重修养，把知识看得稍轻，结果便似屏除知识，而没有科学了。西人学问，起初只因注重知识，所以一直去探求外界的事物之理。他也非是绝不知道本身的修养，只因对于外物的实测工夫,特别着重,遂不知不觉的以此种态度与方法,用之于哲学。他遂不能证得实相,而陷于盲人摸象的戏论。因此,他底修养,只是在日常生活间,即人与人相与之际,有其妥当的法则,此正孟子所讥为外铄,告子义外之旨即此。后儒所谓行不著,习不察,亦谓此等。中人底修养是从其自本自根,自明自了,灼然天理流行,即实相显现。而五常百行,一切皆是真实。散殊的即是本原的,日用的即是真常的。如此,则所谓人与人相与之际,有其妥当的法则者,这个法则底本身,元是真真实实,沦洽于事物之间的。可以说事物就是由他形成的。若反把他看作是从人与人底关联中构成的,那法则便是一种空虚的形式,这等义外之论,是不应真理的。所以言修养者,如果不证实相,其修养工夫,终是外铄。所以,站在东方哲学底立场,可以说,西人的修养工夫,还够不上说修养。只是用科学的知识,来支配他底生活,以由外铄故。或谓康德一流人,其言道德似亦不是外铄的,可谓同于东方哲人的修养否。此则不敢轻断。然康德在谈道德方面,亦承认神的存在。此为沿袭宗教思想。且与科学计度外界,同其思路,斯与东方哲学复不相类。总之,西人学问,纵不无少数比较接近东方者,然从大体说来,西人毕竟偏于知识的路向,而距东方哲人所谓修养,不啻万里矣。有谓吾兄以修养专属中人为不必当者,是乃粗疏之见也。如上所说,可见中西学问不同,只是一方,在知识上偏著重一点,就成功了科学。一方,在修养上偏著重一点,就成功了哲学。中人得其浑全。故修之于身而万物备。真理元无内外。西人长于分析。故承认有外界,即理在外物。而穷理必用纯客观的方法。中西学问不同,举要言之,亦不过如此。弟数十年来,感于国人新旧之争,常苦心探索其异处。常闻明季哲人方密之遗书,谓中学长于通几。西学长于质测,通几由修养而得,质测乃知识所事。其与吾侪今日之论,犹一辙也。弟唯见到中西之异,因主张观其会通,而不容偏废。唯自海通以来,中国受西洋势力的震撼。中学精意,随其末流之弊,以俱被摧残。如蒜精之美,不幸随其臭气而为人唾弃。因是惶惧,而殚精竭力,以从事于东方哲学之发挥。《新唯识论》,所由作也。是书,今人盖鲜能解者。吾兄一向用功,亦不同此路数,或不必同情此书。弟因触及素怀,便及此事,要不欲多所旁论。窃以为哲学与科学,知识的与非知识的即修养的宜各划范围,分其种类,辨其性质,别其方法。吾侪治西洋科学和哲学,尽管用科学的方法,如质测,乃至解析等等。西洋哲学,从大体说来,是与科学同一路子的。虽亦有反知的哲学,较以东方,仍自不类。治中国哲学,必须用修养的方法,如诚敬,乃至思唯等等。孔孟恒言敬、言诚。程子《识仁篇》云以诚敬存之,朱子所谓涵养,即诚敬也。孔孟并言思,孟云不思即蔽于物,甚精。孔云思不出位者,此犹佛家所谓思现观,不流于虚妄分别,不涉戏论,是谓思现观。是谓思不出位。宋以后儒者,言修养,大抵杂禅定,而思唯之功较疏,宜反诸孔孟。道并行而不相悖,正谓此也。修养以立其本。则闻见之知,壹皆德性之发用。而知识自非修养以外之事。智周万物,即物我通为一体。不于物以为外诱而绝之。亦不于物以为外慕而逐之也。孔孟之精粹,乃在是耳。孔孟主修养,而未始反知也。当此中西冲突之际,吾侪固有良好模型,又何必一切唾弃之哉。

尊论有云,若以西方求知识的态度,来治中国学问,必定对于中国学问,觉得其中甚空虚,因而看得不值一钱。此数语,恰足表示今人对于中学的感想。老子绝学无忧之叹,殆逆料今日事矣。忆弟年事未及冠,似已得一部《格致启蒙》,读之狂喜,后更启革命思潮。《六经》诸子,视之皆土苴也,睹前儒疏记,且掷地而詈。及长而涉历较广,综事比物,自审浮妄。转而读吾古书,旷观群学,始自悔从前罪戾,而不知所以赎之也。中国学者,其所述作,不尚逻辑,本无系统。即以晚周言之,《论语》、《老子》,皆语录体。庄子书,则以文学作品,发表哲学思想。《易》之十翼,特为后儒传疏导先路。即法家墨家故籍稍存者,条理稍整,亦不得称为系统的著作。故有志中学者,恒苦古书难读,非徒名物训诂之难而已。其文无统纪,单辞奥义,纷然杂陈,学者只有暗中摸索,如何不难。此其难之在工具方面者也。至于儒道诸家,所发明者,厥在宇宙真理,初非限于某一部分底现象之理。这个道理,范围天地之化而不过,曲成万物而不遗,《系传》形容得好。语大,天下莫能载焉;语小,天下莫能破焉,《中庸》形容得好。故高之极于穷神知化,而无穷无尽。近之即愚夫愚妇与知与能。至哉斯理,何得而称焉。赫日丽天,有目共见,有感共觉感谓热度之感。无目无感者,不见不觉,遂晋人称阳宗之显赫。今之谓中国学问不值一钱者,何以异是。尤复当知,中国学问,所以不事逻辑者。其所从入,在反己,以深其涵养,而神解自尔豁如,然解悟所至,益复验之践履。故阳明所谓知行合一,实已抉发中国学问之骨髓。其视逻辑为空洞的形式的知识,宜所不屑从事。但此与西洋学问底路子,既绝异而无略同者。今人却自少便习于西学门径,则于本国学问,自不期而与之扞格。此其难之在于学子之熏习方面者也。虽有诸难,然只将中西学问不同处,详与分别,则学者亦可知类而不紊,各由其涂而入焉。久之,则异而知其类,暌而知其通,何乐如之。

尊论又云,倘使以中国修养的态度来治西方学问,亦必觉得人生除为权利之争以外,毫无安顿处。此段话,弟亦不无相当赞成,然终嫌太过。兄只为把知识看作与修养绝不相容,所以有这般见解。在西人一意驰求知识,虽成功科学,由中国哲学的眼光观之,固然,还可不满足他,谓之玩物丧志。甚至如兄所云权利之争等等。然若有一个不挟偏见的中国学者,他必定不抹煞西人努力知识的成绩,并不反对知识。只须如阳明所谓识得头脑,即由修养以立大本,则如吾前所云,一切知识,皆德性之发用。正于此见得万

20世纪儒学研究大系

物皆备之实,而何玩物丧志之有。西人知识的学问底流弊,诚有如吾兄所谓权利之争。要其本身不是罪恶的,此万不容忽视。如自然对于人生底种种妨害,以及社会上许多不平的问题,如君民间的不平,贫富间的不平,男女间的不平,如此等类,都缘科学发展,乃得逐渐以谋解决。此等权利之争,即正谊所在。正如佛家所谓烦恼即菩提,现代卑劣的中国人,万不可误解此义而谬托于此,千万注意。何可一概屏斥。东方言修养者,唯中国道家反知识,恶奇技淫巧,此在今日,不可为训。儒家元不反知,弟前文已说过。印度佛家,本趣寂灭。然及大乘,始言无住涅槃。生死涅槃两无住著。名无住涅槃。小乘只是不住生死,却住着涅槃。及至大乘,说两无住。即已接近现世主义。又不弃后得智。彼说后得智是缘事之智。即分辨事物的知识。此从经验得来,故名后得。斯与儒家思想,已有渐趋接近之势。然趣寂之旨,究未能舍。此吾之《新论》所由作也。《新论》,只把知识另给予一个地位,并不反知。儒家与印土大乘意思,都是如此。弟于《大学》,取朱子《格物补传》,亦由此之故也。朱子是注重修养的,也是注重知识的。他底主张,恰适用于今日。陆王便偏重修养一方面去了。

　　弟于此一大问题,研索甚久,自有无限意思。唯以五十病躯,略无佳趣,提笔便说不出来。拉杂写此,不知吾兄于意云何。尊意有所不然,即请尽情惠教。又此信,以东方之学为哲学,自时贤观之,或不必然。但弟素主哲学只有本体论为其本分内事,除此,多属理论科学。如今盛行之解析派,只是一种逻辑的学问,此固为哲学者所必资,然要不是哲学底正宗。时贤鄙弃本体论,弟终以此为穷极万化之原,乃学问之归墟。学不至是,则睽而不通,拘而不化,非智者所安也。见体,则莫切于东方之学,斯不佞所以皈心。此信,请与张申府先生一看。吾与彼主张本自不同,但同于自家主张以外,还承认有他。

（节选自熊十力《十力语要》，1947
年湖北"十力丛书"版印行本）

　　熊十力(1885—1968)，原名继智、升恒、定中，号子真、漆
园、逸翁，湖北黄冈人，哲学家，现代新儒学中心启导人物，早
年投身于辛亥革命和护法运动，中年慨然由政治转向学术，师
从欧阳竟无大师，研习佛教唯识学，受聘于北京大学讲席，通
过十年精思，建构独特的哲学体系，著《新唯识论》，以"仁心"
为本体，以体用不二、心物不二、翕辟成变、尊生、彰有、健动、
率性为宗纲的"唯心论新儒学"；抗战期间入川，在复性书院、
勉仁书院等处讲学、著述，晚年被聘为北京大学教授，定居上
海，发奋著书，撰成《读经示要》、《原儒》、《体用论》、《明心篇》、
《乾坤衍》等，后人辑有《熊十力论著集》、《熊十力全集》。

　　《答张东荪》选于《十力语要》，是熊十力与哲学家张东荪
讨论中西哲学异同与融汇问题的信；信中对中西哲学各自的
特质作了精辟的阐释，并强调中西哲学的会通是以分判为基
础的会通；进而就哲学与科学，知识与修养及中西哲学的中心
或重点等问题、特别是儒家哲学的特质问题作了提纲挈领的
阐发，指明德知兼修、仁智双成的会通途径，即会通中有分判，
由分判走向会通之路。

20世纪儒学研究大系

论西来学术亦统于六艺

马一浮

六艺不唯统摄中土一切学术,亦可统摄现在西来一切学术。举其大概言之,如自然科学可统于《易》,社会科学(或人文科学)可统于《春秋》。因《易》明天道,凡研究自然界一切现象者皆属之;《春秋》明人事,凡研究人类社会一切组织形态者皆属之。董生言:"不明乎《易》,不能明《春秋》。如今治社会科学者,亦须明自然科学,其理一也。物生而后有象,象而后有滋,滋而后有数。今人以数学、物理为基本科学,是皆《易》之支与流裔。以其言皆源于象数,而其用在于制器。《易传》曰:"以制器者尚其象。"凡言象数者,不能外于易也。人类历史过程皆由野而进于文,由乱而趋于治其间盛衰、兴废、分合、存亡之迹,蕃变错综。欲识其因应之宜、正变之理者,必比类以求之,是即《春秋》之比事也;说明其故,即《春秋》之属辞也。属辞以正名,比事以定分。社会科学之义,亦是以道名分为归。凡言名分者,不能外于《春秋》也。文学、艺术,统于《诗》、《乐》,政治、法律、经济,统于《书》、《礼》,此最易知。宗教虽信仰不同,亦统于《礼》,所谓之于礼者之礼也。哲学思想派别虽殊,浅深小大亦皆各有所见。大抵本体论近于《易》,认识论近于《乐》,经验论近于《礼》,唯心者《乐》之遗,唯物者《礼》之失。凡言宇宙观者,皆有《易》之意,言人生观者,皆有《春秋》之意。但彼皆各有对执,而不能观其会通。庄子所谓各得一察焉以自好,各为其所欲以自

20世纪儒学研究大系

为方者,由其习使然。若能进之以圣人之道,固皆六艺之材也。道一而已,因有得失,故有同异。同者得之,异者失之。《易》曰:天下同归而殊途,一致而百虑。天下何思何虑?睽而知其类,异而知其通,夫何隔碍之有!克实言之,全部人类之心灵其所表现者,不能离乎六艺也;全部人类之生活其所演变者,不能外乎六艺也。故曰:道外无事,事外无道。因其心智有明有昧,故见之行事有得有失。孟子曰:"行矣而不著,习矣而不察,终身由之而不知其道者众也。"彼虽或得或失皆在六艺之中,而不自知其为六艺之道。《易》曰"百姓日用而不知",其此之谓矣。苏子瞻有诗云:"不识庐山真面目,只缘身在此山中。"岂不信然哉。

学者当知六艺之教固是中国至高特殊之文化,唯其可以推行于全人类,放之四海而皆准,所以至高;唯其为现在人类中尚有多数未能了解,百姓日用而不知,所以特殊,故今日欲弘六艺之道,并不是狭义的保存国粹,单独的发挥自己民族精神,而止是要使此种文化普遍的及于全人类,革新全人类习气上之流失,而复其本然之善,全其性德之真。方是成己成物,尽己之性尽人之性,方是圣人之盛德大业。若于此信不及,则是六艺之道犹未能有所入,于此至高特殊的文化尚未能真正认识也。诸君勿疑此为估价太高,圣人之道实是如此。世界无尽,众生无尽,圣人之愿力亦无有尽,人类未来之生命方长,历史经过之时间尚短。天地之道只是个至诚无息,圣人之道只是个纯亦不已。往者过来者续,本无一息之停,此理决不会中断。人心决定是同然,若使西方有圣人出,行出来的也是这个六艺之道,但是名言不同而已。诸生当知六艺之道是前进的,决不是倒退的,切勿误为开倒车;是日新的,决不是腐旧的,切勿认为重保守;是普遍的,是平民的,决不是独裁的,不是贵族的,切勿误为封建思想。要说解放,这才是真正的解放;要说自由,这才是真正的自由;要说平等,这才是真正的平等。西方哲人所说的真、美、善皆包含于六艺之中,《诗》、《书》是至善,《礼》、《乐》是至美,《易》、《春秋》是至真。《诗》教主仁,《书》教主智;合仁与智,岂不是至善么?《礼》是大序,《乐》是大和,合序与和,岂不是至美么?《易》穷神知化,显天道之常;《春秋》正名拨乱,示人道之正,合正与常,岂不是至真么? 诸生若于六艺之道深造有得,真是左右逢源,万物皆备。所谓尽虚空,遍法界,尽未来际,更无有一事、一理能出于六艺之外者也。吾敢断言:天地一日不毁,人心一日不灭,则六艺之道炳然常存,世界人类一切化最后之归宿,必归于六艺,而有资格为此文化之领导者,则中国也。今人舍弃自己无上之家珍,而拾人之土苴绪余以为实,自居于下劣,而奉西洋人为神圣,岂非至愚而可哀。诸生勉之,慎勿安于卑陋,而以经济落后为耻,以能增高国际地位遂以为可矜。须知今日所名为头等国者,在文化上实是疑问,须是进于六艺之教,而后始为有道之邦也。不独望吾国人兴起,亦望全人类兴起,相与坐进此道,勉之,勉之。

(本文节选自马一浮《泰和宜山会语合刻》,
复性书院刻书处,1940年1月嘉州刻本)

马一浮(1883—1967),幼名福田、后改名浮,字一浮,别号湛翁,晚年自署蠲戏老人,简称蠲叟,浙江绍兴人。曾任民国教育部秘书长,后归隐西湖,潜心研习中印西典籍,以德高和博学为学界推重;抗战期间,竺可桢以大师名义聘任浙江大学讲席,后又入川主讲于乐山复性书院,阐明六经大义;50年代后,曾任上海文物保管委员会委员、中央文史馆副馆长、浙江文史馆馆长。著述有《泰和会语》、《宜山会语》、《尔雅台答问》、《复性书院讲录》、《濠上杂著》等。主张"六艺该摄一切学术",今楷定国学者,即"六艺之学","西来学术亦统于六艺"。

　　选文节自《泰和会语》,所发明的就是"六艺统摄"中土与西来"一切"学术的原理,文中强调"全部人类之心灵其所表现者,不能离乎六也","全部人类之生活其所演变者,不能外乎六艺也。"所以说"道外无事,事外无道"。通过中西哲学、中西学术的比较研究,阐明弘畅六艺之道的现代意义,主张世界人类一切化最后之归宿,必归于六艺。

十七八世纪西方哲学家的孔子观

朱谦之

东西文化接触曾经给世界文明以强大的推动。东西文化各有其自身的发展特点，但是这并不妨碍它们同时通过其自身的社会经济条件和社会内部的各种阶级斗争而接受了对方的影响。在十七、八世纪，中国哲学文化曾经给予欧洲思想界以一定的影响。

一

十八世纪是欧洲封建主义崩溃和资本主义成分产生的时期。为了适应新的生产力发展的需要，在哲学里面逐渐形成那正在上升到统治地位的反宗教反封建的理性万能的学说，及所谓理性时代。在我看来，理性时代的思想来源，一是希腊，一是中国。中国哲学文化、特别是孔子哲学的传播，为其外来条件。

孔子学说的传入欧洲，以十六、十七世纪来华的耶稣会士为媒介。耶稣会士来远东传教以传播科学为手段而以进行殖民主义侵略为目的，但是，在中国当时的特殊情况之下，由于资本主义萌芽初期需要科学技术，所以一时朝野的知识分子同他们殷勤结纳，而不甚信他们的宗教。耶稣会因争取在中国传教，对于中国的祭孔、祭天之礼加以附会曲解，认为并不与神学违背。这便与天主教中其他宗派发生很严重的"礼仪问题"的争论。耶稣会士为了自己辩护,将中国经典翻译出来寄回本国。关于礼仪问题的争论,从1645 至 1742 年,经百年之久。当时,耶稣会士以外的宗教家,多注意孔子与神学的不同;而在思想家方面,他们则以不同于神学的孔子,作为他们启明运动的旗帜。

初期关于中国的著作,多出于当时葡萄牙、西班牙和意大利等国的传教士。例如,利玛窦译中国四书,金尼阁作《基督教远征中国记》,鲁德照作《中华帝国史》,卫匡国作《中国新图》、《中国上古史》。殷铎泽等合著《中国之哲人孔子》,更已经涉及中国哲学了。1685 年法国路易十四派遣具有科学知识的耶稣会士来中国,除了课之以传教之外,还课之以作中国研究报告书的义务。他们将考察所得,用书信或论文的形式,编成专书在巴黎发行。其中,竺赫德的《中华帝国全志》四卷,1703—1776 年《耶稣会士书简集》二十六卷,1776—1841 年《北京耶稣会士中国纪要》十六册,被称为关于中国的三大名著,引起欧洲学者研究中国哲学的极大兴趣。至于专就孔子学说的介绍来说,除了利玛窦、金尼阁译四书、五经为拉丁文以外,重要的有郭纳爵译《大学》,殷铎泽译《中庸》。特别是耶稣会士编的《中国之哲人孔子》,中文标题为《西文四书解》,附周易六十四卦及其意义、孔子传,插入孔子画像,上书“国学仲尼,天下先师”。由于这本书,欧洲学者竟把中国、孔子、政治道德三个不同名词联在一起了。此外,为了避免当时严厉的检阅制度,竟有几种是用匿名和无名形式发表的。例如,普庐开的《儒教大观》,作于法国大革命前夜(1784),以中国为标准提倡新道德与新政治。1788 年在伦敦刊行在巴黎发售的一部伪书《孔子自然法》(巴多明译注),利用孔子的性善说,来反驳霍布士的性恶说。还有一部名为《中国间谍》的伪书,则简直利用中国的名义来提倡革命了。

二

孔子及其学派哲学对欧洲的影响,特别重要的是在法、德两国。十七、八世纪欧洲思想界为反对宗教而主张哲学,故对宗教所认为异端的孔子、异端的理学,热烈地加以欢迎和提倡。但是由于法、德的社会经济背景不同,这两国的思想界对于中国哲学的认识也有所不同。大体来说,同在孔子哲学的影响之下,法国的百科全书派把中国哲学当作唯物论和无神论来接受,德国古典哲学则把它当作辩证法和观念论来接受。

现在先从法国说起。十七世纪法国哲学家的思想都是自笛卡儿哲学来的。不过,同在笛卡儿的学派中,一方面有将笛卡儿哲学与正宗的教义相结合的巴斯噶,一方面却有提倡"无神论的社会"的假设的贝尔。巴斯噶反对中国,贝尔则赞美中国。贝尔指出中国思想为无神论,且较斯宾诺莎更为彻底。就中直接继承笛卡儿哲学的麦尔伯兰基虽也攻击中国哲学,却明确认为中国哲学是无神论的唯物论的。他在 1703 年所写《关于神的存在及其本质:中国哲学者与基督教哲学者的对话》一书中,把中国哲学主张的"理"同基督教主张的"神"严格加以分别。他的结论以为中国哲学是无神论,这当然是给当时法国一般知识分子以很大的影响了。

在十八世纪,法国百科全书派轰动一时。这一派将无神论、唯物论、自然主义作为论据,崇拜理性,中国是其来源之一。耶稣会士提倡原始孔教,反对宋儒理学;而百科全书派很多是耶稣会中富有反叛精神的人,却起来拥护此异端之"理",拥护无神论、唯物论与自然主义。固然百科全书派和中国思想接触,不止由于一个媒介,如孟德斯鸠即取材游客的著作,因而对于中国文化便发生不同的看法。但是,孟德斯鸠在《法意》第二十四卷十九章也以中国人为无神论者，以为无神论在中国有许多好处。

试以百科全书派为代表，来说明当时法国哲学家的孔子观。首先是霍尔巴赫，他虽为德国人，但他一生寄居巴黎，为百科全书派的领袖人物。在1773年所著《社会的体系》一书中，他曾举来华耶稣会士所写的《中华帝国全志》、《中国现状新志》和《耶稣会士书简集》等书劝人阅读。他赞美孔子教将政治与道德结合，认为"在中国，理性对于君主的权力，发现了不可思议的效果，建立于真理之永久基础上的圣人孔子的道德，却能使中国的征服者，亦为所征服"。书中援引很多中国的理想政治的例子，结论是"欧洲政府非学中国不可"。

百科全书派的主角狄德罗，他虽不是无条件地赞美中国，但对孔子哲学却有极高的评价。在百科全书代表项目中，有他所写《中国哲学》一项。他讲到中国哲学的简史，从战国前孔子一直到明末，介绍五经是中国最初且最神圣的读物，四书则为五经的注释，对于宋儒的理学叙述较详，但自叹不易决定它究竟是有神论、无神论还是多神论。关于孔子哲学，他举出孔子教的根本概念共有二十四种格言，以为孔教不谈奇迹，不言灵感，纯粹不脱伦理学政治学的范围。他认为孔子的道德胜似他的形而上学或自然哲学。他还认为，孔子教义以保存天赋的理性为圣人的特质，以补充天赋的理性为贤人的特质；德治主义有两个目的，第一是以理性判别善恶与真伪，第二是修身、齐家、治国平天下。这种尊重理性的精神，是狄德罗和他的周围排列着的百科全书家所同声钦佩的。

服尔德是极端赞扬中国文化的欧洲人之一。中国的哲学、道德、政治、科学，经他一说，都变成尽美尽善了。依他的意思，中国文化是圣经以前的且为圣经以外的文化，它跟基督教绝然不同，不说灵魂不灭，不说来世生活。孔子自己也不以神或预言者自命，他不讲神秘，只谈道德，即不将真理与迷信混同。因此，若把孔子和基督对比,则基督教全然为虚伪的、迷信的。"我们不能像中国人一样,这真是大不幸。"服尔德反对欧洲对中国传教,以为中国四千年来即已有了最单纯、最好的宗教,即孔教。服尔德赞美孔子的格言"己所不欲、勿施于人",认为这是基督所未曾说到的。基督不过禁人行恶,孔子则劝人行善,如说"以直报怨,以德报德"。因此,孔子实为至圣至贤的哲学家,人类的幸福关系于孔子的一言半句。因为崇拜到了极端,服尔德在他自己的礼堂里,装饰孔子的画像,朝夕礼拜。"子不语怪力乱神","有教无类"这类话,尤为他所敬服。他还作一诗,赞美"孔子为真理的解释者",以此暗讥基督教。在《风俗论》中,服尔德说"欧洲的王族同商人在东方所有的发现,只晓得求财富,而哲学家则在那里发现了一个新的道德的与物质的世界"。服尔德是"全盘华化论者"。对于中国的印刷术、陶瓷、养蚕、纺织术、建筑、农业技术等,他认为都有凌驾欧洲之势。关于政治方面,他认为"人类智慧不能想出比中国政治还要优良的政治组织"。关于法律方面,他认为中国非经官厅或御前会议的裁判,虽贱民亦不能处死刑。服尔德还在 1753 年作《中国孤儿剧本》,副题为《五幕孔子的伦理》,宣扬中国道德,以反驳卢骚"文明不是幸福"的中国文化观。

百科全书派显然是将中国理想化了;正如法国大革命时流行的歌曲中,唱着"中国是一块可爱的地方,它一定会使你喜欢"。百科全书派之一巴夫尔在《一个哲学家的旅行》中说,"若是中国的法律变为各民族的法律,地球上就成为光华灿烂的世界。"至于重农学派的元祖魁奈,号称"欧洲的孔子",更不消说了。马克思在《资本论》中指出:"魁奈自己以及他的直传弟子,相信他们的封建的招牌。……但实际上,重农主义体系倒是资本主义生产的最早的体系的理解。"重农派以自然法即中国的天理天则代替了上帝的职能,胜利地使政治经济学成为一门科学。例如,《经济表》可称为伟大的科学发明,但是它所根据的是"法国的尚不发达的经济系统,当时在法国,地产起着主要作用的封建制度还没有消灭,所以他们当了封建主义观点的俘虏"(《德意志意识形态》)。马克思所说封建招牌,我认为就包括了孔子。例如,魁奈的弟子大密拉博,即将《经济表》的伟大业绩,放在完成孔子的遗业上。魁奈所著《格言》,是借用了《论语》的表现法。他向法国各州各都市所发关于经济事实的《质问》,是模仿采风之官巡行天下以采诗的事情。特别是1767年他在《中国专制政治论》中即为中国的合法的专制辩护,以为在中国无论古典的经书与民法等法制无不尊重自然法,所以理性的训练特别发达。他在这本书中还提及孝经,以为"题为孝经的第五种经典,是成于孔子之手的小册,孔子以孝行为义务中的义务,居道德的第一位,但孔子在此书中说要是反于正义和礼仪,则虽为子没有服从父亲的义务,虽阁臣也没有服从君主的义务"。魁奈一派崇拜中国到了极点,以致以为一部《论语》可以打倒希腊的七贤。重农学派尊重中国的结果,致使法王路易十五于1756年仿中国习惯举行亲耕"籍田"的仪式。尽管如此,孔子学说在法国,这不算主流,主流是民主思想的传播。正如波提埃在《东方圣经》中所说,"便是最前进的理论,也没有孟子'民为贵,社稷次之,君为轻'的更为激进。"因此,合法专制在当时即受了批判,而直接间接借助于中国的民主思想,却形成大革命的基础之一。

三

再就德国来看。德国受中国哲学影响和法国不同。这是因为封建主义经济基础,"在法国是一下子被砸碎的,在德国直到如今还没有被彻底砸碎"(恩格斯:《费尔巴哈与德国古典哲学的终结》)。这反映在意识形态上,法国表现为唯物论和无神论,德国表现为辩证法和观念论,法国所见的孔子是唯物论者、无神论者,德国所见的孔子是辩证法论者、观念论者。先以德国古典哲学的先导莱布尼茨为例。莱布尼茨是承认中国文化大足贡献西方文化发展的第一个人,他在1666年开始写作时即注意中国。1687年《中国之哲人孔子》出版,他很受感动,与人书说及"今年在巴黎发行中国哲学者之王孔子的著述"。1690年他在罗马会见由中国返欧的耶稣会士闵明我,八个月的往来,使他深悉中国情形。1697年他用拉丁文出版了一部《中国最近事情》,卷首云,"全人类最伟大的文化和文明,即大陆两极端的二国,欧洲及远东海岸的中国,现在是集合在一起了。"他说,欧洲文化的特长是数学、思辩的科学及军事学,然而一说到实践的哲学,则欧人到底不及中国。"我们从前谁也不曾想到,在这世界上有凌驾我们的民族存在,但是事实上,我们却发现了中国民族了。"然而,给莱布尼茨最大影响的还是易经。1703年4月他从耶稣会士白晋得到邵康节的六十四卦圆图方位图和六十四卦次序图,惊喜之余,以为它们与他在1678年所发明的"二元算术"完全相合。实际上莱布尼茨在此以前,1701年当把二元算术的研究送给巴黎学院时,已不忘附载从易经六十四卦来解释这数学。莱布尼茨的二元算术虽以形而上学为其基础,但它包含着辩证法的因素。正如列宁说的,"因此,莱布尼茨通过神学而接近了物质和运动的不可分割的(并且是普遍的、绝对的)联系的原则"(《哲学笔记》)。其最有名的代表作《单子论》,也是在1714年受了中国哲学影响才出版的,这就怪不得他那样热狂地提倡中国学的研究了。

莱布尼茨和法国哲学家麦尔伯兰基不同。麦尔伯兰基以中国哲学为无神论,认为中国哲学的"理"和基督教的"神"不同。相反地,莱布尼茨则主张儒家主张的"理"和基督教的"神"完全相同。他在给法国摄政累蒙的一长信里,即对此作了详细的论述。

　　继莱布尼茨之后将孔子一派思想用德语遍布于大学知识界而收很大效果的是沃尔弗。1721年7月他在哈尔大学讲演《中国的实践哲学》，这在德国哲学史上可算一桩大事，同时也对欧洲学者了解孔子哲学起了极大的作用。他在这个讲演中极力赞美儒教，稍带着轻视基督教的倾向，因此便给同大学中虔诚派的正统神学派以攻击的口实。他们提出二十七条难点来反对他，并运动政府命令他在四十八小时内离开国境，否则处以绞刑。这么一来，沃尔弗哲学的内容因被压迫反而成为学界争论的中心了。这个争论达二十年之久，而当时青年人物绝大多数都站在沃尔弗一边。其结果，他的哲学更为有名了。本来沃尔弗主张孔子哲学和基督教并不冲突，这只算莱布尼茨学说的引申，然而当时德国政府和当局竟认他的演辞近乎无神论，把他驱逐，这一放逐倒使孔子哲学格外得到意料不到的成功。沃尔弗旋即被聘为马堡大学教授，并为学生所热烈欢迎。及至腓特烈二世登基，由于新王本是他的信徒，他就被召回哈尔大学，并任以宫中顾问之职。沃尔弗离哈尔不过十余年，他的哲学竟为普鲁士各大学所采用，以至于支配那个时代了。

　　康德的本师舒尔兹是沃尔弗的高足弟子，而康德初期著作处处表现出他所受他们两人的影响。固然康德开始了哲学革命，"他推翻了前世纪末欧洲各大学所采用的莱布尼茨的形而上学体系"，但是他保存了莱布尼茨的"二元算术"。在我看来，二元算术即辩证法思维，和易经有密切的关系，康德由此引申出"二律背反"。康德以后，菲希特和谢林开始了哲学的改造工作，黑格尔完成了新的体系，他们都间接地受到中国哲学的影响。尤其是黑格尔，曾读过十三大本《通鉴纲目》，读过耶稣会教士所搜集的古代中国文献，又读过《玉娇梨》等中国小说的译本。但是，他是一个西方主义者，与过去西方哲学家一味崇拜中国哲学不同。例如，他说孔子关于道德著作"就像所罗门的格言那种方式，虽然很好，但不是科学的"。

四

最后应该指出,在十八世纪的欧洲,无论在法国发生的政治革命和在德国产生的哲学革命,本质上都是站在资产阶级哲学上,反对封建,反对中世纪宗教;不同之点,只是前者倾向于唯物论,后者倾向于观念论。以关于孔子哲学的认识而论,前者以孔子近于唯物论和无神论,后者以孔子近于观念论和辩证法。孔子的评价虽不相同,而无疑同为当时进步思想的来源之一。来华耶稣会士介绍中国哲学原是为自己宗教的教义辩护的,反而给予反宗教论者以一种武器。这当然不是耶稣会士所能预先料到的。尽管孔子是封建思想家,然而他竟能影响到欧洲资产阶级的上升时期。这正如马克思在《路易·波拿巴政变记》中所说:"人们自己创造自己的历史,……并不是在由他们自己选定的情况下进行的,而是在那些已直接存在着的、既有的、从过去承继下来的情况下进行的。一切死亡先辈的传统,好像噩梦一般,笼罩着活人的头脑。……恰好在这样的革命危机时代,他们怯懦地运用魔法,求助于过去的亡灵,借用它们的名字、战斗口号和服装,以便穿着这种古代的神圣服装,说着这种借用的言语,来演出世界历史的新场面。"所谓东西文化接触是文明世界的强大推动力,以孔子为例,我们可以得到证明。

(选自《人民日报》1962 年 3 月 9 日)

朱谦之(1899—1972),字情牵,福建福州人,现代哲学家、哲学史家,早年信仰无政府主义,撰《现代思潮批评》、《革命哲学》、《无元哲学》等,后又提倡唯情哲学,著《唯情哲学发端》、

《周易哲学》、《一个唯情论者的宇宙观及人生观》、《宇宙生命
——真情之流》等，中年、晚年致力于中西哲学、中日哲学的研
究，旁及史学与文化交流史，著有《文化哲学》、《历史哲学》、
《中国哲学对欧洲的影响》、《中国哲学与法国革命》、《日本的
朱子学》、《日本古学及阳明学》、《日本哲学史》、《中国景教》、
《中国音乐文学史》、《中国哲学简编》、《黑格尔的历史哲学》、
《孔德的历史哲学》、《欧洲文艺复兴与中国文明》、《老子校释》
等，曾任暨南大学、中山大学、北京大学教授，中国科学院世界
宗教研究所研究员。

　　选文发表于《人民日报》1962 年 3 月 9 日，比较系统地阐
述了孔子思想对欧洲十七、八世纪启蒙思想家的影响，指出当
时耶稣会士以外的宗教家，多注意孔子与神学的不同，而在思
想家方面，则以不同于神学的孔子，作为他们启明运动的旗
帜，百科全书派的代表人物霍尔巴赫、狄德罗、伏尔泰及重农
学派的魁奈等，都形成自己独特的孔子观。

中国哲学与法国革命（节选）

朱谦之

《自然法赋》与宋儒理学的关系

中国是伏尔泰的理想国，中国的理性道德更是伏氏所认为欧洲人所向往的目标，是和从来基督教的道德有本质的差别的。他在 1728 年作《反巴斯噶论》(Remarques sur les Pensées de M. Pascal)，开卷即用激烈的文字攻击巴斯噶以人性为恶的说法。他说，对于此厌世家他要给人类作辩护。对于基督教的性恶说，他采取了儒家性善说的立场。接着他逐条驳斥巴斯噶《辩神论》片断中的若干思想。例如巴斯噶说，"只爱神，不爱他物"；他驳道："人类须以深厚的爱情爱其祖国及其父母、妻子。"又对答巴斯噶所疑的道德的确固不变的原理问题，他提出"己所不欲，勿施于人"的原则。对答巴斯噶关于死的疑问，他提出"未知生，焉知死"之现实的立场。由上可见伏尔泰极端接受中国道德的态度。

1752 年他写成《自然法赋》(Le poém a sur la loi naturelle)，当时是他著作最成熟的时代。在这书里，他所述理性道德的许多重要节目，更明白是受了宋儒理学的影响。关于这一点，小林太市郎在《支那思想与法兰西》中曾试为分析。案《自然法赋》序言，伏氏开始借出版者的口气说："这《自然法赋》的目的是关于从一切启示宗教乃至最高存在性质的一切议论里独立出来，确立了普遍的道

20世纪儒学研究大系

德之存在。"在这里他鼓吹了从宗教解放出来的理性的因而是普遍的新道德；次之，教育的目的是教人顺从理性的实践行为，这就简直是宋儒《大学注》的解释了。在序言里面，伏氏还特别强调羞耻之心是与理性同为以自然法为基础的，然而西洋人不知道尊重道德上的羞耻，不知羞耻为道德的端绪，在这里他发挥了宋儒的道德说。《赋》之初篇末尾说自然法的普遍性，谓"吾人与生俱来之悠久的存在，一切人之心中同样有其萌芽。从天所授的德性，由人来表现，人却为私欲或迷误蒙蔽了它"。但尽管如此，只要在心中时时警惕，人的天性是不灭的。在这里，伏氏的结论和宋儒天理人欲之辩和存天理去人欲之说没有什么不同。所以在《赋》之第二篇中，伏氏认为罪恶是暂时的，"无论人欲如何兴盛，在内心深处常常有法则和道德俨然存在"。他用清冷之泉作譬喻，因风而波起，水必浊；但在风平波静之时，就是坏人也可以在水中看到自己的面貌。这简直完全应用了宋儒水波的譬喻了。还有更意味深长的，伏氏和程朱学一样把这自然法即理，不单看作道德的原则，而且认作宇宙万物的原理，即据此而星辰的运行、风雷的变化、草木的生育、鸟兽的驰走，都不出于人类思考着的普遍的原理之外，这当然完全是唯心主义，但其所受宋儒理学的影响则是显无可疑的。《赋》之第三篇感叹从人欲的迷妄发生种种奇怪的各种宗教，横行世界。如在欧洲为了宗教裁判使无辜的市民受火刑，其极端残酷的情状都由于人欲把天理消灭了。第四篇以此自然法为政治的基本，认为修明这些，即为政治改革的急务。由伏氏看来，国王是"自然法之勤勉的执行者"；只要人人明白自然法的大道理，努力去做，就可以使国家泰平。但是他自己是不参与政治活动的，只要晚年享受安静的日子就好了。这是《赋》的全篇的结束语，要以儒家的理性道德来挽救欧洲的时弊。但是，他在末了所郑重申明的隐士思想，还是受了中国的影响。

20世纪儒学研究大系

中国文化之赞美论

(1)中国文化之特质

伏尔泰极端赞美中国文化,首先是赞美孔子的格言:"己所不欲,勿施于人",认为这是基督所未曾说到,基督不过禁人行恶,孔子则劝人行善。他尤推赏孔子"以直报怨,以德报德"的格言,以为"西方民族,无论如何格言,如何教理,无可与此纯粹道德相比拟者。孔子常说仁义,若使人们实行此种道德,地上就不会有什么战争了"。所以孔子实为至圣至贤的哲学家,人类的幸福关系于孔子的一言半句。在1760年4月25日伏尔泰给得比勒夫人(Madame d'Epiney)的一封信,极称孔子为天地之灵气所钟,他分别真理与迷信,而站在真理一边。他又不媚帝王,不好淫色,实为天下唯一的师表。因为崇拜到了极点,所以伏尔泰在他自己的礼拜堂里装饰孔子的画像,朝夕礼拜。"子不语怪力乱神","有教无类",这一点尤为伏尔泰所敬服,所以他对孔子有一段很好的批评,他说:"我读孔子的许多书籍,并作笔记,我觉着他所说的只是极纯粹的道德,既不谈奇迹,也不涉及虚玄。"(I have read his books with attention; I have made extracts from them; I found that they spoke only of the purest morality—He appeals only to virtue, he preaches no miracles, there is nothing in them of ridiculous allegory.)又作一诗赞美孔子为真理的解释者,暗中即以讥刺基督教。诗曰:

　　　　他使世人不惑,

　　　　启发了人心。

　　　　他说圣人之道,

　　　　决不是预言者的那一套。

　　　　谁知到处使人相信,

也得了本国深深的爱好。

在《诸民族风俗论》(第143章)中,也有一段赞美中国文化的名言:

"欧洲的王族同商人在东方所有的发现,只晓得求财富,而哲学家则在那里发现了一个新的道德的与物质的世界。"(The princes of Europe and the men of commerce have, in all discoveries in the East, been in search only of wealth, the philosophers have discovered there a new moral and physical world.)

最使伏尔泰赞美中国的,是中国有四千余年以上的历史。各派传教士对于中国文化虽有种种异论,但均认中国建国之久,均认中国建国在四千余年以前。所以伏尔泰以为在欧洲如中国君主一样早的王族是不存在的。在中国已经完成了政治制度生活的时候,法国人还在那里过着动物一样的生活。

(2)物质文明

最有趣的,就是伏尔泰是一个"全盘华化论者",所以对于中国文化的各方面,即至物质文明,亦不惜加以赞美,以为中国的物质文明实有凌驾欧洲之势。例如:

(一)印刷术　"中国的木板印刷,由我们看来,较欧洲的印刷术有种种优点。第一,印刷者可不铸造活字。第二,书籍不易毁灭,木板又可保存。第三,印刷后即有错误,亦易于订正。第四,印刷者只须就预定的部数印刷,不比欧洲印刷过多,浪费纸张。"大概在伏尔泰时代,欧洲"字板"的制法还未发明。

(二)陶瓷　中国陶瓷向为欧洲人所珍重,欧洲在十七世纪末虽知仿造,但价值甚昂,不甚普遍。

(三)玻璃　中国人比欧洲人先知玻璃的制法,虽则中国玻璃不如欧洲美丽,也不透明,但据法国一位军官可靠的话,在广东时曾发现某处有非常透明的玻璃窗的装饰。

（四）养蚕术与纺织术　中国为蚕丝的原产地,养蚕术与纺织术亦由中国传入波斯。

其他如(五)纸,(六)钟,(七)车之发明,亦为中国人的贡献。

（八）农业技术　他赞赏中国的重农主义,以为中国尊敬农业,举世无匹,欧洲各国大臣要一读耶稣会士记录关于中国皇帝之尊重农业,和收获期的国家祭典等例。"我们欧洲的统治者们知道这些例之后,应该是赞美啊! 惭愧啊! 尤其是模仿他们啊!"

（九）建筑　就建筑说,在西历纪元前三百年已筑有万里长城,可见古代建筑已比欧洲人更为发达了。又如以人工开凿运河,通贯全国,为世界各国所未有,即罗马人亦绝无此类大计划。

在赞美中国的物质文明以后,伏尔泰得到一个结论:

"中国人虽未曾如欧洲人似的,装饰了艺术宫殿,但是此等艺术的宫殿都是由他们建设起来的。"

他甚至为赞美中国文化,对于欧洲人所下中国风俗的恶评亦加以辩护。例如他说,比较欧洲人之通奸,还是中国一夫多妻制来得好些。这一点拿来和孟德斯鸠所著《波斯人信札》第一百十四封信反对一夫多妻制比较一下,未免相形见绌。伏氏又在《哲学通信》第十一封信中论种痘,以为中国在贞纳(Edward Jenner)发明牛痘接种以前很早就有种痘的习惯,"这是被认为全世界最聪明最讲礼貌的一个民族的伟大先例和榜样"。至于政治法律方面,更不消说了。

（3）政治与法律

中国的政治观念,由伏尔泰看来,有两种好处,即(一)中国人民将君主或官吏看做家长一般,给他尽力;(二)政府当局注意人民福利,以增进人民福利为第一义务。所以皇帝或官厅常常要修理道路,开凿运河,保护学术与工业的研究,人民亦不自觉地表示敬意,养成了顺从的美德。而这种顺从,非从专制而来。伏尔泰以为

20世纪儒学研究大系

专制政治和中国政治观念不同。他给专制政治下一定义：

"专制政治云者，乃君主不守法律，任意剥夺人民的生命财产的政治。"

但从中国的行政组织来看，中国的行政组织各部分互相联络，官吏均经几次严格考试，皇帝虽高高在上，亦不便擅行专制。加以中国设有谏议制度，本不能以专制国家称之。总之中国政治，由伏尔泰看来，这种政治组织实为世界最善最完全的组织。

"人类智慧不能想出比中国政治还要优良的政治组织。"

至于中国法律，更充满着"仁爱"的观念。中国无论如何僻远的地方，非经官厅或御前会议的裁判，虽贱民亦不能处以死刑。所以他说：

"关于中国，只要听到这种法律，我已不得不主张只有中国是世界中最公正最仁爱的民族了。"

而使伏尔泰最惊叹的，就是这种世界上最优良的中国法律，实存于四千年来。换言之，即在西历前二千余年便已存在，直到他的时代尚无显著的变化，这一点不能不说是世界上最好的民族的证明了。

《中国孤儿》剧本之中国文化观

伏尔泰著作极多，全集有 97 册，但其中专论中国文化、中国思想的，在《诸民族风俗论》之外，尚有 1753 年所作有韵的戏曲：《中国孤儿》(Orphelin de la Chine) 剧本。《风俗论》极言中国文化优美，以反驳孟德斯鸠对于中国文化的批评；《中国孤儿》宣扬中国道德，以反驳卢梭"文明不是幸福"的中国文化观。故在此剧本第一版上，有意把卢梭的那封有名的信排在前面。现在试专就此剧，略加介绍。

原来18世纪欧洲的知识界人士不但注意中国哲学,更且注意中国文学,例如最后上断头台的诗人舍尼埃(André Chénier)读到《诗经》课本,他想模仿《诗经》的体裁,改造法国诗的格局。又如以伏尔泰为例。他比较中、欧文学,以为中国文学比较欧洲文学为近于实证的、哲学的,如以演剧为文化的标准,则这个原则在中国也可以适用。中国剧的起源乃在三千年前,只输希腊的起源一筹,但是中国人决非从他国传承艺术,他们也不知道希腊人的存在。中国人乃以独自的智力创造戏剧,如实地描写人类的行动,用科白或台辞,以演剧为劝善惩恶的机关,这可以说中国戏剧的特质。

以元曲《赵氏孤儿》为例。此剧原名《赵氏孤儿大报仇》,一作《赵氏孤儿冤报冤》,是元朝剧曲家纪君祥作的。它的故事内容根据《史记·赵世家》里晋大夫屠岸贾诛赵氏和晋景公与韩厥谋立赵氏孤儿的一段故事。此剧于十八世纪由中文译为法文,后又从法文译为英、德、俄各国文字,五十年间欧洲的拟作或改作有英文两篇,法、德、意大利文各一篇,而伏尔泰的《中国孤儿》剧本即为最有名的改作之一。此剧法文本见 Théatre de Voltaire,1857 巴黎刊本页 547—597,又页 543—546 有黎塞留(Richelieu)序文;英译本见 Works of Voltaire 第八卷页 174—234;汉译本 1942 年商务印书馆版有译者序跋,谓"伏尔泰写这本戏曲,他并不是欣赏艺术上的价值,而是对于中国道德表示了深切的共鸣";还有后藤末雄:《伏尔泰的悲剧〈中国孤儿〉之研究》及陈受颐:《十八世纪欧洲文学里的赵氏孤儿》,均可供研究。伏尔泰本来赞美中国文化,对于中国文学更非例外,他承认戏剧的劝善惩恶的哲学为合理,因此便把中国戏剧的价值抬得很高。中国戏剧诗的成就只有希腊可相比拟,至于罗马人简直是毫无成就。他所认为的代表作,就是《赵氏孤儿》。但此剧原本过于复杂,缺乏恋爱的要素,且与三一律不合;因之主张改作,把剧中角色也全部改换,以元朝为背景,来描写鞑靼人和

中国人的风俗习惯,共成五幕。而最重要的,即在此剧里面表示一种中国之道德的人生观。他自己说:

> 我敢说自从我创作史事诗《显利篇》(La Henriade)以至《谢义儿》(Zaire),以至这篇中国的作品,不论它们的成绩好丑,这个鼓励为善的宗旨是一向都给我以灵感的。……在这样的工作里,我曾消度我生活中的四十多年。

《中国孤儿》剧本有一个副题是"五幕孔子的伦理",他希望法国人能从新剧本中,领会中国人的道德生活远胜于诵读耶稣会士的著作。他假托剧中人物盛悌妻奚大美来宣扬中国文化:

> 在当初我也曾经私下转过一个念头,想用我们中国文化的力量,把这一只野心勃勃的狮子收服过来,用我们的礼教道德感化这个野蛮的鞑子,叫他归化中国。……我们中华民族从古以来,有的是高尚的艺术,有的是威严的法律,还有清静的宗教,这些都是世世代代可以夸耀世界的立国之宝。(第一幕第一场)

> 我们的国朝是建立在父权上,伦常的忠信上,正义上,荣誉上,和守约的信义上,换一句话,孝弟忠信礼义廉耻就是我们立国的大本。我们大宋朝虽已被推倒,可是中华民族的精神是永不会灭亡的。(第四幕第四场)

剧中末了成吉思汗借奚大美来赞中国文化的话,更可见伏尔泰的旨趣:

> 你把大宋朝的法律、风俗、正义和真理都在你一个人身上完全表现出来了。你可以把这些宝贵的教训宣讲给我的人民听,现在打了败仗的人民来统治打胜仗的君王了。忠勇双全的人是值得人类尊敬的,我要以身作则,从今起我要改用你们的法律。(第五幕第六场)

这就是说大宋朝虽已覆灭,而立国之宝的中国文化永不会灭亡。

被征服的是那打胜仗的君主,而不是打了败仗的人民。伏尔泰在结束语所提出对中国人民的颂词:"那是你们的道德。"这就可见他对于中国文化中国人民是如何赞美和辩护的态度了。

百科全书思潮

百科全书派好似一个"哲学家"的军队,在霍尔巴赫和伏尔泰指挥之下,他们在有意无意之间集合起来做了一个共同的工作;他们多半是集全力攻击天主教,广泛地说,即攻击基督教本身。他们排斥基督教的宇宙观与人生观,这在他们看来是假的与迷信的;他们诅咒天主教会所主张的社会秩序,他们以为这是不公平的与压迫的。他们还有一个共同的特点,就是喜欢外国东西。他们有的醉心于古代的中国人物,即借孔子的名义来办他们的革命。例如一部名叫《中国间谍》的书,就是以中国文化鼓动法人来反抗政府的。

百科全书派没有人肯承认有一个全能的上帝,同样几乎没有人不承认中国文化之真价值,从霍尔巴赫到伏尔泰,从伏尔泰到狄德罗、巴夫尔、爱尔维修,无不如此,尤其狄德罗是毕生献身于为真理和正义服务的一个人(恩格斯语,见《费尔巴哈与德国古典哲学的终结》第二节);他的好奇心使他在《百科全书字典》中,承认了中国民族所有的优点。

狄德罗之中国文化观

狄德罗无疑乎是百科全书思潮中的主角,他在八九岁时即就学于本生地的耶稣会,十二岁时曾受剃度。耶稣会因觉得狄德罗聪明,曾想尽方法使其为该会尽力,但谁知道这一位富有反叛精神的人以后竟然否认了上帝的存在呢？狄德罗对于中国知识的来源，和他早年所受耶稣会的教育不无关系，但对于在华传教士所说中华建国之太古说，则取怀疑的态度。依旧说，伏羲氏建立中华帝国于四千年前，换言之，即在耶稣诞生前2954年；但由狄德罗看来，关于这种种推测都是不足信的。第一，伏羲感天而生，系一种荒渺无稽的传说，不能算做史实。第二，从年代学上观察，中华帝国亦不能追溯到四千年前，关于这一点他引龙华民、傅圣泽和夫累勒各家的说法为证。他的结论以为中国最初的天文观测即历法的完成，在尧治世前150年，与迦勒底（Chaldaea）的天文观测完全吻合。由此事实，可见中国天文学和迦勒底的天文学一脉相通，而两国的起源也是互相一致的了。

　　但狄德罗并不因此否认中国文化的真价值，虽然在论中国人口过剩所发生的结果，对于中国商人的狡猾有极冷酷的批评，但从基本上看，他是赞美中国文化的。所以在讲到"中国人的优越"时，他说："我们是大诗人、大哲学家、大辩士、大建筑家、大天文家、大地理学者，胜过这善良的人民，但是他们比我们更懂得善意与道德的科学。如果有一天发见这种科学是居一切科学的第一位，那末他们将可以确定的说，他们有两只眼，我们只有一只眼，而全世界其余的人都是盲者了。"在《百科全书》代表项目之中，有狄德罗所写的《中国》（Chine）和《中国哲学》（Chinois, Philosophie des）两条，收入《狄德罗全集》第十四册中（1876年巴黎版，北京图书馆藏）。他相当涉猎当时所译中国经典，不免称赞中国为可与欧洲相匹敌之最开明的国家，但他和来华耶稣会士不同，不能无条件赞美中国。狄德罗对于两种对中国不同的看法，主张以中国人自己所最尊重的经籍来作判断的标准。在他所写《中国哲学》中讲到中国哲学的简单小史，从战国前孔、老一直到明末，很能抱客观的态度。他认为中国君主的哲学即道德哲学、政治哲学，古代君主可认为是哲人帝王,《五经》是中国最初且最神圣的读物,《四书》则为《五经》的注释,这是中国哲学的第一期:哲人帝王时代。孔子时代以前也有哲学家,继之他举出老子的名字,关于老子他是依据日本人著书的介绍。孔、老以前时代是道德哲学时代,其后才有形而上学。孔子哲学与其说是议论,不如说是以行为为主。秦始皇焚书以后,汉代学术复兴,可是狄氏认为是古代哲学的第三期。老子的思想和佛教盛行,无为虚无的思想继起,他对于六朝清谈的思想认为有害,并加以批判。十、十一世纪以后为中世哲学,关于宋学的思想前后涉及 58 条,狄氏特别重视宋代理学的自然哲学,所述也较详,可是因为语言翻译的困难,狄氏对于理学究竟是有神论、无神论、还是多神论,他自叹不易决定;由此他再将论题归到孔子的实践哲学,认为孔子的道德胜似他的形而上学或自然哲学,这从他所主张对家族的统御、公安和司法的机能、帝国的行政等事可以看得出来。他在述及近世中国欢迎欧洲的技术天文学、数学之后,言及康熙、雍正、乾隆三帝对待传教士的政策,举及 35 条中国人的实用哲学。最后附加结论七条,其中述及在中国有清真寺的存在云云。由上狄德罗的中国哲学史观可见他虽看出中国对欧洲技术的后进性,但却赞美中国政治思想制度的合理性和儒家的道德哲学。在《百科全书》中还有值得注意的,是他对于中国民族所下的结论:

中国民族,其历史的悠久,文化、艺术、智慧、政治、哲学的趣味,无不在所有民族之上。据一部分学者的意见,他们所有的优点甚至可以和欧洲最开明的民族抗争云。

孔教的根本概念

狄氏承认中国文化的价值,其实最使他钦佩的还是孔子的理性教。他赞美孔子学说为简洁可爱,赞美儒教只须以"理性"或"真理"便可以治国平天下，暗底里以此否定基督教存在的理由。他在《百科全书》中简单介绍中国《五经》，并举出孔子教的根本概念共二十四种格言，以为孔教不谈奇迹，不言灵感，纯粹不脱伦理学政治学的范围。他的结论：

> 孔子是否为中国的苏格拉底或阿那克萨哥拉（Anaxago-ras）是很难决定的。这个问题和中国语言的造诣有关，依据前章对于孔子作品一部分的介绍，孔子谓为自然及其原因之研究者，不如谓其努力于人世及其习俗的研究。

孔子教义以保存天赋的理性为圣人的特质，以补充天赋的理性为贤人的特质。德治主义有两个目的，第一目的以理性判别善恶与真伪，第二目的即修身、齐家、治国、平天下。这样尊重理性的精神，就是我们哲学家狄德罗的精神，同时也就是他的周围排列着的百科全书家的精神。

卢　梭

卢梭也是继承培尔反对当时正宗宗教的。然而他并非唯物论者，他在晚年曾说："不仅我不是一个唯物论者，并且我也不能记得是否有一个时候我想变为一个唯物论者。"他攻击唯物论者"只能给石头以感觉，不能给人以灵魂"；而他的灵魂是渴望信仰。他说："没有信仰绝没有实在的道德能存在"；评者以为"这句话百科全书派中没有一个人能写出或能懂得"，可见卢梭绝不是法国教士所攻击的无神论者了。然而他也不是正宗的有神论者，他的宗教见解和伏尔泰一样，乃是哲学的宗教，即恩格斯所称为"自然神论者……卢梭"。卢梭承认上帝一方面表现于人心的内部，一方面是借他的工作表现于宇宙中。这就是自然即神、神即自然的自然神论了。而此自然神论实即披着宗教外衣之自然主义哲学，其来源却不能不受到中国的影响,虽然卢梭自己是不肯承认这一点的。

卢梭所受东方思想的影响,在法国文豪罗曼罗兰所写《卢梭评传》中颇露出此中消息。如云"……他最伟大的教师并不是任何一种书籍,他的教师是自然,从幼年起他便热爱自然。……自然渗透他整个生命……这在他较晚的生活中显得特别明了,且使他和东方的大神秘主义者呈现异样相似之点"。又,"尤其是他被陶醉于自然怀抱里的那几天,使他与宇宙混合为一体,他比任何西方人更能体会东方意义的完备的狂喜"。卢梭这种"复归自然"的思想实即得力于老子。狄德罗从日本人著书介绍知道中国有老子,把老子写成 Rossi,卢梭写《学艺论》时和狄德罗往来最密,也可能接受这种影响。《学艺论》里面承认耶稣会士对于中国的观察为正确,但以为中国古代学艺即很发达,而文明不必即为幸福的表征,文明进步并不能矫正中国人的恶德;且不能使中国人免却异民族的征略。他指出如下事实即:"在亚洲就有一个广阔无垠的国家,在那里文艺是为人尊崇摆在国家尊荣的第一位。如果科学可以敦风化俗,如果它们能教导人们为祖国流血,如果它们能鼓舞人们长勇气;那末中国人民就应该是聪明的、自由的而且是不可征服的。然而,如果没有一种邪恶未曾统治过他们,如果没有一种罪行他们不曾熟悉;如果无论大臣们的见识或者法律所称号的睿智,或者那个广大帝国的众多居民都不能保障他们免于愚昧而粗野的鞑靼人的羁轭的话;那末他们的那些文人学士又有什么作用呢? 他们所堆砌的那些荣誉又能得出什么结果呢? 结果不就是住满了奴隶和为非作歹的人吗?"因此他即以中国为例来大谈其独得之奇的"文明否定论"。依他意思中国人民既不能保护国家,使不为无智蒙昧之野蛮人所侵服,则此等文明亦有何用处? 卢梭因有这个疑问,使他虽承认中国文明进步,而此文明进步适足以为他文明否定论的实例。他又在《百科全书》(第五册,一七五五年)所作政治经济学的条文里,提供了好些中国材料,但结论也认为这种政府是不能使人满意的。又在《爱弥儿》中提及"农业是所有艺术中最早的和最可贵的";这重农主义却是主要受中国思想的影响,尤其是孟子的影响。卢梭和孟子人性本善学说的关系,1943 年休斯(E. R. Hughes)在英译本《大学与中庸》序言第一章中特别提出。他甚至以为康德早年受莱布尼茨的影响,晚年受卢梭的影响,因而推论康德的理性学说也受中国的影响。这种结论是很值得我们去分析研究的。

由上所述,百科全书派的法国学者对于中国文化的态度,虽有如孟德斯鸠、卢梭等反对论,和狄德罗等批评论,然而从大体来看,十八世纪乃是伏尔泰的世纪,也是以中国哲学之"理"代替基督教之"神"的世纪。百科全书派无疑乎乃以启明运动之最大权威者伏尔泰为中心,而倾向于中国文化的赞美论的。在爱尔维修夫人的沙龙,尤其是得比勒夫人(Me d'Epiney)及霍尔巴赫男爵的沙龙,当他们醉心思想革命的时候,他们借重外国的东西,借重中国的哲学,无疑乎孔子就成为他们经常谈到的题目了。

(本文选自朱谦之《中国哲学与法国革命》(英文本)黄絜琇译,中山大学 1946 年版。Chinese Philosophy and The French Revolution By Prof Chien Chih Chu . Tr by Beatrice Chihsiu Huang .)

此文可称为《十七、八世纪西方哲学家的孔子观》的姐妹篇,文章所论的范围显得广阔多了,不仅论及法国启蒙思想家的孔子观,也进而论及他们的中国文化观、中国哲学观,还深入探究了伏尔泰的《自然法赋》与宋儒理学的关系,分析了伏尔泰期望以儒家的理性道德来挽救欧洲的时弊的思想原由,以及伏尔泰改译《赵氏孤儿》为《中国孤儿》时对中国道德表示的深切的共鸣。百科全书派称赞孔子的理性教，赞美儒教只须以"理性"或"真理"便可以治国平天下，暗含以此否定基督教存在的理由。卢梭《爱弥儿》中的重农主义思想倾向，卢梭人性论与孟子人性本善学说的关系，以及康德的理性学说间接受中国的影响等问题，都是此文强调要作深入分析研究的课题。

儒家哲学处于西方哲学环境中之觉悟

张君劢

发　端

考之东西各国思想史：其哲学无一不经盛衰兴亡之阶段，孔孟哲学始于春秋时代，极盛于战国之世，至秦汉而衰，此一例也。其次新儒家之宋明理学，始于唐代之韩愈与李翱，至宋代而学说系统完成，至明代之王阳明登峰造极。自明末与清代，理学虽未衰亡，迥不如汉学家考证训诂之盛，清中叶后，理学已达于没落之期。

再考之欧洲哲学界，其经过正复相同。希腊哲学盛于纪元前四五世纪之苏格拉底氏、柏拉图氏、与亚里斯多德氏，及至三世纪斯多噶学派鼓吹禁欲主义，伊壁鸠鲁学派主张任情自适，此为由哲学而达于宗教之过渡时期。现代欧洲哲学之复兴，始于笛卡尔氏而大成于康德氏，19 世纪后半之德国，新康德主义为思想界之指南针，然自二次大战之末，康德氏学说衰落矣。

由以上亚洲与欧洲哲学思潮之经过言之，可知兴盛衰亡为其必然现象，犹一年季节之有春夏秋冬也。何谓哲学之盛？其盛之特征何在？何谓哲学之衰？其衰之特征何在？不可不分辩而论之。在论哲学盛衰兴亡之前，先略论哲学之性质及亚欧两方对于

20世纪儒学研究大系

哲学之见解。

　　哲学为讨论人生之应如何及人生所处之宇宙为如何之学问。其在欧洲,自亚里斯多德以来分为三部,第一曰逻辑,第二曰物理,第三曰伦理。在希腊时代,论理学方开始成为科学,绝无如现代以为研究象征逻辑便为尽哲学之能者。亦未有以为物理世界之研究为哲学重心之所在者。至于伦理为研究人生之应如何,在希腊哲学家中之苏格拉底氏与柏拉图氏均注重人生问题。苏氏、柏氏哲学之著作,与东方极多相似之处。惟亚氏著作中多分科学之研究,则与东方异。然伦理与政治犹为亚氏著作中重要部分,乃其同于东方之处也。至于现代欧洲哲学以认识论为主题,此认识论之主题,即知识之可靠性 Validity 何在,由于科学知识之昌明,乃有认识论之出现。然认识论中之两派,一曰理性派,二曰经验派,此两派一以理性为主,与孟子所谓"人心之同然"同,一以五官感觉为主,与荀子所谓五官当簿之言相近。自此方面言之,西方哲学与东方哲学固分途发展,然二者在根本上初不甚相远也。至欧洲哲学之其他派别如唯物主义派,以物质世界之本质,推论人生问题,或如逻辑实证主义派以可证明者为哲学范围以内之事,其不可证者视为不在哲学范围以内之事。此二派忽视人生,否定价值,虽在西方视之为哲学,然与东方哲学相去远矣。

　　此东西哲学相去甚远之中,实有一大问题在。此问题中,简单言之,包含三点:一、东方注重人生,西方注重物理世界。二、东方注重"是非善恶",即西方所谓价值,而西方认为次要。三、东方将道德置之智识之上,西方将智识置之道德之上。在东西两方见解异同之中,东方人对于现世界之危机中,自有以其可以矫正西方之处,乃吾人所不可忽视者也。吾为此言,无意于表彰东方生活而否认西方见解,但两方利害长短得失之比较,不可轻易放过者也。

甲、古代中国哲学之盛衰

以上就东西两方哲学见解之异同言之,更进而论所以盛衰兴亡之故。

哲学各派之所以兴,自有其社会环境有以致之。此问题属于哲学与社会背境之中,暂不细论。就其所以盛所以衰之征象言之;

第一、哲学盛时之现象:甲、哲学家能发见有关世道人心之问题,如孟子、荀子之论性善性恶,如孟子、墨子之争辩义利问题,如道家之以自然为主,儒家之以人事为主。此之谓问题之发见。唐宋以后儒家哲学复活之际,其所谓问题,如佛家之主空无,儒家之注重人生,儒家自身分为尊德性道问学两派,朱子派之理气二元论与陆王派"心即理"论,更有方法论中之问题,如穷理致知,如主敬主静,均为问题所在。乙、哲学家发见问题后,更以语言文字说明其所以然之故。吾人处于现代,更可以西方哲学家所用名辞以代之。黑格尔氏尝有言曰:哲学家将想像中之所觉所见者,以清晰的概念表现之。程明道自谓"理"字由自己体验得来。程伊川于"知"字,极重分析言之,尤注重亲历之知。至于王阳明"心即理"之主张,由于龙场一悟,可以见哲学家之思想,凝成于一二家之中,乃形成所谓观念,是由于自己苦思力索或曰梦寐求之而后得者。丙、此问题此概念为社会所同认,乃成为学界上论辩之事,或留传于后成为国中之传统。此点可以见之于孟子之批评墨子宋经,更见之于荀子批评孟子之论性善。此时代各家自创一说,以己之所是,攻人之所是,此可以见其思索力之旺盛,亦即哲学家努力所在,而学术之所以昌明也。

兹举荀子解蔽篇中之言如下:

墨子蔽于用而不知文,宋子蔽于欲而不知得,慎子蔽于法而不知贤,申子蔽于势而不知知,惠子蔽于辞而不知实,庄子蔽于天而不知人,故由用谓之,道尽利矣。由俗谓之,道尽欲矣。由法谓之,道尽数矣。由势谓之,道尽便矣。由辞谓之,道尽论矣。由天谓之,道尽因矣。

此短短数行中,吾国古代哲学家之概念,如墨家之利与用,兼爱与非攻,法家三派之法、术、势,名家之辞,道家尚自然任天行,尽在其中矣。彼此之辩论,其起于孟、墨之义利论,孟、荀之性善性恶论,与儒道两家之天与人,孰先孰后论,可谓其波澜之壮阔,为哲学史中所仅见者。至于留传于后世而成为传统,则以孔、孟哲学成为学说之标准,或成为社会之制度为最重要。其他各派,虽不如孔、孟,然亦因时代变迁而发生效用之日,如道家之于西汉于两晋,法家之于实际政治方面,墨家之复兴于逻辑学昌明之日,或者其非攻论将盛行于今后原子弹已发明而不敢使用之日,要而言之,儒家学说大行于吾国,其他学派之效用,则限之于某时期而不占优势。

以上各派学说,在西汉后,不论其为儒家为非儒家,皆呈衰落之象。此衰落之象,与上文思索力之旺盛相对,可名之曰思索力之疲乏,表现于以下各点:(1)定于一尊:孟子曰天下乌乎定,定于一。墨子尚同篇曰立以为天子,使从事乎一同天下之义。此统一之成为制度,自秦汉而实现,而最著于汉武帝之表彰六艺,罢黜百家。(二)以书本为对象,拘泥于成说,如汉代之置五经博士,如今文派与古文派之争,如经义断狱,皆拘于成说之显例也。(三)以遁世为事,由东汉之末,至于晋代,战乱相循,学者以逍遥世外专务玄谈为事。

在秦统一之先,早有法家视诗书体乐为蠹言,儒家哲学遭秦焚书为一大劫。至西汉而固定而僵石化。西汉东汉之间,佛教来自印度,第一流学者皆皈依佛法,始也将佛书翻译,继也自己体会,终也乃成为中国佛教之各派,此其时期,短言之,为五百年,长言之,至于千年。亦犹希腊哲学衰亡之后,转而入于宗教时代,其趋向相似也。

吾人所欲问者,哲学思想何因而盛,何因而衰。哲学之所以盛,由于人之智力发达,敢于发问,敢于分析,敢于作答案。战国为七雄争长之世,哲学思想初不因战争而遭挫折,秦汉大一统以后,帝王专制之局确立,自然不乐于人民之好为异说。李斯氏上奏之言曰:"古者天下散乱,莫之能一,最以诸侯并作,语皆道古以害今,饰虚言以乱实。人善其所私学,以非上之所建立。……闻令下,各以其学议之,入则心非,出则巷议,夸主以为名,异取以为高,率群下以造谤,如此弗禁,则主势降乎上,党羽成乎下。"此与现代独裁政治下之思想统制,非异曲同工者乎?汉代董仲舒之言,虽视李斯较为和缓,然其定于一尊之方向,如出一辙。董氏曰:"今师异道,人异论,百家殊方,指意不同,是以上亡以持一统,法制数变,下不知所守,臣愚以为诸生不在六艺之科孔子之术者,皆绝其道勿使并进,邪辟之说息,而后统纪可一而法度可明,民知所从矣。"此表彰六艺之举,自然确立思想定于一尊之局矣。然此种要求之所以出现,犹之草木届百花齐放后,至秋冬而叶落而萎谢矣。汉代大学中设五经博士弟子,其所治经书,各有专书,所以解释五字之文,至于数万言之多,此即所谓"考据训诂"之学,然思想之性质,变动不居,虽外受强制,而内部自生变化,证之太史公"六家要旨",桓宽之盐铁论,与王充之论衡三书,儒家以外之学说尚有其活动发展之余地,与现代苏俄式之思想统制,自有不同者在矣。两汉思想之中心,不外经学之版本,谓之为吾国思想停滞时代,自为允当。迄于魏晋之际,国内之乱,边疆之祸,远甚于秦汉之末,其时思想界遁入虚无,乃有所谓清谈与老易之学。自其由儒家转向道家言之,不可不谓为非思想之移动。然其对于问题解答上,则懒散之态度,完全表现矣。晋书阮籍传云:"阮瞻见司徒王戎,戎问曰:"圣人贵名教,老庄名自然,其旨同异?"瞻曰:"将无同。"

此"将无同"三字,为春秋战国讲正名之际所不见,即名物之正确意义,弃置一边,而以"不求甚解"了之而已。

阮籍作大人先生传,攻击君子礼法之言曰:"且汝不独见虱之处裤中,逃乎深缝,匿乎坏絮,自以为吉宅也。行不敢离缝际,动不敢出裤裆,自以为得绳墨也。饥则啮人,自以为无穷食也。然炎斤火流,焦邑灭都,群虱处于裤中而不能出,汝君子之处区内,亦何异夫虱之处裤中乎?"人生问题,苟如阮籍笑骂之可以了事,儒家所以斤斤于绳墨规矩,自不免多事矣。然正惟以逍遥世外之态度,不足以解礼乐刑政,此乃儒家所以出之以不厌不倦之势力也。然晋代清谈家视之为群虱之处裤矣。威尔斯氏(H.G. Wells)评希腊思想之末年曰:纪元前四世纪结束之际,思想界之潮流,不走向亚里斯多德方面,亦不走向条理井然之智识之辛勤积聚。……当时大势所趋,非哲学家所能把握,乃由市府之设计,新生活之思索,转而至于遁逃世事之美景,以图自慰而已。威氏此言,为希腊而发,然移而用之于晋代,何不可之有。

乙、宋明儒家哲学之盛衰

唐宋以后,儒家哲学之趋于兴盛,其根本教义与所用名辞,绝不离乎孔孟,然其所解释之者,乃出于一个新哲学观点。宋代学者用张邵与二程等所造成之学说系统,如所谓理气,心性,理一分殊,气质之性,本然之性,即为其系统中之重要成分。张邵与二程等自己讳言其学说与佛家有何关系,吾人处于今日不妨明白承认宋代以后新儒家哲学之兴起,乃佛教入中国后之刺激有以促成之者也。

孔孟书中对于人生问题,如论孝、弟、忠、信、仁、义、礼、智,皆就弟子所问者零星答复,未尝以全部人生观或宇宙观,作为一个系统而阐发之。自朱子所辑录之"近思录"一书观之,其中以道体列为第一项,与孔子罕言性与天道者大相异矣。更证之近思录之其他各章,可谓其自本体论至于心、身、家、国之各方面,无不网罗于其中。此乃新儒家哲学之体系,与孔孟大相远矣。

吾人可以明言:中国各派学说,因其国家地位在近世以前罕与他国接触,在其文化演进史中,绝少有外国思想之迹象,有之则以印度佛教为惟一外来原素。吾国人不轻易承认外国文化而向之低头,必待自己纳之胃中消化以后,化为自己血液,而后吐而出之。此可证之南北朝之际,佛教各派无一不在中国自成一宗,如所谓三论宗成实宗,其后更由消化印度学说后而自己创为一宗,如天台宗如华严宗禅宗是也。再进一步学者厌弃佛教遁入空无放弃人伦,乃走向辟佛返于孔孟之途径,此则新儒家哲学所由异也。

佛教各派书籍之汉译,予儒家以极大刺激。儒家自知关于宇宙与人生,非有一套与印度佛书体系相等之著作,势虽与之并驾齐驱。于是有周子太极图说,以说明宇宙之所以成,有张子西铭以明仁爱之无远不届,有邵子之无名先生篇,所以明道之无乎不在,以见可名可道者之非最终之大道。质言之,宋代乃理学之创造时代也。各家之努力于创造,可以以下各家之言证之。

程明道曰:"吾学虽有所授受,天理二字却是自家体贴得来。"此可见理学之名,乃程明道千锤百炼中体贴出来。其所以与希腊"爱智"二字并垂千古者,非无故也。

周子太极图说之首句,曰无极而太极。陆子静因无极二字为昔所未见,乃疑为非周子之言。朱子反驳陆子曰:"孔子赞易,未尝言无极也,而周子言之,则知不言者不为少,而言之者不为多矣。"此言乎学者不因孔子所不用而不敢用,所以明"无极"之名乃周子所自创也。

黄东发日钞曰:"横渠先生精思力践,毅然以圣人之事为己任。

凡所议论,率多超卓。至于变化气质,谓形而后有气质之性,善反之则天地之性存焉。故气质之性,君子有弗性焉。此尤自昔圣贤之所未发。"自昔圣贤之所未发云云,非张子创造之意乎?

陆象山曰:"尧舜曾读何书?"此语最可见昔贤说不足贵,贵乎自创。然宋代诸子知自己创造之不足,仅为新说来源之一,乃别求所以承继传统之道。于是将大学中庸自"礼记"中分出,视为自成一书,合此二书于论、孟,称之为四书。此项四书与五经成为儒者学说之教典。自二程始,下逮朱子,对于旧日经书,重作新注解,所以使孔孟之面目,因新注解而一新,前人所未发见者,更因新注而发见之,此吾国哲学所以时在继承传统与自创新说双轨并进之中也。

南宋时朱子继二程之后,将宋代各家学说集其大成。其自身学说之基本曰理气二元,曰理一分殊,曰进学主敬,其基础阔大,足以包举前人成说而熔之于一炉之中。基于其自己学说,将论语、孟子、大学、中庸、易、诗、礼各书为之注解。其在注解方面之工作之艰难,视其自创新说更远过之。朱子之大学补传,引起其与王阳明之争辩,可以见注解工作之中,其自身哲学见解含在其中矣。

吾人可概括言之,宋代新儒家学说盛行之后,如政治上王霸之分与尧舜其君之理想,如全国之书院制度,如乡约从此成为风气。尤其程朱之四书与各经注解,成为命题试士之标准典籍,则与董仲舒之表彰六艺罢黜百家如出一辙矣。

然明代哲学风气,以现代哲学家怀德黑之术语言之,可谓其富于"思想上之冒险进取"(Adventures in Ideas),明代政府虽下令以程朱之注解为标准,然其学者之见解不明以"此亦一述朱,彼亦一述朱"(黄梨洲姚江学案中语)为满意。陈白沙氏王阳明氏皆以创作以另辟新境界为己任者也。阳明学说可谓宋代学说发展之登峰造极何也?宋代理气二元论之推演成为物、知、心、意等之离贰,阳

明龙场一悟之要点,以现代哲学术语表之,即拔克兰氏"物之存在
系于觉知"(Esse est Percipi)物之存在既由觉知,则离开觉知便无
所谓物之存在。于是心与物合一。心物既合一,乃有心理合一,知
行合一,乃有功夫与本体之合一。质言之,是为唯心一元论。此哲
学上之大发明,乃孔孟程朱所未尝见到者也。而况阳明更有事功
之成就,如平宸濠如平思田,因而声名甚大,惊动四方,其学徒之众
为世所罕见。一部明儒学案六十三卷中,所谓王门,其直接与阳明
有关者,占廿六卷,占全书三分之一以上矣。其与之反对者为甘泉
学案,其修正之者为蕺山学案,可谓为阳明之诤友。则谓阳明为支
配明代哲学思想之人可也。阳明之唯心一元,莫显著于其语录中
之所自言者如下:

"心外无物,心外无事,心外无理,心外无义,心外无善。吾心
之处事物,纯乎理而无人伪之杂,谓之善。非在事物有定所可求
也。处物为我,是吾心之得其宜也。义非在外可袭而取也。格者
格此也,致者致此也。必曰事事物物上求个至善,是离而二之也。"

"格物者,格其心之物也,格其意之物也,格其知之物也,正心
者,正其物之心也。诚意者,诚其意之物也,致知者,致其物之知
也。"

阳明如此解释大学之文,恐大学之作者初未尝想及,我所以谓
为登峰造极也。

然阳明学说至明末而衰。其所以衰,依黄梨洲之言言之,狂禅
二字害之也。此风气之流行,由于天泉证道记中"无善无恶心之
体,有善有恶意之动,知善知恶是良知,为善去恶是格物"。四语之
解释,尤因四语中"无善无恶心之体"之第一语。龙溪因第一语而
推论以及于下三语云:"此恐未是究竟话头,若说心理是无善无恶,
意亦是无善无恶的意,知亦是无善无恶的知,物亦是无善无恶的
物。"

　　梨洲评龙溪之立场曰："既无善恶,又何有心意知物,终至于无心无意无知无物而后已。如此则致良知三字,着在何处？先生独悟其所谓无者以为教外之别传,而亦并无是无。有无不立,善恶双泯,任一点虚灵知觉之气,纵横自在,头头明显,不离着于一处,几何而不蹈佛氏之坑堑哉！"

　　龙溪于重刻阳明文录有后语一篇中之言曰：

　　"道必言而传,夫子尝以无言为警矣。言者所由以入于道之筌。凡待言而传者,皆下学也。……若夫玩而忘之,从容默识,无所待而自中乎道,斯则无言之旨,上达之机。"

　　阳明门下之王心斋一派,其学说基本名曰淮南格物。此派名为自阳明传授良知学说,然其学者之立言,则与禅宗为近。颜山农尝讲学于僧寺,榜曰"急救心火",罗近溪偶过其地,初以为名医,及入而访之,乃知山农榜此四字为号召之术。赵大洲答友人之言曰："仆之为禅,自弱冠以来,敢欺人哉！"周海门与许浮远辩论之言曰："不知恶既无,而善亦不必再立,头上难以安头,故一物难加者本来之体,而两头不立者,妙密之言。"

　　读以上各人之言论者,可知黄梨洲名之曰狂禅,顾亭林名之曰心性空谈,诚非无故而然也。

　　明末阳明学说既流于禅,于是起而矫正之者分为三派：一曰由王而返于朱。如陈清澜之学部通辩陆清默之学术辩是也。二曰否定理学而返于经学,如顾亭林所谓"古之所谓理学,经学也,非数十年不能通"是也。更有修正阳明学说使之归于笃实者如刘蕺山黄梨洲是也。此三派中以顾亭林之主张为最有力,既已视心性之学为空谈,自然返于有实证之经学,因而造成清代之考证家。其第二派之宗朱派在清代尚继续发展,然亦仅保持旧日规矩而已。至于第三派之修正派,在明末不失为有力之一派,至清代尚服膺阳明学说者仅有极少数人而已。

吾于此应当说明者,阳明学说在明末之衰,与孔孟学说在汉代以后之衰,迥乎不同,何也。孔孟学说至汉代成为书本上之注解,更经过两晋,与南北朝,乃迄于唐宋而后复活者,乃另一种新面目之新儒家哲学也。明末王学虽衰,然朱学依然存在。此乃新儒家中一派之盛衰,非新儒家全部哲学之生死也。倘以之与欧洲相比,仅如康德派衰而黑格尔代之以与而已。欧洲思想界中有默想(Spcculative)与实证二派,默想派为哲学,实证派为科学。此两派中默想派极盛之后,则实证派之注重科学研究者代之而异,及实证派流为分科之学流于分析过甚,于是复返于注重默想之哲学。欧洲学界常往来于墨想与实证之间,而明末之由理学之复返于经学,亦犹欧洲之由默想而返于实证也。

吾人处于二十世纪之今日,知哲学乃以概念为基本之学问,与经学注解之文字语言之学问,两者性质绝不相同。吾人既自觉问分类之性质上而知理学之为哲学,其性质与经学大异。顾亭林理学即经学之言,在清初曾哄动一时,然自今日言之,吾人知此二者之渺不相涉矣。吾人但了解其一为默想一为实证之两种治学方法,而不拘泥于其字句可矣。关于此问题之详细讨论,见拙作“中日比较阳明学”,读者可求之于此书中。

丙、今日儒家哲学应复兴之理由

中国之哲学著作如孔孟之书如老庄之书,自海禁既开,译成西方文字后,西方学者常有批评之语,称之为片断之格言,不相联贯而成为一种系统的著作。尤其对于论语中孔子君君臣臣父父子子之语,称之曰同意语之重复。此八字中如君君如臣臣如父父如子子,在字面上言之,诚哉为同意语之重复,然就意义言之,谓君有君应为之事,臣有臣应为之事,父有父应为之事,子有子应为之事。

君应为之事曰治国爱民，臣应为之事曰忠君尽职，父之事曰慈，子之事曰孝。此即依孔子所谓正名，乃就社会人伦关系中之各分子，规定其所应为之事应为之职也。亚里斯多德氏所谓每一大类中求小类者，必求其特异之征以成为定义，如动物中之人，称之为理性的者，因人之所以异于一般动物在其具有理性之特征，此与君之特征为治国爱民，臣之特征在忠君尽职，父之特征为慈，子之特征为孝者，谓孔子与亚氏所用方法初不相异可也。孔子之方法虽不如亚氏定义之精确，然其非同意语之重复，则稍识文义者所共见也。西方人读孔孟之书者不识其精义所在，但就其外形评论，乃陷于谬误而不自知矣。

西方人论中国哲学者，谓为无系统的写作，如评论语一书为零星格言，然吾人试思之，系统之有无在思想内容，不在乎写作形式，孟子一书中性善之旨，贯彻全书，其论人性论修身论王霸，无不从此一点出发，其思想之系统，显然在也。老子之五千言以自然以无为为宗旨，贯彻于修身养性与夫治民立国方针之中，其思想之系统显然也。乃至墨家与法家之书，亦无一家而无前后一贯之宗旨，其中固有系统显然也。东方哲学家之著作，贵乎简明而洞中要害，不好铺陈文辞，繁言叙述，犹文人之写意画，以若干笔画成一人，与西方人之画人相者之细针密缕者迥不相同。西方人所以评其无系统者，乃由于语言写作方法之不同而已。孔子尝自言"吾道一以贯之"，此"一以贯之"四字，即可以见其思想之自有体系，特其所以表达之者，与柏氏亚氏异矣。

至于就现代西方哲学观点以批评古代中国哲学者，谓现代西方哲学所注重者为认识论，而古代东方哲学中缺少此类研究，但知专注重人伦者，因而谓为与西方哲学不相类。然西方人此种议论正确乎不正确乎？固大有研究余地也。古代中国之哲学，其所论不外乎是非善恶与父慈子孝，齐家治国之道。然吾人试以与柏拉图氏之对话录相比,知柏氏所讨论,亦以人事问题为重,异乎现代哲学之注重认识论。柏氏"辩护"一篇,所以明朝闻道夕死可也。"刺希司"论勇敢也。"夏米特司"论自克之义也。"共和"一书论治国之要道也。"会餐"论人之爱也。其他各篇不离乎道德上是非善恶之标准。是柏氏所以议论之方式即令其与孔子不相类,然其所论之题材之为人事,则与古代中国无二致也。吾人将孔孟书与柏氏相较,觉其一无逊色,乃大增吾人复兴儒家哲学之勇气者一矣。

以孔孟之书与现代西方哲学相比,既与其置重心于认识论者各异,更与其中各派立场如经验主义,理性主义,相去甚远。然现代哲学中康德氏两大著作,其实践理性中之道德论与纯粹理性中之超验综合说,一则名之曰断言命令,一则出于心之自动。康氏此项学说使吾人恍然于西方现代哲学虽以近代所发明之科学知识为背景,然其基础不外乎儒家所谓心之所同然之义理。惟"心之所同然"实现于理论方面,乃有康氏之十二范畴,惟心之所同然实现于是非善恶之判断,乃有康氏所谓良心。此又康氏学说与古代儒家哲学之相合,足以增吾人复兴儒家哲学之勇气者二矣。

欧洲其他学派之理论,有物理学之机械主义有生物学之进化论。吾国自近半世纪以来,颇有持其说而鼓吹之者。进化论传入中国最早、以赫胥黎之天演论为第一书,由严复氏首先翻译;其后有达尔文氏物种源论,由马君武氏译出。此派学说证明万物之必变,其变由动植物起,自然为厌故喜新者所欢迎。机械主义说明宇宙变化由于物力之运动,否定精神力量,换言之,一切心理现象同于物理化学元素之化分化合。此说由吴稚晖之"一个黑漆一团的宇宙观"代表之。吴氏之论,类于英国之 Hobbes,法国之拉马脱里氏(Lamettrie)与霍尔拔哈氏(P. D. Holbach)与德国之马勒血氏及布许纳氏(Molschott, Büchner)。吴氏之说显然为唯物主义,犹之英、法、德三国思想史在科学发达时代所必经之阶段也。第一次大战后马克思主义入中国，马氏持生产关系决定思想之说，恩格斯氏与列宁氏更以相反、对立与统一之说，推广为一切自然现象与社会现象之规律，是为辩证唯物主义，为共产党钦定学说。此辩证唯物主义之流行于俄国后，其是非得失与利害如何？为人所共见，可以不必在此缕缕言之。吾于此所以提出机械主义进化论与辩证唯物主义者，所以明此种偏激学说，既不能以之概括宇宙中之物、生、心三种现象，更不能为社会一切问题谋解决之法，因此引起中国思想界之反感，增进吾人对于儒家哲学复兴之勇气者三矣。

第二次大战前后，欧洲有一种新哲学学派，是名"存在"哲学，或曰存在主义。其首倡此说者为丹马之恺尔契格氏（Kierkegaard），其立说以主观以情感深度以个人顷刻间之决定为出发点，其与黑格尔氏之以理性以概念以系统为根据者正相反对也。恺氏之说本于耶教，本于个人之忽然警觉，本于个人之立志，本于个人之决心，自然与黑氏之以理性中之一系列之概念，为宇宙变迁之所本者，迥然各别矣。恺氏学说成于十九世纪之中，至于本世纪乃始为人所发现，德之耶司丕氏（Jaspors），哈一特格氏（Heidegger），法之马山尔氏（Marcel），萨德尔氏等（Sartre）均祖其说而流传之。此三四人虽同名曰存在哲学，然各人学说之内容不相同。如耶司丕氏之哲学，不离康德之超验哲学，哈一特格氏尤偏重于个人存在，萨德尔氏趋向于无神论与马克思主义。可见此各人同名为存在主义者，而内容各异矣。但就哈一特格氏言之，哈氏所论三点曰空无曰忧虑曰死亡。此乃欧人处于战乱之中，念念不忘人世之无常，为其论点之由来。此与吾国晋代处于内乱外患，乃有何晏王弼之崇尚虚无，可谓异代异地人之同种歌曲也。此派各人之学说暂不细论，但举当代评论存在主义哈纳门氏之言如下："何谓存在主义？其代表之价值自不容怀疑。其所代表者乃欧洲崩溃时代之哲学之主要一派。德国名曰存在哲学，法与意名之曰存在主义，其内容与形式各有不同,然有共同处,即皆起于各国崩溃之中是也。"由哈纳门氏之言观之,存在主义乃崩溃时代之象征,我所以谓为与何晏王弼之清谈有同一政治背境者也。然吾以为现代西欧人之惶惑,失望之情绪,远甚于吾国之晋代,其不信理性之足为人类前进之南针,其不信理性为人类生活共同规律,其不信理性由沉埋而归于复活,此乃文化灭亡人类死亡之言所以充满于空气之间也。吾国历史上南北朝之后,复有唐宋之复兴,足证一时丧乱之后,自有还于太平之日,即在丧乱之中,如孔子有其不可为而为之精神,孟子有舍我其谁之精神,晋代王羲之对抗何王虚无之论,乃在其兰亭序中有一死生为虚诞,齐彭殇为妄作之言,此皆中国民族肯定人生之积极精神,在艰难困苦中保持而勿失之明证也。吾人鉴于存在主义中所表示西欧人之彷徨无措,而益觉中国哲学之可贵,而增其复兴之勇气者四矣。

　　由以上所述四点之中,可以见西方哲学各派之东来,固有大影响于吾国思想界,然迄于今日,乃令国人走到儒家传统哲学万不可放弃之一途。其所以然之故,果何在乎? 就其概括方面言之,吾国儒家哲学以人生为目的,尤注重于知识与道德之并行不悖。至于西欧哲学之注重自然界,注重逻辑,注重语义,可谓为吾国人注意力之所不及。惟其念念不忘众人所公有之知识与道德,以求人生问题之解决,且前后各代继续本乎"行健不息"之旨以为之,此乃中国文化所以历久常存而不至于误入歧途者也。其所以推究知识道德者,不外众人之心同然,不外乎众人所公有之理性,不外乎此公有之理性之暂没而复现,此则儒家哲学之一般性也。

　　吾人再就儒家哲学之特点言之:

　　第一、天地万物　儒家自孔孟以来,无不肯定天地间万物之有,而未尝有怀疑之意。大学曰"物有本末,事有终始",其所谓物,详于八条目中之格物、致知、诚意、修身、齐家、治国、平天下。此八项之详细分析暂俟后论,简言之,一切为天下之物。朱子补传之语曰"即凡天下之物,莫不因其已知之理而益穷之,以求至乎其极"。此即儒家肯定宇宙间事物之态度也。儒家所深排者为释氏虚无寂灭之说,张横渠之言曰:"释氏妄意天性,而不知范围天用,反以六根之微,因缘天地,明不能尽,则诬天地日月为幻妄。"佛家以山河大地觉迷所生,缘心起灭,悉属幻妄,乃宗教家之言,与儒家之以常识观察万物者自不相同也。横渠更有言曰:"凡可状皆有也,凡有皆象也,凡象皆气也。"宋儒之中,以"有"为出发点者,莫过于横渠。他人之未尝明言者,其内心之态度,与横渠态度如出一辙也。吾所以提出儒家肯定万物一点者,由于西欧哲学家笛卡儿氏吾思故吾在之语,一若万物之存在均在可疑之列,惟有以自己之思,确定自己之存在一点为不可疑。最近新唯实主义流行,打破世间事物由于心识而后存在之论,直截了当承认万物之存在。此与儒家之态度不谋而合者也。欧洲现代哲学之初期,受物理学之影响,欲以机械主义适用于心理,乃流为世界只有物而无精神之说,所以唯物主义机械主义之宇宙观即由之以生。然此种哲学排斥所谓心所谓精神,乃至不以人为人而视之如机械。新唯实主义承认外界之存在,然尚不如儒家八条目中物、知、心、意、身、家、国、天下一律等量齐观之为得矣,此引起吾人自信之心以促成儒家哲学复兴之念者一也。

第二、致知穷理　儒家承认天地万物之存在,然同时以为天地万物之理,必经由心乃能知乃能通其理。朱子曰"人心之灵莫不有知,而天下之物莫不有理,惟于理有未穷,故其知有不尽"。由宋儒以来,致知穷理成为哲学界之主要任务。其所谓"致知穷理",重于德性,轻于物理,故其致知之方法,远不如西方科学家之知之精细,然其致知之心之真切,可与西方媲美。试举程伊川朱晦庵之言以明之。伊川曰:"今人欲致知,须要格物,物不必谓事物,然后谓之物也。自一身之中，至万物之理，但理会得多，相次自然，豁然有觉处。又曰或问格物，便通众理，虽颜子亦不能如此道。须是今日格一件，明日格一件，积习既多，然后脱然有贯通处。"伊川致知之学，至晦庵更加重视，可于其观察地球之构成证之。其言曰："天地始初，混沌未分时，想亦只有水火二者，水之注脚便成地。今登高而望群山，皆为波浪之状，便是水流如此。只不知因什么事凝了，初间极软，后来方凝得硬，想得如潮水漾起沙相似。曰然，水之极浊便成地，火之极清便成风霄雷霆日星之属。"朱子说明天地日星之所以成，不失其为正确之观点。其门人黄勉斋状之曰："自吾一心一身以至万事万物莫不有理……穷此理于学问思辩之际，皆有以见其所当然而不容已，与其所以然而不可易。"所谓所当然而不容已者，道德上之规律也，所以然而不可易者，物理世界之规律也。处于今日，吾人深知数学之知与理，逻辑之知与理，物理世界之知与理，吾国远不如西方，然依伊川与朱子之说，足以见其对于知与理之不忽视。自可与西方注重知识之点会通而为一。此引起吾人自信之心以促成儒家哲学复兴之念者二也。

第三、推己及人　儒家认定己与人之间，有其彼此共同之点，可名曰精神感召，或心心相印。因此有语言有学术有社会构造。我之所言，可以喻他人，我之所知，可以达诸他人，我之所行，可以责人之共行，尤其注意于人类同知义理同有德性。孟子曰"无恻隐之心非人也，无羞恶之心非人也，无辞让之心非人也。……人之有是四端也……犹其有四体也。……知皆扩而充之而已。"中庸引孔子之言曰"道不远人，人之为道而远人，不可以为道。"此即言道之所以为道，出于人心之同然，乃举忠恕之德以为之例证，更以父子君臣兄弟朋友之对待关系以明之。其言曰："君子之道四，丘未能一焉。所求乎子以事父，未能焉。所求乎臣以事君，未能焉。所求乎弟以事兄，未能焉。所求乎朋友，先施之，未能焉。"此乃孔子谦逊之词,不如谓其表示人类精神之所同可也。人与人心思之相同,为吾国所认为当然者,而西方学者竟有与之相反者,如司棣尔纳氏(Max Stirner)于1844年尚有"个人与其财产"一书,即主张世界之实在与他人之共存均在不可知之中,其惟一可知者独为其自己。此所谓独知主义,与吾国所谓人心之同然正相反对者也。近年以来,西方学者亦自语言与学术可以上下观察,见其相通,乃恍然于人类彼此之间,自有共通者在。此引起吾人自信之心以促成儒家哲学复兴之念者三也。

　　第四、形上形下　儒家认形下形上之相通,必以形下为基,然后进而达于形上。易曰形而上者谓之道,形而下者谓之器,器指物理世界中之有形可见有迹可求者言之,道指其中之义理言之。张南轩氏之言曰易之论道器,特以一形上下言之也。然道虽非器,而道必托于器,如礼乐刑赏,是治天下之道也。礼虽非玉帛,而礼不可以虚拘,乐虽非钟鼓,而乐不可以徒作。刑本遏恶也,必托于甲兵,必寓于鞭扑,赏本扬善也,必表之以旂常,铭之以钟鼎,故形而上者之道托于器而后行,形而下者之器,得其道无弊。可知物质界与人心中之义理之不可离,若离而为二,则一方有唯物主义,他方有唯心主义矣。更有但认物质而不知有心有人,则其为祸尤甚矣。欧洲哲学界之康德氏以为上帝、灵魂、世界自由或必然三者为形上学中之主题,且以为此三事乃超于人类经验以外之事,故谓形上学所不能答复,亦即形上学之所以不成立也。康氏对形上形下界之划分是否正确,正是一大问题。即其划而为二之方法,亦未为后来所遵守,如黑格尔氏如当代之耶司丕氏均为德国哲学传统中人,然其不信奉康氏划分之界,而将上帝问题归入哲学范围以内依然如故矣。至于儒家哲学之见解,略与黑氏耶氏相类,以为限于形上界以讨论形上问题,诚哉其为无确实之答案可言,然以形下界之事实为张本,进而推定其有形上学问题讨论之可能,则朱子尝行之矣。

关于宇宙造成之讨论,陆象山氏以为无极云云为老子之说。然朱子则以为无极而太极,乃形上形下相关连应有之历程。其言曰"至于大传,既曰形而上者谓之道矣,而又曰一阴一阳谓之道,此岂真以阴阳为形而上者哉！正质以见一阴一阳虽属形器,然其所以一阴而一阳者,是乃道体之所为也。故语道之至极,则谓之太极,语太极之流行,则谓之道,虽有二名,初无两体。周子所以谓之无极,正以其无方所无形状,以为在无物之前,而未尝不立于有物之后,以为在阴阳之外,而未尝不行乎阴阳之中,以为通贯全体,无乎不在,而又初无声臭影响之可言也"。此种讨论宇宙创造者与宇宙之关系,即形上形下之相为表里,自有其坚强根据而不易推翻之者。此引起吾人自信之心以促成儒家哲学之复兴者四也。

儒家之最高理想为"尽性知天"四字,此四字见于孟子。实则此四字早见于中庸之中,所论尤为翔实。中庸之言曰"能尽其性,则能尽人之性,能尽人之性,则能尽物之性,能尽物之性,则可以赞天地之化育"。中庸所以形容天地之言曰"今夫天,斯昭昭之多,及其夫穷也,日月星辰系焉,万物覆焉。今夫地,一撮土之多,及其广厚,载华岳而不重,振河海而不泄,万物载焉。诗曰维天之命,于穆不已,此天之所以为大也"。此为儒家所信之宗教,由有形以推及于无形者也。其示人以修身养心之模范者为孔子。其言曰"仲尼,祖述尧舜,宪章文武,上律天时,下袭水土。譬如天地之无不持载,无不覆帱。譬如四时之错行如日月之代明"。而其修身之要点,不外乎尊德性,道问学六字。此六字中庸中早有列举之细目,曰"聪、明、睿、知、宽、裕、温柔、发强刚毅、齐、庄、中、正、文、理、密、察、溥博渊泉,而时出之"。宋代以后之周张程朱陆王均能深通此义,然其能以文言说明之者无有如横渠氏大心篇中之语:"大其心则能体天下之物,物有未体,则心有外——有外之心,不足以合天心。"然则以小我之心,合于天心,其所以造乎广大高明精微博厚之境界应当如何？此非一人一世之事,有待乎全人类之共同努力。易曰"天行健,君子以自强不息"。哲学家致知求仁之工作,亦若是而已。

（选自《中西印哲学文集》,台湾学生书局 1981 年 6 月版）

张君劢（1887—1969）,名嘉森,字君劢,一字士林,号立斋,别署世界室主人,英文名 Carsun Chang,上海市宝山县人。早年随梁启超发动宪政运动,后赴欧洲考察,从倭伊铿（Rudolf Eucken 专攻哲学,合撰《中国与欧洲的人生问题》一书,返国后负责起草《国宪大纲》,著《国宪议》一书;1923 年 2 月,发表《人生观》的演讲,启动"科学与玄学论战",创立国家社会党,后又任中国民主同盟中央常务委员,中国民主社会党主席。晚年致力于讲学与著述,倡导儒家思想的复兴运动。曾先后任北京大学教授、自治学院院长、国立政治大学校长、云南大理民族文化书院院长等职,著有《明日之中国文化》、《民族复兴之学术基础》、《立国之道》、《中华民国民主宪法十讲》、《新儒家思想史》、《中西印哲学文集》等。

此文选自《中西印哲学文集》、重点探讨了中国古代哲学、特别是宋明儒家哲学盛衰的问题,分析了西方哲学传入中国后儒家哲学获得复兴的历史契机,比较了中西哲学的不同特征,指出康德哲学与儒家哲学相合的理路及超越欧洲现代存在主义哲学,可增进国人复兴儒家哲学的勇气与信心。

中国历史上的儒家及其
与西方哲学的比较

张君劢

　　中国是儒家的天下。中国人的人生观极大部分是受孔子的影响；说得更正确一点，我们可以说，儒家的观点建筑在中国古代传统之上，因此，孔子和中国人的观点，都是从这个根源而来的。

　　中国人的这种观点肯定人类世界和现实生活。所以中国人最重视人与人之间的关系。肯定人生事务，认为与邻人和睦相处为人生第一要务。

　　儒家思想方式与实际人生或生活具体事实中所表现的有关。这种思想方式不崇尚抽象的讨论。但这不是说，儒家对于与生活有关的普遍原则没有兴趣。孔子就喜欢追求外界的知识。他劝告弟子多认识虫鱼鸟兽草木之名(《论语·阳货》)。他说他自己是一个博学而未成为一技一艺名家的人(《论语·子罕》)。

　　孔子门下有众多弟子——三千左右——因此，他也是一个伟大的教育家。他周游列国，希望找一个实现自己改革理想的机会。可是，一直到他年老的时候，这个机会都没有出现。在诸侯之中没有一个国家用他。于是，他回到鲁国，致力于古籍的纂述。这些古籍后来成为中国的经典。

　　这里产生了一个问题，即儒家是不是宗教？中国人把孔子看作圣人、导师、个人人格修养的典型。甚至佛教从印度传入中国以后,儒家和佛家两套思想体系也立于同等的基础之上,这两套思想体系的拥护者之间,虽时有争论,但从未产生儒家是不是宗教的问题。直到中国和西方接触以后才发生这个问题。欧洲来的传教士——最初是十七世纪的天主教传教士,然后是十九世纪的基督教传教士——总觉得需要解决这个问题。不过,耶稣会和道明会传教士只涉及崇拜祖先的问题。基督教传教士则集中注意力于儒家宗教的一面。

例如,苏赫尔(W. E. Soothill)在他所著"中国的三大宗教"一书中说:"中国有三个被承认的宗教。在三大宗教中,儒家通常被视为国教,但是,道家和法家也是被承认的。佛教从印度传入,儒家和道家都是本土宗教,是从同一根源产生的。原始宗教源于史前时代相信灵魂存在之说,可是,在儒家和道家分道扬镳以前,这种原始宗教早已达到相当高的阶段,不过,仍然保留着它的灵魂说和神奇因素。"①

苏赫尔的前辈,牛津大学名教授,亦即经书的翻译者理雅各(J. Legge),以"我用儒家两字,主要是概括中国古代的宗教"这种态度,企图在他所著"中国的宗教"一书中回答"儒家真是宗教吗?"这个问题。②

我要特别强调,这种解释儒家的方式完全是西方的。中国学者一定觉得奇怪。

中国人从来没有把孔子看作是先知或教主。孔子也从来没有自称为主或光。他说:"我非生而知之者,好古敏以求之者也。"

① Soothill:著《中国三大宗教》,第 24 页;该书为牛津大学版,1923 年伦敦出版。

② J. Legge, The Religions of China, Charles Scribner's Sons, New York. 1881. P. 4.

(《论语·述而》)又说:"未能事人,焉能事鬼? 未知生,焉知死?"(《论语·先进》)换句话说,孔子根本不想谈超现实世界或创立宗教。

苏赫尔和理雅各两氏认为儒家思想中含有中国宗教的原始观念。这种看法是不对的,因为中国宗教的根本观念是产生在几千年以前的,是产生在一个孔子无法征实的时代的。孔子只是继续遵守过去许多世代留下来的礼俗,可是,这并不等于建立一种礼拜的方式。

下面是孔子自己关于宗教方面所说的话:"祭如在,祭神如神在。"(《论语·八佾》)换句话说,孔子采取"宛如"(as if)的态度,正和他对来生的态度一样。

因此,我们可以说,在过去两千年中,没有一个中国学者把孔子看作宗教的创立者。印度、阿拉伯或巴勒斯坦都有这种宗教的创立者——但中国没有。这就是为什么我把儒家思想看作一套伦理或哲学体系而不看作宗教的缘故。

儒家不但不是宗教,甚至当作伦理或哲学体系来看,在历史过程中也经过很多变化。儒家在中国历史上的发展全貌可以分为四个时期:(一)"百家"时期与各家并立的儒家;(二)前汉罢黜百家独尊儒术时期的儒家;(三)为佛道两家势力掩盖时的儒家;(四)再生的儒家或儒家的文艺复兴,即本书所谓新儒家的特别主题。

(一)百家时期与各家并立的儒家

这个时期是中国思想史开始的时期,也是春秋时期,孔子的论语就是产生在这个时期,他的伦理和哲学观点都包含在这本书中。孔子主张"正名",所谓正名,意即如果每个人都按照自己的身份如君臣、父子、夫妇、兄弟、朋友,去完成自己应尽的义务,那么,社会

20世纪儒学研究大系

就会秩然有序。我们还知道,孔子提倡仁,把仁看作其他一切德行之根本,或培养其他一切德行的起点。虽然他说过他的道可一以贯之,可是,却用种种不同方式讨论道德问题。他将自己思想比作"逝者如斯夫,不舍昼夜"(《论语·子罕》)的流水。

曾有隐者劝他不要自找麻烦,不要存着拯救人类命运的念头。从这些隐者的话中,我们可以想到,他们是道家,因此,都是与孔子相对立的。

另一派反对孔门的是墨家,因墨子主张兼爱。兼爱之说和孔子主张的由亲而疏的爱相反。墨家主张薄葬,非乐。墨子摩顶放踵辛勤不懈地宣扬他的主张,无疑的,他协助宋人谋划防守京城一事,大家都知道,这对他的成功有很大的帮助。

战国时期(公元前480—前222),孟子继承儒家的传统,他阐扬孔子的学说,比孔子本人更详细。孟子提出一套主张。提出人性本善以及直觉知识之说,他强调理性心的功用,主张政府应该实行仁政,应该效法尧舜。尧舜在中国历史上的地位相当于柏拉图笔下的哲人王。

虽然在理论上孟子有助于儒家,可是,在要求诸侯的实际支持方面,和孔子比起来,不见得更成功。在孟子那个时期,最享名的,要算苏秦张仪这类的纵横家,张仪倡连横之说,主张六国亲秦,苏秦则主张合纵之说,联合六国共同抗秦。从某些方面看,这些纵横家很像古希腊时代的辩士,他们之所以有名,是因为他们的主张,关系许多王国的命运——秦或其他六国。

孟子时代另一派享名的是法家。商鞅、申不害、韩非、李斯之徒,主张严刑峻法,取消贵族特权,实施成年男子普遍兵役制度以及增加粮食生产。法家认为:"国有礼有乐、有诗有书、有善有修、有孝有弟、有廉有辩,国有十者,上伕无战。国用诗、书、礼、乐、孝、弟、善、修治者,敌至必削,敌不至必贫。"(《商君书》)这些话显然是攻击儒家。

　　无疑的，与法家比起来，孟子对封建诸侯没有献出更好的意见。而且，法家还知道如何适应当时的种种问题。因此，在当时政治上握有实权的，不是孟子而是法家。

　　与孟子同时而年代稍后的另一位儒者荀子，虽与孟子一样，也发扬儒家思想，可是方向不同。荀子说自然之性。因此，在中国思想史上，荀子是性恶论的主张者。他弟子中一部分人成为法家。

　　战国时期告终以及秦始皇大一统帝国之建立，乃纵横家及法家两大势力的结果。在这些政治事务方面，儒家所扮演的角色只是旁观者。他们对实际政治无所献替。他们是理论家，而不是实际政治的代表者。

　　在孔子(公元前551—前479)和孟子(公元前371—前289)在世时期，甚至后来的秦朝，儒家在中国并没有特殊地位，儒家的教训并不是正统。儒家只是各家各派中的一个派别，为了本身的存在，尽力维持自己的地位与各家相抗衡。

(二)前汉的儒家是最具特权
和权威的派别

　　公元前136年，董仲舒奏请汉武帝禁止六经以外一切书籍的流通，儒家从此在中国历史上享有特别尊崇的地位。汉武帝接受董仲舒的建议，正式宣告儒家的地位，六经是儒家经典，此后成为钦定的经典。

　　对儒家的尊崇似乎是提升儒家经典至正统地位的第一步行动。可是，我们不要认为汉武帝的尊崇儒术使六经第一次为大家所认识。甚至不要认为汉武帝的尊崇儒术使儒家得到特殊的地位。六经的存在，在汉以前已经有很长一段时期，甚至古人早就知道六经的名称。庄子天下篇中说："其明而在数度者,旧法世传之史,尚多有之,其在于诗书礼乐者,邹鲁之士,缙绅先生,多能明之。诗以道志;书以道事;礼以道行;乐以道和;易以道阴阳;春秋以道名分。其数散于天下而设于中国者,百家之学。"(《庄子·天下》)这段话告诉我们,在汉武帝之前,六经早就被承认了,汉武帝的贡献,只是将既存的事实加以明白的宣布而已。虽然天下篇的真实性有时被人怀疑,就是说,天下篇是不是庄子作的还是一个疑问,可是,它说到六经一点,显然表示在汉武帝之前,六经早有很高的地位,也说明了为什么六经被尊为权威。

儒家经典享有特殊地位,并不始于汉武帝,汉武帝所做的,只是正式宣告它的既存权威性而已。换句话说,孔子删述而深植于中国人心中的经书,早就广为流通,早就为人所称道了。我们可以看到儒家在发扬这早为中国人心灵所熟知的经典时,它不需要像老子与墨子一样去保护一种新思想路线。

在官方认可儒家经典的地位以后,国家设置的太学中,便研习儒家经典,国家还设置博士官来解说儒家经典。不过,即使得到了这种正统性地位,六经的普遍并没有达到使其他各家消灭的程度。六经的被尊崇。只表示国家取士举行考试时,要求士子只能基于六经应试而已。其他学派的书则不能合于此要求。司马谈六家要旨表示,虽然明显地重视儒家,其他各家的主张也同样地受到重视。

事实上,尊崇儒术一部分也是由于秦汉大一统帝国之建立。汉武帝的作为甚至可以视为秦始皇焚书或思想统制政策的延续,只是汉武帝没有秦始皇那样激烈而已。

自从儒家经典被国家正式认可以后,儒家哲学便日益形式化而失去原有的活力。此后儒家分为两支:一支遵循今文,另一支遵循古文。当国家设置博士官专门讲解经书时,五经博士所用的经书是用今文写的；可是，后来发现了另一种用古文写的经书，春秋左传便是其中之一。许多学者不赞同新发现的古文经书，因为，如果承认新发现的古文经书，便表示放弃自己所持的今文经书。因此，儒家便分为两支，此后，有一个长时期，两支相互冲突争论。国家设置的太学中，博士们主张用今文，而西汉末年的刘歆却主张加入古文，认为古文经书也是真正的儒家经书。东汉中叶，两种经书在郑康成和其他一般人手中已开始融合的过程了。

但是，这种经书的注释工作已无法满足人们的需要，于是，道家和佛家思想便开始进入人们的心中。

（三）儒家光彩为佛道二家掩盖

秦汉两朝完成了帝国的政治统一工作。随着政治大一统而来的对儒家经典的尊崇，确是文化统一过程中的一部分。

我们可以说，两汉（西汉与东汉），在中国历史上，是最倾向于宗教的时期。方术、迷信、占星术、通神术，在当时很流行。在那个时候，任何创立宗教的人都可以运用这种心理创设一套信仰。事实上道家（就作为宗教而言）和佛教都是东汉开始的。

董仲舒是第一个建议汉武帝尊崇儒家经典的人，他在上武帝的奏章中说："臣谨案春秋之中，视前世已行之事，以观天人相与之际，甚可畏可。国家将有失道之败，而天乃先出灾害以谴告之，不知自省，又出怪异以警惧之，尚不知变，而伤败乃至，以此见天心之仁爱，人君而欲止其乱也。"（《汉书·董仲舒传》）

董仲舒这些话的意思是说，国家的失道之败是会带来灾祸和天怒。这又表示天可以显出幸与不幸，喜与怒。我们不能说董仲舒所说的天是指上帝，不过，无论如何，他相信天知道人世间的事，也知道如何惩罚那些召祸的人。董仲舒之相信人事与天象间的相互关系,是由于他相信阴阳五行说之结果。

但是,表示两汉的特色为宗教倾向的最好证明,是下述的明显事实,即,在这个时期,孔子不被视为教师或人:他被视为神。春秋纬汉含孳中说:"孔子曰:'丘觉史记,援引古图,推集天变,为汉帝制法,陈叙图录。'"(《春秋纬汉含孳》)如果汉朝的制度真在孔子书中发现的话,那么,孔子不是先知吗?

另一部纬书演孔图中说:"孔子母征在,游于大象之陂,睡梦黑帝使请己,己往梦交。语曰:女乳必于空桑之中,觉,在若感生邱于空桑之中。故曰元圣。首类尼邱,故名。孔子之胸有文曰:"制作定世符运……"(《春秋纬汉含孳》)

孔母怀孕孔子的故事,与基督徒所熟知的圣母玛丽亚故事非常相似。"制法者"的孔子,无论从哪个角度去看,都被视为先知和预言者。

这个故事是典型的汉朝式故事。汉代的纬书只能产生在这个时期。其他记述孔子的文字可以在同时期的石刻中发现。这些记述可以上溯战国时代的阴阳说,是在汉朝时以最生动的方式作成的。

由于这种流行的心理倾向,所以,本土产生的道教和印度传来的佛教,在东汉便大有进展。后汉书中一段话,充分表现了这个早期道教的本质。"钜鹿张角自称大贤良师,事奉黄老道,畜养弟子,跪拜首过,符水咒说以疗病,病者颇愈,百姓信向之,角因遣弟子八人使于四方,以善道教化天下,转相诳惑,十余年间,众徒数十万连结郡国……角称天公将军,角弟宝称地公将军,宝弟梁称人公将军。"(《后汉书皇甫嵩传》)

最后,朝廷注意到张角的活动,认为这种教徒是叛徒,便采取手段压制。

另一个和道教建立大有关系的人物是张道陵。三国志张鲁传中说:"张鲁字公祺,沛国丰人也,祖父陵,客蜀,学道鹄鸣山中,造作道书以惑百姓,从受道者出五斗米。"(《三国志·张鲁传》)道教的教规可见于吉的太平经。书中含有下述五条戒律:

1．不饮酒。

2．按季节生活,意指春夏两季不杀生。

3．建造屋宇免费供行旅休息。

4．互助。为富不仁是罪过,强而不援弱者也是罪过。

5．人有病时,只要自承过错和饮用圣水便可痊愈。(《太平经》)

这些规则后来被修改过。虽然张角和张道陵是道教的实际创始者,可是,道教信徒总认为老子是他们的教主。老子在道教的地位相当于基督在基督教的地位。道教的经典是老子和庄子的著作。

道教在中国经过长时期的发展。从它对来生和另一世界的意义上看,道教不是纯粹的宗教。其实,道教试图延长此生的寿命。为了这个目的,还显示了许多奇迹。作为宗教的道教和作为哲学的道家是不同的,两者不可相混。后者远比前者为属于思辨性的,也更为纯粹。

道教历代天师都居住江西龙虎山。第一代天师于公元1016年为宋真宗所敕封,但道教教徒总喜欢将他们的脉承上推东汉的张道陵。到了明初,道教共有四十二位天师。……最近的一位天师从江西龙虎山逃到上海。

对于中国本土的道教,我们说得够多了。现在来谈谈从印度传来的佛教。佛教一向被认为是东汉明帝即公元64年传入中国的。明帝夜梦金人,约十尺半高,顶有白光飞行殿庭,于是以此召问群臣,傅毅告诉明帝:"这是印度的佛。"于是明帝遣使去印度求回佛经。

佛教传来中国归之于南柯一梦之说,是非常值得怀疑的。皇帝一梦无法教我们了解佛教为什么传来中国。

我个人的解释如下:张骞于公元前 138 年出使西域,123 年左右到达大月氏。他的抵达不但对汉武帝是一件大事,对印度的佛教徒也是一件大事,因为他们正等着打开一条到达中国的路。公元前 123 年以后,许多印度和中亚细亚和尚们学习中文准备来中土传教。从公元前 123 年到公元后 64 年之间这一段长时间,虽然史籍记载汉明帝遣使去印度求经之事,可是,印度和中国的关系到底怎样,我们不甚了然。不过,有一个有趣的事情,即明帝弟楚王英传中有一段话,引述公元后 65 年明帝的诏命,命楚王英将其贡与明帝的丝送给优婆塞和沙门。这里使我们不禁奇怪,如果佛教只在早一年传来中国,怎曾用上优婆塞和沙门这类的译词。明帝在位期间是(公元 58 年至 75 年),与公元一世纪北印度 indo-Scythian 王迦腻色迦同时,迦腻色迦是大月氏的征服者,在佛教传来西藏和中土这件事上,他无疑占有相当重要的地位,不过,我认为佛教必定在明帝得梦之前很多年,换句话说,必定在公元 64 年前很多年传入中国的。明帝之梦也许是佛教徒的一种正式宣示以纪念佛教在中国的诞生。

以优婆塞和沙门这些译名的使用来看,我们不得不假定,它们必定早于印度和中亚细亚和尚学习中文并习于翻译佛语为中文的时期。大约要五十年到一百年的时间来完成各种准备步骤,也需要五十年到一百年的时间,才会使皇帝的诏命中用上这些名词。因此,我认为佛教传来中国的时期,只能在西汉末年和东汉初年之间,根据魏书佛老一卷的记载,哀帝在位期间,有一位博士弟子曾习浮屠经,魏书是这样说的:"哀帝元寿元年,博士弟子秦景宪受大月氏王使者伊存口授净屠经,中土闻之,未之信了也。"这位使者可能是迦腻色迦遣来的。这是中国和印度之间第一次意识形态方面的连结。

公元 64 年前后,在翻译梵文为中文方面,有过很多准备工作。诸如,翻译佛家观念时要用什么名词、译述的中文佛经要用什么体裁等,这些问题是很难解决的。所幸,道家已在晋代复兴,因此,道家的名词用语可以现成地拿来表达佛经的思想。这是佛教术语发展的第一步。

后来,当中土佛教成熟而独立时,佛教徒舍弃道家的用语,创造一些本身所用的新名词。但是,这是一段长时期历史,以后在讨论韩愈的那一章,我们会按年加以概略的叙述。这里,我只想告诉大家,在佛教传入中国时期,许多第一流的中国学者舍却儒家经典,因为它们只用为科学考试,而记诵经句罢了。

佛教在中国的传播很广很深。在这个新宗教的信徒与儒家追随者之间,时届发生争论,例如和尚舍弃家庭生活问题,和尚免税和免役问题,以及与儒家肯定人生态度相反的佛家空论。这种对立曾经有一个时期消失不见,可是,到了唐朝中叶韩愈(768—824)的时代,又产生了。

(四)儒学的再生,所谓新儒学的文艺复兴

新儒学时期表示中国人对自己文化传统的觉醒。中国人无法舍弃佛教,因为佛教对中国人的影响非常深刻而长远。可是,中国人希望重新回到儒家——透过佛教。为了抵制佛家的无常说、无我论和空论,中国人不得不创造一种基于儒家观念和用语的新哲学。回到儒家及抵制佛教的双重动机刺激了新儒学的创立者建立一套哲学系统,从某种意义上看,这套哲学系统乃佛家无常说、无我论及世界幻有说的对立理论。

20世纪儒学研究大系

新哲学的创立者必须建立一套包含宇宙论,伦理学和知识论的体系,以宇宙论解释宇宙的创生,以伦理学讨论整个人类问题以及确立人生行事的价值,以知识论确定实然和应然知识的基础。如果没有这种包罗万象的哲学思想,新运动的领导者就不能提出一套抵制佛教的适当理论。这个新哲学叫做"理学"或"性理学",因为"理是知识的共同基础,而自然和伦理知识的普遍性也只有藉人性中的理来建立"。

基于这种对理和人性的基本研究,新哲学的倡导者更进一步创出一种新的教育方法,即重新复苏的社会责任感,"乡社"(一种地方自治形式)以及改进的政事。这个新运动的种子是唐代韩愈播下的;到宋元两代更形发展,到了明朝的王阳明哲学,则达到了最高峰。这个运动到了明朝末年开始没落,但其余势也像朱熹学派一样,延续到中国对西方打开海禁为止。我们可以说,近千年来中国思想中的主要势力就是这新儒学问题、新儒学运动,像欧洲的文艺复兴,始于对古经籍之重新研究,终于一种新世界观的产生。欧洲的文艺复兴产生了近代的科学、工业、技术、民主政治及近代世界中的新的经济生活。中国的新儒学没有产生其中的任何一种,然而,它的基本哲学原则是值得我们仔细研究的。

在开始我们的研究工作以前,我们可以先看看,儒家和新儒家哲学与西方哲学之间,有没有根本上的不同,或是否只是同一类的不同种。两者之间有一明显不同,即儒家及其继承者以人与人间的关系及道德伦理为其主要探讨对象,而大多数近代西方思想家的注意力却集中自然世界以及对知识的追求。

中国的儒家很少致力于知识和方法问题的探讨,欧洲的哲学家则不同,在他们探讨实质问题以前,先要以批判的态度探讨明确一贯的思想方法。近代,由于对科学方法的重视以及新的相对论和原子能物理学的发展,东西方思想的不同,更明显了。

不过,虽然东西哲学之间的鸿沟似乎很大,却也有某些共同的特质。哲学终究是期图对人生和宇宙的了悟。因此,途径上容有不同,目的却是一样的。下面试举一个例子来表示孔子和苏格拉底两人之间的思想的类似点:

孔子的正名

论语:"子路曰:'卫君待子而为政。子将奚先?'子曰:'必也正名乎?'子路曰:'有是哉! 子之迂也! 奚其正?'子曰:'野哉由也! 君子于其所不知,盖阙如也。名不正,则言不顺。言不顺,则事不成。'……齐景公问政于孔子,孔子对曰:'君君、臣臣,父父、子子。'"(《论语·子罕》)

苏格拉底的界说

在息特图斯(Theaetetus)对话篇中,苏格拉底说:"当任何人对任何东西表示真正的意见而没有给以定义时,你可以说,他的心灵确在活动,却没有真正的知识;因为,凡是对某一东西不能给以和接受一定义的人。对该东西便没有知识;但是当他给以定义时,也许我彻底否定他的看法,却有完全的知识。"息特图斯问:"关于这种定义,你能告诉我一个实例吗?"苏格拉底说:"说到实例,以太阳来说,我想你只需知道太阳是绕地球运行的最光亮天体。"息特图斯说:"当然。"苏格拉底说:"你知道我为什么这样说吗? 理由是这样的:如果你知道每一东西的不同和显明特性,就可以对它下定义;可是,如果你只知道通性而不知道特质,那么,便只会对这通性所属的东西下定义。"[①]

孔子最后一句话明显地表示"正名"的意义。对西方人来说,他的话听起来像是空言(Tautology)。但事实上并不如此。孔子

---

① 《柏拉图对话集》,乔维特英译本 Theaetetus 篇 409—417 页。

强调,社会中每一分子应当履行他应尽的义务,或者按照重要性,或是符合他在社会中之地位名分的意义。就表面上看,似乎苏格拉底藉文字所指事物的特性来探索某一文字的定义,而孔子所谈的却是社会上各分子的义务。现在让我们把问题的实际内容抽出来,只注意名词本身:君、臣、父、子。孔子是不是没有指出表示社会各分子的这些文字中所包含的最主要功用? 我认为有。像苏格拉底一样,孔子希望发现每一文字的特质。这样他能正确地为某一名称下定义。我们不能说,苏格拉底所求的是名词的定义,所谈的是逻辑,而孔子所谈的只是伦理。孔子的"正名"和苏格拉底的"定义",虽然两人以不同方式用不同语言表达,可是所表达的东西实际上是相同的。现在,我们还是回到我们的比较:

论　语

子曰:"士志于道而耻恶衣恶食者,未足与议也。"

子曰:"君子食无求饱,居无求安。"(《论语·学而》)

裴独篇(The Phaedo)

苏格拉底问:"你认为哲学家应关心饮食之乐——如果饮食之事应称为快乐的话——吗?"

色米亚斯(Semmias)回答说?"当然不。"

"爱情之乐又如何——哲学家应关心爱情之乐吗?"

"也不应该。"

"他会想到很多种使肉体逸乐的方式如得到贵重衣服、鞋子或其他饰物吗? 不关心这些而在自然必需者之外轻视任何东西吗? 你认为如何?"

"我认为一个真正哲学家会轻视它们。"①

---

① 《柏拉图对话集》,卷一《裴独篇》390 页。

　　中国圣人和希腊哲人都认为知识是有限的。孔子强调"学"，苏格拉底也是这样，只是苏氏要求定义和明晰的思想而已。但是，在孔子言论中也可以发现苏格拉底这种重视明晰思想的例子。他说："不愤不启，不悱不发，举一隅，不以三隅反，则不复也。"（《论语·述而》）

　　当然，孔子也能知道苏格拉底所谓的"接生术"（art of midwifery），苏格拉底藉此以诱发与谈者的观念，然后再加以考察。

　　中国圣人和这位柏拉图之师都认为，一个人应该为自己的信念慷慨赴死。

　　子曰："朝闻道，夕死可矣！"（《论语·里仁》）

　　子曰："志士仁人，无求生以害仁，有杀身以成仁。"（《论语·卫灵公》）

　　苏格拉底："色米亚斯，真正哲人是准备随时面对死亡的，因此，在所有人类之中，哲人是最没有死亡恐惧的。""真正爱智者……还会憎恨死亡吗？不会怀着喜悦离开这世界吗？啊，朋友，如果他是真正哲人，确会如此。因为他确信，他可以在那里得到纯粹智慧，也唯有在那里才可以得到纯粹智慧。"①

　　对孔子和柏拉图对话集中的苏格拉底所作的比较够多了。现在我们要指出孟子和苏格拉底之间的相似点。

孟　子

　　公都子问曰："钧是人也，或为大人，或为小人，何也？"孟子曰："从其大体为大人，从其小体为小人。"曰："钧是人也，或从其大体，或从其小体，何也？"曰："耳目之官不思而蔽于物，物交物，则引之而已矣。心之官则思，思则得之，不思则不得也。此天之所与我

————————

　　①　《柏拉图对话集》，卷一《裴独篇》394 页。

者,先立乎其大者,则其小者不能夺也。此为大人而已矣。"(《孟子·告子》)

裴独篇

苏格拉底:"那么,灵魂在什么时候得到真理呢?因为,在企图思考与肉体相连的任何东西时,灵魂显然受骗了。""是的,这是真的。""那么,如果真有思想的话,灵魂不是一定要在思想中认识真正的存在吗?""是的","当心灵集中注意本身不为任何声色苦乐所扰时,思想是最好的,什么时候心灵和肉体之间的关系最小,什么时候没有肉体的感觉而渴求最高的存在呢?所有的经验都显示,如果我们具有对任何东西的纯粹知识,就必须舍弃肉体,而灵魂必然看到事物本身:那么,我想,我们将获得所希求的东西即智慧。"①

如果我们说,这些对比的引语不但在文字上显然相似,在精神上也显然相似,决非夸大之辞,但是,为什么有这种相似呢?因为东西方哲学的目标是一样的。两者都是追求永恒真理,无论是伦理方面或理论知识方面——这种永恒真理在感官上是无法发现的,只有从思想或心灵中才可发现。如果我们研究一下东方思想的方法,就可以知道,这种相似不是偶然的。

对方法学的研究,最重要的是了解如何获得结论,结论是不是可靠?概念问题是根本问题,因为概念是形成知识的工具。下面所引孟子中的话表示东方哲学中一个概念是如何形成的。孟子说:"故凡同类者,学相似也。何独至于人而疑之。圣人与我同类者。故曰:口之于味也,有同耆焉。耳之于声也,有同听焉。目之于色也,有同美焉。至于心,独无所同然乎?心之所同然者,何也,

---

① 《柏拉图对话集》,卷一《裴独篇》391—393页。

谓理也,义也。"(《孟子·告子》)

这里,孟子所讨论的是概念的普遍性。换句话说,我们心中所想的是事物的通性,具体特殊事物是根据这种通性而形成和认识的。孟子所谈的就是这种作为同类事物类名的概念的本质。类名如"动物"或"人"只是心灵思想时所认识的,而每一类名所概括的具体实例则是感官所知觉的。当我们发现一组特殊具体事物的通性或共相时,便在它们上面加上一个类名。这是心灵的工作,而由于心灵的这一工作,人类共同认可的东西便表现出来了。孟子结论说,他所说的共同认可有两种:(1)理性原则即西方专门术语所谓理论知识(逻辑、知识论、科学原理等)所认可的;(2)正义原则即西方哲学所谓伦理原则所认可的。在中国思想中,这两种研究合在一起,知识原则往往被掩盖了。

和这个问题很接近的是孟子对抽象名词问题的讨论。孟子曰:"生之谓性也,犹白之谓白与?"曰:"然。""白羽之白也,犹白雪之白,白雪之白,犹白玉之白与?"曰:"然!"肯定了"白"(the predicability of whitencess)为不同白物的属性以后,告子落入孟子的陷阱中。孟子和告子继续谈论类分(the division between species)根本的本质和差异问题。孟子曰:"然则犬之性犹牛之性,牛之性犹人之性与?"(《孟子·告子》)孟子问这些问题,告子无言以对,知道自己上了孟子的当了。

在这些从孟子中引来的话里面,读者可以发现,在孟子时代,中国人早就认识了逻辑的基本原理。如果我们将孟子对概念问题的讨论与孔子的"正名"以及墨子和荀子在逻辑原则方面的讨论结合起来,我们可以说,虽然中国人没有产生像亚里士多德"工具论"相似的著作,然而,在他们的讨论中,却含有逻辑的基本原则。

到目前为止,我们一直在对中国和希腊的哲学作比较的研究。如果我们再往下看,看看宋朝的新儒学,就会发现,古代中国和希腊哲学的相似更显然了。现在,我举个实例来说明这一点。在周敦颐、邵雍、张横渠之后,二程子尝欲建立一个新的宇宙论,并为哲学奠定一新的起点。二程子的希望使我们想到法国的笛卡儿,笛氏有名的"我思故我在",也是为了同样的目的。大程子的观点使我们想到德国的康德,因为大程子特别重视"理"。大程子说:"天理二字却是自家体贴出来。"(《宋元学案·明道学案》)

他所指的"理"很接近康德"实践理性批判"和"纯粹理性批判"中所说的"理性"。后来,小程子使这个观点成为哲学真正的起点,因为他认为"性即理也"。(《宋元学案·明道学案》)

在欧洲哲学家看来,"性即理也"这句话似乎不可思议。可是,如果仔细地分析和说明一下,欧洲哲学家便会相信,东西方思想根本是一致的。西方哲学有两大派别即理性主义和经验主义。经验主义者认为,知识来自于感觉和印象,而理性主义者却说,因果律的观念并不出现于感官可以发现的材料中。人类有几种思想的形式,这些思想形式是我们判断的基础。因果律观念就是其中的一种。小程子所谓"性即理也"无非表示理性主义者的看法,即思想形式先天地存在于心中。

根据大程子的看法,理的根本是相反者的相互消长。他说:"万物莫不有对,一阴一阳,一善一恶,阳长则阴消,善增则恶灭,斯理也,推之其远乎,人只要知此耳。"(《宋元学案·明道学案》)这段话使我们想到柏拉图对话集裴独篇中一段话,在裴独篇中,苏格拉底说:"万物不是产生于对立者之中吗? 我所说的是善恶,公正和不公正——还有无数的其他对立者,都是产生于与本身相对者。我要告诉各位,在一切对立者之中,必然有相同的变化消长。"①

---

① 《柏拉图对话集》,卷一《裴独篇》397 页。

关于二程子的观点，我们已经说得够多了，以后我们会加以更详细的讨论。现在，我们另举朱熹为例。南宋时期，继续发扬二程子学说的是朱熹。朱子和希腊亚里士多德在时间上相距一千五百年，可是，他俩的思想却非常相近。两人都认为，本体并非离开现象存在，他们不认为共相可以离开殊相独立存在，两人之间还有一点相同的地方，都认为实质不能离开形式。用朱子的话来说，无理即无气。亚氏说世上有非物质性的形式原则，而这些中国哲人则说，在原则上，理先于气。

最后，我们来讨论明代的王阳明。朱子接近二元论，或印度的非心物二元论（advaita），可是，王阳明却把新儒学带到唯心一元论，他反对宋儒的心物二分法，将儒家带到一个新的方向。传习录中有下述一段话：先生曰："你看这个天地中间，什么是天地的心？"对曰："尝闻人是大地的心。"这个看法似乎是以人为宇宙中心的。可是，王阳明更进一步说："人又什么教做心？"对曰："只是一个灵明，可知充天塞地中间，只有这个灵明，人只为形体自间隔了。我的灵明便是天地鬼神的主宰。天没有我的灵明，谁去仰他高。地没有我的灵明，谁去俯他深。鬼神没有我的灵明，谁去辨他吉凶灾祥。天地鬼神万物离却我的灵明，便没有天地鬼神万物了，我的灵明离却天地鬼神万物，亦没有我的灵明。如此便是一气流通的。如何者他间隔得。"（《王阳明全集·传习录》）

王阳明其他方面的思想与詹姆斯的意志论以及倭伊铿（Eucken）的行动论（activism）接近。以下我们有专章来详细探讨他丰富的思想观念。

在东西方哲学间作这种比较研究，并不是任何人凭空想到的，而是基于客观事实。不过，虽然有这许多相同的地方，可是，中国哲学仍然有其特色，使它与世上任何其他哲学体系不同。我认为中国哲学有四点独一无二的特性，以下我们逐一加以研讨。

20世纪儒学研究大系

（一）中国人在哲学方面的兴趣集中在道德价值方面。中国人认为人是宇宙的中心。人与人之间的关系应是哲学家首先考虑的对象。例如，构成社会的各个分子——君臣、父子等——应该如何共同相处？孔子的答案是："弟子入则孝，出则弟，谨而信，泛爱众而亲仁。行有余力，则以学文。"（《论语·学而》）我们也发现这种情操常用到社会其他分子身上，如君臣、父子、夫妇。对社会上不同分子、有不同的道德规范，有些道德规范是共同遵守的，有些规范则为某些分子遵守的。中国人对宇宙的看法，采取目的论观点，这是中国思想的基本态度，目的观使中国人的兴趣倾向道德价值方面，因此，对中国人而言，道德价值比逻辑、知识论或任何纯粹抽象知识具有更重要的功用。

（二）中国人这种对伦理问题的重视，往往使西方人认为中国人思想太实际太世俗。但这种看法错误了。中国人希望解释宇宙间一切现象，因此，他们想解决世界创造问题，而这是对他们想像力的一个挑战。他们认为天是道的根源，并以自然界阴阳二力或变化来解释这个关系，他们的形上学永远是理性主义的，不带超自然主义色彩。这种诉诸理性最有名的例子是老子的道德经。"孟子"也是理性主义体系。周敦颐的宇宙论以及张载和朱熹对理与气的讨论，显示抽象的理论分析乃宋代中国思想中最主要的部分。

佛陀曾对其弟子表示，他们对他的信仰应该基于理性。中国人甚至比佛家更属于理性主义的。中国思想家认为上帝与自然之间没有间隔。如果形而上与形而下之间有区别的话，也只是程度上的，不是根本的。凡是形而下的都可以归溯于形而上的；凡是形而上的都应该用这世界的现象来加以解释。

（三）中国人在哲学上最大的兴趣是对心灵的控制。这种现象可以和西方人的热心研究方法论相比。中国人认为，由于心常为物欲和偏狭所蔽，所以，净心为得道的先决条件。一旦把自私的念

头消灭,心便能不偏不倚,明朗和远见了。周敦颐的无欲;朱熹的
致知和专心;王阳明的知行合———这些便是达到真理标准的三
条道路。

(四)中国哲学与西方哲学不同的第四个特色是重视自己所学
的身体力行,甚至为了道可以牺牲性命。人若有志于道并愿献身
于道的话,首先要做的便是将自己所信的原则付诸实行——自己
身体力行,在自己的家庭生活以及对国家所尽的义务中具体地表
现出来。举例来说:贪爱金钱,耽于色欲,热中名利等当然无补于
道的领悟。发怒、暴力、说大话、饶舌同样是领悟道的阻碍物,应该
避免。当程颢弟子谢良佐第一次拜谒他时,谢良佐夸张自己记得
史籍甚多。程子问他说:"贤却记得许多!"(《宋元学案·明道学
案》)谢良佐听了这些话不觉面红耳赤,汗流浃背。此后,他不再作
记诵功夫,专心一志地致力于沉思默想。中国哲人不满于纯粹知
识或哲学原则的建立,一定要身体力行自己所奉的原则。

例如,如果某一新儒家学者身居高位,除非他能谏劝皇帝的错
误行事,否则,便不能算是新儒者。朱熹谏宋宁宗斥左右恶名小
人,使这位哲人遭受贬谪。王阳明得罪宦官刘瑾被放逐贵州龙场。
这些人对皇帝的忠言直谏,在中国永远受到广泛的赞扬,朱熹和王
阳明被认为值得效法的最好榜样。明朝末年,东林党的许多哲人
为了对皇帝忠言直谏而牺牲性命。这表示儒家或新儒家学者是准
备为自己的信仰而牺牲性命的。宋末文天祥之死,明末刘宗周之
死便是这种殉道精神的典型。孔子说:"志士仁人,无求生以害仁,
有杀身以成仁。"(《论语·卫灵公》)

西方学者如福克(Alfred Forke)、赫克曼(Heinrich Hackmann)
批评中国哲学没有系统,中国语言由于缺乏印欧语的文法结构,意
义含混。没有系统是由于特殊的表现方式:早期思想家以格言方
式表达自己思想,而没有加以各方面的完整讨论。可是这并非表

示中国哲学根本没有系统。孔子说:"吾道一以贯之。"虽然道德经在文字或语言上没有系统,可是,在思想上并不是没有系统的。如果我们详细研读孟子,也会发现孟子是理性主义体系,同样,荀子是经验主义体系。朱熹和王阳明也是如此。

至于第二个缺点:语言的含混,这个批评倒有几分真实。中国哲学名词确有某程度的含混。中国语言与欧洲语言根本不同,因此,西方人对中国语言之不满,乃自然而然的事情。但最重要的是了解这些思想家的基本观点,用西方人能够了解的语言来表达他们的思想,应该没有什么困难。

总之,中国哲学的确含有一些西方人必然感到不习惯的地方。中国哲学文献的大部分,对西方人来说,似乎是用一种与西方标准不同的方式写成的。但是,我们的兴趣既然在思想方面,我的目的便是尽可能明确完整地阐述思想。这可以除去西方人读中国哲学文字时感觉到的生疏感,也可以使东西方相互了解。

我尽量避免牵强附会,中国哲学和西方哲学有多少相似之处,尽量作客观描述,绝不夸大其辞。因为,如果没有知识上的忠实,公正和客观的研究便不可能。在同中见异和异中见同是正确了解的最真实南针。现在我从柏拉图对话集费里巴斯篇(Philebus)中引一段话来结束本章的讨论:"关于这些整体是否真实存在呢?每一个别整体(永远相同,既不能生,也不能灭,只保持永恒的个体性)怎能视为分散和集合在生生世界的无限之中或更完整而包含在其他整体之中呢?(后者似乎是最大的可能,因为,同一个东西,怎能同时存在于一个东西和许多东西呢?)普罗达库斯(Protarchus),这是真正的困难所在,这是它们涉及的一和多;如果是错误的决定,它们便是困扰的根源,如果是正确的决定,便很有帮助。"①

　　乔维特(Jowett)在其为费里巴斯篇所写的导言中,有如下的话:"知识世界永远一分再分;所有真理最初都是其他真理的敌对。然而,如果没有这种分化,便不可能有真理;如果不把各部分重新结合为一整体,也就没有完整的真理。"② 从知识观点看,东西方已经分离了两千多年。现在是重新综合为一观念整体的时候了。

　　　　　　　　　　　(选自《新儒家思想史》,台北弘
　　　　　　　　　　文 馆 出 版 社1986年2月版)

　　　　选文节录于张君劢《新儒家思想史》,文中分述了儒家思想史发展演变的四个时期:一,"百家"时期与各家并立的儒家;二,前汉罢黜百家独尊儒术时期的儒家;三,为佛道两家努力掩盖时的儒家;四,再生的儒家或儒家的文艺复兴。指出新儒学时期表示中国人对自己文化传统的觉醒,中国人希望透过佛教重新回到儒家。新儒学运动类似欧洲的文艺复兴,始于对古经籍的重新研究,终于一种新世界观的产生。文章以孔子、孟子哲学与苏格拉底、柏拉图及康德哲学为个案作了比较,探讨了中西哲学的不同特征及会通的途径,并强调说:东西方已经分离了两千多年,现在是重新综合为一观念整体的时候了。

　　①　《柏拉图对话集》,卷三,《费里巴士篇》,149 页。
　　②　《柏拉图对话集》,卷三,《乔维特费里巴士篇导言》,127 页。

中国哲学与未来世界哲学

（1948 年为美国《哲学评论》杂志
"东方哲学讨论"专栏作）

冯友兰

　　本世初以来，中国的社会、政治局面尽管看来混乱，可是中国的精神生活，特别是哲学思维，却有了伟大的进步。这并不出人意外。中国的混乱，是中国社会性质由中世纪向现代转变的一个方面。在这场转变中，造成了新旧生活方式之间的真空，传统的生活方式已经古老废弃，新的生活方式仍然有待于采用。这样的真空，十分不便于实际日常生活，但是很有利于哲学，哲学总是繁荣于没有教条或成规约束的人类精神自由运动的时代。

　　在转变时期，过去一切观念、理想，都要重新审查，重新估价，在这点上一律平等，哪个也不能要求比别个具有更多的权威。进行重新审查、重新估价的人是哲学家，他由此达到的观点，要比自限于单一思路的人高得多。

　　在中国现在进行的转变中，哲学家们特别幸运，因为自本世纪初以来，他们重新审查、估价的对象，不仅有他们自己的过去的观念、理想，而且有西方的过去和现在的观念、理想。欧洲、亚洲各个伟大的心灵所曾提出的体系，现在都从新的角度，在新的光辉照耀下，加以观察和理解。随着哲学中新兴趣的兴起，老兴趣也复兴

20世纪儒学研究大系

了。在这种形势下，如果当代中国思想竟无伟大的变革，倒是非常可怪了。

变革已经发生，速度很快。许多观点已经表达出来了，只是又被后来的观点取而代之，后来的观点则是更多地研究和理解西方哲学的结果。我自己的观点也会被取而代之，虽然如此，我还是把它表达出来，说明中西哲学如何可以互相补充，以及在这种互相补充中，中国思想如何对未来世界哲学可以有所贡献。我只讲两点：一点是哲学使用的方法，一点是由哲学达到的理想人生。

中西哲学必有某种根本的相似之点，否则就没有理由把它们都叫做哲学。分析它们的相似之点时，我基本上限于它们的形上学学说，或限于有形上学涵义的认识论学说，因为只有在这里最容易对中西哲学进行比较。在西方哲学中我提出两个主要传统，柏拉图传统和康德传统，以供讨论，并与中国哲学中两个主要传统，儒家传统和道家传统，进行比较。柏拉图传统和儒家传统，代表着形上学中可以称为本体论的路子；而康德传统和道家传统，就其形上学或其哲学的形上学涵义而论，代表着可以称为认识论的路子。有一点强烈地吸引着我，就是，尽管形上学的目的是对经验作理智的分析，可是这些路子全都各自达到"某物"，这"某物"在逻辑上不是理智的对象，因而理智不能对它作分析。这不是因为理智无能，而是因为"某物"是这样的东西：对它作理智的分析就陷入逻辑的矛盾。

本体论的路子，开始于区别事物的性质与事物的存在。正如柏拉图学说的当代解释者乔治·桑塔耶纳所说："像公理一样自明的是：事物若没有性质就没有存在；只有有某种性质的事物才能存在。但是存在就有变化，或有变化之虞；事物能够变形，或换句话

20世纪儒学研究大系

说,事物可以丢掉一个本质而拾起另一个本质。"① 这个路子展现出关于本质的逻辑同一性和永恒性,这些当然都是理智的对象。但是,拾起本质、丢掉本质的那个"存在"又是什么? 理智在分析某一事物时,将其性质一一抽去,抽至无可再抽,只觉得总还剩下"某物",它没有任何性质,但是具有任何性质的事物都靠它才存在。

这个"某物",在柏拉图学说中叫做"买特"(matter);柏拉图说它"能接受一切形式",所以"不可以有形式"②。"买特"不可分析,不是因为理智无能,而是因为凡是可以分析者一定具有某种性质。凡是具有性质者就不是叫做"买特"的"某物"了。

有些哲学家不喜欢柏拉图这个"买特"概念,想说"事件"或"物质",在作为"材料"的意义上,才是宇宙最后的存在。但是这样的想法不是严格的理智分析。我得说,这些哲学家是错在把某些代表实际科学知识的实证观念,当成最后的了,这些实证的观念不是逻辑分析得出的形式的观念。"事件"或"材料"不过是另一类的事物,还需要进一步的分析。即使接受"事件"的说法,可是一个事件或一块材料又得分解为无性质的"某物"加上某性质。

中国哲学中的儒家,从它最初之日起,就尊重"名",认为名代表人类行为的原则或德性的本质。儒家学说这一方面的形上学涵义,在朱熹的体系中发挥至极。朱熹体系成为中国正统的国家哲学,是从 13 世纪起,到 20 世纪初辛亥革命将帝制连同国家哲学一起推翻为止。若将朱熹的形上学体系与柏拉图的形上学体系加以比较,就会对这两位伟大哲学家的相似之处有很深的印象,不过朱熹并不认为实际世界只是理(Ideas)的不完全的摹本,而无宁是理的具体实现。在这方面,朱熹是沿着柏拉图的伟大门徒亚里士多

① 鲁尼斯(D. D. Runes)编:《20 世纪的哲学》,第 315 页。
② 柏拉图:《蒂迈欧》。

德的路线活动的。①

正像本体论的路子开始于区分事物的形式和质料，认识论的路子区分知识的形式和质料。后者正是康德所做的事。照康德说，知识的形式，如时间、空间，以及传统逻辑讨论的诸范畴，都是人的认识能力中固有的。靠这种能力人能够有知识。但是人的知识所包括的仅仅是其形式之内的东西，因而与形式混合在一起，不能分开。在理想中与这些形式有区别的东西可以叫做知识的质料，但是它究竟是什么，人不得而知。这就是康德所说的"自在之物"，或"本相"（noumenon），人不能知道它，人只能知道"现相"（phenomenon）。人不能知道"自在之物"，并非因为人的智力不足，而只是因为，如果叫做"自在之物"的东西当真可知，它就必然也只是另一个现相，而不是"自在之物"。

因此康德主张，有个"界线"存在于知与未知之间——未知的意思不是尚未知，而是不可知。康德说，界线"看来就是占满的空间（即经验）与空虚的空间（我们对它毫无所知，即本相）的接触点"②。他继续说，"不过，既然界线本身是一个肯定的东西，它既属于在它里边所包含的东西，又属于存在于既定的总和以外的天地，因此它也仍然是一个实在的肯定认识，理性只有把它自身扩展到这个界线时才能得到这种认识，但不要打算越过这个界线"③。

就一个方面说，中国哲学中的道家与康德之说相同。道家也区分可知与不可知。儒家以为，名代表原则或本质，原则或本质是实际世界中事物的标准；道家则以为，名代表主观的区别，主观的

---

① 参阅冯友兰：《朱熹哲学》，布德（Derk Bodde）英译，载《哈佛亚细亚研究学报》1942 年 7 期，第 1—51 页（中文原文载《清华学报》七卷二期）。

② 康德：《未来形上学导论》，卡勒斯（Paul Carus）英译本，第 125 页。

③ 康德：《未来形上学导论》，卡勒斯（Paul Carus）英译本，第 133 页。

20世纪儒学研究大系

区别是人类智力造成的。"名言"这个名词是道家常用的。"言"是语言,用"名言"这个名词,道家将"名"归结为语言的事,这就必然与知识相联。人的知识只能通过名言。但是名言背后、名言之外,是什么呢?那就是"某物",它在原则上,根据定义,是不可知的。用康德的术语说,那个某物在界线的彼岸,可以描述为"虚"(void)。这恰好就是道家用来描述界线彼岸的词。道家惯于将界线彼岸描述为"无",意思是 not-being,为"虚",意思是 void。

我只说在一个方面道家与康德相同,在另一方面道家则与康德不同。在伦理学,或康德称为道德形上学方面,他十分吻合儒家,特别是他的"无上命令"之说及其形上学基础,更为吻合。但是专就区分可知与不可知而论,康德与道家十分吻合。

但是,即使在这一方面,他们之间也有很大差别。康德似乎看出,靠纯粹理性的帮助,没有越过界线的道路。在他的体系中,不论纯粹理性作出多大努力去越过界线,它也总是留在界线的此岸。这种努力有些像道家说的"形与影竞走"。但是看来道家却用纯粹理性真地越过界线走到彼岸了。道家的越过并非康德所说的辩证使用理性的结果,实际上这完全不是越过,而无宁是否定理性。否定理性,本身也是理性活动,正如自杀的人用他自己的一个活动杀他自己。

由否定理性,得到道家所说的"浑沌之地"。若问:由否定理性,是否真正越过了界线?此问没有意义。因为照康德与道家所说,这个界线是理性自己所设。随着理性的否定,也就不再有要越过的界线了。在事实上,越过界线就是取消界线。若问:越过界线或取消界线之后,有何发现?此问亦没有意义。因为照康德与道家所说,辨认一物不过是理性的功能。随着理性的否定,也就无所谓辨认了。

在道家看来,康德常用的"自在之物"这个名词,是一个十足误人的名词,因为它有肯定的意义,给人以错误的印象,好比说,我面前这张桌子只是一个假象,真正的桌子却在它的背后,那才是"自在之物"。当然,越过界线的东西不能用像"桌子"这样的词来描述,但是也不能用像"真正的"这样的术语来指称。它只能用否定的名词来表示。最后,连这个否定的符号也必须自身否定之。因此,谁若对道家有正确的理解,谁就会看出,到了最后就无可言说,只有静默。在静默中也就越过界线达到彼岸。这就是我所谓的形上学的负的方法,道家使用得最多。禅宗也使用它。禅宗是在道家影响之下在中国发展起来的佛教的一个宗派。

换句话说,描述,在根本上,是知识和理智的任务,但是在界线彼岸的东西根据定义是在知识和理智之外。想要描述彼岸的东西,就是想要用语言说出不可能也不应该用语言表达的东西。不能说它是什么,只能说它不是什么。这就是负的方法的精髓。

从知识和理智的观点看,负的方法表达的是否定的观念,一个X,一个表示人所不知的东西的符号。如果它也算是观念,就只是否定的观念。但是在越过界线时,连否定的观念也要放弃。一旦已经越过了界线,人就不仅没有"否定的观念",而且没有"否定"的观念。

在这里我们得到真正的神秘主义。从道家和禅宗的观点看,西方哲学中虽有神秘主义,还是不够神秘。西方的神秘主义哲学家大都讲上帝,讲人与上帝合一。但是上帝,既然全知全能,实质上就是一个理智的观念。人只要还有一个或几个理智的观念,就还在"界线"的此岸。

另一方面,逻辑分析的方法,我称之为形上学的正的方法,在中国哲学中从未充分发展。例如,朱熹的体系中,其推理的结论虽与西方哲学中的柏拉图学说有很多相似之处,其辩论和证明则远远不够充分。道家反对知识和理智,所作的辩论和证明也是如此。

在这一方面,中国哲学家有许多东西要向西方学习。

过去 20 年中,我的同事和我,努力于将逻辑分析方法引进中国哲学,使中国哲学更理性主义一些。在我看来,未来世界哲学一定比中国传统哲学更理性主义一些,比西方传统哲学更神秘主义一些。只有理性主义和神秘主义的统一才能造成与整个未来世界相称的哲学。这是我想在此肯定的第一点。

也许要问一个问题:所谓越过"界线",对人生会有什么实际效果? 这个问题的答案,将我引到我的第二点,它涉及由哲学达到的理想人生。

像印度哲学许多派别那样的哲学会说,人达到不可言说、不可思议之境,便与所谓绝对实在同一,这种同一的状态叫做"涅槃"。人一达到涅槃,便能解脱"个人不死"。个人不死,西方的人以为乐,印度传统以为苦。中国哲学不如此极端。按中国传统,越过界线的实际效果,是提高我想称为的人的生活境界,以改进人生。

我在《新原人》一书中曾说,人与其他动物的不同,在于人做事时,能理解他在做什么,并能自觉他正在做它。他在做的事对于他的意义,正是这种理解和自觉给予的。由此给予他各种不同活动的各种不同意义,这些意义的整体,构成我所称的他的生活境界。

不同的人可以做相同的事,但是根据他们不同程度的理解和自觉,这些事对于他们可以有不同的意义。每个人各有他自己的生活境界,与其他任何人的都不完全相同。不过撇开这些个人的差异,我们可以将各种不同的生活境界划分为四个概括的等级。从最低的说起,它们是:自然境界,功利境界,道德境界,天地境界。

一个人可以单纯地只做他的本能或其社会风俗习惯引导他做的事。像儿童和原始人,他对所做的可能并不自觉。或对他正在做的并无很多理解。这样,他所做的事,对于他若有意义,也是极少。他的生活境界,我称为"自然"境界。

或有人可能意识到他自己,做一切事都是为了他自己。这不是说他一定是不道德的人。他可以做某些事,其后果是利他,其动机是利己。他所做的一切对他自己都有功利的意义,他的生活境界,我称为"功利"境界。

再有人会进而理解,有社会存在,他是社会的成员。社会构成整体,他是这个整体的一部分。照这种理解,他做一切事都是为了社会利益,以道德命令为无上命令。在道德一词最严格的意义上,他是真正道德的人,他所做的是道德行为。他所做的一切都有道德的意义。因此,他的生活境界,我称为"道德"境界。

最后有人进而理解,在作为整体的社会以外,还有更大的整体,这就是宇宙。他不仅是社会的成员,同时还是宇宙的成员。本着这种理解,他做一切事都是为了宇宙利益。他理解他做的事的意义,自觉他正在做他做的事这件事。这种理解和自觉为他构成更高的生活境界,我称为"天地"境界。

这四种生活境界,前两种是实是的人的产物,后两种是应是的人之所有。前两种是自然的赐予,后两种是精神的创造。自然境界最低,接着是功利境界,然后是道德境界,最后是天地境界。其所以如此,是因为自然境界几乎不需要理解和自觉,而功利、道德境界则需要多一些,天地境界需要最多。道德境界是道德价值的境界,天地境界是可以称为超道德价值的境界。

按中国哲学的传统,一般地说哲学,特殊地说形上学,其功用是帮助人达到精神创造的那两种生活境界。天地境界必须看成哲学境界,因为若非通过哲学得到对宇宙的某种理解,就不可能达到天地境界。但是道德境界也是哲学的产物。道德行为并不单纯是符合道德律的行为,道德的人也并不是单纯养成一定的道德习惯的人。他的行为,他的生活,必须含有对相关的道德原则的理解;否则他的生活境界简直可能是自然境界。哲学的任务就是给予他这种理解。

在中国哲学中,道家强调在最高的生活境界中可能有的快乐和幸福。但是在儒家看来,提高人的境界到最高境界,不光是个快乐和享受的问题,而是实现人之所以为人者。一个人,作为某种特殊一类的人,例如工程师或政治家,可能是完人,而作为人则可能不是完人。只有在最高的生活境界中人才是完人。哲学的功用是训练人成为完人,完人的最高成就,是与宇宙合一。

但是宇宙不能是理性的对象。在哲学中我们称为宇宙者是一切存在的总体。它相当于道家所说的"大一"。照他们所说,由于大一是一,所以不可言说、不可思议。当我们说"大一"时,已经是二了:一个是所说的大一,一个是说大一的说。

用现代逻辑的话说,当我们思一切存在的总体时,我们是在反思,因为我们是要把我们自身和我们的思都包括在总体之中。但是当我们思总体时,在我们思中的总体在逻辑上就不包括思总体的这个思。所以我们所思的总体不是一切存在的总体。严格地说,一切存在的总体,是思想的一个观念,但是是这样的观念,将欲得之,必须失之,而将欲失之,必先得之。

在《理想国》中,柏拉图说,哲学家必须从感性世界的"洞穴"提高到理智的世界。如果哲学在理智世界,也就是在天地境界。可是生活在天地境界的人,其最高成就是他自身与宇宙同一。刚才我们说过,宇宙不能是理性或理智的对象。所以人自身与宇宙同一时,人也就否定理智,这与"越过界线"的情形相同。

个人与宇宙同一,在斯宾诺莎学说中是对上帝的理智的爱。他也似乎说上帝是一切存在的总体。但是如果上帝真是一切存在的总体,它就不能是爱的对象,正如它不能是理性的对象。人不可能爱它,除非人自身与它同一。这个同一,必须由否定理智来完成,因为只有否定理智,人才能实现与不能是理智或理性的对象者同一。可是这个同一就是理智的爱,因为理智的否定本身就是理智的活动。斯宾诺莎没有把这一点讲清楚。

"越过界线"的人,化入"浑沌之地"。但是这个化,必须经过理性而否定理性来实现。否则所得的生活境界不是第四种,而是第一种,不是最高,而是最低。在一种意义上,赤子处于威廉·詹姆士称之为纯粹经验的状态,也是生活在"浑沌之地"。但是赤子并未化于那里,只不过是在那里。赤子生活在自然境界,自然境界是自然的赐予,不是精神的创造。为什么在越过界线之前,必须对界线有清楚的理解,道理就在此。为了消除理性,必须充分运用理性。为什么真正的神秘主义之前必须有真正的理性主义,为什么负的方法必须结合正的方法,道理就在此。

主张否定理性的哲学,看起来似乎一定是出世的。并非必然如此,虽然一个真正的哲学不可能仅只是入世的。它是出世的,在于试图消除人的自私和卑鄙,但是这不必意味着排除对世间日常事务的兴趣。一个真正的哲学既是出世的,又是入世的,强调在人类生活的日常事务中实现最高的生活境界。

实现这个实现,是中国哲学传统的主要目的和主要问题。在我的《新原道(中国哲学之精神)》一书中,曾力求说明,这个问题一直是中国哲学进展的中心,从孔子时代直到现在。

天地境界中的人,中国哲学称之为"圣人",圣人并不能作出奇迹,也无须试作。他做的事不多于常人,但是具有较高的理解,他所做的就有不同的意义。换句话说,他在"明"的状态中做他做的事,别人在"无明"状态中做他们做的事。这是他的理解的结果,构成最高的生活境界,由他在人生日常行事中实现之。按照中国的传统,这就是由哲学实现的理想人生。

中国哲学对人生启示的就只是这个公开的秘密。它不过是将人生当作一个自然的事实,努力在精神上改进它,以求使之尽量地好。这里并非简单地是一套道德说教或宗教教条，如有些人设想的。这里是一种年代久远的尝试，要改变日常生活的意义和价值，使之具有在最好意义上的最高价值。这说明为什么，通贯中国历史，哲学能指导精神生活而毫无超自然主义，又能指导实际生活而不低级庸俗。中国若能对未来世界哲学作出贡献，那就是这个公开的秘密：就在日常生活之内实现最高的价值，还加上经过否定理性以"越过界线"的方法。

（原文是英文，发表于美国 Philosophical Review1948 年 11 月号。1986 年 12 月涂又光译成中文。）

（选自《冯友兰选集》，天津人民出版社 1994 年 12
月版。原载［美］《哲学评论》（英文），1948 年）

冯友兰(1895—1900)，字芝生。河南省唐河县人，著名的哲学家、哲学史家、教育家，曾任河南中州大学、广东大学、燕京大学、清华大学、西南联合大学、北京大学教授，中央研究院院士、中国科学院哲学社会科学学部委员，一生致力于讲学著述，以阐旧邦以辅新命、极高明而道中庸为宗旨，创建新理学体系，开拓中国哲学史研究的新路径，会通中西、融贯古今，卓然成一大家。"若惊道术多迁变，请向兴亡事里寻"。一生经历坎坷，哲学探索的旅程充满了希望和失望、成功和失败，晚年持"修辞立其诚"的学术信念，重写中国哲学史，以"智山慧海传真火、愿随前薪作后薪"自励。著述有《一种人生观》、《人生哲学》、《中国哲学史》上、下，《新理学》、《新事论》、《新世训》、《新原人》、《新知言》、《新原道》、《中国哲学史新编》七册，《南渡集》、《三松堂学术文集》等。

选文《中国哲学与未来世界哲学》，从时代转型的角度，阐述了中西哲学不同的特征及发展演化趋向,探讨了中西哲学互相补充及在这种互相补充中,中国思想如何对未来世界哲学可以有所贡献的问题,认为未来的世界哲学一定比中国传统哲学更理性主义一些,比西方传统哲学更神秘主义一些,是理性主义与神秘主义的有机统一。

宋明道学通论

冯友兰

　　道学,西方称之为新儒学。新儒学可以说是关于"人"的学问。它所讨论的大概都是关于"人"的问题,例如,人在宇宙间的地位和任务,人和自然的关系,人与人之间的关系,人性和人的幸福。它的目的是要在人生的各种对立面中得到统一,简单地说就是对立面的统一。

　　一般地说,有两套基本的对立面,有两种基本的矛盾。它们是基本的,因为它们存在于宇宙间的任何个体之中,包括人在内,不管是多么小或多么大。

　　每一个个体,都必定是某一种的个体,它必定有些什么性质。不可能有一个没有任何性质的个体。个体是一个殊相;它的性质就是寓于其中的共相。所以,在每一个体中都有殊相和共相的矛盾,这是一种矛盾。

　　每一个体既然是一个个体,必定认为它自己是主体,别的东西都是客体。这是又一种矛盾,主观和客观的矛盾。

　　这两种矛盾是同一事实的后果。这就是一个个体是一个个体。对于每一物都是如此。人的特点是他自觉有这个事实。所以说"人为万物之灵",灵就灵在这里。就这一方面说,人类的突出的代表是哲学家;关于人的学问就是哲学家的哲学。

　　在哲学中,对于上面所说的那个事实,有三个对待的路子:本

20世纪儒学研究大系

体论的路子,认识论的路子和伦理学的路子。

在西方,柏拉图是本体论路子的代表。他从数学的提示得到启发,提出了理念论。几何学为具体的圆的东西下了一个圆的定义,可是那些具体的圆的东西,没有一个是完全合乎这个定义,都不是完全地圆。圆的定义并不仅只是几何学家的一句话,亦不仅只是数学家思想中的一个观念,定义所说的,是客观的圆的标准,这个标准,是批评的标准也是行动的标准。有了这个标准,人们才可以说某一个具体的圆的东西,不是完全地圆,人们才可以采取行动纠正那些不完全的地方。柏拉图认为那个标准就是理念,是圆的原本;具体的圆的东西只是摹本。摹本永远不能和原本完全一样。

柏拉图把共相和殊相的矛盾说得很清楚。他的说法,只是证明了这个矛盾比一般人所知道的、所了解的更尖锐。

他的说法的后果,是相当严重的。在人的生活中,人的感性欲望是源于人的身体,那是人的殊相的一个主要部分。由于轻视、鄙视殊相,柏拉图认为那些感性的欲望,从根本上、在本质上就是下贱的、恶劣的;理性从根本上、在本质上就是高贵的、高尚的。高贵的、高尚的应该统治和压迫下贱的、恶劣的,就好像在奴隶社会中,奴隶主应该统治和压迫奴隶。这是自然的规律。

康德从主观和客观的矛盾开始,照他所说的,主体必须通过它自己的形式和范畴,才能认识客体。主体所认识的只是加上它自己的形式和范畴的东西,那就不是事物的本身,只是现相,不是本相。即使人自己的精神世界,他所能认识的也是现相,因为他所认识的也是要通过他的主观形式和范畴。康德把主观和客观的矛盾讲清楚了,可是照他的讲法,这个矛盾比一般人了解得更尖锐。

照康德的说法,在主体和客体之间、现相和本相之间也有一道似乎是闪光的光亮。凭这个光亮人也可窥见本相的一斑。这个光

20世纪儒学研究大系

亮就是人的道德行为。照康德的说法，人的道德行为之所以是道德的，因为它代表一种具有普遍性的法律。这种法律是人为他自己制定的，它有超过主观界限的效力。所以在道德行为中人可以体会到上帝存在，灵魂不灭和意志自由。这些都是属于本相的。照逻辑的推论，应该说，在道德行为的积累中，人可能对于本相有完全的认识或经验。可是康德没有做这样的推论。他还是认为本相是个彼岸世界，人生是此岸世界，彼岸世界是此岸世界所可望而不可即的。

　　道学家从伦理的路子开始。道学家也不是完全不要本体论的路子。没有本体论的分析，共相和殊相的矛盾是不能搞清楚的。事实上朱熹就是中国哲学史中的一个最大的本体论者。不过他们并不停止在本体论的路子上，并不停留在对于共相与殊相的分析上。他们所要做的是要得到一个这些对立面的统一，并且找着一个得到这个统一的方法，这个方法就是道德行为的积累。就这个意义说，康德和道学家走的是一条路。但康德还没有说出道学家已经说出的话。

　　照道学家们所说的，共相与殊相之间，一般与特殊之间，殊相并不是共相的摹本，而是共相的实现。实现也许是不完全的，但是如果没有殊相，共相就简直不存在。在这一点上，道学的各派并不一致。朱熹自己的思想也不一致。不过我认为这应该是道学的正确的结论。

　　照道学家的说法，人性是善的。他们所谓人性，指的是人之所以异于禽兽者，并不等于人的本能。人性是一个逻辑的概念，不是一个生物学的概念。人性包括有人的本能，但并不就是人的本能。照这个意义说，只能说人性是善的，不能有别的说法。

　　就是人的感性的欲望，也不能说本质上就是恶的，像柏拉图所说的那样。这些欲望，来源于人的身体；身体是人的存在的物质基础。道学家们认为,这些欲望的本身并不是恶的;其是恶者是随着这个欲望而来的自私。对于行为判断的标准是,看一个人的行为是为己还是为他,如果是为己,它就是不道德的,或非道德的,如果是为他,它就是道德的。道学所说的"公私之分、义利之辨",就是指此而言。道德的行为,意味着自私的减少,道德行为的积累,意味着自私的减少。积累到一定的程度,量变成为质变,自私完全被战胜了。在质变中共相和殊相的统一就实现了。朱熹所说的"而一旦豁然贯通焉";禅宗所说的"顿悟",大概就是这里所说的质变。感性欲望并不是完全被废除,所废除的是跟着它们而来的自私。随着殊相与共相的统一,主观与客观统一也跟着来了,这种统一道学家称之为"同天人"、"合内外"。

道学家们认为仁是四德之首,并且包括其余三德。有仁德的人,称为仁人,为仁者。在仁者的精神的境界中,天地万物同为一体,全人类都是兄弟。

在中国文字中,"人"和"仁"这两个字的声音是一样的,在儒家的经典中,有的地方说"人者仁也",有的地方说"仁者人也"。这两个字可以互为定义。"人"的学问也可以说是"仁"的学问。谭嗣同称他的著作为《仁学》。这是很有道理的。

照道学说,得到了这种统一的人亦得到一种最高的幸福。这种幸福道学称为"至乐"。这种乐和身体感官的快乐,有本质的不同。它是一种精神的享受。人一生都在殊相的有限范围之内生活,一旦从这个范围解放出来,它就感到解放和自由的乐。这种解放自由,不是政治的,而是从"有限"中解放出来而体验到"无限",从时间中解放出来而体验到永恒。那是真正的幸福,也就是道学所说的"至乐"。

柏拉图有个比喻,说是一个人一生被监禁在一个洞穴之中,有一天他逃出了洞穴,才开始看见太阳的光辉和世界的宽阔,他的眼界和心胸于是就经验到一种前所未有的快乐。柏拉图用这个比喻以说明一个人初次认识理念世界的精神状态。道学家所说的最高的幸福大概也是这一类的。

这种最高幸福可以称为理智的幸福,因为它是人的理智活动的结果。它和由感官满足所得到的快乐有本质的不同。

要想得到这种理智的幸福,人并不需要做特别的事,他不需要成为和尚或尼姑,不需要离开社会和家庭,也不需要信仰和祈祷,他只需在日常的生活中积累道德行为,时常消除自私,这就够了。就是这样,"此岸"就成为"彼岸";"彼岸"就在"此岸"之中。

这就是道学对于人类理智发展和幸福提高的贡献。

一个道德的行为也是一个殊相,它不可避免地和一个人在当时所处的环境有联系,那个环境包括当时的社会制度和社会规范。道学家们生在封建主义社会,他们所说的道德行为,不可避免地和封建的社会制度、社会规范纠缠在一起。在道德行为中,这也是共相和殊相对立的问题。大公无私是道德行为的共相,它所纠缠的某种社会制度和规范是殊相。共相存在于殊相之中,所以这种纠缠是免不掉的。在这种纠缠之中,道德在过去为封建统治所利用,现在受反封建的革命所批判,这都是历史的辩证的发展的后果。但道学家们能指出道德行为的共相,说明了公私之分、义利之辨就是它的内容。在新的历史条件下,公私之分、义利之辨仍然是判断人的行为的最高标准,不管用什么名词把它说出来。

(本文选自《哲学研究》1983 年第 2 期)

"白鹿薪传一代宗,流行直到海之东。何期千载坛山月,也照匡庐洞里风。"《宋明道学通论》是冯友兰为夏威夷国际朱熹学会撰写的论文,刊于《哲学研究》1983 年第 2 期,是"修辞立其诚"之作，集中体现了冯氏晚年的儒学观与中国哲学及西方哲学精神的独特理解：文中通过道学与柏拉图、康德哲学的比较研究，揭示了中西哲人对共相与殊相、主体与客体、义与利、公与私等哲学范畴不同的理解，指出柏拉图哲学是本体论路子、康德哲学是认识论路子，而道学家则为伦理学路子。道学，西方称为新儒，实质是关于"人"的学问，也可以说是"仁"的学问，其要旨在于提升人的精神境界，对于人类理智发展和幸福提高作了独特的贡献。

朱熹与黑格尔太极说之比较观

贺　麟

　　朱子的太极统言之可以说只是一个理,但为方便起见分开来说,据我看来,他的太极实含有三种不同的意思:

　　第一,朱子的太极就是他"进学在致知"所得到的理,也就是他格物穷理,豁然贯通所悟到的理。这个太极就是"道理之极至",就是"总天地万物之理",也就是"两仪四象八卦之理,具于三者之先(即 transcendent 之意)而蕴于三者之内(即 immanent 之意)"的理。这个理就是朱子形而上学的本体(宋儒称为道体),就是最高范畴。所以朱子说:"太极本无此名,只是个表德。""表德"二字即含有范畴之意,或"表示本体的性质的名词"之意。这种的太极,最显著的特性,就只是一种极抽象,超时空,无血肉,无人格的理。这一点,黑格尔与朱子同。黑格尔的太极也是"一切我性,一切自然的共同根本共同泉源"。黑格尔的本体或太极,就是"绝对理念"(absolute Idee)。"绝对理念"有神思或神理之意,亦即万事万物的总则。宇宙间最高之合理性,在逻辑上为最高范畴,为一切判断的主词。其在形而上学的地位,其抽象,其无血肉,无人格与超时空的程度,与朱子的太极实相当。不过朱子有时认心与理一,有时又析心与理为二。有时理似在心之外,如"人心之灵莫不有知而天下之物莫不有理"等语的说法。有时理又似在心之内,如"心统性情"(性即理,情属气)及"所觉者心之理也"等处,因为朱子认为理无内外，故作此理似在心外，似在心内，似与心一，似与心二之语。而黑格尔则肯定的抱认识一元论，认心即理，理即心，心外无理。所以黑格尔的学说是绝对唯心论，而朱子则似唯心论又似唯实在论，似一元论又似二元论。这是朱、黑的不同之第一点〔不过朱派的嫡系如蔡九峰（沈），魏鹤山（了翁）等似纯趋一元的唯心论〕。黑格尔全系统的中坚是矛盾思辨法（dialectical method）。而朱子仅是用博学、审问、慎思、明辨的批导方法，再兼以"笃行"的道德修养，既不持矛盾的实在观或真理观，亦从来不用矛盾的辩难法以驳倒对方。这是朱、黑之第二大异点。

朱子的理老是被"气"纠缠着（朱子的气有自然或物质之意，西人之治朱学者大都译气为 matter 甚是），欲摆脱气而永摆脱不开，欲克制气又恐克制不了。既不能把理气合而为一，又不能把理气析而为二，所以真是困难极了。他真是费了九牛二虎之力好容易才得到下列几条结论：（一）虽在事实上"天下无无气之理亦无无理之气"，但就逻辑而论"理先于气"。（二）就形而上学而论"理形而上，气形而下"，"理一而气殊"，"理生物之本，气生物之具"。（三）就价值而论，理无形"故公而无不善"，气有清浊纯杂之殊，"故私而或不善"。根据这种的善恶来源说，于是成立他的第四条结论，就是"变化气质"，"去人欲存天理"的修养论。

黑格尔则认为太极的矛盾进展，经过正、反、合的三个历程，初为纯理或纯思（reine Idee），亦即黑格尔戏谓"上帝尚未创造世界以前的纯理世界"，此为逻辑所研究的对象。这就是老子"道先天地生"的意思，亦即朱子"但推上去时，却如理在先气在后相似"之意，不过黑格尔比朱子说得肯定些罢了。其次，太极堕入形气界就是自然。自然就是太极的外在存在（aussichsein），或太极的沉睡，或不自觉的理。换言之，自然、物质，或朱子所谓气，就是顽冥化的理智（versteinerte intelligenz）。再次，太极又进而为理与气合的精

20世纪儒学研究大系

神。所以黑格尔的太极经过三种矛盾步骤:(一)正,纯粹的理,有理无气,逻辑之所研究。(二)反,纯粹的气,为理之外在存在,或顽冥化,自然哲学之所研究。(三)合,精神,理气合一,精神哲学之所研究。精神的最高境界,就是自觉其与外界自然或形气世界为一。或征服外界使与己为一,而为自己发展或实现之工具。征服形气界之要道,在于了解外界并奋斗前进使不合理者皆合理,顽冥不灵者皆富有意义,使向之似在外者,均成为自己之一体。——此不过略述其大意。一见而可知朱子和黑格尔两家之气象大不相同。

第二,朱子的太极又是"涵养须用敬"所得来的一种内心境界。朱子前说释太极为理,大都用来解释周子的太极图说,建立他的宇宙观,而此说认太极为涵养而得之内心境界,则目的在作对人处事的安心立命之所。此说脱胎于李延平视喜怒哀乐未发气象之教,后来与湖南张南轩诸人讨论中和说,亦多所启发。论实际的影响,此说最大。朱门后学对此说最有发明的是魏鹤山(了翁)。即王阳明的良知与梁漱溟的锐敏直觉,也似与此说不无瓜葛。前说释太极为理有析心与理为二的趋势,此说释太极为内心修养,而得之心与理一,体用一源,动静合一的境界,则合心与理而为一了。我们且看朱子对于此种涵养而得的太极的说法:与张敬夫论中和第一书,其实是形容他所见得的太极云:"……退而验之日用之间,则凡感之而通,触之而觉,盖有浑然全体,应物而不穷者,是乃天命流行生生不息之机。虽一日之间,万起万灭,而其寂然之本体则未尝不寂然也。所谓未发,如是而已。"与张敬夫第二书修正前面对于太极的观念云:"今而后乃知浩浩大化之中,一家自有一个安宅,正是自家安身立命主宰知觉处,所以立大本行达道之枢要。所谓体用一源,显微无间,乃在于此。"与张敬夫第三书复修正前说云:"近复体察见得此理须以心为主而论之,则性情之德,中和之妙,皆有条而不紊。……盖心主乎一身,而无动静语默之间。……寂而常感,感而常寂,此心之所以周流贯彻而无一息之不仁也。"朱子所以如是改变,他对于中和(即内心境界的太极)的见解而认前两说为非是的缘故,盖因他徘徊于究竟心是太极,抑理或性是太极之间,他一方面想跟着周子解释宇宙,怀着太极是两仪四象八卦之理于心;他一方面又想注重内心的修养,紧记着张横渠"心统性情"之说,有认心为太极的趋向。所以他的前两书描写本体,似偏认太极是生生不息的天命或天理(第一书),和自家内心中主宰知觉的性或理。但是他立即翻悔,以为认玄学上的性或理为太极,于修养无从着力,乃恍然悟得"此理须以心为主"便纯采横渠"心统性情"之说了:于是接着第四书又悟心亦有其未发者在,更提出主敬以涵养未发的心。所以便自觉踌躇满志,另成立其涵养方面的太极观了。①

也许有人要问他几封与张敬夫谈中和的信,并未曾一提"太极"二字,何以我竟敢硬派为朱子的太极观呢?我的答复就是:"有诗为证。"原来李延平屡次教朱子"观喜怒哀乐未发气象",朱子虽深许延平"理一分殊"之说,但总觉得延平关于"未发"之说,说得不清楚,不十分理会。一直到他访延平于同安第三次时,方表敬服之意,拜之为师。及1163年,李延平死后朱子方省悟李说之重要,但深失悔已无法领教了。及1167年秋朱子与张敬夫在湖南见面,同住了两三月,又于冬天同游衡山,两人共同"绅绎遗经",特别讨论《中庸》,并细读周、程、张、邵诸子的书及语录,而且反复讨论的结果,才觉悟《中庸》所谓喜怒哀乐未发之中,发而中节之和,李延平生时谆谆教他观认的就是理,就是天命流行生生不息之机的性,也就是可以从内心体认的太极。当时他们两人欣喜满意极了。所以当这两位道学家在株州分别时,不自知觉地把讨论的心得,即所谓

---

① 以上论中和四书皆见《宋元学案》卷四十八。

20世纪儒学研究大系

新太极观,咏之于诗。张敬夫送朱子诗有"朱侯起南服,豪气盖九州。尽收湖海气,仰希洙泗游。不辞关山阻,为我弥月留。遗经得细绎,心事两绸缪,超然会太极,眼底无全牛"之句。张氏虽说超然会太极,也只是说出太极之超卓或崇高(sublimity),但究竟太极是怎样一回事,他也含糊说不清楚。朱子说话最爽直,而且所见得的太极似也比张氏精透些,所以他的答诗便明白形容太极道:"昔我抱冰炭,从君识乾坤。始知太极蕴,要眇难名论。谓有宁有迹,谓无复何存? 惟应酬酢处,特达见本根。万化自此流,千圣同兹源。旷然远莫御,惕若初不烦。云何学力微,未胜物欲昏! 涓涓始欲达,已被黄流吞。岂知一寸膠,救此千丈浑。勉哉共无斁,此语期相敦!"朱子此诗之形容太极,比南轩诗真是明晰显豁多了。但究竟太极是心吗? 抑是性呢? 朱诗仍含糊未说清楚。细审其语意,太极好像是指周子的"无极而太极"的理,又好像是指《中庸》所谓天命至善之性,又好像是指"人心惟危,道心惟微"的道心。朱子是个慎思明辨,凡是问题到手必须追根究底的人,岂肯得着这样一个混沌的太极观便甘休。所以他离开湖南后,复再四写信与南轩彻底追究太极的本性。初二书均认太极为性或理。第三书修改前说指明太极是统性情主一身而无动静语默之间的心。第四书犹嫌前说认心为己发,仅不过是玄学家以心为研究的对象的工夫,更进一步提出主敬以涵养未发之心,求达到深潜纯一之味与雍容深厚之风。这样一来,他真可谓握住太极,毫不放松,无怪乎黄勉斋要说:"道之正统在是矣"了。

从上面可以知道朱子为注重涵养起见,而归结到道德的唯心论。此后为提倡道德与涵养起见,他更竭力发挥他道德唯心论的系统。在观心说里,他大呼道:"夫心者人之所以主乎身者也。一而不二者也。为主而不为客者也。命物而不命于物者也。"于是乎格物穷理也不是穷究心外之理,而乃是"极乎心之所具之理"了。

心既然是太极,所以无所不备,但心之最主要的属性就是仁(仁就是"心之德、爱之理")。所以他说:"故语心之德,虽其总摄贯通,无所不备,然一言以蔽之曰仁而已矣。"又说道:"此心何心也,在天地则快然生物之心,在人则温然爱人利物之心,包四德而贯四端者也。"归结起来,他指出人生的"究竟法"或"安身立命"之所,在于"尽其心而可以知性知天,以其体之不蔽,而有以究夫理之自然也;存心而可以养性事天,以其体之不失,而有以顺夫理之自然也"。这样一来,朱子的太极便不徒是抽象空洞的理,而乃是内容丰富,无所不具,求知有所着手,涵养有所用力的心了。他所说的尽心以知性知天,以究夫理之自然,乃是一种求形而上真理的工夫,与斯宾诺莎之知天爱天有同等崇高的理想。他所说的存心以养性事天,以顺理之自然,乃是一种极高深的道德涵养或宗教的工夫,可以不放弃人伦庶物,不放弃真理的探求,而给人一种究竟法或安身立命之所。所以朱学一方面可满足科学上哲学上理智的欲望,一方面又可满足道德上,宗教上,艺术上情志的要求。我所谓朱学可满足艺术上的要求者,盖因宋儒根本认为文以载道,内而能见道,则流露于外便是文章礼乐。用新名词说,宋儒认为"艺术所以表现本体界(道或太极)之现象"(蔡孑民先生语)。试看宋儒之咏道体的诗及其洒脱自得的艺术化的生活,可见一般。当然个人对于道或太极的解释或界说不同,则发出来的艺术亦随之而异。朱学的根本精华在此,朱学之所以能抵制佛老另辟一种局面在此,朱学之所以引人入胜,在中国礼教方面与思想方面,维持六七百年以来的权威也在此。

　　总结起来,我上面已指明朱子的第一种太极观认太极为理,谈理附带谈理所凝聚的气。因此建筑他的宇宙观,中间经过一短时期,认太极为天命流行之机,或理之赋予人与物的性。朱子立即修正此说,而过渡到他认太极为心的根本学说。而这个具有太极资格的心,并不是泛泛的心,乃是主乎身,一而不二,为主而不为客,命物而不命于物的心,又是天地快然生物,圣人温然爱物的仁心,又是知性知天,养性事天的有存养的心。且看他形容此种心体的诗道:"半亩方塘一鉴开,天光云影共徘徊,问渠那得清如许,为有源头活水来。"

我们现在已明白看出朱子有所谓第二种太极观,认太极为心,或内心最高的境界。我现在要问的就是:既然据此说则朱子与黑格尔同有太极,同认太极为心,那么,黑格尔是否也有与朱子相似的太极观呢?这实很难说,我只好勉强答曰然,曰否。因为黑格尔与德国狂飙时代的浪漫主义者相同,认性非外铄,太极并非邈远不可企,即显现降衷于个人的内心生活里。又说太极之显现于吾心必是整个包涵万有的系统(朱子谓心一而不二,心之德无不备具)。又说:唯在哲人或思想家心中,或任何洞晓人生之至理者的心中,太极方可得最圆满之自觉。黑格尔又认为"内而能达天人合一的境界则流露于外,便是艺术,宗教或哲学"。我想凡此说法都与朱子有吻合处。不过朱子以为心能存养得仁,"则其发也,事物纠纷而品节不差"。较注重人事的活动与生活的艺术而已。至于黑格尔认绝对理念(Absolute Idee)或神思为一切物性之总思想,自决而不他依;又认"太极为一切判断之主词"(The subject of all judgements is the Absolute or Reality——布拉德雷语)亦与朱子"心也者为主而不为客者也,命物而不命于物者也"等语之意旨相似。不过黑说较注重知识的来源,而朱说则较重道德的自主罢了。

至于讲到主敬涵养,存心养性观喜怒哀乐未发气象一步工夫,黑格尔简直可以说是莫明其妙。他虽然观察别人的精神生活异常深刻精到,而他自己却甚缺乏内心经验。据鲁一士说黑格尔"个人本身实极少可以称道之处。喜争好辩,辞气粗率,……自始至终,他是一个善于自己打算,耐劳而有决心,严刻而寡恩情的人。能尽职守,能睦室家,忠于雇主,而刻于敌人"。固然,鲁一士有故意与黑格尔开玩笑之处,特地把他写坏些,但足以见黑格尔对于朱子所谓"涵养工夫"实不大讲究,而朱子所谓"急迫浮露,无复雍容深厚之风",虽系自道其短处,但亦未始不中黑格尔的弊病。黑格尔学说之易招致反响,也许与此不无关系。

黑格尔还有一点与朱子不同。朱子的"心"虽说是无不备具,其实只是装些四德四端的道德名词,且特别提出仁为心之德。因此认宗教,艺术,玄学,政治,皆为道德的附庸品,好像只要一个人道德一好,有了涵养,他便万知万能,而黑格尔却只认道德为社会意识,而非绝对意识。在道德中善恶是相对的,唯超善恶之宗教,艺术,玄学方算绝对意识。朱子的太极是纯粹蔼然爱人利物的仁心,而黑格尔便有些怀疑这种纯滢的绝对的善,所以他的太极是恶被宽恕或恶被征服后的心境。换言之,黑格尔的太极是向外征服恶魔的战士,而朱子的仁心是向内克治情欲的警察(朱子有"中原之戎寇易逐,而自己之私欲难除"语)。朱子认包四德而贯四端的仁心为一切的根本。而黑格尔只认政治为道德之用,道德为政治之体,宗教为道德之归宿,道德为宗教之阶梯。所以黑格尔说:"道德生活乃政治的心髓或实质,政治乃道德生活的组织与实现,而宗教又是政治与道德生活的根本。是以政治基于道德,道德本于宗教。"① 所以黑格尔认道德为相对,认太极是超善恶的绝对意识之说,朱子也许要斥为异端。

朱子与黑格尔还有一最大区别,就是朱子认太极为个人由涵养而得的当下的内心境界;而黑格尔是个理想主义者,他有时称尚未实现的社会理想,或时代精神(Zeitgeist oder Weltgeist)为太极

---

① 黑格尔《精神哲学》,瓦拉士英文本,第282页,拉松德文本,第464页。

的下凡或轮回投生。在历史上他认为野蛮人之自相残杀,封建时之奴隶制度,斯多葛之节欲顺理,法国革命之争自由平等,和日耳曼民族之忠爱国家都是绝对精神或太极的次第表现。世界历史就是这太极自己表现,自求解放发展的历程。而他归结到人生理想在于"在一个自由民族,一个有组织的社会的总意识里,寻着我们的真职责和真自我表现。足以代表全国民的真生命的国家,就是每一个忠实公民的客体自我。所以国家就是个人的真正自我,也可以分配各个人应有的职责,指定各个人相当的职业,赋予各人的德行以意义和价值,充满各个人心坎以爱国热忱,并且保持各个人生活的安全与满足"。黑格尔在西洋实际影响之大几全在他注重于太极之表现于社会理想,而朱学在中国影响之大乃在其注重自个人内心涵养而得之太极。所以朱子有"一物一太极"之说,几似莱布尼茨之单元的个体主义;而黑格尔太极只能承认凡物皆太极的表现,而不承认一物一太极的说法了。所以朱子和黑格尔虽都可以说是东西谈太极的大师,但至此不能不分道扬镳了。假如,朱子与黑格尔会面的话,两人辩论的激烈,恐怕比他与陆象山在鹅湖馆的争执还会更厉害呢!

　　以上解释朱子的第二种太极观并与黑格尔的比较,所占篇幅特别多,因为在两家学说的地位特别重要。此外朱子还有第三种的太极观。此种太极观虽直接与他的形而上学系统无关,但一样值得我们讨论。大凡哲学家用纯理求出他形而上学的道体后,他总免不了把他的道体具体化,以求应用于人生实际方面。譬如黑格尔逻辑学中的太极是抽象的,是无人格的,是超时空的;但他的精神哲学,历史哲学及宗教哲学上的太极,就多少被他具体化,而具有几分人格,而且在时间上有盛衰消长之可言了。又譬如《易经》上所说的天或天道,乃是一无人格的理(宋儒天即理也之说自此出),但孔子在《论语》上所说的天,如"天厌之","天之未丧斯文也"，"天丧予"！等均应用于人生及感情方面的天，故是被他具体化为有意志，有人格的天了。至关于朱子的太极是否被他具体化为有人格有意志的存在，我们现在姑且不论。我现在要指出的朱子的第三种太极观，就是朱子于其诗歌中不知不觉地把他的太极具体化作一种神仙境界，此实具体化道体之一种刷新办法，故值得我们大书特书。他与袁机仲的诗有云：

"武夷连日听奇语，令我两腋风泠然。初如茫茫出太极，稍似冉冉随群仙。"

读者一看就知道此处的太极，既非统天地万物之理的抽象太极，亦非同张南轩所超然会着的太极，因为那是得仁见道的滢洁的心境，决不会"茫茫"；而乃是一种被他具体化了的太极，被他用诗人的想象活用，而他可以飞进飞出的太极。这种太极乃是一种想象中的仙家境界或蓬莱宫阙。此四句诗的大意是说，连日在武夷山听袁机仲谈奇妙的形而上道理，致令他觉得遗世俗超形骸，如列子之泠然御风而行。起初好像是茫茫然自蓬莱宫中飞出（出太极），一会儿又好像是随群仙逍遥遨游于天空之中。就无须我加这种笨拙的解释，原诗意思亦甚明了。我们须得知道的就是，朱子的太极是可以活用的。我想他一定还有别的活用太极的地方，不过他不肯形诸言诠罢了。虽然我只搜得这一条孤例（也许还可寻得出别的），但亦足见朱子活用太极之一般了。（见附释）

至于黑格尔之活用太极，具体化太极，尤其厉害。他虽很少做诗，但他的《精神现象学》书中富于诗意之处极多。据鲁一士说，若不是因为书中的奇奥的玄学名词太多，此书在德国浪漫文学史上要占位置的。黑格尔因为不像朱子有道家的思想作背境，可以把太极想象化成蓬莱宫阙或蓬莱仙子。但他最好的办法是把他的太极人格化成德国神话中的神仙或耶稣教的有人格的上帝。所以他的太极或世界精神（Weltgeist）之在人世，就好像德国神话中的浪游仙武丹(Wotan)一样,历山川之迁变,经人事之沧桑,漫游历史,从古至今,以至无穷。有时黑格尔又把他的太极人化成战将式或霸王式的上帝。他心目中所有的霸王或战将是谁? 当然就是他1806年在耶拿时所亲眼看过的"马背上的世界灵魂"拿破仑了。所以鲁一士再三说:"黑格尔的太极或上帝乃毫无疑义的是个战将。……而绝对自我(即太极)是那绝对强壮的精神,能耐得住人生一切的冲突,而获永久的胜利。"又说:"我可以重言申明黑格尔的太极是一个战将。万古以来所有人类精神生活的精血,全都在他身上;他走到我们面前已是鲜血淋漓,伤痕遍体,但是凯旋而来。简言之,黑格尔的太极,是征服一切矛盾冲突的天理,是精神生活的全部,是人类忠义之所贯注,坚忍之所表现,情感之所结晶,心神之所体会的对象。"

朱子的太极是仙佛境界,黑格尔的太极是霸王威风。朱子的太极是光风霁月,黑格尔的太极是洪水猛兽。朱子是代表东方文化的玄学精,黑格尔是代表西方精神的玄学鬼。今年(1930年)旧历九月十五日是朱子生后八百年纪念,明年(1931年)11月14日是黑格尔死后百年纪念。我们把这两位谈太极的大师请出来对勘比较,也许于了解两家思想不无小补。

(1930年为纪念朱熹诞生八百年而作,发表于当时天津《大公报》的"文学副刊")

附释:近来查出朱熹诗集① 中,有不少活用"无极"一概念之处:如(1)有"不遇无极翁,深衷竟谁识!"的诗句,这表明对新创"无

---

① 见《朱文公文集》,四部丛刊本,第一至第三卷。

极而太极"哲学原理的周敦颐,特把他尊崇为"无极翁"。(2)"珍重无极翁,为我重指掌","无极"本是抽象概念,在这两处朱熹都因情感上崇敬"无极而太极"之理,于是以诗人的想象,把它人格化为"无极翁"。(3)此外朱熹还有一首诗,题为《作室为焚修之所》,焚指焚香默坐,修是修玄虚之道、诵幽玄之道经。因这期间他还写有"读道书六首"、"诵经"、"宿武夷山观妙堂二首"以及许多"恋仙境"、"绝尘缘"之类的诗句。由于这首诗对无极一词的用法很特殊,文字较晦涩,而透露的情思意境又较真切,故多解释几句。"归命仰璇极,寥阳太帝居。……愿倾无极光,回驾俯尘区。"首句意谓仰望玉宇式的太极(璇极作玉宇,玉宫解,即形象化了的太极,归命即性命的归宿)为自己性命的归宿。次句意谓寥阔昭朗的(寥阳)太帝居,为天帝(惟皇上帝)所居住的宫阙。三四句意谓甚愿倾注无极(无限)的光明,使自己可以回驾俯瞰下界的尘埃区域。——写这些诗时朱熹不过三十多岁,正是出入于佛老,但偏重道家的时候。同时,我感到,我国哲学家多半都能作诗,如果从表现形象思维的诗歌里去理解他们的思想感情,也是可行之路。

(选自贺麟著《黑格尔哲学讲演集》,上海人民出版社 1986 年 7 月版。原载《大公报·文学副刊》第 149 期,1930 年)

　　贺麟(1902—1992),字自昭,四川金堂人,著名哲学家、哲学史家、教育家。自幼深受儒家熏陶,受梁启超、吴宓影响,致力于中西哲学思想的研习,留学美国哈佛大学与德国柏林大学,精读西方哲学,摄纳真知,于中西哲学会通之处,深造自得,撷英咀华,探求儒家哲学与西方哲学的新路径,以儒化或华化西洋文化为职志,谋儒家思想的开展,贯通新黑格尔主义与陆王心学,创立新心学。曾任清华大学、北京大学的教授、中国社会科学院哲学研究所一级研究员,晚年归宗马克思主义,治学重点转向西方哲学的研究;论著宏富,代表作有《近代唯心论简释》、《五十年来的中国哲学》、《文化与人生》、《哲学与哲学史论文集》、《黑格尔哲学讲演集》、《现代西方哲学讲演集》、《知难行易说与知行合一说》等。

选文是贺麟青年时代留学美国的作品,撰写此文的用意在纪念朱熹(1130—1200)诞生八百周年和黑格尔逝世(1770—1831)一百周年,是他对中西哲学大师的思想作比较研究的开端。文章认为黑格尔的学说是绝对唯心论,而朱子则似唯心论又似唯实在论,似一元论又似二元论。黑格尔全系统的中坚是矛盾思辨法,而朱子仅是用博学、审问、慎思、明辨的批导方法,再兼以"笃行"的道德修养。因为哲学的进路与方法的不同,朱熹与黑格尔的太极说也各有特色。他认为朱熹的太极是纯粹蔼然爱人利物的仁心,而黑格尔的太极是恶被宽恕或被征服后的心境;黑格尔的太极是向外征服恶魔的战士,而朱子的仁心是向内克治情欲的警察;黑格尔是个理想主义者,有时称尚未实现的社会理想或时代精神为太极的下凡,而朱子则认为太极为个人由涵养而得的当下的内心境界;朱子的太极是仙佛境界,黑格尔的太极是霸王威风;朱子太极是光风霁月,黑格尔的太极是洪水猛兽,各自体现了不同的文化精神。

中国哲学

金岳霖

一

在三大哲学思想主流中，人们曾经认为印度哲学是"来世"的，希腊哲学是"出世"的，而中国哲学则是"入世"的。哲学从来没有干脆入世的；说它入世，不过是意图以漫画的笔法突出它的某些特点而已。在懂点中国哲学的人看来，"入世"的说法仅仅是强调中国哲学与印度、希腊的各派思想相比有某些特点；但是对于那些不懂中国哲学的人，这个词却容易引起很大的误解。它的本意大概是说，中国哲学是紧扣主题的核心的，从来不被一些思维的手段推上系统思辨的眩目云霄，或者推入精心雕琢的迷宫深处。正像工业文明以机器为动力一样，哲学是由理智推动的，这理智不管是否把我们赶进死胡同，总可以把我们引得远离阳关大道、一马平川。而在理智方面，中国哲学向来是通达的。

人们习惯于认为中国哲学包括儒、释、道三家。这三家在单提的时候又往往被说成宗教。在早期，儒家和道家本是地道的哲学，因此是先秦百家争鸣的两家，那个时期的学派纷纭是中国历史上无与伦比的。由于词语未尽恰当，我们不打算对此作任何描述。把一些熟知的哲学用语加之于西方哲学足以引起误会，用于中国哲学则更加不妙。例如有人可以说先秦有逻辑家，这样说就会引

20世纪儒学研究大系

得读者以为那时有一些人在盘算三段推论,研究思维律,甚至进行换质换位了。最近有一篇文章把阴阳家说成科学的先驱,这也不是全无道理,于是这样一来阴阳家就成了某种严格说来从未实现的事业的先驱;读者如果根据描述把阴阳家想象成古代的刻卜勒或伽利略,那是接受了一批思想家的歪曲观点。

儒家和道家是中国固有的,是地道的国货。释家则是从印度传入的,不知能不能算中国哲学家。传入外国哲学与进口外国商品不完全一样。例如在上个世纪,英国人曾经惊呼德国唯心论侵入英国,他们说"莱茵河流进了泰晤士河"。但是英国人尽管惶恐,他们的泰晤士河并没有就此变成一条莱茵河;英国的黑格尔主义虽然承认来自外国,是外国引起的,却分明是英国哲学,尽管它的英国色彩不像洛克哲学和休谟哲学那样鲜明。释家在中国,无论如何在早期是受到中国思想影响的,实际上有一段时间披上了道家的法衣,道家可以说成了传播佛法的主要代理人。但是释家有一种倔强性格抵制了道家的操纵,因此它虽然在某种程度上变成了中国哲学,在基本特色方面却不是与固有中国哲学没有区别的。

下面几节要挑出几个特点来讨论。我们尽可能不用固有名词,不用专门术语,不谈细节。

二

中国哲学的特点之一,是那种可以称为逻辑和认识论的意识不发达。这个说法的确很常见,常见到被认为是指中国哲学不合逻辑,中国哲学不以认识为基础。显然中国哲学不是这样。我们并不需要意识到生物学才具有生物性,意识到物理学才具有物理性。中国哲学家没有发达的逻辑意识,也能轻易自如地安排得合乎逻辑;他们的哲学虽然缺少发达的逻辑意识,也能建立在已往取得的认识上。意识到逻辑和认识论，就是意识到思维的手段。中国哲学家没有一种发达的认识论意识和逻辑意识，所以在表达思想时显得芜杂不连贯，这种情况会使习惯于系统思维的人得到一种哲学上料想不到的不确定感，也可能给研究中国思想的人泼上一瓢冷水。

这种意识并不是没有。受到某种有关的刺激，就不可避免地要发生这种意识，提出一些说法很容易被没有耐性的思想家斥为诡辩。这类所谓诡辩背后的实质，其实不过是一种思想大转变，从最终实在的问题转变到语言、思想、观念的问题，大概是领悟到了不碰后者就无法解决前者。这样一种大转变发生在先秦，那时有一批思想家开始主张分别共相与殊相，认为名言有相对性，把坚与白分离开，提出有限者无限可分和飞矢不动的学说；这些思辨显然与那个动乱时代的种种问题有比较直接的关系。研究哲学的人当然会想到希腊哲学中的类似情况。从这类来自理性本身的类似学说中，可见他们已经获得了西方哲学中那种理智的精细；凭着这些学说，哲学在某种意义上变成了锻炼精神的活动。然而这种趋向在中国是短命的；一开始虽然美妙，毕竟过早地夭折了。逻辑、认识论的意识仍然不发达，几乎一直到现在。

其所以如此，可以举出一大堆原因；但是不管出于什么原因，哲学和科学受到的影响确实是深远的。科学在西方与希腊思想有紧密联系。虽然不能把前者看成后者的直接产物，却可以说前者的发达有一部分要归功于希腊思想中的某些倾向。实验技术是欧洲文化史上比较晚起的，尽管对科学极为重要，却不是产生科学的唯一必要条件。同样需要的是某些思维工具；人们实际提供的这类工具，很可以称为思维的数学模式。微积分的出现是对科学的一大促进，这表明处理数据的手段同通过观察实验收集数据同等重要。欧洲人长期用惯的那些思维模式是希腊人的。希腊文化是

20世纪儒学研究大系

十足的理智文化;这种文化的理智特色表现为发展各种观念,把这些观念冷漠无情地搬到种种崇高伟大的事情上去,或者搬到荒诞不经的事情上去。归谬法本身就是一种理智手段。这条原理推动了逻辑的早期发展,一方面给早期的科学提供了工具,另一方面使希腊哲学得到了那种使后世思想家羡慕不已的惊人明确。如果说这种逻辑、认识论意识的发达是科学在欧洲出现的一部分原因,那末这种意识不发达也就该是科学在中国不出现的一部分原因。

中国哲学受到的这种影响同样是深远的。中国哲学没有打扮出理智的款式,也没有受到这种款式的累赘和闷气。这并不是说中国哲学土气。比庄子哲学更土气的哲学是几乎没有的。然而约翰·密德尔敦·墨雷(John middleton murray)曾说过,柏拉图是个好诗人,黑格尔则是个坏诗人。根据这个说法,也许应该把庄子看成大诗人甚于大哲学家。他的哲学用诗意盎然的散文写出,充满赏心悦目的寓言,颂扬一种崇高的人生理想,与任何西方哲学不相上下。其异想天开烘托出豪放,一语道破却不是武断,生机勃勃而又顺理成章,使人读起来既要用感情,又要用理智。可是,在惯用几何模式从事哲学思考的人看来,即便在庄子哲学里,也是既有理智的寒光,而又缺少连贯。这位思想家虽然不能不使用演绎和推理,却无意于把观念编织成严密的模式。所以,他那里并没有训练有素的心灵高度欣赏的那种系统完备性。

然而,安排得系统完备的观念,往往是我们要末加以接受,要末加以抛弃的那一类。作者不免要对这些观念考察一番。我们不能用折衷的态度去看待它们,否则就要破坏它们的模式。这里也和别处一样,利和害都不是集中在哪一边。也许像常说的那样,世人永远会划分成柏拉图派和亚里士多德派,而且分法很多。可是撇开其他理由不说,单就亚里士多德条理分明这一点,尽管亚里士多德派不乐意,亚里士多德的寿命也要比柏拉图短得多,因为观念越是分明,就越不能具有暗示性。中国哲学非常简洁,很不分明,观念彼此联结,因此它的暗示性几乎无边无涯。结果是千百年来人们不断地加以注解,加以诠释。很多独创的思想,为了掩饰,披上古代哲学的外衣;这些古代哲学是从来没有被击破,由于外观奇特,也从来没有得到全盘接受的。中国历史上各个时期数不清的新儒家、新道家,不论是不是独创冲动的复萌,却决不是那独创思想的再版。实际上并不缺乏独创精神,只是从表面看来,缺少一种可以称为思想自由冒险的活动。我们在这里谈的并不是中国哲学长期故步自封的实际原因。早在某些哲学蒙上宗教偏见之前,用现存哲学掩饰独创思想的倾向已经很显著了。不管出于什么现实的原因,这样的中国哲学是特别适宜于独创的思想家加以利用的,因为它可以毫不费力地把独创的思想纳入它的框子。

三

多数熟悉中国哲学的人大概会挑出"天人合一"来当作中国哲学最突出的特点。"天"这个词是扑朔迷离的,你越是抓紧它,它越会从指缝里滑掉。这个词在日常生活中用得最多的通常意义,并不适于代表中国的"天"字。如果我们把"天"了解为"自然"和"自然的神",有时强调前者,有时强调后者,那就有点抓住这个中国字了。这"天人合一"说确是一种无所不包的学说;最高、最广意义的"天人合一",就是主体融入客体,或者客体融入主体,坚持根本同一,泯除一切显著差别,从而达到个人与宇宙不二的状态。恰当地表达这个观念需要用一整套专门术语,本文不打算一一介绍。我们仅限于谈谈它的现实影响。如果比较满意地达到了这个理想,那就不会把自己和别人强行分开,也不会给人的事情和天的事情划下鸿沟。中国哲学和民间思想对待通常意义的天,基本态度与

20世纪儒学研究大系

西方迥然不同：天是不能抵制、不能反抗、不能征服的。

　　西方有一种征服自然的强烈愿望。人们尽管把人性看成"卑鄙、残忍、低贱的"，或者把人看成森林中天使般的赤子，却似乎总在对自然作战，主张人有权支配整个自然界。这种态度的结果，一方面是人类中心论，另一方面是自然顺从论。这对科学的影响是巨大的。促进科学的因素之一，是获得征服自然所需要的力量。没有适当的自然知识，就不能征服自然。只有认识自然规律，从而利用自然，人才能使自然顺从。一切工程奇迹，一切医药成就，实际上，全部现代工业文明，包括功罪参半的军事装备，至少在某种意义上都可以看成用自然手段征服自然以达到人类愿望的实例。从自然与人类隔离的观点，产生的结果是清楚的——胜利终归属于人类；但是从人类有自己的自然天性、因而也有随之而来的相互调节问题这个观点，产生的结果就不那么清楚——甚至可以变成胜利者也是被征服者。

　　自然与人分离的看法带来了西方哲学中彰明昭著的人类中心论。说人是万物的尺度，说一物的本质即是其被感知，或者说理解造成自然，人们就以为自然并非一成不变。在哲学语言中，"自然"概念包含一种可以构造的意思，心智是在其中自由驰骋的；在日常生活语言中，人类所享有或者意图享有的自然，是可以操纵的。我们在这里说的并不是唯心论或实在论，那毕竟是意识的构造物。我们是说中国和西方的态度不同，西方认为世界当然一分为二，分成自然和人，中国则力图使人摆脱物性。当然，中国的不同学派以不同的方式解释自然，给予自然不同程度的重要性；同一学派的不同思想家，同一思想家在不同时期，也可以对自然有不同的理解。可是尽管理解不同，都不把人与自然分割开来，对立起来。

　　到此为止，我们仅仅接触到了人性。西方对自然的片面征服似乎让人性比以往更加专断，带来更大的危险。设法使科学和工业人化,是设法调和人性,使科学和工业的成果不致成为制造残忍、屠杀和毁灭一切的工具。要保存文明,就必须设法控制个人,控制社会,而唤醒人们设法这样做的则是一些思想家。我们应当小心谨慎,不能随便提征服。在一种意义上,而且在一种重要的意义上,人的天性和非人的天性是从来没有被征服过的。自然规律从来没有为了人的利益、顺从人的意志而失效或暂停;我们所做的只是安排一个局面,让某些自然规律对另一些自然规律起抵制作用,俾使人的愿望有时得以实现。如果我们想用堵塞的办法来征服自然,自然就会重重地报复我们;不久就会在这里那里出现裂缝,然后洪水滔天,山崩地裂。人的本性也是一样。例如原罪说就会造成颓废心理,使人们丧失尊严,或者造成愤怒的躁发,使人们成为破坏分子和反社会分子。

　　哲学或宗教给人一种内在的约束,法律给人一种外在的约束,这类约束是任何社会都需要的,也都为中国哲学所承认,但是这并非鼓吹取消各种原始本能的作用。这样就产生了一种情况,由于缺乏恰当的词语,可以姑且把它描述为自然的合乎自然,或者满意的心满意足。我们的意思并不是用这样的词语暗示说,残酷、野蛮的事例在中国历史上比任何其他民族少;杀人如麻、嗜血成性、为所欲为的事情在中国历史上跟别处一样俯拾皆是。我们的意思是说,王尔德(Oscar Wilde)看到的那种不合自然,在维多利亚时代合乎自然的生活里是没有的。中国人可以有些话反对不合自然,但是并不吹捧自然的生活,似乎非常满意于自己的心满意足。在现代,我们大概惯于认为心满意足就是停滞不前、精神松懈、苟且偷安。这种现代观点本质上是鼓励向自己造反,其副产品是心理受折磨,再也不能保持生活上平安宁静。这个观点是与我们在这里试加描述的观点背道而驰的。中国人满意于自己的心满意足,表现出一种态度,认为对于他自己来说,每一件事都是给定的,因而都是要接受的;借用布拉德雷(F. R. Bradley)一句名言来说,就是人人各有其"位分和生活",其中有他自己的自然尊严。儒家虽然认为人人都可以成为圣贤,但是做不到也并不形成心理负担。既然见到人各有其位分和生活,一个人就不仅对自然安于一,而且对社会安于一了。

四

个人不能离开社会而生活,这是不言而喻的。希腊哲学和中国哲学都体现了这个观点。从苏格拉底到亚里士多德,无不特别强调良好政治生活的重要性。这些学者既是政治思想家,也是哲学家。他们的基本观念看来是认为个人要得到最充分即最"自然"的发展,只能通过公道的政治社会为媒介。哲学涉及生活之紧密有如文学,也许比很多其他学科更为紧密。那些生来就研究哲学的人,以及那些由于自由受到政治侵犯或社会侵犯而投身于哲学的人,都不能不把上述真理当作自己的前提之一,或者积极原则之一。人们企图提供现今所谓的人生观,企图理解人生,给人生以意义,过良好的生活,这是研究哲学的动力,比大家重视的纯粹理智更原始的动因。由于人们要过良好的生活,所以生活与政治相联结这条原则把哲学直接引到政治思想,哲学家直接或间接地与政治发生联系,关心政治。

这个传统在西方没有完全贯彻,中断的原因之一将是下节讨论的主题。然而它在中国几乎一直保持到今天。中国哲学毫无例外地同时也就是政治思想。有人会说道家不是这样,可是说这话就像说鼓吹经济放任的人并非鼓吹一种经济政策,并非陈述经济思想。尽管无政府有时是指不要政府而言,无政府主义毕竟还是政治思想。在政治思想方面,可以说道家所鼓吹的同儒家相比是消极的。它认为儒家鼓吹的那类政治准则是人为的,只会制造问题而不解决问题。这种消极学说自有其积极基础。道家的政治思想是平等和自由，甚至可以说都推到了极端。它把一切皆相对的学说搬到政治领域，根本反对硬扣标准，而政治准则就是以某种方式硬扣标准。标准可以有，却不必硬扣标准，因为事物的本性中本来就有不可改变的标准，根本不必硬扣，需要硬扣的标准必定与引起硬扣的情况格格不入。道家的政治思想是政治上自由放任，它的消极意义仅仅在于谴责政治上过分硬扣的做法，并不在于不采纳任何政治目标，道家和儒家一样有自己的政治理想。我们可以把那种理想描述为可以在卢梭的自然状态中达到的自由平等境界，再加上欧洲人那种自然而然的不屈不挠的精神。

与道家相比，儒家在政治思想方面要积极得多。孔子本人就既是哲学家又是政治家。他十分明智地不当独创的思想家，宣称自己只是宪章文武，祖述先王之道。他在有意无意之间，成功地使自己的创造性思想带上了继承传统的客观意义。他是可以把自己描述成新儒家的，因为他使自己的思想不带个人性质，也就成功地使它成为独一无二的中国思想。在政治上不出现倒退的时候，它大概能够引导中国思想沿着它的轨道前进，在政治上出现倒退的时候，它也很容易把后来的思想捏进它的模式。那模式就是哲学和政治思想交织成一个有机整体，使哲学和伦理不可分，人与他的位分和生活合而为一。"天人合一"也是伦理与政治合一，个人与社会合一。

哲学和政治思想可以有多种多样的联系。人们可建立一个形而上学体系，再从其中推出若干有关政治的原则，也可以投身政治，喜爱一种与他的哲学并无系统联系的政治思想。政治思想可以与某种哲学体系有内在联系，与这位哲学家有外在联系，或者与某位哲学家有内在联系，而与他的哲学有外在联系。这两类情况都会颠倒错乱，不是哲学在政治上失势，就是政治思想失去哲学基础。例如英国的黑格尔主义提供了一种政治思想，与这种哲学体

20世纪儒学研究大系

系有内在联系,但是与那些哲学家们的联系非常外在,以致这一体系和这些哲学家都不能说对英国政治发生了什么影响,只有格林(T. H. Green)除外。

儒家政治思想与哲学家及其哲学都有内在联系。儒家讲内圣外王,认为内的圣智可以外在化成为开明的治国安邦之术,所以每一位哲学家都认为自己是潜在的政治家。一个人的哲学理想,是在经国济世中得到充分实现的。由于儒家思想在中国成了不成文的宪法,国家的治理多半用柔和的社会制约,而不大用硬性的法纪;在这样的国家里,杰出的哲学家和大师的地位即便不高于在野的政治家,至少与在野的政治家相等,同法治国家的杰出律师一样。一位杰出的儒家哲人,即便不在生前,至少在他死后,是一种无冕之王,或者是一位无任所大臣,因为是他陶铸了时代精神,使社会生活在不同程度上得到维系。因此人们有时说中国哲学家改变了一国的风尚,因此中国哲学和政治思想意味深长地结成了一个单一的有机模式。

五

哲学和政治的统一,总是部分地体现在哲学家身上。中国哲学家到目前为止,与当代的西方哲学家大异其趣。他们属于苏格拉底、柏拉图那一类。在英国,桑塔雅拿(Govbge Santayana)在他那本《独白》里大声疾呼,而不只是发表一般声明,说他是现代苏格拉底。在当代的哲学家中,确实可以说数他发挥了超过学术意义的文化影响,他钻研了并且越出了学术性的哲学,踏进了人文学的领域。可是老实说,现代苏格拉底是再也不会有的,连现代亚里士多德都出不了。从斯宾塞(Hevbert Spencer)起,我们已经意识到应该明智一点,不必野心勃勃地要求某一位学者独立统一不同的知识部门。每个知识部门都取得了很多专门成就,要我们这些庸才全部掌握是几乎不可能的。可惜苏格拉底式的人物已经一去不复返。一部现代百科全书可以使知识得到某种统一,有利于进一步提高知识。可是通过现在的分工办法,可以把知识一口一口咬下,加以改进,加以提高,丧失这样一种统一也不一定是憾事。在某种意义上,苏格拉底式人物一去不复返则是更加值得惋惜的。

现代人的求知不仅有分工,还有一种训练有素的超脱法或外化法。现代研究工作的基本信条之一,就是要研究者超脱他的研究对象。要做到这一点,只有培养他对于客观真理的感情,使这种感情盖过他可能发生的其他有关研究的感情。人显然不能摆脱自己的感情,连科学家也很难办到,但是他如果经过训练,学会让自己对于客观真理的感情盖过研究中的其他感情,那就已经获得科学研究所需要的那种超脱法了。这样做,哲学家就或多或少超脱了自己的哲学。他推理、论证,但是并不传道。除了分工以外,这种超脱的倾向使他成为超脱的逻辑家,超脱的认识论者,或者超脱的形而上学家。往日的哲学家从来不是专职的。职业哲学家的出现可以对哲学有些好处,但是对哲学家似乎也有所损伤。他懂哲学,却不用哲学。

采用这种做法之后,哲学当然也有所得。我们对每个哲学部门的问题比以前知道得多了。虽然还不能把哲学家的个性与他的哲学完全拆开,毕竟为客观性打下了一个基础,使哲学比以前更能接受积累。其所以在这一方面有所进步,是由于表达工具有了改进,思路得以分明的技术发达了,这是不容忽视的。任何一个人,可以仍然有权采取任何适合于他的禀性的哲学,却不能随心所欲地表达他的思想。有所得的还不限于哲学,哲学家也得到了一种超脱的理想。我们可以把这超脱描述为一种美妙的怀疑主义,在这种怀疑主义里,可以说希腊的明朗渗透进了希伯来的美妙,希伯来的美妙软化了希腊的明朗。有幸接近这种理想的人会妙趣横生,怀疑主义并不使他尖酸刻薄,美妙也不使他冒冒失失地勇往直前。他不会是个好斗士,因此可以失掉人们瞩望于他的社会作用;他有鉴于好斗士可以办坏事,就只好既消极又积极。理想是很难达到的。哲学一超脱,就成了一条迂回曲折的崎岖道路,布满技术性的问题,掌握它需要时间,需要训练,需要学究式的专一,在全部掌握之前往往会迷失方向,或者半途而废。一个人即便取得了某种程度的成就,也不能成其为现代苏格拉底。

　　中国哲学家都是不同程度的苏格拉底式人物。其所以如此,是因为伦理、政治、反思和认识集于哲学家一身,在他那里知识和美德是不可分的一体。他的哲学要求他身体力行,他本人是实行他的哲学的工具。按照自己的哲学信念生活,是他的哲学的一部分。他的事业就是继续不断地把自己修养到进于无我的纯净境界,从而与宇宙合而为一。这个修养过程显然是不能中断的,因为一中断就意味着自我抬头,失掉宇宙。因此,在认识上,他永远在探索;在意愿上,则永远在行动或者试图行动。这两方面是不能分开的,所以在他身上你可以综合起来看到那本来意义的"哲学家"。他同苏格拉底一样,跟他的哲学不讲办公时间。他也不是一个深居简出、端坐在生活以外的哲学家。在他那里,哲学从来不单是一个提供人们理解的观念模式,它同时是哲学家内心中的一个信条体系,在极端情况下,甚至可以说就是他的自传。我们说的并不是哲学家的才具——他可以是第二流哲学家,也可以具备他那种哲学的品质——,那是说不准的;我们说的是哲学家与他的哲学合一。哲学家与哲学分离已经改变了哲学的价值,使世界失去了绚丽的色彩。(钱耕森译　王太庆校)

(《Chinese Philosophy》写于 1943 年,首次刊于
1980 年《Social Sciencein China》(《中国社会科
学》),中文发表于1985年第九期《哲学研究》)

金岳霖(1895—1984),字龙荪,湖南长沙人,青年时代留
学美国,游学英、德、法、意等国,1925 年回国,先后任清华大
学、北京大学、西南联合大学哲学系主任、教授、文学院院长、
中国科学院哲学社会科学部学部委员、哲学研究所副所长、中
国逻辑学会会长等,是中国现代著名的哲学家、逻辑学家、教
育家;著有《州长的财政权》、《T.H.格林的政治学说》、《冯友
兰〈中国哲学史〉审查报告》、《逻辑》、《论道》、《知识论》等,被
哲学界誉为中国新实在论学派的"首领"、现代新理学的代表
人物之一,自己创立哲学系统的"一代宗师"。

选文《中国哲学》写于 1943 年,是为在华美军讲课的讲
稿,1980 年在《Social Sciencein China》(《中国社会科学》)创刊
号首次刊出,中译本在《哲学研究》1985 年第 9 期发表。早在
《冯友兰〈中国哲学史〉审查报告》中,金岳霖已提出"中国哲
学"与"哲学在中国","中国哲学史是中国哲学的史呢? 还是
在中国的哲学史呢"诸问题,此文则进一步反思了这类问题,
并对"中国哲学"的特点:如"逻辑和认识论的意识不发达"、
"天人合一"、"哲学家又是政治家"、"伦理与政治合一、个人与
社会合一","讲内圣外王"、"伦理、政治、反思和认识集于哲学
家一身"、"哲学家与他的哲学合一"等特征作了深入的分析,
还对哲学专业化职业化后哲学家"懂哲学却不用哲学",哲学
家与哲学分离的发展趋势作了批评,眼光敏锐,见解独到。

20世纪儒学研究大系

荀子与斯宾塞尔论解蔽

潘光旦

无论做学问,做事,做人,第一个大难关是去蔽。蔽,普通也叫做成见;其实成见一词不足以尽蔽字所指的种切。大凡一人心理上一切先存的状态,有如意志与各种情欲,和先入的事物,有如见解、记忆、习惯之类,都足以影响此人对于后来刺激的反应,使失诸过度,或失诸不足,也足以影响他对于后来事物的看法,使不能客观,使得不到最较近情的事物真相——这些都可以叫做蔽,初不限于见解上的先入为主的一端。

去蔽的重要,与如何可以去蔽,因此也就成为思想家、学问家、与德行家的一个先决的大问题。在中国思想史里,这也确乎是极早便有人提出的。"人心惟危,道心惟微,惟精惟一,允执厥中"一类的话便是很好的例证。到儒家成为一个学派以后,这问题的提出便更频数、更具体。《论语》说到孔子绝四:毋意,毋必,毋固,毋我;又说到明与远的一番道理;都和祛除成见及保持客观有直接的关系。至于论到周比和同的君子小人之别,虽若比较间接,关系也未尝不切,因为,成见的变本加厉,牢不可破,以至于教人不自知其所持者为一种成见,往往由于党偏,由于朋比,由于苟同者多,而不苟同者少。党偏朋比,事实上就是成见的社会化。所以唯有在力求不党不比的形势之下,一人才比较容易发现其成见之所在。反过来,成见被发觉的机会既加多,成见社会化的机会便减少,而党偏的不健全的社会现象也就比较的不轻易发生了。

《大学》八目，涉及去蔽问题的倒有三目：诚意、正心、修身。诚意一目所说的，事实上等于对一己的力求客观，不自欺，不掩耳盗铃，就是不自蔽。正心一目提到身有所忿懥，恐惧、好乐、忧患，则不得其正，更显然的与蔽的问题有关，所谓不得其正，就等于说不能客观，或好比天秤称物，不免畸重畸轻之弊。这在今日，我们更直截了当的叫做一时的主体情感之蔽。至修身一目则说得更清楚了："人之其所亲爱而辟焉，之其所贱恶而辟焉，之其所畏敬而辟焉，之其所哀矜而辟焉，之其所敖惰而辟焉；故好而知其恶，恶而知其美者，天下鲜矣。故谚有之曰，人莫知其子之恶，莫知其苗之硕"。辟，就是蔽，唯其有这许多情感的关系，所以蔽，唯其蔽，所以不知。这些蔽也属于主观情感的一路，和正心一目所说者同，不过正心项下所指的是一时感于物而发生的情绪状态，而修身项下所指的是比较持久的感于人的情绪关系，又显然的很有不同了。修身一目的讨论里，除了去蔽而外，更无别的，足见身之修不修，完全要看蔽之去不去。人我关系从家庭开始，情绪一方面的关系亦以家庭之内为最密切，所以如果能于此早下一些切实的去蔽工夫，则家齐，国治，而天下可平，否则一切都落了空。中外古今，不知有过多少哲人说到去蔽的重要，这无疑的是最严重的一个说法了。

不过在儒家思想系统里，在这题目上发挥得最多而又能更进若干步的是荀子。汉以来所传《荀子》三十二篇中，第二十一篇是《解蔽》，全文长至三千余言，大体上可以分做五段。一、泛论蔽之由来与蔽之种类。二、分叙前代君臣因蔽得祸、因不蔽得福的若干例证。三、数说近来（春秋后期与战国前期）思想派别的各有其蔽，唯有孔子是一个例外。四、论解蔽的方法，这一段是全文精要所在，议论最长，又大致可分为两部分，一是原则的认识，二是方法的推敲。原则的认识包括三种，一是道的整个性，二是人心的本质应须培养，使始终能维持一个所谓虚、壹、而静的状态，三是唯有如此状态的心才能见到道之整体，而非道之一偏，才不至"蔽于一曲，而暗于大理"。方法的推敲也包括两层，一是治心，二是治学。治心的讨论虽长，大旨仍不外《大学》里诚意正心两目所说的那一番精神。治学又细分为两个部门，各有其标准鹄的，一是明理之学，其止境是"圣"，是"尽伦"，二是致用之学，其止境是"王"，是"尽制"。一人不学则已，否则必力求兼赅这两个部门，凡属不以此为鹄的或经不起此标准的盘诘的学与术都是偏颇的，都是蔽的产物，且转而滋长更多的蔽。五、结论的话很短，而意义却很深长，因为它专说到一点，就是政治的公开或政治领袖的态度宣明未始不是解蔽的一大条件。解蔽的条件虽多，求诸环境的只有这一个，其余每一个人都得求诸自我，这一层也很值得加以指出。

我们说荀子的讨论去蔽或解蔽，要比前人进了若干步。路依然是一条，但较前要更踏实，见到的境界更多。这当然和时代很有关系。荀子生当战国的后期，政治、社会、思想的局势比以前要复杂得多，动乱得多；他自己在篇首就说，"今诸侯异政，百家异说，则必惑是惑非，惑治惑乱"。所以一样讲到蔽，他所讲到的要繁变得多；一样想应付蔽，他的努力要困难得多。即如说蔽的种类，我们在《大学》里所能看到的始终只限于意志与情绪的方面，诚意一目下所间接涉及的蔽可以说是属于意志的，而正心修身两目下的蔽则显然是情绪的，不是一时的情绪状态，便是比较持久的情绪关系。约言之，《大学》论蔽，始终没有脱离人，不是发乎个人的心境，就是发乎人我的关系。到了荀子，我们又发见了两个足以产生偏蔽的外铄的境界，一是人在时空两间里一般的际遇或处境，二是见识或学派所构成的门户；第二种境界也未尝不属于一人的际遇，但比较特殊，并且表面上是完全属于理智一方面的，至少当事人自以为属于理智而不涉情感的，是由于是非的判别而不由于好恶的抉择的。荀子历数为蔽之端，说，"欲为蔽，恶为蔽，始为蔽，终为蔽，远为蔽，近为蔽，博为蔽，浅为蔽，古为蔽，今为蔽"。欲与恶两端，属于情感方面，犹仍旧说，可不再论；至若始终、远近、今古诸端，便属于所谓际遇的境界，非前人所曾道及的了。博与浅的两蔽则属于理智或见识的境界，而是下文历叙学派之蔽的一个张本，下文说，"墨子蔽于用而不知文，宋子蔽于欲而不知得，慎子蔽于法而不知贤，申子蔽于执（势）而不知知（智），惠子蔽于辞而不知实，庄子蔽于天而不知人"①。

　　说到解蔽的方法，荀子也有远到之处。关于道的认识与心的认识，荀子的议论始终是儒家的面目，并不新奇，不过细密的程度却增加了许多。如论心的一段，虽始终不离乎《大学》所论知止与定、静、安、虑、得的本旨，但经他反复申说之后，我们便觉得清楚与可以捉摸得多了。治心的一段讨论亦然。但治学的一段则远到而外，又很有几分独到，一曲与大理之分，物物与精道之辨，圣伦与王制之别，虽都有所本，其说法总是新颖可喜，后世所称内圣外王之学，不妨说就是从荀子开始的。初说到大理大道，好像有些玄虚，其实说穿了也很是单纯，他只是要我们明白：人生是一个整体，知识、学问、行为，所以辅翼人生与表达人生的，也不得不是一个整体，凡属整的东西，全的东西，我们不能以一偏来概括；近百年来的社会科学家，凡属学养较深、见识较广、而理解力足够把握的，都作

　　① 《解蔽》一篇而外，荀子在别处也有同似的议论，例如在《天论》里他说，"万物为道……愚者为一物一偏，而自以为知道，无知也。慎子有见于后，无见于先；老子有见于诎，无见于信；墨子有见于齐，无见于畸；宋子有见于少，无见于多"。先后指的是恬退与奔竞之分；诎信即屈伸，指刚柔与有为无为之别；齐畸指平等差等之异；多少指情欲的种类分量。所云"有见"，就是偏，"无见"，就是蔽，是不待解释的。

如此看法。有趣的是，远在二千多年前，荀子已经看得十分清楚，所以于历叙学派之蔽后，接着就说，"由用谓之，道尽利矣；由俗（欲）谓之，道尽嗛矣；由法谓之，道尽数矣；由埶（势）谓之，道尽便矣；由辞谓之，道尽论矣；由天谓之，道尽因矣——此数具者，皆道之一隅也。夫道者，体常而尽变，一隅不足以举之。曲知之人，观于道之一隅，而未能识[其为一隅]也，故以为足而饰之，内以自乱，外以惑人，上以蔽下，下以蔽上：此闭塞之祸也"。真是慨乎言之。我们如今评论功利主义、享乐主义、权力主义、自然主义、命运主义……，字眼口气虽大有不同，精神不完全一样么？这种精神，即在目前，既还绝对说不上普通两个字，如果有人提到，真还有好几分空谷足音的意趣，在二千多年前，岂不更见得新鲜？至于承认政治局面的开明为解蔽的唯一环境条件，特别在篇末提出来，则更是发前人之所未发；政治必须开明而不隐秘，前人是一贯主张的，尤其是儒家的一路，不过把幽隐之政足以养蔽的一层关系特别加以揭橥，是荀子的创见。

　　荀子而后，一直经过了足足二千年，我们才遇到可以和《解蔽篇》比拟的一种文献，而这文献还不在中土，而在西洋，那就是斯宾塞尔（Herbert Spencer）的《群学肄言》（The Study of Sociology）①。此书出版于1873年，其后约30年，严几道先生把它译成中文，书名就是《群学肄言》。严先生在译序及译文里曾不断的用到"辟"和

---

①　我说这话，我当然并非没有理会这时期里关于偏蔽问题一些零星的讨论，例如清代学者戴震在他的三篇《原善》的下篇里就专论到私与蔽两个字。他说，"人之不尽其材，患二：曰私、曰蔽。……蔽也者，其生于心为惑，发于政为偏，成于行为谬，见于事为凿为愚——其究为蔽已。凿者其失为诬，愚者其失为固"。又说，"解蔽莫如学"。又说，"得乎条理者智，隔于是而病智之谓蔽；巧与凿以为智者，谓施之行不谬矣，是以道不行"（《戴东原集》，卷八）。

"蔽"一类的字样;在《译余赘语》里,也曾一度提到荀子,引用荀子的"民生有群……"的几句话,大概为的是说明他的所以把"社会学"译成"群学",是有所本的。"蔽"字,严先生是用到了,荀子的作品也参考到了,但对于《解蔽》的篇名与其意义的重要,他却只字未提,真不能不教人诧异。群学之难,难在解蔽,群治之难,也难在解蔽,荀子与斯宾塞尔,虽相去二千余年,在这见解上可以说完全一致,严先生不把这一层标明出来,不能不说是一个很重大的挂漏。严先生一则在译序里说,《肆言》之作,"所以饬戒学者以诚意正心之不易",再则在《赘语》里说,"窃以为其书实兼《大学》《中庸》精义,而出之以翔实,以格致诚正为治平根本矣";所论和我们在上文所说的大致相同,亦于以见严先生在译书之际,未尝不作一些中西新旧的比较;一样的比较,又如何会把这一层最自然最现成的比较反而遗忘,实在是出我们意料之外。

斯氏的《肆言》分十六章,除第一、二、三、五等四章分论社会的需要,社会学成为科学的可能,社会科学的性质,与社会学的客观的困难而外,其余没有一章不和解蔽的题目有关。自第六至第十二章,一连七章,是专论蔽的种类的。第十三至第十五章,是论经由修养与学问的途径来觅取解蔽的方法的,而相当于我们格、致、诚、正的旧说。第四章总论治社会学的困难和第十六章结论,自都不免部分的提到蔽的问题。十六章中,既有十二章和解蔽的题目有关,我们如果把《群学肆言》的书名改成"解蔽通论",决不会冒文不对题的危险。

斯氏论蔽,大体上可以分为四个部分。甲、主观理智之蔽,其中包括三四个节目:一是拟我或以己度人的倾向(拟我之拟,意义和拟人论的拟相同,就是用了自我做量断人物事理的标准);二是以人性为一成不变或易于变动的两种相反的成见;三是理智能力过于狭窄,不够笼括;四是理智能力过于板执,不够活泼,缺乏弹

性;三四两点也未尝不可以归并作一点。乙、主观情感之蔽,包括
各别的性情与一时的好恶爱憎,包括一般人对军功的过于钦崇,对
政治权威或掌权者的过于迷信与顺从等。丙、各种处境或际遇之
蔽,这一类的蔽事实上也属于主观情感一方面,不过和乙类的有些
不同,即患蔽之人不但不知其为蔽,且从而为之设辞(设词的理论,
斯氏本人未加发挥,这是后来意大利社会学家柏瑞笃 Vilfredo
Pareto 的重要贡献,在此姑不深论),即设为"理有固然,势所必至"
之辞,以示其见地之客观明确。斯氏用了五章的笔墨来分析证明
这一路的蔽或成见:一是传统文教中一部分的矛盾的蔽,斯氏特别
提出的矛盾是他所谓友爱的宗教对待着仇恨的宗教,指的是一面
有讲泛爱的宗教,而一面有国家、阶级一类的偶像所培养的仇恨心
理;二是种族、国家、乡土一类的事物所引起的蔽,亦有正负两方
面,正面指的是一味拥护本人所属的种族乡国,不论是非曲直,反
面是完全抹杀种族乡国观念,侈论大同一类的理想;三是治者、被
治者、和其它阶级分野之蔽,或其反面;四是属于政治方面的蔽,如
政党间彼此相歧视与敌视的蔽,又如人治论与法治论之蔽;五是宗
教、神学、宗派之蔽,或反宗教之蔽。这些都用不着什么解释。

斯氏在最后第四部分论到救蔽之道,其中也有两个节目。一
是思想习惯的自力修养,即严氏译文中所称的"缮性",亦即相当于
诚意正心一类的工夫;二是广博的学问基础的培植,即严氏所译
《宪生》与《述神》两章,相当于我们格物致知的工夫。这学问的基
础确乎是包罗极广:抽象的科学,如数学、逻辑,所以示事物间关系
的存在与其重要;半抽象半具体的科学,如物理、化学,所以示事物
之间的因果的迹象;具体的科学,如天文、地质,所以示因果关系之
连续与复杂;最后生命的科学,如生物、心理,则所示的因果关系更
进入了生生不已的境界,和社会最较密迩而不可分离,因此,尤须
在广博的基础里占有重要的地位。

　　荀子的《解蔽》论和斯宾塞尔的《肄言》各是针对时代需要的一番大议论。荀子时代,中国的诸侯异政,百家异说,我们在上文提到过了。十九世纪的西洋也有类似而程度上更严重的情形。两人的学殖修养,虽因时地迥异而大有不齐,却也有相似之处。荀子以祖述孔子自居,在学问则求集成,在思想则主综合,认为道非一隅,而精道重于物物;斯氏于接受演化论之后,始终努力于学问的融会贯通,他在这方面的成绩就是十六册的《综合哲学》,即严氏所称的"会通哲学"。两人所处的时代,所欲应付的问题,两人在学养上的准备,既都很有几分相像,于是两个人的答案也就不谋而很有几分符合了。地无分中外,时无分今古,人无分东西,人生的一些大道理是可以有如孟子所说的"一揆"的。我们不妨再作一个极简单的对比,以示一揆之所在:

	荀　子	斯宾塞尔
总论之部	一曲对待大理,精道对待物物。	理智力多患狭隘呆板,不能兼容并包。
	诚心莫不求正,而以自为,妒缪于道,而人诱其所近,私其所积,唯恐闻其恶;倚其所私,以观异术,唯恐闻其美。	全部之拟我论或以己度论。
蔽之大类	欲为蔽,恶为蔽。	一时之情绪状态。
	博为蔽,浅为蔽。	先人之见解。
	始为蔽,终为蔽,远为蔽,近为蔽,古为蔽,今为蔽,——凡万物异,则莫不相为蔽。	各种处境遭际所形成之成见。
党派宗系门户之蔽	慎子蔽于法而不知贤;由法谓之,道尽数矣。申子蔽于势而不知智;由势谓之,道尽便矣。	涉及国家、政治、政党、与法治对待人治之各式成见。
	墨子蔽于用而不知文;由用谓之,道尽利矣。宋子蔽于欲而不知得;由欲谓之,道尽嗛矣。惠子蔽于辞而不知实;由辞谓之,道尽论矣。	传统文化与教育之各种成见。
	庄子蔽于天而不知人;由天谓之,道尽因矣。	宗教、神学、宗派、与反宗教之各种成见。

20世纪儒学研究大系

	荀　　子	斯 宾 塞 尔
治蔽之道	心论;虚、壹、而静之治心论;与所谓大清明论;	思想习惯之自我修养,见严译《缮性》一篇。
	学论;治学论;《解蔽篇》所论之外,并见《劝学篇》	学问之广博基础之取得,见严译《宪生》《述神》两篇。

　　本文是用不着什么结论的。荀子的议论,斯宾塞尔的议论,对战国的后期适用,对十九世纪的西洋适用,对今日的中国与国际大势,也未尝不适用;对做人治学适用,对为政与解决大小政治纠纷,也未尝不适用,而在目前的局势之下,可能是更适用。我在一年前(1945冬),在昆明、重庆写过一篇短文,叫《毋我则和平统一》,半年前(一九四六夏)又写了一篇比较长的文字,叫《派与汇》,所企求的无非是想寻求一个途径,一个涉及基本见地的途径,使支离纷扰的思想的园地,使布满着荆棘、壁垒、以至于阵地的政治的局面,多少得一些宁静的机会。写出以后,总觉意有未尽,总觉还没有探手到问题的底处,最近因讲述社会思想史一题,引起了一番解蔽的话,因而联想到问题的底处就在一个蔽字上,于是才有了这篇文字。

　　(本文选自《潘光旦文选——寻求中国人位育之道》,国际文化出版公司1997年版。原载《平明日报》1946年12月14日,辑入《政学罪言》,观察社,1948年4月初版)

人文学科必须东山再起

——再论解蔽

潘光旦

我在《荀子与斯宾塞尔论解蔽》一文里,指出了两个人在解蔽问题上许多不谋而合不约而同的地方。不过两个人在解蔽的方法论上也有很不相同的一点,虽彼此并不冲突,甚至于还有相得益彰的好处,却终究是一个重要的区别,值得我们再提出来讨论一下。

荀、斯两人都提到治心与治学的两个方法,这一层基本的看法是一样的。不过说到治学,两人所说的学的内容却不一样。荀子所说的似乎只限于我们近代所了解的人文学科(humanities),而斯氏则限于自然科学,从数学、逻辑起,中经物理、化学、天文、地质、以至于生物学心理学,全都属于自然科学的范围。这和时代的不同与学术背景的互异当然有很大的关系。荀子的时代是说不上什么自然科学的;荀子所了解的学只是先秦时代所累积与流传下来的一大堆经验、知识、思想,有的见于记述,有的怕还是一些传说,其中关于自然的零星知识虽也未尝没有,大部分总不出我们今日所称为文学、史学、哲学的几块园地,而在那时候,这些园地的畛域还是分不大开的。除了这些,时代与背景确乎也拿不出什么别的来。

斯氏的时代里,自然科学已经相当的昌明,自然科学的门类已经由模糊而趋于确定,而各门类之间的关系也已将次阐明;对于此种阐明的工夫,斯氏自己还有过一番贡献。在他看来,只有自然科学才是一贴解蔽的对症良药,因为在一切学术之中,只有它是最讲求客观,最尊重事实,最注意分析,而于分析之后,又能加以贯串会通的。在他的那本《群学肄言》里,他完全没有讨论到其它的学术对于祛除成见可能有什么贡献。社会科学可以不必说。那时候关于社会的许多知识见解本来还不成其为科学,即降至今日,也还说不大上科学两个字;斯氏认为要社会的学问成为一种或多种科学,我们必须先做一番清宫除道的工作,而祛除成见,便是这工作的第一步了。《群学肄言》既为此而作,则讲到治学为解蔽的一种方法时,自然是没有社会科学的名分了。事至今日,社会科学既比斯氏的时代为差较发达,我们再论解蔽与治学的关系时,立言可能要不同一些;但此不在本文范围以内,目前姑不深论。

不过人文学科如哲学,如历史,如文学艺术,何以在斯氏的议论里也竟一无地位呢?这其间可能有几个答复。一是斯氏自己忙着自然科学的研究、社会科学的树立、以及一切科学的会通,对于比较古老的人文学术根本不大理会,以至于不感兴趣;他虽把他努力的结果叫做"会通哲学",但此其所谓哲学和我们普通所了解的哲学实际上很不一样,在他看来,他的是"可知的",普通所了解的是"不可知的"而自作聪明者强不知以为知罢了。二是他可能认为人文学科未尝没有它们的解蔽的效用,并且已经相当著明,无烦再事数说,一则因为人文学科已有过二三千年的历史,再则当时所称的读书人是没有不经历过此种学科的熏陶的。三是反过来,他也可能认为人文学科没有多大解蔽的大量,他可能指给我们看,人文学科在历史里的累积虽多,发展虽大,对于读书人的偏蔽,曾无丝毫补救,否则又何待他出头写出一本专论解蔽的书如《群学肄言》呢？四是更进一步,他可能认为所谓人文学科也者根本就是蔽的渊薮;蔽的产生、蔽的维护、蔽的变本加厉,它们要负不少的责任。文学艺术重情感,哲学专事冥想理想,历史受了情感与理想的支配,至于充满着歪曲的事实,凭空的结构,要从它们身上寻求解蔽之法,不是问道于盲么？西洋二千年中宗教的桎梏,宗派的门户纷争,以及近代种种比较新兴的入主出奴的力量,有如国家主义、阶级观念、种族偏见、改革学案等等,又无往而不和人文学科有不可分离的渊源;解铃可能需要系铃人,但决不在这个场合,在这样一个场合里寻找解蔽之道,势必至于得到一个抱薪救火的结果,以斯氏的聪明是不做的。

不过上文说的乃是七十年前的光景,一半又还是我们猜度之辞。今日的情形又如何呢？不用说,斯氏解蔽的努力的收获是极度的可怜的。说他完全没有收获,也不为过;不但没有,蔽的种类加多了,程度加深了,范围扩大了,蔽所招致的殃祸也不知放大了若干倍数,包括两次的世界大战在内,而可能的第三次大战也免不了打在这个蔽字之上;而最可以教九泉有知的斯宾塞尔认为痛心的是,这局面的所由形成,自然科学要负很大的一部分责任!

自然科学的效用之一,信如斯氏所了解与申说,是足以收解蔽之效的,结果却是适得其反;志在解铃的一只手终于成为系上新铃或把旧铃系得更紧的一只手。这其间也有若干因缘,有非斯氏当初意料所及的。第一,斯氏自己虽主张会通,自然科学一向的实际趋势却几乎完全侧重在分析与专精,而越至发展的后期,此种分析与专精的趋势越是增益其速度,积重而难返;能够比较集成的大师有如斯氏本旷世不数遘,但到此后期,虽有此类大师怕也无能为力了。分而又分、细之又细的结果,对一门科学自身,我们美其名曰专精,曰进步,表面上似乎很有收获,但对于从事的人,以及其人的意识情趣,分析就等于分崩离析。各陷其泥淖而不能自拔、与各钻其牛角尖而不易与人交往的结果,不是实际上等于分崩离析么?不也就等于各自有其偏蔽障翳么?达尔文自谓到了晚年,因为钻研过久,连欣赏音乐的能力都消失了,便是一个最好的例子,至于对一门科学自身表面上的收获也终于抵不过实际上的损失。英国思想家席勒(F.C.S.Schiller)不说过么,一门科学,因为过于钻研,过于玩弄术语,终于会断送在这门科学的教授手里,所以一门科学的最大的敌人便是这门科学的教授。而断送的基本原因也就在一个蔽字,他看不见别的,别人又不懂得他,不断送又何待?这种分析、隔离、与翳蔽的趋势又复自有其因缘,大致可说一半是属于科学方法自身的,特别是在它的过分注意数量的衡量一方面,近年来西方科学家已颇有论及之者①,而一半则由于从事于科学研究的人的眼光器识的短小,目前都姑不深论。关于这第一层,用荀子的话来说,就是"蔽于一曲而暗于大理",就是"博为蔽,浅为蔽"中的"博为蔽",博字事实上应是指"深邃"与"专精",因为它是和"浅"字作对待的,不过用在今日的"博士"头衔上倒也还将错就错的配称罢了。用斯氏的语气来说,则是由于"理智力的多患狭隘呆板,不能兼容并包",亦不外上文眼光器识之论。不过有一点我们必须注意,在当时斯氏的见地里,他似乎只看见了人的不是,而没有看到科学方法的也有其未尽善处,也更没有想到,理智力的狭隘呆板也可能和新兴的科学缔结良缘,而使科学完全成为一种擘肌分理与细皮薄切的勾当,从而增加了偏蔽的质与量。当时的科学是新兴的,好比科学在今日的中国一样,大家自寄

---

①　指 Alexis Carrel 所著 Man the Unknown 一书。我曾经把此书结论的一节译成中文,题曰《一个思想习惯的改正》,后辑入《自由之路》。

与无限的同情与希望，也难怪斯氏自己也未能免俗而不无所蔽了。荀子所称的"近为蔽"或"今为蔽"指的便是斯氏自己所患的这一种。

第二，我们通常讲说科学长，科学短，总是失诸太笼统，其实就其对于人生兴趣的满足一方面来说，至少可以分成三种很不同的努力：一是培养一般科学的精神来造成更良好的人生态度与风格；二是好奇心的发挥与满足；三是科学智识的控制驾驭，其目的在收取种种利用厚生的果实。三者都有它们的地位，不过从人生意义的立场来看，也就是从教育的立场来看，最关重要的是第一个努力，其余两种究属次要。而自斯氏创论以来，七八十年间，科学的发展显而易见走的是一条避重就轻的路。汗牛充栋的偏于理论方面的研究论文属于第二种努力，除了满足作家本人与小范围的同行的人的好奇心与求知欲（即前哈佛大学白璧德教授所称的知识淫（libido sciendi））以及本人的沾沾自喜的心理而外，别无更大的意义。第三种努力的结果是种种应用的器材，小之如日用的小玩意儿（西洋不喜欢机械文明的人总称之曰 gadgets，提到时还不免嗤之以鼻），大之如原子弹一类的东西，数量之大，花样之多，推陈出新之快，是谁都知道一些，无庸数说的，我们至多要注意的是，所谓利用厚生也者，利用诚有之，厚生则往往未必。不过我们认为三种努力之中，这两种总是比较轻而易举的，所以为之者多，而从旁喝彩的人更多。至于第一种，在价值上最较重大，而非穷年累月不为功的一种，就很少有人存问了。所谓科学的精神、客观的态度、谨严的取舍、持平的衡量，足以影响整个的人生者，则至今没有成为教育的中坚要求；受过所谓高等教育的洗礼的理论科学家与应用科学家也正不知有多少了，但一踱出他们的本行以后，有得几个是真能看事客观，论事谨严，而处事持平的？三种努力之中，唯有第一种可以祛蔽，而被人忽略的恰好就是这种；第二第三种都足以养蔽,而受推奖的恰好就是这两种,再用荀子的话来说,第二种努力的蔽是"欲为蔽",第三种的是"用为蔽",也是再清楚没有的。

第三,七八十年来,科学自身已经成为一个偶像,偶像化的迟早,各国不一样,但终于成为偶像则一;经过两次世界的大战以后,在若干先进的国家,这偶像虽似乎已经有些动摇,但一种以科学为"万应灵丹"的看法似乎并没有改变多少,而其所以为灵的道理,决不是因为它可以养成一种健全的生活态度,甚至于也不是因为它有趣,而是因为它有用;这就和上文第二层的话连起来了。至于比较后起的国家,有如苏俄与中国,则此种偶像化的过程正在方兴未艾之中;中国"五四运动"以后,不常有人把科学称作"赛先生"么?此种称谓上的玩弄花样虽属文人常事,不足为奇,但欲一事一物发人深省,而不得不出诸以人格化或偶像化的方式,也足见提倡者一番推尊的苦心了。"五四运动"前后若干年里的提倡科学,还可能为的是它的精神足以影响生活态度,虽也不应以人格化的方式出之,也还有几分意义,至若近年,则一切提倡的努力几乎完全集矢于富国强兵的鹄的,即完全发乎一种急功近利的要求,连理论的研究兴趣还说不大上,就更见得浅薄了。无论为的是什么,科学与偶像总是一个名词上的矛盾。论理,科学自身是无法成为偶像的,它和世间所认为偶像的事物也是风马牛不相及;而世间破除迷信与打倒偶像的一般好事之徒往往假科学之名以行,此种假借名义的行动当足以证明此辈对科学的迷信,已经到一个引科学为偶像的程度;正唯科学自身在此辈心目中已成一种迷信一个偶像,才有破除其他迷信与打倒其它偶像的必要;谁都知道凡属信仰与偶像,总是不两立的。若有人问,何以确知近代人士已经把科学偶像化,这便是一个最直截了当的答复了。至于偶像化和偏蔽心理的关系,到此便无须解释,一切偶像的崇拜有它的蔽,甚至于由蔽而锢。斯宾塞尔在《群学肄言》里已经发挥得足够清楚，不过他所十分重视的科学居然也会踏上偶像的宝座，则恐怕他连梦都没有做过。至于荀子在这方面的见地，则见于《天论篇》，而不见于《解蔽篇》，即他的"以为文则吉，以为神则凶"之论是①。

第四，科学的发展根本忽略了人，尤其是忽略了整个的人，而注其全力于物的认识与物的控制，说已详上文《说童子操刀》一篇中，兹不再赘。孔子有句话说，"道不远人，人之为道而远人，不可以为道"。荀子在《解蔽篇》里说，"精于物者以物物，精于道者兼物物"；我们把这两句话合并了看，就明白这方面的蔽之所在了。荀子又尝评论庄子，说他"蔽于天而不知人"，如果我们把天释做自然，而此自然者，不必为庄子所了解的自然，而为近代科学所了解的自然，则这一句评论便可以原封不动的转赠给近代科学，而了无有余不足之病。

第五，科学助长了一般人对于进步的迷信，亦即喜新厌故的蔽，亦即对未来的一种妄生希冀的心理。西洋进步的理论与信仰不始于自然科学家，而始于十八世纪末叶的社会理想家，但有人叫

---

① 荀子在《天论》里说："雩而雨，何也？曰，无佗也，犹不雩而雨也。日月食而救之，天旱而雩，卜筮然后决大事：非以为得求也，以文之也。故君子以为文，而百姓以为神；以为文则吉，以为神则凶也。"用这样一个眼光来看宗教或任何信仰，世间便不会有迷信之事，不迷就是不蔽。自己看自己的信仰如此，便不至于因蔽而武断；看别人的信仰，也不至于因蔽而认为必须破除，必须打倒。这种开明的看法，西洋至近代才有人加以有系统的说明；康德的哲学里有此一部分，但还不够明晰，大概因时代关系，对基督教的信仰尚不免有所顾忌，及至英国的边沁（Bentham, The Theory of Fictions）和德国的郎兀（Lange, The History of Materialism）就说得很清楚。但一直要到二十世纪的初年我们才看到一番最和盘托出的说明，那就是德国梵亨兀尔教授（Vaihinger）的《如在哲学》（The Philosophy of As If）一书。

做进化论的演化论是自然科学家的产物。演化论,依照达尔文、赫胥黎诸家的比较科学的看法,原是可进可退的,演化的过程并没有必进的趋势,赫胥黎在《天演论》的第一页的原注里并且曾经特地加以说明。不过在许多人的见解里,演化论很早就成为进化论,并且到如今还是一味的进化论。这其间也有一些因缘。一是一部分的演化论者的议论过于笼统,总喜欢说由简入繁,循序渐进一类的话,斯宾塞尔自己就是这样的一个。二是演化的学说和进步的理想终于纠缠一起,不加察别,便分不出来;这一半要由演化论者自己负责,即如上文所说,一半由于社会理想家切心于取得科学的帮衬,一样宣扬进步的理想,从此更容易取信于人。三是科学的发展既完全侧重于智识与功利两种欲望的无限制的满足,有如上文所论,确乎也供给了不少的成绩,与人以日新月异、迈进无疆之感。即如原子弹的发明,从善于杀人的技术观点看,谁会说它不高明,不进步?但这终究是一个幻觉,一种翳蔽,斯宾塞尔自己虽也有进化的议论,却没有提防此种议论也会成为一种蔽的张本;可能正因为他自己在这方面已有所蔽,所以便不提防;也可能因为进步进化之说,在当时历史还短,还不大成一种传统的力量,根本上无须提防;斯氏在他的解蔽论里所提的蔽的种类也确乎是以传统的事物占绝大的多数。荀子的议论也没有包括这一种蔽,他曾作"法后王"之论,为的是要祛除当时人食古不化与以古非今之蔽,但在《解蔽篇》里,他至多只说到了"近为蔽……今为蔽"一类的话;中国文化除了子孙一种事物而外,是几乎不问未来的;中国文化也不大讲一般理想,进步的理想更可以说等于没有;这大概是一些根本原因了。不过晚近以来,无论中外,这进步之蔽或维新之蔽,是很实在的,而促成此种蔽的责任,一部分不能不由科学负之,误解了的演化论负一小半,走了偏锋的理论科学与应用科学要负一大半。

　　上文的讨论无非要指出蔽的问题依然存在,并且更严重的存

在,解的需要就因此而更见得亟迫,而解的方法也就有再度提出来
的必要。荀子的议论,原则上大部分依然有效,但内容与措词总嫌
过于古老,大多数的人已不再溜览及之。斯宾塞尔的商讨,其治心
的部分虽依然值得参考,其治学的部分却需要一番很大的补充,为
的是七八十年来自然科学的发展,大有非他初料所及的地方。我
们也不能说斯氏错了,但我们不能不承认,在今日的情势之下,斯
氏的解蔽论已不足以应付。也并不是说我们用不着科学了;科学
还是少不得,不过为了解蔽的需要起见,我们不能不首先注意于科
学所能给我们的风度情趣,其次才轮到科学的知识,又其次才是科
学的器用;这一番本末宾主的分别是不容不在教育的努力里郑重
阐明的。这就回到上文所叙科学努力不外三种之说,而多少也是
斯宾塞尔一部分苦心孤诣的重申。

　　至于说到补充,我们便不能不和斯氏分手,而接近到荀子立论
的范围,就是,再度回到人文学科的园地。解铃还是系铃人,在以
前,上文说过,人文学科可能做过养蔽的帮凶,以至于主犯,但在今
日,形势一变以后,我们要解蔽,还得找它们帮忙,说得不好听些,
是让它们将功赎罪,说得客气一些,是请它们东山再起。至于何以
知道人文学科足以接受这个付托,则我们不妨提出如下的两三点
论据来。

　　人文学科,包含文学、哲学、历史一类的科目在内,而比较广义
的文学可以赅括音乐艺术,比较广义的哲学可以赅括宗教,合而言
之,是一个人生经验的总纪录。这纪录可能是很杂乱,也很有一些
错误,但因为累积得多且久,代表着人类有文字以来不知多少千万
人的阅历,杂乱之中也确乎有些条理,错误之中也有不少的真知灼
见,足供后人生活的参考。一般的前人阅历等于“经验”中的“经”
字,足供后人参考而发生效用的阅历等于“经验”中的“验”字,经与
验,前人为方便起见,也往往单称做经,即经书经典之经。经只是

常道,即许许多多的人时常走过而走得通之路,别无它意。后人不察,把它当做地义天经之经,金科玉律之经,丝毫不容移动,固然是一个错误;而近人不察,听到经书经典,便尔色变,诋毁排斥,不遗余力,有如"五四运动"时期中的以"打倒孔家店"相号召,也未始不是一个错误。人文学科所能给我们就是这生活上的一些条理规律,一些真知灼见,约言之,就是生活上已经证明为比较有效的一些常经。说前人的阅历中全无条理,全无真知灼见,全无效验,当然是不通的,因为如果完全没有这些,人类的生命怕早就已经寂灭,不会维持到今日。人类可能会寂灭的恐惧,倒是近代科学昌明以后才发生的事。

分而言之,文学艺术以至于宗教所给我们的经验是属于情绪生活一方面的,即多少可以使我们领会,前人对于环境中的事物,情绪上有过一些什么实际的反应,对于喜怒哀乐的触发作过一番什么有效的控制。近代的心理科学给了我们不少的关于情绪的理论,也作了不少的分析与实验,但就实际的生活经历而论,这种实验可以说全不相干,试问喜怒哀乐以及其它情欲的实际场面可以在实验室里摆布出来而纪录下来么?前人阅历中离合悲欢、吉凶庆吊、名利得失的种种场合,一切伟大作品的欣赏的缘会,才是真正的实验室,而关于这些阅历的描绘才是真正的纪录。而此种场面与缘会之所以富有实验性,艺术作品之所以为伟大,文学纪录之所以为真实,全都因为一个原则,就是孟子所说的"获吾心之所同然"。吾心也者,指的当然是后来一切读者与赏鉴者的心,用现代的话来说,就是它们有力量打动我们共同的心弦,有力量搔着基本人性的痒处,打动与搔着得越多,它们就越见得富有实验性,越见得伟大;李杜的诗歌,莎士比亚的剧本,贝多芬的乐曲,……可以百读不厌,不因时代地域的不同而贬落它们的价值,原因就在此了。说到吾心之所同然,或共同的心弦,或基本的人性,就等于说,有了这一类文物上的凭借，后来的人，无论在别的生活方面如何的大异其趣，各不相谋，至少在最较根本的情绪生活上，可以相会，可以交通，而相会与交通即是偏激的反面；根本上有了会合交通的保障，其它枝节上的偏激与参商也就不碍事了。

哲学与历史的功效也复如此，所不同的是，哲学所关注的是理智与思想生活，而历史关注的是事业生活；前人的经验里，究属想到了些什么，知道了些什么，以及有过什么行为，什么成就，思想有何绳墨，行事有何准则，撇开了哲学与历史，后人是无法问津的。近代的科学原从哲学演出，它的长处固然在精确细密，它的短处也正坐细密惯了，使人见不到恢廓处，说已具上文；细密于此者，不能细密于彼，所以往往有隔阂以至于排斥的作用，恢廓则可以彼此包容，不斤斤于牝牡骊黄之辨；这又不外养蔽与解蔽的说法了。历史可以供给行事的准则，小之如个人的休戚，大之如国家民族的兴衰，都可以就前人经验里节取一些事例，作为参考，前人"以古为鉴"的说法无非是这个意思，近人也有"历史的镜子"的名词。有了这样一面镜子，再大没有的镜子，而每一个人，每一个时代的社会，懂得如何利用这镜子，来整饬其衣冠，纠正其瞻视，解蔽的工具岂不是又多了一件？这镜子虽大，可能不太完整，不够明晰；但此外我们正复找不到第二面。近代的心理、伦理、社会、政治一类和行为问题有关的学问到如今并没有能提供什么实际的标准，教我们于遵循之后，定能长维康乐，避免危亡；即使有一些细节目的贡献，也往往得诸历史的归纳。心理学家讲个人的智力，时常用到的一个定义是，利用经验的能力，即再度尝试时不再错误的能力，或见别人尝试时发生过错误，而自己尝试时知如何避免错误的能力；这便是历史的意识，也就是历史的效用了。荀子说到"古为蔽，今为蔽"，食古不化、或专讲现实、或一味希冀未来的人，其所以为蔽者不同，其为缺乏历史的意识、不识历史的功用、不足以语于有效力的智慧,则一。

人文学科足以接受解蔽的付托,这是论据之一。

上文说到近代科学的发展,因为避重就轻,舍本逐末,结果是增益了偏蔽的质量。如今要加以补教,除于其本身改正其避重就轻、舍本逐末的趋势外,还得仰仗人文学科的力量。上文说科学之蔽共有五点,简括的再提一提:一是蔽于分而不知合;二是蔽于知与用而不知其更高的价值,即不知科学所能培养之风度情趣,亦即相当于荀子评论墨子的一句话;三是蔽于一尊而不知生活之多元;四是蔽于物而不知人;五是蔽于今而不知古,或蔽于进而不知守。此五端者,人文学科的资料与精神都力能予以是正。人文学科所提供的是人生种种共通的情趣、共通的理解、共通的行为准则,惟其共通,所以能传诸久远,成为学科的内容;此其一。既顾到情趣,特别是文艺一类的学科,便足以是正知与用的两种偏蔽;此其二。人文学科显而易见是多元的,文艺、宗教之于情绪意志,哲学之于理智识见,历史之于行为事业,情意知行,兼收并蓄;宗教在西洋虽曾独占过一时,但自文艺复兴以还,亦已退居于一种人生工具的地位,与其它科目相等,实际上目前科学以至于教条政治所占有的崇高的地位还是它让出来的咧;此其三。人文学科无往而不讲人与文的关系,人的情意知行,加于事物,蔚为文采,便成为人文学科的内容;西文称人文学科为 humanities,更直截了当的把人抬出来;其足以解物质之蔽,亦自显然;此其四。人文学科重视经验,凡所记述描绘,见诸文字声色形态的,无往而不是人生经验的一部分,上文已加说明;经验总是属于过去的,总是比较脚踏实地的;经验的有选择的利用是可以矫正躁进、冥想、逆断、和对未来的奢望等诸种偏蔽的;此其五。

人文学科足以接受解蔽的付托而无憾,这便是论据之二。

还有一个第三点论据,虽非必要,而也不妨提出的,就是,七八十年来,人文学科多少也受过科学的洗礼。宗教已自崇高而独占的地位引退,上文已经说过;其轻信与武断的成分也已经减少了许多。历史中感情用事的地方,歪曲虚构的事实,也因科学的影响而经过一番修订。哲学中过弄玄虚的部分,因数理、天文、心理诸科学的绳墨而受了限制。这些都可以说比科学上场以前见得更健全了。各种艺术与科学的关系较少,但也得到科学的不少的帮忙,特别是在形式的繁变、程度的细密、工具的便利、传播的范围,诸端之上。总之,人文学科经过科学的切磋琢磨以外,以前可能有过的一部分养蔽的不良的势力已经消除不少,而使其解蔽的功能更容易发挥出来。

要人文学科东山再起,我准备简单的提出两个建议来,作为本文结束。

第一个建议是关于实际的训练的。我认为高中与大学的前二年,应尽量的充实人文学科的学程,文法院系固应如此,理工院系,根据上文的议论,尤属必要。前年(1945)哈佛大学的一部分教授,于经过长期探讨之后,所编印的一本报告,叫做《自由社会中的通达教育》(General Education in a Free Society),也作相似的主张。他们对于近代科学的养蔽,虽没有加以抨击,但一般的解蔽的重要,他们是充分承认的,因为偏蔽的反面就是通达,而偏蔽的发展与自由的发展恰好成反比例[①]。

第二个建议是关于一个理想的培植的;必须此理想先受人公认,人文学科的提倡才不至于横遭"落伍"与"反动"一类的诬蔑。

自然科学昌明以后,我们早就有了一个"宇宙一体"的理想,不

_____

①　英文普通教育(general education)一词时或与自由教育(liberal education)一词互相通用,我近来喜欢把它们都译作"通达教育",觉得最为切合。惟有不偏蔽而通达的人才真是自由的人。

止是理想,并且已经成为有事实衬托的概念。不过这概念对于人事的改善,关系并不贴切。

自社会科学渐趋发达以后,又值两次世界大战的创痛之余,我们又有了一个"世界一家"的理想。这是和人事有密切关系的。不过这还是一个理想,观成尚须极大的努力,并且还有待于另一个相为经纬的理想的提出,交织成文,方能收效。

"世界一家"的理想只是平面的,只顾到一时代中人与人群与群的关系的促进。平面也就是横断面,没有顾到它的渊源,它的来龙去脉,是没有生命,没有活力的。没有经,只有纬,便不成其为组织。如果当代的世界好比纬,则所谓经,势必是人类全部的经验了;人类所能共通的情意知行,各民族所已累积流播的文化精华,全都是这经验的一部分;必须此种经验得到充分的观摩攻错,进而互相调剂,更进而脉络相贯,气液相通,那"一家"的理想才算有了滋长与繁荣的张本。不过要做到这些,我们似乎应该再提出一个理想,就是"人文一史"。目前已经发轫的国际文化合作可以说是达成这理想的第一步。仅仅为了做到这第一步,为了要有合作的心情,合作的材料,我们就不由得不想到人文学科,而谋取它们的东山再起了。

(本文选自《潘光旦文选——寻求中国人位育之道》,国际文化出版公司 1997 年版。原载《政学罪言》,观察社,1948 年 4 月初版)

潘光旦(1899—1967),字仲昂、江苏宝山(今属上海市)人,杰出的教育家、社会学家、中国现代优生学的奠基人;曾任吴淞政治大学教务长、上海光华大学文学院院长、清华大学、西南联合大学教授、教务长、社会学系主任、图书馆馆长、中央民族学院教授，著有：《日本德意志民族性之比较的研究》、《中国伶人血缘之研究》、《民族特征与民族卫生》、《派与汇》、《冯小青——一件影恋之研究》、《明清两代嘉兴的望族》、《中国之家庭问题》、《优生学原理》等，译作有蔼理士的《性心理学》、《性的道德》、《性的教育》、达尔文的《人类的由来》（合译）等，倡导"自由教育"或"通识教育"，被称誉为清华园的"功勋教务长"。

　　《荀子与斯宾塞尔论解蔽》、《人文学科必须东山再起——再论解蔽》是姊妹篇，论文通过对先秦儒家荀子与西方现代实证主义哲学家斯宾塞尔哲学思想与哲学方法的比较研究，结合两次世界大战前后科学主义流行与人文精神危机的历史背景，重新诠释了荀子解蔽之道所蕴涵的真义，进而批评唯科学主义"蔽于分而不合"，"蔽于知与用而不知其更高的价值"，"蔽于一尊而不知生活之多元"，"蔽于物而不知人"，"蔽于今而不知古"或"蔽于进而不知守"，强调"会通哲学"要先明"解蔽之道"，提倡"宇宙一体"、"世界一家"、"人文一史"的新人文主义。

略论中国哲学

钱　穆

（一）

　　哲学一名词，自西方传译而来，中国无之。故余尝谓中国无哲学，但不得谓中国人无思想。西方哲学思想重在探讨真理，亦不得谓中国人不重真理。尤其如先秦诸子及宋明理学，近代国人率以哲学称之，亦不当厚非。惟中国哲学与西方哲学究有其大相异处，是亦不可不辨。

　　中国人好人与人相处，不愿把自己割裂人外，高自标置，轻视他人。此一种谦恭退让之心理积习，乃于中国学术有大影响。即如孔子，近人每称孔子思想，孔子哲学，此亦有宜。但孔子最喜提出一仁字，却谓"若圣与仁，则吾岂敢"。此固见孔子之谦恭退让，但孔子于此仁字虽加解释，而未作详细之阐申。只答他人问，或自偶言，《论语》所载，逐条不同。近人又好为孔子仁的思想仁的哲学等论文，多就《论语》各条汇集为说，自加发明。但谓孔子思想不逻辑，无组织，无条理系统，则又不然。此显见中国哲学与西方哲学之有不同处。

　　孔子提出此仁字，后代国人递相传述，亦特为作注。东汉末郑玄曰："仁者，相人偶。"此三字乃仍须后人更为解释。康成意特谓人与人相偶而仁始见，若非人相偶，将不见有此仁。唐代韩愈又曰："博爱之谓仁。"中国人每仁爱连言，以爱说仁，宜无不当。但人之爱各有别，又如何乃为博爱，此则仍须有说。南宋朱子注此仁字则曰："仁者，心之德，爱之理。"康成相人偶从外面说，昌黎博爱从内心说，朱子则说内心之爱亦有条理不同，则三人说实一贯相承。惟朱子言德字理字，若非详加阐说，仍不易明。余只就近代通俗语说，仁只是一种同情心，人与人有同情，即是仁。但不知此说究有当否，又不知此后人更将如何来说仁。然则只一仁字，乃成中国两千五百年来一项共同思想，共同哲学，而似乎仍未达于一定义之完成。此又中国哲学与西方哲学之一不同处。

　　孔子又每仁礼连言。礼字似乎不专属思想，而中国此一礼字，却愈推愈广，愈传愈久。直至清代秦蕙田编为《五礼通考》一书，分为吉、凶、军、宾、嘉五礼，尚仅专就上层政治方面，根据历史事实加以纂修，而卷帙之浩繁，内容之复杂，已足惊人。今不得谓孔子哲学思想不重礼，而礼之考究，则又似乎不宜尽纳入哲学范围内。此则又是中国哲学与西方哲学一不同处。

　　孔子又每仁智连言。此智字似当属思想范围。何等思想始属智，此似一思想实质与方法问题，但孔子又似未加详言。中国后人常以仁义礼智信五字并言，《论语》固亦言及义字信字，但专以仁礼仁智并言，似乎已占孔子思想之最主要部分。《中庸》又以知仁勇为三达德，智与知宜当作何分别。今人言哲学，似专归之思想与知识方面，而于孔子之言礼言智言勇言信，有所不顾，则宜不能得孔子真意之所在。此又中国哲学与西方哲学一不同处。

　　继孔子而起者有墨翟。儒墨成为先秦思想之两大派。墨翟言兼爱，与孔子言仁有不同。孔子言爱有分别，朱子言仁者爱之理是已。兼爱则是一无分别爱，故曰："视人之父若其父。"既不主分别，乃亦不言礼。发明孔子言仁，不得忽略此礼字。墨子非礼又尚同，孔子则尚别，其言"君君臣臣父父子子"是也。故孔子又曰："必也正名乎。"名即其别也。若谓视人之父若其父,则父之名已不正。
于是墨家之后乃又有名家,其论名,则与孔门儒家言又不同。然则
讨论孔子思想,必当以与孔子相反之墨家作参考。而衡量墨家思
想,又当以后起儒家之与墨家相驳辨者作论点。要之,中国思想属
共同性,属一贯性,即儒墨相反,亦犹然。而后起儒家言礼又有主
张大同者,则在儒家思想中又渗进了墨家义。孟子曰:"能言拒杨
墨者,圣人之徒也。"乃后起儒家,又转引墨义来广大儒义,即大同
之说是也。此见中国思想特富和合性。故治中国思想必当就中国
思想之发展与演变中来说。苟以治西方哲学之态度与规则来治中
国思想,则实有失却真相处。

　　儒墨之后又有道家。兹据老子为说,老子曰:"道可道,非常
道。名可名,非常名。"老子特举道与名两词,其实即据儒墨之所争
而言。不通儒墨,即无以通老子。老子又曰:"失道而后德,失德而
后仁,失仁而后义,失义而后礼。礼者,忠信之薄,而乱之始也。"此
处老子所用道德仁义礼各词,皆承儒家言,而意义各不同。又老子
此处反礼则同墨,是则儒墨道三家,在当时实同具有共通性,一贯
性,而亦并有其和合性,与西方哲学之各自成为一专家言者,又大
不同。

　　继老子之后有《中庸》,其书当出秦代,为治中国思想哲学者所
必究。而其书收入《小戴礼记》中,则治中国思想哲学者,绝不当置
礼于不问,此又一证矣。《中庸》言:"天命之谓性,率性之谓道,修
道之谓教。"此天、命、性、道、教五字,皆前人所熟论,而《中庸》承
之。子贡言:"夫子之言性与天道,不可得而闻。"但孟主性善,荀主
性恶,皆力言性。天命犹言天道,孔子所不言,墨与道始言之。庄
老道家不言性,专言道。荀子言庄子知有天不知有人,则庄老所言
皆天道,非人道。老子曰:"人法地,地法天,天法道,道法自然。"则
庄老言道,即言自然。孟子曰:"莫之为而为者,天也。"则此天字亦

犹指自然。《中庸》言："天命之谓性。"斯性亦犹自然，是在儒家言中已融入了道家义。又《中庸》言："率性之谓道。"此道始是人道，而连上句言，则天道人道亦一而二，二而一矣。是则虽同用此天字道字性字，而内涵意义则各有别，此即老子道可道非常道名可名非常名之旨也。是则儒家之显用道家义，又益明。

又有两书为治中国思想哲学者所必究，一为秦相吕不韦之《吕氏春秋》，一为汉代淮南王安之《淮南王书》。两书皆会集宾客通力为之，又皆会合以前诸家言，而求和通成一定论。此又中国思想有其共通性一贯性和合性之一明证。其实孔子以下两千五百年来之中国思想，莫不求会通和合以臻于一定论，一如《吕氏春秋》、《淮南王书》之所为，而岂欲各自独立，以各创一新见，以求异于他人之谓乎。此尤是大值研讨一大问题之所在也。

继此再言宋明理学。朱子力言理气，近人依据西方哲学术语，谓朱子乃主理气二元论。实则朱子明言气中必有理，理即见于气，则理气亦二而一，一而二，可谓朱子乃主理气一元论。朱子又言，必分先后，则当理先而气后。据是言之，可谓朱子乃主理一元论。其实朱子理气二字，采自庄老道家。佛家华严宗亦用此理字，故有事法界，理法界，理事无碍法界之分别。朱子编《近思录》，第一卷为《道体》，可见北宋周张二程尚用道字，不用理字。朱子用理气二字乃后起，采之道释两家，但朱子又确是儒家之嫡传正宗。此可见中国思想中国哲学，不主独自创造，特立一新说，乃主会通和合，成一共同的，一贯的，有传统性的定论。此乃中国思想中国哲学之与西方大不同处。

同时与朱子树异者有象山。后世称朱陆异同。朱子主性即理，而象山则主心即理。孔子七十而从心所欲不逾矩，此可谓之心即理。然自十有五而志于学，经五十五年工夫，而始达到此境界。而孔子之所谓学，显然不专指思想，故曰："学而不思则罔，思而不学则殆。"学与思分作两项工夫言。此又中西一大不同处。朱子在此上亦言之极谦逊，说象山偏在尊德性，自己偏在道问学，戒学者当兼取象山讲学长处。西方哲学则既非尊德性，亦非道问学，又显与中国学问途径有别。

象山之后又有明代之王阳明，理学遂分程朱与陆王。相传阳明晚年有天泉桥四句教，阳明曾告其门人钱绪山，"无善无恶心之体，有善有恶意之动，知善知恶是良知，为善去恶是格物"。其实此四语，只是在解释《大学》。象山教学者先立乎其大者，则本《孟子》。陆王乃理学大师，又是理学中最富创辟性，最不喜拘守旧说，敢于自立己见，自信己意，与程朱有不同。实则此两人亦仍是为前人作解释而已。或认为陆王近禅，多释氏义，则朱子何尝不近庄老，多道家义。中国学人必前有所承，必主会通和合。而陆王之与程朱同为儒学，则大体无疑。今吾国人喜据西方传统来作批评，则中国古人全无是处，又何必作程朱陆王之分，又何必作儒释道之别乎。

钱绪山以阳明四语告之同门王龙溪，龙溪不以为然，谓"心体既无善无恶，意亦无善无恶，知亦无善无恶，物亦无善无恶"。两人以此相争，告阳明。阳明则曰，予本有此两意，龙溪之语可以开示具上根性人，绪山语则以开示上根性以下之普通人。实则绪山四语明明闻之其师，龙溪对之持疑，阳明闻之乃谓本有此两意，龙溪语乃以告上根人。此两番话乃启此下大争论。今就另一方面言，岂得谓绪山仅一普通人，不具上根，故阳明只告之如此，龙溪独具上根，故告之如彼。今当谓龙溪语本非阳明所告，阳明乃闻而欣然，加以同意。此其心胸之宽阔，意态之和平，亦见阳明平日为人之真可爱矣。中国人论人，尤重于论学。象山阳明，论其人则亦确然儒者。论其学，论其所言，纵有失当，而不害其为人。此尤中国文化传统一大特点，乌得专据学而不论人，亦如专据思而不论学，皆非其正。

孟子言知人论世，今人则谓欲究一家之思想与哲学，必同时讨论其时代背景。此即见用心广狭之不同。西方哲学只重其思想，中国则更重其人。无论为老为释，其人则均可重。无论为汉儒宋儒，其人亦俱可重。无论其为程朱与陆王，其人亦同可重。不仅哲学如此，一切学皆如此。如史学，如文学，如艺术，为一书法家，为一画家，皆如此。今人则不论其人，专论其学，则宜与中国自己传统必有大相违背处。抑且时代背景，人各有别，而中国则又必有一共同传统。学由人来，人由天来。此又其一大相异处矣。

抑且西化东渐，乃最近百年之事。以前中国人只读中国书，只想做一中国人，其有与西方不合处，宜皆可谅可恕。中国人亦非专己自守。佛法东来，中国高僧信其法而传之者多矣。然凡为高僧，皆言佛法，却不来反儒教。佛法传则儒教自息，不待先辟儒始传佛，此亦中国人意态。如韩愈力辟佛，但其遇见大颠亦加喜好。其徒李翱，则多采佛说，但亦于愈未尝稍加以辟斥。亦有力加以辟斥者，则如顾亭林之于王阳明。然知人当论世，晚明以下之王学流弊，则洵有可斥矣。

又余尝谓中国人自居必知谦恭退让，故其待人则必为留余地。发言自抒己见，每不尽言。若对方是上根人，我自不烦多言。若对方系普通人，则我虽多言亦何益。中国人做人，本非由单独一己做，康成之所谓相人偶是也。如孝，则必对父母，而父母各异，如何孝其父母，亦何一言可尽，故必求人之反之己性，反之己心，以自尽其孝，则不必亦不能写为孝的哲学一书。此犹孔子并不写为仁的哲学一书是已。故若谓中国有仁孝哲学，则必人人自为之，又必待此下百世人同为之。中国哲学之必为有共通性，一贯性，传统性，而不成为专家言者在此。则又何必强中国人必为一西方哲学家，乃始谓之是哲学乎。道不同，不相为谋。若他年西方哲学其道大行，则中国古人言自亦无人理会，不必特加以申斥也。此亦是一套

20世纪儒学研究大系

自然哲学。不知今日专心慕好西方哲学者,意谓如何。

(二)

西方思想重分别。如黑格尔辩证法,有甲则有非甲,合为乙。又有非乙,合为丙。始此以往,则永无止境。故西方思想有始而无终,有创而无成。有变有进,而无完无极。中国则不然。乾道生男,坤道生女。男不称非女,女不称非男。男女和合为人,既具体又确切。人又与禽兽别,但人与禽兽合称动物,以与植物相对。有生物则与无生物对。万物与天地对,合成一大体。在此一体中,天地万物亦各有止有极,即有成有终。

人有男女,禽兽亦有雌雄牝牡,则正反合一形式,已臻复杂。又如男女结合为夫妇,则夫妇即成为一体。此非于一男一女之外别有增加。又如死生为一体,生可以包括死,死可以融入生,亦非于生之外别有死。即如天地,地可以附于天,非天之外别有地。一阴一阳之谓道,其实阴亦即归纳于阳,非于阳之外别有阴,亦非于乾之外别有坤。曰天,曰乾,曰阳,即可以尽此宇宙矣。

乾道成男,坤道成女,则妇从夫,乃天道。今人则讥此为中国之重男轻女。然英国至今始有一女首相,美国至今尚无一女总统,则西方岂不亦重男而轻女。又如宗教信仰,上帝亦属男性,独阳无阴,岂不亦是重男轻女之一证。而耶稣终有一圣母,则亦如中国虽重乾而终有一坤与为对立矣。

《易·系辞》有言:"夫乾,其静也专,其动也直,是以大生焉。夫坤,其静也翕,其动也辟,是以广生焉。"是《易》以动静配乾坤,而乾之与坤,又各有动静。又言:"阖户谓之坤,辟户谓之乾。一阖一辟,谓之变。"是则又谓坤之辟即乾,乾之阖即坤矣。此与西方哲学中之辩证法又大不同。即如男女,亦可分动静。男偏动,女偏静,而男女双方又各有动静。固不得谓男性无静,女性无动。《易》义至显且明,具体可证,无可非难。则黑格尔之辩证法,可见其疏略而不备。

《易》谓乾之静,专。专者专一,即专于天,亦即自然。在《中庸》则谓之诚。诚则必专必一,否则不见其为诚,故曰:"诚则一。"尽宇宙间,惟其为至专至一,乃至无可名,故道家又称之曰无。无之对称则曰有,而一切有则可尽包涵于无之中。故有无正反之上,更无一合。合即合于无,犹天地正反之上,即合于天。西方哲学则不能有中国人天之一观念。如科学中之天文学,研究太阳系乃及诸星群,自中国人观念言,皆应属地不属天。又如宗教言上帝管理天堂,自中国人观念言,此天堂亦应属地不属天。此上帝乃一超人格之至高之神,但仍有其人格性,仍非中国人之所谓天。上帝管理天堂,宰制灵魂,则上帝与天堂灵魂非专非一,非可谓上帝即天堂灵魂内在所存之一诚。若谓西方有此诚,即西方哲学所谓之真理,此真理之诚,则在外不在内,故不专不一,而非中国之所谓诚矣。

惟此专一之诚,其动乃能直。直之反面为曲。而依中国观念,则曲仍包在直之内。故《易》曰:"直方大。"直向前,遇阻而改向,然仍是直向,则直与直之间乃成一曲,中国人称之曰方。方者直之改向,而仍不失其直,乃成一曲。《中庸》曰"其次致曲"是也。能直能方,则能大矣。故中国所谓之一曲与大方,仍是一体。依西方几何学言,方则已成一面,而其实只是一线,线则是直。直只是一线,而其实只是一点。依中国观念言,点始是一专。所专则只在一点上,而此一点实亦可谓之无。孟子曰:"莫之为而为者谓之天。"故天属无为,即属自然。而无为自然,乃属动静而一之。

至于坤之静则曰翕,其动则曰辟。翕者收敛凝聚义。不专不一,则其势必分散。凝聚此分散,而使归于一,则曰翕。既翕而为一,则其动向前,如门之翕而辟。翕者向内,成一中。辟者向外,成一和。故庄周言："得其环中，以应无穷。"

西方人好言创造，而中国人则言保守。其实创造必求一成。使其有成，自当保守。故中国政府每一朝代有创始开国之君，亦必有继统守成之君。若如西方人，永求创造，而终不有成，则此创造为无意义无价值，复何可贵。

希腊人能创造一希腊，但不能守。罗马人能创造一罗马，但亦不能守。现代国家虽亦各有创造，但迄今亦各不能守，于是乃转而为今日之美苏对立。但核武竞赛，今日之局面，此下将仍不能守。故西方历史乃一有创无守之历史，有进而无止，有始而无终。此为有直而不专，有辟而无翕，有动而不能静，则无正反合可言矣。

中西文化之不同，其实起于农商业之不同。中国以农立国，五口之家，百亩之地，几于到处皆然。父传子，子传孙，亦皆历世不变。日出而作，日入而息，夫耕妇馌，老人看守门户，幼童牧牛放羊，举家分工合作。春耕夏耘秋收冬藏，同此辛劳，亦同此休闲。其为工人，亦与农民同有规律保障之生活。一家然，一族一乡同然。同则和，安则乐。《论语》二十篇之首章曰："学而时习之，不亦悦乎？有朋自远方来，不亦乐乎？人不知而不愠，不亦君子乎？"孔子之所以教人，实即当时中国农民之同然心理也。而后人之所想像一天人合内外之境界，则从来农人之生活境界也。

西方古希腊亦有农民，摈之在野，沦为农奴。商人则居都市中，越洋跨海，远出经商。然买卖双方，须各同意，乃得成交。购与不购，购价几何，皆决定于购方，乃购方之自由。故售方亦如赌博，在己无确定之把握。同队而出，赢利厚薄有不同，故亦不免有妒争之意。归而家人团聚，则别求一番快乐以自慰。故其为生，杂而无统，分别而不和，向外多变，不安而争，不和不乐，而亦前进无止境。于是乃成其所谓个人主义与唯物史观。先则争利，继以寻乐。而利非真利，乐亦非真乐。人生乃在寻与争之中，究竟目的何在，则寻不到,亦争不得,乃惟新惟变之是务。

西方人重创造,并不许模仿。商业货品必有商标,一家专利,不许他家冒用。标新立异,花样叠出。此风影响及于学术界,于是哲学家中,乃有我爱吾师,我尤爱真理之名言。真理同为哲学家所寻求,但前人所得,后人亦不贵承袭。故开新始可赏,守旧不足珍,否则乃无一部西洋史。而中国人则谓,天不变,道亦不变,师法相承,循规蹈矩,不贵新创,始合理想。此又其大不同处。

又如近代西方生物进化论言:“物竞天择,优胜劣败,适者生存。”中国人好言龙,龙乃古生物,今已失其存在,岂为劣者。如蝇如鼠,岂为适而优者,乃得迄今生存。中国人则仅言“天地之大德曰生”。又曰:“胜败兵家之常事。”又不以成败论人。如诸葛亮司马懿,五丈原对垒,诸葛病死军中,西蜀亦即灭亡。司马一家,开创西晋。而中国后人极尊诸葛,司马氏岂能相比。又如关羽岳飞,尊为武圣。以其事败,恐人不知敬,故乃特加崇扬。今人则谓乃崇扬失败英雄,不知关岳之所成,乃有更大于其失败者。此亦崇敬其成,非崇敬其败也。中国人主和合观,不主分别观。会通于他时他地而观其大,则关岳有成功。分别于他时他地而单独观之,则惟见关岳之失败矣。

故中国人言思想贵主通,西方思想则贵有别。西方人须一家有一家之特出思想,而中国人则贵在共同问题中有共同态度共同思想。故西方人贵有一人内心思想之独特异人处,中国人则贵观察于外而有其共同之标准与尺度。孔子曰:“述而不作,信而好古。”但孔子生时已非古人之时,故虽信而好古,但亦有变。所谓述,乃亦孔子之新,而无背于古人之旧,此之谓通。两汉亦通于三代,唐亦通于汉,五千年历史相承,仍贵有一通,仍不失其为一中国。哲学史学,亦贵通。故孔子作《春秋》,谓之史学,而不谓之哲学。孔子作《春秋》,实述旧史,仍守旧法,故史学又与经学通。又

20世纪儒学研究大系

谓经史皆是文章,则文学亦与经学史学通。而出于孔子之手,为孔子一家言,则经史子集四部之学,在中国实皆相通,而学者则必称为通人。

人类相同,故可信。孔子曰:"后生可畏,焉知来者之不如今。"此犹谓焉知来者之不有如丘其人者出也。扬雄亦言:"后世复有扬子云,必好之矣。"则中国人既信古人,亦信己,又信后人。守旧即以开新,开新亦即以守旧。孔子守周公之旧,乃即所以开己之新。故孔子乃承周公之传统而现代化。周公乃如一旧孔子,孔子则如一新周公,新旧之间,变中有化,化中有变。变属地,化属天。中国人观念中之天,乃为一大化。西方人则知变不知化。故就双方历史言,可谓春秋战国化而为秦汉。西方历史,则希腊变而为罗马,乃从头新起,不得谓希腊之化而为罗马。中国人言"人文化成",西方人实无此观念。即如西方一部哲学史,亦仅可谓由柏拉图变出亚里斯多德,由康德变出黑格尔,不得谓亚里斯多德与黑格尔乃由柏拉图与康德化成。故一部西洋哲学史,可谓创新立异,有无穷之变。而一部中国思想史,则上下古今,一体化成。此乃其大相异所在。

西方人言变,则谓之进。然进之反面为退,西方人又知进不知退。农业社会,百亩之地,不能再进。而三年耕有一年之蓄,九年耕有三年之蓄。春耕夏耘在进在取,秋收冬藏在守在退。而三年之蓄,则更在进中预求退。此乃中国人进退之合一。而西方商业社会进展至资本主义,富则求愈富,进则求愈进,乃不知所谓退。

孔子志在学周公,乃及其老,则曰:"道之不行我知之矣。"又曰:"我久矣不复梦见周公",是孔子志在进而知退一大证。汉唐儒以周孔并尊,宋明儒乃以孔孟并尊,以孟子易周公,此亦求进而知退之一例。大体言之,儒家主进,道家主退。乃中国儒学自《中庸》《易传》以下,无不兼融道家言,故知进必知退,乃中国人文大道之所在。顾亭林有言:"国家兴亡,肉食者谋之。天下兴亡,匹夫有责。"是中国人之退,亦即所以为进矣。此义尤值深求。故曰进曰退,一正一反,其合则在退,但亦可谓之在进,此乃中国之大道,非简单申衍可明矣。

今人言进,则曰进取。中国古人言退,则曰退守退藏。取之与守与藏,亦正反相对,而其合则当在守与藏。但西方人则知取,不知守,不知藏。大英帝国数百年来,其所进取于全世界者,亦可谓既久且广矣。但其所守所藏今又何在?中国人言开花结果,实则开花是在进,而结果则已退在藏。由旧生命展演出新生命,其主要机栝即在此所结之果。西方人生,则似惟主开花,而不知求有结果。希腊罗马之与英法现代国家,都曾开花,但皆无结果,即由其不知有退藏一面。一切西方哲学,亦如正在开花,故一部西洋哲学史可谓繁花盛开。而一部中国思想史,则惟见其果实累累,不见有花色之绚烂。此亦一大异。

《易·系辞》言:"坤之静为翕,动为辟。"翕即退藏于密也。其辟仍是所翕之辟,非向外有进取。君子闇然而日章,闇与章又一对立,乃其闇之日章,非弃其闇而进于章。故西方进取,必见为异体。而中国之退藏,则仍属同体。中西之异即在此。

又如中国人言魂魄,亦一对立。魄属体,魂则属心,而体则统于心。体相异而易坏,心则同而常存。体坏则魄不存,心存则魂常存。孔子之体已坏于两千五百年之前,故孔子生前之魄已散。孔子之心则一成不坏,故孔子之魂则犹存于两千五百年之后。中国人谓此为不朽。故死生对立,一正一反,亦可谓之以死合生。惟其死中有生,生能合于死,故得死后有不朽,而中华民族乃历五千年而长存。中国之国土,则即成为中国之天堂。西方亦死生对立,其和合则又另为一事,即其宗教信仰之灵魂与天堂,故此世界乃必有末日之来临。西方近代科学之核武器创造,则不啻为促成此末日来临作准备。

西方哲学如黑格尔,其主正反合,乃于合一后仍有其新的对立,则此世界,无止无歇,永成一对立。中国观念则正反本属一体,天人内外本属和合,乃由和合中展演出对立,而终无害于其和合之一体。故在西方学术界,乃有科学哲学之对立,在中国则并无此对立。西方又有宗教与科学之对立,中国则仍无此对立。

西方科学宗教,一主物,一主神,然皆具体落实。惟主神则在可信,主物则在可证,其先皆属一种大胆之假设。哲学则架虚乘空,不具体,不落实。如柏拉图之理想国,即乌托邦,绝不从当时希腊实况或雅典实况建议设计,乃仅从其一己意见发言,故与中国古人之政治思想如周公如孔子者大异其趣。故西方哲学重客观,不重主观,于此哲学家本身之时代与地区,乃绝不介意。即如康德,其人生平,记载备详,但与其哲学无关。在中国,则读其书贵能知其人,如《论语》《孟子》是矣。读庄子书,虽不能详见庄周之为人,但亦可从其书约略推想。读老子书,则书中惟见老子之思想,不见老子之为人,乃始与西方哲学家有其类似处。读中国文学亦然。如读屈原《离骚》,可知屈原其人。读司马相如诸赋,则作者其人不在内,故扬雄讥之为雕虫小技。读李杜诗,则知李杜其人。读韩柳文,则知韩柳其人。读《水浒传》与《三国演义》,并不能知施耐庵与罗贯中,故小说不为中国文学之正宗。即如读《史记》,亦可备见司马迁之为人。读《汉书》,则班固为人较少见。而史汉两书高下,亦于此判矣。此亦中国学术传统精神之所在。今人乃一切以西方为衡量,乃谓不先读康德哲学,无可明朱子之思想。是朱子在康德前,已预知其后世西方有康德而先与之同,斯亦出神入化,可谓极人类聪明之至矣。否则一切思想必以康德为宗主,同则是,异则非,尽可专读康德书,专治康德哲学,何不惮烦必再及于朱子。

近代人严复,译西方哲学书,有《群己权界论》。群与己亦相对立。然依中国人观念,中外古今,群中只有己,群为其大共相,己为其小别相，大共中有小别，仍为一体，非对立，则何权界可言。中国人一切学术思想行为只一道。尧舜之禅让，禹之治水，稷之教稼，契之司教，夔之司乐，皋陶之司法，盛德大业，其道则同，皆本于天，此亦可谓乃中国之宗教。旁及于农田水利音乐律法教育诸端，则科学艺术胥融纳其中矣。此亦可谓中国传统哲学思想之主要精神所在，而实亦无独立之哲学。近代国人必崇西化，特据西方哲学，求为中国古人创立一套哲学，而又必据西方哲学作批评，使中国哲学乃一无是处，终亦不成为哲学。斯诚不具体不落实，亦西方哲学架空乘虚之一端矣。

兹再言抽象与具体，亦相对立。西方则认为先有具体，乃有抽象。中国人观念则先有抽象，始有具体。如乾为象，坤为形。乾属天，坤属地。象必先于形，即天必先于地。故中国观念，具体即在抽象中。虽对立，非对立。如人身属形，必先有人，乃始有此身之形，但非此形之即为人。亦如天之生人，必先生群，始有己，非天之先生各别之己，乃始合之而为群。故西方有个人主义而中国无之。依中国观念，亦可谓先有家，乃有己。先有国，乃有家。先有天下，乃始有国。先有一共通之大同，乃始有各别之小异。故各别之小异，必回归于此共通之大同，乃始得成其为一异。西方人则认为先有异，始有同。先有己，始有群。群纵有同，而己之各别之异则更重。然则使无人类共通之群，何来而有此分别各自独立之小己乎？故西方人乃认为可以无此天下，而仍有一大英帝国之存在。则大英帝国之不可长存，亦不烦言而知矣。

故言学术，中国必先言一共通之大道，而西方人则必先分为各项专门之学，如宗教科学哲学，各可分别独立存在。以中国人观念言，则苟无一人群共通之大道，此宗教科学哲学之各项，又何由成立而发展。故凡中国之学，必当先求学为一人，即一共通之人。而西方人则认人已先在，乃由人来为学，宜其必重一己之创造矣。但人各不同,如康德与卢骚同为一哲学家,而其人则大不同。亦如同为一夫妇,而其为夫妇者则大不同。同为一国,而其国则亦可大不同。今人则又喜称汉帝国唐帝国,此亦泯此中西双方之立国精神矣。

今人又盛言科技。庄子曰:"技而进于道。"孔子曰:"志于道,据于德,依于仁,游于艺。"是中国古人无论儒道两家,莫不以道为本,以技与艺为末。志道明道行道,是其本。技与艺,皆包涵在道之中。游于一艺,可相分别,会通和合,则皆一道。此可谓是中国哲学,道与技亦相对立而和合为一。而西方人则知有技有艺而不知有道,亦可谓西方人乃认技与艺即是道。即如近代之核武器,乃为西方之尖端科技,大量杀人,亦即道。故西方哲学必异于宗教,异于科学,异于艺术,乃始得成其为哲学。又必各自相异,不相会合,乃始成为一专家。是哲学亦成一技,而非道。一切学术合成一无道,则多技亦合成为无技。即如当前美苏核武竞赛,又焉有其他一技可加以遏止。纵使复有一新技出,能对近世之核武器加以遏止,则仍必有一新技与之相对立,其为一无止无歇之无道世界则依然耳。

(选自钱穆《现代中国学术论衡》生活·读书·新知三联书店 2001 年版,台湾东大图书公司 1987 年 8 月初版)

钱穆(**1895—1900**),原名思镠,1912 年春改名穆,字宾四,为文尝署名钱穆、钱宾四、梁隐、孤云、与忘、公沙等,署号未学斋主、强学室主、素书楼主,江苏无锡人,自学成才,曾任小学、中学教职及燕京大学、清华大学、北京大学、北平师大、西南联大、华西大学、四川大学、江南大学、吉隆坡马来亚大学、台北中国文化大学教授,主持齐鲁大学国学研究所,昆明五华学院文史研究所,创办香港新亚书院、选为中央研究院院士。著述宏富,代表作有:《刘向歆父子年谱》、《国学概论》、

《先秦诸子系年》、《中国近三百年学术史》、《国史大纲》、《两汉经学今古文平议》、《中国文化史导论》、《朱子新学案》、《湖上闲思录》、《中国历代政治得失》、《中国思想史》、《孔子传》、《现代中国学术论衡》,是现代中国的史学大师、国学大师。

　　《略论中国哲学》一文选自《现代中国学术论衡》,是钱穆晚年之作。自西学东渐以来,中国传统通人通儒之学逐渐为西方输入的分门别类的专家之学替代,中国学术界分门别类、务为专家,鲜通学。"哲学"也是自西方传译而来,中国无之。此文专就西方哲学思想与中国哲学思想作了系统的比较研究,认为中国哲学思想以"仁"为内核、仁智连言、重会通和合、哲学思想与哲学家合一,以守成为主,贵主通,求一会通之大道;西方哲学以"智"为内核、重分别、重创造,一家有一家之特出思想,多言变与进,重客观不重主观,知有技有艺而不知有道,务为专门之学。

中国人的人生观（节选）

方东美

第一章　中国人的智慧

——广大和谐之道

自从人类有史以来，哲学就一直是众说纷纭；它常带有浓烈的意味，要不就是痛快淋漓的宣畅无穷机趣，要不就是深沉敏锐的宣泄无端悲痛，后者对人心深处纵非致命伤，也会挑起无限惆怅，这对人类精神自是一种威胁利器，然而，哲学还另有和平中正的意义，足以激发人类的原创力，积健为雄，促使人类气概飞扬，创进不已，所以哲学对人类更有一种抚慰作用，足以安身立命，斡运大化，进而生生不息。

由此看来，哲学思考至少有三种途径：（一）宗教的途径，透过信仰启示而达哲学；（二）科学的途径，透过知识能力而达哲学；（三）人文的途径，透过生命创进而达哲学。

雅士培，这位德国实存主义大师，在其近作《哲学的永恒境界》(The Perennial Scope of Philosophy)中，曾指出哲学以往的两种出路：一方面，因为哲学深为关切信仰启示，而这种信仰又极具排他性，所以只能建构出一套附属于神学的观念系统，否则便会丧失信仰，走上虚无主义。而另一方面，因为哲学深受欧洲科学萌芽的影响，所以必需深符科学原理，其世界观便只能相应于一套批判性的

20世纪儒学研究大系

知识论,否则即会被视为虚幻的表象。这样一来,哲学便堕入两难的局面,最后只能宣告退位,雅士培为了面对这种挑战,曾经建立了他自己一套哲学,本文所要谈的并不在此,我所想强调的是,上述哲学的两种出路,即使要认同于神学或科学,也很难超越种种困境。

对上述三种哲学思考的途径,若要深论,恐篇幅有限,所以本文只打算扼要指出一些关键问题。

(一)宗教,对史宾格勒来说,"自始至终,是形而上的,是另一世界的,是对另一世界的知觉(awareness),而在该世界中,所有感觉只为烘映出前景而已。宗教是在超感觉(supersensible)中的生命,是与超感觉一致的生命,在此一知觉的能力消失时,或是对它存在的信仰消失时,真正宗教便走向了终结"。所以基督说过"我的王国不属于这世界",此乃所有"自律宗教"(Autonomicreligion)的根本教义,而现实世界就被置于一旁,备受贬抑。这样一来,现实世界与理想世界便对峙而立,不能融通。前者不论它是大化流行的领域、或历史变迁的场合、或尽性力行的园地,如果没有神的恩典降宠,便根本是有罪的。如果神学只是这种对超自然的启示信仰,那哲学即使想为神学服务,也只能促使人们逃避此一玷污的现世,而寄望于另一完美的他世。

因此我们可以看出为什么尼采称柏拉图为"预存的基督徒"(Pre-existent Christian),柏拉图曾使他的恩师苏格拉底说道:"我要向你证明,真正的哲学家临死之际仍有充分理由高兴,因为死后他才可望在另一世界得到最大的善。""经验告诉我们,如果我们对任何事物想得到纯知,便必需离开肉体——因为只有精神才可以透视纯知,然后我们才能得到想要的智慧,我们是爱智者,然而得到智慧是在死后,不在生前……""真正的哲学家,只有他们,才永远在追求精神的解脱。"所以说:"真正的哲学家……所一直萦绕于怀的,乃是在如何实践死亡。"

要如此看来,才知道莎士比亚名言的深意:"生,或死:那才是个问题。"而苏格拉底还进一步说过:"死亡——不是生存——才是得到纯粹智慧的最佳途径!"对柏拉图来说,"此事虽疯狂",却有深意在,乃是天才的表露,所以"此中有方法"——然而,就是透过这种方法,苏格拉底却是悲惨地死了!当苏格拉底因此而死时,哲学精神也一体而亡了!哲学的雄键精神一旦萎缩致死,无边的空虚惆怅便会到处弥漫,至少在现实世界,便会更感空虚,苏格拉底便是一个典型例子,他如此悲怆的哲学,只有更加速哲学的悲惨死亡。所以,如果哲学只有这种途径,我们直可说,哲学,你的架构是脆弱的,哲学,你的本质是虚无主义!

(二)现在让我们再将哲学放在科学之镜前面,看看产生的影像是什么。近代欧洲史曾出现一些伟大的名字,像笛卡儿(Descartes)、史宾诺莎(Spinoza)、莱布尼兹(Leibniz)、与康德(Kant)等等;然而,我们在此主要是指"极端科学化"的哲学,如同罗素(Russell)所说的:"我相信,哲学的问题与方法一直被所有学派所误解,我们若用传统的知识方法,对很多问题都无法解决,然而其他被忽略的更重要问题,只要透过更有耐性、更为适当的方法——也就是精确与固定的科学方法,便可解决。"

这是一个很大的承诺,若是无法兑现,将会使人黯然心碎。然而,如此一种科学哲学所给予的承诺,无论如何重覆,实在只是一个脆弱的承诺,因为科学哲学所宣示的能力本身就很容易被撕成碎片——或许你会问,被谁所撕?

罗素肯定的断言,哲学的本质,是逻辑,然而"逻辑的真正功能乃是……如同在经验事务中的应用一样……分析重于建设","因此,当它想发挥想象力到'可能'的世界,它便不能再深入,而只能自限于'实际'的世界",这正是促使康德不安的地方,虽然康德自己在知识论也曾建树一套科学性的哲学。

尤有甚者,最可悲的是,根据罗素的讲法,"我们必需抛弃指望,不要希望哲学能对人心提供满足,它所能做的,只是在堕落的尘世中,澄清一些观念,帮助我们了解世上的一般情景,并对复杂的事务从事逻辑性的分析,如此而已……对一个真正的科学哲学你不能多存奢望,它的作用只能停在求知的层面,以避免知识性的迷惑……除此而外,它并不提供——也不想提供——有关人类命运的解决方案,更遑论宇宙前途的解决方案"。在这里,科学的哲学很轻率地宣布了伦理的中性化(Ethical Neutrality),它被认为只是"一种对高度净化、高度文明的追求与需要,是一种从生命本能跳脱出来的解放,甚至于有时还远离所有希望与恐惧等情绪"。

因此,我们从上述讲法可以得到一个重要结论,那就是对哲学的"无能"表示俯首认罪,根据罗素的看法,"哲学在科学精神的洗礼下,必需只与干枯抽象的事体打交道,而且必不能奢望它为实际人生寻求答案",犹记罗马哲学家西塞禄(Cicero)曾经宣称:"哲学,你是人生的导师,美德的良友,罪恶的劲敌,如果没有你,人生又值什么?"若以西塞禄这种标准来看,那今天哲学的内在意义,早已被腐蚀殆尽,荡然一空,顶多只能以科学化的形式聊备一格,成为多余的存在(这将是何等可悲的事!)。奇怪的是,这种形式居然也成为罗素所谓"一个自由人的崇拜对象",甚至他还化极大的心血来描绘。

(三)所以,总的来说,以宗教导引人生虽能发人深省,但是神学——至少某些神学的形式——为了护教而贬抑现世的人类价值,并在狂热的本能中特别强调死亡牺牲,如此出世避世的看法,却值得商榷。另外,科学追求真理虽然也是令人向往,但若一旦逾位越界,连哲学都被科学化,便深具排他性,只能处理一些干枯抽象的事体,反把人生种种活泼机趣都剥落殆尽,这也是同样的危险，因此，哲学一旦成为神学的婢女，作为护教之用，或者成为科学的附庸，不谈价值问题，则其昏念虚妄必会戕害理性的伟大作用，而无法形成雄健的思想体系。

因而，实在说来，人文主义便形成哲学思想中唯一可以积健为雄的途径，至少对中国思想家来说，它至今仍是不折不扣的"哲学"，诚如美国哲学家罗易士(Royce)所说，"哲学乃是一种向往，促使日渐严重的人生问题走向合理价值，当你对现世切实反省时，便已在从事哲学思考，当然，你的工作，第一步是求生存，然而生命另外还包括了激情、信仰、怀疑、与勇气等等，极其复杂诡谲，所谓哲学，就是对所有这些事体的意义与应用，从事批判性的探讨"。

整个宇宙，无论它被分割成多少领域——自然界或超自然界，现实界或理想界，世俗界或神性界，在中国人文主义看来，都是普通生命流行的境界，这种大化流衍，范围天地而不过，曲成万物而不遗，而人类承天地之中以立，身为万物之灵，所以在本质上便是充满生机，真力弥漫，足以驰骤扬厉，创进不已。

换言之，中国的人文主义，乃是精巧而纯正的哲学系统，它明确宣称"人"乃是宇宙间各种活动的创造者及参与者，其生命气象顶天立地，足以浩然与宇宙同流，进而参赞化育，止于至善。

所以说，宗教旨在追求"极乐"，科学则在探讨"真理"，两者皆不可偏废，然而，"人"却也不能被贬抑。只有透过人的努力，怀抱远大理想，全力促其实现，才能济润焦枯，促使生命之树根干茂盛，枝叶扶疏，蔚成瑰丽雄伟的灿烂美景。

然而人文主义对"人"并不只是一味歌颂，"人"也并不只是祈祷文中的一个名词而已，说到"人"的本性，诗人对他的赞颂充满吊诡，哲人对他的思索也充满辩证，那么，到底"人"是什么？为了表明他的价值，我们应该如何持平地看他？

"人是何等了不起的杰作！多么高贵的理性！多么无限的潜

力！多么优美的仪表，多么文雅的举止！在行动上多么像一位天使！在智慧上多么像一位神明！他是宇宙的精英，万物的灵长！然而，在我看来，这样一个尘土塑成的生命，又算得了什么？"

"人是何等困惑的东西！何等新奇、又何等诡怪，何等纷乱又何等矛盾！何等神奇、是万物之灵，却又何等低能、只能栖居一隅，他是真理的宝库，却又常常犯错，他是宇宙的荣耀，却又狂桀不驯。"

"如果他自大自夸，我就使其俯首，如果他自小自卑，我就使其提升，人就是这样一直自我矛盾，无法理解的怪物！"

欧洲人有种习性，对人性既尊重又鄙视，若从中国的思想家来看，他们的说法相当怪异矛盾，然而深究之下，便知也有其根由。

西方远自古希腊起，就有一种很流行的奥菲派神秘宗教（Orphic Religion），此派源自 Thracian，根据它的理论，人类是由两种神力凑和而成，一个是善的，叫做"大安理索斯"（Dionysus），另一个是恶的，叫做"迪挺"（Titan），大安理索斯原为葡萄树神，后来引申为酒仙，因为饮酒可以激发灵感，表现创造能力，所以被视为歌舞之神，它后来被善妒的迪挺撕成碎片，吞噬下去。天神宙斯（Zeus）知道后大怒，乃嘱雷神将迪挺打得粉碎，化为灰烬，然而事后又觉得可惜，所以又派遣雕塑之神，将一些灰烬——迪挺的形骸和大安理索斯的良心团在一起，揉做人形，这就是人类的始祖。要如此说来，人类的本性便天生具有两种截然不同的成分，成为一种怪异的组合，换言之，善良的灵魂深深陷在罪恶的躯体中，因此，此世的生命如同牢狱，等待惩罚，只有灵魂从躯体解脱出来，到达他世，真正的喜悦才可能存在，这就是希腊几千年来先天性恶论的源头，后来转变成宗教上的性恶论，所以才会厌世出世，贬抑人性。

事实上这种看法，在古希腊很普遍，像毕达哥拉斯（Pythagoras）也有如此强烈看法，而希腊悲剧作家尤里披蒂（Euripides）更是如此,另外如前所说,苏格拉底的人生哲学,尤其是受奥菲宗教的直接影响。

再者,众所皆知,希伯来对人性的看法,也与奥菲宗教相同,根据其理论,神照自己的形相造人,所以人的灵魂本属纯善,但因后来受撒旦诱惑,才堕落犯罪,所以《新约》中说,"因此,这就如罪是从一人入了世界,死又是从罪来的,于是死就临到众人,因为众人都犯了罪","你们若顺从肉体活着必要死,若靠着圣灵治死身体的恶行,必要活着"基于这种人性二分法,德国哲学家包雅可(Jacob Boehme),甚至建立了一套"神魔同在"(God-Lucifer)的形上学理论,以便使宇宙的截然二分更为突出。

同样,在印度,佛教徒也认为阿那耶识(Alaya)乃由"如来藏"与"藏识"合成,前者为清识之源,后者则为浊识之源,因为源头有清有浊,有如挟泥沙而俱下,所以下游自有杂染。这种理论若与西方相互比较,将可看出是何等近似。

换言之,在上述学说里,诸位很容易看到人性中的"大裂痕",一方面,人是神的形相,而另一方面,他却又是恶魔的化身,这两者势如水火,毫不相容,所以,人不只是一种矛盾,更是一种内在的自我矛盾——此世的肉身纯为罪恶,而善良的灵魂属于他世。在两者之间,你只能看到一团毫无意义的虚无!这种学说发展到最后,诸位便会发现,整合的人性沦为一种"恶性二分法"(Vicious Bifurcation),德国哲学家凯萨林(Hermann Keyserling)曾经把"西方思想"称为"西方愚昧"(Western Unwisdom),如此看来,确有至理在焉。

然而,中国思想却迥然不同,我称之为"东方智慧",其中绝无任何对人性的咒诅。我如此直说,并不在对基督教挑毛病——事实上,我认为基督教是一个极为宝贵的真理,我所想指出的是,西方这种有问题的哲学,足以戕害人性尊严,割裂人性完整,而这在中国人文主义的光照之下,尤其看得清楚。

前此我们已经提到,西方很多宗教人士视人不是一个整体,而是一种"两极化",像《化身博士》(Dr. Jekyll & Mr. Hyde)一书所说,是双重人格,善恶同体;如此一来,这便使得人性分裂,不再可敬,因为有罪恶的那一半,便很难保持原来那一半的善良,以致人性时时在冲突矛盾,不得和谐安宁。

说来奇怪,虽然人类已从古代宗教进入现代科学与哲学,但西方对人性的看法仍然不是完整的一体,还是极端的两橛。这令我想到《爱丽丝仙游记》(Alice in Wonderland)这本书的故事,爱丽丝随着兔子到一小洞门,遥望洞外是个明媚可爱的花园,她很想进入,可惜身体太大,无法钻入,然而,吃过一瓶果露后,身躯便愈缩愈小,小的像个望远镜,甚至像个蜡烛,只有十英寸左右,但此时又因躯体太小了,连钥匙都无法够到,还是无法进入花园里,正在悲伤之际,她又吃了一小块饼干,这时开始慢慢长高,但愈长愈高,竟快冲破了屋顶,这样一来,进入花园的希望更渺茫了,如此一波三折,爱丽丝深感每个阶段都迥异不同,不禁脱口喊道:"如果每次都不是相同的我,那么,在这世界上,我到底是什么?啊,这真是个烦人的恼事!"

近代欧洲人从中世纪的宗教社会解放以来,凭借科学的思想,从天上回到地下,犹如自然界的小孩子,透过灵巧的观察与经验,急于了解大自然的秘密,这就好比爱丽丝急于想进入仙境,他们也很想进入大自然这可爱的花园,不同的是,他们果真进入了,在芳菲蓊勃的花园中徜徉赞叹,相同的是,人的地位在科学魔力下,也缩成了一小截,恰如爱丽丝喝过果露以后缩小一样。

换句话说,根据十七世纪的科学传统,自然界也被二分法所割裂。在"真实的自然"(Real Nature)中,只有所谓"初性"(Primary qualities)才是事物的本体,但在"表面的自然"(Apparent Nature)

20世纪儒学研究大系

里,你却只能发现一些"次性"(secondary qualities),组成所谓的"心灵"。因此从理论上来说,人便只是心灵与身体的组合而已。然而,身心之间到底如何连贯融通,求得谐和一致,迄今却还没有任何现代知识理论足以完满阐述。

所以西方自从法国笛卡儿以降,有种强烈趋势,那就是只以心灵的层次来看人,因此人便成为主观,拥有一组"次性",而这些次性在客观的大自然中全非真实。因此这种科学二分法到最后便导致人被割裂片片。若借英国休谟(David Hume)的一句话来说,人竟只成了"一束知觉"而已,毫无根本的统一;这样一来,人甚至不是一个心灵!如果种种次性——可称心灵的唯一成分——在世上都不是真实在的,那如何可以凭借它建树一个可敬的人性?以此类推,其他所谓"第三性"(tertiary qualities),也就是真、善、美等价值,甚至比虚无还不如了,其风所及,人类根本不可能建构任何价值理想,因为根据科学哲学家如史宾诺莎等人的看法,连价值也只是幻象而已。

所以按照西方的看法,我们所看到的人,已是剥落斑斑,一切高贵的特质,一切丰赡富饶的初性、次性与第三性都被剥落殆尽,最后,人只剩下一个虚无!此所以巴斯噶(Pascal)称人为妄念!为怪兽!为矛盾!而在莎士比亚的语言中,人甚至还不如一个尘土,因为尘土不论多渺小,毕竟还有点东西。

然而,要想贬抑人性终究是徒劳无功的,因为人类生来就有伟性,要想迫使人类向自然称臣,反会形成人对自然的征服,所以培根(Francis Bacon)早已提到,为了了解自然,我们自应先服从它,然而他马上就指出,"知识即权力",人类透过知识的能力,先会有系统的了解自然,接着就会控制自然与利用自然,一如敏捷的驯兽师先需在狮洞中忍受狮子,然后就可以毫不畏缩的驯服狮子。

当西方在十六、十七世纪,产生自然二分法与压抑人类的时候,不少大科学家们,如克卜勒(Kepler)、笛卡儿(Descartes)、伽利略(Galileo)、牛顿(Newton)等人,开始进入了欧洲文明舞台,分别展现其巨大的知识能力,而在后来的岁月里,以神奇的科技成就充分证明人类足以征服自然。因此,系统哲学家如德国的康德(Immanuel Kant),在他要证明知识的可能性与凯旋时,才能宣布:"悟性并不是由自然界先天导出定律,而是将此种定律指向自然界。"

在后来的发展中,欧洲观念论从康德到黑格尔,包括新黑格尔学派,都强调人类的精神能够本其自身律令而创建世界,镇服自然,因此,"自然"如果只被视为初性以外的孤独领域,远离精神现象而孑然存在,那便只是毫无意义的一个名辞而已,在黑格尔来看,精神才是宇宙的实质,所谓自然界不过是精神世界演进的初步,而最后精神之完成实现必需先超过这个初步,战胜其阻力,此所以黑格尔喜称在精神世界中,自然界首先能到达其目标与真理,而精神之所以为精神,正因其足以淡化自然,流衍无穷,所以在此人类自觉之下,精神的最后凯旋才能于焉宣布。

然而,我想喜欢诡辩的巴斯噶恐怕又会起而争论:因为"自然"固然一方面有其完美性,足以表现其为精神的观念,但另一方面却又有其缺憾,只能代表属神的观念。

若从西方思想史的发展来看,则罗素下列的沮丧语句,颇能代表科学界对上述观念论的反动:

"人类只是一些前因的后果,根本无法预见未来,他的一切根源、成长、希望、与恐惧、一切爱与信,都只是偶发元素的安排结果;因此事实上没有任何热诚、任何英雄气概、或任何思想与感觉,可以在入土死亡后,还能保存生命的,所以当代所有的工作、所有的奉献、所有的启发、所有的天才,最后终将注定在太阳系中毁灭,而所有人类成就,更将无可避免的与宇宙残骸一起被埋葬","人生就是短暂与无力,在人类全体来说,其劫数终将无情的继续下坠。"

　　从上面可以看出,西方思想不论那一学派,往往都充满"恶性二分法",把很多事物放在水火不容的两极对立中,因此整个宇宙仿佛一个战场,很多现象在其中纷争不已:因为恶魔与神明在互争,所以人心中的魔念与天良也一直在交战,因为自然与超自然壁垒分明,所以自然中的次性与初性也尖锐对峙,又因为自然与人格格不入,所以人的萎缩自我也与超越自我背道而驰;这种正反对立的关系真是不胜枚举,一言以蔽之,"和谐"的重要性要不就被忽略,要不就被无望的曲解了。

　　因此,我将向诸位阐述一种极其不同的哲学风格——那就是典型的中国哲学,数千年以来我们中国人对生命问题一直是以广大和谐之道来旁通统贯,它仿佛是一种充量和谐的交响乐,在天空中、在地面上、在空气间、在水流处,到处洋溢着欢愉丰润的生命乐章,上蒙玄天,下包灵地,无所不在,真是酣畅饱满,猗欤盛哉! 而中国人的思想也一直就是以这三个主题为中心:自然,人,与人的文化成就。

　　换句话说,我们对自然的了解与西方不同,"自然"对我们来说,是普遍生命流行的境界,其真力弥满,贯注万物,因此自然是无穷的,它不被任何事物所局限,也没有什么"超自然"驾凌其上。"自然"本身就是无穷无尽的生机,其饱满生意充满一切,但又并不和上帝的神力冲突,因为在它之中正含有一切神奇的创造力。再说,人和"自然"之间没有任何隔阂,因为人类生命与宇宙生命乃是融贯互通、浃化并进的。

　　不只中国人如此,视自然、人、与历史浑然一体,浩然同流,诸位在某些印度思想中也可看到,比如在《奥义书》中,多处都提到如下的"和平颂":"噢,彼也充满,此也充满,充充满满,彼此互流,当此充满贯注另一充满,更能流衍互润,融成一体。"凡此种种,都可看出东方智慧的基本精神。

因此，在这种智慧的光照之下，哲学并不是对一些琐事枝枝节节的研究，往而不返，也不是对一些与生命不相干的探讨，执而不化。所有偏执的"主义"，若只囿于边见，即使不是虚妄，也是误解，中国哲学在这种广大和谐的原则下，以理想主义作为追求崇高价值的表现，自可与自然主义携手合作，共同肯定生命的意义——不论是宇宙生命或人类生命，然后，在这种意义下的自然主义，也必能与人文主义密切融通，共同在文化创造中肯定人性的尊严。

根据中国哲学，整个宇宙乃由一以贯之的生命之流所旁通统贯，它从何处来，或到何处去，固然属于神秘的领域，永远隐秘难知，然而，生命本身就是无限的延伸，所以无限的生命来自"无限"之上，而面对着"无限"，有限的生命又得绵延赓续，因此所有生命都在大化流行中变迁发展，生生不息，运转不已。它是一种途径，一种道路，足以循序渐进，止于至善；这创进不息的历程就是"道"，若是"原其始"，则为善之本质，由此源头而流衍出一切生命原动力，超乎一切价值之上，所以必然是超越性的（transcendental），不只是超绝性（transcendent）而已，若是"要其终"，则为善之完成，所谓"道"也就是在此历程之中尽性践形，正己成物；又因其包容万类，扶持众妙，所以也必然是内在性的（immanent），在万有之中彰显出造物主的创造性，如此在"原始要终"之间，正是大道生生不息的创进历程，蔚成宇宙的太和次序。

这一种视"自然"为创进历程的理论在中国《易经》阐述得最精采："成性存存，道义之门。"（The fulfillment of Nature which is Life in perpetual creativity is the gate of Wisdom bodying forth the value of Tao and the principle of rightcousncss）由此诸位可以看出，根据中国哲学的传统，本体论也同时是价值论，一切万有存在都具有内在价值，在整个宇宙之中更没有一物缺乏意义。各物皆有其价值，是因为一切万物都参与在普遍生命之流中，与大化流衍一体并进，所以能够在继善成性、创造不息之中绵延长存、共同不朽。

　　现在让我们再谈谈对人的看法，人是生于何处？凭藉何物？朝向何处？又所为何来？

　　若问人生于何处，根据中国哲学，人生于自然之中，而自然乃是大化流行的境界，其神韵纾余蕴藉，盎然不竭，其生气浑浩流衍，畅然不滞，如果有人投身于此大化之流，正如同一滴雨水融入河流，即能一体俱融，共同奔进，"自然"与个体相遇前或会觉得个体多余，但一旦水滴融入河流浑然同体，即能变成波澜壮阔的一部分，浩然同流，这时你中有我，我中有你，犹如甜蜜的爱侣一般，心心相印，足以谱出共同心声。

　　在中国人看来，自然全体弥漫生命，这种盎然生意化为创造冲力向前推进，即能巧运不穷，一体俱化，恰如优雅的舞蹈，劲气内转而秀势外舒，此时一切窒碍都消，形迹不滞，原先的拘限扞格都化为同情交感，因此中国哲学家认为，自然与人生虽是神化多方，但终能协然一致，因为"自然"乃是一个生生不已的创进历程，而人则是这历程中参赞化育的共同创造者。所以自然与人可以二而为一，生命全体更能交融互摄，形成我所说的"广大和谐"（comprehensive harmony），在这一贯之道中，内在的生命与外在的环境流衍互润、融熔浃化，原先看似格格不入的此时均能互相函摄，共同唱出对生命的欣赏赞颂。

　　至于人生的凭藉，在中国哲学看来，则在高标至善理想，融入自然的创化历程中，以追求其完成实现，这种"善"源自无限也迈向无限，像中国在十八世纪有位名思想家戴震，他在《原善》一书便阐述得极为中肯：

　　"善曰仁，曰礼，曰义，斯三者，天下之大衡也。上之见乎天道，是谓顺，实之昭为明德，是谓信，循之而得其分理，是谓常。道，言乎化之不已也，德，言乎不可喻也。理，言乎其详致也，善，言乎知常体信达顺也。""性,言乎本天地之化,分而为品物者也。限于所分曰命,成其气类曰性。各如其性以有形质,而秀发于心,征于貌色声,曰才。资以养者存乎事。节于内者存乎能……呈其自然之符,可以知始,极于神明之德,可以知终。"

正因中国哲学对人性潜能充分了解,从其刚开始的鼓舞作用到最后的精神高峰,皆能深自体悟,所以能够使人善尽其责,在仁爱的意识下——尤其是泛爱众的意识下——根据智慧的导引而完成神圣使命,换言之,宇宙之至善纯美挟普遍生命以周行,旁通统贯于各个人,而个人之良心仁性又顺积极精神而创造,流溢扩充于宇宙,因此,他的生命感应能与大化流行协合一致,精神气象能与天地上下同其流,而其尽性成物更能与大道至善相互辉映。要之,他的创造活动源自同情仁爱,因此其人文教化足以产生理性秩序,而其根据理性秩序所产生的义行,更能彰显公义原则;所以他的精神穆穆雍雍,足以迸发智慧火花,终将成为一位圣贤,充分实现他生命的神圣性。这是何等壮美的存在——在现有世界中还有比这更伟大的吗?

要之,在自然的大化流行中,中国哲学认为人应善体广大和谐之道,充分实现自我,所以他自己必需殚精竭智,发挥所有潜能,以促使天赋之生命得以充分完成,正因为自然与人浩然同流,一体交融,均为创造动力的一部分,所以才能形成协合一致的整体,如果有人不能充分实现自我而有缺憾,也就是自然的缺憾,宇宙生命便也因不够周遍而有裂痕。

此所以孟子指出人人有贵于己者。我们是完美的,因为我们可以尽性,我们是伟大的,因为我们可以成物,对于一切事物我们应该友善,对于一切人类我们应该相爱,因为仁人以爱包容一切,犹如智者以知了解一切,这种广大和谐普遍放光,正是人人均应追求之道,如此,天与人和谐,人与人感应,人与物均调,处处都以体

20世纪儒学研究大系

仁继善、集义生善为枢纽，然后天地之间，才能恰然有序，一切万物也才能盎然滋生。

我们一旦在心中有这种高贵情操，便可彻底透悟《中庸》的伟大宣示：

"唯天地至诚，故能尽其性，能尽其性，则能尽人之性，能尽人之性，则能尽物之性，能尽物之性，则可以赞天地之化育，能赞天地之化育，则可以与天地参矣。"（廿二章）

换句话说，当人们凭藉其创造生机臻入完美境界，即可与天地合其德，与神性同其工。如此的人即可称为理想的精神人格，儒家称之为"圣人"，尽性践形，止于至善。道家则称之"至人"，本性高贵、行动伟大、智慧充溢。墨家则称之"博大完人"，兼相爱而交相利。

上面讲的理想精神人格，乃就人的可能性与潜力而言。然而，就现实来看，人真是如此伟大吗？我想西方莎士比亚说过类似的话："有些人生而伟大，有些人行而伟大，有些人则受感召才伟大。"莎士比亚或许把这些区分当做互不相容，我却不以为然，因为宇宙的普遍生命创化不已，浃其善性以贯注于人类，使之渐渍感应，继承不隔，所以说人人生而伟大，只要能率此天命之性，人人充分发展，则不可能没有伟大成就。

上面我们已看过人与自然的关系，现在让我们来看人与人自己的关系。根据中国哲学，人之所以伟大，乃是可以坚忍奋发，实践所有潜能，所以伟大的成就即是价值的实现，这就是人生之根本意义所在。从"自然"来看，我们可知人"能够"如何，然而，从历史来看，我们则知人"应该"如何。人与"自然"和谐一致，意味着共同创进，然而在历史之流中，人类是自己的主人，理应集中所有原创力，确立方向，全神奔进。这不只是拓展新机，更为了在文化活动中激发精神的觉醒。因为生命之善或价值之光都不是自然的礼物，必需经由新的良心、新的激发与新的天才，才能积健为雄，完成德业。唯有在文化理想光照之下，一个新的生命气象始可脱颖而出，将原始生命转化为人文生命，也唯有如此不断求新求进，生命的创化才不致偏差有误，要之，正因先天的秉赋与善性混然同体，故后天的德业更应与善性浩然同流，唯有如此，生命格局才能显示出恢宏的气宇。

当然，或有人说生命的自然本能只是时空交点下一系列的机械行动，只能表现一些粗野的原始情绪，甚至从最坏的可能来看，人类生命若未受文化熏陶，便也可能沦为莎士比亚所说的地步：

> 人生不过是个人行动的阴影，好比一个可怜演员，
>
> 在台上时阔步高谈，
>
> 以后却再也听不见；
>
> 它又好比是一个故事，
>
> 由一个傻子慷慨激昂的阐释，
>
> 内容却毫无意义，百无一是。

然而，在艺术世界中，生命却如同芭蕾，是一场舞蹈，举手投足都经过美化，把所有情绪按照韵律纳入教化，所以终能优雅美妙，气韵生动，在悠扬高雅的音韵中，促使人类的本能转化成高尚芳洁的意境。即使是一个暴烈的情绪，血脉俱张，也能藉着抒情歌声，总持灵性，吐纳幽情，进而寄托遥深，提高意境，如此凭藉酣畅的歌舞化运神思，以情絜情，终能放旷心胸，进入高尚的精神境界，那时的言行已不再粗鲁鄙俗，而能洁净提升，臻于精神创造的灿然天地。

同样，语言除了是彼此沟通的基本方法，在文学上也含有神妙的点化作用，特别是诗，更有高度人文教化的妙用，不论写景或抒情，都可以陶冶波澜雄浑的情蕴，培养气脉幽深的心性，透过神妙之美而提升生命精神。在诗中，我们可以驰情入幻，求得心迹双清

之解脱,将人类灵魂带入高度的精神自由,此时所有的深意玄思、激情狂念、幻梦奇景、悲痛苦难、迷离错乱、优雅心声、乃至于雄奇生机都可以淋漓尽致的宣畅无憾,虽然历经艰难,终能陶熔美感,裁成乐趣。如此透过诗心,一切万象都能充满生香活意,蔚成绮丽美景!

在绘画中亦然,这种诗境幻美也可透过轮廓、划条、色彩等巧思独运而充分表露,特别在中国国画更可看出气韵生动,钩深致远,这在第七章我将再详述。

要之,从中国哲学看来,一切艺术文化都是从体贴生命之伟大处得来的,所以在艺术领域之中,人类无需再模仿自然,相反的,他甚至可以挺身而出,超拔其上,因为他的生命之流已经贯注了更大的创造力,不受任何下界所拘限,故能臻于最高的精神成就,这是我为什么肯定"历史"乃是文化理想的实现历程,乃至于大化流行的优美文字。

当然在中国文化里,科学并未得到应有的优势,这理由也不难知道,因为若把科学视为一种知识的形式,那中国人很了解其重要性,但在西方,科学却还有多重意义依附其上。如希腊人视科学为宇宙内在次序的理性说明,如果科学也只指此而言,则中国确实有科学。

但是即使如此也还有所不同,希腊思想家是将表面的现在视为永恒,面对自然界的流变只从量上来解释,视之为机械过程的分合;我们中国人却不同,"自然"充满了生机,"自然"饱含着价值,在自然界中,任何变化过程必然也涵蕴着质的变化,而且在变迁发展中充满盎然新机,因此,自然界与人类生命全体交融互摄,在文化的创造过程中,自然界乃是助力,而不是阻力。

近代欧洲人则视科学为自然界的系统研究,不论自然是有机的或无机的,均把人分离隔开。因此近代科学家从根本上就有一种"非人类学"的趋势,自然界被截然二分:初性与次性,使得人与自然对峙而立。完整的宇宙被劈成两橛,一方面是物质及其初性,二方面则是心灵及其次性。科学虽然力求纯粹客观,但根据近代心理学与十九世纪中叶以来的知识论,人类在基本上仍是主观的。所以在纯客观的领域下,科学虽尽一切力量要分析什么是抽象的,什么是可以量化研究的,并且要肯定什么是精确的,俾使检证对象能够化约成一些公式定律,但对人类却绝不可能也如此相待,因为人生是完整的,人性是活跃的,像史宾诺莎曾想把人的行为与嗜好都化约为体、面、与线,便遭到很多强力反对。

在我看来,自然科学除了轻忽人的地位外,另外也还有以下三项困境:

(一)科学至少在经验层次的发展中,必需来自可观察的感性材料(sense-data),并且以之作为依据,然而,在大科学家来看,这些却是主观与虚幻的,此中便显然有自相矛盾。

(二)科学宣称要纯粹客观,要把人完全摒除其外,然而其结果,人在对自然界持久研究之后,反而成为控制自然的胜利者。所以我们曾经引述康德的话:"悟性并不是由自然界先天导出定律,而是将此种定律指向自然界。"如此一来,客观性便建构在纯主观的基础上,严格的由"超自我"所决定,这是何等令人迷惑的结果!仿佛人与自然在捉迷藏,而最后"人"还是把"自然"捉个正着。

(三)科学是一种符号系统的思想,它建筑在"指针的研读"(pointer readings)上。然而它由何而来,向何而去? 这类问题对科学家来说,永远是些困窘的问题:

　　这个宇宙,若入乎其内,则无法辨认,

　　也不知它从何处流来,不论你愿不愿意,它一直在潺潺流动,

　　若出乎其外,则如风乱吹,

也不知它向何处吹去，不论你愿不愿意，它仍一直呼呼吹动。

在此，科学的符号系统也被证明只是一窝风而已，徒增困扰。虽然这种系统"独立于所有人类与知识个体之外"，被肯定是"要从人类学的元素中解放出来"，然而科学家们像马赫（Mach）、皮尔森（Pearson）、与爱丁顿（Eddington）最后都将其化约到有秩序的感性、或者"某人心灵"的观念，仍然与其所宣示的纯客观自相抵触。相反的，像布朗克（Planck）与其他科学家都确定这种系统"简易而单一"，是"想对一定客体的了解——虽然这是办不到的"，"这个客体并不是我们观念对知觉的相应存在"，而是一个未知也不可知的超绝世界，科学的理性于此乃完全失去其自主性。

因此，归根结底，所有这些困境乃根源自西方思想隐含的一种假定——将人与自然劈成对立的两橛。若从中国智慧看来，这个假定是错误的，诚然科学在中国文化并不像珍珠般灿烂发光、或象神明般受到膜拜崇敬，此中自有遗憾，然而即使在我国发展科学思想，也不会陷入这种困境，导致人性被贬抑，机趣被斲丧。因为我们充分相信人的生命及工作与外在世界必需和谐一致，内外相孚，所以我们中国文化可称为"妙性文化"，贵在絜幻归真，人与自然彼此相因，流衍互润，蔚成同情交感之中道，只有在这大方无隅大道不滞之中，始能淋漓宣畅生命的灿溢精神。

这种人我两忘、物我均调的"妙性文化"在西方很难找到，但在中国却是个特色，如前所说，这是因为西方有个恶性二分法，对万物的整合性与活跃性斲丧太甚。在西方，全体宇宙被强劈为自然与超自然，便很难重新融合，整体自然界又被割裂成初性与次性，也很难再一体统贯，而整合性的人格再被分化成两橛，更是只有不断交战，永难和谐一致。

让我们在此再引述巴斯噶的话："本能与理性，乃是两种自然的不同标志","但若两者兼具,便不能不彼此纷争,因为不可能只与一面和平相处,而与另一面没有纷争,所以他永远只能自相分裂,彼此矛盾","我们在各方面已经能力有限,而这种内在的对立与交战,更助长了我们的无力",一个人若自己都会与自己交战,便不可能期望他与别人和平相处。长此以往,整个社会生命要想幸福也绝无可能,这种欲振乏力的西方思想落在实际人生便成不幸的困境。

此中困境,为了长话短说,我只想举出两个权威性的例证来说明。

首先以歌德为例,歌德深悉少年维特的烦恼,恶魔的骚扰使其一刻也不能安宁,他说道:"这似乎是一幅幕帘,垂挂在我眼前,还有一座常久开放的坟墓,张着大口在我面前,取代了人生的无穷期望","没有一刻不损坏你和你的四周一切——没有一刻你自己不变成一个破坏者……","我的心沉沦于这种看法:自然的各部分,都有它的破坏力,自然不曾构建一种东西而不把自己和接近它的一切都毁灭,所以,在地球、空气以及一切活力的环绕之中,我仍悲痛地彷徨着,因为宇宙在我看来,只是一个可怕的恶魔,一直在自我吞噬"(1771 年 8 月 18 日)。

"我真烦闷得要撕裂胸口了,因为常想到,能够互通心声的竟是这么少,而且没人能给我爱意、欢乐、狂喜、或欣悦;在我的心灵中,虽然有最活泼的浓情,却也不能使缺乏它的人得到幸福。"(11 月 27 日)。

"那人,自称为半神的,到底是什么? 在他极端需要力量的时候,他不是很乏力吗? 不管他是得意欢乐,或是失意烦闷,他的一生不是都无可奈何地被拘限束缚吗? 而且,当他正梦想攫住'无穷'的时候,他不也同时感觉非回复冷静单调的存在意识不可吗?"(1772 年 12 月 6 日)

20世纪儒学研究大系

"是的,这确是人的弱点,有些地方,他在爱慕者的心灵中留有最强烈的印象,然而在同一地方,他却也一定会毁灭,而且很快地消失。"(1772 年 10 月 26 日)。

另外一位著名例子便是印度诗哲泰戈尔,他在访问法国古战场时,正是一次大战后不久,他面对着一片废墟,写下了如此悲痛的句子:"这一片可怕荒凉的安静,仍然带着痛苦的皱纹——死亡的挣扎仍然浓粘在丑陋的山脊上——在我眼前好比有一个大怪魔,没有形状,也没有意义,却有两只大胳臂,足以捶击、打碎、与撕裂,有一个大缝隙好比大口,可以吞噬,一个高地好比脑袋,可以勾心斗角。这整个景象好比一个血肉之躯,野心勃勃,却全无人文教化,正因它只是一团激情——属于生命,却又没有生命的整合性——这才是生命最可怕的敌人。"

任何有识之士看到上述这些语句,必会憬然警惕,如果戕害自然的恶魔来到人间社会,势必会造成极大恐怖,沿途吞噬人类。事实上,这正代表一种庞大的权力意志,本性残酷,流毒甚广,在人类来说,这就是军事上、经济上、政治上——尤其最坏的是,文化上的恶魔,凡此种种,均足以导致全世界陷入恐慌。

在这情况之下,如果我们说中国文化乃是唯一不曾受此恶魔吞噬的文化生命,或许听来奇怪,然而这却是一个历史上的事实,它往后能否再保持下去是另一个问题,然而中国的民族文化,确是一向充满了"如实慧",此乃因为中国人深悟大化流衍生生不息,宇宙全局弥漫生命,故能顶天立地,受:"中"以立,然后履中蹈和,正己成物,完成中国人之所以为"中"国人之至德!

换言之,我们深知如何浃化于大道的生意,浑然一体,浩然同流,正如老子所说:"大道汜矣,其可左右,万物恃之,生而不辞,功成而不有,衣养万物而不为主,常无欲,可名为小,万物归焉而不为主,可名为大","持大象天下往。往而不害、安平太。"

"有物混成，先天地生，寂兮寥兮，独立不改，周衍而不殆，可以为天下母，吾不知其名，强字之曰道。""故道大，天大，地大，人亦大，域中有四大，而人居其一焉，人法地，地法天，天法道，道法自然。"

"上士闻道，勤而行之……夫唯道，善贷且成。"

"天地长久，天地所以能长且久者，以其不自生，故能长生""无狎其所居，无压其所生，夫唯不压，是以不厌。"

"知和曰常，知常曰明，益生曰祥"，"载营魄抱一能无离乎，专气致守，能婴儿乎"，"含德之厚，此于赤子"，"万物并作，吾以观复，夫物芸芸，各复归其根，归根曰静，是谓复命"，"天下有始，以为天下母，既得其母，以知其子，既知其子，复守其母，终身不殆。"

孔子的卓越看法更值得重视："鬼神之为德，其盛矣乎，视之而弗见，听之而弗闻，体物而不少易。""天命之谓性，率性之谓道，修道之谓教。"

"如天地之无不持载，无不覆帱……万物并育而不相害，道并行而不相背，小德渊流，大德敦化，此天地之所以为大也。"

"博厚所以载物也，高明所以覆物也，悠久所以成物也。"

"大哉圣人之道，洋洋乎发育万物，峻极于天。"

我上面引述了很多老子与孔子的话，以显示在各种文化发展中，中国哲学的智慧乃在允执厥中，保全大和，故能尽生灵之本性，合内外之圣道，赞天地之化育，参天地之神工，充分完成道德自我的最高境界！在比较研究其他文化类型之后，我们更可看出这种伦理文化最具积健为雄的精神，对追求人生幸福之途实有莫大的重要性。总括此中的根本精神，千言万语一句话，便是"广大和谐"的基本原则，在这种广大和谐的光照之下，普遍流行于其他文化的邪恶力量终将被完全克服。因为在此同情交感之中，一切万物毫无仇隙，所有矛盾的偏见、所有割裂的昏念、所有杀戮的狂态、所有死亡的悲慨——要之,所有破坏性的诡诈——都会在此穆穆雍雍之中化为太和意境,一体俱融。

以前孔子欲居九夷,有人问:"陋,如之何?"孔子回答:"君子居之,何陋之有。"同样的信心也可用于此地,当创造性超越破坏性时,和谐也同时盖过了纷争,那时所存的,乃是根据高贵人性而完成生命理想的精神大凯旋。

（本文节选自方东美《中国人的人生观》,中译本,1980年台北幼狮文化事业公司版）

方东美（1899—1977）,名珣、字东美,曾用笔名东英,安徽桐城人,哲学家、教育家,诗人气质浓厚,故有"诗哲"之称号。曾任东南大学、中央政校、中央大学、台湾大学教授,退休后受聘为辅仁大学教授,一生"潜心研究东西方哲学思潮,冀能了悟其源流正变",对印度、西方与中国哲学所蕴藏的智慧体悟尤深,思想架局宏伟、境界超卓,是怀有"先求理解西方再回头重建传统"的"后五四建设性"心态的哲人。论著有《科学哲学与人生》、《中国人的生命观》、《哲学三慧》、《中国人生哲学概要》、《生生之德》、《中国哲学之精神及其发展》、《新儒家哲学十八讲》、《原始儒家道家哲学》、《中国大乘佛学》等。

罗素曾著《西方之智慧》（Wisdom of the West）,不名为"人类之智慧",特标"西方"二字,说明他心中还有"东方之智慧"的观念。"中国人的智慧"是"东方的智慧"的重要部分。方东美从比较哲学、比较文化的维度,深入探究了"中国人的智慧"或"东方智慧"的特质、及由此智慧孕育的中国哲学的风格。哲学思考有三种途径:1. 宗教的途径,透过信仰启示而达哲学;2. 科学的途径,透过知识能力而达哲学;3. 人文的途径,透过生命创进而达哲学。数千年以来,中国人对生命问题一直是以"广大和谐之道"来旁通统贯,自然、人与人文化成一直是中国哲人思考的三个主题;人文主义便形成中国哲学中唯一可以积健为雄的途径,而"广大和谐"的精神一以贯之,充分体现了中国哲学不同于由宗教进路的基督教"启示"哲学或由科学进路的欧洲近现代的经验主义、理性主义、实证主义的哲学。中国哲学的智慧乃在允执厥中,保全大和,故能尽生灵之本性,合内外之圣道,赞天地之化育,参天地之神工,充分完成道德自我的最高境界。

中西文化精神之比较

唐君毅

一　西方文化与宗教科学

倘若以中西文化相较而论，可以各种之观点论其异同，吾昔年尝以天人合一天人相对之别，论之于一书。（正中卅二年出版：《中西哲学思想之比较论集》）然今将另取一观点，直就中西文化所重视之文化领域之不同，以显示其精神之差别。吾将自西洋文化之中心在宗教与科学，而论其文化为科学宗教精神所贯注支配。自中国文化之中心在道德与艺术，而论其文化为道德与精神所贯注。此语似浮泛而实切实。惟此中须注意者有二：一为吾所谓科学宗教精神道德艺术精神云云，皆有确定之意义，见本文第四段，非是泛指。二为吾谓西方文化之重心在科学宗教，中国文化之重心在道德艺术，乃以中西相较而言。如不以中西相较，则西方与中国在不同之时代，亦各有其所重视之文化领域之不同。以西方而言，则希腊文化以科学艺术为主。罗马以法律政治为主。希伯来文化传入欧洲，而中世纪之基督教文化，以宗教道德为主。近代西洋文化中，科学与经济所居地位之重要，又昔之所无。以中国而言，则汉代文化以政治为主，魏晋以文学艺术为主，隋唐宗教之盛，乃昔之所无。宋明理学家之重视道德与社会教育，亦有划时代之意义。然此以中西历史各时代相较而见其各有其重视文化，无碍于吾人之自中西相较言,以论其所重视之文化不同。论文化必重观其大,且必视其所以相较者以为言,否则无文化精神之异同可论。而凡有所论,皆可诘难。此二义,读者所宜先知。

吾人谓科学宗教为西方文化之重心,即谓中国缺乏盛行西洋之科学与宗教。谓中国较缺乏西方之科学宗教,人可无诤。先秦重科学技术之墨学,不数传而绝。荀子重察理辨类之精神,后世之学者罕能承之而进一步以倡科学者。汉人之自然哲学与阴阳五行之术数相夹杂。清人考据校勘之业,多在书籍名物。中国古代对器物之发明虽多,然为西方科学本原之形数之学与逻辑,终未发达。重概念之分析理型之观照之希腊科学精神,依假设之构造以透入自然之秘密,而再以观察实验证实之近代西方科学精神,二者在传统之中国文化中,终为所缺。至于中国固有之天帝信仰,则自孔子以后即融入儒家道德精神,化为道家之形上智慧。墨子畅言天志而期于实用,向往超世之情不著,终未能成宗教。秦汉之际谶纬流行,盖古代原始宗教意识,存于民间者之复苏。然图谶止于预言。纬书言,天皇地皇人皇,盖欲试绘原始天神之形貌。然又谓之氏族,则同于人而有生死。及太初太始只有混沦元气之说生,天地众神,一齐包裹于其中。则见阴阳家终不能续原始宗教之命,乃流为方士,下开道教。然道家修炼以飞升,有人成之仙,而无超越之神。纬书中多阴阳家与儒家混血之思想,其中复有神化孔子之论,为公羊家所承。然公羊家着眼在政治。孔子之事迹,人所共知,终无法化之为神。玄风扇于魏晋,阴阳之言渐息。佛教东来,中国人之宗教意识,复寄托于佛。然佛学呵斥梵王,固与西方宗教不类,佛教徒信佛为天人师,此乃以信孔子先师之精神信佛。及禅宗起而信即心即佛,呵佛骂祖无不可,益远于西方宗教之事神惟谨矣。宋元明道教复兴,得性命双修,仍缺西方重超越上帝之精神也。

吾人若回顾西方,则希腊文化为科学之母,固人所公认。而近来研究希腊文化盖有二精神,一为阿波罗精神,即科学艺术之精神。一为狄阿尼萨斯 Dionysius 精神即阿菲克 Orphic 教精神。(自尼采于《悲剧之诞生》一书中,指出狄阿尼苏斯精神后,Harrison《宗教研究导论》,F. M. Corford《由宗教至哲学》,Burnet《希腊早期哲学》,罗素近著《西洋哲学史》,皆论阿菲克宗教在希腊精神中之重要。)前者之哲学为米列塔学派德谟克利塔等之自然哲学。后者之哲学,为辟萨各拉斯之宗教性的数理哲学。除后者之哲学,兼具宗教性外,二者同为希腊科学之根源,而后者之促进数学几何学之发达,其功尤伟。希腊文化之一源为埃及文化。而埃及即一方首先发明几何学,一方最富于超世之宗教意识者。柏拉图哲学承辟萨各拉氏之思想发展,而承认理念世界之真实,灵魂之不朽,以神话说明 Dimiurge 之创造世界,而下启柏罗提诺之神流出世界说。希腊之宗教哲学思想,经圣保罗,辩神论者,及教父哲学家如奥古斯丁等而与希伯来基督教合流。基督教遂直成为西洋人精神生活之中心。此中有一贯之传统。至于希腊之自然哲学中自然律之观念,则为斯多噶派之自然哲学所承受。斯多噶派以理性发现自然律之普遍性,而用之于政治社会,遂建普遍之自然法之观念,为罗马政治法律之基础。而近代科学中自然律之观念,据怀特海在《科学与近世》一书中所说,则又远源于希腊宗教意识中之命运观念与罗马法。而西洋之近代文化,则为科学思想与宗教思想二者之激荡所成。近代科学之发展,有实用的动机与理论的动机。言实用的动机,培根之知识即权力之言可代表。培根之欲人即知识以求权力,自言乃欲建立天国于人间,即企图化人间为天堂。此种欲征服自然,以建人国而上齐天国,乃近代人之大欲。而此大欲,正由中世纪之宗教训练中,所培养出之企慕天国之情所转化。言理论的动机,则原于欲发现自然之数理秩序。近代之始,科学家如凯蒲勒,盖律雷,牛顿,笛卡儿,皆由此动机研究科学。Burtt《近代物理

学之玄学基础》一书,论之甚详。西方自辟萨各拉斯柏拉图以来,
即视数理为普遍永恒而超现实之律则。故近代科学皆以发现自然
之数理秩序,即如发现一神圣律。而牛顿等,则一面研究自然之数
理构造,一面即益以赞叹上帝所造世界之整齐而有秩序。故近代
之初,科学精神咸脱胎于其宗教精神。而当时之教徒不察,徒以科
学家破坏其所承受之亚里士多德之自然哲学,而加以敌视。唯科
学家之万物平等观,所生之机械论,确可使意志自由灵魂不灭之说
成问题,使人之价值理想,在自然界中无地位,以致使人之宗教理
想,发生动摇。遂有十七八世纪以来之科学与宗教之人生观的冲
突,与科学家向教会争取自由思想之运动。近代哲学则位于科学
思想与宗教思想之间。或左右袒护,或居中作调人,其权衡轻重,
折衷于两大之间之事,费尽苦心,哲学亦因以兴盛。近代科学之理
论的动机与实用的动机相结合,由应用科学工业科学之迅速进展,
造成产业革命;复引起资本阶级与劳工阶级之对峙,人之物质享受
欲望之提高。主社会革命者,固或远本于基督教精神,而人之物质
欲望之发达,又不免使真正之宗教精神,日益丧失。是整个西洋近
代文化,乃科学精神与宗教精神相反而相成,相成而又相反之一激
荡史也。

二　西方之宗教精神科学精神与道德

　　循吾上所论西洋宗教精神科学精神之发达,吾将进而指出西
洋人之道德精神艺术精神,实为其宗教精神科学精神所贯注主宰。
西洋自中世纪至今之道德教育之责任,始终主要在教会。最使人
感动之道德教训,不出自道德哲学家之口,而出自牧师之口。上帝
启示之《新旧约》,为道德教训之根本经典。而一般道德哲学家之
论道德,罕有不归宿于以神之信仰为道德之基础者。康德由道德

之形上学,以建立自由不朽与上帝,由此以说宗教,此在西洋为一异军。后康德派大皆更重宗教之地位。自然主义者固不建立道德于宗教,不以道德原为神之所命。而或以道德原为人各谋其私利之工具,如霍布士之所言,或以道德只原于人之与生俱生,由生物进化而来之社会本能,如克鲁泡特金等之所言。然徒溯诸自然,终难建立当然。自然主义之道德观,乃欲由科学以建立道德,此为一般哲学家建立道德于宗教之反动。在西洋哲学,自亦有既不自宗教亦不自科学建立道德哲学者,如今之哈特曼之以现象学的方法,对道德作如其所如之体验与叙述,此则近乎对道德现象作艺术的直观。然此非承西洋近代道德哲学之源流而来,而较近乎柏拉图之以诗情歌颂对至善之爱慕者。柏拉图之所谓对至善之爱慕,乃是一超世间之向往。至善之获得,赖于死后灵魂之超升。其诗情乃一宗教的诗情。亚里士多德之最高道德,为对神之理智的观照。此实以真理之把握为最高之道德生活。道德精神根本在实践。凡以真理之把握为最高之道德生活者,皆科学精神或科学主宰之道德精神也。

三 西方之宗教精神科学精神与艺术

至于言西洋之艺术,则希腊之雕刻建筑以神像神庙为中心。中世纪之 Gothic 建筑,以教堂为中心。近代米西尔朗格罗之雕刻,仍多以希腊犹太之神或先知为题材。西洋之画,夙重宗教画。一般人物画,始于近代,山水画尤为晚出。而西洋画之重明暗,重观景,则近乎科学家观测实物之精神。西洋近代之音乐,以德国音乐最发达。德国音乐所表现之向往企慕之情最著,其原于表现宗教精神之赞美诗,盖无可否认。西洋之悲剧,原于希腊。希腊悲剧,盖皆人在宗教性之命运感下战栗之悲剧。近代浮士德之悲剧,仍是一种宗教性之无限追求（浮士德所象征），与理智的怀疑主义（靡非士陀所象征）冲突之悲剧。莎士比亚之悲剧，人谓之为性格自身造成之内心的悲剧，易卜生早期之悲剧，为社会与个人冲突之悲剧。此二者与西方宗教精神之关系甚难言。然现代梅特林克之悲剧，则明为一宗教上之神秘主义气息所围绕。哈代之悲剧，则是一无神的盲目自然，对人生加以无情的安排之悲剧。此是希腊式之命运感之与近代科学中及叔本华之盲目的自然观混合之一种悲剧意识。一切西方悲剧，皆本于理无必至，而势竟不得不然。终归于个人意志之屈服于一超个人自觉之一种无可奈何之力量。故悲剧之意识，即个人自觉与超个人自觉者之紧张关系之意识。此种意识之原始，实由宗教精神与科学精神二者所培养。宗教精神肯定客观之神意或神秘命运之不得不然，科学精神肯定客观事实之不得不然。由神意命运事实之不可移易，而人自觉中以为可得者，终不可得，以为可逃者，终不可逃，则主观自觉屈服于客观即成悲剧。社会与个人冲突之悲剧，是个人主观自觉，屈服于客观规定之社会结构。性格之悲剧，是主观自觉，屈服于规定之性格。此性格乃先自觉，先意识地，被遗传所规定，便仍是客观规定者。故二者皆主观自觉之屈服于客观也。至于西洋近代之其他种文学，如诗歌小说，通常分为二大潮流，一为写实主义自然主义，一为浪漫主义。十八九世纪之海涅 Heine 诺瓦利 Novaliis 霍德林 Holderin 少年歌德，及华兹华斯 Words Worth 古律芮己 Coleridge 等浪漫主义者，皆表示一种对无限者，超越者，深藏万物内部者，遥远者，生疏者，神秘者之赞叹，其根本精神为宗教的。而写实主义者，自然主义者，如佛禄倍耳左拉等则欲对现实者，当前者，实际存在者，加以详尽与细密之刻划与描述。其根本精神为科学的。故前种潮流恒为宗教向往所鼓舞，而后种潮流为科学之盛兴所激发。此皆近代文学史中可征考者也。

20世纪儒学研究大系

四　科学宗教艺术道德四种
精神之差别

至于中国文化之传统,则吾人前已言其科学精神宗教精神之不发达矣,而道德与艺术在中国文化中地位,即特崇高。中国之文化与其中仅有之科学宗教,皆为道德精神艺术精神所贯注主宰。所谓道德艺术精神与科学宗教之不同,即主观(我)与客观(物——此物取广义,同于对象)之和谐融摄关系,与上所谓主观与客观之紧张对待关系之不同。科学精神为主观之自觉,去了解客观自然或社会之精神。宗教精神,为主观之自觉,去信仰皈依客观之神,而祈求与之合一之精神。道德精神为主观之自觉,自己规定支配主宰其人格的形成之精神。在道德精神中,可说被规定被支配之自我为客我(ME)而去规定支配之者我为主我(I),如詹姆士之说。此是就已自觉的求规定支配自己时说。若就吾人尚未自觉求规定支配自己时说,则亦可说将被规定支配之我,为经验的我,主观的我,而将呈现为能规定能支配此我之我,为超越的我,客观的我。如康德黑格耳之说。此二种说法,皆可说。在此四种精神中,可依二种分法分为二组。一种分法,乃将宗教精神与道德精神为一组,科学精神艺术精神为一组。另一种分法,则宗教与科学为一组,道德与艺术为一组。宗教之精神活动与道德之精神活动所依之形上实在可相同,因而二种精神活动可相交会,而活动之方向相反。宗教上所信仰皈依之天心或神,可同时为启示吾人以道德命令之天心或神。即其所依之形上实在或道体可相同。故吾人实践道德命令以规定支配自己道德生活,与信仰祈祷神之宗教生活,可相交会。然宗教信仰皈依神之活动方向,乃自下而上;而道德性之实践神之命令之活动方向,乃自上而下。故同此一神,宗教信仰中之神常为超越之神,而道德实践中之神，则宜为内在之神。人之宗教信仰主宰其道德实践时，神恒高高在上。而人之道德实践主宰其宗教信仰时，神恒即在吾心。又宗教精神未能引出道德精神时，则神可望而不可及。宗教精神全融入道德精神时，神即同化于吾心，而人性即天性，人心即天心。科学精神活动与艺术精神活动之对象，亦可相同，二种精神之方向亦相反。盖同一自然物或社会物，一方可为理智的了解之对象，一方亦可为观照欣赏或借以表现内心之意境之对象。然在理智的了解之活动中，初必视对象为外在于我之理智者。了解之活动，乃欲摄外物之理于内心，可谓之摄外返内。而欣赏表现之活动，乃即外在之境相，或声色媒介，以表内心之意境，可谓即外显内。至于宗教精神与科学精神可为一组者，则由二种精神活动对象不同而恒相冲突，又复可互相缘引。科学之对象，恒为客观现实之存在，此乃在个人之自觉的了解力所可笼罩之下者。而宗教之对象，则为客观而超现实之神之存在，在个人自觉的了解力之上者。故二种精神活动，常相违反而冲突。然二种活动，皆肯定主观自觉与超主观之客观者之对待，皆求有以克服此对待，而又终不能全克服之。科学肯定我与现实存在之对待，欲由了解其所依之条理而克服此对待。宗教肯定我与神之对待而信仰皈依之，以求克服此对待。然现实存在所依之理，络绎相连，愈引愈远，故科学终不能克服理智的了解与所了解者间之对待。如科学而真了解现实存在之一切理，使万理皆呈现于目前，则万理成观照之所对，而内在于吾心，可自由加以玩赏。而科学生活，将无以异于艺术生活。又如吾人对神信仰皈依，而直达于神之境界，则神亦内在于吾心，神之命令我，皆我之自命，而宗教生活，即无以异于道德生活。故科学宗教皆建立于主观客观之对待上。人欲求克服对待又终不能克服，即造成一种主观与超主观之客观间之紧张关系。此二者既皆同具一主观与客观间之对待，及紧张关系，故二种意识可互为增上而相缘引。

复次艺术精神与道德精神可为一组者,以二种精神活动,亦对象不同,可相冲突,而复可相缘引。道德上所欲规定支配者,乃"自我"。而艺术上所欲欣赏或借资表达我之意境情趣者,乃物之境相。表达之媒介如声色等,亦是境相。是二种活动对象之不同。道德生活,固须关涉我以外之人物,而对之有所规定支配,然此是通过对自我之规定支配,以及于自我以外之人物。道德目的之是否实现,只视其是否能自己规定支配其自我而不在其他。固可包含自我自身之欣赏,以自我表现自我。然当自我欣赏自我时,我即视被欣赏之我,亦如我以外之他人。以自我表现自我,如舞蹈演戏时,我之视此舞蹈演戏之我之身体,亦无异颜料与乐器。由此而富道德精神之人,常较内向,而时反省自己。富艺术精神之人,常较外向,而留心物之形相。是二种精神可相冲突。于是诗人与道德家,可相讥诽。然二种精神活动对象虽不同,同缺主客之对待意识。道德上之自己规定自己,虽有主客之别,然我固知主我客我,皆为同一之我。艺术上之主观欣赏客观或主观表现于客观,亦是一移情或通感。道德之修养,艺术之创作,初固须与自己奋斗,或与成艺术品之媒介物奋斗。然道德艺术之努力,皆须求达于纯熟自然,至"从心所欲不逾矩""得于心而应于手"之阶段。此即道德上之重发而中节,艺术上之重物我相忘。而此内外主客对待之全划除,并非道德艺术生活之同化于宗教科学之生活,正是道德生活艺术生活之流行无碍。由此二种生活,皆包含内外主客观对待之划除,故同归于主客之和融关系,而可互相缘引。

五 中国之道德精神与宗教

吾以上既论道德艺术精神与宗教科学精神之对照,即可进而论中国文化之为道德艺术之精神所主宰。吾人论中国文化为道德艺术精神所主宰，当先略说中国人古代之道德精神之如何能融摄原始之宗教信仰于其中。希腊印度哲学之初起，于其原始之宗教信仰，皆曾自觉的加以怀疑排斥。中国古代固亦有天帝之信仰，然于此种原始之宗教信仰，孔子以后之儒家，并未尝自觉的加以排斥，惟融摄之于其道德精神中。此融摄之所以可能，初乃原于在中国原始宗教思想中，自始即缺神人对待，神人悬殊之意识，缺神造天地之神话，原始罪恶之观念等。由此融摄之功而宗教信仰中之天神，即渐同一于直呈于自然之天道；宗教信仰中之天命即内在于吾人，而为吾人之性，吾内心之仁。中国古代之天帝与西洋基督教中之神，自哲学上言之，可指同一之道体。然此中有一根本之差别，即此道体之超越性与内在性偏重之不同，与对此道体之态度之不同。西洋人以信仰祈求向往之态度，对此道体，将此道体推之而上，使道体人格化。由重视其超越性，而视之为超越吾人之一绝对之精神人格，吾人之精神人格乃皆其所造而隶属于其下，以求其赐恩，此为宗教精神。中国人以存养实现之态度，对此道体，澈之而下，则此道体，唯是天命。天命即人性。人之诚意正心，亲亲仁民爱物，以至赞天地之化育；即此内在的天人合一之性命之实现，而昭布于亲、民、万物之中者。则亲、民、万物皆吾推恩之地。求神之赐恩，要在信神之至善，知自己之罪孽而对神忏悔。推恩于外，要在信性之至善，知罪恶皆外在之习染，乃直接率性为道，以自诚其意自正其心，故中国人言道德修养不离自字。所谓自求，自得，自诚，自明，自知，自觉，自作主宰，而中国儒者所言之道德生活，亦非如近人所论，止于一社会伦理生活。中国儒者言尽伦乃所以尽心知性。尽心知性即知天。中国儒者之道德生活，亦非止于是一个人之内心修养。其存心养性即所以事天。此与西洋人之由祈祷忏悔以接神恩，未尝不有相似之处。然西方人之祈祷忏悔以接神恩，必先自认自力不能脱罪。乃以放弃自己，为入德之门。中国对圣贤之教，则以反求于心，知性之端，而明伦察物，为入德之门。故特重礼敬之贯于待人接物之中。而即在此一切率性之行中，知天事天而与天合德。前者是以道德建基于宗教，后者是融宗教于道德。前者着重信历代传来之天启，后者贵戒慎乎不睹不闻之己所独知之地，此是二种精神之大界限。阳明所谓"无声无臭独知时，此是乾坤万古基。"唯中国人儒者真识其意趣。以中国圣哲观西洋人之求神，皆沿门托钵，骑驴觅驴，未真知求诸己者也。数十年前章太炎先生，初接触西方学术，即谓依自不依他，为中国学术之精神与西方之精神之差别，其原即在中国人之道德精神之主宰其学术也。

至于中国人之道德理想，不建基于科学上之自然主义，则人所共知，不必多论。

中国人之道德精神既融摄宗教精神，复转而支配中国人后世宗教精神。自孔孟奠定尽心知性即知天，存心养性即事天之思想以后，即确立中国文化学术之大统。孔孟之崇敬祖先圣贤与天道及历史文化，固亦包含一宗教精神。然此亦必须由道德精神以透入。墨子言天志而不重祈祷，其全副精神只在承天志以兼爱弭兵，其组织之团体，亦终不能成教会。（关于墨子之教与西方基督教之详细比较，我有《墨子与西方宗教精神论》，见《东方与西方》第二期。）至后来纬书之神化孔子之言亦终未为后世所承受。道佛二家固具宗教精神。在仙佛前之祈祷与忏悔，与在上帝前之祈祷忏悔，在本质可说未尝有异。然仙佛为人所修成，人与仙佛之别，惟是证道先后之别。人一证道即与仙佛平等，仙佛与人在心性本体上，亦原无差别。故人在仙佛前之祈祷与忏悔，恒不如自修自证之功。故道教初重符箓咒语以通鬼神。而道家思想之发展，则进而重自修其性命，如全真教其最高形态也。佛教初来，信佛者亦重礼忏而舍身于佛前。逮禅宗起，则全归于自参自悟，敢于呵佛骂祖矣。此皆道德精神之贯注主宰于宗教精神中，与西洋之教徒于上帝但有崇敬歌颂,惟神能赦罪之说,实迥不同也。

六　中国之艺术精神与科学

中国文化精神中,除道德精神主宰中国之宗教精神,中国人之艺术精神,亦较能独立于宗教精神之外。中国古代宗教性之雕刻与建筑,皆不发达。汉代之建筑,以宫殿为主。寺院之建筑,乃佛教输入后事。而宫殿之建筑,则一直为建筑之中心。雕刻塑像之重佛像,亦以后事。中国原始之艺术,盖即商周之鼎彝,其上镂刻各种花纹物象者。鼎彝固兼用以事神,然仍以供人之用。或者谓由此鼎彝上所刻之花纹物象之浑灏流转,龙蛇飞舞,即化为钟鼎文字之书法。中国文字原于象形,即自图画中出。钟鼎之文字,所开启之中国书法,即成中国特有之艺术。书法纯是形式美,其无宗教意味,盖无疑义。再由汉魏晋唐之书法,以影响于汉唐宋之画,则来自画之笔法,还入于画。中国画又以一般之人物画及山水画为主,此人所共知。唐壁画中,宗教画甚多,然此是自异域来者。在中国艺术中,书画之地位,高于雕刻建筑。雕刻建筑之媒介,为沉重坚硬之物,易示人以物我对待之意识。艺术精神之本,在物我相忘以通情。故表达精神意境之艺术媒介,愈柔软轻便者,愈与艺术精神相应。而中国用纸笔之书画之地位,高于用刀石雕刻建筑,亦中国人更富艺术精神之证也。中国古亦缺如西方之赞美耶和华之诗。《诗经》之《颂》,重美盛德之形容。《楚辞》中颂神之作,如《九歌》之类,所颂者为庶物之神,如山水之神等而非天神。其神之富人情味而乏超越性,抑尚在希腊之神之上。至于后来之诗歌,则宗教之情调更少。魏晋之游仙诗,与李白诗之神仙思想,皆重表现隐逸之趣味与放浪之情怀,乏真正之宗教性之祈求企慕之意识。古代中国缺系统之神统记。见于《述异记》,《山海经》,《搜神记》一类

之书之纪神，多富文学想象，而其神罕有具伟大之权力者。而在
《封神》一小说，以神为仙战败而死者所成，神之地位尤卑。至《西
游记》之以一猿而大闹天宫，尤为对天神之一讽刺。中国小说戏
剧，又缺乏悲剧。其述人之可悲之遭遇，恒终之以大团圆。《红楼
梦》似悲剧，而后人必继之以红楼续梦红楼圆梦，使终于喜剧。《西
厢》终于惊梦，有凄凉之感。而后人必继之以续西厢，咏张生之得
其妻妾。皆反悲剧之意识。《红楼梦》终于宝玉为僧。七十回本
《水浒》，终于梦境。二书著者，皆对宇宙人生有深刻会悟。《水浒》
为一形而上之苍茫气息所包围，《红楼梦》为一形而上之太虚幻境
之意识所包围。二书之所记，皆寂天寞地中一团热闹。此一团热
闹，在《水浒》中，好似惊天动地，在《红楼》中，好似绣天织地。实则
此团热闹，乃是虚悬于一苍茫之氛围中。《水浒》中人物，似有命运
感，噩梦所示，为一悲剧预兆。《红楼梦》著者，以荒唐言，洒辛酸
泪，似有悲剧意识。但皆终与西方之悲剧意识不同。其根本处，在
此二书中人物，皆缺乏强烈的目的性之意志。《水浒》中之一群二
十余岁之少年英雄，实只是顺天赋之性情如是如是表现。《红楼
梦》之一群十七八岁之儿女，在大观园中推推荡荡。此与西方悲剧
中之人物，总是要表现一强烈的目的性之意志，而终屈服于一神定
的，潜伏性格决定的，社会自然决定的命运者根本不同。《水浒》
《红楼》之形上意识，根本是一人生如梦如烟之意识。其中人物，任
天而动，任运而转，并无定要如何如何之强烈之意志。故著者亦未
积极肯定一与人之强烈意志相违反，相对照，以之更强大的神力自
然力社会力，以迫其意志屈服。《红楼梦》之悲剧，乃是自然的演
成。演成而悲剧主角宝玉，尚不自觉。西方之悲剧主角，要自觉的
挣扎，奋斗，逃避。《红楼梦》之悲剧主角，则自始在梦中，梦醒而悲
剧已成。悲剧成而取得唯一之智慧，即人生原是梦而已。《水浒》
《红楼》中烟梦式的人生，于科学精神宗教精神，两无所根，亦挂搭

不上真正之形上实在。此亦可说是一大虚无主义。吾昔尝论中国人之生活，如不在为其道德精神所主宰而信万物皆备于我时，恒不免此虚无主义情调，生自灵魂深处。唯吾今将不止言此虚无主义，原自人生无常之感，而将以之为中国人之纯粹艺术精神之一表现。原纯粹之艺术精神，根本在移情于物而静观静照之。静观静照之极，必托出对象，使之空灵。对象真达空灵之境，即在若有若无之间，与我全然无对待。故中国元明山水画，重荒寒淡远，重虚白之中，灵气往来。严羽论诗，亦以如空中之音，相中之色，透澈玲珑，不可凑泊，为诗中最高之境。而以绝对之观照态度看人生，则于人生之悲欢离合，好恶喜怒，亦必置之于辽阔苍茫之气息所笼罩中，成若虚若实若有若无之境。此即《水浒》《红楼》之在寂天寞地中描绘一团热闹也。常人只知二书之热闹，不知其寂寞，只知《水浒》文字之跌宕，《红楼》之细腻，而不知透全书之气息以观，实是空灵。如人之置身于市场之中，但觉其热闹，而不知出市数里，以遥闻好风卷来之市声，全是一片寂寞空灵之意味也。人寂寞空灵之极，即常不免悲来无端，觉人生之无寄。盖空灵到底，则一切皆行云流水，在若有若无之间。故魏晋人之空灵，即与无端之哀乐，及人生如寄之感为缘。余尝另有文论之。惟书画中不能表现哀乐与人生如寄之感。诗中只能表现人生之片断，恒哀则不乐，乐则不哀。定哀定乐，皆有所寄。惟似哀非哀，似乐非乐，哀乐无常，更迭相易，乃益知人生之如寄。此唯小说更能表达之。故《水浒》《红楼》者，亦表现中国艺术精神之发展为空灵寂寞之一形态者也。

　　吾人上已论中国艺术精神独立于宗教精神以外，今将继以指出其独立于科学精神之外之处。西洋画重貌似，重明暗。重远近之观景，所绘物象，形界分明，如可握持，皆未离科学家观测实物之精神。而中国画之不求貌似，不重阴影，明暗，远近，观景，又不重形界，复运以淡墨，使虚实莫辨，气韵生动，则远离科学家观测实物之精神。近人论中西绘画者,类能道之。此实见中国之画更表现纯粹的艺术精神。盖吾人依纯粹的艺术的精神,游心寄意于万物之中而观照之,必游离形相于实物之外,使之宛尔凌虚,剔透空灵,全不作实物想也。人游心寄意于物,观山情满于山,观海意溢于海,景之所在,心即随之,神与物契,则远者亦近,暗者亦明。神不滞物,何必貌似。神运于景物之间,即色即空,即空见色,虚白处有灵气往来,固不必使形界分明也。

　　然中国艺术虽缺乏科学精神,而中国之科学则富于艺术之精神。中国固有之科学,有医学,其价值极高。中国医学诊断之法,有所谓望闻问切,而切脉最重。医生之切脉,乃以其生命之振动,与病人之生命发生共感作用之一种直觉的诊断法。此法实类似一艺术性之移情活动。中国之拳术,乃一体育学。然中国拳术之运动,多曲线运动,其回互往复,周旋进退,实亦近乎舞蹈艺术。中国古有历法之学,然历法之学,旋即与音律之学之合一,而合称律历。古所谓以十二律之管,测气候之变化,即以音乐之眼光观宇宙之运行。此在西洋辟萨各拉氏之思想中亦有之。然西洋律历之学终分,而中国律历之学,经汉儒之本五行八卦加以排比配合之后,即一直难分。此亦艺术精神主宰科学精神之故。中国动植物之学,成欣赏花鸟之学,亦源于此。中国政治经济法律之学,古皆统于治术之名辞之下。治术之本,如制度之立,根于道德之原理。而治术之运用,所谓默观风气,体合物情,见几而作,动合无形。皆一种善于移情于物,与物俱往,游刃于虚之艺术精神也。

七　总论中国文化中之道德
　精神与艺术精神

　　以上吾人论中国文化中道德精神艺术精神贯注主宰于中国之

宗教与科学精神中。吾人既已言道德与艺术精神，为融和主观客观之精神，与科学宗教精神之为主客对待者异矣。故中国文化中之道德精神与艺术精神，复互相增上缘引，合力以使中国之宗教科学不得发展。中国道德精神之贯注于艺术文学，则使中国文学，富道德教训之意味。而戏剧小说，尤多意在劝善惩恶。盖为善而得罚，不可以垂训。加以中国人之不肯定人之强烈意志与神力自然力之冲突对待。故小说戏剧恒终于大团圆。而西方式悲剧遂难产生。为善之所以必得赏，实由相信神圣律自然律与人之道德律之一致。盖以艺术眼光看自然，自然皆可空灵化，则无机械必然之定律所支配之自然。以道德眼光看天，则天心内在于人心。而谓有超越外在之神意或天命，故与人意相违，而与人以灾难之思想，亦宜不能有。而人对天，亦不负其良心自觉所昭示者以外之责任。原西洋悲剧之所以使人为善而得罚，如予以宗教精神之解释，则所以显示人之自觉之善之微小，使人知其自以为善者之中，有罪恶存焉。或所以示人：其存在即罪恶，如叔本华之见。故必须使人屈服其意志于悲剧之下，而惩罚其罪孽。如予以科学精神之解释，则所以显示，在自觉之善行外，尚有必须肯定之客观必然之自然律。此律之肯定，乃科学精神所要求。为善而得罚，乃表示必然的自然律之不遵道德律。人必须认识此超越于道德外之必然的自然律，科学精神乃得舒展。然中国人以天心即在人心，遂使人之道德律以外无超越外在之神圣律。复以艺术精神，软化刚性之必然的自然律，即自然律亦宜须统于道德律之下，而为善乃宜归于大团圆。此中国文学中之未尝有悲剧也。自然律既经艺术精神所软化，而统属之于道德律之下，则知道德律而践之，亦可自求多福。于是科学之求客观必然的自然律之纯理动机，不得滋长，而改造自然之科学的实用动机，或被阻塞也。

关于中国文化之以道德精神与艺术精神为主，吾将谓其自周代已然。周代之礼乐，乃古代文化之二干。礼原自原始宗教中事神之礼，而转为敬祖之礼，敬祖之长子之国君或宗子之礼，及天子对诸侯与诸侯大夫之相对之礼，终以成一切人与人相对之礼。由此而敬天之宗教意义，转化出政治社会道德之意义。天子承天志，承天之仁爱以爱民，臣下本敬天之义以敬君上；此为中国古代原始宗教精神之启发道德精神。孔、孟之承古代文化之大统，而昭示天命即性，尽心知性存心养性即知天事天之教，即为将古代宗教精神超化融入于道德精神中之哲学。至于周代之乐，本与礼相辅而行。吾人观《淮南子》《世本》，《庄子·天下篇》等所载古帝王之乐之名称，想见古乐之盛。孔子既表露一上达天德之道德精神，亦表示一尊重艺术之精神。故闻《韶》而三月不知肉味，赞曾点之志，笑弦歌之声。原古代中国之教育，一掌于司徒，一掌于司乐，司徒者政教之官，司乐者乐教之官，而太学称成均即成韵，乃取义于乐。司徒以礼导行，司乐以乐和志。孔子订礼乐而统之以仁。仁为人道，亦为天道。四时行百物生，无私复私载者，天之仁也。孔子继天而立仁道。其兴于诗即兴于仁，温柔敦厚，为诗教即仁教。仁立于礼而成于乐。则体形上之天德，成世间之人德以显为礼仪威仪之盛，而完成之于艺术精神者，孔子之精神也。然在孔子思想，毕竟以道德为主。心由道德之实践，而和顺积中，英华外发，显为德音，可以感动人之善心者，斯为尽善尽美之乐。故观乐可以知德，乐为德之华，乐可以养德，金声玉振，以象德之盛。故孔子之艺术精神，是表现的，充实的，而非观照的空灵的。纯粹之艺术精神重观照。观照必以空灵为极致。统于道德之艺术精神，必重表现其内心之德性或性情，而以充实为极致。故孟子曰充实之谓美。此种艺术精神盖较纯粹艺术精神为尤高。后墨家承天志而言仁爱，其重实践此仁爱与孔子同，而不重礼乐。故既不能复兴宗教，亦不能承继古代文化。道家不信天神，毁礼乐而弃仁义，此是对传统文化之大革命。然道家之即万物以观道，是有形上学之意识者。道家以道无乎不在，平齐万物，而观道于蝼蚁稊稗。此正是一观照的欣赏的艺术精神。故庄子亦以天籁，天乐，象征得道之境界。纯粹观照的欣赏的态度，必使对象空灵化，成即虚即实者。而道家之道，亦即有即无，似有似无之物，而存于希夷恍惚，虚无寂寞之境。道家之人生观，唯重齐是非，忘生死得失利害，以忘物我之别。物我之别忘，而游心于万象，与天地之一气，此观天地之大美之艺术境界。物我之别忘，而以神遇，不以目视，以游刃于虚，此成人间之大巧之艺术精神。此后代之书画文学，皆多少表现道家精神也。艺术之精神，在物我双忘，其应用于道德，即庄子所谓"鱼相忘于江湖，人相忘乎道术"。欲物我相忘，必我善能顺物，如飘风之还，若羽之旋，无可不可，因循为用。此田骈，慎到，乘势顺欲，与物俱往之政术，及黄老之言所自本。艺术精神之用于政治者也。周代秦晋之法家，尚功利，自有其特殊精神。而法家之言术言势，皆本于道家因循之义，言齐之以法，则以齐物之精神入也。汉代思想是儒道墨，与自原始之宇宙观发展出之阴阳家，及秦晋功利思想之大融合。在前汉，则儒道互为宾主、后汉而儒学益影响于风教。魏晋隋唐，道佛之言盛而尚文艺，宋明儒兴而尚德行。数千年固有文化思潮之转变，固委屈甚多，然要以儒道二家之相激相荡，相错相综，为其主流。大率儒树当然之则以承天，道明自然之用以辅人，儒重常，道观变。言治道者多本于儒。言治术者，多本于道。儒畅性天之机，以成己成物。道养心气之虚，以静照无求。治世之能臣多崇儒，乱世之隐逸多崇道。道主宏纳，主因势，故开国之君臣，多崇道。儒树纲常以立本，故中兴之君臣，恒近儒。立本故倡经学，因势故或重史学。然归本而论之，则儒重刚性之建立，道重柔性之顺应。道德精神之本，为刚性之建立，艺术精神之本，必归于忘我，而与物周旋无间，是为柔性之顺应。西方文化思想为理想主义自然主义二潮流之激荡史。西方言理想主义者,最后归宿于宗教,故万理统于神。儒家近理想主义,而性即理心即理,尽心知性以成己成物,即知天事天,则归宿于道德。西方言自然主义者,取证于科学,以人与物同为自然律所支配,人欲支配自然,必知其律,以戡天役物,此为科学之应用于技术。道家以人物齐观,而自然社会中之盛衰之杀,变化之流,则亦有其不可逆之权势,固亦近乎必然律矣。然科学以客观万物为实在,而道家视万物,则实中有虚。全实则刚,有虚则柔。科学家之自然,为刚性之自然,而与人对峙之自然。故必加征服。此以刚性活动制刚性之物也。道家之自然,有实有虚,而为柔性之自然。故不主征服,或则静观之静照之,使自然空灵化成艺术境界。或者因应而用之。物之实中有虚,人事之变亦然。人于事物之变,以观其虚,见其窍,以得其几而转之,因势利导,动合无形,则用力少而功多,此即道家之学之用于中国之医学,拳术,治术者。此即实知虚而游刃其中,即空灵化万物之本领。仍是艺术精神之一表现也。故言西方文化思潮,则理想主义与自然主义之推荡可以概之。而言中国文化思潮,则儒道二家之推荡,可以概之矣。

（选自唐君毅《人文精神之重建》,香港新亚研究所1955年版,原载《东方与西方》第1期,1947年3月）

唐君毅(1909—1978),四川省宜宾人,哲学家、教育家,曾任中央大学、广州华侨大学、新亚书院、香港中文大学教授。著《中西哲学思想之比较研究集》、《人生之体验》、《心物与人生》、《中国文化之精神价值》、《人文精神之重建》、《中国人文精神之发展》、《文化意识与道德理性》、《哲学概论》、《中国哲学原论》、《说中华文化之花果飘零》、《中华人文与当今世界》、

《生命存在与心灵境界》等。

选文节自唐氏《人文精神之重建》,是他出版了《中西哲学思想之比较论文集》后撰写的论文,论文以文化中包含的宗教、道德、艺术、科学四大要素为依据,比较了中西文化不同的特质:中国文化的中心在道德与艺术,西方文化的中心在宗教与科学,因此文化体现出的精神及由此精神孕育的哲学也各具特色。

综和的尽理之精神之历史文化的意义

牟宗三

第一节 中国文化生命里所涌现的观念形态

中国文化，从其发展的表现上说，它是一个独特的文化系统。它有它的独特性与根源性。我们如果用德哲费息特的话说，中华民族是最具有原初性的民族。惟其是一个原初的民族，所以它才能独特地根源地运用其心灵。这种独特地根源地运用其心灵，我们叫它是这个民族的"特有的文化生命"。

这个特有的文化生命的最初表现，首先它与西方文化生命的源泉之一的希腊不同的地方，是在：它首先把握"生命"，而希腊则首先把握"自然"。《尚书·大禹谟》说："正德利用厚生。"这当是中国文化生命里最根源的一个观念形态。这一个观念形态即表示中华民族首先是向生命处用心。因为向生命处用心，所以对自己就要正德，对人民就要利用厚生。正德利用厚生这三事实在就是修己以安百姓这两事。"生命"是最麻烦的东西。所以有人说：征服世界易，征服自己难。征服自己就是对付自己的生命。这个最深刻最根源的智慧发动处，实是首先表现在中国的文化生命里。正德或修己是对付自己的生命，利用厚生或安百姓则是对付人民的生命，所谓对付者就是如何来调护我们的生命，安顿我们的生命。

20世纪儒学研究大系

所以中国文化里之注意生命把握生命不是生物学的把握或了解，乃是一个道德政治的把握。所以正德利用厚生这个观念形态就是属于道德政治的一个观念形态。"生命"是自然现象，这是属于形而下的。就在如何调护安顿我们的生命这一点上，中国的文化生命里遂开辟出精神领域：心灵世界，或价值世界。道德政治就是属于心灵世界或价值世界的事。正德是道德的，利用厚生是政治的。这就开启后来儒家所谓"内圣外王"之学。正德是内圣事，律己要严：利用厚生是外王事，对人要宽。二帝三王这些作为政治领袖的圣哲首先把握了这一点而表现了这个观念形态。这个观念形态，本是属于道德政治的。我现在再进一步，名之曰：仁智合一的观念形态，而以仁为笼罩者。依此，我将说中国的文化系统是一个仁的文化系统。

或者说，你所说的"仁智合一"，这里面却并没有智。关此，我再把所确定的那个观念形态，再进一步规定一下。我曾由古史官的职责说明这个观念形态。周官说史曰："掌官书以赞治。"又曰："正岁年以叙事。"前一句则表示：根据历代的经验（官书）以赞治，这是属于道德政治的。后一句则表示：在政治的措施中，含有对于自然的窥测。古天文律历由此成。这是属于"智"之事。我们可以说：智就在政治的措施中，在利用厚生中表现，在道德政治的笼罩下而为实用的表现。由此，即可明：中国的文化系统是仁智合一而以仁为笼罩者的系统。

但在这里须注意：因为这个观念形态是由如何调护安顿我们的生命而成，因之而成为道德政治的，故其经过后来的发展，仁一面特别彰著，这是很自然的，而智一面则始终未独立地彰著出来，这是憾事。这是了解中国文化生命的发展的一个大关节。其意义后面再说。

顺道德政治的观念模型而来的发展，就是周公的制礼，因而成为"周文"。而周公的制礼，最基本的就是确定人伦。人伦的最大的两个纲领则是亲亲之杀，尊尊之等。由此演生出五伦。亲亲尊尊是文制。人道由此确定。故前人有云："人统之正，托始文王。"即因周公制礼故也。至孔子出，他能充分欣赏了解这一套礼制，故曰"郁郁乎文哉，吾从周"。进而他又点出它的彻上彻下的"意义"，此即是：由亲亲以言仁，由尊尊以言义。这是言仁义的文制根源。及至把仁义点出来了，则其涵义即不为亲亲尊尊之文制所限，而广大无边，遂从这里开辟出中国文化生命的全幅精神领域。

虽说广大无边，亦有一个中心的要领。这就是通过孟子的"仁义内在"而确定性善。仁义，若由上面所述的根源来了解，本是由于如何调护安顿我们的形而下的自然生命而显出的一个道德生命、理性生命。这是我们的圣哲首先由浑一的生命中看出一个异质的东西，即：生命不徒是自然生命，清一色的生物生命，而且有一个异质的理性生命，由心灵所表现的理性生命。依此，仁义必内在，而性善必成立。故孟子由恻隐之心见仁，由羞恶之心见义，由辞让之心见礼，由是非之心见智。仁义礼智就是心之德，亦即是由心见性也。这一个心性，是我固有之，非由外铄我也。故是先天而内在的。这个心性就是道德的心性，我们于此亦曰道德理性。这是定然而如此的，无条件的。这个心性一透露，人之所以为人的"道德主体性"（Moral subjectivity）完全壁立千仞地树起来。上面通天，下面通人。此即为天人合一之道。内而透精神价值之源，外而通事为礼节之文。这一个义理的骨干给周公所制之礼（文）以超越的安立（Transcendental justification）。这整个的文化系统，从礼一面，即从其广度一面说，我将名之曰：礼乐型的文化系统，以与西方的宗教型的文化系统相区别。从仁义内在之心性一面，即从其深度一面说，我将名之曰："综和的尽理之精神"下的文化系统，以

与西方的"分解的尽理之精神"下的文化系统相区别。这两个名词
须要解析一下。

第二节　综和的尽理之精神与
分解的尽理之精神

　　何以说是"综和的尽理之精神"？这里"综和"一词是克就上面
"上下通彻，内外贯通"一义而说的。"尽理"一词，则是根据荀子所
说的"圣人尽伦者也，王者尽制者也"，以及孟子所说的"尽其心者
知其性也"，《中庸》所说的尽己之性，尽人之性，尽物之性，等而综
摄以成的。尽心、尽性、尽伦、尽制，统概之以尽理。尽心尽性是从
仁义内在之心性一面说，尽伦尽制则是从社会礼制一面说。其实
是一事。尽心尽性就要在礼乐的礼制中尽，而尽伦尽制亦就算尽
了仁义内在之心性。而无论心、性、伦、制，皆是理性生命，道德生
命之所发，故皆可曰"理"。而这种"是一事"的尽理就是"综和的尽
理"。其所尽之理是道德政治的，不是自然外物的，是实践的，不是
认识的或"观解的"（Theoretical）。这完全属于价值世界事，不属
于"实然世界"事。中国的文化生命完全是顺这一条线而发展。其
讲说义理或抒发理想纯从这里起。例如，如要顺孟子所确立的义
理骨干而深度地讲心性天道，他不能忘掉历史文化中广被人群的
礼乐文制。因为中国人所讲的"道"，本是从历史文化中的礼乐文
制蒸发出来的。这是孔孟荀以及后来的理学家所决无异辞的。不
烦征引。同时，如要顺历史文化而讲礼乐文制，则不能不通于心性
与天道。此不待理学家而始然，在孔孟荀时期即已然矣。《礼
记·礼器篇》有云："礼之以多为贵者，以其外心者也。德发扬，诩万
物，大理物博。如此，则得不以多为贵乎？故君子乐其发也。礼之
以少为贵者，以其内心者也。德产之致也精微，观天下之物无可以

称其德者。如此,则得不以少为贵乎? 是故君子慎其独也。古之圣人,内之为尊,外之为乐,少之为贵,多之为美。是故先王之制礼也,不可多也,不可寡也,唯其称也。"这是表示"综和尽理"最精美的一段话。故言有声之乐,必通无声之乐,言有体之礼,必达无体之礼,言有服之丧,必至无服之丧。是之谓达"礼乐之原"(见《礼记·孔子闲居篇》)。这还是就礼乐一面说。若就心性一面说,则我可以就日常生活的"践形"来说明这种综和的尽理之精神。孟子说:"惟圣人为能践形。"谁能且不管,我且说践形之意义。"践形"就是有耳当该善用其耳,有目当该善用其目,有四肢百体当该善用其四肢百体。善用之,则天理尽在此中表现,而四肢百体亦尽为载道之器矣。此之谓实践其形,亦曰"以道殉身"也。如是,则不毁弃现实,而即在现实之中表现天理;而现实不作现实观,亦全幅是天理之呈现。即此简单而平常之"践形"一语,实一下子敲破乾坤,而顿时"上下与天地同流"矣。此种精神,唯中国文化生命里有之。如于此而再不能感奋兴发,而不能认取中国文化之价值,而致其赞叹之诚,则可谓无心者矣。任何好东西,他亦不能了解。是以中国文化生命,无论从礼乐一面或心性一面,其所表现的"综和的尽理之精神"所成之文化系统实是一充实饱满之形态。我亦曾名之曰"圆盈的形态",名儒教为"盈教",以与西方的"隔离的形态",名耶教为"离教",相区别(离盈二词取于墨经。当时关于坚白石之辩,有离盈二宗。今借用之,以明中西两文化系统之不同)。

反观西方,则与以上所说者整个相翻。

我前面开头即说,中国首先把握生命,西方文化生命的源泉之一的希腊,则首先把握"自然"。他们之运用其心灵,表现其心灵之光,是在观解"自然"上。自然是外在的客体,其为"对象"义甚显,而生命则是内在的,其为对象义甚细微,并不如自然之显明。所以中国人之运用其心灵是内向的,由内而向上翻;而西方则是外向的,由外面向上翻。即就观解自然说,其由外而向上翻,即在把握自然宇宙所以形成之理。其所观解的是自然,而能观解方面的"心灵之光"就是"智"。因为智是表现观解的最恰当的机能。所以西方文化,我们可以叫它是"智的系统",智一面特别凸出。

希腊早期的那些哲学家,都是自然哲学家,他们成功了许多观解自然宇宙的哲学系统。这就是他们的心灵之光之开始与传授(还须注意:这些人物并不是政治领袖,并不像中国的二帝三王之传授)。即到苏格拉底出,虽说从自然归到人事方面的真、美、善、大等概念之讨论,然其讨论这些概念仍是当作一个外在对象而讨论之,仍是本着用智以观解的态度而讨论之,他没有如孔孟然,归本于内心之仁义上。因为用智以观解,所以最终便发见了真的东西有成其为真的之理,美的有成其为美的之理。善、大等亦然。就是说,他发见了"理型"(Idea, Form)。理型一出,任何事物,任何概念,都得到了"贞定"。这里所谓贞定,一函有明朗,脉络分明;二函有定义,名、言俱确。他尽毕生之力来从事发见理型的辩论。他不自居为智者,而只说是爱智者。这个"爱智"是由智以观解与其所观解出之理型而规定。此为智之特别凸出甚显。柏拉图顺他的路终于建立了一个含有本体论宇宙论的伟大系统。这里面含有理型、灵魂(心灵)、材质、造物主等概念。你可以看出这个系统是由"观解之智"之层层分解,层层深入,而思辨以成之。故文理密察,脉络分明,一步一步上去的。此之谓智之观解之由外而向上翻。到亚里士多德,由理型、形式、再转而言共相(即共理或普遍者),则十范畴出焉,五谓出焉,定义之说成焉,由之以引生出全部传统逻辑。如是,贞定了我们的名言,亦贞定了我们的"思想"。这三大哲人一线相承,暴露了智的全幅领域,外而贞定了自然,内而贞定了思想。逻辑、数学、科学的基础全在这里。智的全幅领域就是逻辑数学科学。当然科学之成立,还是近代精神下的事,尚不是希腊人爱好形式之美的审美兴趣所能尽。然这是细分别的说法。大分别言之，还是一个基本精神之流传。故近人讲西方文化，从科学一面说，必归本于希腊也。希腊人爱好形式之美，故其所尽的智之事，自以逻辑数学为凸出也。此由柏拉图之特别重视数学几何，亚里士多德之能形成逻辑，即可知之。

　　我之略述这一传统，主要意思是在想表明：这一智的文化系统，其背后的基本精神是"分解的尽理之精神"。

　　这里"分解"一词，是由"智之观解"而规定。一、函有抽象义。一有抽象便须将具体物打开而破裂之。二、函有偏至义。一有抽象，便有舍象。抽出那一面，舍去那一面，便须偏至那一面。三、函有使用"概念"，遵循概念之路以前进之义。一有抽象而偏至于那一面，则概念即形成确定，而且惟有遵循概念之路以前进，始彰分解之所以为分解。分解之进行是在概念之内容与外延之限定中层层以前进。由此三义，再引申而说，分解的精神是方方正正的，是层层限定的（这就是遵守逻辑数学以前进）。因此显示出有圭角而多头表现。综起来，我们可说这是"方以智"的精神（《易经》语）。而中国"综和的尽理之精神"，则是"圆而神"的精神（亦《易经》语）。

　　至于"分解的尽理"中之"尽理"，从内容方面说，自以逻辑数学科学为主。若笼罩言之，则其所尽之理大体是超越而外在之理，或以观解之智所扑着之"是什么"之对象为主而特别彰著"有"之理（Being）。即论价值观念，亦常以"有"之观点而解之。这与中国尽心尽性尽伦尽制所尽之"理"完全异其方向。关于此尽，我且不必多说。因为这要牵涉到各方内容问题。

　　我以上所说"分解的尽理之精神"是就希腊的"学之传统"说（此在他处，我曾名之曰"学统"）。就是从希伯来而来的宗教传统下的基督教的精神，即耶稣的精神，一方面说，我也说它是分解的尽理之精神。此处所谓"分解"完全是就耶稣的宗教精神之为隔离的、偏至的而言。耶稣为要证实上帝之绝对性,纯粹性,精神性(以"爱"来渗透上帝之全体),遂放弃现实的一切,打你的左脸,连右脸也给他打;剥你的内衣,连外衣也给他。将现实的物质的一切,全幅施与,借这种施与,把"绝对的爱"传达过去,不管是敌是友(这与孔子的仁不同,与孔子所说的"唯仁者能好人能恶人"亦不同)。当他传教的时候,有人说你的母亲来找你,他就说:谁是我的母亲?谁是我的兄弟?凡相信上帝的话的,才是我的母亲,才是我的兄弟。依据他的教训,人间的伦常道德都是无足轻重的。进一步,"凯撒的归凯撒,上帝的归上帝"。连现实的国家亦不在他的心念中。因为他的国是在天上,不在地下。最后连自己的生命亦放弃。这就是他的上十字架。他上十字架是自动的。当他开始传教时,就预定了这一步:预定要舍命,要亲身作赎罪的羔羊。不但他自己如此,他对他的门徒也说:"如果你们不背起你们的十字架,便不配作我的门徒。"他前面一切的放弃就是酝酿这一步。所以我们要了解他放弃现实的一切,就要从这最后一步的意思上来了解。他要作赎罪的羔羊,他要把上帝的"绝对的爱""普遍的爱",传达到人间,他要把"上帝之为上帝"全幅彰著出来,所以他必须把现实的一切,感觉界的一切,统统剔除净尽,将他自己归于神,与神合一。借他的上十字架的精神,把上帝的内容全幅彰著于人间。所以依基督教的教义,他是神,而不是人,他是道成肉身,他是圣子。由他之为"道成肉身",上帝之为圣父圣子圣灵的三位一体性始成立。他之将感觉界的一切剔除净尽而彰显上帝,一如几何学家之彰显几何中的方圆。几何中的方圆,不是感觉的。要显那个方圆,必须把感觉的东西统统抽尽。数学中的数目及数目式之纯粹性亦然。虽然一是属于科学的,一是属于宗教的,而其基本精神之同为"分解的尽理之精神",则固彰彰明甚。照中国的文化讲,人人皆可以为圣人。而依基督教的文化系统,则只有耶稣是圣子。这是独一无二的,也不许有二。我起初以为这不对。近来我才了解它的意义。因为在分解的尽理之精神下,耶稣那种隔离的偏至的宗教精神,必须有一个栏挡住才行。否则,若人人都可以为圣子,都像耶稣那样,则人间非毁不可,一切现实的活动都不能有意义,而文化亦不能有,如是连上帝亦无意义了。所以必只以耶稣为圣子,为人间树立真理之标准,光明之源泉,以明人间需要上帝,上帝亦需要人间。如是方能保住人间的活动及文化。就这一挡住,才成功了西方文化之为基督教的文化系统。而这个文化系统,显然是隔离的,分解的,而耶教之为离教亦是显然的。

我以上是就希腊希伯来两种西方文化的源泉,从其内在的本质上说明其为"分解的尽理之精神"下的文化系统,借以说明西方的科学及耶稣所成的宗教都是这种精神下的成果。我现在且可再进而从现实的历史因缘上,以明其文化生命里所早出现的民主政治(或近代化的国家政治法律),也是"分解的尽理之精神"下的产物。

何以说民主政治其背后的基本精神也是"分解的尽理之精神"?盖民主政治之成立,有两个基本观念作条件:一是自外限制,或外在地对立而成之"个性"。此与尽心尽性尽伦尽制之内在地尽其在我所成之道德的圣贤人格不同。二是以阶级的或集团的对立方式争取公平正义,订定客观的制度法律以保障双方对自的权利与对他的义务。此与一无阶级对立之社会而其文化生命又以道德人格之个人活动为主者不同。在现实的历史因缘上,西方有阶级的对立。其自外限制而成之"个性",其最初之灵感源泉是来自基督教,即:在上帝面前人人平等。但这一个灵感须要落实,需要在现实上争取。一落到现实上,他们有阶级的对立。所以他们的自外限制而成之个性,其本质的关键胥系于由阶级地集团地对外争取而显。他们的自外限制或外在的对立,并不是空头地个人与个人为外在的对立,而是有阶级的对立以冒之的。由阶级地集团地对外争取而反显透出个性的尊重。所以他们的个性自始即不是散漫的、散沙的。这种个性以权利义务来规定,而权利义务之客观有效性胥系于制度法律之订定。所以这种个性可以说是外在的,是政治法律的与道德艺术的人格个性之纯为内在的不同。但是这种内在的人格个性必靠那种外在的个性之有保障,始能游刃有余地安心地去发展。这里我们可以看出,成立民主政治的两个基本观念,即外在的个性与集团地对外争取方式,其总归点是在一个政治法律形态的"客观制度"之建立。一个政治法律式的客观制度之建立是注目于人群的抽象的一般的客观关系之建立,此非单注目于所识所亲的具体的伦常关系所能尽。我这里不能详述民主政治之内容。我只略说其成立之基本点,即可看出它背后的基本精神是分解的尽理之精神。分解的尽理必是一、外向的,与物为对;二、使用概念,抽象地概念地思考对象。这两个特征,在民主政治方面,第一特征就是阶级或集团对立。第二特征就是集团地对外争取,订定制度与法律。所谓尽理,在对立争取中,互相认为公平合于正义的权利义务即是理,订定一个政治法律形态的客观制度以建立人群的伦常以外的客观关系,亦是理。

西方的民主政治之成立固由于其现实历史上有阶级,但这却不是说民主政治的本质必赖有阶级。民主政治正是要打破阶级的。阶级对立只是促成民主政治的一个现实上的因缘。可是阶级虽不是民主政治的本质,而集团争取的方式却是民主政治的本质之一。中国的文化生命未形成阶级,这一方面固然是好的,但是亦因而集团性不显,这却是在实现民主政治上是一大缺陷。而其文化生命里,又只以完成道德人格与艺术性的人格(艺术性人格一面前未述及,下将论及)为主流,而在此主流之方向里亦是不能出现民主政治的。这也是了解中国文化生命的发展之大关节之一。容后论之。

以上说明了中国文化为综和的尽理之精神,西方文化为分解的尽理之精神。此处犹须有指明者,即,我这里所谓综和,分解,不是指各门学问内部的理论过程中的综和分解言,亦不是就文化系统内部的内容之形成过程中的综和分解说。这是反省中西文化系统,而从其文化系统之形成之背后的精神处说。所以这里所谓综和与分解是就最顶尖一层次上而说的。它有历史的绝对性,虽然不是逻辑的。因为西方的文化生命虽是分解的尽理之精神,却未尝不可再从根上消融一下,融化出综和的尽理之精神。而中国的文化生命虽是综和的尽理之精神,亦未尝不可再从其本源处,转折一下,开辟出分解的尽理之精神。这里将有中西文化会通的途径。

第三节　概念的心灵与智之直觉形态及知性形态:中国所以不出现逻辑数学科学之故

西方的文化生命,其背后不自觉的是分解的尽理之精神。而分解的尽理之精神,其透现在外面,根本就是一个概念的心灵(Conceptual mentality)。(其直接的切义是表现在成逻辑数学科学处。至于在宗教与政治方面,则是其借用义。)因为在智之观解中,智之机能特别彰著,故其使用概念的心灵亦特别显明。然而在中国,因为智未从仁中独立地彰著出,故其概念的心灵亦特别不显,而且不行。概念的心灵就是智之"知性形态"(Understanding-form)。

在中国,无论道家,儒家,智之知性形态始终未转出。我在这里,可先略述道家。在道家,无论老子的《道德经》或庄子(指书言），从知性到超知性这个转进的关节处以及超知性的境界，都意识的很清楚（道家虽有其修〔身〕工夫以及其说明此工夫的观念理路，然其表示此工夫与观念理路惟是从知性转至超知性一面说，此则与儒家不同处）。老子《道德经》开头就说"道可道，非常道"。可道与不可道，他意识的很清楚。如果用现在的话说出来，可道世界就是可用一定的概念去论谓的世界，而此世界必为现象世界，而使用概念去论谓的主体就是知性主体，即表现为知性形态的主体。在主体方面，使用概念，必遵守使用概念的理路；在客观方面，用概念去论谓皆有效，即皆有确定而恰当的指谓。譬如方当方的，圆当圆的，上当上，下当下，皆不可乱。不可道世界就是不能用一定的概念去论谓的世界，而此世界必为本体世界，即老子所说的"道"；而主体方面则必为超知性主体，此在道家即说为无思无虑，无为而无不为的道心之因应，用今语说之，则名为"智的直觉"（智的直觉，非感触直觉。Intellectual intuition, not sensible intuition）。道家于超知性方面，能正面而视，发挥的很尽致。《道德经》的作者很能知道"道"这个本体不能用一定的概念去论谓。例如"其上不皦，其下不昧。迎之不见其首，随之不见其后"。这就表示说：道，从上面说，亦不见得是皦亮，从下面说，亦不见得是幽昧。昧而不昧，皦而不皦。驯致亦无所谓皦，亦无所谓昧，亦无所谓上，亦无所谓下。同理，首而非首，尾而非尾，前而非前，后亦非后。驯致亦无所谓首与尾，亦无所谓前与后，是则上下皦昧，首尾前后，诸概念，皆不能有确定而恰当的指谓。用上一个概念，即须否定此概念而显道之性。这种用而不用以显道之性，按照西方哲学，我们可以叫它是"辩证的论谓"（Dialectical Predication）。道家当然没有用辩证这个名词。然这里是一个辩证的思维，则毫无问题。《庄子·齐物论》篇几乎整个是说如何从知性范围内按照一定标准而来的是非善恶美丑之相对世界转到超是非善恶美丑之绝对世界。这种超转，就叫做"恢诡谲怪,道通为一"。恢诡谲怪,简名为诡谲,亦即庄子所说的"吊诡"。恢诡谲怪有遮表两面的意思。从遮方面说,按照一定标准而来的相对世界都是没有准的,依此都可予以大颠倒。而此大颠倒,自知性范围观之,即恢诡谲怪矣。但不经此一怪,则不能通为一而见本真。从表方面说,这种诡谲即显示道体之永恒如如。而诡谲或吊诡,在英语即为"Paradox",而此吊诡即"辩证的吊诡"(Dialectical Paradox)也。

由以上可知,道家对于超知性境界以及对"超知性境"之思维法,皆意识的很清楚。可是对于可道世界以及知性范围内的事,则不能正面而视,不能道出其详细的历程以及其确定的成果,而只模模糊糊地顺常识中有这么一回事而圆圆地摸过去。这就表示:概念的心灵未彰著出,而智之知性形态亦始终未转出。是以知性中的成果,即逻辑数学科学,亦未出现。这一层领域完全成了一片荒凉地,意识所未曾贯注到的地方。要超过它,必须经过它。而且在经历中,必须把此中的成果能产生出来。如此,"超知性境"亦因而充实明朗而有意义。这叫做两头双彰。否则,知性领域固荒凉,而"超知性境"亦暗淡。此中国文化生命里高明中之憾事也。

儒家继承二帝三王历史文化之传统而立言,其用心别有所在。他们对于知性领域内的事,顺俗而承认之,不抹杀,亦不颠倒,但亦不曾注意其详细的经历以及其确定的成果。因为他们的用心是在道德政治,伦常教化,不在纯粹的知识。故对于知识以及成知识的"知性"从未予以注意(只有荀子稍不同。但荀子这一面在以往儒家的心思中亦不予以注意而凸出之)。他们之透至"超知性境",亦不顺"从知性到超知性"这一路走。此与道家不同处。他们之透至超知性境是顺尽心尽性尽伦尽制这一路走,此是道德政治的进路,不是认识论的进路。他们由尽心尽性而透至超知性境,是以"仁"为主,惟在显"德性"。惟德性一显,本心呈露,则本心亦自有其灵光之觉照，即自此而言"智"。此"智"即在仁心中，亦惟是仁心之灵觉。儒家从未单独考察此智以及其所超过之"知性之智"。因其所注意的惟在显仁心，而仁心即为道德之天心，而非认识的心。此亦与道家不同。道家顺"从知性到超知性"一路走，故虽至超知性之"道心"，而其道心亦仍只是"认识的心"。即：只是一片干冷晶光的圆镜。道家始终未转至性情的仁心。此亦可说有智而无仁。此其所以为道家，以前斥其为异端处。儒家由尽心尽性透至"超知性境"所发露之"智"亦是"圆智"，但不是干冷的，而是有"仁以润之"的。

可是我们在这里就注意这仁心中的圆智亦是智之直觉形态，而不是知性形态（知性形态的智是"方智"）。孔孟俱仁智并讲。仁且智圣也。孔孟俱不敢以仁且智自居。敢不敢是另一回事。我们在这里是注意此种智的意义。孔孟之智俱是圣贤人格中的神智妙用，即是仁心之智慧，总之则曰德慧。《论语》载："樊迟问智。子曰：务民之义，敬鬼神而远之，可谓智矣。"这只是孔子随机应答。而其所显示之智之意义，亦只是通晓分际。这还是"知之为知之，不知为不知，是知也"之智。《论语》又载："樊迟问仁，子曰：爱人。问智，子曰：知人。樊迟未达。子曰：举直错诸枉，能使枉者直。樊迟退。见子夏曰：乡也，吾见于夫子而问智。子曰：举直错诸枉，能使枉者直。何谓也？子夏曰：富哉言乎。舜有天下，选于众，举皋陶，不仁者，远矣。汤有天下，选于众，举伊尹，不仁者远矣。"这是就"知人论世"以言智。通晓分际之智，知人论世之智，俱是一种智慧之妙用，非逻辑数学之智也。

对于仁智，吾尝各以两语说之。仁以感通为性，以润物为用。智以觉照为性，以及物为用。仁是本。寡头的智是道家的智。有此本，则智不干不冷，不虚幻，不游离。随仁之感通而贴体落实，此即不虚幻，不游离，故不成"光景"（光景，宋明儒者雅言之。拆穿光景是圣贤工夫中一大关节)。随仁之润泽而无微不至,无幽不明:智之所至,即仁之所润,故不干不冷。贴体落实,故不穿凿。不干不冷,故不为贼。故摄智归仁,仁以养智。仁为本,故"仁者安仁"。智为用,故"智者利仁"。孔子又言"智及仁守"。此虽自□夫或自有仁有智的人而言之,亦通于仁智之本性也。

此种圣贤人格中或恻之仁心中的圆智神智,《易经·系辞传》亦盛言之。曰:"乾知大始,坤作成物。乾以易知,坤以简能。易则易知,简则易从。"乾代表心灵,创造原理,故曰:"乾知大始。"而其知又以易知,是则乾知即具体而圆之神智之知也。又曰:"子曰:知几其神乎?……几者动之微,吉之先见者也。君子见几而作,不俟终日。……子曰:颜氏之子,其殆庶几乎?有不善未尝不知,知之未尝复行也。《易》曰:不远复,无祗悔,元吉。"又曰:"知周乎万物而道济天下,故不过。旁行而不流。乐天知命故不忧。安土敦乎仁故能爱。"顺此而进,义蕴无边。我这里只说,此种仁心中的神智圆智,其及物也,是一了百了,是一触即发而顿时即通于全,这里没有过程,没有发展。复次,是具体的,而不是抽象的,故顺几而转,无微不至。这里没有概念,亦没有分解与综和。故曰:"直觉形态。"

此种直觉形态的智,如用西方哲学术语言之,即是:其直觉是理智的,不是"感觉的";其理智是直觉的,不是辩解的,即不是逻辑的。可是这种智,在西方哲学家言之,大都以为只属于神心,即惟上帝之心灵始有之。而人心之直觉必是感觉的,其理智必是辩解的。他们把圆智只属于神心,而于人心之智,则只言其知性形态。此固可以彰著"知性主体",而特显"概念之心灵",因而亦能产生逻辑数学与科学,然而人心之超知性一层,则彼不能通透,是固其文化生命中本源处之憾事也。反之,中国文化生命,无论道家,儒家,甚至后来所加入之佛教,皆在此超知性一层上大显精采,其用心几全幅都在此。西方所认为只能属于神心者,而中国圣哲则认为在人心中即可转出之。此还是跟"人人皆可以为圣人"来。而人心之转出此一层,则即曰天心或道心。因之其所显之智,吾人亦得即以圆智或神智名之。

依西方哲学,人心之知性,其了解外物,而成知识,一方必须有"感觉的直觉"供给材料,即依感觉的直觉而与外物接,一方知性本身之活动亦必须是辩解的,即遵守逻辑的理路的,因而亦必使用概念。这是总的说法。进一步,知性之成知识,在其使用概念以辩解的过程中,必依据一些基本的形式条件,此亦曰范畴,此如时间、空间、质、量、因果,等。即知性之了解外物必通过这些形式条件始可能。但是神心之了解万物,既不是感觉的,亦不是辩解的,因而亦不须使用概念,亦不必通过时空质量因果等形式条件。这与上帝之统驭世界之不需有国家政治法律的形式同(关于此层,下节论之)。而中国之圣贤人格中之圆智妙用亦同样不是感觉的,辩解的。我们也可进而说,亦同样不须通过时空质量因果等形式条件(在佛家,如转出胜义现量或般若智时,亦不须通过这些形式条件,故佛家名这些形式条件皆为分位假法)。故在中国文化生命里,惟在显德性之仁学,固一方从未单提出智而考论之,而一方亦无这些形式条件诸概念。同时一方既未出现逻辑数学与科学,一方亦无西方哲学中的知识论。此一环之缺少,实是中国文化生命发展中一大憾事。我们即由此,说它发展之程度及限度。

智,在中国,是无事的。因为圆智神智是无事的。知性形态之智是有事的。惟转出知性形态,始可说智之独立发展,独具成果(即逻辑数学科学),自成领域。圆智神智,在儒家随德走,以德为主,不以智为主。它本身无事,而儒者亦不在此显精采。智只是在仁义之纲维中通晓事理之分际。而在道家,无仁义为纲维,则显为察事变之机智,转而为政治上之权术而流入贼。依是,人究竟是人,不是神,人间究竟是人间,不是天国,而无事之圆智神智亦只好在道德政治范围内而用事。

一个文化生命里,如果转不出智之知性形态,则逻辑数学科学无由出现,分解的尽理之精神无由出现,而除德性之学之道统外,各种学问之独立的多头的发展无由可能,而学统亦无由成。此中国之所以只有道统而无学统也。是以中国文化生命,在其发展中,只彰著了本源一形态。在其向上一机中,彻底透露了天人贯通之道。在本源上大开大合,一了百了。人生到透至此境,亦实可以一了百了。而即在此一了百了上,此大开大合所成之本源形态停住了,因而亦封闭了。然而人不是神,不能一了百了。人间是需要有发展的。它封闭住了,它下面未再撑开,因而贫乏而不充实。中国的文化生命,在其发展中,只在向上方面撑开了,即:只在向上方面大开大合而彰著了本源一形态,而未在向下方面撑开,即未在下方再转出一个大开大合而彰著出属于末的"知性形态"与国家政治法律方面的"客观实践形态"(此亦属于末,此层下节再说)。中国文化生命迤逦下来,一切毛病与苦难,都从这里得其了解,了解了就好办。

我在本节说明了中国所以不出现逻辑数学科学之故。我们现在讲科学必通着逻辑数学讲,而且必通着"知性"讲。疏通西方文化生命如此,疏通中国文化生命亦如此。惟通着"知性"讲,方可以知出现不出现完全是发展中的事,不是先天命定的事。如是,则其出现之理路,即可得而言。

(本文节选自牟宗三《历史哲学》,
台湾学生书局1984年2月版)

牟宗三(1909—1995),字离中,山东栖霞人,著名的思想家、教育家，现代新儒家的代表人物，是王阳明以后继承熊十力理路而足以代表近代到现代的中国哲学真正水平的第一人。曾任中央大学、金陵大学、江南大学、浙江大学、台湾师范大学、新亚书院、香港中文大学的教授。1948 年写《重振鹅湖书院缘起》首次提出儒学发展三期说。1958 年，牟氏与张君劢、唐君毅、徐复观联名发表《为中国文化敬告世界人士宣言》，慨然以复兴儒学为职志。著《逻辑典范》、《认识心之批判》、《历史哲学》、《道德的理想主义》、《政道与治道》、《名家与荀子》、《中国哲学的特质》、《才性与玄理》、《心体与性体》、《智的直觉和中国哲学》、《佛性与般若》、《圆善论》、《中西哲学之会通》、《中国哲学十九讲》等。

　　选文节录自《历史哲学》，重点分析了中西方化所蕴涵的精神，以揭示各自不同的特质。中国文化首先把握"生命"，是仁智合一而以仁为笼罩者的文化系统，体现了"综和的尽理之精神"，也是一种礼乐型的文化系统；西方文化首先把握"自然"，智一面特别凸出，是智的文化系统，其背后的基本精神是"分解的尽理之精神"。借《易经》语衡论，中国文化的精神是"圆而神"，而西方文化的精神则是"方以智"。只有从根源处对中西文化的精神有所把握，转折一下，可开辟出中西文化会通的途径，即由分判走向会通。

20世纪儒学研究大系

中国哲学的特质

牟宗三

第 一 讲

引论：中国有没有哲学

中西哲学，由于民族气质、地理环境与社会形态的不同，自始即已采取不同的方向。经过后来各自的发展，显然亦各有其不同的胜场。但是中国本无"哲学"一词，"哲学"一词源自希腊，这是大家所熟知的。我们现在把它当作一通名使用。若把这源自希腊的"哲学"一名和西方哲学的内容合在一起，把它们同一化，你可以说中国根本没有哲学。这个时代本是西方文化当令的时代，人们皆一切以西方为标准。这不但西方人自视是如此，民国以来，中国的知识分子一般说来，亦无不如此，所以有全盘西化之说。中国以往没有产生出科学，也没有开出民主政治，这是不待言的。说宗教，以基督教为准，中国的儒释道根本没有地位。说哲学，中国没有西方式的哲学，所以人们也就认为中国根本没有哲学。这样看来，中国文化当真是一无所有了。构成一个文化的重要成分、基本成分，中国皆无有，哪里还能说文化？其实何尝是如此？说中国以往没有开发出科学与民主政治，那是事实。说宗教与哲学等一起皆没有，那根本是霸道与无知。人不可以如此势利。这里当该有个分别。西方人无分别，还可说。中国人自己也无分别，那就太无出息

20世纪儒学研究大系

了。

五四前后,讲中国思想的,看中了墨子,想在墨子里翻筋斗,其他皆不能讲。既无兴趣,也无了解。原来中国学术思想中,合乎西方哲学系统的微乎其微,当时人心目中认为只有墨子较为接近美国的实验主义。实则墨学的真精神,彼等亦不能了了,彼等又大讲《墨辩》,盖因此篇实含有一点粗浅的物理学的知识,又含有一点名学与知识论。虽然这些理论都极为粗浅,而又语焉不详,不甚可解,但在先秦诸子思想中,单单这些已经足够吸引那些浅尝西方科学哲学的中国学者。因此,研究墨子,其实是《墨辩》,一时蔚为风气。钻研于单词碎义之中,校正训诂,转相比附。实则从这里并发现不出真正科学的精神与逻辑的规模。而那些钻研的人对于逻辑与西方哲学,也并无所知,连入门都不可得,更不用说登堂入室了。舍本逐末,以求附会其所浅尝的那点西方哲学,而于中国学术之主流,则反茫然不解。

后来冯友兰写了一部《中国哲学史》,彼在《自序》里自诩其中之主要观点是正统派的。可是冯书之观点实在不足以言正统派。冯书附有陈寅恪和金岳霖二先生的审查报告。其中陈氏多赞美之语,如说冯书“能矫附会之恶习,而具了解之同情”。此实亦只貌似如此,何尝真是如此?陈氏是史学家,对于中国思想根本未曾深入,其观冯书自不能有中肯之判断。至于金岳霖先生,他是我国第一个比较能精通西方逻辑的学者,对于西方哲学知识论的训练也并不十分外行。他看出冯书“讨论《易经》比较辞简,而讨论惠施与公孙龙比较的辞长。对于其他的思想,或者依个人的意见,遂致无形地发生长短轻重的情形亦未可知”。金氏虽知冯氏之思想倾向于西方的新实在论,但是力言冯氏并未以实在主义的观点批评中国思想。这虽在冯书第一篇容或如此,但在第二篇就不见得如此。冯氏以新实在论的思想解析朱子,当然是错的。以此成见为准,于述及别的思想,如陆、王,字里行间当然完全不相干,而且时露贬辞。这即表示其对于宋明儒者的问题根本不能入,对于佛学尤其外行,此皆为金氏所不及知。金氏早声明他对于中国哲学是外行。我们自不怪他。

同时冯书另一致命缺点,那就是分期的问题。冯书分二篇。首篇名为《子学时代》,自孔子以前直至秦汉之际,类似西方古希腊时代。次篇名为《经学时代》,由汉初至清末民初之廖季平,这又类似西方的中世纪。但并无近代。冯氏以西方哲学之分期方式套在中国哲学上,显为大谬。至于冯书特别提出并且注重名学,对《墨辩》、《荀子·正名篇》,以及惠施、公孙龙等的名学所作的疏解,当然并非无价值。而且对中国名学之特别重视,仿佛提供了研究中国哲学一条可寻的线索。可惜先秦的名学只是昙花一现,日后并未发展成严整的逻辑与科学方法。所以名学不是中国哲学的重点,当然不可从此来了解中国之传统思想。故冯氏不但未曾探得骊珠,而且其言十九与中国传统学术不相应。

中国学术思想既鲜与西方相合,自不能以西方哲学为标准来定取舍。若以逻辑与知识论的观点看中国哲学,那么中国哲学根本没有这些,至少可以说贫乏极了。若以此断定中国没有哲学,那是自己太狭陋。中国有没有哲学,这问题甚易澄清。什么是哲学?凡是对人性的活动所及,以理智及观念加以反省说明的,便是哲学。中国有数千年的文化史,当然有悠长的人性活动与创造,亦有理智及观念的反省说明,岂可说没有哲学? 任何一个文化体系,都有它的哲学,否则,它便不成其为文化体系。因此,如果承认中国的文化体系,自然也承认了中国的哲学。问题是在东西哲学具有不同的方向和形态。说中国没有"希腊传统"的哲学,没有某种内容形态的哲学,是可以的。说中国没有哲学,便是荒唐了。西方的哲学工作者,历来均有无视东方哲学的恶习,所以他们的作品虽以哲学史为名,而其中竟无只字提及东方的哲学。如此更易引起一般人的误会,以为东方哲学无甚可观,甚至以为东方全无哲学。哲学就等于西方哲学,哲学尽于西方。二次大战前后,罗素始一改西方哲学史作者的传统态度,名其书为《西方哲学史》。本"不知盖阙"的态度,不讲东方,但无形中已承认了东方哲学的存在。罗素又著《西方之智慧》(Wisdom of the West),不名为人类之智慧,特标"西方"二字,亦可见他对东方并未忽视。时至今日,东西方都应互相尊重平视,借以调整、充实、并滋润其文化生命,否则无以克魔难。西方人若仍固步自封,妄自尊大,那也只是迷恋其殖民主义恶习之反映。中国人少数不肖之徒,若再抵死糟蹋自己,不自爱重,那只可说是其买办之奴性已成,自甘卑贱,这只是中国之败类。

中国既然确有哲学,那么它的形态与特质怎样?用一句最具概括性的话来说,就是中国哲学特重"主体性"(Subjectivity)与"内在道德性"(Inner-morality)。中国思想的三大主流,即儒释道三教,都重主体性,然而只有儒家思想这主流中的主流,把主体性复加以特殊的规定,而成为"内在道德性",即成为道德的主体性。西方哲学刚刚相反,不重主体性,而重客体性,它大体是以"知识"为中心而展开的。它有很好的逻辑,有反省知识的知识论,有客观的、分解的本体论与宇宙论:它有很好的逻辑思辨与工巧的架构。但是它没有好的人生哲学。西方人对于人生的灵感来自文学、艺术、音乐,最后是宗教。但是他们的哲学却很少就文学、艺术、音乐而说话。他们的哲学史中并没有一章讲耶稣。宗教是宗教,并不是哲学。宗教中有神学,神学虽与哲学有关,而毕竟仍是神学,而不是哲学的重点与中点。哲学涉及之,是哲学的立场,不是宗教的立场。他们有一个独立的哲学传统,与科学有关,而独立于科学;与宗教、神学有关,而独立于宗教、神学。而且大体还是环绕科学中心而展开,中点与重点都落在"知识"处,并未落在宗教处,即并不真能环绕宗教中心而展开。但是中国哲学却必开始于儒道两家。中国哲学史中，必把孔子列为其中之一章。孔子自不像耶稣式的那种宗教家，亦不类西方哲学中的那种哲学家。你如果说他是苏格拉底，那当然不对。印度哲学中亦必须把释迦牟尼佛列为一章。释迦亦不类耶稣那种宗教家，亦不像西方哲学中那种哲学家。但是孔子与释迦，甚至再加上老子，却都又有高度的人生智慧，给人类决定了一个终极的人生方向，而且将永远决定着，他们都取得了耶稣在西方世界中的地位之地位。但他们都不像耶教那样的宗教，亦都不只是宗教。学问亦从他们的教训，他们所开的人生方向那里开出。观念的说明，理智的活动，高度的清明圆融的玄思，亦从他们那里开出。如果这种观念的说明，理智的活动，所展开的系统，我们也叫它是哲学，那么，这种哲学是与孔子、释迦所开的"教"合一的：成圣成佛的实践与成圣成佛的学问是合一的。这就是中国式或东方式的哲学。

　　它没有西方式的以知识为中心，以理智游戏为一特征的独立哲学，也没有西方式的以神为中心的启示宗教。它是以"生命"为中心，由此展开他们的教训、智慧、学问与修行。这是独立的一套，很难吞没消解于西方式的独立哲学中，亦很难吞没消解于西方式的独立宗教中。但是它有一种智慧，它可以消融西方式的宗教而不见其有碍，它亦可以消融西方式的哲学而不见其有碍。西方哲学固是起自对于知识与自然之解释与反省，但解释与反省的活动岂必限于一定形态与题材耶？哲学岂必为某一形态与题材所独占耶？能活动于知识与自然，岂必不可活动于"生命"耶？以客观思辨理解的方式去活动固是一形态，然岂不可在当下自我超拔的实践方式，现在存在主义所说的"存在的"方式下去活动？活动于知识与自然，是不关乎人生的。纯以客观思辨理解的方式去活动，也是不关乎人生的，即存在主义所说的不关心的"非存在的"。以当下自我超拔的实践方式,"存在的"方式,活动于"生命",是真切于人生的。而依孔子与释迦的教训,去活动于生命,都是充其极而至大无外的,因此,都是以生命为中心而可通宗教境界的。但是他们把耶教以神为中心的,却消融于这以"生命"为中心而内外通透了。既能收,亦能放。若必放出去以神为中心,则亦莫逆于心,相视而笑,而不以为碍也。众生根器不一,何能局限于某一定型而必自是而非他?

中国哲学以"生命"为中心。儒道两家是中国所固有的。后来加上佛教,亦还是如此。儒释道三教是讲中国哲学所必须首先注意与了解的。二千多年来的发展,中国文化生命的最高层心灵,都是集中在这里表现。对于这方面没有兴趣,便不必讲中国哲学。对于以"生命"为中心的学问没有相应的心灵,当然亦不会了解中国哲学。以西方哲学为标准,来在中国哲学里选择合乎西方哲学的题材与问题,那将是很失望的,亦是莫大的愚蠢与最大的不敬。

附识:西方哲学亦很复杂。大体说来,可分为三大骨干:一、柏拉图、亚里士多德为一骨干,下贱中世纪的正宗神学。二、莱布尼兹、罗素为一骨干,旁及经验主义、实在论等。三、康德、黑格尔为一骨干。这三个骨干当然亦有互相出入处,并不是完全可以截然分得开。如果从其大传统的理想主义看,虽其活动大体亦自知识中心而展开,然而充其极而成其为理想主义者,亦必最后以道德宗教为中心。从柏拉图、亚里士多德、下及中世纪的圣多玛,以至近世的康德、黑格尔,与夫眼前海德格尔(Heidegger)的"存在哲学",从其最后涉及道德宗教的哲理说,这一传统是向重"主体性"的主体主义而发展。现在德国有一位名叫缪勒(Muller)的,他讲述海德格尔的存在哲学,文中即宣称柏拉图、亚里士多德,下贱中世纪的圣多玛,以及近世的康德、黑格尔(包括费希特、谢林等),都是主体主义。他当然分别开古典的主体主义之处理人生道德问题,与康德、黑格尔的主体主义之处理人生道德问题之不同。他并宣称他们都不能面对具体存在的人生，在人生方向、道德决断上，作一个当下存在的决断。所以他宣称他们的哲学皆不能适应这个动荡不安、危疑不定的时代。他由此显出海德格尔的存在哲学之特色。据我们看，说柏拉图、亚里士多德，下赅中世纪的圣多玛等，是主体主义，未免牵强。他们当然涉及主体（灵魂、心等），但是他们并不真能成为主体主义。必发展至康德、黑格尔，主体主义始真能彻底完成。不至主体主义，严格讲，并不真能接触道德宗教的真理。说康德、黑格尔的主体主义（理想主义）亦不能在人生方向、道德决断上，作一个当下存在的决断，在某义上，亦是可以说的。但这并非不可相融。存在主义，自克尔恺郭尔（Kierkegaard）起，即十分重视主体性，这当然是事实。发展至今日的海德格尔，虽主重"存在的决断"，让人从虚伪掩饰的人生中"站出来"，面对客观的"实有"站出来，此似向"客观性"走（这本亦是承继克氏而转出的），然说到家，他并不真能反对主体主义。在这里，最成熟的智慧是主观性与客观性的统一，是普遍原理（泛立大本）与当下决断的互相摄契。我看西方哲学在这一方面的活动所成的理想主义的大传统，最后的圆熟归宿是向中国的"生命之学问"走。不管它如何摇摆动荡，最后向这里投注。如果顺"知识"中心而展开的知识论，以及由之而展开的外在的、观解的形上学看，这当然是中国哲学之所无，亦与中国哲学不同其形态。近时中国人只知道一点经验主义、实在论、唯物论、逻辑分析等类的思想，当然不会了解中西理想主义的大传统。就是因表面的障碍，不喜欢中国这一套吧，那么就从西方哲学着手也是好的。对于西方哲学的全部，知道得愈多，愈通透，则对于中国哲学的层面、特性、意义与价值，也益容易照察得出，而了解其分际。这不是附会。人的智慧，不管从哪里起，只要是真诚与谦虚，总是在长远的过程与广大的层面中开发出的。只要解悟与智慧开发出，一旦触之，总是沛然也。今人之不解不喜中国哲学，并不表示他们就解西方哲学。

第 二 讲

中国哲学的重点何以落在主体性与道德性？

希腊最初的哲学家都是自然哲学者，特别着力于宇宙根源的探讨，如希腊哲学始祖泰勒斯（Thales）视水为万物根源，阿那克西米尼（Anaximenes）视一切事物由空气之凝聚与发散而成，毕达哥拉斯（Pythagoras）归万象于抽象的数（数目 Number 或数量 Quantity），德谟克利特（Democritus）则以为万物由不可分的原子构成，至恩培多克勒（Empedokles）又主张万物不外地水风火四元素的聚散离合，阿那克萨哥拉（Anaxagoras）更谓万物以无数元素为种子，并且假定精神的心灵之存在，由此而说明种子之集散离合。以上诸家均重视自然的客观理解。至希腊第二期的哲学家才开始注重人事方面的问题，如苏格拉底所言正义、美、善、大等概念，柏拉图所主的理想国，及亚里士多德伦理学所讲的至善、中道（Mean）、公平、道德意志、友谊与道德之类，都是人类本身而非身外的自然问题。然而，他们都以对待自然的方法对待人事，采取逻辑分析的态度，作纯粹理智的思辨。把美与善作为客观的求真对象，实与真正的道德无关。由于他们重分析与思辨，故喜欢对各观念下定义。如辨不说谎或勇敢即为正义，由此引申以求正义的定义，显然这是理智的追求。自苏格拉底首先肯定（形而上的）理型（Idea）的功用，柏拉图继而建立理型的理论（Theory of Idea），由之以说明客观知识之可能。并研究理型之离合，由之以说明真的肯定命题与真的否定命题之可能。如是遂建立其以理型为实有的形式体性学。亚里士多德继之，复讲形式与材质的对分，上而完成柏拉图所

20世纪儒学研究大系

开立的宇宙论,下而创立他的逻辑学。他们这种理智思辨的兴趣,分解的精神,遂建立了知识论,客观而积极的形上学——经由客观分解构造而建立起的形上学。这种形上学,吾名之曰观解的形上学(Theoretical Metaphysics),复亦名之曰"实有形态"的形上学(Metaphysics of Being-form)。这是中国思想中所不着重的,因而亦可说是没有的。即有时亦牵连到这种分解,如顺阴阳气化的宇宙观,发展到宋儒程朱一系,讲太极、理气,表面上亦似类乎这种形上学,然实则并不类。它的进路或出发点并不是希腊那一套。它不是由知识上的定义入手的。所以它没有知识论与逻辑。它的着重点是生命与德性。它的出发点或进路是敬天爱民的道德实践,是践仁成圣的道德实践,是由这种实践注意到"性命天道相贯通"而开出的。

中国的哲人多不着意于理智的思辨,更无对观念或概念下定义的兴趣。希腊哲学是重知解的,中国哲学则是重实践的。实践的方式初期主要是在政治上表现善的理想,例如尧、舜、禹、汤、文、武诸哲人,都不是纯粹的哲人,而都是兼备圣王与哲人的双重身份。这些人物都是政治领袖。与希腊哲学传统中那些哲学家不同,在中国古代,圣和哲两个观念是相通的。哲字的原义是明智,明智加以德性化和人格化,便是圣了。因此圣哲二字常被连用而成一词。圣王重理想的实践,实践的过程即为政治的活动。此等活动是由自己出发,而关连着人、事和天三方面。所以政治的成功,取决于主体对外界人、事、天三方面关系的合理与调和;而要达到合理与调和,必须从自己的内省修德作起,即是先要培养德性的主体,故此必说"正德",然后才可说"利用"与"厚生"。中国的圣人,必由德性的实践,以达政治理想的实践。

从德性实践的态度出发,是以自己的生命本身为对象,绝不是如希腊哲人之以自己生命以外的自然为对象,因此能对生命完全正视。这里所说的生命，不是生物学研究的自然生命（Natural Life），而是道德实践中的生命。在道德的理想主义看来，自然生命或情欲生命只是生命的负面，在正面的精神生命之下，而与动物的生命落在同一层次。老子说："何谓贵大患若身？吾所以有大患者，为吾有身；及吾无身，吾有何患？"（《道德经·第十三章》）所谓"有身"的大患，便是植根于自然生命的情欲。耶教所言的原罪、撒旦，佛教所说的业识、无明，均由此出。佛道二家都很重视生命的负面。在他们的心目中，人的生命恒在精神与自然的交引矛盾之中，因此如要做"正德"的修养功夫，必先冲破肉体的藩篱，斩断一切欲锁情枷，然后稍稍可免有身的大患，把精神从躯体解放出来，得以上提一层。可见释、道两家的正德功夫是谈何容易！儒家则与释、道稍异其趣，他们正视道德人格的生命，使生命"行之乎仁义之途"，以精神生命的涵养来控制情欲生命，所以儒家的正德功夫说来并不及佛道的困难。另一方面，儒家的正视生命，全在道德的实践，丝毫不像西洋的英雄主义，只在生命强度的表现，全无道德的意味。譬如周文王的三分天下有其二，便是由于他能积德爱民。为王而能积德爱民，固为生命强度的表现，但其实不只此。因为西方英雄的表现，大都为情欲生命的强度，而中国圣王的表现，是必然兼有而且驾临于情欲生命强度的道德生命强度。

　　中国哲学之重道德性是根源于忧患的意识⊕。中国人的忧患意识特别强烈，由此种忧患意识可以产生道德意识。忧患并非如杞人忧天之无聊，更非如患得患失之庸俗。只有小人才会长戚戚，君子永远是坦荡荡的。他所忧的不是财货权势的未足，而是德之未修与学之未讲。他的忧患，终生无已，而永在坦荡荡的胸怀中。文王被囚于羑里而能演易，可见他是多忧患且能忧患的圣王。我们可从《易经》看出中国古代的忧患意识。《系辞下》说："易之兴也，其于中古乎？作《易》者，其有忧患乎？"又说："易之兴也，其当殷之末世,周之盛德耶? 当文王与纣之事耶?"可见作《易》者很可能生长于一个艰难时世,而在艰难中熔铸出极为强烈的忧患意识。《易·系》又描述上天之道"显诸仁,藏诸用,鼓万物而不与圣人同忧"。这是说天道在万物的创生化育中、仁中显露。("天地之大德曰生"。仁、生德也,故曰"显诸仁"。)在能创生化育的大用(Function)中潜藏。它鼓舞着万物的化育,然而它不与圣人同其忧患。("鼓之舞之以尽神"。神化即天道,自无所谓忧患。)程明道常说的"天地无心而成化",便是这个道理。上天既无心地成就万物,它当然没有圣人的忧患。可是圣人就不能容许自己"无心"。天地虽大,人犹有所憾,可见人生宇宙的确有缺憾。圣人焉得无忧患之心? 他所抱憾所担忧的,不是万物的不能生育,而是万物生育之不得其所。这样的忧患意识,逐渐伸张扩大,最后凝成悲天悯人的观念。悲悯是理想主义者才有的感情。在理想主义者看来,悲悯本身已具最高的道德价值。天地之大,犹有所憾,对万物的不得其所,又岂能无动于中,不生悲悯之情呢? 儒家由悲悯之情而言积极的、入世的参赞天地的化育。"致中和"就是为了使"天地位",使"万物育"。儒家的悲悯,相当于佛教的大悲心,和耶教的爱,三者同为一种宇宙的悲情(Cosmic feeling)。然则儒家精神,又与宗教意识何异?

　　宗教的情绪并非源于忧患意识,而是源于恐怖意识。恐怖(Dread)或怖栗(Tremble)恒为宗教的起源。近代丹麦哲学家、存在主义的奠基者克尔恺郭尔曾著《恐怖的概念》(Concept of Dread)一书,对恐怖有精详的分析,其中特别指出恐怖(Dread)之不同于惧怕(Fear)。惧怕必有所惧的对象,而恐怖则不必有一定的对象,它可以整个宇宙为对象,甚至超乎一切对象,故人面对苍茫之宇宙时,恐怖的心理油然而生。宇宙的苍茫,天灾的残酷,都可引起恐怖的意识。耶教视人皆有原罪,在上帝跟前卑不足道,更视天灾为上帝对人间罪恶的惩罚,带着原罪的人们在天灾之中,只有怖栗地哀求宽恕,故耶教的根源显为典型的怖栗意识。至于佛教,其内容真理(Intensional truth)的路向,虽同于耶教,同由人生的负面进入,但它异于耶教的,在由苦入而不由罪入。佛教的苦业意识,远强于恐怖意识,它言人生为无常,恒在业识中动荡流转,由此产生了解脱出世的思想。

耶、佛二教从人生负面之罪与苦入,儒家则从人生正面入。它正视主体性与道德性的特色,在忧患意识之与恐怖意识和苦业意识的对照之下,显得更为明朗了。

附注:"忧患意识"是友人徐复观先生所首先提出的一个观念。请参看他的《周初宗教中人文精神之跃动》一文。见《中国人性论史·先秦篇》第二章。这是一个很好的观念,很可以借以与耶教之罪恶怖栗意识及佛教之苦业无常意识相对显。下讲《忧患意识中之敬、敬德、明德与天命》,亦大体根据徐先生该文所整理之线索而讲述。请读者仔细参看该文。

第 三 讲

忧患意识中之敬、敬德、明德与天命

在上一讲之末,我们已明忧患意识与恐怖意识及苦业意识之分别。现在继续谈的,就是这两种意识不同的引发与归趋。宗教意识中的恐怖意识无须有所恐怖的对象。当我们站在高山之巅,面对一苍茫虚渺的宇宙时,我们的心底往往涌现一个清澈的虚无感,蓦然之间觉得这个世界这个宇宙实在一无所有,甚至连自己的身躯也是一无所有,总之是感到一片虚无(Nothingness)。如果像克尔恺郭尔所说的,能够从这虚无的深渊奋然跃出来的,就是皈依上帝了。假如无望或者无能从这深渊跃出,那就等于万劫不复的沉沦。因此,恐怖意识为宗教意识中典型的皈依意识,皈依便是解消自己的主体,换句话说,就是对自己的存在作彻底的否定,即作一自我否定(Self-negation),然后把自我否定后的自我依存附托于一个在信仰中的超越存在——上帝那里。如此,由虚无深渊的超拔,恒为宗教上的皈依。在耶教,恐怖的深渊是原罪,深渊之超拔是救赎,超拔后之皈依为进天堂,靠近上帝。天堂是耶教之罪恶意识所引发的最后归宿。在佛教,苦业意识的引发可从教义中的四谛看出。四谛是苦、集、灭、道。由无常而起的痛苦(苦)、由爱欲而生的烦恼(业),构成一个痛苦的深渊,它的超拔就是苦恼的解脱,即是苦恼灭尽无余之义的灭谛,而超拔苦恼深渊后的皈依就是达到涅槃寂静的境界。道谛所言的八正道,就是令人苦业永尽而进涅槃境界的道路。

中国人的忧患意识绝不是生于人生之苦罪,它的引发是一个正面的道德意识,是德之不修,学之不讲,是一种责任感。由之而引生的是敬、敬德、明德与天命等等的观念。孟子说:"生于忧患,死于安乐。"中国人喜言:"临事而惧,好谋而成。"(《论语》孔子语)忧患的初步表现便是"临事而惧"的负责认真的态度。从负责认真引发出来的是戒慎恐惧的"敬"之观念。"敬"逐渐形成一个道德观念,故有"敬德"一词。另一方面,中国上古已有"天道"、"天命"的"天"之观念,此"天"虽似西方的上帝,为宇宙之最高主宰,但天的降命则由人的道德决定,此与西方宗教意识中的上帝大异。在中国思想中,天命、天道乃通过忧患意识所生的"敬"而步步下贯,贯注到人的身上,便作为人的主体。因此,在"敬"之中,我们的主体并未投注到上帝那里去,我们所作的不是自我否定,而是自我肯定(Self affirmation)。仿佛在敬的过程中,天命、天道愈往下贯,我们的主体愈得肯定,所以天命、天道愈往下贯,愈显得自我肯定之有价值。表面说来,是通过敬的作用肯定自己;本质地说,实是在天道、天命的层层下贯而为自己的真正主体中肯定自己。在孔子以前的典籍早已有"敬"和"敬德",进而有"明德"的观念。今引《尚书》为例。《召诰》有言:"惟王受命,无疆惟休,亦无疆惟恤。呜呼!曷其奈何弗敬!"可知召公在对其侄成王的告诫中,已由忧患(恤)说到敬了。召公认为无穷无尽的幸福,都是上天所降,但是,切不可只知享福而忘其忧患。永远处在忧患之中,持着戒慎虔谨的态度,天命才可得永保,否则上天撤消其命。召公在这里深深地感叹出"呜呼"一声,而且继而再叹"曷其奈何弗敬!"可知他具有很强烈的忧患意识。所以他又说:"呜呼!天亦哀于四方民,其眷命用懋,王其疾敬德。"那是说:"天又哀怜社会上的老百姓,天之眷顾降命是在勤勉的人身上。成王啊!你要赶快敬谨于德行。"但是这里所谓德,只是应然的合理行为,并未达到后来"内在德性"的意境。由敬德而有"明德",《康诰》有云:"惟乃丕显考文王,克明德慎罚。"这是周公告诫康叔的说话,要康叔昭著文王的美德,即要明智谨慎,特别在施刑方面,须要公明负责。至于天命,《召诰》又说:"今天其命哲,命吉凶,命历年。"这三句的意思可注意的是天不但是命吉凶,命历年,且命我以明哲。天既命我以明哲,我即当好好尽我的明哲。尽我的明哲,那就是敬德,就是明德慎罚了。无常的天命,取决于人类自身的敬德与明德。如果堕落了,不能敬德、明德,天命必然亦随之撤消。所以如欲"受天永命"(《召诰》语),必须"疾敬德"。否则,"惟不敬厥德,乃早坠厥命"(亦《召诰》语)。"天命"的观念表示在超越方面,冥冥之中有一标准在,这标准万古不灭、万古不变,使我们感到在它的制裁之下,在行为方面,一点不应差忒或越轨。如果有"天命"的感觉,首先要有超越感(Sense of transcendence),承认一超越之"存在",然后可说。

　　用今天的话说,通过"敬德"、"明德"表示并且决定"天命"、"天道"的意义,那是一个道德秩序(Moral order),相当于希腊哲学中的公正（Justice）。然而后者的含义远不及前者的丰富深远。孟子的民本思想，引《尚书》"天视自我民视，天听自我民听"为论据。的确，这两句的意义非常丰富，天没有眼耳等感官，天的视听言动是由人民体现的。换言之，统治者须要看人民，人民说你好，那么表示天亦认为你好，人民说你坏，那么自然天亦认为你坏。因此人民的革命表示统治者的腐败，在统治者的方面来说，是自革其天命。天命的层层下贯于人民，表示一个道德的秩序。人民在敬德和明德之中，得以正视和肯定天道和天命的意义。天道与天命不单在人的"敬之功能"（Function of reverence）中肯定，更在人的"本体"（Substance）中肯定。因此，这道德的秩序亦为"宇宙的秩序"（Cosmic order）。

天命与天道既下降而为人之本体，则人的"真实的主体性"（Real subjectivity）立即形成。当然，这主体不是生物学或心理学上所谓的主体，即是说，它不是形而下的，不是"有身之患"的身，不是苦罪根源的臭皮囊，而是形而上的、体现价值的、真实无妄的主体。孔子所说的"仁"，孟子所说的"性善"，都由此真实主体而导出。中国人性论中之主流，便是这样形成的。在宗教则无真实主体之可言，这是道德与宗教大异其趣之所在。西方人性论的主流中，人性（Human nature）直截地是人之自然，没有从超越的上天降下而成的人之主体。西方的上帝与人类的距离极远。极端地高高在上的上帝，又岂能下降于人间呢？

西方宗教中的天命观念，以中国传统的天命观看来，是很容易理解的。譬如耶教中伊甸园的神话，亦表示了人本有神性，本有神性以为真实的主体，而不只是原罪。这神话叙述的亚当与夏娃本是与神性合一的，可是他们一旦相继吃了禁吃的智慧果，表示他们的情欲为毒蛇引诱而至堕落，结果与神分离了。从此以后，人便只注意那原罪，而不注意那神性了。神性永远属于上帝一边，人陷落下来而成为无本的了。亚当夏娃在未堕落之前可以无忧无虑地遨游于伊甸园，堕落的结果就是在灵魂方面的永恒死亡。然而耶教又说上帝爱世人。所以耶教不能不言"救赎"。从此以后，伊甸园的神话完全向"上帝、原罪、救赎"这以神为中心的宗教形态走。救赎的观念相当于中国"唤醒、觉悟"的观念。觉悟或唤醒之后，人与天才可有"重新的和解"（Reconciliation），在和解的过程中人可重新提起已堕落的生命而与神性再度合一。由此我们可以这样想：能否使此神性作为我们自己的主体呢？看来这一步的功夫是很有意义、很有价值的。可是西方思想的传统，不容许这功夫的完成。于是西方思想中的天命，对于人类是永恒地可望而不可即。他们只讲神差遣耶稣来救赎，却并不讲"天命之谓性"而正视人自己之觉悟。西方思想中的天人关系，依然停滞于宗教的型态，没有如中国的孔孟，发展出天人合一的儒学。

　　最后，我们可以简洁地列出两种意识所引发的天人关系，以为这一讲的总结：

宗教意识 ｛恐怖意识（耶）：上帝（God）$\xleftarrow{\text{向上投注}}$ 人
　　　　　苦业意识（佛）：

道德意识　忧患意识（儒）：天命、天道 $\xleftarrow{\text{向下贯注}}$ 人

（选自牟宗三《中国哲学的特质》，台湾学生书局 1963 年版）

　　选文节录自牟宗三《中国哲学的特质》第一至三讲，是他于 1962 年在香港大学校外课程部对社会公众的演讲辞，分十二讲。第一讲的重点谈"中国有没有哲学"，第二讲谈"中国哲学的重点何以落在主体性与道德性？"第三讲"谈忧患意识中

20世纪儒学研究大系

之敬、敬德、明德与天命"。牟氏认为:凡是对人性的活动所及,以理智及观念加以反省说明的,便是哲学。依据此一哲学定义,牟氏指出中国没有西方式的哲学,但具有不同于西方哲学的方向和形态的哲学。中国哲学的特质是特重"主体性"(Subjectivity)与"内在道德性"(Innermorality)。而西方哲学则重客体性,是以"知识"为中心而展开的,中国的哲学没有西方式以知识为中心、以理智游戏为一特征的独立哲学,也没有西方式的以神为中心的启示宗教。中国哲学以"生命"为中心,由此展开他们的教训、智慧、学问与修行。希腊哲学是重知解的、中国哲学则是重实践的。中国哲学之重道德性是根源于忧患的意识,不同于犹太－基督教源于恐怖意识,也不同于佛教源于苦业无常意识。儒道释三教是中国思想的三大主流,都重主体性,但只有儒家思想是主流中的主流。

西方对朱熹的研究

〔美〕陈荣捷

朱熹(1130—1200)是孔、孟以来中国最大的思想家之一,也是其后八百年来综合了新儒学思想,在新的基础上建立了他自己的哲学体系的最重要的人物。朱熹的哲学从十四世纪开始在中国思想上起统治作用,十五世纪影响朝鲜,十六世纪影响日本,直到十七世纪才开始引起西方人的注意。同时,在中国的天主教传教士们对把"神"翻译成"上帝"以及对中国的"天"这个术语的解释进行过争论。结果,他们开始研究新儒学思想,1715 年发表了《性理精义》(新儒学的思想实质),对他们有很大的影响;朱熹和其他一些新儒学思想家在天主教传教士的思想中逐渐占了主导地位。

1777—1785 年,J·A·玛丽、德·莫耶莱克、德·梅拉把《通鉴纲目》译成法文。然而这部书与朱熹的哲学无关。朱熹蕴育这种思想并扼要地阐明了编纂原则,制定编辑的方向,但是这本书与其说是他自己的著述,不如说是他的学生——特别是赵师渊的著作。在过去六十多年前西方对朱熹没作过什么直接的研究。本文把西方对朱熹的研究综述为十个方面:(一)西方对朱熹著作的翻译;(二)朱熹的"上帝"的概念;(三)朱熹的哲学;(四)朱熹与陆象山和陈亮的辩论;(五)朱熹对"道统"的阐述;(六)朱熹对佛教和道教的批判;(七)朱熹的哲学与西方哲学的比较;(八)朱熹的一生;(九)朱熹的门徒;(十)日本的朱熹学派。

西方对朱熹著作的翻译

西方对朱熹著作的翻译集中在 1714 年出版的《朱子全书》上。这部书只不过是关于朱熹的谈话、信件和随笔一类的文选，因此，从书名上说是用题不当的。然而，在研究朱熹思想来说，它却是最广泛地运用了原始的资料。在 1849 年 E·C·布里奇曼把这部书中关于宇宙、天地、日月以及人畜的某些章节译成英文。虽然只不过七页那么长，这个摘译却标志着西方以直接的原始材料为基础研究朱熹思想的开端。1836—1837 年布里奇曼把《小学》译成英文。不过这部书里并不包含朱熹自己的话，倒不如说这是由朱熹选择那些反映他自己思想的早期儒家学说编纂而成。

几十年以后，1874 年，托马斯·麦克克拉奇把《朱子全书》第四十九章关于"理"（原则）"气"（物质力量）译成英文，有很多错误。1876 年乔治·封·德·卡布兰兹翻译了周敦颐的《太极图说》，其中有朱熹的评注。1879 年威廉姆·格鲁伯选译了朱熹某些关于"理"和"气"的说法，次年从《性理精义》中译了周敦颐的《通书》，包括朱熹的评注。这个德文本完全正确。

这些成就由法国传教士查理·德·阿雷继续研究。1887 年他从高攀龙（1562—1662）的《朱子节要》一书中翻译了三至五章，还选译了其他章节。《朱子节要》是有关朱熹谈话和写作的一本文集。1889 年他翻译了《小学》附有选自陈亮的评注。……1890 年德·阿雷从《性理精义》中选译了有关周敦颐、张载和邵雍的一些段落，包括朱熹对张载的《正蒙》的批注，也还选了朱熹关于自然与天命，理与气以及节制的方法各篇中的言论。在翻译中有节略。1891 年德·阿雷翻译了张载的《西铭》附朱熹的评注。

德·阿雷的刻苦努力是无与伦比的，然而令人熟思不解的是他全然没有利用 1714 年出版的《朱子全书》。在布里奇曼最初对《朱子全书》作了部分的翻译之后五十多年,对这部书才有进一步的翻译。1906 年利昂·威格神父发表了他的《哲学引述:儒教、道教、佛教》,在这本书里他专门为朱熹写了一章。这一章是从《朱子全书》中选了六十二句谈话组成。虽然语句不多,这些选段是谈基本的哲学问题:理与气,阴阳(负与正的自然力量),宗教祭祀、人性、天命,善恶以及人的思想,这样就对朱熹的哲学提供了一个很完善的大纲。

十几年后,在 1922 年 J·佩里·布鲁斯把《朱子全书》的第四十二章至四十八章译成英文,把这译本定名为《朱熹著:〈人类本性的哲学〉》(伦敦,普罗布赛恩版,1922)。正如书名所指出的,它的主要论题是人的本性,但又细分为:事物的本性,人的命运,自然界的本性,能力,心神,感情,动机,意志,思想,道德规范,品德,爱,正义,尊敬,智慧,诚挚等等。这个译本也有错误。例如孟子的名言:"使心神不要忘了它的目标,但是也不要人为的去帮助它生长。"[1]被错误地译成"一方面存在自我的否定,另方面又增强情欲,而两者都是错误的"。如果布鲁斯知道这是孟子的话,他就会核对这个材料,避免了错误的解释。他对朱熹的《近思录》(考虑日常接触的事情)中"近思"这个术语也不太理解。他把"近思"的意思解作"近代思想"而没领会这个术语出于《朱子文集》第十九章第六节,意思是一个人思考他日常接触的事情。很多学者一直重复他的这个错误。然而他对"敬"字的意思译作"庄重",必须称赞这是一种深刻的见解。很多学者由于他们的宗教背景,多赞成译为"尊敬"。"敬"这个字用到对父母亲及长者的时候,自然应该理解为"尊敬";但是对于新儒学派"敬"是一种思想境界,不是对一种事务的态度。

---

[1]　"必有事焉,而勿正,心勿忘,勿助长也"(见《孟子》卷之三,朱熹集注,公孙丑章句上。——译者)。

对一种事务的态度应该用"恭"字(尊敬,敬重)。如程颐所说"恭是外在的表现而敬则是存于内在的",而且"敬就是专注于一事而不偏离"。他把"敬"描述为"庄严和尊严",由此可以很清楚地看出"庄重"比需要有一个对象的"尊重"更近似新儒学派的思想,我们没有必要甚至说"尊敬"就是一种有神论的解释,但是在古代儒家学说把"敬"字作为"敬长者"和新儒学派的"敬"字作为一种思想境界是有区别的。

布鲁斯翻译了《朱子全书》有关人与事物本性的章节。第49章关于"理"与"气"的形而上学概念没有译。直到1942年庞景仁才把它译成法文。他的目的是纠正当时欧洲一些宗教思想家对朱熹关于"天"的概念和"上帝"的误解。

1960年威廉·西奥多·德·巴里、伯顿·沃森和我编纂了《中国传统的原始资料集》(纽约,哥伦比亚大学版,1963)。新儒学思想这部分让我分担写作。我从《朱子全书》中选了关于理气、太极、鬼神(负和正的宇宙力量),人与事物,自然与天命,理智与人性很多段落,对朱熹的哲学的研究提供一个小而包含广泛的基础。在一本《中国哲学原始资料集》(1963)里,我提供了很多资料,翻译了朱熹四篇极重要的短篇哲学专题论文,一篇论"仁";一篇论"程明道对宇宙万物的解说";一篇给湖南绅士的一封信——论"持静与和协";一篇论"内省",加上从《朱子全书》中选的谈话和一些章节。

除《朱子全书》译过外,朱熹著作最主要的译本就是《近思录》。它是第一本中国哲学文集,它是后来的《性理大全》(集新儒学的大成)以及其他类似书籍的范本。自1415年至1905年《性理大全》作为科举考试的主要依据,统治中国人的思想约五百年之久。1175年朱熹和他的朋友吕祖谦从北宋四位主要新儒学派学者周敦颐、张载和二程兄弟(程颢和程颐)著述中选了622段把它们组成14卷,编成《近思录》。这本书不仅是早期新儒学派的一个撮要,而且也是晚期儒家思想的标准范本。这本书是在朱熹自己的哲学基础上编排的,这样也就是他自己的哲学体系的一个大纲。在日本因为山崎音斋(1618—1682)和他的六千门人提倡这本书,它在日本思想界起了很大影响。然而,直到1953年才有一个西方的译本,厄拉夫·格拉夫神父的德译本《近思录》,它是经过多年精心工作而译成的。

　　格拉夫的译本包括三部分,分为四卷。第一部分是《序言》;第二部分分为两卷,是《近思录》原文的译文和叶采的评注(盛行于1248年);第三部分是很多有关资料的注解。在序言里格拉夫神父详细说明《近思录》的内容以及在新儒学思想发展中它所起的作用;他还把新儒学思想与佛教、道教和西方的思想——特别是斯宾诺莎相比较。格拉夫神父的成绩无疑标志着西方对新儒学思想的研究一般来说是很大的进步,特别是对朱熹的研究有很大进步。纵然格拉夫神父有很大成绩是个事实,然而叶采的评注确实是一本平庸之作,比起其他人如张伯行,茅星来,江永和贝原益轩就差多了。叶采不止一次误解原文。例如在第八章第三节“近规”(它的意思是“宠臣的劝告”)被误解为“主张质朴”,中国学者没有注意这个评注,在《四库全书总目提要》中也没列入,然而在日本却为人所熟知。格拉夫神父试图找一个人把他的译本译成英文,但没有做到。几年以后,哥伦比亚大学在出版大量英文的东方古典著作的过程中,决定把《近思录》包括在内,直接从中文翻译,加上几节中国人和日本人的评注。我正好完成了翻译王阳明的《习传录》的工作,就又派定我译《近思录》。

　　为了使《近思录》译得完整,我加上选自朱熹的《朱子语类》、《朱子文集》和《四书章句集注》、《四书或问》以及朱熹对周敦颐、张载等所作的评注共281节。此外,我还加上496节,这些是从张伯行、茅星来、江永等人的评注中选出的10段,还有金长生(1548—

1631)作的朝鲜文评注一段和由中村惕斋(1629—1702)、贝原益轩
以及其他人的日文评注 6 段。这些评注都是关于概念上的讨论，
参考文献都放在脚注里。附录里有论述《近思录》的历史和编纂过
程，有 622 段选文的出处。有中文评注 17 段，朝鲜文评注 6 段和
日文评注 85 段；还有 1 段德文译文。

朱熹的"上帝"的概念

朱熹的"理"与"气"的哲学吸引了早期欧洲人的注意，他们的动
机不是研究他的这种哲学，而是要肯定天主教徒信上帝。从十七世
纪到十八世纪初，在天主教徒之间对于"上帝"和"天"这个名词有过
激烈的争论。利玛窦(1552—1610)和其他耶稣会神父们只信赖古
代儒家经典著作而忽视了朱熹的评注，坚持儒家所说的"上帝"和
"天"与天主教徒的"天主"一样。然而尼科拉·朗格巴底神父主张儒
家"天"的概念，像在 1415 年的《性理大全》中所解释的是正确的。
他认为儒家也好，新儒学派也好，都不会相信一个具有人格化的神，
在这点上朗格巴底得到安托诺·德·圣玛利的支持。他们主张新儒
学派的"鬼神"和基督教的"天使"不一样。"魂"(人的生命力的精神
表现于他的智力与活力)和"魄"(人的物质性的精神表现于体力的
活动)都不是基督教所说的"灵魂"。

莱布尼茨(1640—1716)在读了他们的著作①之后，给尼科
拉·德·莱蒙写了一封长信，阐明他自己的观点。按照他的看法，朱
熹哲学的基础是原理与宇宙万物；"原理"是抽象的，并不具有任何

---

① 莱布尼茨读的这些书是，朗格巴底："关于中国宗教某些问题的论
文"(1701)；安托诺·德·圣玛利：《关于中国传教会的某些重要问题的论文》
(1710)；这两种书于 1735 年重印于莱比锡。

拟人的特点。然而"理"又可以解释为如利玛窦所认为的,是具有人格化特点的;因为"理"是一种道德原则(因此可以把它看作与"上帝"等同),而不是(如朗格巴底所认为的)一种物质实体。朗格巴底争论说新儒学派并不相信"上帝",他们把宇宙的形成看作是偶然的事情;他们的"理"不是别的,只不过是一种抽象的范畴。莱布尼茨正相反,主张"理"是首要的原则,因此它是"天"的自然法则。朗格巴底的意见反映出那时在中国的天主教传教士的观点。中国的天主教徒由于祭祖先,后来被教皇禁止,康熙皇帝行使他的最高主权,把传教士都驱逐出去。结果,在欧洲的传教士中印象非常深刻的是中国人——在朱熹和其他新儒学派的影响下——是不信"上帝"的。

在"上帝"这个问题上的争论,从尼科拉·马尔布朗士于1708年出版的《一个基督教的哲学家与一位中国哲学家关于存在与上帝的特性的对话》中也可以看出来。至于"一个中国哲学家",马尔布朗士的意思是指朱熹的一个门徒;在这本书中,他引起一场无神的辩论来反对那个基督教的哲学家。马尔布朗士并没有真正理解朱熹;他根据一些贫乏而错误的材料,而且对朱熹在很多方面的提法是错误的。庞景仁主要是为了纠正欧洲人对朱熹的错误印象,他翻译了《朱子全书》第49章,这样读者就可以看出哪些方面朱熹的"理"与天主教的"上帝"相似,而朱熹的"理"与天主教的"上帝"又有哪些不同。庞景仁的看法是"理"具有最高的精神性,它不是像马尔布朗士所认为是唯物的。

这种争论从来没有解决过,将近两百年后,由于查理·德·阿雷在1887年翻译的《朱子节要》和在1890年翻译的《性理精义》又重新引起了争论。斯坦尼斯·勒·盖尔责备德·阿雷说《性理精义》只不过是一本文集,从而他认为这是对朱熹哲学的歪曲。1894年

勒·盖尔的《朱熹,其学说与影响》①,其中包括《朱子全书》第 49 章
的译文;很清楚他是企图阐明真正的朱熹哲学。其后一年,德·阿
雷攻击勒·盖尔把朱熹描绘成一个绝对的唯物主义者的说法是最
大的错误;又一年以后,1896 年,勒·盖尔致德·阿雷的一封公开信
中肯定他认为朱熹是一位唯物主义者,而且是无神论者。德·阿雷
立即写了《朱熹是无神论者吗? ——朱熹与盖尔神父》,在这篇文
章中他说,自从盖尔神父把《朱子全书》第 49 章看作是朱熹哲学的
一种真正原始资料,他就应该懂得在那一章里看到朱熹所说的在
古典著作中的"天"有时意思是蓝色天空,有时意思是"上帝",而有
时意思是"理"。德·阿雷说,毫无疑问的朱熹是把"天"看作"上
帝"。1896 年德·阿雷写的《朱熹,其学说与影响》一本 24 页的小
册子,就是企图纠正勒·盖尔把朱熹看作无神论的错误。在 1898
年他写了《朱熹和近代的中国人,他们的继承者都是无神论者
吗?》,在这里他再一次批评勒·盖尔把朱熹误解为无神论者的错
误,并且利用作为真正代表朱熹思想的明代和清代的诗、文选集等
材料为他自己的看法辩护。由于这本书的出版,关于朱熹的"上
帝"的观点的争论暂告一段落。

　　20 年后,布鲁斯发表了《宋代哲学的有神论的含意》一文的时
候再次引起了朱熹是不是一个唯物主义者这个问题。按照布鲁斯
的意见,新儒学派在物质与精神之间没有什么区别,宁可说它是物
质本性与道德之间的区别。"理"具有宗教特性,因为它是一切事
物的本源,"理"是道德,因为它包含仁慈与智慧。儒家的"道"有一
种秩序,就是伦理。太极就是道德的总和;而"天"就是上帝。既然
人的本性是"上天"赋予的,人的一切行动就必须对"上天"负责。

①　见《汉学家杂录》,第四卷(1894)。

1923 年布鲁斯发表他的《朱熹和他的前辈》时,他把第四部分题目定为《朱熹哲学的有神论的含意》。他的主要论点就是说朱熹把"天"看作神的无所不在性、最高统治者,因此具有人格化的特性;布鲁斯的结论肯定朱熹不是唯物主义者。不久之后,G·沃伦神父写了《朱熹是一个唯物主义者吗?》他感谢布鲁斯坚持朱熹不是唯物主义者,还感谢他强调一切事物来自同一根源的论点。沃伦神父进一步指出,朱熹屡次谈到"天命",而这正是按照沃伦神父所说的朱熹相信的最高统治者,被认为是具有人格化特点的。从这以后,似乎西方不再把朱熹看作一个唯物主义者,而把他看作倾向于信神的。然而,1956 年,在李约瑟著的《中国科学与文明》第二卷《科学思想史》中,他说朱熹不赞成具有人格化的神的概念,那么在这点上勒·盖尔领会的要比布鲁斯在他研究的《新教的神学》中对这点的体会要深刻得多。不论怎么说,重新引起这场争论是不足为奇的。

　　在一个有关联的问题上,德克·博德讨论了朱熹对不灭性的看法①。像博德所理解的,朱熹的一种非人格化的不灭性类型——"理"表明人的本性来反对佛教的轮回学说。什么是不灭性,那就是与其说是个别人的不灭性不如说是泛神论的。在这点上,朱熹遵循着中国人所主张的一般的,特别是道家的态度。博德认为朱熹不理解佛教的微妙性,在这点上博德是正确的。但是,如果就朱熹或其他新儒学派不理解佛教的微妙性这一点就说他们不相信个人的不灭性,对它将是误解。对朱熹或新儒学派来说,个人的不灭性存在于一个人的道德、成就与智慧的永久的品质之中。

---

　　①　《中国人对不灭性的看法,朱熹对它的解释及其对佛教思想的关系》,刊于《宗教评论》第四卷(1942)。

朱熹的哲学

延续了两个多世纪之久的、关于朱熹的神学上的热烈讨论,形成了西方研究朱熹的焦点。对他的哲学研究只是偶然的事。如前已提到的,关于他的"理"、"气"、宇宙万物、太极等等的说法都已译出。但是这些既没被看作中心主题,也没作过系统的研究。布鲁斯可以说是第一个系统地研究了朱熹哲学的人。在布鲁斯之前,并不是没有人写过关于朱熹思想的文章,但是这些文章都是附带的,而不是专门的研究①。在布鲁斯写的《朱熹和他的前辈》中,14章里有 9 章是专门写朱熹的;所论述的题目是:朱熹的宇宙学说(法则与物质,基本起因与宇宙的发展进化,道德秩序);人的本性学说(内在的性质与外在的性质,精神,品德与操行);以及朱熹哲学的有神论的含意(上天与天意)。布鲁斯紧紧依据《朱子全书》,在细节里可以找出不足之处,但是总的阐述上是很值得称赞的。

接着艾尔弗雷德·福克写的《近代中国哲学史》于 1938 年出版。最长的一章是专门研究朱熹的:关于理,气,神,太极,上天和帝(上帝),天地,阴阳,意志,精神存在与精神力量,人的本性,道与德的学说,对这些都作了摘要和评注。还包括朱熹与陆象山(陆九渊)的辩论以及西方学者对朱熹的评价。所概括的范围是非常广泛的,从朱熹著作中摘出的都是精心选择的。在这方面福克是高于布鲁斯的,因为福克是一个对中国思想领域有较深知识的汉学家。由于他们两人都同样生活于西方的传统习惯中,自然他们都

① 　勒·盖尔:《汉学家杂录》;H. A. 贾尔斯:《儒家学说与其对手》(伦敦,1915 年);格鲁塞:《东方哲学史》(巴黎,国立新书店,1923)。

非常着重于诸如上帝、精神的实体和灵魂等问题。

冯友兰的《中国哲学史》1934 年在上海出版。书中关于朱熹一章在 1942 年译成英文，分作七节："理"与"太极"，以太（"气"），宇宙论，人的本性与其他生物，伦理观与精神修养学说，政治哲学，以及对佛教的批判。在论陆象山一章，有一节论朱熹与陆象山之间的比较。在他晚期著作中，著名的有《中国哲学简史》和《中国哲学精义》①，一般附有提纲。书中着重论朱熹的伦理观与修养方法；在这点上，冯友兰可以说揭出了朱熹所关切的真正精神实质。

李约瑟在他的《〔中国〕科学思想史》一书中，对朱熹从五个方面进行长篇的讨论：朱熹的前辈，太极，气和理的概念，循环式的进化的自然主义，以及对不灭性和神性的否定。虽然题目似乎讲"仁"，也讲了善与恶，也没忽略了社会这点，而主要的是讨论"理"和"气"。当然，所有的问题都是由科学的角度进行研究的。对不灭性和神性问题特别使人注意的显然是肯定朱熹的科学精神。李约瑟以广博的学识和深邃的洞察力分析了朱熹哲学的科学特性。他的论点认为新儒学派阻碍了中国科学的发展。

在现代西方语言作家之中积极从事朱熹哲学研究的，一位是东方人士，另一位是西方人士。这位东方人士是张君劢（1889—1969），在他的《新儒学思想的发展》（纽约，人文协会，1959）第一卷里专门用三章研究朱熹。一章论朱熹的哲学，包括理和气，太极，内在的性质与外在的性质，精神与自然，个人的修养以及对佛教的批判；一章论朱熹与陆象山之间的辩论；还有一章是朱熹和张载之间的辩论。作为一个研究新儒学的主要专家，张君劢以广博而精湛的态度来研究这些问题。一位西方人士，就是格拉夫神父，在他

① 冯友兰：《中国哲学简史》（纽约，麦克米兰 1948 年版，第 294—306 页），《中国哲学精义》，E. R. 休奇斯译（伦敦，1947 年版，第 186—192 页）。

20世纪儒学研究大系

的《道与仁》一书中,广泛地研究了新儒学派,但集中研究了朱熹。尽管他讨论了关于太极,理与气,道,天,天命,乾,坤,仁,四德(仁慈,正直,智慧,公正),持敬与和协,人的行为,事物的调查,心神和意志,天地的意向,佛教的批判以及其他题目,他的讨论还是不全的。在这本书里可以看到实物和图片的资料。

上述这些学者对西方研究朱熹作了很多贡献。然而,就朱熹的哲学而论则要求做更多的工作。在这方面侥幸地有盖伦·尤金·萨金特的《朱熹关于方法论的讨论》①一文,研究朱熹的严谨与正直相辅相成的方法,从较低程度研究事物以便达到对较高事物的理解,调查事物以便纠正思想等等。虽然很短,萨金特的提法却完全点到关键问题上。新儒学派的哲学,尤其是朱熹的哲学,认为个人修养的最高目标就是达到"仁","仁"作为一个人的目的来说就是与天地协调一致。大多数学者都讨论过"仁",但是对这个论题并没有进行广泛的调查研究。我在《儒家仁的概念的发展》一书中,研究了从古代儒家经典著作到谭嗣同(1865—1898)的《仁学》(人性的哲学)——集中于新儒学派《仁》的哲学这一点上,最主要的就是朱熹的论《仁》的专题文章。

在新儒学派中另一个关键性概念就是格物,在这个问题上朱熹坚决主张格物。虽然在《近思录》中有一整章论到这个题目,然而在上述的作者们中间却没有一个人用一章或一节来专门研究这个题目。在我写的《中国哲学原始资料集》里,关于朱熹这一章里只选了六节论到《致知》。研究朱熹认识论的只有两个人。一个是W·E·霍金,他写了《朱熹的认识的学说》(刊于《哈佛亚洲研究杂志》,1936 年)。按照霍金的说法,朱熹格物的目的在于充分理解

① 见《亚洲杂志》1955 年,第 213—228 页。

"理"，这样，他可以被认为是一个理性主义者。然而在朱熹的学里说，主张对"理"的充分理解，导致人的本性的充分体现。当知行合一的时候就会性理合一。这就使朱熹成为一个真正的经验主义者。霍金是把他与斯宾诺莎和柏格森相比的。虽然霍金不是一位中国哲学专家，而且完全依靠有限的西方资料，他的观察是深刻的，而且远远超过在他之前的作者一般的讨论，因为他本身是一位著名的哲学家。作为西方第一位哲学家严肃地研究朱熹，霍金是值得我们尊敬和感谢的。

另一本研究朱熹的著作是由俞检身作的。在他论到朱熹对认识的态度时，俞检身说明朱熹的格物和致知没有主观意识与客观事物之间的区别，因为只有当一个人与事物接触时才能弄清它的本性，如此则直觉与理性同时存在，而修身是追求理性的前提；认识的客观性是自由和自发存在的，根据这一点，一个人就能够达到广泛深入领会的境地。正如俞检身所指出的，人们能很容易地看出朱熹哲学中佛家和道家思想的成分。

霍金和俞检身两人在他们的研究中都显示出锐利的洞察力。冯友兰在他论朱熹的一章里，有一注解补充说："当朱熹说到格物时，他实际上在他思想里只有一个自修其身的道德规范，而他的目的仅仅是达到一种对我们头脑中活动的理解。……"

李约瑟也说朱熹格物的对象就是"人"，而自然界却是第二位的。李约瑟对科学的讨论——这是他兴趣的中心——是广泛而深邃的。他认为新儒学派的世界观实质上是与科学相一致的；他还令人信服地说明宋代有过卓越的科学成就。他说，因为那时的哲学基本上是有机的，然而他又说在欧洲自然科学的发展是因为在自然法则的概念中有普遍的意义，"理"——作为个体的有机的特性，缺乏普遍性的意义，就不能有助于科学的发展。他强调朱熹的说法:"每个事物和事件有它自己存在的法则。"① 但是李约瑟接着随便地说:"总的来说,天就是理,天命就是本性,而本性就是理。"无疑的这里提的"理"是有普遍性的。然而,李约瑟非常肯定地说朱熹对"人"给以很高的评价,把人放在自然界这个框框中他本来的位置上;而物质则受伦理上的支配,这样,格物与观察自然界都是第二位的。结果中国人永远也走不出他们的经验主义的朦胧状态。胡适说过,当朱熹在一个小山顶上,看到一个螺蚌壳的化石,他看出这个地方曾一度是个海底②,这样就比利昂纳德·达·芬奇的发现化石早三百年左右③。朱熹的格物学说是否是科学的,有意思的是他曾作了一次科学的发现。

另些专题引起新的兴趣的是"太极"和"体用"(物质与作用)。大卫·格莱德西亚在一篇具有丰富文献的论文中,根据"理"与"气"或者是物质与作用的学说建立一种理论,认为朱熹把太极的概念分作四个发展阶段。我已论述过朱熹如何采用程颐的"体用"和"原理是一个而它的体现是多样的"的学说加以精炼,并把它们发展成为其后的几个世纪来新儒学派的准则。

朱熹与陆象山和陈亮的辩论

综观如上所述,不言而喻,朱熹"理"的学说是理性主义者。他的论点是"理"等同于自然界,与陆象山所说的"理"等同于心神的论点正相对立。中国与日本学者曾始终对朱、陆之间的比较感到极大兴趣。然而,迄今为止,西方学者对此很少注意。在福克的书

①　《朱子语类》卷五,第 1 页上。
②　见《朱子全书》卷四九。——译者
③　胡适:《中国的文艺复兴》,芝加哥大学版,1934 年,第 39 页。

里,有一节简略地谈到 1175 年他们在鹅湖寺的辩论,即朱熹提倡探索与研究,陆象山则主张尊崇道德本性;还有一节谈到他们在 1188 年,互相通信中有关"理"这个术语和"太极"的概念的解释问题的论战。李约瑟对此完全未表示意见;在布鲁斯的《朱熹传》长达四十多页中,涉及鹅湖寺的只有几行字,并未提到问题的争论点。但是,冯友兰在专门一节里对这种辩论作了研究,说明尽管大部分学者把这两位哲学家看作具有两种不同的方法,虽然朱熹比较倾向于探索与研究,但把重点放在正如陆象山主张的尊崇道德本性一样。至于对"太极"的辩论,冯友兰指出,对朱熹来说,"无极"是企图用以表明"太极"是无形的,而陆象山则认为"无极"是完全没有必要的。当然,这点是新儒学派学者的普通知识。黄秀玑博士以详细的文献论述关于"太极"的论战,他也曾讲述过这场辩论的经过。①

　　张君劢对朱熹与陆象山之间的不同点作出最全面的论述;这个题目占了整整一章。除鹅湖寺和通过书信的辩论之外,张君劢翻译了陆象山与朱熹在辩论中写的诗,摘抄陆象山在朱熹的白鹿洞书院讲学的讲稿,摘抄他们关于"太极"通信的一些段落。张君劢的讨论是以陆象山的三个基本原则为基础:建立基本原理,排除欲念,否认致知为重要根本。他似乎过于强调诸如人的理性对道德精神,上天的原则对人的欲望,超物质形式对有形物质形式,以及"太极"对"无极"这些朱熹与陆象山之间不同的论点。最近由秦家懿写的一篇论文,其中包含关于陆象山在鹅湖寺辩论中某种六极形新的英文资料。我曾超出辩论范围之外,把朱熹与陆象山从 1172 年(陆象山由国子正教迁作监丞时)至 1192 年(陆象山去世

------

　　① 《陆象山,一位十二世纪中国的唯心主义者,哲学家》(纽哈文:美国东方协会,1944 年版)第 14—15 页,79—86 页。

20 世 纪 儒 学 研 究 大 系

时)他们之间的关系作逐年的记述。关于西方对朱熹与王阳明之间不同点的讨论,它们涉及面很广。

张君劢也详细说明朱熹与陈亮之间的不同点。朱熹强调道德原则,区分为所谓无形与有形,赞赏王者统治者而谴责暴君,他主张整个历史人欲占优势时,如此则天理不彰;陈亮则强调功利,他认为在有形与无形,王者统治者与暴君,或天理与人欲之间无区别;他论证说古代未必善,近代未必恶。早些时,关于朱熹政治哲学的讨论,冯友兰曾指出,陈亮曾坚持在上古三代夏(公元前2183—前1752?)、商(公元前1751—前1112?)、周(公元前1111—前770年)的王者政府与西汉(公元前206—公元220)和唐(公元618—907)即三代以下的政府之间没有本质的区别。陈亮说:唯一的区别是一种等级,在这方面,上古三代得以完全实现他们的目标,而其后朝代则未实现。如冯友兰所评论:对朱熹来说,这种理性,它们得完全或不完全实现,正如这种理性说明他们是王者统治者或是暴君。

朱熹与道统(道的传统)

朱熹对新儒学派最重要的贡献之一,就是建立了儒家道的传统——从帝尧和帝舜;禹、汤、文、武;孔子;其弟子曾子、子思及孟子;直至周敦颐和二程兄弟。西方学者从未承认朱熹的这项成就,更不用说他所确立的新儒学派正统道统的哲学理。因此,我把我写的《朱熹的新儒学派的成就》一文的三分之一篇幅讲这个问题,说明对朱熹来说,他决定确立道统何以是哲学上的必然性。

我的讨论涉及三点:首先,朱熹把汉、唐儒家排除于正统道统之外;早期新儒学派如孙复(992—1057)和石介(1005—1045)曾宣称正统道统从孟子至汉代的董仲舒(公元前176—104)和扬雄(公元前58—公元18)和唐代的韩愈(786—824)。然而,朱熹的哲学基础是"理"。由于汉、唐新儒学派学者对"理"的哲学发展未做出贡献,他们不是正统系统中的中心人物。其次,朱熹特别推崇二程兄弟;在正统道统中,有时他把张载放在二程之后,有时放在另外地位。其他如司马光、王安石(1021—1086)、范仲淹(969—1052)和邵雍都被抛在一边。因为他们贫乏,或者说缺乏对"理"这方面哲学发展的贡献,他们主要的兴趣是在于处理实际事物。邵雍的道家成分很重,而且他很少谈到格物和对"理"的充分理解。结果,尽管一般来说,他被看作宋初五位新儒学派大师之一,他却仍然居于主流之外。张载经常竭力谈论对"理"的研究,谈到天理、道德原则等等,而且他肯定是新儒学派的一根支柱。尽管如此,但他的哲学基础是"气"。对他来说,"气"是实体,而"理"或者说是形式,或者是内含;因此,他对"理"的贡献,至多也只是片面的。

　　第三点:这是中国思想史上的第一次,朱熹推选周敦颐作为新儒学派创始人,而且是道统中的关键人物。周敦颐获其太极图于一道教传道士,按照此图,宇宙是从"无极"而进至"太极";两种物质力量"阴、阳";和水、火、木、金、土五行(或原素);由此通过雄、雌力量互相作用而万物生。尽管这起源于道家,朱熹也不得不接受并依靠此"太极图",因为无此图则二程的"理"与"气"哲学上的二元论,有形与无形之间的对立,单一与多数之间的冲突就无法解决。由于二程从未谈过"太极",朱熹就不得不依靠周敦颐的"太极图说"。原则、单一,以及所说的"无形"都被朱熹用"太极"这个术语加以解释;而"气",多数以及所谓的有形是用"阴"和"阳"的动与静和"五行"的产生与变化过程加以解释。只有在这种方法上,朱熹才能解决诸如"理"与"气"之间的冲突,并把新儒学派哲学重新建成一种协调的体系。简言之,如朱熹所确立的正统道统来说,在孟子与二程之间,周敦颐居首位,张载居侧,北宋以及汉、唐儒家则除外。所有这一切都是迎合哲学上的需要①。"道统"围绕着朱熹学说而发展,尔后由秦家懿所重述。

和道统这个问题有关系的就是道学的兴衰,实际说来,道学是宋代新儒学派的一个专门名词。最近几年,有些学者对这问题表示很感兴趣,而且就这个题目进行了写作。在 1971 年宋史研究会上,第一篇提出的论文是刘子健的,他详细叙述了"道学"的背景,以及朱熹的学说如何被污蔑为"伪学"的经过,还有新儒学派在"理学"的名义下,如何由人们的尊重并提倡到官府中去。刘子健的研究是很细致的,他对"道学"这种思想,生活方式以及政治命运,新儒学派特别是朱熹所经历的政治风潮都作了卓越的叙述。在这个问题上还没有人像刘子健这样广泛地和全面地进行研究。在一个脚注里他说"道统"这个名词在 1136 年曾经在一个官府文献中出现过。他提出那个文献中涉及到"道统"这个问题是对的,但是所有的证明都证实那种传统的看法,就是"道统"这个名词原始于李元纲在 1172 年的道统图解说里。在这图解中道与统还没有配合成为一个名词。严格地来说,朱熹于 1189 年在他的《中庸章句》序里第一个用这个名词的。

尽管约翰·温泽甫·海格尔的文章名为《新儒学派之间不同学派的融会调和学说的理性内涵》,却一点也没提到朱熹与不同学派之间融会调和的理性内涵。相反,这篇文章攻击道学和新儒学正统的兴起。康拉德·希洛克尔在 1971 年宋史研究会上提出的论文也是关于道学这个题目——用详细的历史事实的坚实凭据对"伪学"始末作了全面的研究。这篇论文中论到在几个朝代中对所谓"伪学"进行的攻击,攻击中用的论证,它的受害者,太学中的政治

① 《儒道(道与道统)》,见《思想史杂志》1974 年第 35 卷,第 371—389页。

牵连事件,太学生的活动,1194 年朱熹的奏章,以及对这些攻击的反应——所有这些在中国或日本出版的著作中都具有极罕见的高度学术水平。当宋代研究集中于欧洲的时候,很有意思地看到"伪学"研究却集中在美国,难道我们不能说新儒学派的研究已经从欧洲移到美国了吗?

朱熹对佛教与道教的批判

在异端学派之中,佛教是最重要的。因此,在《近思录》中关于"探究异端学派"这一章里,14 节有 9 节是讲佛教的。最近几十年来,西方学者论朱熹的,除福克外,都对朱熹攻击佛教这点特别注意。布鲁布曾指出朱熹的人的意志等同于"天地的意志"的学说,是佛教学说中,人的意志即佛陀的意志一样。布鲁斯还观察到这样的事实,朱熹在批判佛教中,强调佛教徒根本不知什么是"意志"。

冯友兰专门有一节论朱熹的佛教批判,冯友兰着重指出,朱熹的概念在佛教本性中是空的,不具有原理的,然则在儒家学说中,尽管它也是空的,它却使一切原理成为具体的。张君劢也有同样看法。三位作者都把他们的讨论限于意志与本性问题上。盖伦、尤金、萨金特把他们在巴黎大学博士学位论文完全专门从社会的、理论上的、实际上的以及历史的观点,来论述朱熹对佛教的批判①。他还在《朱子语类》中选译 35 段,在《朱子文集》中选译关于佛教的论文。萨金特对朱熹的评论的高水平,和公正的评价,从事实上来看是不足惊奇的,因为他是研究佛教权威,保尔·戴密微的

---

① 《朱熹反对佛教》(巴黎,1955 年,国家印刷厂版)。

学生。

在我的《中国哲学资料》一书中,除了翻译朱熹的《一篇有关意志研究的论文》外,我还从《朱子全书》第60章选译有关佛教的14条,并指出朱熹批判佛教达到如何广泛的范围。最近,傅伟勋讨论了关于新儒学派与大乘佛教之间的对立,集中于程颐与朱熹对佛教思想先验论性质的批判。这种极其详细分析的方法,使傅伟勋的论文对朱熹的佛教批判可能是最哲学的论著。

除了攻击佛教之外,朱熹也攻击老子与庄子;在《朱子语类》里,有个别章节论老子与庄子。正如我在最近一篇文章中指出的,朱熹攻击老子的所谓迂回策略和道的空洞性质。但是他也认为老子对新儒学派作出一种重要的贡献。因为他相信新儒学派基本的产生和再产生的学说(生生,或者说生命的更新)来自老子。他憎恨道教,而仍愿意给老子以他应有的声誉,这可以证明朱熹的伟大之处。

朱熹与西方哲学家的比较

学者们喜欢把朱熹与西方的哲学家相比较。E·V·赞克把他与亚里斯多德、斯宾诺莎和莱布尼茨相比较。福克除了同意赞克之外,还认为朱熹和圣·托马斯极相似,他们两人都继承了伟大的传统而把它发展为一种统一的哲学。李约瑟认为圣·托马斯对欧洲中世纪哲学的综合与斯宾诺莎对宇宙万物自然主义的观点这两者在朱熹哲学中都有相似之处。这些比较都是十分简单的;而格拉夫神父的比较包含的广博多了。在他写的《近思录》介绍那一卷里,他用一整章的篇幅把朱熹与西方的一神论者和一元论者相比,特别强调圣·托马斯与斯宾诺莎。在他的大部头著作《道与仁》这部书里,我们看到有些章节对新儒学派与古代西方的哲学,新儒学派与经院哲学,以及新儒学派与近代欧洲哲学,包括英国的经验主义和德国的唯心主义等的论述。让我们简略地回顾一下学者们对朱熹与五位西方哲学家的比较。

(一)亚里斯多德:张君劢把朱熹与亚里斯多德相比。按照冯友兰的看法,朱熹的"理"和希腊哲学的"形式"相同,而"气"和亚里斯多德的"物质"相同,除此之外,朱熹所注意的是伦理而不是逻辑,而他的旨趣是与柏拉图的旨趣是一样的。按照张君劢的说法,朱熹的概念是"理"依附于"气",而"气"不能离开"理"而独立存在,与亚理斯多德的"全称"不能离开"特称"而独立存在,而且"全称"不是先验的而是紧紧地与"特称"相联系的学说相似。

(二)斯宾诺莎:十几年前,布鲁斯指出在朱熹与斯宾诺莎之间有一点相似之处,在朱熹的哲学中关于太极与阴阳两种物质力量和斯宾诺莎的上帝相似,而斯宾诺莎哲学中的上帝就是"正在运行中的自然"和"已被认识的自然"二者一样。循着这种思想线索,格拉夫神父把他的《近思录》的一节用《朱熹与斯宾诺莎的一元论》①作为标题。他极力强调朱熹的"天"与斯宾诺莎的"上帝"一样,还有朱熹的"仁"和斯宾诺莎的"上帝的理性的爱"也是一样。格拉夫神父进一步指出,这两位哲学家,他们对哲学的讨论和分析达到至善的程度,这样就使"德"成为认识的目标。这些评论在他写的《道与仁》一书中很多地方不断重复和使之完善。另外,格拉夫神父指出朱熹与斯宾诺莎的宇宙创造学说有惊人的相似之处:一切事物始于一个来源,太极,道,上天与上帝一致性而两者都和"理"一致等等。格拉夫神父指出甚至这两位哲学家的生活都是相似

————————————

① 格拉夫神父的这一节是以 E·W·拜茨,J·H·朴斯,J·H·A·霍拉克编的《朱熹与斯宾诺莎》为基础,《第十次国际哲学会议记录》(阿姆斯特丹,北荷兰公司版,1949 年)。

的。

（三）圣·托马斯：1950 年保罗·卡拉汉对朱熹和圣·托马斯做了一番比较性的研究。虽然是初步的研究，没有提供什么原著，却引起了对这个问题研究的新兴趣。在格拉夫神父的《近思录》序言那一卷里，分别讨论关于形而上学认识论以及伦理学；圣·托马斯作为主题几乎占了整整一章。在他自己写的《道与仁》这本书中作了更细致的讨论。他主要强调的是关于这两位哲学家的自然神论。事实上所强调的就是，虽然朱熹的理与气有二元论的思想，最终理与气还是合而为一的。太极和理两者都具有神秘成分而且是具有创造力的。仁慈、孝悌和忠诚有宇宙论的涵意。而认识的探索有赖于知天和敬天。格拉夫指出这些都是与圣·托马斯的哲学相一致的。然而在他看来新儒学派的哲学还没有达到基督教那种有恒的，不朽的和不断创造的哲学水平。新儒学派的"上帝"缺乏基督教上帝的人格性，而新儒学派的"道"缺乏基督教的理念的表示。

（四）莱布尼茨：有些对莱布尼茨的看法分为莱布尼茨受新儒学派的影响，或是没有受新儒学派的影响。E·R·休斯和李约瑟认为他是受了新儒学派的影响，但有些人则否认这点。布鲁斯认为朱熹与莱布尼茨之间根本不同；但是如单子来说，在莱布尼茨自己的说法中，它一度是个物体，也是灵魂，而且也是积极力量与消极力量的多元体，他与朱熹的思想相接近。然而由李约瑟作出了辨别最清楚的比较，在他的著作中几乎有九页论到"朱熹、莱布尼茨和有机派哲学"，提出两件不可否认的事实：甲、莱布尼茨曾经研究过中国思想。李约瑟详细地叙述了莱布尼茨还不满 20 岁的时候就读了有关中国思想的书籍。大约在 1687 年的时候他读了有关儒家的哲学。1700年的时候他读了一本《易经》的分析；1716 年他给人写过一封信对朱熹的上帝观点进行辩论。据李约瑟说，直到莱布尼茨死时为止，他一直坚持他的耶稣会的观点——那就是为新儒学派的学说辩护。

乙、在这两位哲学家之间有着相同点。莱布尼茨的单子的概念与宇宙的"前定和协"说显著地近似于朱熹的任何事物都有它自己的太极的概念,而"理"则是一种有机的秩序。李约瑟说,虽然莱布尼茨的哲学有他自己的欧洲根源,但是他对中国有机派哲学和自然主义的影响进行了全面地仔细地研究。

(五)怀特海:俞检身哲学博士学位论文《关于朱熹和怀特海的形而上学的比较研究》中谈到怀特海的地方比谈朱熹的多。尽管如此,这篇论文还是对朱熹的理与气,认识,意志与自然和人性的学说作了一般的概述,关于这两位思想家互相之间的相似与差别是从经验与认识,自由与人的实践的观点进行讨论的。李约瑟详细叙述了朱熹的"有机学派"的说法,他说朱熹发展了一种哲学,这种哲学在所有欧洲哲学思想中更近似于有机派的哲学。按照这种哲学,世界是一个单一的有机组织,其中包含了无数的小有机体。那里存在着一种普遍的型式:动力不能够局限于任何特殊的空间或时间;这个组织的中心与有机体的本身是同一的——而这一切并不是由一个安排者所指定的。李约瑟说这全部的哲学与怀特海讲的那种哲学是相似的。因此,李约瑟指出"朱熹的哲学基本上是一种有机派哲学,而宋代新儒学派首先是由于深睿的思考而达到一种与怀特海相类似的见解"。

朱熹的一生

早在1849年,布里奇曼把高愈(1656—1737)写的朱熹传译成英文本。在撰写论朱熹时,很多新近的学者曾掌握了有关他一生事迹的记述。布鲁斯掌握的相当广泛,但题目与专门性术语上有某些错误。在最近一篇题为《朱熹的政治经历:矛盾心理的研究》文章中,康拉德·M·席尔霍考尔对这个题目作了全面深入的研究

（这篇文章是以他的哲学博士论文：《朱熹的政治思想与行为》为基础，但写的更精炼些）。主要以王懋竑的《朱子年谱》为基础，但不断以《朱子文集》、《宋朝纪事本末》和其他著作为参考，朱熹在政府供职，拒绝任职、罢免职务，政治成就，政治学说等等，在约近 100 页中作了细致的讨论。这确是一部优秀的著作。

朱熹在他一生中只作九年官；他在朝廷供职不超过 46 天。除他的政治事业外，他一生大部分时间是教学。他是中国历史上最卓越的作家之一；一位著名诗人；流行几个世纪的理性思潮领导者；是一位吸引全国各地的拥护者和反对者最有吸引力的人物；校勘学中很多新趋向、诗的注释和在历史学中新倾向的开创者；可以作为典范的和革新政治的执行者；他编集《论语》、《孟子》、《大学》、《中庸》学说为《四书》，而《四书》成为几个世纪来保持儒家思想标准的最早来源；他是确立儒家正统道统的人；如此等等。而且席尔霍考尔详述了朱熹的政治事业，我们还看到李祈博士把朱熹作为一个诗人进行研究[①]。我们早已期待着，对朱熹一生其他方面进行类似的研究，不久将会有一本全面综合性的朱熹传出版。

朱熹的继承者

我们将预期，随着对朱熹的研究，西方学者也将研究他的拥护者。但是，使我们奇怪的是，从他的时代以来，对朱熹的门徒和新儒学派的学者未曾做过什么研究。维格尔神父在 1906 年他的书中，从朱熹的门徒陈淳（1153—1217）和黄干（1152—1221）以及新

---

① 《诗人朱熹》通报，第五八卷，1972 年，第 55—119 页。

儒学派学者真秀德(1178—1235)选了一些言论。这些是取自《性理精义》,既没有适当的排列,也不是注释。冯友兰引述陈淳和陈建(1497—1567)对陆象山的评论,进而讲到陆其陇(1630—1693)以类似情况把王阳明作为佛教者来批判。冯友兰在他论到《朱熹之后的理性主义》一节中,他仅限于谈到陈献章(1428—1500)和王阳明,但忽略了朱熹的门徒。福克在他论朱熹一章中,对朱熹的门徒蔡元定(1135—1198)和黄干各有一节加以叙述,而且也对其他新儒学派学者真德秀和陈埴(盛行于1208年)——以最长一节加以叙述,而对陈埴附有十小节之多。他这样作并不利于与他对陆象山和王阳明的拥护者所包括的范围相对照。张君劢在他论宋、元新儒学派中,对黄干、陈淳、蔡元定和蔡沈(1167—1230)作了简略的叙述;但对陆象山的拥护者杨简比较注意,这是不足为奇的,因为张君劢本人就倾向于由陆象山与王阳明提倡的新儒学派。

最近,作者们已对后期新儒学派表现极大的兴趣。赫尔莫特·威廉在他的《论近代前夕的新儒学派》文章中,包括有陆陇其、张履祥(1611—1674)和陆世仪(1611—1672),对他们都有简短的评论。我的《明代初期程朱学派》研究了曹端(1376—1434)、薛王宣(1392—1464)、吴与弼(1391—1469)和胡居仁(1434—1484),显示出明代哲学思想并非由陈献章和王阳明突然出现的,而是由朱熹的拥护者慢慢发展而来,他们逐渐思考到人性和人的理智,逐渐忽视了诸如"太极"、"阴、阳","理"与"气"和"格物"这类论题,代之以讲理性与严谨。我的《十七世纪的性理精义与程朱学派》涉及陆世仪、张履祥、陆陇其和李光地(1643—1718)的思想;清代新儒学派对朱熹的崇敬;以及他们对"太极"、"阴、阳"、"本性"与"理",精神存在与精神力量,奇异现象与正统道统所进行的讨论。

1971年,赫尔莫特·威廉出版了他的《论明代正统》,[①] 在这本书里他翻译《明史》中一小部分《儒家传记》。在他评论朱熹学派时,集中于吴与弼,特别是对吴与弼在他"日录"所教导的关于道德修养的方法作了评论;实际上,这篇论文就是论吴与弼的。在西方语言中尚无一篇论文系统地专门论述朱熹的拥护者,更不用说一本书了;西方对朱熹的研究,远远落后于日本。

日本的朱熹学派

乔治·威廉·诺克斯和格拉夫神父曾经是把日本朱熹学派介绍给西方的两位主要作者。诺克斯在1892年写的《朱熹的哲学类书》简短地概括了朱熹的理、气和阴、阳的概念。诺克斯还翻译了室鸠巢(1658—1734)的《骏台杂话》,这是当朱熹学派一度受到严重攻击的时候室鸠巢为它辩护而写的——把他自己比作韩愈那种以人所熟知的强有力的精神去反对佛教、道教而为儒家学说辩护的作法。在同一年里,T·羽贺发表了两篇文章概述朱熹学派的哲学,王阳明学派和古学派以及诸如朱熹思想中关键性的概念,如自然、理、物质和作用。几年以后阿瑟·劳埃德把井上哲次郎(1856—1944)在1950年出版的著作《日本朱子学派的哲学》一书作了提要,题名为《朱熹哲学在日本历史的发展》,扼要地叙述了藤原星窝(1561—1619)、林罗山(1583—1657)、室鸠巢、中村惕斋、贝原益轩、山崎音斋以及其他人的著作。在这些人中贝原益轩是最受西方注意的人物。

1913年星野从贝原益轩的著作《关于纵欲的哲学和通俗道德

---

① 《华裔学志》第二九卷(1970—1971),第1—26页。

箴言》中翻译一些选段,以《惬意之道》为书名出版。1941 年格拉夫神父把贝原益轩的《大疑录》译成德文后分作两章。贝原对朱熹评价很高。尽管他从来没有摆脱程颐和朱熹学说的范围,然而他怀有很多疑问,这本书是在日本研究朱熹哲学的一本很重要的著作,而且可喜的是对西方研究者也很有用。第二年格拉夫神父发表了他的德文本《贝原益轩》,在这本书里,他讨论某些细节,有关于日本儒家学派的学者生平,著作,形而上学以及道德教训,教育和民间的评价,附有专门一章论贝原益轩的三部著作,其中包括《大疑录》。由于格拉夫神父的著作和翻译,在西方贝原益轩成为在中国和日本的朱熹门徒中最值得研究的人物。实际上在过去几十年里,格拉夫神父曾经是一位尽最大力量把朱熹介绍给西方的人。

　　在格拉夫神父之前,H·E·阿姆斯特朗曾发表过《亚洲曙光》,其中一章是研究朱熹学派的——包括藤原星窝,林罗山,室鸠巢和贝原益轩以及水户学派①。弗利德里克·斯塔尔 1930 年在他发表的《儒家学说》一书中也专门写了一章有关日本的儒家学说。有关朱熹的一节比起论述王阳明学派和古学派来都长。阿姆斯特朗和斯塔尔的书都是介绍性的研究。

　　过去四十年来,西方学者没有注意到日本的朱熹学派;几乎没有什么书刊谈到 1958 年哥伦比亚大学编纂的《日本传统资料》一书,这本书里有一章题为《新儒学家的正统观念》,其中有一节论到藤原星窝、林罗山、山崎音斋、水户学派以及贝原益轩②。最近冈田武彦写的《明末与德川时代的朱熹与王阳明学派》仔细地研究了

　　①　《东方的曙光:日本的儒家学说研究》(多伦多大学,1914)。
　　②　角田柳作,W. T. 德·巴里和唐纳德·基恩等编:《日本传统资料》纽约,哥伦比亚大学,1958 年版,第 344——377 页。

王阳明学派的"力行"学说,"返于持敬"学说,修养学说的发展以及在德川时代末期王阳明学派的学者力求与朱熹和陆象山之间,以及朱熹与王阳明之间的调和。冈田武彦提醒我们要特别注意,大桥讷庵(1816—1862)和楠木硕水(1832—1916)这些学者都是朱熹的忠实门徒。

从上边的概览可以看出西方对朱熹的兴趣显著地在增加。美国的学者特别活跃。高级学者如唐君毅① 以及青年学者如杰德莱西亚,杜维明,朱丽娅·经,查理斯·傅,刘述先和大卫·盖罗都参与研究工作。对朱熹的思想各个方面都进行了研究,特别着重研究朱熹的哲学。一些哲学博士论文还在写作中。二十世纪中国论述朱熹的最重要的著作也由杜维明介绍给西方。所有这些都是令人鼓舞的;然而每年科学年会会议上没有一次研究朱熹的小组讨论会,关于朱熹也没有过一次国际会议。没有研究中心,没有专家,没有关于朱熹的专门课程。我们所能提到的不过是已经作出的良好开端。

(刘坤一译自美国《亚洲研究杂志》1976 年 8 月号)

(本文选自《中国哲学》第五辑,生活、读书、新知三联书店 1981 年版,第 191—217 页)

陈荣捷(1901—1994),广东省开平县人,美籍华裔,著名的哲学家、哲学史家,曾任岭南大学、美国夏威夷大学、达慕斯大学、哥伦比亚大学等校教授,中央研究院院士,《哲学百科全

---

① 《新儒学派的精神与发展》,《探索》第 16 期,1971 年,第 56—83 页。

书》中国哲学编辑,《东西哲学》(英文)和《清华学报》咨询编辑,香港中文大学崇基书院远东学术研究所名誉研究员。著有《中国现代宗教之趋势》、《中国传统之诸源》、《中国哲学资料书》、《朱子论集》、《朱子门人》、《仁的概念之开展与欧美之诠释》、《新儒学"理"之思想之演进》、《新儒学范型:论程朱之异》等。

　　《西方对朱熹的研究》一文,系统地阐述了朱子学在西方传播及西方学者研究朱子学的历史,附论了日本朱子学及旅居海外的华裔学者传播与研究朱子学的问题。文章分述了10个小专题:(一)西方对朱熹著作的翻译;(二)朱熹的"上帝"概念;(三)朱熹的哲学;(四)朱熹与陆象山、陈亮的辩论;(五)朱熹对"道统"的阐述;(六)朱熹对佛教、道教的批判;(七)朱熹的哲学与西方哲学的比较;(八)朱熹的一生;(九)朱熹的门徒;(十)日本的朱熹派。朱熹与西方哲学家亚里士多德、圣托马斯、斯宾诺莎、莱布尼茨、怀特海的比较研究,尤其值得重视。

西方对王阳明的研究

〔美〕陈荣捷

西方对王阳明研究的开始

王阳明(王守仁,1472—1529)在 1893 年芳贺的一篇论述日本哲学学派的英文论文上被介绍给了西方,这件事是非常引人注意的。西方研究这位新儒学的心学学派的倡导者,是由一位在南京大学执教的美国传教士弗雷德里克·古德里奇·亨克(Frederick Goodrich Henke)开始的。1911 年,皇家亚洲协会华北分会要求亨克对王阳明进行研究。结果,他以这位新儒学学派的唯心主义者作为论题,作了两次演讲。1913 年,他把这些讲稿写作一篇论文发表。1916 年,亨克翻译了王阳明的著作,并在芝加哥出版。这大约是在西方最初对新儒学派理性主义者朱熹(1130—1200)的研究和翻译他的著作 70 年之后的事。对朱熹来说,王阳明是其身后的主要论敌。1844 年《中国丛报》曾发表一篇论朱熹的文章,1849 年又发表了朱熹著作的一些选段①。从一开始,西方对朱熹的研

① 1844 年,《中国丛报》第 8 期第 552—559 页,由一位通讯记者梅德赫斯特(W. H. Medhust)供稿,题为《朱夫子对非物的原则与最初物质的哲学的看法》;1849 年,《中国丛报》第 18 期第 342—370 页发表了布里奇曼的《中国的宇宙起源论注释:宇宙的形成、天、地、日、月、星辰、人、畜等等,选自〈朱子全书〉》。

究就比对王阳明的研究重视得多。虽然在新儒学派中,朱熹学派与王阳明学派在中国和日本曾经是两种占统治地位的理性思潮,可是朱熹学派曾被认为是正统学派。在第二次世界大战之前,很少有用西方语言论述王阳明的著作。自从二十世纪初,由于铃木大拙(D. T. Suzuki)及其他一些人曾在西方提倡佛教禅宗,由于王阳明学派在日本曾经有影响,又由于王阳明常被指责为阳儒阴释,人们可能期望王阳明能分享一些佛教禅宗在西方的声望。但是日本的禅宗的倡导者,实际上并没有提到过王阳明,这是因为日本的禅宗拥护者是站在新儒学潮流之外,而更重要的是因为禅宗有它自己的方式而不依靠任何哲学上的支持,或者甚至于不立文字。

第二次世界大战结束后,随着西方对研究中国思想兴趣的增长,也增强了对研究王阳明的兴趣。在 1940 年以前,论王阳明的著作只出版了四本书,其后 15 年没有出版什么书籍。从 1955 年以来,又陆续出版了 16 本书,其中有 14 本是 1960 年以后出版的。在这一年,《不列颠百科全书》、《美利坚百科全书》和《哲学百科全书》都有关于王阳明的专门条目。有三篇论王阳明的文章,还有一篇论他的后继者何心隐。1963 年,出版了王阳明的主要著作的新译本,是由陈荣捷翻译的。其后,1965 年,在哥伦比亚大学举办了关于明代思想的研究生讨论班,在此讨论班上邀请的人士中有九州大学的冈田武彦(Okada Takehiko)、香港中文大学新亚洲学院的唐君毅、达特默思学院的陈荣捷。他们提出了关于王阳明的论题。1965 年,由美国学术委员会主持,召开一次明代思想讨论会。会上主要讨论王阳明及其学派。讨论会上的论述已于 1970 年出版。

至于西方对王阳明研究的兴趣越来越盛,应归功于张君劢(1886—1969)和威廉·西奥多·迪·百瑞(William Theodore de Bary),前者集中全力于反复宣传王阳明的哲学,后者则提倡综合

20世纪儒学研究大系

研究明代思想,特别着重于王阳明学派的发展。从出版物的数字上说,其中陈荣捷写的最多,包括《传习录》新译本及百科全书中条目,而张君劢和迪·百瑞曾开创了一种推动力,虽然这种推动力目前仍然尚不显著。张君劢是一位属于王阳明学术传统的新儒学派学者,他的学识比任何人都更具备传播王阳明思想的条件。在亚洲研究协会上,他提出一篇论王阳明的论文,出版了一本小册子和一篇论王阳明哲学的文章。在他写的《新儒学思想的发展》一书中,提供了关于中国和日本对王阳明及其学派的最长、最全面的研究。如果张君劢活的更长些,他对王阳明的研究无疑地会有更大的进展。在组织和领导哥伦比亚研究生讨论班及明代思想讨论会上和在撰写论王阳明的门徒的文章时,迪·百瑞扩大了对明代研究的范围,提供了一个比较广阔的内容。这样就使这种研究更有劲头,更有意义。

　　1950 年以前,对王阳明的哲学本身,只集中注意王阳明的"良知"学说(固有的认识、直觉、最初善良的意识)。这是亨克在 1913年所写论文的主题。1916 年亨克在他的翻译本的序言里,提到了王阳明的其他重要学说。值得注意的是"知行合一"和"仁者(人性、爱、仁慈、善良)与天地万物一体",但是他对这些并没有论述。此后,威格尔(Wieger),哈克曼(Hackmann),福克(Forke)等,实际上他们都只限于研究"良知"学说这个问题。1927 年,威克尔所选王阳明的诗都是论"良知"的。1930 年,虽然威克尔在论王阳明一章里谈到"心、善知",实际上威克尔论述的仅仅是心即理、心之本体和心的静。有一段是论述"知行合一"的,但是包含在论述心的那一段内容里。同样地,虽然哈克曼于 1927 年偶然谈到知与行,以及福克在 1938 年曾涉及王阳明的"四句教",谈到善与恶以及心的本体,但是他们两人却几乎都是单单着重于"良知"方面。1936年,王昌祉写了一篇很长的关于王阳明哲学的研究文章,它像一本书一样,除了一章谈到王阳明的生平事迹以外,在整篇文章中专门讲"良知"问题,把知与行的关系作为培养良知的一个方面。1961年,猪城博之(Iki Hiroyuki)仍沿着这种趋势进行研究。

侥幸的是这种片面性的研究,在近年来得到了纠正。在冯友兰的《中国哲学史》中,在张君劢和陈荣捷的著作中,对王阳明的"致良知于事事物物"、"知行合一"、"四句教"、《大学问》、王阳明的格物学说与朱熹的不同点,以及他对佛教和道教的批判都已给以应有的注意,这样就使对王阳明的哲学的研究无所偏倚。

这种比较全面的研究是必要的,因为过于强调了王阳明的澄心静坐,而且对王阳明的冥思是中心的学说也有误解。[①] 王阳明自己说,他关于冥思的学说仅仅是一个开始阶段。1970年秦家懿翻译王阳明的一些信件中,有王阳明自己的说明。冯友兰在1948年和1953年的著作中就已经很清楚地阐明了王阳明对佛教的批判,而且陈荣捷在1962年就已说明王阳明对佛教的批判比起朱熹来要彻底得多。王阳明与佛教之间的异同,极其值得深入研究,但尚未作到,尽管村山在1950年曾做过尝试。

王阳明与西方哲学家的比较

关于把王阳明与西方哲学家进行对比方面人们也曾尽力作了一些工作,如:卡迪(Cady)于1936年曾把王阳明与笛卡儿(Descartes)、斯宾诺莎(Spinoza)和莱布尼茨(Leibnitz)相比较。但是很奇怪的是没有和贝克莱相比较。张君劢在他的1957—1962

---

① 例如:埃德温·欧·赖肖尔(Edwin O. Rei'schauer)和约翰金、费正清著的《东西:伟大的传统》,波士顿,霍顿·米夫林公司,1956年版,第309页;李约瑟著的《中国科学与文明》四卷本,1956年,剑桥大学版,第2卷第510页。

年著作中的第 53、56、71 页中,在关于强调意志方面,把王阳明与叔本华(Schopanhauer)相比,在关于对外部世界的认识看法上,把王阳明与贝克莱和康德相比,在关于经验世界是作为精神的逐渐体现的观念上,把王阳明与黑格尔相比,甚至主张王阳明已预先作到如柏格森(Bergson)和美国经验主义者所建立的学说。1965 年,郑和烈对王阳明和存在主义的现象学作了一番严肃认真的比较研究。李约瑟把王阳明的哲学与西方哲学所作的比较的观察,也许是一件最引人注意的事。他认为王阳明的"良知"学说比贝克莱的唯心主义学说早两百年,以及王阳明"为善去恶是格物"的学说,比康德的"无上命令"的学说也要早得多(李约瑟:《中国科学与文明》,第 2 卷第 510 页)。

王阳明与陆象山学说的异同

人们认为,由于新儒学学派的唯心主义的传统被称作"陆王学派",因此对王阳明与陆象山(1139—1192)之间的关系作了较多的研究。黄秀玑(1944 年的著作第 89—94 页)、冯友兰(1953 年的著作第 592、596 页;1948 年的著作第 35 页)、张君劢(1957—1962 年的著作)、陈荣捷(1963 年著作第 xxiii—xxiv 页),都曾对王阳明与陆象山之间的关系进行了研究。黄秀玑主张王阳明的三项基本学说不是直接明显地受了陆象山的影响的,尽管没有一个人能否认王阳明从陆象山那里继承了"心即理"的学说,而且尽管王阳明高度称赞陆象山的"心即理"的学说和"易简功夫"的学说,但是在王阳明的著述中看不出他的"致良知"学说和"知行合一"学说源出自任何别人的学说。冯友兰说,王阳明是受了陈献章(1428—1500)和湛若水(1466—1560)的影响,陆象山是新儒学心学学派的创始人,而周敦颐(1017—1073)、程颢(1032—1085)、陆象山和王阳明形成同样的传统。然而,王阳明的体系是他自己的。他蕴育、改进并使这种心学学派趋于完善。虽然张君劢承认王阳明是陆象山的继承者,然而他认为王阳明是有创造性的,因为他对心学学派的学说在深度和广度上远超过了陆象山。陈荣捷曾指出过,王阳明引述过陆象山的学说仅仅一次,而且甚至批判了他。

王阳明与朱熹之间的关系

在王阳明与朱熹之间的关系问题上,亨克、威格尔、福克、卡迪、王昌祉等并未讲过什么。论到两位新儒学学派哲学家之间的不同的一件重要文献,那就是王阳明写的《朱子晚年定论·序》。在这篇序里,王阳明企图表明朱熹晚年终于走到王阳明所坚持的看法上来。尽管亨克在他的 1916 年著作中第 493 页把这篇序也包括在他翻译之中,然而他对此误解,认为它的意思是说,王阳明早期经验及其晚年一直坚持他自己的观点。两位思想家之间的争论点,诸如格物的意义与方法,在王阳明的信里都作了充分的论述,而亨克(在他的 1916 年著作中第 294—335 页,第 370—380 页,第 389—400 页中)和谢寿昌(在 1925 年)都把这些翻译过了,但翻译者们对这些书信并未作任何评论。冯友兰曾在他 1953 年的著作中(第 605—610 页)用一节的篇幅把朱熹与王阳明作了比较,特别指出对朱熹来说,心包括一切理,而不是包括一切事物,至于王阳明则是整个宇宙存在于心中。张君劢在他的 1957—1962 年著作中(第 57—58、61、68 至 70 页)的看法是:朱熹的心与理的二元论可以与笛卡儿的哲学相比,而王阳明的“心即理”说,可与康德的哲学相比。陈荣捷也曾翻译王阳明写的《朱子晚年定论·序》(1963年,第 263—267 页)并解释为王阳明的动机是与朱熹学派中他的论敌和解,并以朱熹的话来表明他自己的思想。就朱熹与王阳明之间的比较而论,冯友兰、张君劢和陈荣捷所作的还只是个开端,还要共同作进一步的努力。

王阳明反对朱熹引起了他与朋友们的争论。王阳明与罗钦顺(1465—1547)的辩论涉及到这样一些问题,例如《朱子晚年定论》、王阳明反对朱熹传注《大学》并恢复《大学》古本、"心即理"的学说以及对格物的解释等问题。张君劢于1957—1962年著作中,在专门论述王阳明与罗钦顺和湛若水的争论一章里,曾提供双方的争论点,还曾翻译了罗钦顺致王阳明信件的重要部分。冯友兰在1953年著作的第621—622页中,也曾很清楚地阐明了他们的不同之点。另外,冯友兰曾说明湛若水的心学如何影响了王阳明。然而,张君劢却强调这样一点,即王阳明的"致良知"学说与湛若水的"陲处体认天理"学说不同。他还翻译了湛若水致王阳明信件的某些段落以支持他的这种论点。尽管在相互比较研究方面还要进行更多的工作,然而争论点已经清楚地陈述出来了。

对王阳明门徒及其后继者的研究

在王阳明学派内部的争论更加复杂,但是西方对这方面的研究才刚刚开始。王阳明的门徒们及其后继者遍及全中国,在中国思想界占统治地位约百年之久①。如同王阳明曾经反对朱熹一样,王阳明的后继者们起来反对王阳明,或者他们之间彼此相互反对。福克在他的1938年著作第399—428页中说到,1934年他曾开辟新的研究范围,就是专门用相当篇幅研究王阳明的门徒。可惜的是,他对每个门徒的一生只作一简短的叙述,对他们的思想仅

---

① 按:"门徒遍天下,流传逾百年"之句见《明史·儒林传序》,作者殆引此。——译者

作一概略性的说明,没有对他们理性上的冲突和王阳明学派的发展作深入的研究。冯友兰在他 1953 年著作的第 623—630 页上只限于对王畿(1498—1583)和王艮(1483—1540)作了些研究,并曾夸大了他们的佛教倾向。张君劢在他的 1957—1962 年著作中,对王阳明学派作了最全面的研究,以一章的篇幅专门论述王阳明拥护者之间的争论。张君劢概括地研究了在不同领域中各种不同的发展,着重论述了主要的拥护者王艮,清楚地指出了争论之点与发展的方向。这样,张君劢就在研究王阳明学派方面开辟了新的一章。

在哥伦比亚大学讨论会及明代思想会议上,这种研究有了大幅度的深入。由于集体研究而提高了个人研究的水平。关于研究王阳明学派的上述三篇论文代表了西方研究王阳明学派传统的最高学术水平。唐君毅在 1970 年分析王阳明“良知”的概念,并探索王阳明门徒之中的聂豹(1487—1563)、罗洪先(1504—1564)等提倡“归寂”,力求寻找情感被引起之前的“良知”的实质。当时,王畿主张良知的本体与功夫的一致性以及良知的当下具足的说法。唐君毅认为王畿把王阳明的良知学说更推进一步。1970 年冈田武彦在他的著作中强调指出王畿的“彻悟”与道家不同,因为就王畿来说,本体是有生气的和创造性的。他反对归寂派与修证派,因为他们把良知的本体与功夫分割为二,把注意力引导到本体,使之代替实际的努力。王畿把本体与功夫等同起来。另外,他特别强调实际运用。

在迪·百瑞对王阳明学派里的个人主义的研究中,个人主义的活动,是从一个广阔视野的角度来考察的,它牵涉到特定的社会和历史状态,以至在阐明王艮保持了王阳明的每个人都可以成为圣

20世纪儒学研究大系

人的学说之后①,迪·百瑞指出王艮是如何把良知的中心焦点从王阳明主张的心推移到甚至肉体的本身。这种倾向被何心隐(1517—1579)进一步推动,他提倡从传统中解放出来,并强调自我表现,但是以共同的利益为目标。个人主义到了李贽(1527—1602)达到其一定的高度。李贽的思想,认为每个人的本性是纯洁的,每个人有他自己的特性,因此,每个人应该适应自己并应享有自己的乐趣,使他成为为了百姓正常生活的主要战斗者。

值得注意的是,前三种研究由三位不同国籍的学者所进行。迄今为止,正如书目提要中将表明的,大部分研究工作已由中国人作了。但是,现在在国际上研究活动正在开展起来。

关于王阳明的生平事迹

迄今为止,我们所讨论的只是关于王阳明学说这一个方面。但是,他在政治上和军事上也是非常有成就的人。然而,王阳明作为一个活动家,西方对此几乎完全不曾注意。他的巨大成就如平定叛乱、守卫边疆、通过保甲和十家牌法绥靖地方治安,通过推行乡约进行道德和社会教育等,在西方著作中并无只字提及。在美国大学里一个广泛使用的课本,虽然有 50 页专讲明史,其中有 2 页讲述一个宦官,却没有一个字讲述在一个很大地区中使之保持约百年之久的和平的王阳明。甚至在讨论联保制度时,他也完全被忽视了,而王阳明正是这种制度的一个重要的创始者(赖肖尔(Reischauer)和费正清著:《东亚,伟大的传统》第 303 页)。这并不是说对王阳明的传记无人留意。在很多著作里包含一部分传记性

---

① 按:此系指王阳明"百姓日用同于圣人"及"满街都是圣人"的理论。——译者

叙述。张煜全在 1939 年至 1940 年的著作中,曾详细叙述王阳明
作为一位政治管理官员、军事上的指挥和作为一位教育者是如何
运用他的思想的。张煜全还翻译了王阳明关于边防和推行乡约的
奏折。张煜全的文章应该受到更多的重视。陈荣捷曾在 1963 年
翻译《传习录》,其中收录了王阳明的七件社会与政治方面的文献
和论文,这些至少提供王阳明作为一个政治人物的某些基本材料。
在陈荣捷为《明代人物传记》(即将出版①)所写的王阳明传里首先
把他描写成为一位活动家。

　　在本文开始,我指出过,西方对王阳明的研究,始于一篇日本
的对王阳明学派的介绍。由于王阳明对日本思想及社会具有极大
的影响,人们会希望西方对王阳明学派作出更认真的研究。但是
还没有一本用西方文字写的有关王阳明学派的书。然而,1914 年
罗伯特·阿姆斯特朗(Robert Armstrong)写的书里,有一章对王阳
明的大约 12 个日本拥护者的思想作了简短概略性的叙述。虽然
阿姆斯特朗写的比较简短而肤浅,但比福克在 1938 年研究中国王
阳明学派要早 24 年。

　　因此,能够肯定地说,西方对王阳明和王阳明学派的研究已经
形成一个良好的开端,而且正在迅速发展着。1963 年,由陈荣捷
忠实地翻译的《传习录》,其中包括《大学问》是当前适用的基本资
料。在陈荣捷的《中国哲学原始资料集》里包括了王阳明哲学的主
要章节,并附有对其哲学最重要方面的评注。在由迪·百瑞、沃森
和陈荣捷编的《中国传统原始资料集》里也有范围较小的同样内
容。

　　这个简短的论述是以我为《阳明学大系》中的《阳明学入门》导

　　①　此书已于 1974 年出版。——译者

言这一卷里写的论西方对王阳明研究这一章为基础而写成的。《阳明学大系》中的《阳明学入门》是在纪念王阳明诞生五百周年纪念，由冈田武彦和其他人编辑的十二卷本的一套书，于 1971 至 1972 年在东京出版。在书目提要中对陈荣捷（1952）、张君劢（1955 和 1962）、张煜全（1939—1940）、猪城博之（1961）、郑和烈（1965）、尼维森（1953）、冈田武彦（1970）、唐君毅（1970）和王昌祉（1936）的评论都是从我写的《中国哲学书目注释》和《中国哲学书目概要》（纽哈文，康尼狄克州，耶鲁大学，远东出版社出版，1969 年增订）中取材的。

　　下面比较重要的著作加有"星点"。

书 目 提 要

R·C·阿姆斯特朗（Armstrong Robert）：《来自东方的启示：对日本的儒学研究》，多伦多，多伦多大学，1914 年，第 3 分册 119—198 页。

本文对十九世纪日本王阳明学派十二位新儒学家作了简单的叙述。

L·V·L·卡迪（Lyman Van Law Cady）：《王阳明的直觉的认识》，济南，1936 年版，44 页。

这是两篇讲稿，论良知的意义与良知在心理与道德方面的问题；论王阳明与《大学》、《孟子》、陆象山的关系以及王阳明与笛卡儿、斯宾诺莎和莱布尼茨的比较。

* 陈荣捷：《王阳明传》，载《明代传记史》中，L·C·古德里奇（L. Carrington Goodrich）编。即将由亚洲研究协会出版。

本书是根据中国和日本资料所作的广泛详尽的研究，并由《明代传记史》的编者进行了仔细的核对。

* 陈荣捷：《王阳明哲学中的主观唯心主义》，刊于《中国哲学原始资料集》（普林斯顿，普林斯顿大学版，1963 年，654—691 页；伦敦，牛津大学版，1969 年，654—691 页。论文。）

此文为一篇带有评论性而且较长的介绍文章,其重点放在论王阳明在中国思想史中的地位和他对中国和日本的影响,以及几乎《大学问》的全部译文及《传习录》最重要章节的译文并附有注释。

*陈荣捷:《王阳明的佛教倾向如何?》,刊于《东方与西方哲学》季刊,1962年12月份,203—216页;又以题为《王阳明对佛教的批判》发表在第9期;重印于查尔斯·陈编,陈荣捷撰《新儒学报》等论文中,1969年,汉诺佛,新罕布什尔,东方协会版,227—247页。

本文是对攻击王阳明的佛教倾向的分析,对王阳明使用佛教成语及术语以及对他访问佛寺作了考察,并研究王阳明对佛教禅宗基本宗旨的批判。结论是:集中于心的作用,王阳明对佛教的批判比朱熹的批判更加深刻得多。

陈荣捷:《王阳明》,载《美利坚百科全书》,1969年版。

此文为一简单叙述。

陈荣捷:《王阳明》,载《不列颠百科全书》第23卷,1960年版。《王守仁》第23卷,1967年版。

对王阳明仅作一简短传记,并对其学说作了概要的叙述。

*陈荣捷:《王阳明》,载《哲学百科全书》,保罗·爱德华(Paul Edward)主编,第8卷277页。纽约,麦克米兰版,1967年。

对王阳明的基本哲学作了简要的说明。

陈荣捷:《王阳明对佛教的批判》,载于《世界展望中的哲学、宗教与文明:文章献给迪伦达教授》,拉姆·吉·辛奇(Ram Jee Singh)编,帕坦:巴拉俤·巴瓦尼版。1968年,31—37页。

此文与陈荣捷1962年著《王阳明的佛教倾向如何?》一文的评论相同。

*张君劢:《新儒学思想的发展》,两卷本,纽约,布克曼协会版,1957—1962年。两卷,30—159页。

本书是对王阳明的禁欲的唯心主义作了最广博而深入的,并具有启发性的研究,是用英文写的。书中阐述了王阳明与其同时代人的辩论,王阳明学派内部的斗争及其学派在中国与日本的兴衰。书中有一篇详细的传记。在描述王阳明哲学体系上,作者特别注意王阳明与朱熹及其同时代人的不同之处,值得注意的是关于罗钦顺和湛若水关于"格物"的解释。论王阳明的拥护者之间的种种不同与冲突的倾向。对周汝登与许孚远之间争论的叙述却远比那些比较著名拥护者如王畿、聂豹、罗洪先、王艮和李贽都要详细得多。

＊张君劢：《王阳明：中国十六世纪的唯心主义哲学家》，纽约：圣约翰大学版，1962年，106页。

书中对王阳明生平作了简短叙述，并对其基本学说作了概要性的说明，着重心与良知的存在，并以适当的引文作为证据。书中论王阳明与中国的直觉主义的关系这一节作了多次反复的叙述。

＊张君劢：《王阳明的哲学》，刊于《东方与西方哲学》季刊，1955年，第5期，3—18页。重刊于《亚洲文化》第1期，1959年春季版，第55—57页。

本文对王阳明心与意志概念作了最好的阐述，附很多引证，同时也论述了王阳明对日本的影响。

＊张煜全：《政治家王守仁》，刊于《中国社会和政治科学评论》第23期（1939—1940）30—99，155—252，319—374，473—571页。再版于北京：中国与政治科学协会版，1946年。

文中有王阳明的传记，内容相当丰富，并客观地论述了王阳明的政治思想与活动，并附有几段有关王阳明的政治文献的准确译文，博得高度的称赞。

＊朱莉娅·秦：《王阳明的哲学书信》，堪培拉：澳大利亚国立大学版，1971年，119页。

本书中有六十七封书信的译文，附有注释，并有文献目录以及一部分对某些关键性文字的解释。很多信件有重要的哲学意义，二十六封信是过去从未译过的。包括下边注释的选译的三封信，原来是朱莉娅·秦下述学位论文的附录。

＊朱莉娅·秦：《王阳明获得智慧的方法》，澳大利亚国立大学，哲学博士论文，在写作中。

论文对王阳明的哲学，通过对王阳明关于心的讲法导致对他的"致良知于事事物物"的分析，特别强调他的才智与精神上的演变。

＊朱莉娅·秦：《王阳明（1472—1529）：对其"狂放"性格的研究》。澳大利亚国立大学远东历史系，《远东研究论文集》第三期（1971年3月份），85—130页。

　　此文为上述学位论文中的一章改写而成，是对王阳明个性的研究，探索他何以由一种坦荡精神，放浪不羁的性格和高超的思想而形成一个思想家，以及他如何最后成为一位圣贤的过程。

　　*秦家懿：《王阳明的一些书信选译》，刊于《中国文化》第 11 卷第二期（1970 年 6 月份）62—68 页。

　　选译的是《王阳明全集》中第四章的前三封书信。虽然这几封信是非哲学性的，但其中一封信是王阳明对他自己的"静坐息虑"（在其早年事业中仅仅是"求放心"）与佛教徒的冥想不同这点上有重要的阐述。

　　周湘光(音)：《王阳明的重要旨趣》，刊于《中国文化》卷三第三期（1961 年，9 月份）1—25 页。

　　文中论述王阳明的良知、知与行、"致良知于事事物物"，生与死，以及对佛教的批判。

　　顾立雅(Creel.H.G)：《中国思想：从孔子到毛泽东》，芝加哥，芝加哥大学版，1953 年。纽约，新美国图书馆（辅导性书籍），1960 年，213—215 页。

　　书中叙述简明扼要，但对王阳明的哲学似乎与他的前辈新儒学派思潮基本上无甚区别，并认为王阳明的"知行合一"说是较早时期陆象山所提出来的。

　　克拉伦斯·伯顿·戴(Day,Clarence Burton)：《中国古典派哲学家与当代哲学家》，纽约：哲学图书馆版，1962 年，215—228 页。

　　本书完全以第二手英文资料为基础，全书分作七节：直觉的官能、原则的考察、知行合一与动静合一、善与恶、墨子兼爱的批判、作一个好的统治者、宗教态度和讲授与学习进程。

　　*威廉·西奥多·迪·百瑞：《晚明思想中的个人主义与博爱主义》，刊于迪·百瑞著《明代思想中的自我与社会》，1970 年，纽约：哥伦比亚大学版，145—247 页。

　　本文对王阳明学派中个人主义与博爱主义的发展进行最原始、最全面而透彻的研究。文中提出新问题，开辟新的研究范围，在很冗长的一章里，研究王阳明作为圣贤和个人的思想；研究王艮的"人皆可以为尧舜"的学说以及他的"淮南格物"和"明哲保身"的学说，他的自制与自娱的思想，他的"百姓日用之学"与他的平等思想;研究作为群众运动的泰州学派;研究何心隐所强调的自我表达;对李贽的激进个人主义和他对人的本性的论述、他强调"穿衣吃饭即是人伦物理"、他的局限性,以及他用个人主义的种种思想对明代经验作一批判性的估价也作了研究。

　　*威廉·西奥多·迪·百瑞:《明代思想中的个人主义》,国际东方学家会议记录,1967年,第12期31—35页。

　　此文是一篇摘要。

　　*威廉·西奥多·迪·百瑞:《李贽:一个中国个人主义者》,刊于《亚洲》第14期第51—68页。

　　本文论述李贽的离经叛道,他的自发性行为,他关注百姓日用并强调"童心"的思想以及他的存在主义的观点。

　　*威廉·西奥多·迪·百瑞编:《明代思想中的自我与社会》。1970年,纽约:哥伦比亚大学版,550页。

　　此书很重要,而且是唯一的有关明代的哲学选集。它包括有唐君毅的《从王阳明至王畿道德思想概念的发展》、冈田武彦的《王畿与存在主义的兴起》和迪·百瑞的《晚明思想中的个人主义与博爱主义》。

　　*威廉·西奥多·迪·百瑞,陈荣捷和伯顿·沃森编纂:《中国传统原始资料集》,1960年,纽约:哥伦比亚大学版,514—526页。平装本,两卷,第2卷:514—526页。

　　本书内容有指导性的介绍,并选自《大学问》和《传习录》论"心即理"、"知行合一",《天泉证道》谈论有关心的实质以及善与恶等问题。

　　*罗纳德·吉尔伯特·丁伯格(Dimberg, Ronald Gillbert):《何心隐(1517—1679)的一生与思想:十六世纪对圣贤与社会的一种看法》,哲学博士论文,哥伦比亚大学版,1970年,304页。

　　此文论述一位持异端观点的新儒学叛逆者何心隐,以及他一直坚持王阳明的门徒王艮的基本观点。

　　艾尔弗雷德·福克(Forke, Alfred):《中世纪中国哲学史》,汉堡:弗里德里希森·格鲁叶特公司版,1938年,380—425页。

　　本书对王阳明的一生及其学说作了概述,附有对人的本性与心学、良知、善与恶等方面的引文；王阳明与朱熹和陆象山之间的关系。几位作者对王阳明的评价；论述了王阳明的门徒们王艮、徐爱、邹守益、钱德洪和王畿。不知何故，他把东林学派的顾宪成也包括在王阳明学派之中。

冯友兰：《人生哲学》，上海，商务印书馆版，1927 年，211—223 页。

本书是论新儒学派的一章，主要论述在《大学问》中所表达的王阳明的学说，而《大学问》这个问题已完全包括在陈荣捷（1953 年）和博德（Bodde）（1953）的著作之中。

*冯友兰：《中国哲学史》，德克·博德译，两卷，普林斯顿，新泽西：1953 年普林斯顿大学版，两卷：第 2 卷 596—629 页。

本书对《大学问》、"知行合一"与朱熹学说相比较；王阳明对佛教与道教的批判，爱的渐进发展、恶的起源、动与静以及反对王阳明的唯心主义作了卓越的研究。书中还有一节讲王畿与王艮。撰写的方法是批判的，客观的和仔细斟酌的。

*冯友兰：《中国哲学简史》，1948 年。纽约：麦克米兰版。纽约：自由出版社版，308—318 页。

本书虽标题不同，与其在 1953 年写的《中国哲学史》相差不多。特别值得注意的是冯友兰把朱熹对佛教的批判与王阳明对佛教的批判作了比较。

冯友兰：《中国哲学精义》，由休斯（E. R. Hughes）译，伦敦：基根·保罗，特伦奇和特拉诺布尔（Kegan Paul，Trench，and Trubner）版，1947 年。波士顿：贝亚康（Beacon）版，196—200 页。

本书内容差不多与他在 1948 年的著作相同。

哈克曼·海因里希（Hackmann，Heinrich）《中国哲学》，慕尼黑：1927 年，恩斯特·赖因哈特版，356—370 页。

这是一本已过时的著作。

芳贺（T. Haga）：《关于日本哲学学派评论》，日本亚洲协会会刊，第 12 期（1893 年）134—147 页。

此文只有一页论及日本的王阳明学派。此文可说是用西方语言写的第一本有关王阳明的著作。

亨克（Henke F. G.）：《王阳明的哲学》，刊于《皇家·亚洲协会华北分会会

刊》第 44 期(1913)46—64 页;作某些删节后重印,发表于《一元论者》第 24
期(1914)17—34 页。

本文论述了王阳明的生平、人的本性、心学、格物和善与恶的学说。这是
西方第一次对王阳明的研究。

黄秀玑:《一位十二世纪的中国唯心主义哲学家:陆象山》。纽哈文,康涅
狄克州:美国东方协会版,1944 年,88—94 页。

本文详细叙述关于王阳明对陆象山的赞扬以及他与陆象山相似之处,作
者过分地宣扬王阳明的三种基本思想,也就是"心即理","致良知于事事物
物"和"知行合一"学说,都是直接受到陆象山的影响,实际上后两项是王阳明
自己所创始的。

*猪城博之:《王阳明的至善的良知的学说》,刊于《东方与西方哲学》第
11 期(1961—1962)27—44 页。

本文是论述王阳明的至善的良知的本性与努力使之见于实际行动之间
的关系,特别涉天地万物形成一体的新儒学派学说的发展。而新儒学派的学
说,终于使王阳明关于大人物实质上是一个普通人或为真诚、纯正而与万物
形成一体的圣贤的概念得到了新的活力。

*杜维明:《王阳明知行合一学说的形成年代(1472—1507)的研究》。博
士学位论文。哈佛大学版,1971 年,321 页。

本论文对王阳明的寻求人心内在的同一性和他投入学习圣贤的活动作
了深入的研究,探索王阳明一生的历史与其学说的形成之间的相互影响,特
别探索在王阳明学说已形成时的"知行合一"说学。

*杜维明:《王阳明——内圣外王的儒家思想之一证》,写本,1966 年,43
页。

本文在评论儒家传统的内圣外王的思想的发展之后,文中所叙述的王阳
明传是根据王阳明与佛教和道教的教义进行斗争和他寻求儒家思想的实现,
以及把这种思想用之于他的政治和军事生活所进行的研究。

王恭兴〔音〕:《中国思想》,纽约:约翰·戴,1940 年版,141—152 页。

本书为一般读者作的简短叙述。

王昌祉:《王阳明的道德哲学》,上海,1936 年版,220 页。

这部著作集中于王阳明的良知学说,即良知的意义、实现和它与心的本质的关系。他的论述非常全面,但是既没有把这种学说与其较早或后期学说相比较,也没有说明这个学说对中国哲学和中国史与日本史有何意义。

＊陈荣捷译:《〈传习录〉以及王阳明著的其他新儒学著作》,纽约:哥伦比亚大学版,1963 年,358 页。

此种著作为过去 450 年来在中国与日本新儒学派最重要、最有影响的著作。其中包括《传习录》和《大学问》两者,还有七件政治文献,1916 年曾由亨克译出过。这个译本是经过对中国和日本的注释作了广泛深入的校勘而译成的。所有名称都是一致的,所有哲学术语都作了解释,而且有的引文都作了叙述或说明。还有对王阳明生平、思想演变、他的哲学对中国和日本思想的意义等方面作了一篇很长的介绍,还对《传习录》的历史和对它的目录作了评论性的说明。

弗雷德里克·古德里奇·亨克译:《王阳明哲学》,芝加哥:欧番·考特出版公司版,1961 年,512 页。再版,纽约:帕拉贡再版公司版,530 页。

这个译本是王阳明著作的四卷本的第一卷译本。这个译本第一次使王阳明的全部哲学能为西方所用。可惜的是,一些注释或一些术语在中文文字方面的确切语义都没能得到适当的探讨,也没得到中国及日本的学术界的帮助,因此,译本的错误非常之多。基本概念也被误解(把“义外”译成“义是外部的”,第 50 页),某些名字使人认不出来(把徐爱字曰仁译成“正直的人”,第 57 页),有些题目被错误的解释成为一般短语(把朱熹的“或问”译成“某些人在提问题”,第 493 页)。至于王阳明的哲学,这方面是使用陈荣捷 1963 年的译本代替。但是,无论如何,很多王阳明信件和文章,大多是非哲学的,是过去从未译过而在此书中都翻译了的。

耶稣会士亨利和谢寿昌:《关于王阳明学说的信件》,刊于《震旦大学学报》第 9 期,1925 年,19—41 页;第 10 期,1925 年,40—77 页。

本文包括有关王阳明哲学最重要的四封信件的译文。两封有关王阳明的基本学说,以及他与朱熹的争论,也由陈荣捷译出(1963 年,第 130—143 及 172—177 各节)。其他两封信是讨论格物的。

耶稣会士利昂·威格尔(Léon Wieger):《从远古至当代中国宗教信仰与

哲学思想的历史》，由爱德华·查默斯·沃纳译，新新版，1927 年，698—700 页。

本文是一非常简短的概要，附有王阳明论良知的诗数首。

耶稣会士利昂·威格尔：《哲学文献：儒家学说，道教，佛教》，新新版，1930 年，255—260 页。

本文有威格尔译的十六小段译文及诗三首。

岑克尔·埃内斯特·V：《中国哲学》，赖辛贝格：格布绿德·施蒂佩尔版，1926—1927 年，273—300 页。

本书只提供一个基本概念。

（刘坤一译自《东方与西方哲学》季刊。1972
年 1 月〔文中小标题是译者加的〕。冒怀辛校）

（本文转自《中国哲学》第九辑，生活·读书·
新知三联书店 1983 年版，第 328—347 页）

陈荣捷《西方对王阳明的研究》一文，是《西方对朱熹的研究》的姊妹篇。全文分六个小专题，系统地作了述评。一，西方对王阳明研究的开始；二，王阳明与西方哲学家的比较；三，王阳明与陆象山学说的异同；四，王阳明与朱熹之间的关系；五，对王阳明门徒及其后继者的研究；六，关于王阳明的生平事迹。论文最后附录近百年来西方学者及旅居海外的华裔学者研究阳明学的书目提要，条分缕析，一目了然。王阳明与西方哲学家笛卡儿、斯宾诺莎、莱布尼茨、贝克莱、康德、黑格尔、柏格森、叔本华、存在主义者的比较研究，尤其值得关注。

"理一分殊"的现代解释

刘述先

一、引　言

　　二次战后,诺斯陆普出版了他的《东西的会合》①,他断定西方思想倾向于分析,而东方思想倾向于玄同,两方面应该可以寻求一个综合之道。诺斯陆普的说法曾经流行一时,但不久以后影响就消退了。我想主要的原因是他把复杂的问题简单化了,所以得不到广大学者的支持。举例说,宋明儒学流行"理一分殊"的说法,朱熹(1130—1200)就学于李侗时,延平就对他说"吾儒之学,所以异于异端者,理一而分殊也。理不患其不一,所难者分殊耳"(《宋元学案》)。由此可见,中国哲学并非不重分殊,只不过所重视的是另一类的分殊罢了! 诺斯陆普的说法虽然很有问题,但也并非一无是处。如果重新加以解释,我们可以承认,从一个比较的观点来说,西方的确比较强调分殊,而东方比较强调玄同。然而对于理一分殊,必须要用相应于东方的思想方式来理解,不可以用诺斯陆普那种外行的方式来理解。诺斯陆普的学生摩尔(Charles A. Moore)秉承乃师的宗旨,在夏威夷创办了"东西哲学家会议"。

---

　　① 　F. S. C. Northrop, The Meeting of East and West(New York; Macmillan, 1946)。

1964 年,我初离国门,跟着东美师去参加了第四届会议。1969 年,摩尔已逝世,我在南伊大教书,去参加了第五届会议。摩尔死后,群龙无首,会务弄得一塌糊涂,第五届以后,会议停开了二十年,一直到今年才复会,由 7 月 30 日至 8 月 12 日,开第六届会议。我应邀主讲一节,即以理一分殊之新释为题,对于中国传统思想稍为有所推陈出新,对于当代西方哲学也有所批评回应,而与诺斯陆普所提出的宗旨遥相呼应。论文先以英文写成,经过删削改易的手续,才写成本文,对于"现代性之挑战与中国文化的前景",表示一些个人的意见。

我一贯的想法是,世界如今已渐进入一种全球情况,东西的会合根本不是问题,成问题的是,所作成的是怎样的东西的会合。东西的会合自可以有各种不同的形态。有人可以由现实的角度,指出东西会合的得失。但这并不是我的中心关怀所在,一个哲学家的关心首要是在理念的层面上。我所要做的工作是如何往自己的传统之内去觅取资源,加以现代的解释,以面对现代性之挑战,而寄望于未来。当前的课题是给与"理一分殊"以崭新的现代的解释,以回应当代哲学所提出的一些问题的挑战。

二、"理一分殊"观念提出来的历史背景

如所周知,"理一分殊"最早是程颐答杨时问有关《西铭》的问题所提出来的一个重要观念,他说:"《西铭》之论则未然,横渠立言诚有过者,乃在《正蒙》。《西铭》之为书,推理以存义,扩前圣所未发,与孟子性善、养气之论同功。(原注、二者亦前圣所未发。)岂墨氏之比哉!《西铭》明理一而分殊,墨氏则二本而无分。(原注、老幼及人,理一也;爱无差等,本二也。)分殊之蔽私胜而失仁,无分之罪兼爱而无义。分立而推理一以止私胜之利,仁之方也;无别而述

兼爱至于无父之极,义之贼也。子比而同之,过矣。且谓言体而不
及用,彼欲使人推而行之,本为用也,反谓不及,不亦异乎!?"(《伊
川文集·答杨时论西铭书》)

　　横渠《西铭》与濂溪《太极图说》是北宋以来最有影响力的两篇
文章。《西铭》讲民胞物与,龟山误以之为墨氏兼爱之旨,并评之为
言体而不及用,故伊川复书加以弹正。值得注意的是,《西铭》原文
根本没有讲到理一分殊,是伊川根据他自己的了解作了创造的阐
释,才提出了这样的观念,从此以后被接受而成为宋明儒学的共
法。儒家讲爱有差等,既推爱故理一而分殊,与墨氏兼爱之旨有根
本的分别。伊川的根据仍在孟子,孟子有与墨者夷之的辩论(《孟
子·滕文公章》)。夷子的说法是"爱无差等,施由亲始",这样不免
自己陷于矛盾,故孟子以之为二本。伊川的义理精熟,故能够明白
地指出儒家的立场是理一而分殊,根本有异于墨家的立场之二本
而无分。伊川此辩并没有逾越伦理的范围,"分"字读去声,意思是
指分位,好像身分、职分上的区别。

　　但二程发展出了理的观念,由龟山而延平,自然而然对于"理
一分殊"有了更新颖更丰富的了解:所谓一理化为万殊,显然进一
步增添了形上学、宇宙论上的涵义。这当然是儒学可以有的一种
发展,所谓推理以存义,扩前圣所未发——这正是宋明儒者在自觉
层次上所作的努力。论者指出,宋明理学曾经受到佛学的刺激与
影响,特别是华严,宣讲理事无碍法界观的玄旨,曾经起到先导的
作用。事实上,宋明儒者思想开放,从不隐晦向二氏借一些资源为
己使的事实,但对于"理"的了解,则仍与佛家有本质上的差别[①]。
朱子尤其把理学发展成为一整套的观念:阴阳是气,是分殊原则;

---

　　①　参拙著:《朱子哲学思想的发展与完成》,台北,学生书局,1982年,
页415—420。

太极是理,是统一原则。一理化为万殊,所谓人人一太极,物物一太极。月印万川,恰正是"理一分殊"的写照。以后儒者,在细节方面固然有各种不同的讲法,但在大纲领上来说,则并无异议。这便是对于"理一分殊"观念的提出与流行的一个极简单的回叙。

三、"理一分殊"的现代解释

1984 年,陈荣捷教授在新亚作钱穆讲座,讨论到朱子与世界哲学。他指出朱子哲学与世界哲学可以并行不悖,甚至对于世界哲学有所增益,他所特别提出的,就是朱子的"居敬穷理"以及"理一分殊"之说①。以下我将以我自己的方式尝试为"理一分殊"提出一个现代的解释。

从方法学来看,对于"理一分殊"提出新释,就必须在同时像当代基督教的神学家那样,要做"解消神话"(Demythologization)的手续②,才能够把儒家的中心信息,由一套中世纪的世界观解放出来。下面我就用朱子的仁说为例加以解析,作为一个示范。

朱子的理一分殊观在他的《仁说》之内得到了充分的表达,他说:

"天地以生物为心者也,而人物之生又各得夫天地之心以为心者也。故语心之德,虽其总摄贯通、无所不备,然一言以蔽之,则曰

① Wing-tsit Chan, Chu Hsi: Life and Thought(Hong Kong: The Chinese University Press,1987),pp. 83—101。我对"理一分殊"的现代解释与陈教授容有不同,但肯定这个观念有其现代意义,用心的方向是一致的。

② Cf. Rudoif Bultmann, Jesus Christ and Mythoiogy(New York, Charles Scribner's Sons,1958)and John B. Cobb, Jr Living Options in Protestant Theology (Philadelphia: The Westminter Press,1962),pp. 231—232.

仁而已矣！请试详之。盖天地之心，其德有四，曰元亨利贞，而元无不统。其运行焉，则为春夏秋冬之序，而春生之气无所不通。故人之为心，其德亦有四，曰仁义礼智，而仁无不包。其发用焉，则为爱恭宜别之情而恻隐之心无所不贯。故论天地之心者，则曰乾元坤元，则四德之体用不待悉数而定。论人心之妙者，则曰仁人心也，则四德之体用亦不待遍举而该。盖仁之为道，乃天地生物之心即物而在，情之未发而此体已具，情之既发而其用不穷。诚能体而存之，则众善之源，百行之本，莫不在是。此孔门之教所以必使学者汲汲于求仁也。其言有曰：克己复礼为仁，言能克去己私，复乎天理，则此心之体无不在，而此心之用无不行也。又曰：居处恭、执事敬、与人忠，则亦所以存此心也。又曰：事亲孝、事兄弟、及物恕，则亦所以行此心也。又曰：求仁得仁，则以让国而逃，谏伐而饿，为能不失乎此心也。又曰：杀身成仁，则以欲甚于生，恶甚于死，为能不害乎此心也。此心何心也？在天地则块然生物之心，在人则温然爱人利物之心，包四德而贯四端者也。（下略）"（《朱子大全》）

就一个传统中国的思想家来说，朱子是十分富于分析力的，他分解出天人两个层面。通天下只是一个理，在天地是块然生物之心，在人就是那一颗仁心。天地的生德内在于人即是仁德，这显然是一种天人合一的模式。而一理化为万殊，故天有元亨利贞四德，而元无不统；季节有春夏秋冬四季，而春生之气无所不通；人有仁义礼智四德，而仁无不包。人的行为千变万化，但合乎圣道而为，最后发生作用的正是那一颗仁心。朱子的说法有一个完整的系统，元朝以来即奉他对古典的解释为正统，他的思想对于后世的巨大影响力是难以估计的。

我们试从两个不同的方向来审查朱子的思想：一方面看他的思想在古典之中找不找得到根据？另一方面看他的思想到了现代

还能不能够应用？先从第一个角度来看,朱子把仁和生关连在一起,这并不是朱子的创举,自二程以来即乃是宋明儒者接受的共法,文献上的根据则在《易经》。北宋由濂溪开始,会通易庸,在思想上开辟出一条新的路径,这是儒学可以发展的一条线索,并无背于孔孟的宗旨。宋明新儒学与先秦儒学之间本来就有一种既传承而又创新的关系,朱子的哲学正是一个典型,在内容上取资于二氏,在精神上则继承孔孟,这才能把新的生命注入儒学之中,而开创出一个新的局面。

朱子无疑是个综合性的大心灵,他能够兼容并包,所以成其大;但也因为他吸纳了许多异质的成分,结果不免逾越范围,造成了驳杂不纯的效果。仁是全德,孔子虽然没有亲口这样说,但现实如此,这是不成问题的。孟子又发挥出四端之说,孟子七篇文字具在,也是不成问题的。但把天的四德与气候上的四季以及人的四德排比起来,编织成为一个系统,这是孔孟原来所没有的东西,乃朱子取之于阴阳家、杂家所发展出来的思想。天之四德见之于乾文言,但原文并没有说为何天只能有四德;人之四德自源出孟子,但孟子也没有说为何人只能有四德,这些德性与季节更拉不上关系。但自阴阳家以后,秦汉之际,吕览、淮南喜欢把宇宙、人事的现象编织成为一个复杂的秩序,也就是象数派最喜欢弄的那些东西。如此,天人合一不再是"天命之谓性"那样德性上的关连,而是天象、人事有着严格的互相对应的关系。这样弄得既繁琐而又迹近迷信,致此到了王弼注易,乃尽扫象数。伊川易传也是只讲义理。有趣的是,朱子在哲学上完全服膺伊川居敬穷理之说,独独对于易,却不取伊川之说①。他著:《周易本义》,认为周易本来是卜筮

① 关于朱子的易说,参拙著:《由朱熹易说检讨其思想之特质、影响与局限》,《东吴大学哲学系传习录》第 6 期(1987,10)页 97—117。

之书,并兼采康节之说。朱子的用心本来不差,也不只对于易的历史的发展有所了解,而且把他那个时代的宇宙论与科学的成就都吸纳到了他的系统之中。七百年来他的思想居于正统的地位,阴阳五行,天人感应一直笼罩着中国人的思想。但是这一套东西在孔孟根本就找不到根据,象山以孟子学为根据,早就批评朱子支离,但当时的时代却站在朱子那一边。一直要到西风东渐,现代西方科学大量输入,这才取代了传统阴阳五行、天人感应的那一套东西。

如此,从现代的角度来看,如果朱子的思想指的是他的宇宙论和科学的了解,那么这样的思想无疑是过时了。这里面最重要的一个关键在,现代人不再相信自然与人事之间有一定的关连。天人感应根本无法在经验之上取得实证,自然季节的变化怎么可以和人的德性拉得上关系呢?但是朱子思想的精华并不需要建筑在这样的中世纪的世界观之上。通过解消神话的手续,我们就可以把他所体悟得极为真切的中心的儒家的信息,由那些过时的神话解放出来。只有如此,"理一分殊"才能够得到现代的新释,以下我想简单地分开三点来说:

首先,朱子追随孔孟,肯定仁为全德。在传统中国人的思维模式之中,一元与多元,在中国道德伦理思想之内根本并不构成矛盾。仁的狭义仅是诸德之一,仁义礼智各有不同的特性。但仁的广义却是一切德性的泉源,因为缺乏了仁心,光只是外表的合模并不足以构成真正道德的行为。由这样看来,狭义的仁与义礼智,都是广义的仁的表现。由此可见理一而分殊。中国的文字最忌用一种死的方式去理解。譬如孟子固然讲四端,但有时他也喜欢只谈仁义。仁义对举的时候,仁便是统一原则,而义(宜)是分殊原则。它们好像同一个钱币的两面,无须强分轩轾。但在西方,讲仁,就好像倾向于目的论(Teleology)的思路,讲义,就好像倾向于义务论

(Deontology)的思路,但在中国,却缺少这样二元分割的思想。孟子虽严义利之别,似乎是义务论者,但他也讲众乐乐,又好像是效益论者,事实上根本不能作这样斩截的分类。对中国人来说,把自己性分中所有的充分发挥出来,即所谓尽性(自我实现),这就是人生最大的义务和责任。儒家的道德必须建筑在心性论的基础之上。是人,才可以要求他为善,才可以要他根据自己的良知来反省。现代人各色各样的伦理学、后设伦理学,终不能回答:"人为什么要道德"的问题。儒家的传统直下肯定一颗仁心,当下树立了道德的基础。朱子以仁为"心之德、爱之理",正是以他自己的方式肯定了每一个人都有仁心的事实。而这是超越的心性论的断定,并不是经验实然的断定。正因为人在经验实然上经常为恶,却不能不肯定人可以为善,这才显发了超越心性论的根据,以及在现实上作心性修养工夫的重要性。

其次,朱子断定天地以生物为心,也就是说,流行在天壤间是一个生生不已的天道。这显然是根据易经的传统。天道在不断生成变化的过程之中产生万类,而人得其秀而最灵。人是惟一自觉到生命的意义和价值的生物,他所禀赋的乃是一颗能够与天地生生之德互相呼应的仁心。亲亲而仁民,仁民而爱物,仁心的扩充是无封限的。朱子所把握的乃是一个生意盎然的宇宙,用李约瑟的术语来说,朱子所建立的是一有机自然观①。这样的观点自与机械唯物论的观点有很大的距离。在科学发展的过程中,科学唯物论可能是一个必经的阶段,因为只有这样才能够化繁为简,用抽象量化的方式处理数学物理的问题。但科学发展到一个更高的阶段,机械唯物论的局限性就暴露无遗了。李约瑟预言科学在未来

---

① Cf. Joseph Needham, Science and Civilization in China (Cambridge: Cambridge University Press, 1954 ff.), Vol. Ⅱ, pp. 339—340.

20世纪儒学研究大系

的发展是有机自然观的复苏,这样的预言当然要有待经验的实证,但中国先哲的自然观并没有完全过时,尽可以有其现代的意义,却由此得到明证。

再次,朱子断定,这个宇宙乃是理气结合产生的结果。理气究竟是一,还是二?这是宋明儒学之中引起许多争论的大问题,我们无需卷入这一纷争之内。要紧的一点是,无论那一派观点,都肯定理蕴涵在气之中:理虽然是超越的,同时也是内在的。故此在传统中国哲学之中,不会发生像柏拉图那样理型与事物分离、打断成为两截的问题。超越的理本身是纯善,但理的具现不能不通过气的摩荡,自然而然就有了恶。所谓"一阴一阳之谓道",在经验的层面上阴阳、善恶是不能截然分离的。就在这样的情况之下,个体形成,所谓"继之者善,成之者性也。"只有人能够自觉到性分之内的价值,主动参与天地万物创造的过程,如此而可以有限而通于无限。儒者相信《中庸》所谓:"天命之谓性,率性之谓道,修道之谓教"。此生能够努力率性、合道而行,那就自然而然能够体现《西铭》结尾所谓:"存吾顺事、殁吾宁也"的境界。

"仁"、"生"、"理"的三位一体是朱子秉承儒家传统所把握的中心理念,这样的理念并不因朱子的宇宙观的过时而在现代完全失去意义。朱子吸纳了他的时代的宇宙论以及科学的成就,对于他所把握的儒家的中心理念(理一),给与了适合于他的时代的阐释(分殊),获致了超特的成就。七百年来,他的思想被奉为正统,决非幸致之事。也可以说,在十二世纪,作为一个知识分子,他的确尽到了他的责任。但到了今天,我们要尝试给与"理一分殊"以现代的解释时,却遭逢到全然不同的问题。不只我们要解构,把朱子思想中过时的部分加以清除,事实上我们需要对整个儒家乃至中国传统的思想,作彻底的批评和检讨,才可望与时推移,打开一个全新的境界,以适应于现代的情势。以下也可以分开几点来

20世纪儒学研究大系

说：

一

当形上道德智慧被认为是最根源最重要的东西，感觉经验知识和科学知识自然而然落到了第二义的地位。中国传统过分强调德性之知，轻视见闻之知，不免造成一种偏向。

二

天道生生不已，任何已创造完成的价值都不能穷尽它于万一，此所以即尧舜事业亦如浮云一点过太空。但这决不是说我们可以不重视当下的开创与表现。我们的生命是完成于不完成之中，过化存神，有限是无限的表现。如果只执著于生的玄境，而完全缺乏具体的生命的表现与创造，那就会变成有体而无用，一样可以造成生命力衰退的不良后果。

三

诚于中，形于外，内在充沛的生命力，必外现而为可以触摸得到的具体的创造。但任何具体的成就都有一定的特殊时空的限制。圣人制礼作乐，在人类历史上无疑是极为超卓的成就，有它们不可磨灭的意义和价值。不幸的是，后世以之为不可改易的天经地义，于是产生了一种禁锢的作用，造成负面的效果。儒家的价值在汉代被固着化成为三纲(君臣、父子、夫妇)之说，这在当时固然有其需要，到了后世，却成为了专制、父权、男权一类抵制进步思想的根据，而受到了时代的唾弃。这是误把分殊当作理一。超越的理虽有一个指向，但不可听任其僵化固着，王船山所谓"不以理限事"应该对我们有一种巨大的警惕的作用。

四

中国传统似乎倾向于直接去表现生道、仁道,所以偏爱有机论,排斥机械论;大学所谓修齐治平,一贯而下,把政治当作伦理的延长。这样不免抑制了其他可能的表现形式,梁漱溟曾经指出,中国文化的发展过分早熟,的确有其卓识①。

由以上的分析,我们可以看到,尽管到了今天,我们仍然可以维持我们对于仁、生、理的终极关怀,但我们要觅取它的现代表现,就不能不对传统展开彻底的批判,才能够走得上现代化的道路。我们在今日虽仍然认为生命是神圣的,仁心的扩充有一定的理,我们感谢古人给我们指点了一个方向,但我们今日所面临的时势已完全不同于孔孟所面临的时势,同时我们也了解,理想与事实之间有巨大的差距。在漫长的历史过程之中,中国哲学的理想虽然是发扬生生不已的天道,但在事实上中国文化却已经变得衰老不堪,《红楼梦》所谓的"百足之虫,死而不僵"最足以描写它的相状。在这样的情况之下与西方接触,面对一个现代化的强势文化的挑战,丧权辱国,可以说是必然的结果。

我们回过头来看,中国未能产生现代民主与科学,固然有各方面辐辏的原因,但也的确有思想方面的因素,决不是完全偶然的结果。光由科学方面说起。李约瑟穷半生之力,专门研究中国科技发展的历史。他发现中国传统在科技方面有超特的成就,决不只是指南针、火药、印刷术等寥寥数项而已!世界科学曾深受惠于中国的贡献。但中国终无法跨越过现代科学的门槛,其中一个主要的原因就是中国完全缺少机械论的思想。李约瑟的看法是有相当

---

① 梁漱溟:《中国文化要义》(台北,正中,1963),页 25—303。

道理的。机械论当作一个哲学来说是一个错误的哲学,怀德海批评科学的唯物论犯了他所谓"错置具体性的谬误"(Fallacy of Misplaced Concreteness)①。中国人不取这样的说法在哲学上表现了很深的智慧。但机械论当作一个方法论的设施来看,却有很大的用处。生命是有机的,不可以为抽象的数量所穷尽,这是中国人的睿识。活泼的生命通过手术刀的解剖的确会变成死物,但没有理由我们不能在观念上把人的身体由其他的方面抽离开来,而成立解剖学的学问。中国传统的限制在,只容许人去找有机生命的直接表现,以至抑制了生命发展的其他的可能性。他们不了解,十分吊诡地,有时必须采取一种间接曲折的方式,才能够进一步扩大生命的领域。从这一个角度来看,我不相信中国如果没有受到西方的冲击,会发展出现代科学来。但西方既已发展出现代科学,却没有任何理由中国不能够吸收西方的成就。经过了一时的震惊与挫败之后,中国人终必会作出必要的适应。他们必须放弃传统天人感应的思想模式以及中世纪的宇宙观,但他们没有理由放弃他们对于生、仁、理的终极关怀。他们所必须体悟到的是应该容许乃至鼓励人们去追求对于生、仁、理的间接曲折的表现方式,这样才能更进一步使得生生不已的天道实现于人间。吊诡的是,中国人必须打破自己传统的窠臼,才能够在一种更新颖更丰富的方式之下体现传统的理念。

　　同样的解析也适用于民主政治和中国文化的关系。不错,中国传统有根深蒂固的民本思想! 这是我们可以取资的一个重要的泉源。但在另一方面,我们却不可以自欺,以为传统的民本思想在本质上不异于现代的民主思想。事实上,两个是完全不同的典范。

──────────

　　①　Alfred North Whitehead, Science and the Modern World(New York: Teh macmillan Co.), pp. 74—75。

尽管孟子曾说"民为贵,社稷为次,君为轻",但民本思想仍然是与君主制度紧密地关连在一起的。一般老百姓的利益要靠圣君贤相来卫护,政府依然是一种阶层制度的形式。而礼运大同篇所谓"选贤与能"是指英明的领袖选拔出贤能来为人民服务,这样的方式并没有建立起民主选举的制度,更没有三权分立的设施,而法理不外人情,也缺乏人权的醒觉与法治的观念。故此,如果以西方的民主政治为判准,在中国传统中可以利用的资源是很少的。故此,我同样怀疑,如果中国不是受到西方的冲击会自己发展出西方式的民主制度来。然而我也同样相信,没有理由中国不能够把西方的民主吸收过来。中国的传统政治理念是"仁政"。当经验显示,事实上难得有圣君贤相的时候,就不能不幡然改图,接受西方民主的制度,建立一个"民治、民有、民享"的政府。诚然民主并不一定能产生最好的效果,但集思广益,避免把权力集中在一家一姓之手,的确是我们所知制度里面可能产生最少恶果的一种方式。民选出来的领袖不是哲王,也不是圣贤,只是有能力处理众人之事的政治领袖。这样,政治不再是伦理的延长,它本身是一个独立自立的范围,有它自己的游戏规则。但它也不是完全和道德伦理切断关系,因为我们仍然必须选出有最低限度道德操守的政治领袖,而我们投票给他,主要是看他的政府是否真正能够照顾到大多数人民的利益,为人民服务。由此可见,我们并不需要改变我们对于仁政的向往而继续把它当作规约原则,但我们必须改变过去"天无二日,民无二王"那样的传统观念,由臣服(Subordination)的思想改变成为平列(Coordination)的思想。中国人过去喜欢用直接的方式表现仁,于是以伦理的方式来看政治,以家庭的方式来看国家。这样的方式或者可以适用于传统的农业社会,却断然不能够适用于现代的工商业社会。理一而分殊,今日要卫护仁政的理想就必须要采取反传统的方式才能够找到符合仁政的超越理念的现代表现。

　　由科学和民主这两个例子,就可以看到,十分吊诡地,我们必须要打破传统的窠臼,才能够以现代的方式来表现传统的理念。我们今日乃可以清楚地体悟到,在许多范围之内,我们必须采取一种间接曲折的方式,才能够更适切地表现出生、仁、理的超越理念,而决没有理由抱残守缺,丧失活力,麻木不仁,违反理性,为时代所唾弃。这才是当代新儒家必须努力的方向。

　　《中庸》有曰:"其次致曲,曲能有诚;诚则形,形则著,著则明,明则动,动则变,变则化;惟天下至诚为能化。"

　　照传统的解释,"致曲"是次于"至诚"的境界。曲的意思是一偏,由偏至入手,最后也终可以达到诚的境界。但我们不妨给与这段话一种全新的解释。"至诚无息"是可以向往而不可以企及的超越境界(理一),要具体实现就必须通过致曲的过程(分殊)。生生不已的天道要表现它的创造的力量,就必须具现在特殊的材质以内而有它的局限性。未来的创造自必须超越这样的局限性,但当下的创造性却必须通过当下的时空条件来表现。这样,有限(内在)与无限(超越)有着一种互相对立而又统一的辩证关系。我们的责任就是要通过现代的特殊的条件去表现无穷不可测的天道。这样,当我们赋与"理一分殊"以一全新的解释,就可以找到一条接通传统与现代的道路。

四、由"理一分殊"的原则对于当代
西方哲学的回应

　　如果对于"理一分殊"给与现代化的解释只是为了现代化的目标,那么问题就很严重。论者指出,现代科学、民主系孕育自西方,与中国的传统关系不大,似乎了解中国传统,并不能够帮助我们更深一层地了解科学、民主。而现代中国人很少了解什么叫做"理一分殊",为了现代化,还要回头对于"理一分殊"作出现代的解释,似乎多此一举,完全没有这样的必要。但这样的说法只看到问题的表面,不免失之于浅薄。不只中国人的思维方式,经过几千年的发展,已经自成一个型态,常常在一种"习焉不察"的方式之下支配我们的思想,我们要吸收西方的思想要它们在我们的文化里生根,就必须深入地检讨自己的传统。而且我们试图去把握传统的睿识,并不完全为了现实功利的目的。我们要去卫护一些开启于我们民族文化的万古常新的智慧。在一个国际学术研讨会之中,友人张灏曾经提出,我们要以现代来批判传统,也要以传统来批判现代,可谓深得吾心。

如果我们不能够把握到定盘针,那么我们就会在千变万化的时潮之中,完全迷失自己,不知道何去何从,而陷入一种手足无措的境地之中。正当我们往现代化的方向走去,西方却已经在对"现代性"(modernity)加以严厉的批评和检讨,而进入到一个"后现代"(post-modern)的世代。当前西方一方面走进一个从前无法想像的未来主义世界,另一方面却又重新肯定一些一度为现代所唾弃的古老的东方的精神价值,使得人掉进一种极为惶惑的心理状态之内。今天外在的情势根本就不容许我们去跟风,所谓"全盘西化",根本就不知道如何化法。短短数年,时代潮流就一变,以有涯随无涯,殆矣! 在这种情况之下,"理一分殊"的再阐释,乃可以给我们一盏明灯,指引我们往一条康庄大道走去,以免误入歧途之中。

为了方便起见,我提议用《哲学以后》(After Philosophy)一书①,当作我讨论的焦点,由"理一分殊"的原则,对于当代五花八

---

① Kenneth Baynes, James Bohman, and Thomas McCarthy ed., After Philosophy:End or Transformation,'Cambridge,Massachusetts The MIT Press, 1987)。

门哲学的思潮,作出回应。此书一共收了十四位有代表性的当代哲学家的作品,大体可以分成两派意见。一派认为哲学的行程已经走到尽头,将来已经没有什么哲学可说;另一派则认为哲学虽然陷入困境,但还可以努力加以再造,为它注入新的生命,如何加以转变则又有分析哲学与解释学的途径的差异。以下我即借助于新儒家"理一分殊"的观点,对于这些哲学时潮作一回应。

　　当代西方哲学家走上背离他们的传统的思考方式的道路,有一些想法是中国人很容易理解的。譬如说,罗蒂(Richard Rorty)宣称:"实用主义者认为柏拉图的传统已经过时,不再有用。"① 柏拉图相信有超越的理型脱离时间巍然独存,而中国传统从来没有发展出类似希腊的存有(Being)的观念,人必须在流变之中体道。罗蒂又批评由笛卡儿以来割裂主客的传统,把观念当作真实的影象。中国却缺少这样的二元对立的思想,同时也没有把脑和心,理论和实践打成两截。事实上实用主义与中国人的思想确有相通之处,杜威就被比作当代的孔子,他既重视教育,也强调人对社会的责任。然而两方面的道路毕竟不同。中国哲学提出接近实用主义的观点是墨家,但孟子则距杨墨,严义利之别。儒者深信实行仁义会产生治平的结果,但我们却不可以倒果为因,专讲实用以至沦为逐利之徒。当然实用主义的哲学家不至于浅薄到只顾到眼前的利益,而我们证实一个科学的假设所能做到的最大限度也不过只是杜威所谓的"既经证实的可断定性"(warranted assertability)而已!不错,我们的确要像杜威那样要利用我们的智力(intelligence)在问题情况出现的时候,努力寻求实际解决问题的方案,但是任何恶棍也可以用同样的方法解决他们的问题。由此可见,光诉之于智

---

① Ibud.,p.27。

力是不足的,故儒者必须要讲良知。良知可以解作所谓"理智的深层"(depth of reason),智力乃是它发用的一个层面。正如王阳明所说的:"良知不杂于见闻,而也不离于见闻。"(《传习录》中)见闻相当于今日我们所谓的经验之知,良知却是自家本心本性的体现。良知的发用当然离不开经验知识,但它仍是与经验知识不同层次的证悟。牟宗三先生指出,中西哲学最大的分别在,中国哲学儒释道三教都肯定他所谓"智的直觉",而西方哲学则缺少这样的肯定。① 当然我们必须体悟到,牟先生所说的其实与西方所谓对象的直觉没有什么关系。

依康德的《纯粹理性批判》,人只能有感性的直观,只有上帝才能有智的直觉;人既然不能离开感觉形成概念,当然不可能有智的直觉。康德依据这样的思路乃进一步推论,我们只能把上帝存在当作实践理性的基设(postulate)看待,牟先生是不满于这样的思路。中土三教都肯定人凭借自力可以证悟终极的解脱道,无限的道当下具现在有限的生命之内,这才是牟先生所谓智的直觉的涵义。牟先生乃批评康德仍拘限在基督教的视域之内,天人打成两截,故不能作成道德的形而上学。儒家则可以。我们不可以把他的意思误解为,人可以不通过感觉而对个别的事物形成智的直觉,那是一个无法卫护的论点。儒家的思路乃是一种既内在而又超越的观点,实用主义的限制在只见内在,不见超越,事实上当代欧洲哲学也有着类似的问题。

我们试检讨由海德格到高达美(Hans-George Cadamer)以至德里达(Jacques Derrida)所发展出来的一条解释学的思路。海德格所开出的一些睿识无疑可以为中国人所吸纳。他一方面由从笛

---

① 参牟宗三:《智的直觉与中国哲学》(台北,商务,1971)。

卡儿以来把心灵当作纯粹意识的思路翻了出来,另一方面又拒绝把科学的世界观当作惟一可能的世界观。他以人为"此有"(Dasein),被投掷在那里。他是一个"在世界中的存有"(being-in-the-world),同时也是一个"走向死亡的存有"(being-toward-death)。世界对海德格来说不再只是外在的环境,而是一个意义系络。我们可以生活在科学的世界之中,在数理公式的推概之中,逃脱在时间的流逝之外;我们也可以生活在历史的世界之中,存在的焦虑并不只是我们主观的心理的反应,而是我们生存的模式。这样看来,语言并不只是一个工具而已!它是存有的基本构成。剥开了海德格的艰涩的术语的外壳,中国人并不难了解这样的思路。事实上王阳明在四百年前就有了把世界当作一种意义系统的思路。他说:

> "人一日间,古今世界都经过一番,只是人不见耳。夜气清明时,无视无听,无思无作,淡然平怀,就是羲皇世界。平旦时,神清气朗,雍雍穆穆,就是尧舜世界。日中以前,礼仪交会,气象秩然,就是三代世界。日中以后,神气渐昏,往来杂扰,就是春秋战国世界。渐渐昏夜,万物寝息,景象寂寥,就是人消物尽世界。学者信得良知过,不为气所乱,便常做个羲皇以上人。"(《传习录》下)

尽管我们看到传统中国哲学与海德格有若合符节之处,但它们之间也有相当重大的差别。比较王阳明与海德格,最明显的差别在,海德格只是作现象学的描绘,而拒绝作价值上的判断。但阳明除了作现象学的描绘之外,明白地提出了价值判断,吁我们要把"终极托付"建立在良知之上。正所谓"差之毫厘,谬以千里"。儒家思想的方式是理一分殊,当代欧洲哲学却陷落在相对主义的回流之内。

海德格最大的问题在,他的说法突出了存有的语言性与历史性虽有一定的道理,但他只能建立一"现象的存有论"(phenomeno-logical ontology),故牟宗三先生批评他缺乏超越的信息①。表面上海德格有些观念如 Gelassenheit(一切放下)非常接近道家的观念,但海德格显然缺乏道家那样的终极关怀。到了沙特,超越的信息的缺乏就变得十分明白了。他把"超越"(transcendence)一词解作"不守故常"的意思,故此他把人了解为:"是他所不是而非他所是的存有。"② 沙特只是肯定变的事实不可逃避而已,故此根本没有出路(No exit)。沙特就明白宣称他本人是个无神论者。既然上帝不存在,人也没有固定的本性,人只有接受命令的自由,承担起自己的责任,在存在的焦虑之下创造自己的生命。中国哲学家虽也不信在变化之外有一纯粹超越的上帝,但道乃是变易之中的不易,超越就要内在之间,人可以参与天地创生的过程,而且德不孤,必有邻,不会陷落在一种与天完全切断的疏离的状态之中。正如王阳明所说的:

　　"良知即是易,其为道也屡迁,变动不居,周流六虚,上下

----

　　①　有的学者认为晚年的海德格有很大的改变,参 Graham Parkes ed., Heidegger and Asian Thought(Honolulu:University of Hawaii Press,1987)。但在文集之内,多数东方学者也都异口同声;承认在海德格与传统东方哲学之间仍存在着相当的距离。牟先生主要的根据虽只是海德格前期的作品,但我觉得他的批评是不错的。西方的神学和日本的禅学都可以在海德格的思想之中找到一些亲和的因素,这不在话下。但他并没有清楚地传达给我们一种超越的信息,至多只给与我们一些模糊的指向。日本学者批评他过分重视时间,忽视空间,这就说明了海德格与禅的境界是有阈隔的。海德格的徒从如高达美,后学如德里达都偏向在内在的一面,也是一种旁证,说明海德格思想在超越一面之乏力。

　　②　Jean—Paul Sarte,Being and Nothingness,Hazel E. Barnes trans.(New York:Philosophical Library,1956),p.58。

20世纪儒学研究大系

无常,刚柔相易,不可为典要,惟变所适,此知如何捉摸得,见
得透时,便是圣人。"(《传习录》下)

通过良知体现的道是不可以通过概念来捕捉的。就这一点来
说,德里达提倡"解构"(deconstruction)①,彻底摧毁一切建筑在不
可持的二元论的基础之上的人为理论架构,中国人是可以欣赏的。
但是圣道的超越性与普遍性虽然是难以企及的理想,却是不容许
堕了下来的。而当代欧洲哲学却堕入到一股激进的相对主义的回
流之中,这是中国哲学者不能不感到深切忧虑的一个趋势。

麦金泰(Alasdair MacIntyre)对于相对主义的问题提出了适切
的反省②,作为一个理论来说,相对主义是不值得一驳再驳的,而
人们一直为相对主义的问题所吸引,就不能不审视这一理论背后
所隐涵的一些合理的因素。从一个意义下来说,人是不可能超越
相对主义的。高达美指出,人的了解不能不预设一个特定的水平
线(horizion)③。解释学的精髓正在于明白指出人是一历史的存
有,而水平线的会合造成视域的扩大与意见的交流,这样的看法的
确有它深刻的睿识。但高达美进一步推论,正由于人不可能没有
某种"先见"(preconception),他就不可能没有"成见"(prejudice)。
这样的推论却是我们所不能够接受的。成见在一般语言之中的意
思是带着有色眼镜的偏见。人不能脱离一定的视域看问题是一回
事,但说人不能不带着有色眼镜看问题,无论如何也脱离不了自己
的偏见,却是另一回事。高达美的说法初看起来十分新鲜,但却不
免使人抛弃了追求真理的规约原则,而产生了极为恶劣的后果。
再把成见和权力结合在一起,情况就更为不利。当代西方哲学者

①　参本书 333 页注①,页 119—158。

②　同上,页 385—411。

③　同上,页 319—350。

受到尼采、佛洛伊德与马克思的影响,深切地了解到,观念并不只是观念而已,它们往往是行动的前奏。哲学家也并不能够真正超然物外,常常变成了某种特殊利益的代言人,甚至沦为权势的工具。福柯(Michel Foucault)认为,就是像医院那样的机构也是一个权力机构。① 福柯的研究突破了传统哲学的故域,也的确接触到了一些重要的问题。但不幸的是,他又走上了一条极端的道路。如果权力宰制是普泛的,那我们岂不是无所逃于天地之间,还有什么希望呢? 当代西方哲学家戳穿了一切神圣的外衣,他们发现人都免不了成见与权力的宰制,故此立论过高不免造成烟雾,让一些见不得天日的东西假借着真理、公义之名以行,造成了许多过恶。今日的知识分子的确有着前所未有的觉醒,所以他们反建制、反正统,也不能不说是有他们深刻的地方。但他们不免走得太过,以至批判的意识单方面的扩展,压盖过了健康的创造、积健为雄的精神。不错,我们对于理性(rationality)的观念是应该加以进一步的反省与批评,传统的理性的涵义已经不能够适用于现代。但解构的措施像是服清泻剂,身体里藏污纳垢,有了太多的积淀,就不能不加以对治。但是身体经过适度的涤清之后,就要吸取养分,才能够造成健全的体魄;否则用了虎狼之剂之后,不识得调养,一样会把生命带往危殆的境地。我们断不可以因噎废食,或如西谚所言,把婴儿连同脏水一起倒掉了。我们尽可以重新考虑"理性"的内容,但把理性的规约原则也加以舍弃,却使得我们陷落在相对主义的深渊之中。难道我们也毫无选择,跟着时流去搞权力宰制的把戏吗? 既识穿了这一套把戏,就必须提高我们思想的警觉,设置一套制度,减少狡黠者利用权力宰制他人的祸害。福柯的毛病正在

① 同上,页 95—117。

于他只能看到内在,不见超越;他看到人为的组织的毛病,却看不到任何希望为未来找到出路。

由这样的思路追溯下去,无怪乎哲学要走上穷途末路,碰到所谓"哲学的终结"(the end of philosophy)的情况。但并不是所有当代西方的哲学家都同意这样的说法。譬如说,哈柏玛斯(Jürgen Habermas)就不赞成这个观点①。他承认启蒙时代是把许多问题简单化了,但并不因此我们需要完全背弃启蒙的理想。"理性"在今日仍然有其不可磨灭的意义与价值,只不过我们需要改造理性的观念,需要发展一套全新的沟通理性的概念。哲学不会走上终结的道路,我们所需要的乃是"哲学的转化"(transformation of philosophy)。哈柏玛斯的战友阿培尔(Karl-Otto Apel)也发表了类似的意见②。他吸收了英美分析哲学与实用主义的一些睿识,而希望在英美与欧陆哲学之间建造一道沟通的桥梁。阿培尔认为自己的观点比较接近皮尔士(C. S. Peirce)的"先验实用论"(transcendental pragmatics)。我们在实质内容上可能有许多歧见,不可避免地会产生许多争辩。但任何理性的论辩必预设追求真理的形式的判准,这是一项先验的普遍的原则,不但不为经验所否认,而是从事任何经验检证或否证的手续不能不预设的起点。阿培尔同意高达美认为世间没有纯客观的东西,必定有解释的成份在内,但他不同意高达美的历史主义的见解。我们不断在追求真理的过程中,不能不假定理性沟通的理想,他认为如果我们由语义分析的层次转到语用学(pragmatics)的层次,许多烟雾就可以被驱散。这样我们就不会犯"抽象主义的谬误"(abstractive fallacy),而所谓的无可逾越的"三难情况"(the so-called Münchhausen trilemma)并不是

① 同上,页291—315。
② 同上,页245—290。

不可以克服的,也就是说,凡追求终极基础的努力莫不落入"循环论证"、"无穷后退"、或"武断终结"的陷阱并没有必然性。在语用的层次,我们不能不预设一些共认的规则,即使是承认"可误主义"(fallibism)的原则也不能排除这些规则之作为理性论议的基石。阿培尔由此而企图建立一沟通伦理,反对情意主义认为伦理判断只是主观的好恶的看法。我觉得哈柏玛斯与阿培尔的方向是正确的。但"沟通理性"毕竟预设了"理性"的观念,我们必须改造传统理性的观念,希腊那种超越永恒的理性观念是过时了。但理性不能只是论议所预设的形式原则而已,它必有一些实质内容,虽然我们不能给它一个简单的定义。譬如说,仁义是它的外显的表征,各代仁义的表征不同,但仍有一贯的线索把它们贯串在一起,中国人由理一分殊的方式的确肯定了一些比哈柏玛斯和阿培尔更多的东西。有关这一类的问题还需要我们作进一步的探索。

现在让我们转到分析哲学的线索。如果分析哲学还停留在逻辑实证论的阶段,那么中国哲学与它之间恐怕不会有什么很有意义的交流。但分析哲学已经有了长足的发展,事实上欧陆的哲学家像阿培尔已经吸收了分析哲学的技巧而发展出了一些新的思路,弃绝了像艾耶(A. J. Ayer)那种情意主义的伦理观。而美国新一代的分析哲学家由于受到蒯因(W. V. Quine)的影响,质疑分析与综合命题二分的教条,也反对认知语言与情绪语言截然有异的看法。譬如蒯因的弟子戴维森(Donald Davidson)就尝试要改造塔斯基(A. Tarski)对于真理的界说,将之扩大应用在自然语言之上,并重新考虑形上学的问题,[①] 这是很有意义的尝试。卜特南(Hilary Putnam)既扬弃实在论,也批评相对主义,他认为理性是不能

① 同上,页 161—183。

加以自然化的。① 他说：

　　"如果不能把规范的[层面]取消,不可能将之化约为我们所喜欢的科学,不论是生物学、人类学、神经学、物理学或其他学科,那么我们站在哪里呢？ 我们可以尝试去搅一套规范自身的宏伟的理论,一套形式认识论,然而这样的做法肯定是野心过大了。同时却有很多哲学工作要做,如若我们能够避免损害晚近哲学至巨的化约主义与历史主义的残障,就可以减少错误。如果理性是既超越而内在,那么哲学既是与文化不可分割的反省以及有关永恒问题的论辩,它既在时间之中,也在永恒之内。我们并没有一个阿基米得点；我们所讲的永远只能是一时一地的语言；然而我们所说的内容的对错却并不限于一时一地。"②

　　卜特南的见解是完全蕴育自现代西方的观点,却与中国传统的观点不谋而合,简直是提供了"理一分殊"的一个现代阐释。由这个角度看,中国哲学也可以在分析哲学内部寻觅未来哲学的曙光。只有哲学完全丧失了对于超越的祈向与信息,完全陷落在内在之中,才会造成哲学的终结。今日东西哲学内部的怀疑与反动的危机是深重的,但我们仍将锲而不舍,谋求哲学的改造,既有所传承,也有所创新,遵循理一分殊的线索,为之谋求一条未来的出路。③

---

①　同上,页 217—244。

②　同上,页 242。

③　由于我研究文化哲学有年,深深被卡西勒(Ernst Cassirer)的功能统一观所吸引,参拙著：《文化哲学的试探》(台北、学生书局新版,1985)。可惜的是现代人智短,卡西勒的观点并不流行。除了终极关怀方面有憾之外,卡西勒的文化哲学恰正是"理一分殊"之一详细的现代阐释,很值得我们顺着他所提供的线索作进一步的探索。

五、结　语

由以上所述，可以看到，中国哲学必须一方面与时推移，吸收当代西方哲学的睿识，扩大自己的视野，加入现代的阵营；另一方面却又要保留自家传统哲学的智慧，给与崭新的阐释，对于现代采取一种批评的态度，指出其偏向以及不足之处，决不可以随便跟风，陷入没有必要的困境之内。这样我们至少可以向往一种传统与现代、东方与西方的结合。对于扩大我们传统的视野来说，我们需要吸收西方分析哲学的技巧，解释学的睿识，增益其所不能，开发一个前所未有的新境界。另一方面，对于走向世界来说，我们并不只是单纯的摄受，同时也要对世界作出我们自己的贡献：从我们的特殊的角度来印证现代世界所把握到的一些真知灼见，却又要指出其偏向与错误之处，在我们的传统之中觅取资源，补偏救弊，在整个世界走向未来的过程之中，烛照机先，发挥出一定的作用。

未来的世界并不需要发展成为一个无差别的统一世界。尽管东西方的交流可以加剧，但这不必一定妨害到保留东西方分别的特色。每一个文化要由它自己的角度去吸收它所需要的营养，来充实自己的生命，而这需要自己不断作智慧的抉择。譬如说，德里达讲解构，欣赏我们道家的智慧，这是因为西方的理论架床叠屋，已经发展到了一种令人难以忍受的地步，就有必要拆散这些人为的理论架构，不至于以抽象的品目来代替具体的真实。但中国传统两千年前就了解"道可道、非常道"的智慧，然而我们却缺少形式逻辑、高度抽象的理论架构，这对于我们科学的发展造成了一定的障碍，我们就必须现代化，学习西方架构式的思考，这才能够增益其所不能。我们并不需要特别去引进德里达的思想，虽然他是在一种崭新的方式之下重新印证了我们的民族早已体认到的智慧。

当然我们也没有什么理由去重复西方的错误,把抽象的品目当作具体的真实。我们引进架构式的思考是为了发展我们的逻辑与科学,而在形上学与道的体证方面,我们反而可以向西方输出我们传统的智慧,当然首要的条件是我们并没有遗忘我们的传统所开出的智慧,才能对之作出全新的再阐释。而这恰正是全盘西化派所看不到或者拒绝去看的一个角度。

依我之见,中国文化最深刻处在无论儒、释、道,都体现到一种"两行"的道理,不妨在此略加疏释,看看我们民族可以对世界哲学提供怎样的资源。

"两行"一词源出庄子《齐物论》,其言曰:

"是亦彼也,彼亦是也。彼亦一是非,此亦一是非,果且有彼是乎哉?果且无彼是乎哉?彼是莫得其偶,谓之道枢。枢始得其环中,以应无穷,是亦一无穷,非亦一无穷也。故曰:莫若以明。……

道通为一。其分也,成也,其成也,毁也。凡物无成而毁,复通为一。惟道者知通为一。……是以圣人和之以是非,而休乎天钧,是之谓两行。"

依照传统的解释,是非为两行,能够超越两行,就能够与道合而为一。这样的解释是有它的根据的,但接受了这样的解释,就明显地偏向"理一"那一边,而忽视了"分殊"。我在这里提议给与一种新的解释,"理一"与"分殊"才是两行,兼顾到两行,这才合乎道的流行的妙谛。从天道的观点看,一定要超越相对的是非,道通为一,这是"理一"的角度。但道既流行而产生万物,我们也不能抹煞"分殊"的角度,如此燕雀有燕雀之道,无须去羡慕大鹏。既独化(分殊)而玄冥(理一),这才真正能够体现两行之理。庄子内部本来可以含藏这样的道理,但需要通过现代的创造的阐释,才能够真正把道家的智慧发挥到淋漓尽致的地步。

　　佛教输入中国,经过华化之后,也同样兼顾超越与内在的层次。三论讲"二谛(真、俗)圆融"、天台讲"三谛(空、假、中)圆融",都涵摄了两行之理。圆教的教义也是容许我们作现代的创造的阐释的。

　　儒家更不必说,理一分殊之旨如本文所述,本来就是宋明儒发挥出来的道理。从超越(理一)的观点看,虽尧舜事业不过如浮云一点过太空,过化存神,不容沾滞一时一地,或者一人一事。从内在(分殊)的观点看,则尧舜、孔孟、程朱、陆王,各有各的精彩。各人只有本着自己的时代、空间,照着自己的禀赋、际遇,尽量努力,知其不可而为。这样自然而然能够体证到张载《西铭》所谓"存吾顺事,殁吾宁也"的道理。

　　理一分殊的精神尤其可以用程明道《定性书》中的两句话清楚地表达出来,他说:

　　　　"廓然而大公,物来而顺应。"

　　　　前一句讲的是理一,后一句讲的是分殊。这样的说法与周易所蕴涵的一套哲学是相通的。一般说易有三义:变易(分殊)、不易(理一)、易简(两行)而得天下之理。

　　我们既有普遍的规约原则,又有各时各地不同的具体的设施。所谓"寂然不动(理一),感而遂通(分殊)",每一个个人受到自己时空的限制不能不是有限的,但有限而通于无限,参与天地创造的过程,生生不已,与时俱化。这样的哲学当然不会是精确的,但却足以作为指导我的生命的普遍原则,我们的责任就是在这样的精神的指导之下作创造性的努力,追求适合于我们的时代的表征。

(本文分上、下两部分刊于《法言》
二卷四、五期,1990 年 8 月、10 月)

刘述先(1934—　)，江西吉安人，生于上海，著名的哲学家、哲学史家，现代新儒家第三代中坚人物。曾任东海大学副教授、南伊利诺大学、香港中文大学教授，现任中央研究院中国文哲研究所特聘讲座。受熊十力、方东美、牟宗三、唐君毅的影响，取新儒家的进路，研究的重点有三：(一)传统思想的疏释。(二)传统与现代接合的构想。(三)系统哲学的探索，致力于"儒家思想的开拓"。著有《文学欣赏的灵魂》、《生命情调的抉择》、《新时代化哲学的信念与方法》、《文化哲学的试探》、《朱子哲学思想的发展与完成》、《黄宗羲心学的定位》、《中国哲学与现代化》、《文化与哲学的探索》、《大陆与海外——传统的反省与转化》、《儒家思想与现代化》、《理想与现实的纠结》、《传统与现代的探索》、《中西哲学论文集》、《当代中国哲学论》、《儒家思想开拓的尝试》等。

选文试图从方法论的维度对儒家思想作出新的开拓。通过对宋代儒家李侗、朱熹所提出的"理一分殊"论作现代诠释，探究了全球化时代东西方文化、哲学会通的途径。儒家的思想方式是理一分殊，当代欧洲哲学却陷落在相对主义的回流之内。这是中国哲学者深感忧虑的一个趋势，也是西方哲人应该反省的问题。由"理一分殊"的原则对于当代西方哲学的回应，是谋求造成"哲学的终结"困境后未来的重建的一条途径。

怀特海与宋明儒学之比较

〔美〕成中英

不少中国哲学家,在熟稔怀特海的哲学之后,尤其是涵容于《过程与真实》一书中的体系之后,莫不认为怀特海的哲学与中国哲学非常类似,足以与中国哲学比拟参照。他们所秉持的想法,是指怀特海开发出一套以"实在是一变化过程"为基本观念的系统;这也是中国哲学自《易经》以降的基本观念。这里,拟以方法论的考虑为着眼点,指明怀特海哲学与中国哲学中宋明儒学之间有另一更足以相比拟的特色。

任何哲学都是一个有机的过程,也是一个有机的整体。我们不应将之视为一个脱离生命、客观的僵硬系统。中国哲学的两大传统——儒家与道家,除了着力于彰显生命的理想规范之外,也希冀开拓出足以培育、转化人心以及人生的价值媒体。怀特海虽然明确地界定思辨哲学为:对于建构一套"概念上连贯的、逻辑的、具有必然性的系统",以"解释经验"所做的经营与尝试,但他的有机形上学,就其作为一套观念而言,应具有本体论意含的作用与效验,同时应形成世界与生命体构中的一个重要成分。以如此之有机的哲学观为背景,怀特海的哲学与中国哲学,就不仅在概念上相似,而且两者都主张哲学是真实的,而不是纯概念的。若将两者作为真实的实体看待,均可视为足以容纳发展与创造的变化,恰如实在自身一般。所以,中国哲学与怀特海哲学的相似,不是静态的比较,而是动态的交互成就彼此;不是已完成的实相,而是在进展中的实相,即有待实现的潜相。中国哲学与怀特海哲学的潜在差异,很可能在更广大的解释系统中得以消融;而此系统中所有作为经验原料的概念,都能各得其适当的定位。因此,中国哲学与怀特海哲学的比较,就不单是抽寻、建构概念上相似的差事,而是借着比较的机会,从而建立更丰富、广博、更有意义的架构。同时,如是架构中的分歧差异,也可彼此补足、充实,而非彼此抵触、矛盾。

循此途径进行比较时,我们切不可一意孤行,而无视中国哲学与怀特海哲学各自的概念有其迥异的历史源流,尤其不可忘记,怀特海哲学是基于古希腊传统而开展出的多层面的复杂结构;而中国哲学则涵盖了两千多年之久的众多学派与哲学家的思想。

或许我们可以将回溯的(历史背景的)观点,与前述之前瞻的观点区分开来讨论。按照回溯的观点,一种哲学的根源,存在于其难以把握和追溯的历史线索之中;历史线索既然各自迥异,从这些各自迥异的线索中酝酿开展出的各种哲学也就必定不同。于是,中国哲学与怀特海哲学一定有内容上互不相涉而相异之处,因为两者分别牵涉到不同的历史经验。举例来说,我们可指出,以"上帝的始得性"作为超越实体,这源自柏拉图哲学;但在中国哲学中,却找不到足以与柏拉图哲学相对应的概念。我们也可指出,怀特海认为,上帝的存在是"终极的非理性",其本身不可解释,但可用以解释有限世界中外表的非理性(不必然性)。如是的观点,是源自于亚里士多德的形上学;而在中国哲学中,也找不到与亚氏形上学完全相应的说法。我们大致可以认定,中国哲学与怀特海哲学间的差异,可以相互交融、交互摄受(interprehend)(此词系依据怀特海的精神创造),从而形成孕育新观点的基础。

一、类同的主题——创生性范畴

以下主要拟探究在怀特海哲学与宋明儒学(以周敦颐与朱熹为主)中创生性(creativity)成立的互相呼应的条件。这两种哲学分别代表两种紧密关联的创生性范畴(categories of creativity)的系统,用来说明现象,以及说明我们所经验到的变化与新事相。

将这两套系统说成紧密关联,并不是指两者像镜中影像与镜外物体一样吻合,而是指他们有共同的目标,即对变化中的具体事物的理解;也有一致的理解广度,即包罗世间一切。同时,两者有视生命与实在为有机的共同倾向。我们相信,在这两套系统的宇宙论与形上学理论中,可发现很多类似的概念与结构。但我们也有心要揭示两套系统中,不论在对创生性范畴之定义、导向及说明或分析方面,都有关键性的隐微的差异;这些差异恰可保证我们的结论:尽管我们不能说明为什么有这些差异,但我们可以透过这些差异,来评价两系统中足以成立的优点以及可能产生的困难。我们所要强调的,是两系统各自的创生性范畴在概念与其涵义上的近似,而不能忽略两者间隐微的差异。所以,我们将探究这两套创生性系统,同时把主题特别集中在两套系统中"创生性"的中心概念。拟先从怀特海的创生性范畴开始,然后再转入宋明儒学的"太极"范畴,以寻绎出两套哲学系统在概念上及本体论中的差异。

二、怀特海的创生性范畴

怀特海对创生性有如下的描述:

创生性系诸共相的共相,刻划了终极的事相。其乃终极的原理。惟有借此原理、繁多——即分离的宇宙,始成单一的

20世纪儒学研究大系

实际缘现——即结合的宇宙：繁多之进而为复合的统一体，系万物之本性使然。

创生性既为形上学的终极原理之一，就只能通过直觉来把握，亦即需要对具体经验中创生性之无所不在有所直觉。虽然怀特海只说"创生性"是由繁多创生一体的原理，但创生性显然也是由一体创生繁多的原理。以此见解为准，我们可说宇宙的"创生的前进"（creative advance）。此见解中的创生性，既展露了宇宙的统一，也展露了宇宙的多样。

怀特海同时主张，"创生性"是"新事相原理"（the principle of novelty），亦即借此原理的作用，先前不存在的新事物得以存在。这是实际存在体创生过程中的主要活动，此过程即称为"合生"（concrescence）。怀特海强调，"多成为一，又因一而增多"。这是说，任何一个实际存在体的创生，都是宇宙中的一个新事件；而任何一个新事件，都可表征某类在过去"缘现"（occasion）不曾存在的性质。因为创生的历程永无终了，世间新事的增加也就永无止境。怀特海为了说明万物不断的创生前进，因而引进了"永恒物相范畴"（category of eternal objects）。"永恒物相"数量无限，又为新事相引入变化的世界中提供成立的根据。"永恒物相"系超乎时间的本质，即有待于在时间中实现的潜能。这些潜能不会在时间或变化的过程中，被全然穷尽、实现。虽然如此，它们归入变化的过程，为具体物事的赋形提供"确定的形式"（forms of definiteness），而它们"归入"（ingress）变化、创造的过程之所以可能，乃由于"实际存在体"（actual entities）所行之"概念的摄受"（conceptual prehension）。这些潜能在初次"结入"时，不是在物质上而是在概念上融会于新兴实际存在体之赋形中（一旦在概念上已融会，就足以在物质上融会）。

由于永恒物相的存在，我们可以明白创生性涵盖了（有效）因果关系,但因果关系并不足以穷尽创生性;两者可为我们明确地区分。因果关系(指动力因果关系)仅限于"物质摄受"的创生,而创生性尚且包容永恒物相的"概念摄受",足以使原本仅为可能之事实现。

概而言之,"创生性"可涵盖两个层面:首先,凡是概念、形式以及结构的所有可能性都已俱在;其次,要有足以促成其中若干可能的秩序、形式或性质在"实际缘现"(actual occasions)中实现的动力,此动力乃为任何"实际存在体"所固有。这二个层面说明了世间何以有新事相,以及持续不断地有新事相。至于何以会有任何现实或"实际存在体"的存在,就怀特海形上学而言,创生性系指由纯粹潜能转化成现实的终极必然性;创生性亦即存于无限制、未决定的秩序、结构与性质的领域中促成现实与决定现实的发动能力。其乃调和持久与流变的永恒统一。怀特海将对"所有可能性之综览"(the envisagement of all possibilities)称为"上帝的先得性"(the Primordial Nature of God),而将演进中之现实所具有之无所不包的物质摄受称为"上帝的后得性"(the Consequent Nature of God)。上帝既然为一,我们何以不说"实现的可能性"与"可能性的实现"亦为一? 我们以为,不妨将怀特海的"上帝"视为对无终始的、开放的变化过程之创生性的终极原理的一个方便名称。在此变化过程中,因果关系不过是实际存在体自我赋形的一种模态。如此,我们就修正了怀特海表现于外的看法,并揭示出我认为隐含在他的观点中更深远的一层意义。

"实际缘现"(或"实际存在体")的概念在怀特海哲学中,于说明变化(包括因果作用)时,具有关键性的地位。所以,我们当可留意"实际缘现"的若干基本特色。首先,一个"实际缘现"就是经验的一单位。其为一个经验中的主体,由其自身的经验所构成的主体。经验之为物,实不外乎对于促成"实际存在体"成形的其他现实与可能予以掌握或融会的过程。用怀特海自己的语汇来说，经验就是"摄受"（prehension），而"摄受"就是产生关联，同时由所关联的物事所组成。因此，"实际缘现"或"实际存在体"就是"摄受"与经验的中心。因为"实际缘现"借自身的经验来界定自己，任何"实际缘现"必须足以使自身构成经验的主体，不过这些经验毋需透过人类心灵与人类情绪予以有意识的表达。

怀特海还有另外一个方式来观想现实：一个"实际存在体"是经验的诸细节"聚合成长"（growing together）为一体的结果。"实际存在体"不断地生长、繁衍。此即透过经验而形成一个统一的、有组织的实体。不过我们须留意，经验无法被客观地指明。一个经验永远是某项组合中的、生命的力源或发动中枢。这项力源或发动的中枢既身为经验的主体，又为其自身对其所经验的物事予以统合的结果，遂必须先被设定，作为本体论中的一项基本事实。怀特海的确有偏向对实在采用"单子论式的"（monadological）观点，只是在他的宇宙中，"单子"（monads）系生成变化的中心，而其成形系由于关连与摄受的创生的、开放的作为，而不像莱布尼兹"单子论"中封闭且无窗户的实体。

由上所论，我们可发现，虽然对怀特海而言，创生性范畴是终极的，但如欲对经验加以合理的说明，尚有待对存在的诸范畴予以补足——尤其有赖于对"实际存在体"以及"永恒的物相"两范畴的补足。我们也可说，创生性与同属"终极范畴"的另两个层面——一与多——实不可划分。我们甚或可说，一是"实际存在体"的界定原理，而多是"永恒物相"的界定原理。就此意涵而言，"实际存在体"与"永恒物相"两者都可说参与了形而上理解的终极性；创生性则可理解为促成一与多达到动态统一的原理，于是，创生性可自多产生一，也可从一产生多。由此，我们可以推论出，一与多是创生性的两面，在我们对生成变化的和谐一致的经验中完全同时展露。

因此，既然怀特海说"上帝的先得性"就是对所有永恒物相之综览，而"上帝的后得性"就是对所有过去的实际存在体之摄受，那么，我们又何妨将"上帝的先得性"当作多，而视"上帝的后得性"为一，因而将上帝视为创生性自身呢？一与多在实际上不能分离，仅就此而论，上帝就是两种本性的统一——即先得的多与后得的一之统一。当然，我们没有理由反对"上帝的先得性"不可有其一，而"上帝的后得性"不可有其多。因为一与多在创生性中交错杂糅，"上帝的先得性"与"上帝的后得性"也应在上帝中交错杂糅。这一点当足以说明，何以"实际存在体"所构成的世界存在与演进的方式，正是我们理解世界的成果。世界并非由上帝开端；世界的存在不应从某种终极的起源中衍生；只要世界不时展现创生性以及万物的创生进展，世界自身就是终极。因此，倘若没有"实际存在体界"与"永恒物相界"，创生性就无从予以充分的说明。

一旦对怀特海的创生性概念加以分析，就可发现，终极范畴（Category of the Ultimate）不可能有三个各自分离独立的侧面；终极只有一个，即足以显露由一至多、由多至一，如是之二重生成变化的创生性的终极。怀特海关于存在的诸范畴，可视为仅对创生性所做的一项解说，也是通过经验所展露的创生性实现的种种形态。就此意义而言，存在的诸范畴源自创生性的终极。"实际存在体"是创生性的具体呈现。至于"永恒物相"，则是涵容于创生历程中的潜存的创生形式。"永恒物相"为多与一赋予形式，由多与一取决，并由多与一构成，因此"永恒物相"实内在于已存的创生性的终极中。同理，命题既"身为事实的潜在决断"，就必定内在于已存的创生性的过程与动力中。因为"摄受"与"主观归趋"（subjective aims）既然是在创生的进展中，"实际存在体"生成为实际存在体的方式、"摄受"与"主观归趋"，那么，也就是"实际存在体"的创生性形态。因此"摄受范畴"(the Category of Prehension)可同时作为两条原理,一为创生性对宇宙经验的一项特定的应用原理,一为归属于普遍的创生性之终极之名下的附属原理。

至于其余的存在范畴,如"关系范畴"(Category of Nexus)、"多样范畴"(Category of Multiplicity)、"对比范畴"(Category of Contrast)等,都必须视为若干形态与方式。通过这些形态与方式,各个"永恒物相"乃得以相对于"实际缘现"的某个已存的系络,而各自得其定位。显然,"关系范畴"系意在应用于一群相互关连的"实际缘现"的结合(状态),正如"多样范畴"系意在应用于分歧不一的实际存在体的分离(状态)。因此,此二范畴乃彼此对比,而为指称复杂状况的两种形态。最后,"对比范畴"可使"实际存在体"中的种种差异产生关连,而这些差异适可扩展我们所知之世界的深度及发掘其涵义。事实上,对比或对立作为存在的一种形态,可以说是通过"关系范畴"与"多样范畴"的关连而得以解说。

就以上所论,怀特海的存在诸范畴都可以说在创生性的实现中显现创生性;存在诸范畴只是将原本潜存于创生性的丰硕多样予以实际的展露。我们不妨说,所有的存在范畴都是对创生性的形式与内容予以逻辑的表明。并不是创生性创造出借这些存在范畴来描述的事物与形态;创生性的动力在这些存在范畴中得以成为具体化。

这里,我们不妨下结论:所有的"存在范畴"都应有机地统一于一体,而"终极范畴"的各层面,一方面恰可解说所有的"存在范畴",一方面又形成有机的统一体。令人惋惜的是,对于各范畴之间的关系,怀特海不曾勾勒出一幅明晰的图像。他甚至有将各范畴视为逻辑上互不相干的概念之倾向。但事实上,所有的范畴都应用于同一对象——即创生性原理,或创生的进展。一旦存于这些范畴间的一体性与相互依存性为我们所知晓,我们即可发觉怀特海哲学中平实简易之处。这些范畴所具有的严谨性，甚至必然性与一贯性，也都将会为我们一一领会。这些特质之可能存在的惟一条件，就是这些范畴必定是源自对创生性中终极的平易单纯与整合统一所产生的体验——亦即我们切身感受体现到的终极经验。

若进一步探究怀特海的体系，就可发现其既隶属于宇宙论的界域，也涉及存有论的内容。因其适用于经验界，故就其意图而言，有宇宙论的规模，但就概念的层次而言，则又是存有论的。"终极范畴"并不是演化而成为存在之诸范畴。"终极范畴"说明了存在之诸范畴，其本身也为存在之诸范畴所说明。我们可用怀特海的语汇，制作如下的图表以表明之：

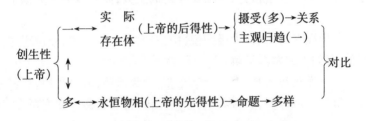

三、宋明儒学的"太极"与创生性

怀特海的观点似乎颇接近周敦颐以至朱熹等宋明儒者的共同见解。质言之，怀特海可视为上述以周敦颐著名的《太极图说》为代表的立场，其中见解由周敦颐开发，而普遍为朱熹及其他宋明儒者所接受。下文即开阐释涵蕴于宋明儒家《太极图说》之训示中与朱熹著作中的形上观念的先河，意在将其与怀特海对创生性及创生性之诸范畴的形上见解加以比较与对比。我们要先探究在宋明儒家体系中，"太极"这个概念以及其他相关的创生性概念究竟具有什么重要意涵，以探索创生性范畴，以及寻绎怀特海的创生性范畴与宋明儒家的创生性范畴之间有何平行相应处。

首先必须点明，宋明儒家迫切自觉到用有机的一体来统一其概念的需要。不消说，这是因为，他们对整体的宇宙人生的全幅经验之组成有机的一体，有一层原始的理会。所以，所有基本概念都或多或少予以刻意地表达成内在地、有机地交互串连。此情形若较之于怀特海哲学，实有过之而无不及。所有基本概念形成一套交错杂糅、互相依存的元素之统一网络。元素之间虽已分化，但仍保持辩证地流动、开放。因此，彼此之间可互相强化、护持，而非互相排斥、疏远。它们都导源于对统合的整体的中心体验；其作用则在于涵养及加强对实践生活中的整体性及统一性所怀有的原始理会。这也正是怀特海很少予以留意的层面。原因就在于，怀特海认为，形上学（宇宙论）主要是思辨的工夫，而实践的工夫则不甚显明。

周敦颐在其所著《太极图说》中，对实在之为过程，或过程之为实在，有如下之精辟见解：

> 无极而太极，太极动而生阳，动极而静；静而生阴，静极复动。一动一静，互为其根，分阴分阳，两仪立焉。阳变阴合，而生水火木金土，五气顺布，四时行焉。五行，一阴阳也；阴阳，一太极也；太极，本无极也。五行之生也，各一其性。无极之真，二五之精，妙合而凝，乾道成男，坤道成女。二气交感，化生万物，万物生生而变化无穷焉？

这段短文囊括了宋明儒学中一套必然的、一贯的、系统的思辨哲学所具备之所有基本范畴与根柢。宋明儒学的基本范畴是：太极、无极、动静、阴阳、乾坤、五气（五行）、气、生、性、万物。我们都明白，自《易经》发其端的儒家传统中，这些宇宙——存有论范畴中最重要者，就是"太极"。本文将申论，"太极"确系所有事物之缘由所在的形而上原型。此意义之"太极"，遂与怀特海的创生性相应。不过，随着"太极"概念的开展。我们可发掘出其中所包含的不少概念,而这些概念既可阐明"创生性"的本性,又可提供线索,以解决怀特海形上学中联结各范畴、使之互生关连时所发生的困难。

怀特海以为,创生性已是一终极,无法再予以解说。我们是不是可以照样将"太极"视为不可解说?对《易经》中"太极"一词之创始者而言,只要适切地理会、体验大化自然生命中的变易,"太极"即可通过这层理会与体验而得到说明。"太极"系对立的两极之间的中节律动。它涵蕴新事相,同时借物与事的落实具象而显露。"太极"又为时间的本质,这正如时间是"创生性"的本质一样。在同一时间内,"太极"既简又杂,既易又难。不过,杂每自简始,又归于简;难每自易始,又归于易。太极也有自身的层次结构,但其层次不可死板的界定,须针对个别的事物而予以独特的解悟,因而可使之保持开放而不僵化。太极乃无所不包,其涵容最广博,开拓最深入,根基最稳固,呈现最显明,理路最精微,诠释最穷尽。太极成就事事物物,但本身却活动不已、反复辩证地处于未完成的状态,同时也不能完成。最后,太极正是至善展现、自然实现自身之处。太极不但与生命、生活合而为一,而且也与生命、生活的潜能——即所有组成、界定以及增益生活、生命的一切事物——不可一分为二。

既然具备了对变易的这层理解与体验,那么"太极"即指变易之本质,以及变易所需的创生力与其过程。因此,太极可符合说明与描述的标准,同时遵循"从简易到复杂"的创生变易的原理。因此《易·系辞》有言:"易有太极,是生两仪,两仪生四象,四象生八卦。"两仪即阴阳,或乾坤(辟原理与翕原理);四象指由两仪组合所得之四种排列形式,八卦即指由四象增一爻后所得之所有八种分殊的形式。若再增三爻,即再予以分化,则可得出六十四卦,此可由《易经》经文中看出。周敦颐以太极为生成之终极,同时亦为万物的所有变化与配置理序的终极原理,显然也是承袭同样精神的发挥。

　　其次,对"太极"的理解可通过一套形上学的格局来把握。此格局之完成,在于对下列诸条件之认识:(1)"太极"涵盖理则与创生性;(2)"太极"包含既决与未决;(3)"太极"的内容无限,无法穷尽,同时又维系新事相的孳衍;(4)"太极"不可与由个别事物及事件所形成的现实分离;(5)"太极"虽然不可视同于任一特定的存在体,但任一特定的存在体却都自"太极"得其理则,同时在"太极"中有其分位。只要我们明白这些条件,我们就会明白何以"太极"被理解成万物之终极的缘起与终极的根基。"太极"不仅是宇宙生成的起源,而且是永恒持久,永不磨灭的"生成中的存有"与"存有中的生成"。"太极"之所以称作"极",即指太极之外,别无他物;存有与生成除了"太极"之外,别无其他的基础与根源。

　　周敦颐在使"太极"的概念愈加明了可解而易于玩索把握方面,有一项重大的贡献,较之于《易经》实有过之而无不及。他引进"无极"一词作为"太极"之另一层面,因而可说明"太极"何以具有前述之"太极"的意义。"太极"之外没有任何"极"可言。既然没有极,那么正是"太极"之所在。这也是《太极图说》开宗明义第一句"无极而太极"的本义。

　　朱熹对这句话有如下之解释:"太极却不是一物,无方所顿放。故周子曰'无极而太极',是他说得有功处。"但朱熹对"无极"的解释也有其限制。如果"无极"真如朱熹所解,则周敦颐一定会选择"太极而无极"的说法。周敦颐所以提出"无极",并不纯粹是为了避免他人将"太极"视为一物件看待。"无极而太极"显示出"太极"系原始、潜在、创生的活力(冲动),它不是由任何存在物中衍生,而是通过"太极"本身之无形、无定的本性所给予,而"无极"一词恰可表达此中意涵。"无极"系绝对、无形、无定的潜在,总是在生成变化为实在,对动静及万物皆属必要。因此,"无极"所代表的是:在我们有任何知觉之先,存有与生成的原始统一状态。但因为"无极"也可视为具有足以将实在实现的能力,所以"无极"遂成为"太极"——亦即实在之自我实现的开端。此处应特别留意的是,周敦颐点明了"太极"的自我创生的本性,同时,也将"太极"与变化之任何一个过程的实现视为一事。

对"太极"的解说,还有最后一道线索有待阐述。朱熹表示"太极"是"天地万物之理",不论是《易经》,还是周敦颐,都不曾用理来解释太极。理系自二程传承朱熹。

程颢与程颐的理范畴,系指世间万物之可知解的性质与合理性,还可解释为万物整体中一物之"如其分"。因此,理这个字实蕴涵了外在的构成型式与内在的组织结构。同时,对理的正确无误的了解,也应将理视为预设了实在的有机统一。

"太极"既然被视为实在的有机统一,就应如周敦颐在《太极图说》中所说,与阴阳之律动等同。"太极"与阴阳之律动既已合而为一,实无异于将"太极"视为创生性的中枢,借阴阳交替反复的变化过程,而创化演进成具体实在的生生之力所具有的基本原始形态。五行与阴阳虽然同属生生之力的具体形态,但五行处于较阴阳之过程更为分化的地位,且五行从阴阳中演化而成,因而五行也是导源于"太极"。值得留意的是,一方面五行系实在中非常明显可见的形态,另一方面,五行又不属于任何特定、决断的殊相。五行系无形无状的力量,彼此间有质性的差异,而为个别物件或事件之成形所需的直接材料。因此,五行不可直截了当地作为事物的样型,而应视为已分化的力量,随时可成形为事物。五行之间也有有机的关系,因为五行交相作用,彼此影响,交错杂糅,从而实现种种殊化的现象。就整体而言,五行系阴阳过程的展现,而阴阳过程本身也是太极的体现。因此,"太极"与五行实为一体。

促使"太极"导向阴阳的形态,从而分化为五行之物,系属于气的本性。宋明儒家主张,气内在于"太极",甚或构成"太极"的本质;此看法可有力地支持以下的结论:创生性与演变中的事件所形成之具象整体,实在不分彼此,即事实上外延既等同,时序又一致。至于气,其古义系指未定的质体,宇宙中所有的个别事物都从气中产生、成形;由此可知其有相当丰富的意涵。气不具形相,却为所有形相之根。气乃万物之本源,又是已成形之物必将化解成的终极所在。气非固着静止,而永处变动之境。气可理解为生成的流动状态,透过自然事物与自然事件的实现来彰显自己。不过,气的最佳解释,当为不定、无限制的"生成中质料",经由阴阳交替反复、交错杂糅的过程所触发的内在动力,五行遂生;再经由五行的交合与相互作用,万物遂生。

关于气,有下列若干重要事项需要注意:第一、气起初以纯粹同质、无定的姿态出现,而逐渐分化、异化。第二、气中转形与变化的动力是气所固有,而非得自外在的来源,毕竟气之外实已无他物可言。第三、"气——创生性"(ch'i-creativity)导向分化与异化的过程与结果,并不足以穷尽或取代"气——创生性"原本无形未定、同质浑化的自然状态。就第一项特质而言,气与"太极"就动力而言,实为一物。就第二项特质而言,气既有阴阳二态,又可借五行彰显,仅此而论,气实乃创生性之本质。就第三项特质而言,气的无定性与同质性质无所不在,充塞于具体实在中,使得绵延不断的创生变化得以维系、持养。因此,程颐有言:

> 冲漠无朕,万象森然已具,未应不是先,已应不是后,如有尺之木,自根本至枝叶,皆是一贯。

宋明儒者将虚、静与实在中之物、事之创生进展及其落实具体化,视为本质上完全同一不二的见解,乃乃宋明儒学中最重要的创见,不禁令人想起大乘佛学中天台与华严二宗将"空性"(sunyata)与"因果"(karma)视为同一。但对宋明儒者而言,重点在于"实际存在体"的创生与达成,与创生性本身的未定的根源及动力相比较,其真实程度丝毫不逊色。事实上,两者应视为彻底地交错杂糅、缠绕不分,而居处于阴阳的对立统一中。宋明儒者与佛学学者异曲同工。他们一致主张此对立统一的本质,在于创生性以及事物与生命的创生展现。另一方面,他们也强调,无形与有形之间并无障碍,亦无间隔;两者完全消融潜入彼此之中。这正是我之所以要说"太极"自阴阳演化至五行,不止是宇宙变化的历程,也是本体结构的范型。关于这个层面,怀特海于其宇宙论之探索中未能予以彰显。

四、宋明儒学的理气与创生性

前文已述及朱熹将"太极"与理视为同一,也用理来解说"太极"。我们已将理解为:与人类知性(理性)符合而不矛盾,也与人生及自然的普遍事迹协调的结构与秩序。"太极"若演化为气,或气之活动,则显然理与气也必须紧密交合,如同一物之两个侧面。基本上这是朱熹与程颐对理气之关系,或"太极"与理之关系,以及"太极"与气之关系所持的主张。朱熹有言:"天下未有无理之气,亦未有无气之理。""有是理,便有是气……但有此气,则理便在其中。"朱熹虽然持"理气相依"的说法,却不曾明白表示理气之根本一元及统一。事实上,他不免有将理气视为分离的二体,只是恒常地结合为一体的倾向。他甚至赋予理较气优先的地位,因而使气成为理的创造后果。他说道:"有是理后生是气。""先有个天理了却有气。""此本无先后之可言。然必欲推其所从来,则须说先有是理。"

"理先于气"可能仅为我们的知性解析的顺序,不过,我们也可认为,朱熹所理解的理,在某种意义的存有论次序中,也先于气。此见解与周敦颐的《太极图说》有着根本的差异和冲突。《太极图说》明白地表示:"五行一阴阳也,阴阳一太极也,太极本无极也。"因此,气若由理生,则气即理,理即气;两者必然合而为一。因为,就生命与自然所构成的具体实在而言,理与气实为不可分之一体。

20世纪儒学研究大系

朱熹或许有充足的理由将理气二分,而视理为理想的法则,视气为人与人心的形成过程中自然而既定的实在。如此,遂使人可勉力涵养自修,同时也使得恶之缺憾得以解说。但是,一味贬低气在世间一般事物形成过程中的地位,这就没有充足的理由可以成立。世界既是一大结构,同时也是一个大过程。变化的过程不曾一刻脱离结构,结构也不曾脱离具体的变化过程而独立存在。因此,理气并不是二元对立的关系,而只有于创生的统一中,方可见两者之分际,变化之始与终皆在于此。

张载对理气之原初的创生统一的体认,或较朱熹更为贴切。他明确主张,气乃实在之终极,而以阴阳消长之变化显现创生性的二模态。张载的宇宙论主张中,"理"不是先于气。因为他以太极为太虚。他说道:"游气纷扰,合而成质者,生人物之万殊,其阴阳两端,循环不已者,立天地之大义。"(《正蒙·太和》)事物的创生并不是理强加之于气的结果。事物乃自然地体现,而具有可为人作理性的了解与分析的地位。因此,理充其量是内存于气之中,作为牵制、规范、塑型的力量。不过,就"太极"被理解为透过气的自然律动而取得健动的性格而论,"太极"的概念乃具有深远的意涵。

我们不妨问:一统于"太极"中的理气,如何引入并孳生已潜在此统一中的繁多各异的可感觉性质(sen-sible qualities)?亦即:"太极"如何从其极其简易的初萌状态而导出世间极其丰富的类型与殊相的分化状态?答案是:"太极"意外地开展成各式各样不同的真正存在体,新旧杂然。气汲取了多样性,而可于适当的场合衍生某类特定的多样组合。为了宇宙万物之生,我们必须了解"太极"涵有万物初生之机,借阴阳消长的创生过程而得以不断的演化。但这既不表示万物之多样性在"太极"中已完全确立,也不表示"太极"的存在或动静中包涵了确定性的所有形式(即怀特海式的"永恒物相")。恰好相反,"太极"的"无极",意味着物之始生时无确定可言,惟有通过"太极"的刚健运行,方得以渐次将确定完成。从未定推进至确定,这就是"创生性"的本义。其中并无形式的"结入",而仅有从未定的气合生出"实际缘现"的过程。同时,"实际存在体"的确定,也并不足以动摇或穷尽"太极"的原初、自然的未定,而此未定实为太极中"无极"的永久本性;仅此而论,在万物的创生变化中,必将永不乏新事相的出现。事物之每一段确定与成形的例子都是"太极"的创生性的一种完整的证据,也是生动的解说。因此,朱熹说道:"物物有一太极。"我们实不妨将支配确定与未定之间关系的原理,称为"终极的或普遍的创生性原理"(Principle of Ultimatel General Creativity)。

　　在宋明儒者(也可说一般的中国哲学家)的心目中,世间万物特殊的确定模态从一开始即为阴阳消长交替之下的对立与鼓荡。"太极"实不外乎阴阳二力之常久统合。因此,阴阳二力不是以"太极"之一简单的静态存在(aspect the situ)。阴阳律动既内在于"太极",也内在于彼此之中;既不是机械的作用,也不是周期的循环;而是创生前进的过程。它涵盖了事物的样式与种类的具体实现,当然还包括其分化与殊化的过程。于是,此创生过程衍生五行,五行在阴阳的律动中运作开展,遂生世间万物。我们须留意,生生创生性的分化、殊化及具体实现的过程,不是漫无规律的随机事件,而是具有内在的理则和层次,它通过具体事物孳衍的过程而得以开展、实现。

　　若更精确言之,个别事物的理则和结构,其开展是根据由易趋难、由简趋杂的基本律则进行。在分化的同时,也伴随着整合;殊化也伴随着普遍化,而实现的过程也与潜化的过程(负向创生 negative creation,或反具象化 deconcretion)并行不悖。每一个创生的律动都以阴阳之势能作为构成之基元。《易经》中三爻所成之八卦与六爻所成之六十四卦的符号系统,即意在展现及举证出世界的创生过程、事物的孳生,以及原始的阴阳律动之圆成与其层级

20世纪儒学研究大系

成序的理则。《易经》中的这个过程表示:人世间或自然界中的任何一种事态,不论如何复杂、独一无二,也都是从简易之始衍生,同时遵循阴阳的律动,而且也都各具其结构,可于"太极"变化的整体系统中得以理解。此外,我们还需要留意,因实际世界之创生而使"太极"发生分化,但"太极"之不可分化的一体性,并不因而被排除在外;新元素如"永恒物相",也不会因而从一超越的根源中引入。分化与整合仅为表现和成就太极的丰富内涵的模态与途径。我们可以将节制"太极"的创生性模态的这一原理,称为"相对的或特殊的创生性原理"(Principle of Relative/Specific Creativity)。

《易经》对于创生的过程与结构都同样重视。《易经》根据六爻的排列与解释所代表的若干有经验意义的原理,来对变化的先后始终予以结构上的说明。不过,《易经》不曾将这些原理以系统贯通之,也不曾指明具体事态的确定结构和其间关系的理则。直到宋明儒学兴起,显示变化过程的内在结构和外在理则的大系统才相继开展。譬如:邵雍就推演出一套此类之精微繁复、精辟独到的系统。这里,我们须留意的重点是,"太极"、阴阳的"创生性",有其遵从合理性的内在结构和外在理则,同时也可为人类知性所理解。说得精确些,具体存在体及其生成结果本身,即具有某种形式和结构,足以决定自身为何物。在宋明儒学中,理的概念之所以居关键的地位,必须就上述之意义予以领会。"理"是万物整体中一物之如其份。使一物如其份的,正是该物之结构或形式。前文已提过,朱熹主张:解悟变化的过程时,理具有十分重要的地位。虽然理可提升至本体的地位而成为变化的基础,但理仍不与气分隔,而应在"太极"中与气形成有机的统一。

正如朱熹所主张,物物皆有其理。因此有人或以为,理之作用恰如"永恒物相"一般,在于决定一物之形式。但我们必须针对此看法,提出两个重要的论点:

(一)理可视为具体事物之形式与结构的赋予者。但理不可与万物所由生之气相隔。气并不比理欠缺任何"永恒物相"的特质。因为，气作为未定之原理，遂包含实现过程的所有可能性。但我们或须留意：理与气都具有类似"实际缘现"的特质。因为两者都有创生的动力，足以实现事物及事态。因此，将理视为惟一类似"永恒物相"的见解，是错误的。较佳的见解或是：理为了一物之气化（实现），因而联结了赋形之力量与怀特海的"主观归趋"之力量。就理之有机的结构来考量，此已足以使我们有理由断言：凡事只要有理就是一个怀特海哲学中的"主体（subject）——超体（super-ject）"。

（二）理与理性的解悟有根本的关连。二程与朱熹赋予理以本体的意涵，此意义之理就是经过回溯的理性解悟后所通晓之事物的结构和形状。理作为原理而言，其要求物物皆有理。也就是说，物物在可予以理性解悟之实在体系中，皆各如其份。换成本体论的说法，这无异于说，万物都在太极中有其根源，太极即含万物之运动。此外，物物皆可探本溯源至气之整合与分化的种种模态。按照此义，理就有如怀特海的本体原理，是使得万物之有机的统一，以及对此统一的理性解悟之所以可能的根据。于是，我们可直称："太极"之创生过程中潜在的理是"理性的创生性原理"（Rational Principle of Creativity）。

前文已说明，宋明儒者如何理解创生性，以及理解创生性所需的根本范畴，如何辩证地、有机地互相关连，从而合而为一整体。此整体中没有一范畴是外在的，而且，除了借此整体（"太极"）之架构以说明各范畴外，任何其他的说明皆属多余。前文分别提出的三原理，似已提供了充足的理据，使我们可就周敦颐和朱熹的形上学所显现之诸范畴，来理解"太极生万物"，而毋需引进其他的范畴。

宋明儒者心目中创生变化的过程，可用一幅图表来说明：

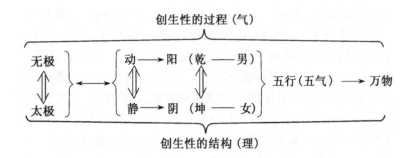

表中双箭头表示相互内存和交互的可转化性。单箭头则一方面表示趋向殊化与分化的创生进展，另一方面代表普遍化与整合的过程。分化与整合两者都是创生性所不可或缺的要素，同时两者涵盖面一致，时序也完全吻合。创生性所有的这些内在的断面片刻的统一，可从理与气之无所不包的大一统中见其端倪。其中，理与气通过条理井然的解悟和终极的生命体验所组成的兼容并包的层级体系，将新异与理则、变化与恒久、存有与生成，一起具体地展现。

五、两种创生性之差异

此时，我们要问：宋明儒学的创生性范畴体系与怀特海的创生性范畴体系，究竟如何比拟相较、相互对比？为了避免重复前已论及的两者创生性范畴的近似之处，我们不妨就创生性的本性，来指明这两个体系中的若干极明显的差异。这将足以引出相当丰硕成果的探究和讨论：

（一）创生性在宋明儒学的体系中，比在怀特海的体系中更为彻底。"太极"乃是创生之终极，其涵容所有的可能性，与我们所体验到的创生进展的过程殊无二致。确定过程的差异、多样、突出、以及动力,都是从"太极"之创生本性中遵循自然而然的方式所孳生演化而得。然而,怀特海就必须将一与多引进终极范畴与"永恒物相"范畴,作为确定过程的形式,以与创生的作用力截然区别,甚或超越之。不过,他也提出了"上帝"的概念,似有意将"永恒物相"与"实际存在体"一统于其中。但宋明儒学之"太极"所注重的创生性的内发律动和内在本性,怀特海却没有强调。

(二)为了说明新事相之孳生与万物之多样,宋明儒者将分化和整合的过程,作为孳生的来源与动力。多不是像从"上帝的先得性"中导引出那般的既定之相,而应视为太初之一("太极")之实现的一模态。此见解自然会导出宇宙间万物都相互关连的结论。经由理性可解悟的孳生原理,加上终极创生性原理的共同作用,万物才得以从同一的创生过程中有机地孳衍而出。不论是新异、简易,还是秩序、众多,"太极"都可同时一并保存。如此就不必另外诉诸"永恒物相"以为新异事相的依凭。毕竟"永恒物相"的存有角色(ontological status)还相当暧昧不明,而其存在实有赖现实存在之万物的整体结构而定。

(三)"太极"之所以能够延绵不绝地创生,创生过程的两极对立的结构,是其一个特殊的原因。在宋明儒学系统中,我们处处可见如前一图表所显示的对立两极彼此交错杂糅所得之创生果实和创生动力。由此我们可推想,宋明儒者以为,经过反复的螺旋式上升所成的对立二极的变化,乃是实际行动中创生性所具有的最简易、也是逻辑上最明白的图像。虽然,怀特海明了"理想的对立"(Ideal Opposites)对于说明创生性十分重要,但是,就现实、具体、以及交互关连的对立二极所生之创生变化而言,他就没有建立一套标准的典范加以分析和说明。当然,在怀特海的系统中,种种对立依然存在,例如"永恒物相"与"实际存在体"、恒久与流变、"上帝的先得性"与"上帝的后得性"、一与多、理则与变易、新事相与旧识、分立与合并、自由与必然、喜乐与忧愁、善与恶、上帝与世界等等。然而，关于此类对立的终极调和以及相互的转化，则既缺乏强调，又少有提示。怀特海所缺少的，并非"现时物事中生成变化之调和"，而是"过去、现时、未来的所有物事间交错杂糅，以及生成变化所化生之调和"。此即：象"太极"之生成中所呈现的不定与确定之间的调和仍付诸阙如。

（四）"太极"中万物之生成变化和交错杂糅，既已完全调和，即可明白看出，人尤其可视为自"太极"演化成的创生诸力的调和与统协之一例。此外，人类、宇宙与终极实在之间，有原始的统一与亲和，这也是显而易见的。只要我们将每一刹那的人类经验都理解为一个"实际存在体"，而此"实际存在体"是通过宇宙之创生的统一及其过程来把握，那么，我们就能通过人类经验的创生统一及其过程来理解宇宙。因为"太极"从未在现实世界中挛衍出任何在活跃性与复杂性上足以相当近似人类的物体，所以，探索人类以求理解"太极"的创生诸力，这一想法可在"太极"的创生性中识见，并学会疏解自身或群体的疑难。尤其是，人类可因起而参与"太极"的创生进展，而开拓自我，使之日益完美，而不致于仅仅满足于作为如此创生进展的成果而已。

人类与其外之大宇宙之间的交互作用及交错杂糅，就是"太极"之创生性的一个具体实例。人对此具体实例的创生性，可以有深切的体验，因为，人也是一个宇宙性的存在体。宋明儒者恪遵《易经》的古老传统，对于"太极"的创生整体中以人为创生实体的道理，刻意钻研以求其精。于是，许多人性创生性的范畴便得以拓展，如一再使用的性、情、心等字眼，可为佐证。这里，无暇讨论这些名词的涵义，但我们已足以可说，怀特海对人性如此的关怀实付诸阙如；此适可反映其创生性系统的偏差，以及其系统对于创生性本身的丰富内涵缺乏内在的体会与赏识。

　　(五)最后，宋明儒学的创生性系统地提出了若干与理解创生性有关的范畴；范畴间都是相互界定而且彼此护持。如前文所说，甚至"太极"范畴，以及各过程与各个事物(或各个事物的世界)所成立诸范畴，也互相护持，并且预设彼此，使各范畴都能为人理解；同时，这些范畴也互为彼此存在、生成变化的根据。如前文所述，宋明儒学中的其他形上基本范畴，也在概念上相当深固地相互依存；事实上，多数宋明儒者都主张，不同的名称可应用于不同的界域，来指称同一的实在。在描述"创生性"的形上语言中，永远存在有统一的基准，以便将各自迥异的哲学用语加以汇合，一以贯之。不论是早期的宋代儒者，或是晚期如明代的王阳明莫不皆然。王阳明就主张，其学说中的基本词汇，都形而上地指称同一个终极真理。于是，哲学的系统遂成为有机的统一体，指引并展现世界与实在的有机统一；而哲学系统则为表现这种统一的象征。

　　宋明儒学的范畴间所形成之有机的统一，似乎就无法在怀特海的创生性系统中察觉到。怀特海的范畴似都只是平行并列，至于对范畴间的相互依存所作的明显着力的证明和肯定，则付诸阙如。在怀特海的体系中，各个范畴之间的关系，不像宋明儒学中那般，而是彼此既不相互生成、相互融入，也不相互缠结。怀特海有意将各个范畴之间的关系通过演绎(即逻辑)关系来表达，而不诉诸变化和创生性所交织成的广博的经验网络。因此，生命与心灵的具体事相乃遭受抽象的处置，而置放于理性的观念秩序中。于是，一旦溯至终极的诸范畴，就必然与无法理喻的无理性或非理性觌面。或许怀特海的思辨哲学将本末倒置，过分勉力于逻辑的明晰、概念的精确，以及系统的明细；而思辨哲学在本质上实应经常保持笼统不精确，但却具有强大的冲击力。因此，怀特海对于过程的实在原理的精辟见解，时而进入死角而无法另辟坦途以求转圆，从而引发出他人的疑问，进而对立与矛盾，动摇其概念的确定性。

（本文选自成中英《世纪之交的抉择——论中西哲学的会
通与融合》，上海知识出版社 1991 年版，第 246—269 页）

成中英（1935—　），祖籍湖北阳新县，出生于江苏南京，
1949 年 12 月随父成惕轩赴台湾，先后就读于台湾大学、华盛顿
大学与哈佛大学，师从方东美、斯姆莱、麦尔登、洛德与奎因，做
"先出乎其外"而"后入乎其内"的功夫，"深入西方哲学内核"，
再回头重建中国哲学，汇通中西哲学，创建本体诠释学、卓然成
一家之言。曾任美国夏威夷大学哲学系教授、《中国哲学季刊》
主编、国际中国哲学会主席、名誉主席、国际《易经》学会会长等
职，著作有《归纳理论》、《心物同一问题》、《中国哲学与中国文
化》、《科学真理与人类价值》、《中国哲学的现代化与世界化》、
《知识与价值——和谐、真理与正义的探索》、《中国文化的现代
化与世界化》、《世纪之交的抉择——论中西哲学的会通与融
合》、《文化·伦理与管理》、《C 理论：中国管理哲学》、《儒家与新
儒家哲学的新维度》、《合外内之道——儒家哲学论》等。

选文是成中英中西哲学比较研究的代表作，论文通过对
英国哲学家怀特海（Alfred North Whitehead, 1861—1947 年）
《过程与真实》中的"创生性"范畴与宋明儒家太极学说中的
"创生性"范畴比较研究，揭示出两种"创生性"原理相近与差
异，并强调中国哲学与怀特海哲学间的差异，可以互相交融、
交互摄受，从而形成孕育新观点的基础。中西方哲学互相诠
释、理解与沟通的过程，代表了意义的交融和创新，此乃本体
诠释学的要义所在。

宋明儒学的本体论

——一个初步的探讨

〔美〕杜维明

宋明儒学思想探讨问题的方式给我们这样一个印象,即它把形而上学的或本体论的问题贬斥为背景问题,或归结到伦理学的范围之中。我们可以很容易地举出宋明儒学思想家"语录"中师徒间的对话来证实这一点。确实,在要求完全认识自己的强烈愿望的驱使下,宋明儒学家所主要关心的问题似乎是一个全面的心理过程,即如何成为圣人。看来,关于什么是圣人及为何要成为圣人的问题并不如怎样成为圣人的问题更能揭示出这一思想的特征。人们通常把宋明儒学称为道德哲学,这是可以理解的。尽管它偶尔也会离开日常生活的具体问题,然而它又总是要回到伦理道德的领域。而且我们也知道,宋明儒学思想的力量也确乎存在于它的道德哲学之中。

从上述的观点看来,宋明儒学中诸如周敦颐有关"太极"的论述及张载对"太和"的反思中对最高的存在的探讨经常被解释是对佛教、道教的所谓形而上学挑战的自觉回答。其理由简单说来,就是这些宋明儒学大师所关心的并不是此类问题,相反他们是被迫地承担探讨这些问题的任务的,因为作为已经高度发展起来的、已有了精致的形而上学体系的佛教、道教都已建立他们各自的理智

20世纪儒学研究大系

的推论的方式,除非直接和佛教、道教的形而上学的思维方式交锋,接受挑战,否则儒学的地位就不能牢固地建立起来。基于这样一种战略的需要,宋明儒学的思想家们,为了表达他们的思想,学会了形而上学思维的艺术。根据这样的解释,宋明儒学的形而上学,如这种说法允许的话,至多也不过是为社会伦理学作准备;对形而上学来说,社会伦理学才是它的真正意义所在。

虽然这样一种初步的解释在许多方面还远不是令人满意的,但它却较好地说明了那种认为宋明儒学传统是中国伦理思想的突出范例的观点为何能广泛流行。一般教科书的观点认为中国人的心灵是道教或佛教的彼岸性和儒学世俗性自然结合而形成的一种来得全不费功夫的折衷主义,进一步证实了这样一种信念,即宋明儒学并不关心真实存在的问题,相反却把它的注意力集中地投注到人们的日常生活之中。这样被理解的宋明儒学思想极其类似那执著于人类生活实际和道德原则的晚期斯多亚学派。

这篇文章试图对宋明儒学的本体论方法作一分析,认为在形成作为人的整体的方法的努力中宋明儒学思想是以本体论观点为基础的,没有这个本体论的观点,它的道德哲学将是不完全的,它的社会思想也将是无根基的。不过,此文的目的与其说是对宋明儒学的常识性的解说作出系统的批判,不如说是对宋明儒学的道德学说的深层结构作认真的探索,这样我们就不难精确地发现,由于它的道德的社会的思想是建立在高度综合的形而上学水平上,因此它们就具有与其它的伦理学系统显然不同的意义。

一　圣的形而上学的基础

正如上面所已提到的,宋明儒学家探讨问题方式的一个明显的特征是强调如何达到圣的问题。可能这样一种想法并不是牵强附会的,即认为作为人性的最高的和最深刻的表现的圣是宋明儒学思想所关注的一切主要课题的哲学的辐辏点。可能正是在这个意义上,宋明儒学家把"学"和"教"作为成圣之道的特征。因此,严格的说来,宋明儒学家们并不是简单地遵从古代圣人的方法,而是力图使圣具体化,以便在他们自己的生活方式中体现它的存在。这样的圣不是一个不可企及的理想,而是一个可以实现的存在的境界。公认为是宋明儒学传统的创立者之一的周敦颐明白地指出:圣是可以通过学而达到的。他说:

> 圣可学乎? 曰:可。曰:有要乎? 曰:有。请问焉! 曰:一为要。一者,无欲也。无欲则静虚而动直。静虚则明,明则通;动直则公,公则溥。明通公溥,庶矣乎!

"无欲"是否确乎是儒学自我实现的正统方法并不是我们在这里所关注的,只要注意朱熹已经对用无欲来定义人的心灵的专一状态的适用性提出了质疑就能说明问题。但坚持圣的中心地位及设想它可经由人的自我努力而达到,却显示宋明儒学共有的普遍信念确是如此,在儒家传统的历史上所有各派的思想都认为这样的信念是不言而喻的,尽管他们之间在是否无欲是精神修养的正确方法问题上有激烈的争论。

无论如何,宋明儒学所谓的圣远不是一个简单的人格理想,如果我们的探讨仅停留在心理学或伦理学之上,那么它的深刻含义就不会展示出来。确实,周敦颐曾断定"圣,诚而已矣",就其字面意思来说,这句话可以这样来理解,即只有诚实才能成为圣人。但诚远不仅是一个心理的或伦理的思想,实际上它是一个本体论的概念。周敦颐说道:

> 诚,五常之本,百行之源也。静无而动有,至正而明达也。五常百行,非诚非也,邪暗塞也。

"诚"在英语中被译为 sincerity,也可被译为 truth 或 reality。

然而 sincerity 这个英语单词毕竟意味着真实的意思,用诗的语言说,它表现那建立在真实而不是表面的内心情感。

周敦颐进一步说:"诚、神、几曰圣人。"这一思想是对上面已提到的"圣,诚而已矣"的进一步发挥。在《通书》的附注中,周把"诚"定义为"寂然不动",把"神"定义为"感而遂通"。

> 动而未形,有无之间者,几也。诚精故明,神应故妙,几微故幽。

这种描述的方式,正如在他的被颂扬备至的《通书》中的其它论断一样明显地不仅仅是宋明儒学思想的特点,而且也是对古典儒学中孟子思想传统的承继。孟子的下列论断就是这样的一例:

> 可欲之谓善,有诸己之谓信,充实之谓美,充实而有光辉之谓大,大而化之之谓圣,圣而不可知之之谓神。

无疑,我们可以从这些解释性的句子中作出如下的推论,即正如圣人象征着"善""信""美""大"的持续的完善,"神"也是对圣人的进一步的升华。但是,恰如朱熹所主张的,在这里"神"的思想决不意味着高于圣人的"神人",更确切地说,它只不过表明了圣人的化育之功超过了常人的理解范围。这个思想和《中庸》里的"道德的形而上学"是完全相符的:

> 唯天下至诚,为能尽其性。能尽其性,则能尽人之性;能尽人之性,则能尽物之性;能尽物之性,则可以赞天地之化育;可以赞天地之化育,则可以与天地参矣。

这表明周敦颐的"圣,诚而已矣"这一极易被人们误解的简单的命题在这里却得到了已充分发展的形而上学观点的支持。确切地说,作为经验的方式而不是作为一个抽象原则的圣并不缺乏心理的和伦理的含义。既然它是一个关于人类存在的最深刻意义的思想,也是一个关于最高的存在的思想,那么我们必须从一个更广泛的观点来理解和评价它。尽管人们一再强调圣的心理的和伦理的层面的重要性,在宋明儒学思想中圣总是建立在形而上学结构的基础之上的。惟有如此,"诚"、"神"和"几"等概念才能和圣相一致。

二　与康德探讨问题方式的比较

据上所述,虽然人们把宋明儒学的精神倾向说成是哲学的人学的形式是正确的,但圣的形而上学的基础必须以道德宗教思想的最终实现来解释,而在道德宗教思想的最终实现中,伦理学和宗教间的通常的区别仅变成了一个只有启发意味的设置了。如何成圣的中心问题是:我是什么? 我将成为什么? 或用另外的话来说,就是我要成为什么样的人? 尽管宋明儒学大师并没有用同样的语言来提出这些问题,但对他们所关心的主要问题作一简要地概括就足以表明他们所关注的正是这些问题。

通常认为由孔子的高足颜渊首次提出的"舜,何人也,予,何人也,有为者亦若是"的问题是富有启发性的。为了说明颜渊发问的哲学含义,程颐写了《颜子所好何学论》一文。他所给予的表面上看起来极其简单的回答,即"学以至圣人之道",但程颐却详尽地阐述了为什么每个人在本质上都是圣人,因此在实际中每个人都能成为圣人的道理。我们将看到,这个论点和周敦颐的思想极其相似。周说:

> 天地储精,得五行之秀者为人。其本也真而静,其未发也五性具焉,曰:仁、义、礼、智、性。

这样,程颐接着说:"凡学之道,正其心,养其性而已,中正而诚则圣矣。"

在这里我们不妨做一比较研究。据上所述,宋明儒学家所提出的问题似乎和康德所提出的三个问题没有直接的联系。康德提出的三个问题是：

1．我能知道什么？

2．我应做什么？

3．我可以希望什么？

确实，根据上面的讨论，既然宋明儒学家所关注的问题归属于那包括个体人格和道德选择自由的人类行动的范围，那么他们关心的问题就可归结为康德所提出的第二个问题。如此，人们可能会得出这样的结论，认为宋明儒学不着重本体论或神学而极力关注心理学。但这样的未经斟酌的论断不仅对于宋明儒学的形而上学而且对于康德的道德观念都是不公正的。

在《道德的形而上学的基础》一书中，康德坚持认为（纯粹道德的）义务的基础"不应在人性或人生活于其中的环境中去寻找，相反而应在先验的惟一的纯粹理性中去寻找"。撇开翻译和对应术语等问题，康德这一思想和宋明儒学家的认为道德深深地植根于人性中的思想是相冲突的。康德强调建立那摆脱了仅是经验的因而属于人本学的事物的纯粹道德哲学的绝对必要性，然而宋明儒学家却坚信道德修养离不开那作为整体的和"自然"的存在的人自身的知识。但这种明显的不一致仅是对更为根本的区别的一个现象的描绘。

从宋明儒学家的观点看来，似乎康德特别关注的是那为最缜密的自我审查都不能发现的内在动因。能规避最严格的审查的这个"可爱的自我"在我们的思想和愿望后强有力地存在着，虽然它们经常被错误地认为是仅仅受着那善良观念的支配。因此，义务（它经常要求自我否定）的严厉要求就变成了道德行动的惟一的基础。这一思想是以这样一种信念为基础的，这一信念就是"自在的、独立于一切现象的理性要求那必应做的事"。可能由于担心意志不能自行地与理性保持一致,所以康德提出了他的绝对命令,一个按理性的命令行动的客观的原理。由于这绝对命令或道德律令"所关注的不是行动的质料及它预期的效果,而是它的形式及它自身从中产生出来的原理",这样这个绝对命令就被认为是实践的法而不仅仅是意志的原则。

康德反复敦促我们不要以为这个法的现实性可以从"人性的本质中导引而出"。确实,"我们不应过多地或经常地指责那不严格的或甚至低级的在经验的动机和法中去寻找原则的思想方式,因为人类理性在它疲劳时愿意躺在这样的枕头上得到休息"。所以,强调这样一点是非常重要的,即作为通过行动而和法达到一致的或作为理性存在的特权的绝对命令"必须从立法权中排除掉所有的作为动机而存在的任何利益的混合物"。这就引导康德作出这样的评论:

> 人只服从他自己的、然而也是普遍的法,并且他必然地要和他自己的意志相一致地行动,而他的意志是由将成为给宇宙立法的那个意志的本性所规定了的。

从这里出发,康德提出了意志自律和终极王国的概念。

海德格尔这样来描写康德,说"在(他的《纯粹理性批判》)第二版中,他害怕地从被系统化的想象所揭示的人类主观性的深渊后退",不管这样的描写是否公正,但他关于康德的思想是值得我们注意的:

> 通过形而上学基础的大体的奠定,康德首先对本体论——形而上学的知识的普遍性进行了清晰深入的考察,……在反对盛行的道德哲学的浮浅的、掩饰的经验论的斗争中,康德把日益增长着的重要性放在他所确立的先验的和经验的差别上。并且由于主体的主观性的本质是在人的存在中被发现的,而最终人又和道德理性相同一,这样纯粹知识和(道德)行

为的合理性必须要得到证实。确实,所有的先天的综合、所有
的一般的综合由于同自发性有关而必须建立在那就是在最严
格的意义上说来也是自由的能力,即积极的理性之上。

海德格尔主张要把"人是什么"的问题加到上面提到的康德的
三个问题之后作为第四个问题,这是有启发意义的。但根据上面
的讨论,如果不扩大真理的含义,那么人们至少会提出这样的疑
问,即按康德的意思把形而上学归属于"人性"是否可能。当然,不
可否认,正如最平庸的理论去论证自由是不可能的一样,最精巧的
哲学也是不可能完成这一任务的。在某种意义上,康德把他的先
天综合实践判断建立在"人在内在精神"之上。然而,问题是康德
是否相信人的理智能真正把握人的内在精神或真实自身,假如这
样的存在确实可能的话:

> 解释意志自由的主观上的不可能性是同发现和解释人们
> 从道德律中去获取某种利益的不可能性一样。然而,他又确
> 实从道德律中获得了某种利益,而且这种利益在我们身上的
> 根据我们称之为道德感情。正是这种道德感情被有些人错误
> 地解释为我们的道德判断的标准,相反地,它必须被认作是道
> 德律在我们意志中所产生的主观效果,而惟有理性才给我们
> 的意志以客观的根据。

三　人性的本体论地位

不可否认,海德格尔努力地描写了康德在人的本质问题和形
而上学的建立之间发现基本的联系方面确立基础的真正结果。这
种描写要求不同寻常的艰巨的智性工作。海德格尔自己承认"这
个问题(人是什么?)的无限性说明了,即便是在今天我们还未真正
把握住康德的建立基础的决定性的成果"。然而,正如我们所已看

到的,在宋明儒学家的思想中,人性和本体论的实在不可分离性是他们的出发点。当然,这并不意味着宋明儒学家这种探讨问题的方式只要借用海德格尔的语言就能更好地被理解和评价。事实上,正如新亚研究所的牟宗三教授在他的那篇立论精辟的论著《心体与性体》中所断然指出的那样,海德格尔在发展"存在"的形而上学的基础上建立其基本的本体论的过程是与宋明儒学坚持人的本质的非时序性是不相容的。但这里涉及到的问题并不仅仅是在对各种哲学体系的类型化的分析中确定其异同。确切地说,其任务毋宁说是要发现两种基本不同的探讨问题的方式之间所发生的冲突是怎样扩大了我们的认识范围,也就是对我们所选择的本体论方法的优劣点有了较明确的照察。

在他的那篇在中国古代文献上得到高度赞扬的文章中,张载以极其简约的形式阐述了宋明儒学的观点:

> 乾称父,坤称母;予兹藐焉,乃混然中处。故天地之塞,吾其体;天地之帅,吾其性。民,吾同胞;物,吾与也。

这个言约义丰的表达似乎简洁地介绍了一种"有机"的观点,主张人类是整个宇宙的组成部分。诚然,人类同天、地及万物的内在联系对张载的洞见来说是必不可少的。他所提出的这一思想一般地说是符合一有机体结构的。这篇文章,即一般人所知的《西铭》首先对人的本体论的地位作了上述的表述。

按照这个定义,这样设想的人并不仅仅是一个没有任何本体论基础的知识的动物,毋宁说,作为天、地的儿女,人类是宇宙创造过程中所生成的最优产物的体现。这一思想和《中庸》所谓的人性是天命所授受的思想是完全合拍的。正是在这个意义上,张载指出在如此广大的宇宙中不管我们自感如何渺小,但在其中我们每个人不仅仅占有一席之地,而且是和整个宇宙处于一种极密切的关系之中,因为我们都拥有宇宙的守卫者和共同的创造者的潜力。

20世纪儒学研究大系

从这种对于人的整体的观点看来,创造者和创造物之间的本体论上的隔阂是不可想象的。似乎人们不会遇到基督教神学中所谓的堕落的状态,而且那种根深蒂固的与人的起源脱离的异化感也不复存在,进而,作为自然的支配者与征服者的人的观念也被排除了。

这种真诚地相信天、地、人等的和谐的持续统一体的思想是建立在"太和"的宇宙论基础之上的。但如仔细地研究张载的宇宙论,那么我们就会发现,与其说它是天然纯净的花园中的甜美的吟唱,更毋宁说它像雄浑大海的汹涌波涛:

　　　　太和所谓道,中涵浮沉、升降、动静相感之性,是生细缊、相荡、胜负、屈伸之始。其来也几微易简,其究也广大坚固。起知于易者乾乎!效法于简者坤乎!

在这整个概念化的体系中,我们可以明显地看出《易经》对它的影响。这个隐喻似乎指向一种变化的动态过程,而绝不是静态的结构。在张载的作为气的最初本体的"太虚"概念中这一点即表现得非常明显,譬如他说:"其聚其散,变化之客形尔。"

如果认为宇宙既是一个持续不断的大化之流,那么永恒的思想就不适用于张载的宇宙论,这是错误的。事实上,张载明确地指出"气之为物散入无形,吾得吾体;聚为有象,不失吾常"。这是因为"天地之气,虽聚散、攻取百途,然其为理也,顺而不妄"。在这个论述里已经包含着由张载提出的"理一分殊"的著名论点。

这种观点认为现象世界展现出动态的交互作用的无限的多样性,正由于此,事物才能产生。由超自然的存有自觉设计的创世行为完全不是人们的理智所能理解的,这种显然简化了基督教神学中基础教义的观点和张载的宇宙论是大相径庭的。同那种认为事物在虚无中产生的神圣功能的创世思想相反,张载思想中的生化过程是一个持续的创造力的作用。这样,一个事物的产生与其说是由于某种神秘的因素使然，毋宁说它是持续的分化过程的产物。于是，似乎可以说，一个事物只有在它取得了含有差异的状态后才能成为它自身。张载说：

> 物无孤立之理，非同异、屈伸、始终以发明之，则虽物非物也；事有始卒乃成，非同异、有无相感则不见其成！不见其成，则虽物非物。故一屈一伸相感而利生焉。

不管怎样，一个事物要取得其存在的状态，它必须极力实现其自身，这样说来，把一切都归结为它的自然过程是不够的。这一思想是以下面的前提为基础的：

> 诚有是物，则有始有终；伪实不有，何终始之有；故曰：不诚无物（引自《中庸》）。

人们或许会提出疑问，说这是把自然领域内的问题转换成了道德的问题，但用自然现象道德化的观点来解释这样的论述是会走入歧途的。用海德格尔的话来说，这个论证是在说明"使存有表现自身的努力"。不管这样的思想是否仅仅显示那"最后而又模糊的一线正在消失的真实"，对张载来说，对诸如"太虚"这样一些最高概念的反思是理解具体事物真实含义的可靠的方法。

因此，注意到这样的一点极其重要，即张载在断定最高存在的惟一性和它的表现的多样性时，他决不是在主张二元论。相反，他却认为"二气之聚散于太虚，犹冰凝释于水"，他又指出"知太虚即气，则无无"。这个思想模式显然含有关于人的概念的含义，即如同事物的性质一样，人性也存在于太虚与气的统一之中。由这种设想出发，张载进一步说道"性者，万物之一源，非有我之得私也"。在张载的书中有一节饶有趣味，就在这一节中，他对人的本体论的地位作了如下的描述：

> 天性在人，正犹水性之在冰，凝释虽异，为物一也；受光有小大、昏明，其照纳不二也。

正如陈荣捷教授已指出的那样,张载关于"太虚"的哲学思想从未被后来的宋明儒学家所重视。尽管如此,可是张载的关于所有的人都禀有那作为天地的创造性的化育基础的同样的本质、每个人都有充分地了解和经验最高存在的内在能力的思想却带有显著的宋明儒学思想的特点。

四　作为基本问题的仁

在《识仁篇》一文中,程颢强调指出真正的仁实际是"浑然与物同体"的。为了强调人们认识和经验最高真实的内在能力,程颢进一步指出"《订顽》意思,乃备言此体"。这样设想的人性或仁不仅是内心深处的感觉,而且也是对外物的普遍关注。他把传统中医学上的所谓瘫疾称作"不仁",他用如下的类比来说明这一点:

> 仁者以天地万物为一体,莫非己也。认得为己,何所不至? 若不有诸己,自不与己相干。如手足不仁,气已不贯,皆不属己。

这个论述似乎是关于那"排斥了一切客观的东西的自我,把客观的东西变成了仅是主观性的",然而这决不是在提倡主观主义或人类本位学,程颢在这里所表达的只是"人与天地一物也,而人特自小之,何耶?"事实上,他只不过是直率地承认了"天地之间,非独人为至灵,自家心便是草木鸟兽之心也"。因为一个事物一经产生,就必然地具有那完备的理。因此,孟子的"万物皆备于我"的观念不仅适用于人,也同样适用于物,其间的区别只在于人能把这理从自身推及外物,而一般说来,物却不能推。然而,程颢又指出"虽能推之,几时添得一分? 不能推之,几时减得一分"。

确实,程颢进一步评论道:作为存在而言,"人之情各有所蔽,故不能适道。大率患在于自私而用智。自私则不能以有为为应迹,用智则不能以明觉为自然"。虽然程颢反复劝戒他的学生不必远求而只要自身上去寻求天理以便通过自我修养而扩充自己的人性,但他从未否认海德格尔的颇有启发性的所谓"恰当的时间即恰当的时刻和恰当的坚持"的必要性。用他自己的话来说就是"未尝致纤毫之力"。其实孟子早已明白地表达了这一思想,他说"必有事焉而勿正,心勿忘,勿助长也"。

程颢的由存心养性以达到自我和外物的一致的方法和海德格尔的所谓"等待"有某些相似之处。不可讳言,海德格尔迎击来自现代人的"存有的遗忘"的挑战的努力标志着一个与宋明儒学所坚持的存在(理)和人(人性)的不可分离性的思想有重大差别的思维形式。但程颢的"穿凿系累,自非道理"、"(道、理)一为私心所蔽,则焰然而馁,却甚小也"的训导使我们回想起海德格尔关于人们如何变得异于存有的一段颇有见地的议论:

> 他们在本质中探讨,经常假定那最实在的东西正是他们所必须把握的,这样每个人都把握那最接近他的东西。一个人坚持这点,另一个却执著于另一点。每个人的意见(Sinn)以他自己(eigen)为转移;这就是固执己见(Eigensinn)。这种固执己见、这种执拗使他们不能获得那集聚在事物自身中的东西,使他们不可能成为一个追随者并从而去倾听。

同样地,程颢评论道"人只为自私,将自家躯壳上头起意,故看得道理小了佗底。放这身来,都在万有中一例看,大小大快活!"而"那集聚在事物自身中的东西"正是使"万物一体"的理。

不管怎样,程颢所提倡的、同样他的老师周敦颐和他的表叔张载也提倡的思想是:尽管在日常的存在中,每个人都是有限的;但从本体论的观点看来,在"体现"最高真实的意义上说,每个人的认识能力又是无限的,"仁者能够事天诚己"没有任何其它理由,只不过他真能继续不断地体现他本身自具的仁德而已。这种人性的观点是与巴门尼德的把人看作历史的存在(或历史的存在的守卫者)的思想根本不同。海德格尔高度赞扬巴门尼德的这一思想,把它称作为西方关于人的关键性的定义。宋明儒学思想中关于人的主导观点既不是历史性的也不是时序性的,而是与最高真实的自我揭示一样是人性的(永恒的)展现。这或者可能就是牟宗三在认定关于中国人思想方式的基本假定,即所有的人都禀赋着一种"智的直觉"的能力时所要表达的意思吧!

确实,对圣的实现的真诚关注就是宋明儒学思想运用"智的直觉"的显著的范例。让我们来看看张载的下列论述吧。

> 大其心则能体天下之物,物有未体,则心外有外,世人之心,止于闻见之狭。圣人尽心,不以见闻梏其心,其视天下无一物非我。孟子谓尽心则知性知天以此。天大无外,故有为之心不足以合天心。见闻之知,乃物交而知,非德性所知;德性所知,不萌于见闻。

这种认为人有体验世界上所有事物的潜力,只要借助于道德的性质而无须依赖于见闻的感性认识就能获取知识的可能性在康德哲学中是决不允许的。实际上,从康德的观点看来,这种按事物本身来认识事物的必要的"智的直觉"对人来说是不可能的。

康德的关于人们不可能通过智的直觉来认识物自体的思想似乎不仅是他独具的哲学方法,而且也是西方思想中的基本假设。诚然,下面所引的海德格尔的评论说明康德为什么在原则上不能使基本的本体论实际上完成的原因在某种意义上是和这一点有联系的:

> 在最宽泛的意义上说,其原因在于康德不能或是他根本不愿意从客观的形而上学中摆脱出来,从那种认为存有的意义可以恰当地由"为主观性的客观存有"的关系所决定的假设

中摆脱出来。

然而，正如恩斯特·卡塞勒指出的那样，康德被说成"从外部世界的形而上实在论转向对人，即他所谓有限性的基础的关注，以及他的有限性和他从本体论地建构而被迫提出的存有问题的关系"，基本上是海德格尔强加给康德哲学的课题。

在这里应指出，如同费希特一样，胡塞尔也尖锐地批判了康德拒绝承认那活动着的自我的直觉知识。用詹姆士·考林士的话来说，胡塞尔的论点是这样的：

> 康德的用科学的客观的模式溯源地重建判断的可能性条件的方法所缺少的正是这种智的直觉，而这种智的直觉正可使它免于陷入客观性之中，并使它可以完全实现向主观性生命的转变。因此，康德缺少那自我的并与那和客观世界相关的自我中心不同的"我的现实性"的、先验生命的体验。

不管胡塞尔的"先验现象学"是否能够提供给我们理解的方法和对纯粹自我的反思的体验，但康德哲学的中心问题是和在扩大的意义上所说的西方哲学中的一个最重要的问题一致的。

那种认为宋明儒学的"简易"的方法主要地是在于把智的直觉的方法看作是一种人的内在的能力的论断并不能使胡塞尔的或海德格尔的批判的思想感到满足，但正如牟宗三所指出的，严格地说来，不管称呼它是什么，这种思想方式都具有产生哲学洞见的内在力量，而这却同康德的独特的思想相类似，而不同于胡塞尔的现象学或海德格尔的本体论。

如上面已提到的，作为康德哲学的第四个问题(人是什么?)必须加到哲学的主要问题上去。正如海德格尔在关于康德哲学反思中所已做的，如从哲学的重要性方面来说，我们可以进一步论证人性问题实际上先于知(认识论)、行(心理学)和希望(神学)的问题。当然，这决不是意味着只有关于人的科学(人本学)才是哲学的基本部分。像海德格尔的思想一样，宋明儒学思想中同样存在着发展关于人的问题和形而上学基础的建立间的内在关系的必然性。然而，如果说海德格尔把他的注意力放到人的限定上，从而注意到短暂的存在的重要性，那么宋明儒学思想的主要观点却在于要求在天人的绝对统一中使人性得以实现。这样，宋明儒学思想家所关注的主要问题就是我如何才能真正认识我的真实的自我？或根据上面的讨论，这个问题又可以以这样的方式提出来，即我怎样才能培养自己的作为表现自身的真实的自我的及参与宇宙的基本统一的方法的智的直觉的能力？用牟宗三的话来说，这个问题又可以简单地复述为关于人类的智的直觉的本体论的可能性的问题。

（剑平译，原载《中国哲学杂志》1980 年第 7 期，收入 W.Schlu chter 编《马克斯·韦伯论儒家与道家》，法兰克福 Suhrkamp 出版社 1983 年版，《儒家思想——以创造转化为自我认同》美国纽约州立大学出版社1984年版）

　　杜维明（1940—　　），祖籍广东省南海县，出生于云南省昆明市，1949 年随父迁台湾，先后就读于台湾东海大学、美国哈佛大学，受徐复观、牟宗三、唐君毅的影响，以复兴儒学为终生的事业，提倡"儒学创新"、"儒学三期"、"文化中国"、"文明对话"、"全球伦理"、"启蒙反思"、"新轴心时代"等论题，以开放的、宽容的心态推动新儒家与自由主义、马克思主义的对话与交流，成为继牟宗三之后现代新儒学的思想领袖。曾任普林斯顿大学东亚研究助理教授、加州大学伯克莱校区历史系教授与美国哈佛大学中国历史哲学教授、哈佛燕京学社社长、美国人文社会科学院院士，第二届国际儒学联合会副会长。著有《三年的畜艾》《中庸：论儒学的宗教性》、《人文心灵的震荡》、《仁与修身：儒家思想论文集》、《今日的儒家伦理：新加坡的挑战》、《儒家思想——以创造转化为自我认同》、《儒学第三期发展的前景问题》、《道、学、政：论儒家知识分子》、《现代精神与儒家传统》、《文化中国的认知与关怀》、《一阳来复》、《东亚价值与多元现代性》、《杜维明：文明的冲突与对话》等。

　　选文探讨了宋明儒学道德学说的深层结构：形而上学的基础。认为"圣"是宋明儒学所关注的一切主要课题的哲学的辐辏点。"圣，诚而已矣"，故此，诚远不仅是一个心理的或伦理的思想，实际上它是一个本体论的概念。与康德哲学中相关的观念作一比较，宋明儒学关注的重点是人类的智的直觉的本体论的可能性问题。

略论中西知识分子的源流与异同

〔美〕余英时

这部《士与中国文化》集结了八篇历史研究的专论,其主要的对象都是"士"。中国史上的"士"大致相当于今天所谓的"知识分子",但两者之间又不尽相同,为了尊重历史事实,这里依然沿用了"士"的旧称。这几篇研究基本上都采取了文化史和思想史的角度,因此全书定名为《士与中国文化》。

士在中国史上的作用及其演变是一个十分复杂的现象,决不是任何单一的观点所能充分说明的。但是无可争辩的,文化和思想的传承与创新自始至终都是士的中心任务。从文化史和思想史的角度出发,本书所企图观察和呈现的是:士作为一个社会阶层的精神风貌。不用说,这当然只能是一种宏观的历史。但宏观若不能建筑在微观研究的基础之上则将不免流于空泛而武断。因此本书不取通史式的写法,而是一系列的史学专题的研究。我在各历史阶段中选择了若干有关"士"的发展的中心论题,然后对每一论题进行比较具体而深入的分析。我希望能通过这一重点的研究方式以展示"士"在中国文化史上的特殊地位。

中国文化自成一独特的系统,这已是今天中外大多数学人所共同承认的历史事实。在西方文化的对照之下。这一文化系统的独特性更是无所遁形。但是文化的范围几乎是至大无外的;我们很难用几句简单扼要的话把中国文化的特性刻划得恰如其分。近

20世纪儒学研究大系

几十年来,讨论中西文化异同的文字多至不可胜数,真是陷入了墨子所谓"一人一义,十人十义"的纷乱状态。不过如果越过语言的层次,我们便不难发现各家的说法在表面上虽然分歧很大,实际上却未必互不相容。与西方文化相比较,中国文化几乎在每一方面都表现出它的独特形态。因此观察者从任何角度着眼,都可以捕捉到这种独特形态的一个面相。这是众说纷纭的根本起因。只要观察者不坚持以偏概全,则观点愈多,越能彰显中国文化的特性。本书定名也部分地取义于此:通过"士"这一阶层的历史发展来探索中国文化的独特形态。

如果从孔子算起,中国"士"的传统至少已延续了两千五百年,而且流风馀韵至今未绝。这是世界文化史上独一无二的现象。今天西方人常常称知识分子为"社会的良心",认为他们是人类的基本价值(如理性、自由、公平等)的维护者。知识分子一方面根据这些基本价值来批判社会上一切不合理的现象,另一方面则努力推动这些价值的充分实现。这里所用的"知识分子"一词在西方是具有特殊涵义的,并不是泛指一切有"知识"的人。这种特殊涵义的"知识分子"首先也必须是以某种知识技能为专业的人;他可以是教师、新闻工作者、律师、艺术家、文学家、工程师、科学家或任何其他行业的脑力劳动者。但是如果他的全部兴趣始终限于职业范围之内,那么他仍然没有具备"知识分子"的充足条件。根据西方学术界的一般理解,所谓"知识分子",除了献身于专业工作以外,同时还必须深切地关怀着国家、社会、以至世界上一切有关公共利害之事,而且这种关怀又必须是超越于个人(包括个人所属的小团体)的私利之上的。所以有人指出,"知识分子"事实上具有一种宗教承当的精神。

熟悉中国文化史的人不难看出:西方学人所刻划的"知识分子"的基本性格竟和中国的"士"极为相似。孔子所最先揭示的"士志于道"便已规定了"士"是基本价值的维护者;曾参发挥师教,说是更为明白:"士不可以不弘毅,任重而道远。仁以为己任,不亦重乎? 死而后已,不亦远乎?"这一原始教义对后世的"士"发生了深远的影响,而且愈是在"天下无道"的时代也愈显出它的力量。所以汉末党锢领袖如李膺,史言其"高自标持,欲以天下风教是非为己任",又如陈蕃、范滂则皆"有澄清天下之志"。北宋承五代之浇漓,范仲淹起而提倡"士当先天下之忧而忧,后天下之乐而乐",终于激动了一代读书人的理想和豪情。晚明东林人物的"事事关心"一直到最近还能振动现代中国知识分子的心弦。如果根据西方的标准,"士"作为一个承担着文化使命的特殊阶层,自始便在中国史上发挥着"知识分子"的功用。

但是我们知道,西方学人几乎一致认定,上述那种具有特殊涵义的"知识分子"是近代的产物;"知识分子"作为一个社会阶层而言,其出现的时代大概不能早于18世纪。社会学家曼罕曾说,近代的自由知识分子不属于任何固定的经济阶级,知识和思想则成为他们的惟一的凭藉,因此他们才能坚持自己的"思想上的信念"。这个说法又几乎和孟子关于"士"的观察不谋而合:"无恒产而有恒心者,惟士为能。"我们忍不住要追问:为什么知识分子阶层在西方出现得这样迟,而中国竟早在先秦时代便已产生了"士"呢? 中国的"士"自孔子以来便形成了一个延续不断的传统,西方近代知识分子难道竟没有历史的渊源吗?

这些带有根本性质的大问题是不可能有现成的答案的。但是上述两个重要的文化现象——中国有一个两千多年的"士"的传统,而西方"知识分子"出现于近代——则值得我们认真的思索。必须说明,虽然中国的"士"和西方的"知识分子"在基本精神上确有契合之处,但是我并不认为这两者之间可以划等号。我们固然可以在20世纪中国知识分子的身上发现"士"的明显遗迹,然而他毕竟不是传统的"士"了。"士"与"知识分子"之间的歧异不是这篇短序中所能涉及的，我在下面只想说明一点：中国史上有一个源远流长的"士"阶层似乎更集中地表现了中国文化的特性，也似乎更能说明中西文化的异质之所在。

从思想史的观点看，西方近代的知识分子的起源和18世纪启蒙运动的关系最为密切。康德曾给启蒙运动的精神下了一个简明扼要的界说，即"有勇气在一切公共事务上运用理性"。这句话恰好可以代表近代知识分子的精神，但这一精神的出现却必须从西方文化的全部背景中去求了解。"理性"源于古代希腊，代表了西方文化的最原始并且也是最主要的特征。古希腊理性的最重要的结晶则无疑是哲学（包括科学在内）。所以希腊的哲学家可以说是西方知识分子的原型。但是古代哲学家在精神上和启蒙运动以来的知识分子颇有不同。古希腊的"理性"主要表现为"理论的理性"或"思辨的理性"。柏拉图和亚里斯多德都把世界一分为二：一方面是超越的本体或真理世界，另一方面是现实的世界。这是"外在超越"型文化的特色。两个世界的清楚划分是西方文化的特显精采之处，然而也不是没有代价的。代价之一即是二分的思维方式的普遍流行。二分思维虽非西方所独有，但确是西方文化中一个极为强烈的倾向；理论和实践的二分便是其具体的表现之一。"理论的理性"只对永恒不变的真理世界感到兴趣，扰攘的现实世界是不值得注意的，因为前者是"本体"，后者不过是"现象"而已。所以亚里斯多德认为哲学家的全副生命都应该奉献于永恒事物的探究；现象界尽管千变万化，而哲学家所追求的则只是万象纷纭后面的不变原则。西方文化史上一向有"静观的人生"（vita contemplativa）和"行动的人生"（vita activa）的二分，其源即在古代希腊。拉丁文所谓"静观"便是从希腊文所谓"理论"翻译出来的；这是西方"理论"一词的古义。希腊哲学家所向往的是"静观的人生"而不是

"行动的人生";柏拉图和亚里斯多德都以"静观瞑想"为人生的最高境界。有人更指出,柏拉图的《共和国》是城邦社会的理想化,其最主要的目标便是为哲学家提供一个"静观瞑想"的生活方式,使他们可以不受一切世俗活动(包括政治活动)的干扰。无可否认的,希腊的哲学家确是以"精神贵族"自居;他们虽然重视"理性",但是他们的"理论的理性"是不屑于用之于康德所谓"公共事务"上面的。所以西方近代"知识分子"和希腊哲学家之间并没有一脉相承的关系;前者所关注的不是"静观的人生",而是"行动的人生";不是"理论",而是"实践"。我们都知道马克思在《论费尔巴哈纲领》第十一条的名言:"哲学家从来是以各种不同的方式解释世界;但真正的关键是改变它。"① 这句话最能表示一个近代"知识分子"和希腊以来的传统哲学家之间的分歧所在。"解释世界"是"静观"的结果;"改变世界"才代表近代"知识分子"重"行动"或"实践"的精神。所以在《纲领》第一条中,马克思开宗明义便指出:一切现存唯物哲学的主要缺点在于持"静观的"方式看待真实的事物。费尔巴哈也仍然在古代哲学家的精神的笼盖之下,故重视理论而轻忽实践;其基本态度是"静观的"而不是"行动的"。

　　但是康德所说的启蒙精神中的道德勇气则又和基督教的传统有渊源。西方的基督教是希伯莱的"信仰"压倒了希腊的"理性"以后的产物,因此在整个中古时代哲学变成了神学的"婢女"。希腊哲学和希伯莱宗教之间虽有冲突和紧张,然而两者确有一相合之点,即同属于"外在超越"的形态。柏拉图和亚里斯多德都已从哲学内部推断宇宙间必有一个超越的"不动的动力";罗马斯多噶派的哲学家更发展出一个非常接近人格神的上帝观念。所以一般文

---

① 原文如此转述。为保持原貌,故照录。

化史家颇相信古代后期的哲学已在思想上为西方人接受希伯莱的宗教作好了准备工作。罗马的国家组织和普遍性的法律又恰好为这种外在超越的宗教提供了形式化的榜样，于是中古基督教的普遍教会组织便顺理成章地形成了。由于基督教实际上垄断了中古欧洲的精神世界，我们如果想在这个时期寻找一个相当于近代"知识分子"的阶层便惟有向基督教中求之。基督教是一种"救世"的宗教；它不但为西方文化树立了最高的道德标准，而且持此标准以转化世界。从积极的一方面看，它在中古文化史上的贡献是无可否认的。基督教的教士之中，有人教化了入侵的蛮族，有人驯服了君主的专暴权力，更有人发展了学术和教育。显然和希腊的哲学家不同，他们做的正是改变世界的工作。希腊哲学家并没有对奴隶制度提出怀疑，中古教士则明白地宣称奴隶制度是不道德的，因为在上帝面前人人平等。因此就文化和社会的使命感而言，欧洲中古的教士确具有近代"知识分子"的性格之一面。但是另一方面，基督教又有严重的反知识、轻理性的倾向；知识必须从属于信仰，理性也必须匍匐于上帝的"启示"之前。这便和近代"知识分子"的精神背道而驰了。

　　从上面的简略回顾，我们清楚地看到：西方近代的"知识分子"虽与希腊的哲学家和基督教的教士在精神上、思想上都有很深的渊源，但三者之间并没有直接的传承关系。西方学人之所以视"知识分子"为近代文化的产品，而不强调其古代和中古的远源，其故端在于是。一部西方近代文化史基本上可以说是一个"俗世化"（secularization）的过程。这一过程至十八世纪的启蒙时代大致才初步完成，因为启蒙思想家真正突破了教会的权威，而成为俗世"知识分子"的先行者。在此之前，承担着西方"社会的良心"的仍然是基督教，特别是宗教改革以来的新教各派，如路德教派和加尔文教派。即使在今天，西方宗教人士也还在继续关怀人类的命运，

20世纪儒学研究大系

所谓"解放神学"或"革命神学"的出现即足以说明当代的基督教仍然坚持其"改变世界"的传统。而另一方面,希腊哲学家"静观瞑想"以追求永恒真理的精神也有其近代的承继者,即为知识而知识的科学家。西方现代学院派的哲学家,特别是代表主流的分析哲学家,更可以说是直接继承了希腊的传统。

启蒙运动以来的西方"知识分子"则显然代表一种崭新的现代精神。和基督教的传统不同,他们的理想世界在人间不在天上;和希腊的哲学传统也不同,他们所关怀的不但是如何"解释世界",而且更是如何"改变世界"。从伏尔泰到马克思都是这一现代精神的体现。

在西方的传统对照之下,中国"士"的文化特色是极为显著的。如果我们断言孔子揭开了中国系统思想史的序幕,那么在启幕之际中国思想便已走上与西方截然不同的道路。中国当然也发生了超越世界和现实世界的分化,但是这两个世界却不是完全隔绝的;超越世界的"道"和现实世界的"人伦日用"之间是一种不即不离的关系。西方人的二分思维方式在中国思想史上自始即不占重要地位。中国思想家所强调的则是"即知即行"、"即动即静"那种辩证式的思维,故往往在"相反"中看见"相成"。换句话说,中国的超越世界没有走上西方型的外在化之路。因此我们既看不到希腊哲学中本体和现象两个世界的清楚划分,也看不到希伯莱宗教中天国和人间的对峙。中国的"士"的历史是和系统思想史同时揭幕的。在这一特殊思想背景之下,"士"一方面与希腊哲学家和基督教教士都截然异趣,而另一方面又有与两者相同之处。就"士"之重视"知识"而言,他是近于希腊哲学家的;古人以"通古今,决然否"六个字表示"士"的特性,正可见"士"的最重要的凭借也是"理性"。但就"士"之"仁以为己任"及"明道救世"的使命感而言,他又兼备了一种近于基督教的宗教情操。近代研究中国哲学史的人有把孔子比之于苏格拉底，也有把孔子比之于耶稣者，这两种不同的比况都有理由，但也都不尽恰当。孔子来自中国文化的独特传统，代表"士"的原型。他有重"理性"的一面，但并非"静观瞑想"的哲学家；他也负有宗教性的使命感，但又与承"上帝"旨意以救世的教主不同。就其兼具两重性格而言，中国的"士"毋宁更近于西方近代的"知识分子"。但西方近代的"知识分子"虽然在思想上与希腊哲学和中古基督教都有渊源，其最直接的根据则是"俗世化"的历史发展。中国"士"的传统自先秦以下大体上没有中断，虽则其间屡有转折。印度佛教传入中国曾产生了重大的影响，但仍与基督教在西方中古文化中所取得的绝对的主宰地位有别。六朝隋唐之世，中国诚然进入了宗教气氛极为浓厚的时代，然而入世教（儒）与出世教（释）之间仍然保持着一种动态的平衡。道教也处于出世与入世之间。故中国中古文化是三教并立，而非一教独霸。由于中国文化没有经过一个彻底的宗教化的历史阶段，如基督教之在中古的西方，因此中国史上也没有出现过一个明显的"俗世化"的运动。宋以后的新儒家可以说代表了"士"在中国史上的最后阶段；他们"出入老释"而复"返之六经"，是从宗教中翻身过来的人。但是他们仍然是直承先秦"士"的传统而来，其历史的线索是很清楚的。这和西方近代"知识分子"在传承上找不到一个明确的谱系，适成有趣的对照。

　　中国"士"的传统的源远流长，如上文所已指出的，基本上反映了中国文化的特性。通过这一历史事实，我们可以更具体地辨清中西文化在起源和流变两方面的根本分歧之所在。必须说明，我们强调的仅仅是双方在文化形态上所表现的客观差异，而不在平衡两者的优劣。西方的"知识分子"出现在近代自有其特殊的文化背景，而尤其和基督教在中古定于一尊有密切的关系。从积极的方面看，中古西方的价值系统已统一在基督教之下。基督教现已完全承担了"社会的良心"的任务,现代型的"知识分子"在中古文化中根本找不到存在的空间。即使是出现在中古末期和文艺复兴时代的"人文学者"也仍然不能称之为"俗世知识分子",因为他们在价值系统方面并没有叛离基督教。中国史上则从来没有出现过类似基督教那种有组织的统一教会:所谓儒教根本没有组织,佛教和道教也没有统一性的教会。而且以中国文化的价值系统而言,儒教始终居于主体的地位,佛、道两教在"济世"方面则退处其次。这正是传统中国的"社会良心"为什么必然要落在"士"阶层身上的背景。

　　"士"的传统虽然在中国延续了两千多年,但这一传统并不是一成不变的。相反地,"士"是随着中国史各阶段的发展而以不同的面貌出现于世的。概略地说,"士"在先秦是"游士",秦汉以后则是"士大夫"。但是在秦汉以来的两千年中,"士"又可更进一步划成好几个阶段,与每一时代的政治、经济、社会、文化、思想各方面的变化密相呼应。秦汉时代,"士"的活动比较集中地表现在以儒教为中心的"吏"与"师"两个方面。魏晋南北朝时代儒教中衰,"非汤、武而薄周、孔"的道家"名士"(如嵇康、阮籍等人)以及心存"济俗"的佛教"高僧"(如道安、慧远等人)反而更能体现"士"的精神。这一时代的"高僧"尤其值得我们注意,因为此时的中国是处于孔子救不得、惟佛陀救得的局面;"教化"的大任已从儒家转入释氏的手中了。隋、唐时代除了佛教徒(特别是禅宗)继续其拯救众生的悲愿外,诗人、文士如杜甫、韩愈、柳宗元、白居易之伦更足以代表当时"社会的良心"。宋代儒家复兴,范仲淹所倡导的"以天下为己任"和"先天下之忧而忧,后天下之乐而乐"的风范,成为此后"士"的新标准。这一新风范不仅是原始儒教的复苏,而且也涵摄了佛教的积极精神,北宋云门宗的一位禅师说:"一切圣贤,出生入死,成就无边众生行。愿不满,不名满足。"一直到近代的梁启超,我们还能在他的"世界有穷愿无尽"的诗句中感到这一精神的跃动。

　　本书所收各文，依时代先后编排，大体上反映了"士"在不同的历史阶段的特殊面貌。本书所刻划的"士"的性格是偏重在理想典型的一面。也许中国史上没有任何一位有血有肉的人物完全符合"士"的理想典型，但是这一理想典型的存在终是无可否认的客观事实；它曾对中国文化传统中无数真实的"士"发生过"虽不能至，心向往之"的鞭策作用。通过他们的"心向往之"，它确曾以不同的程序实现于各个历史阶段中。本书的目的仅在于力求如实地揭示"士"的理想典型在中国史上的具体表现，决不含丝毫美化"士"的历史形象的用意。我们虽然承认"士"作为"社会的良心"，不但理论上必须而且实际上可能超越个人的或集体的私利之上，但这并不是说"士"作为一个具体的"社会人"可以清高到完全没有社会属性的程度。所谓"士"的"超越性"既不是绝对的，也决不是永恒的。从中国历史上看，有些"士"少壮放荡不羁，而暮年大节凛然；有的是早期慷慨，而晚节颓唐；更多的则是生平无奇节可纪，但在政治或社会危机的时刻，良知呈露，每发为不平之鸣。至于终身"仁以为己任"而"造次必于是、颠沛必于是"的"士"，在历史上原是难得一见的。我们所不能接受的则是现代一般观念中对于"士"所持的一种社会属性决定论。今天中外学人往往视"士"或"士大夫"为学者——地主——官僚的三位一体。这是只见其一、不见其二的偏见，以决定论来抹杀"士"的超越性。按之往史，未见其合。事实上，如果"士"或"知识分子"完全不能超越他的社会属性，那么，不但中国史上不应出现那许多"为民请命"的"士大夫"，近代西方也不可能产生为无产阶级代言的马克思了。

　　本书所持的基本观点是把"士"看作中国文化传统中的一个相对的"未定项"。所谓"未定项"即承认"士"有社会属性但并非为社会属性所完全决定而绝对不能超越者。所以"士"可以是"官僚"，然而,他的功能有时则不尽限于"官僚"。例如汉代的循吏在"奉行三尺法"时固然是"吏",而在推行"教化"时却已成为承担着文化任务的"师"了。"士"也可以为某一社会阶层的利益发言,但他的发言的立场有时则可以超越于该社会阶层之外。例如王阳明虽倡"士商异业而同道"之说,但他的社会属性显然不是商人阶级的成员。相对的"未定项"也就是相对的"自由"。从现代的观点言,这点"自由"似乎微不足道,然而从历史上观察,中国文化之所以能一再地超越自我的限制,则正是凭借着此一"未定项"。研究"士"与中国文化之间的基本关系,是不能不首先着眼于此的。

　　　　　　　　　　(本文选自余英时《士与中国文化》,上海人民出版社 1987 年版)

　　余英时(1930—　　),原籍安徽潜山,生于天津,毕业于香港新亚书院文史系,师从钱穆,留学美国,获哈佛大学历史学博士;先后任哈佛大学历史系讲座教授、香港新亚书院院长兼香港中文大学副校长,美国普林斯顿大学东亚研究所讲座教授等职。长期从事中国历史、中国思想史、儒学、中西文化比较及中国文化史的研究,思想深刻、著述宏富,卓然成家。代表作有:《汉代中外经济交通》(英文版)、《后汉的生死观》(英文版)、《士与中国文化》、《方以智晚节考》、《陈寅恪晚年诗文释证》、《论戴震与章学诚》、《历史与思想》、《史学与传统》、《中国思想传统与现代诠释》、《中国哲学思想论集》、《中国知识阶层史论》、《中国近代思想史上的胡适》、《从价值系统看中国文化的现代意义》、《挑战与再生》、《文化评论与中国情怀》、《红楼梦的两个世界》、《现代儒学论》、《犹记风吹水上鳞》等。

　　选文是《士与中国文化》的自序,文中指出中国文化和思想的传承与创新自始至终都是士的中心任务,孔子来自中国文化的独特传统,代表"士"的原型,兼具西方苏格拉底与耶稣的品格。孔子揭开了中国系统思想史的序幕,在启幕之际中国思想便已走上了与"外在超越"型的西方文化不同的道路,"士"的阶层集中地体现了中国文化与思想的特征。

中国传统哲学与西方后现代主义哲学

张世英

一

　　中国传统哲学以天人合一为主导,西方传统哲学以主客二分(包括主体性原则)为主导。中西传统哲学的主导思想之不同带来了两者一系列不同的特征。

　　中国传统哲学因重天人合一,不分主客,故较少关于主体如何认识客体的认识论,不重自然科学而侧重于讲人如何生活于世界之中的人生哲学和人伦道德哲学;中国哲学史上占主导地位的儒家哲学因重天人合一,而又把封建道德原则的义理之天与天人合一紧密结合在一起,于是造成了中国传统哲学长期以"天理"压人欲的特征。这两个特征可以简单归结为缺乏科学与缺乏民主两者。西方传统哲学特别是近代哲学因重主客二分,故注意发挥人对自然的主体性和人对统治者的主体性,这两方面的主体性在近代学中就表现为科学与民主这两个概念的明确建立和发展,这也是西方近代哲学的两大特征。

　　中国天人合一的传统也造成了中国哲学与诗的互相结合的特征。中国哲学著作几乎同时都是文学著作,哲学家大多同时是文学家和诗人,这已是不言而喻的事实。天人合一本是一种物我不分或物我两忘的诗意境界,中国哲学大多是哲学家们对自己的诗

20世纪儒学研究大系

意境界的一种陈述或理性表达。道家哲学固然如此，即使是儒家的天人合一也是对诗意境界的一种追求，只不过儒家赋予"天"以封建道德的含义，从而通过天人合一思想把封建的"天理"变成一种自发的内心的追求。儒家哲学的诗意往往富于道德教诲的内容，就是因为这个原故。和中国传统哲学相反，西方主客二分的传统也造成了西方哲学与诗的分离的特征。主客二分理想和主体性原则在柏拉图那里尚未明确建立，但已见端倪，柏拉图把诗人逐出哲学之外，就与此种端倪有关。许多后现代主义哲学家主张哲学的终结，原因之一就是反对西方传统哲学把逻各斯与神话、逻辑与修辞，概念与隐喻、推论与描述对立起来，认为具有这种特点的西方传统哲学特别是近代哲学应当终结。（参见 Kenneth Baynes 等编 *After Philosophy-End or Transformation*？伦敦，1987 年，第 5 页）西方近代许多哲学家不是文学或诗人，却是大科学家，不能不说是与他们的主客二分思想有关，这种情况与中国传统哲学家正好形成鲜明的对比。

与此相联系的是中国传统哲学的模糊性与西方传统哲学的确定性的对比。古希腊思想可以说还是在存在者面前惊异，只是到了近代，由于主客二分思想和主体原则的确立，形成了近代形而上学，这才使人们由怀疑走向确定性。寻求确定性是西方近代哲学的重要目标。中国传统哲学所寻求的是一种天人合一的境界，一种依靠直觉所得到的模糊感受，完全不像在主客二分式中那样靠理性找概念的确定性。

有一个特征是中国传统哲学与西方传统哲学所共同具有的，这就是普遍性、整体性。儒家的封建道德意义的"天理"就是一种"人同此心，心同此理"的具有普遍意义之理；道家的"道"据有的观点认为，乃是万理之所稽，也具有最大的普遍性。西方传统哲学一般都以追求普遍性、统一性、整体性为目标，这是尽人皆知的事实，康德、黑格尔在这方面表现得尤为明显；即使是近代经验主义者，虽以个体为重，但他们所讲的经验仍然是在多样性中概括出普遍性。洛克就特别明显地是这样。巴克莱，尤其是休谟，也许例外，但他们并不完全否认有普遍性。后现代主义者总结西方传统哲学的特点之一是寻求普遍性、整体性，就像医生对待病人一样，无论各个患者的病情如何特殊，医生总是按他所学的专业知识把各种特殊情况纳入他的既定的，普遍的模式和体系之中。西方传统哲学已经把普遍性，整体性变成了对特殊性、差异性实行专制压迫的魔掌。后现代主义者就在这一点上称西方传统哲学为"压迫哲学"和"主人话语"。其实，后现代主义者对西方传统哲学的这种斥责，用在中国儒家的普遍的、神圣不可侵犯的封建"天理"的头上是特别恰当的，封建的"天理"观正是用普遍性压制个体性、差异性的"压迫哲学"和"主人话语"。

　　这里应当注意的是，中国传统哲学的普遍性与西方传统哲学的普遍性也有其不同之处：前者是存在论的，其普遍性是具体存在者的根本，如道家的"道"，儒家的"天理"都是具体事物的存在之本源；后者主要是认识论的，其普遍性主要是通过主体对客体的认识所达到的真理，至于西方传统哲学在存在论意义上的普遍性，则只占次要的地位。其次，西方传统哲学的普遍性、整体性与严格的系统性相联系，而中国传统哲学的普遍性的系统则不甚严格，不甚精密。显然，中西传统哲学的普遍性之不同，是由中国的天人合一与西方的主客二分两种不同的主导思想所决定的。

二

　　中国传统哲学的天人合一思想虽然从明清之际已开始向主客二分式转化，但前进的步伐太缓慢、太曲折了，花费了三百多年的时间,直到今天才公开明确地提出西方早在三百多年前已明确建立起来的主客二分式和主体性原则,这里的主要原因是由于西方的主客二分式和主体性原则在明确建立之前,已有长期的,源远流长的萌生过程和基础,而中国的天人合一思想则是几千年的老传统,根深蒂固,难以转化。现在的问题是,当我们今天公开明确提出和讨论主体性问题之时,西方人已经对主客二分式和主体性原则带给他们的好处日益淡漠,而一味强调它的弊端,于是产生了一种反主客二分式,反主体性的思潮,后现代主义是其集中表现。面对这种国际思潮,中国传统哲学应走向何方?是固守天人合一的老传统,拒西方传统的主客二分和主体性于千里之外呢?还是亦步亦趋地先走完西方传统的主客二分式道路,再走后现代主义的反主客二分式的道路呢?我以为这两者都是不可取、不可行的,我们应该走主客二分与天人合一相结合的道路。

西方近代哲学的主客二分式的主体性、普遍性与确定性给西方人带来的好处是科学发达,物质文明昌盛以及反封建压迫的民主,但随之而来的,一方面是物统治了人,一方面是形而上的普遍性的确定性把人的本质加以抽象化、绝对化,从而压制了人的具体性,压制了有血有肉有意志有感情欲望的个体性。这样,西方近代人虽有科学和民主,但并不自由,而且这种不自由——受物统治的不自由与受形而上的普遍性、确定压抑的不自由——是人人普遍感到的一种不自由。就是在这种背景下,后现代主义应运而生。

后现代主义一词的词义并不确定,我不想在这方面多费笔墨。仅就我们中国哲学界用语的情况略说几句。我们一般区分近代哲学与现代哲学:前者指 16—17 世纪到 19 世纪中叶的古典哲学。本文所讲的西方传统哲学,主要地指这一时期;后者指 19 世纪中叶马克思主义哲学产生以后到现在的哲学。我们所说的近代与现代在西方并无这种区分。后现代主义一词一般与现代主义相对,但这个意义下的现代不是指我国哲学界所说的从 19 世纪中叶到今天,现代主义哲学有时指我们所说的古典哲学即近代哲学的内容,有时指近代哲学到 20 世纪后现代主义产生以前的哲学。不管人们关于后现代主义一词的内涵及其兴起的时间有各种不同的看法,但一般说它产生于 20 世纪上半叶和中期,是大致可以得到承认的。

后现代主义哲学与现代主义哲学相对立,与我们所说的西方近代哲学相对立,其主要特征都是通过对近代哲学的驳斥而表现出来的。

后现代主义哲学的首要特征是反主客二分,反主体性。黑格尔是近代哲学之集大成者,他虽然强调主客统一,但他的哲学总起来说是建立在主客二分式的基础上的。黑格尔死后,许多哲学家起而从根本上反对主客二分,反对主体性,尼采便是一个明显的例子,他断言主体不过是一种"虚幻"。后现代主义哲学家德里达认为所谓自我同一的主体实际上从来没有达到真正的自我同一性。几乎所有后现代主义哲学家都批评传统哲学家所谓"至高无上的理性主体——原子式的和自主的、自由的和脱离肉体的主体"。"如果把'心'和'身'对立起来,'心'就会被误解,就像把理论与实践对立起来,理论会被误解一样"。总之,认识论上的和道德上的主体已经被决定性地剥夺了中心地位,"主体性"并不"构造"世界,它和意向性本身都是"语言学地展开的世界之成分"(同上书,第 4 页并参阅第 461 页)。后现代主义者批评主体性概念的基础主客二分式即"把主体看成与独立的客体世界相对立"的观点,认为"主体与客观不能像这样彼此分开"(同上书,第 5 页)。他们认为"笛卡尔——康德式的主体性的微光意味着'人'的终结"(同上书,第 8 页)。据此,后现代主义者继尼采"上帝死亡"的口号之后,提出了"主体死亡"、"人已死亡"的口号。他们的意思当然不是一般说人不存在了，而只是指西方传统哲学的主客二分式的主体和人的概念是不现实的。他们主张人或主体不是独立于世界万物的实体，而是"本质上具体化的并且实际上是与世界纠缠在一起的"，人就是"世界的成分"，人与世界万物交融在一起，彼此不可须臾分离，也可以说人融化在世界万物之中。这就是后现代主义者所谓"人已死亡"的真实含义。"人已死亡"，"主体死亡"，意味着西方传统哲学特别是近代哲学的人类中心论的破灭。

　　与此相联系的另一特征是后现代主义哲学与诗的融合。这种观点本来在海德格尔的后期哲学中已很明显。后现代主义哲学家德里达更进一步摧毁了哲学与诗的分界。他认为哲学与诗本是同源，在古希腊哲学中，哲学就充满隐喻，哲学也可以说是充满隐喻的诗。所以从事哲学在德里看来就是从事创作。

　　后现代主义哲学的另一个主要特征是反普遍性（反同一性）、反整体性。法国后现代主义哲学家利奥塔（Jean-François Lyotard）的名言："让我们向同一整体开战；让我们成为那不可表现之物的见证人；让我们持续开发各种差异并为维护'差异性'的声誉而努力"（转引自《后现代主义文化与美学》，北京大学出版社，1992，第24页，参见第125—126页）。德里达等人反对黑格尔关于同一性高于差异性，同一性是差异性的"真理"的思想，主张差异高于同一性、普遍性，是同一性的根据，没有各个时间点的差异，就没有时间的同一性，没有空间点的差异，就没有空间的同一性。以黑格尔为代表的传统哲学由于崇尚同一性、普遍性，总是想方设法克服差异，超越差异。这种哲学如前所述就像医生把各有差异的病情都纳入同一模式中一样，成了压迫个性的工具。后现代主义哲学家认为差异无所不在，即使在重复中也在差异出现，无差异的世界是苍白枯燥的世界，传统哲学以普遍性、同一性为人的最高本质，只能使人成为丧失个性，无血无肉无情感的抽象的人。这里我们还可以顺便说下利奥塔所说的"不可表现性"。利奥塔说："后现代即是那种在表现自身时将见不得人的卑微性也展示出来的东西"（转引自同上书，第127页）。其实，只要是活生生的人，就有所谓卑微的东西，它们是非理性的东西，在各人身上千差万别，卑微性就是一种差异性，硬用理性的普遍性蒙住差异性，其结果只能使普遍性成为一块漂亮的遮盖布而已。后现代主义正是要揭开这块道貌岸然的假面具。

不确定性也是后现代主义哲学的一个重要的特征。这个词的含义本身就很难确定，这里仅从后现代主义哲学的语言转向的角度略说几句。后现代主义哲学认为，没有独立自在的世界，世界是由语言构成的，世界本身有语言的结构，语言不是人表达意义的工具，它有其自身的体系。每一件已知的事物都是由语言来中介着的，所谓事实、真理只是语言上的。德里达断言，知识不是外于语言而寻得的。在现代主义哲学家看来，"不是我说语言，而是语言说我"。这样，人就从西方传统哲学所讲的以人为中心的地位而退居到为语言所掌握的地位。但是另一方面，语言又总是不确定的，语言随言说者的不稳定的情绪而动摇不定。因此，一切都是不确定的、模糊的。

后现代主义哲学还有一个重要特征，就是内在性。这是与传统哲学的超越性相对立的。后现代主义者极力反对超时空的形而上的本体世界，人只需沉醉于形而下的愉悦之中，所谓终极真理是虚幻的。

后现代主义哲学的特征很多，有些后哲学家把这些特征归纳为十余种，这里不一一列述。本文的兴趣在于中国传统哲学对待西方后现代主义哲学的态度问题。

中国的天人合一给中国人带来的好处是人与自然和谐交融的高远境界和思诗交融的诗意境界，但主客二分思想和主体性原则的缺乏又带来缺乏科学与缺乏民主的弊端。中国当前需要发展科学,发扬民主,故极需西方近代的主客二分思想和与之相联系的主体性原则,这一点应该是没有疑义的。有一种意见认为西方的主客二分思想过分重分析,已走入死胡同,必须抛弃,只有中国的天人合一才是最优秀的。持这种观点的人实际上是把天人合一与主客二分绝对对立起来,完全抹杀主客二分的优点和中国当前需要主客二分思想和主体性原则的迫切性。当然,主客二分思想和主体性原则的弊端,如用普遍性、整体性压制个体性、差异性,以物统治人,哲学与诗分离的苍白枯燥状态等等,都是我们应该加以克服的。特别是中国儒家的封建"天理"的普遍性、整体性本与西方传统哲学的普遍性、统一性有共同之处,二者很容易互相勾结,造成一种加倍压制个性、压制人欲的"压迫哲学"和"主人哲学",就此而言,我以为我们在召唤西方传统哲学的主客二分和主体性时,应该引进西方后现代主义向普遍性整体性"开战","为维护'差异性'而努力"的反传统精神。西方后现代主义画派在女人画像上加八字胡,我们当然可以谴责其为荒诞,但它也可以看成是对天经地义的普遍性"开战"的一种勇气的象征和具体表现,与中国人所说的敢于在太岁头上动土未尝不可以比美。针对中国封建的"天理"、"天命"、"天子"的神圣不可侵犯的特性,我们应该为敢于在女人画像上加八字胡而欢呼。

　　前面谈到中国传统哲学具有模糊性或不确定性。其实,这主要是就中国传统哲学的诗意境界而言的,若就儒家的封建"天理"观来说,则可以说"天理"是"天不变,道亦不变"的东西,实在太确定,太凝滞了,这里也需要西方后现代主义的不确定性的冲击。后现代主义的不确定性是针对西方传统哲学所谓终极真理而提出的,中国的封建"天理"虽非西方传统的认识论上的终极真理,但其确定性、凝滞性决不亚于后者,所以后现代主义的不确定性对中国传统哲学应能起到振聋发聩的作用。

　　与普遍性、反整体性相联系的是后现代主义的所谓"不可表现的"卑微性。"卑微性"就是对理性普遍性的揭露、讽刺与反叛，就像中国小说《金瓶梅》之类的书"将不可表现的"或"见不得人"的"隐曲""展示出来"，作为它们的"见证人"，不能不说是具有后现代主义所谓的"卑微性"，但其书能隐斥时事，未尝不可以看作是对儒家的"天理"、名教之讽刺与叛逆。我们如果能把后现代主义的"卑微性"与中国文学史上这类反叛精神结合起来，岂不可以突破中国儒家传统思想之藩篱，使中国哲学在世界哲学舞台上大放异彩！

　　后现代主义哲学有一特征是与中国传统哲学相似或相通的，这就是人与自然的交融，思与诗的交融。我借用中国哲学的术语称之为"天人合一"，尽管这其间存在着很多差别。后现代主义的这一特征是西方人饱尝主客二分思想和主体性原则的弊端之后出现的。主客二分思想和主体性原则使人一味向自然索取，与自然作战，于是无穷追逐，最终还是得不到心灵上的安宁和自由，这就使西方人终于逐渐悟到了类似中国人的天人合一的思想，——悟到了人与物，人与自然应和谐相处。由西方传统哲学到现当代哲学、西方后现代主义，也可以说是从一个要求向自然开战到要求与自然和谐交融的哲学转变过程。从海德格尔的后期哲学到伽达默尔，到德里达，他们的哲学尽管各不相同，但都有人与物、人与自然融合的思想。这是西方当代哲学向中国传统哲学靠拢的一种表现，不管这种靠拢是自觉还是不觉。如果把中国传统哲学自明清之际至今对西方主客二分和主体性的召唤叫做"西化"，那么，西方现当代哲学、后现代主义哲学之主张人与物，人与自然和谐交融，提倡诗化哲学，就可以叫做"东化"。后现代主义哲学的语言转向，把世界万物都看成是语言上的，而非独立自在的，认为真理存在于语言或言说者与现实之间，这正是一种人与世界万物和谐交融思想观点的表现,与中国天人合一的思想相近。一个重要的不同之点是中国传统哲学缺乏语言转向。对于语言转向究竟应如何评价和看待,我没有研究,兹不具论。中国传统哲学和西方后现代主义都不着意或者说无意追求所谓独立自在的确定的、终极的真理,而只求在人与物,与自然的和谐交融中得到一种模糊的审美意识的享受,一种诗意的境界。西方哲学史由传统的以主体性为主导原则的人类中心论走向海德尔、伽达默尔、德里达等人的人与自然融合的观点,真可说是与中国传统哲学走到一起来了。我们的传统哲学为什么不可以迎上去同这些素不相识的客人结成联盟呢?只是我们应该告诉他们:不要抛弃你们的老祖宗,我们还要学习你们的主客二分和主体性的老传统。

　　这里顺便提一下我国哲学界的一种提法,认为中国传统哲学是人类中心论,我想,这个提法是不妥当的。人类中心论本是西方的学术术语,原意与主体性原则不可分,主要是指在主客二分式中人认识自然、征服自然的一种以人为中心的主体性,而这正是中国传统哲学所缺乏的。我们不能以中国传统重人生哲学就说它是人类中心论。西方后现代主义哲学之反西方传统哲学和接近中国传统哲学的一个重要特点,正是它的反人类中心论。

　　后现代主义正大谈"哲学的结构",其实是讲西方传统哲学的终结,他们所讲的"后哲学"也是这个意思。单就传统哲学所主张的超时空的本体论形而上学而言,我以为这种抽象哲学诚然应该终结。世界只有一个,即在时空之内的现实世界。人的本质不应该放在抽象的永恒世界之中,不应该夸大成绝对抽象的同一性。马克思早在《黑格尔法哲学批判导言》中就已谈到哲学的终结,他赞成"否定哲学","消灭哲学",他的意见也是指"否定"和"消灭"那种抹杀现实、一味崇尚抽象世界的传统哲学,特别是德国的传统哲学的思维的"抽象和自大"和"现实的片面性和低下"(《马克思选

20世纪儒学研究大系

集》第一卷，人民出版社，1972年版，第8页，并参见第7页）。马克思强烈要求"在现实中实现哲学"（同上，第7页）。后现代主义者在强调人的具体性与现实性这一点上，与马克思的思想有相通之处，尽管他们对具体性与现实性的理解又大有不同。

我们决不能全盘搬用西方后现代主义，它完全否定理性，否定主体性、普遍性、确定性和超越性，这种思想或倾向在理论上是站不住脚的，至少是片面的，西方许多当代哲学家对此都持有异议。我们可以把它看作是反西方传统哲学的过激之谈，它的某些方面在一定意义下对中国传统哲学有冲击作用，某些方面可以与之联盟。

既要召唤西方近代哲学的主客二分和主体性，又要与西方后现代主义的人与自然交融和谐的特点为盟，这是不是明显的矛盾？如果像西方后现代主义的某些激烈派那样把后现代主义与现代主义——即与我国哲学界所说的西方近代哲学绝对对立起来，把主客二分与主客不分、物我交融绝对对立起来，那显然是矛盾。但中国哲学的发展前途应该是既要召唤二分和主体性，以发展科学，发扬民主，又要超越主客二分和主体性以达到天人合一、人与自然交融的高远的自由境界。没有主客二分和主体性，就没有科学的、进取的精神，但若停留于主客二分，则终在主客彼此外在，彼此限制而达不到心灵上的自由。这种自由只有在人与物交融、人与自然交融的天人合一境界才能获致，这种自由高于政治上的民主所给予的自由，高于获得科学上的必然性知识的自由，也高于道德上的自由。这里的关键在于超越，——即超越主客二分，超越主体。超越不是排斥，不是抛弃，我在《超越自我》和《精神发展的阶段》等论文中从理论上论述了这种超越（或者说是结合主客二分和天人合一）的可能性。正是在这种理论上的可能性基础上，我才主张中国传统哲学既需向西方近代哲学"西化"，又要与西方后现代主义哲学的"东化"联盟。如前所述，西方后现代主义反对传统哲学所主张的超时空的超越，而主张内在性，这是可取的，但超越主客二分、超越主体之超越，则是哲学之最高任务，是人之为人的安身立命之所，是不能否定的。（参见拙文《超越自我》和《论境界》）。

（本文转自《文化的冲突与融合——张申府先生、汤用彤先生、梁漱溟先生百年诞辰纪念论文集》，北京大学出版社1997年版）

　　张世英（1921——　），湖北省武汉市人，四川白沙大学、西南联合大学毕业，受贺麟、金岳霖、陈康诸师影响，专攻西方哲学，先后在天津南开大学、武汉大学、北京大学执教，现任北京大学哲学系、外国哲学研究所教授，中西哲学与文化研究会会长。论著有《论黑格尔哲学》、《黑格尔精神现象学述评》、《论黑格尔的逻辑学》、《论黑格尔的精神哲学》、《康德的纯粹理性批判》、《自我实现的历程——解读黑格尔〈精神现象学〉》、《天人之际——中西哲学的困境与选择》、《进入澄明之境——哲学的方向》、《哲学导论》、《北窗呓语》等，主编《黑格尔辞典》。

　　选文是张世英晚年关于中西哲学比较研究的代表作，是纪念张申府、梁漱溟、汤用彤百年诞辰国际学术研讨会所作的论文。其时张氏已由研究德国古典哲学、西方哲学史转向中西哲学的特质与会通的研究，恰逢后现代主义思潮在中国流行。论文认为中国传统哲学以天人合一为主导，西方传统哲学以主客二分（包括主体性原则）为主导，中西传统哲学的主导思想之不同带来了两者一系列不同的特征。西方的后现代主义的首要特征是反主客二分，反主体性、哲学与诗的融合、反普遍性、不确定性、内在性等，它的某些方面在一定意义下对中国传统哲学有冲击作用,某些方面可以与之联盟。中国传统哲学既需向西方近代哲学"西化",又要与西方后现代主义哲学的"东化"联盟。

论著目录索引

著作目录

章太炎　《訄书》1900年上海刻本,1904年4月日本东京翔鸾社铅印本,上海古籍出版社1985年版

章太炎　《国故论衡》东京秀光社1910年初版,上海大共和日报馆1912年再版

蔡元培　《中国伦理学史》上海商务印书馆1910年版

辜鸿铭　《中国牛津运动之内情》(英文)上海商务印书馆1912年排印,语桥中译本,与《张文襄幕府纪闻》合编,改名《清流传》,东方出版社1997年版

辜鸿铭　《中国人的精神》《中国评论》1914年版,1915年改名《春秋大义》,亦名《原华》,北京每日新闻社出版,1922年北京商务印书馆重版

容　闳　《西学东渐记》(英文本,1909年在美国纽约出版)中译本,上海商务印书馆1915年版

胡　适　《中国哲学史大纲》上卷,商务印书馆1919年版

梁启超　《清代学术概论》原题《前清一代思想界之蜕变》,1921年排印,商务印书馆1947年版

梁启超　《欧游心影录》,原刊1920年3月6日至6月6日《晨报》,商务印书馆1922年12月版

梁启超　《先秦政治思想史》上海商务印书馆1923年版

梁启超　《中国近三百年学术史》,民智书店1924年初版,中华书

　　　　　局 1936 年版,北京中国书店 1985 年再版

刘伯明　《近代西洋哲学史》中华书局 1921 年版

梁漱溟　《东西文化及其哲学》商务印书馆 1922 年版

杜亚泉　《东西文化批评》东方杂志社 1923 年 12 月

张君劢、丁文江等　《科学与人生观》亚东图书馆 1923 年 12 月版

朱谦之　《一个唯情论者的宇宙观及人生观》上海泰东书局 1924
　　　　　年 6 月版

杨明斋　《评中西文化观》北京印刷局 1924 年 6 月

柳诒徵　《中国文化史》《学衡》第 46—72 期,1925 年 10 月—1929
　　　　　年 11 月,中国大百科全书出版社 1988 年版

朱谦之　《历史哲学》上海泰东图书局 1926 年 9 月版

冯友兰　《人生哲学》上海商务印书馆 1926 年版

梁漱溟　《人心与人生》1926、1927 和 1934 年演讲,学林出版社
　　　　　1984 年修改版

刘伯明　《西洋古代中世哲学大纲》中华书局 1929 年版

杜亚泉　《人生哲学》商务印书馆 1929 年版

冯友兰　《中国哲学史》神州国光社 1931 年 2 月初版,商务印书馆
　　　　　1934 年 9 月修改版

张申府　《所思》神州国光社 1931 年版,三联书店 1986 年再版

李石岑　《现代哲学小引》商务印书馆 1931 年 3 月版

张东荪　《哲学》世界书局 1931 年 5 月版

李石岑　《体验哲学浅说》商务印书馆 1931 年 11 月版

熊十力　《新唯识论》浙江省立图书馆 1932 年 10 月文言文版,商
　　　　　务印书馆 1944 年 3 月语体文版

太虚法师　《哲学》上海佛学书局 1932 年 12 月印

陈大齐　《哲学概论》好望书店 1932 年 5 月版

李石岑　《哲学概论》世界书局 1933 年 9 月版

陈序经　《中国文化的出路》上海商务印书馆 1934 年版

张东荪　《现代哲学》世界书局 1934 年 3 月版

伍启元　《中国新文化运动概观》现代书局 1934 年版

张君劢　《明日之中国文化》上海商务印书馆 1934 年版

张君劢　《人生观论战》泰东图书馆 1935 年版

张君劢　《民族复兴之学术基础》北平再生社 1935 年 6 月版

李石岑　《中国哲学十讲》世界书局 1935 年版

朱谦之　《文化哲学》上海商务印书馆 1935 年版

梁启超　《论中国学术思想变迁之大势》中华书局 1936 年版

陈立夫　《唯生论》南京正中书局 1937 年 7 月版

钱　穆　《中国近三百年学术史》商务印书馆 1937 年 5 月版

方东美　《科学哲学与人生》商务印书馆 1937 年 2 月版

方东美　《哲学三慧》《时事新报·学灯》1937 年 2 月刊,台湾新中
　　　　国出版社 1965 年重版

方东美　《中国人生哲学概要》上海商务印书馆 1937 年初版

林语堂　《孔子的智慧》(英文)美国蓝登书屋 1938 年版

张申府　《什么是新启蒙运动?》重庆生活书店 1939 年版

冯友兰　《贞元之际所著书》(1939—1946 年):
　　　　《新理学》长沙商务印书馆 1939 年 5 月初版
　　　　《新事论》上海商务印书馆 1940 年 5 月初版
　　　　《新世训》上海开明书店 1940 年 7 月初版
　　　　《新原道》重庆商务印书馆 1945 年 4 月初版
　　　　《新原人》上海商务印书馆 1946 年 12 月初版
　　　　《新知言》上海商务印书馆 1946 年 12 月初版

马一浮　《泰和宜山会语》复性书院 1940 年刻本

金岳霖　《论道》商务印书馆 1940 年版

朱谦之　《中国思想对于欧洲文化之影响》商务印书馆 1940 年版

20世纪儒学研究大系

钱　穆　《国史大纲》商务印书馆 1940 年 6 月版

周振甫　《严复思想述评》上海中华书局 1940 年版

林语堂　《中国印度之智慧》美国蓝登书屋 1942 年 6 月版

唐君毅　《中西哲学思想之比较研究集》正中书局 1943 年版

贺　麟　《近代唯心论简释》重庆独立出版社 1943 年版

张岱年　《中国哲学大纲》北平私立中国大学 1943 年印,商务印书
　　　　馆 1958 年版

贺　麟　《知难行易说与知行合一说》青年书店 1943 年 12 月版

唐君毅　《人生之体验》正中书局 1944 年版

唐君毅　《道德自我之建立》重庆中华书局 1944 年版

冯友兰　《中国儒家哲学及其修正》中周出版社 1944 年版

侯外庐　《中国近世思想学说史》上、下,重庆三友书店 1944 年 12
　　　　月、1945 年 6 月版

熊十力　《读经示要》重庆商务印书馆 1945 年 12 月版

贺　麟　《黑格尔学述》商务印书馆 1945 年版

蒋梦麟　《西潮》(英文)美国耶鲁大学 1945 年版,中文本,台湾中
　　　　华日报社 1959 年版

洪　谦　《维也纳学派哲学》商务印书馆 1945 年 5 月初版,1989
　　　　年再版

张东荪　《知识与文化》上海商务印书馆 1946 年版

张东荪　《思想与社会》上海商务印书馆 1946 年版

郑　昕　《康德学述》商务印书馆 1946 年 11 月版

贺　麟　《文化与人生》上海商务印书馆 1947 年版

贺　麟　《当代中国哲学》南京商务印书馆 1947 年版,再版改名为
　　　　《五十年来的中国哲学》。

谢幼伟　《现代哲学名著述评》上海正中书局 1947 年版,山东人民
　　　　出版社 1997 年再版

郭湛波　《近五十年中国思想史》北平人文书店 1935 年初版,1936
　　　　年改现名再版,山东人民出版社 1997 年 3 月重印

侯外庐、邱汉生、赵纪彬、杜国庠等　《中国思想通史》第 1 卷,上海
　　　　新知书店 1947 年版,第 2、3 卷,北京三联书店 1950、
　　　　1951 年版,增订本 1、2、3、4、5 卷,人民出版社 1957、
　　　　1959、1960、1963 年版

冯友兰　《中国哲学简史》(英文)纽约麦克米伦公司 1948 年版,中
　　　　译本北京大学出版社 1985 年版

贺　麟　《儒家思想新论》重庆正中书局 1948 年版

夏康农　《论胡适与张君劢》上海新知书店 1948 年版

柳诒徵　《国史要义》中华书局 1948 年 2 月版

梁漱溟　《中国文化要义》成都路明书店 1949 年 11 月版,上海学
　　　　林出版社 1986 年 6 月重印

牟宗三　《道德理想主义》初名《理性的理想主义》,香港人文出版
　　　　社 1950 年 1 月初版,增订后改为现名,台中东海大学
　　　　1959 年 11 月版

唐君毅　《中国文化之精神价值》台湾正中书局 1953 年版

唐君毅　《心物与人生》香港亚洲出版社 1954 年版

张君劢　《义理学十讲纲要》台北华世出版社 1955 年版

牟宗三　《历史哲学》强生出版社 1955 年版,增订本,香港人生出
　　　　版社 1962 年 3 月版

柳无忌　《儒家哲学简史》美国怀特弗里斯出版社 1955 年版

熊十力　《原儒》上海龙门书局 1956 年版

侯外庐　《中国早期启蒙思想史》人民出版社 1956 年 8 月版

罗　光　《儒家形上学》台湾中华文化出版事业委员会 1956 年版,
　　　　辅仁大学出版社 1980 年版

张君劢　《新儒家思想史》(英文)上、下册,1957—1963 年美国出

　　　　　版,程文熙中译本,台北弘文馆出版社 1980 年版

方东美　《中国人生哲学》(英文)香港友联出版社 1957 年版,中译
　　　　　本改名为《中国人的人生观》台湾幼狮文化事业公司
　　　　　1980 年 3 月版

汤用彤　《魏晋玄学论稿》人民出版社 1957 年 6 月初版

唐君毅　《中国人文精神之发展》香港新亚研究所 1958 年版

唐君毅　《文化意识与道德理性》上、下,香港人生出版社 1958 年
　　　　　版

熊十力　《体用论》上海龙门联合书局 1958 年印

熊十力　《明心篇》上海龙门联合书局 1959 年印

罗　光　《士林哲学》香港真理学会 1960 年 1 月、1962 年 12 月版

唐君毅　《哲学概论》上、下,香港人生出版社 1960 年版

唐君毅　《人生之体验续篇》,孔孟教育基金会 1961 年初版

牟宗三　《生命的学问》台北三民书局 1970 年 9 月版

熊十力　《乾坤衍》中国社会科学院印,1961 年夏,台北学生书局
　　　　　1976 年 6 月版

钱　穆　《民族与文化》香港新亚书院 1962 年 9 月版

徐复观　《中国人性论史·先秦篇》台北中央书局 1963 年版

胡秋原　《一百三十年来之中国思想史纲》台北学术出版社 1963
　　　　　年 12 月版

任继愈　《中国哲学史》四卷本,人民出版社 1963、1964、1979 年版

陈大齐　《孔子学说》台北正中书局 1964 年版

赵宾实　《儒家思想与天主教》台中出版社 1964 年版

殷海光　《中国文化的展望》台湾文星书店 1965 年版

唐君毅　《中国哲学原论》:《导论篇》香港人生出版社 1966 年版,
　　　　　《原性篇》、《原道篇》、《原教篇》香港新亚研究所 1968、
　　　　　1973、1975 年版

唐君毅　《中国哲学研究之一新方向》香港中文大学 1966 年版

牟宗三　《心体与性体》台北正中书局 1968 年 10 月、1969 年 6 月版

韦政通　《中国哲学思想批判》台北大林出版社 1968 年版

韦政通　《传统与现代化》台北水牛出版社 1968 年版,1989 年改名《儒家与现代化》再版

钱　穆　《中国文化十二讲》台北三民书局 1968 年版

钱　穆　《中国文化史导论》台北正中书局 1969 年版

钱　穆　《中国文化丛谈》台北三民书局 1969 年版

张世英　《论黑格尔的逻辑学》上海人民出版社 1969 年版

〔美〕杜维明　《传统的中国》(英文)美国新泽西学徒堂 1970 年版

牟宗三　《智的直觉与中国哲学》台湾商务印书馆 1971 年 5 月版

钱　穆　《中国文化精神》台北三民书局 1971 年 1 月版

钱　穆　《朱子新学案》台北三民书局 1971 年 11 月版,巴蜀书社 1986 年 8 月版

蔡仁厚　《儒家哲学与文化真理》香港人生出版社 1971 年 12 月版

黄宗智　《梁启超与中国现代的自由主义》(英文)华盛顿大学出版社 1972 年版

徐复观　《两汉思想史》香港新亚研究所 1972 年版,台湾学生书局 1976 年版

杨荣国　《中国古代思想史》修订版,人民出版社 1973 年版

杨荣国　《简明中国哲学史》,人民出版社 1973 年 7 月版

韦政通　《现代化与中国的适应》台北庐山出版社 1974 年版

唐君毅　《说中华文化之花果飘零》台北三民书局 1974 年版

〔美〕成中英　《科学真理与人类价值》(英文)1974 年,台湾三民书局股份有限公司 1979 年版

牟宗三　《现象与物自身》台湾书局 1975 年 8 月版

20世纪儒学研究大系

罗　光　《中国哲学思想史》台湾学生书局 1975—1985 年版

〔美〕怀考夫(W.A.Wycoff)　《冯友兰的新理学》哥伦比亚大学出
　　　版社 1975 年版

江勇振　《张君劢思想述评》台北巨人出版社出版

韦政通　《中国的智慧——中西伟大观念的比较》台北牧童出版社
　　　1975 年版

唐君毅　《生命存在与心灵境界》台湾学生书局 1976 年、1978 年
　　　版

吕实强　《儒家传统与维新》台北教育部社教司 1976 年版

〔美〕杜维明　《中心性与普遍性:论〈中庸〉》(英文)夏威夷大学出
　　　版社 1976 年版

〔美〕杜维明　《新儒家思想的实践:王阳明青年时代》(英文)加州
　　　大学出版社 1976 年版

傅乐诗　《变革的限制:论民国时代的保守主义》哈佛大学出版社
　　　1976 年版,台湾时报文化出版社 1982 年版

王　琦　《明清之际中学之西渐》台湾商务印书馆 1977 年版

〔美〕墨子刻(Thomas A.Metzger)　《摆脱困境——新儒家与中国
　　　政治文化的演进》哥伦比亚大学出版社 1977 年版,中译
　　　本,江苏人民出版社 1996 年 2 月版

侯外庐、张岂之等　《中国近代哲学史》人民出版社 1978 年版

韦政通　《中国现代思想家梁漱溟》台北巨人出版社 1978 年版

傅伟勋、陈荣捷　《中国哲学指南》(英文)波士顿豪尔出版公司
　　　1978 年版

方东美　《生生之德》黎明文化事业出版公司 1979 年版

徐复观　《儒家政治思想与民主自由人权》八十年代出版社 1979
　　　年版

冯爱群辑　《唐君毅先生纪念集》台北学生书局 1979 年 5 月版

邬昆如　《文化哲学讲录》台湾东大图书公司 1979 年版

李泽厚　《批判哲学的批判——康德述评》人民出版社 1979 年 3
　　　　月版

李泽厚　《中国近代思想史论》人民出版社 1979 年版

邝柏林　《康有为的哲学思想》中国社会科学出版社 1980 年版

孙叔平　《中国哲学史稿》，上海人民出版社 1980 年版

牟宗三　《中国哲学的特质》台湾学生局 1980 年版，1963 年初版

胡秋原　《文化复兴与超越前进论》台北学术出版社 1980 年版

严　群　《分析的批评的希腊哲学史》商务印书馆 1981 年版

刘放桐等　《现代西方哲学》人民出版社 1981 年版

方东美　《中国哲学之精神及其发展》(英文)台湾联经事业公司
　　　　1981 年 1 月版，中译本台湾成均出版社 1984 年版

韦政通　《传统的更新》台北大林出版社 1981 年版

胡秋原　《西方文化危机与二十世纪思潮》台北学术出版社 1981
　　　　年版

顾长声　《传教士与近代中国》上海人民出版社 1981 年版

钱　穆　《双溪独语》台湾学生书局 1981 年初版

陈元晖　《王国维与叔本华哲学》中国社会科学出版社 1981 年版

张君劢　《中西印哲学文集》程文熙编台湾学生书局 1981 年 6 月
　　　　版

冯友兰　《中国哲学史新编》第 1—6 册，人民出版社 1982 年 1 月、
　　　　1984 年 10 月、1985 年 3 月、1986 年 9 月、1988 年版，第
　　　　7 册名《中国现代哲学史》，香港中华书局 1992 年版

方克立　《中国哲学史上的知行观》人民出版社 1982 年版

项退结　《人之哲学》台北中央文物供应社 1982 年 5 月版

萧萐父、李锦全　《中国哲学史》上、下，人民出版社 1982 年 12 月
　　　　版

20世纪儒学研究大系

罗　光　《中西宗教哲学比较研究》台北中央文物供应社 1982 年版

刘述先　《朱子哲学思想的发展与完成》台湾学生书局 1982 年版

李　杜　《唐君毅先生的哲学》台湾学生书局 1982 年版

韦政通　《伦理思想的突破》台北大林出版社 1982 年版，四川人民出版社 1988 年 6 月版

徐复观　《中国思想史论集续篇》台北时报文化出版公司 1982 年版

蔡尚思　《中国现代思想史资料简编》全 5 卷，浙江人民出版社 1982、1983 年版

〔美〕柯雄文　《知行合一：王阳明的道德心理学》夏威夷大学 1982 年版

张岱年　《中国哲学史方法论发凡》中华书局 1983 年版

冯　契　《中国古代哲学的逻辑发展》上、中、下三册，上海人民出版社 1983、1985 年版

金岳霖　《知识论》1948 年定稿，商务印书馆 1983 年版

任继愈主编　《中国哲学发展史》，计划 7 卷已出先秦、秦汉、魏晋南北朝、隋唐四卷，人民出版社 1983、1985、1988、1994 年版

全增嘏主编　《西方哲学史》上海人民出版社 1983 年 10 月、1985 年 5 月版

杨百顺　《比较逻辑史》四川人民出版社 1984 年版

蔡仁厚　《新儒家的精神方向》台湾学生书局 1982 年 3 月版

钱　穆　《中国文化的特质》台北阳明山庄 1983 年 9 月版

方东美　《原始儒家道家哲学》台北黎明文化事业公司 1983 年版

方东美　《新儒家哲学十八讲》台北黎明文化事业公司 1983 年版

黄俊杰　《儒家传统与文化创造》台北东大图书公司 1983 年版

20世纪儒学研究大系

〔美〕狄百端 《中国的自由传统》李弘祺译,香港中文大学出版社
　　1983年版

冯友兰 《三松堂学术文集》北京大学出版社1984年版

贺　麟 《现代西方哲学讲演集》上海人民出版社1984年版

金克木 《比较文化论集》北京三联书店1984年版

汪子嵩 《亚里士多德关于本体的学说》三联书店1984年4月版

庞　朴 《儒家辩证法研究》中华书局1984年6月版

侯外庐、邱汉生、张岂之主编 《宋明理学史》上、下卷,人民出版社
　　1984年4月、1987年6月版

吕希晨、王育民 《中国现代哲学史》吉林人民出版社1984年版

罗　光 《儒家哲学的体系》台湾学生书局1983年6月版

张振东 《中西知识学比较研究》台北中央文物供应社1983年版

蔡仁厚 《孔孟荀哲学》台北学生书局1984年12月版

〔美〕余英时 《从价值系统看中国文化的现实意义》台北时报文化
　　出版公司1984年版

朱谦之 《中国哲学对于欧洲的影响》福建人民出版社1985年版

张申府 《张申府学术论文集》齐鲁书社1985年6月版

匡亚明 《孔子评传》齐鲁书社1985年3月版

牟宗三 《圆善论》台湾学生书局1985年版

唐君毅 《哲学概论》上、下,台湾学生书局1985年版

〔美〕杜维明 《儒家思想新论——创造性转换的自我》纽约州立大
　　学1985年版、江苏人民出版社1996年1月版

韦政通 《儒家与现代中国》台北东大图书公司1985年版

〔美〕余英时 《挑战与再生》台北幼狮文化事业公司1985年版

王汎森 《章太炎思想及其对儒学传统的冲击》台北时报文化出版
　　事业有限公司1985年版

姜义华 《章太炎思想研究》上海人民出版社1985年版

20世纪儒学研究大系

罗　光　《生命哲学》台湾学生书局 1985 年 1 月版

罗　光　《中国哲学思想史·民国篇》台湾学生书局 1986 年版

唐文权、罗福惠　《章太炎思想研究》华中师范大学出版社 1986 年版

李泽厚　《中国古代思想史论》人民出版社 1986 年 3 月版

蔡尚思　《中国近现代学术思想史》广东人民出版社 1986 年版

梁漱溟　《东方学术概观》巴蜀书社 1986 年版

贺　麟　《黑格尔哲学讲演集》上海人民出版社 1986 年 7 月版

孙在春　《清末的公羊思想》台湾商务印书馆 1985 年版

刘述先　《儒家宗教哲学的现代意义》台湾学生书局 1986 年版

刘述先　《文化与哲学的探索》台湾学生书局 1986 年版

傅伟勋　《批判的继承与创造的发展》台湾东大图书公司 1986 年版

朱伯崑　《易学哲学史》北京大学出版社 1986、1989 年版，华夏出版社 1994 年版

萧功秦　《儒家文化的困境——中国近代士大夫与西方挑战》四川人民出版社 1986 年版

刘小枫　《拯救与逍遥》上海人民出版社 1986 年版

龚鹏程　《思想与文化》台湾业强出版社 1986 年版

〔美〕成中英　《知识与价值——和谐、真理与正义之探索》台湾联经出版事业公司 1986 年版

〔美〕成中英　《中国现代化的哲学省察：传统与现代理性的结合》台湾东大图书公司 1986 年版

沈福伟　《中西文化交流史》上海人民出版社 1985 年版

周一良　《中外文化交流史》河南人民出版社 1987 年版

方　豪　《中西交通史》上、下，岳麓书社 1987 年版

钟叔河　《走向世界》中华书局 1987 年版

袁伟时　《中国现代哲学史稿》中山大学出版社 1987 年版

李泽厚　《中国现代思想史论》东方出版社 1987 年版

钱　穆　《晚学盲言》台北东大图书公司 1987 年版

刘述先　《中西哲学论文集》台湾学生书局 1987 年版

林安悟　《现代儒学论衡》台北业强出版社 1987 年版

〔美〕余英时　《士与中国文化》上海人民出版社 1987 年版

〔美〕余英时　《中国思想传统的现代诠释》台北联经出版事业公司
　　　1987 年版

夏军等　《中西哲学简史》江苏人民出版社 1987 年版

曾乐山　《中西文化和哲学争论史》华东师范大学出版社 1987 年
　　　版

〔英〕李约瑟　《四海之内——东方和西方的对话》三联书店 1987
　　　年版

何成轩　《章太炎的哲学思想》湖北人民出版社 1987 年版

王鉴平　《冯友兰哲学思想研究》四川人民出版社 1987 年版

杨　适　《哲学的童年——西方哲学发展线索研究》中国社会科学
　　　出版社 1987 年 3 月版

陈鼓应、辛冠洁、葛荣晋主编　《明清实学思想史》齐鲁书社 1987
　　　年 7 月版

杨宪邦、方立天等　《中国哲学通史》5 卷 1987 年 9 月、1988 年 12
　　　月、1990 年 4 月中国人民大学出版社版

张岱年　《文化与哲学》教育科学出版社 1988 年版

张岱年　《真与善的探索》1924—1948 年稿,齐鲁书社 1988 年版

钱　穆　《中国学术通义》台北学生书局 1975 年 9 月版

钱　穆　《现代中国学术论衡》台北东大图书公司 1984 年 12 月
　　　版,三联书店 2001 年版

蔡尚思　《中国思想研究法》湖南人民出版社 1988 年 4 月版

20世纪儒学研究大系

林毓生 《中国意识的危机——五四时期激烈的反传统主义》增订本,贵州人民出版社1988年版

林毓生 《中国传统的创造性转化》三联书店1988年版

〔美〕陈荣捷 《现代中国的宗教趋势》台湾文殊出版社1987年版

〔美〕陈荣捷 《朱子学新探》台湾学生书局1988年版

〔美〕杜维明 《人性和自我修养》中国和平出版社1988年版

〔美〕成中英 《中国文化的现代化与世界化》中国和平出版社1988年8月版

黄光国 《儒学思想与东亚现代化》台北巨流出版社1988年10月版

林毓生 《政治秩序与多元社会》和平出版社1988年版,台湾联经出版事业公司1989年版

金岳霖 《罗素哲学》上海人民出版社1988年8月版

汪子嵩、范明生等 《希腊哲学史》卷一,人民出版社1988年版,卷二,人民出版社1993年5月版

叶秀山 《思·史·诗》人民出版社1988年版

李志村 《中西哲学比较面面观》华东师范大学出版社1988年版

郭齐勇 《熊十力与中国传统文化》香港天地图书公司1988年版

陈庆坤 《中国近代启蒙哲学》吉林大学出版社1988年版

郑继兵 《现代人的回潮与思考:关于中西方文明不同发展道路的对话》贵州人民出版社1988年版

蔡仁厚 《儒家思想的现代意义》台北文津出版社1988年5月版

萧公权 《康有为思想研究》台湾联经出版事业公司1988年版

汪荣祖 《康章合论》台湾联经出版事业公司1988年版

冯契 《中国近代哲学的革命进程》上海人民出版社1989年版

张立文 《传统学引论》中国人民大学出版社1989年版

张立文 《中国哲学逻辑结构论》中国社会科学出版社1989年版

20世纪儒学研究大系

冯契主编 《中国近代哲学史》上海人民出版社 1989 年版

李世家 《近期台湾哲学》贵州人民出版社 1989 年 7 月版

郁龙余编 《中西文化异同论》三联书店 1989 年 4 月版

〔美〕杜维明 《儒学第三期发展的前景问题》台湾联经出版事业公司 1989 年 5 月版

罗义俊 《评新儒家》上海人民出版社 1989 年版

〔美〕杜维明 《新加坡的挑战：新儒家伦理与企业精神》（英文）新加坡联邦出版社 1984 年版，中译本，三联书店 1989 年版

傅伟勋 《从西方哲学到禅佛教》三联书店 1989 年版

张 灏 《幽暗意识与民主传统》台湾联经出版公司 1989 年版

〔美〕杜维明 《道·学·政：论儒家知识分子》新加坡东亚哲学研究所 1989 年版，上海人民出版社 2000 年版

范学德 《综合与创造——记张岱年的哲学思想》教育科学出版社 1989 年版

夏瑞春编 《德国思想家论中国》中译本江苏人民出版社 1989 年版

〔美〕狄百端 《新儒家的心之内涵》（英文）纽约哥伦比亚大学出版社 1989 年版

方克立、李锦全主编 《现代新儒学研究论集》一、二，中国社会科学出版社 1989、1991 年版

陈旭麓 《陈旭麓学术文存》上海人民出版社 1900 年版

方立天 《中国古代哲学问题发展史》中华书局 1990 年版

季羡林 《佛教与中印文化交流》江西人民出版社 1990 年版

秦家懿、孔汉思 《中国宗教与基督教》北京三联书店 1990 年版

刘小枫编 《中国文化的特质》北京三联书店 1990 年版

韦政通 《中国思想传统的现代反思》台北桂冠图书公司 1990 年版

杨国荣　《王学通论——从王阳明到熊十力》上海三联书店 1990
　　　　年版

田文军　《冯友兰新理学研究》武汉出版社 1990 年版

蔡仁厚　《儒家心性之学论要》台北文津出版社 1990 年 7 月

蔡仁厚　《儒家的常与变》台北东大图书公司 1990 年 10 月版

〔美〕杜维明　《儒家自我意识的反思》台北联经出版事业公司
　　　　1990 年 10 月版

李明辉　《儒家与康德》台北联经出版事业公司 1990 年版

罗　光　《中国哲学的精神》台湾学生书局 1990 年 11 月版

〔美〕本杰明·史华兹　《严复与西方》职工教育出版社 1990 年版

黄见德　《西方哲学东渐史》武汉出版社 1991 年版

张再林　《弘道:中国古典哲学与现象学》陕西人民出版社 1991 年
　　　　版

李明辉　《儒学与现代意识》台北文津出版社 1991 年版

〔美〕成中英　《文化·伦理与管理》贵州人民出版社 1991 年 4 月版

韦政通　《中国思想史》台湾水牛图书出版事业有限公司 1991 年
　　　　版

蔡尚思　《中国礼教思想史》中华书局香港有限公司 1991 年 8 月
　　　　版

宋仲福等　《儒学在现代中国》中州古籍出版社 1991 年版

〔美〕余英时　《犹记风吹水上鳞——钱穆与中国现代学术》台北三
　　　　民书局 1991 年版

范存忠　《中国文化在启蒙时期的英国》上海外语教育出版社
　　　　1991 年版

〔美〕艾恺　《世界范围内的反现代化思潮》贵州人民出版社 1991
　　　　年版

〔美〕许倬云　《中国文化与世界文化》贵州人民出版社 1991 年版

20世纪儒学研究大系

〔法〕J. 谢和耐　《中国和基督教：中国和欧洲文化之比较》上海古
　　　籍出版社 1991 年版

〔德〕雅斯贝尔斯　《苏格拉底、佛陀、孔子和耶稣》安徽文艺出版社
　　　1991 年版

〔美〕成中英　《世纪之交的抉择：论中西哲学的会通与融合》上海
　　　知识出版社 1991 年版

〔美〕南乐山　《在上帝面具的背后——儒道与基督教》纽约州立大
　　　学出版社 1991 年版，中译本，社会科学文献出版社 1997
　　　年版

李维武　《二十世纪中国哲学本体论问题》湖南教育出版社 1991
　　　年版

林安悟　《存有、意识与实践——熊十力体用哲学之诠释与重建》
　　　国立台湾大学博士论文，1991 年 5 月

刘述先　《当代新儒学论文集》台湾文津出版社 1991 年版

杨　适　《中西人论的冲突》中国人民大学出版社 1991 年版

汤一介　《儒道释与内在超越问题》江西人民出版社 1991 年 8 月
　　　版

曾乐山　《中西哲学的融合——中国近代进化论的传播》安徽人民
　　　出版社 1991 年版

赵吉惠主编　《海内外学者论儒学》陕西人民出版社 1992 年版

陈少明　《儒学的现代转折》辽宁大学出版社 1992 年版

房德邻　《儒学的危机与嬗变——康有为与近代儒学》台湾文津出
　　　版社 1992 年版

冯友兰　《中国现代哲学史》中华书局香港有限公司 1992 年 7 月

许全兴等　《中国现代哲学史》北京大学 1992 年版

龚鹏程　《近代思想史散论》台湾东大图书公司 1992 年版

张学智　《贺麟》台湾东大图书有限公司 1992 年版

20世纪儒学研究大系

王宗昱　《梁漱溟》台湾东大图书有限公司 1992 年版

郑家栋　《本体与方法》(从熊十力到牟宗三)辽宁大学出版社
　　　　1992 年版

宋志明、赵德志　《现代中国哲学思潮》中国人民大学出版社 1992
　　　　年版

袁伟时　《晚清大变局中的思潮与人物》海天出版社 1992 年版

汪荣祖　《陈寅恪评传》百花洲文艺出版社 1992 年版

吴学昭　《吴宓与陈寅恪》清华大学出版社 1992 年版

陈旭麓　《近代中国的新陈代谢》上海人民出版社 1992 年版

李宗桂　《文化批判与文化重构——中国文化出路的探讨》陕西人
　　　　民出版社 1992 年 6 月版

胡希伟　《传统与人文——对港台新儒学的考察》中华书局 1992
　　　　年版

郑师渠　《晚清国粹派文化思想研究》北京师范大学出版社 1993
　　　　年版

黄克剑等　《当代新儒学八大家集》(《梁漱溟集》、《熊十力集》、《张
　　　　君劢集》、《冯友兰集》、《方东美集》、《唐君毅集》、《牟宗三
　　　　集》、《徐复观集》)群言出版社 1993 年 12 月版

黄克剑、周　勤　《寂寞中的复兴——论当代新儒家》江西人民出
　　　　版社 1993 年版

郭齐勇　《熊十力思想研究》天津人民出版社 1993 年版

宋志明　《熊十力评传》百花洲文艺出版社 1993 年 8 月版

马　勇　《梁漱溟评传》安徽人民出版社 1992 年 7 月版

郑大华　《梁漱溟与现代新儒学》台湾文津出版社 1993 年版

王中江　《理性与浪漫——金岳霖的生活及其哲学》河南人民出
　　　　版社 1993 年版

黄开国　《廖平评传》百花洲文艺出版社 1993 年 8 月版

马镜泉、赵士华　《马一浮评传》百花洲文艺出版社1993年8月版

麻天祥　《汤用彤评传》百花洲文艺出版社1993年8月版

刘述先　《理想与现实的纠结》台北学生书局1993年版

劳思光　《中国文化路向问题的新探讨》台北东大图书公司1993
　　年版

孟　华　《伏尔泰与孔子》新华出版社1993年版

秦家懿　《德国哲学家论中国》三联书店1993年版

林德宏、张相轮　《东方的智慧》江苏科学技术出版社1993年5月
　　版

张岱年主编　《孔子大辞典》上海辞书出版社1993年12月版

董士伟　《康有为评传》百花洲文艺出版社1994年8月版

孙永如　《柳诒徵评传》百花洲文艺出版社1993年6月版

欧阳哲生　《严复评传》百花洲文艺出版社1994年8月版

李　毅　《中国现代马克思主义与现代新儒学》辽宁大学出版社
　　1994年版

赵德志　《现代新儒家与西方哲学》辽宁大学出版社1994年版

施忠连　《现代新儒家在美国》辽宁大学出版社1994年版

宝成关　《西方文化与中国社会：西学东渐史论》吉林教育出版社
　　1994年版

许明龙编　《中西文化交流先驱——从利玛窦到郎世宁》东方出版
　　社1994年版

冯　契　《智慧的探索》华东师范大学出版社1994年版

韩　强　《现代新儒学心性理论述评》辽宁大学出版社1994年版

黄克武　《一个被放弃的选择：梁启超调适思想研究》台北中央研
　　究院近代史研究所1994年版

蔡仁厚　《中国哲学的反省与新生》台北正中书局1994年11月版

史革新　《晚清理学研究》台湾文津出版社1994年版

武东生　《现代新儒家人生哲学研究》辽宁大学出版社 1994 年版

顾　昕　《黑格尔主义的幽灵与中国知识分子：李泽厚研究》台北
　　　　风云时代出版公司 1994 年版

郑大华　《梁漱溟与胡适——文化保守主义与西化思潮的比较》北
　　　　京中华书局 1994 年版

朱维铮编著　《基督教与近代中国》上海人民出版社 1994 年版

孙尚扬　《基督教与明末儒学》东方出版社 1994 年版

熊月之　《西学东渐与晚清社会》上海人民出版社 1994 年版

罗家昌　《场和有——中外哲学的比较和融通》东方出版社 1994
　　　　年版

王淼洋、范明生主编　《东西哲学比较研究》上海教育出版社 1994
　　　　年版

陈少峰　《生命的尊严——中国近代人道主义思潮研究》上海人民
　　　　出版社 1994 年版

杨祖汉主编　《儒学与当今世界》台北文津出版社 1994 年 12 月版

杨国荣　《善的历程——儒家价值体系的历史衍化及其现代转换》
　　　　上海人民出版社 1994 年版

李明辉　《当代儒学之自我转化》台湾中央研究院中国文哲研究所
　　　　筹备处 1994 年版

中国孔子基金会编　《儒学与廿一世纪——纪念孔子诞辰 2545 周
　　　　年暨国际儒学讨论会会议论文集》上、下，华夏出版社
　　　　1995 年 11 月版

方克立、李锦全主编　《现代新儒家学案》中国社会科学出版社
　　　　1995 年版

周昌龙　《新思潮与传统》台湾时报文化出版事业有限公司 1995
　　　　年版

李锦全　《人文精神的承传与重建》广东人民出版社 1995 年版

20世纪儒学研究大系

张世英　《天人之际——中西哲学的困惑与选择》人民出版社
　　　1995 年版

刘述先主编　《当代儒学论集》台北中央研究院中国文化研究所
　　　1995 年版

张志建　《严复学术思想研究》商务印书馆国际有限公司 1995 年
　　　版

叶秀山　《无尽的学与思——叶秀山哲学论文集》云南大学出版社
　　　1995 年 6 月版

叶秀山　《中西智慧的贯通——叶秀山中国哲学文化论集》江苏人
　　　民出版社 2002 年 7 月版

蒋　庆　《公羊学引论》辽宁教育出版社 1995 年版

颜炳罡　《整合与重铸——当代大儒牟宗三先生思想研究》台湾学
　　　生书局 1995 年 2 月版

张祥浩　《唐君毅思想研究》天津人民出版社 1994 年 1 月版

胡国亨　《独共南山守中国》香港中文大学出版社 1995 年版

李书有　《儒学与社会文明》江苏教育出版社 1995 年版

邓小军　《儒家思想与民主思想的逻辑结合》四川人民出版社
　　　1995 年版

孙尚扬、郭兰芳编　《国故新知论——学衡派文化论辑要》中国广
　　　播电视出版社 1995 年版

姜义华　《章太炎评传》百花洲文艺出版社 1995 年 12 月

郭齐勇、汪学群　《钱穆评传》百花洲文艺出版社 1995 年 7 月版

吴廷嘉　《梁启超评传》百花洲文艺出版社 1995 年版

孔庆茂　《辜鸿铭评传》百花洲文艺出版社 1995 年版

李中华、王守常　《冯友兰评传》百花洲文艺出版社 1995 年版

王思隽、李肃东　《贺麟评传》百花洲文艺出版社 1995 年 11 月版

方克立、郑家栋　《现代新儒家人物与著作》南开大学出版社 1995

20世纪儒学研究大系

年 2 月版

徐梵澄　《陆王学述——一系精神哲学》上海远东出版社 1994 年
　　　　版

张庆熊　《熊十力的新唯识论与胡塞尔的现象学》上海人民出版社
　　　　1995 年版

启　良　《新儒家批判》上海三联书店 1995 年 10 月版

〔美〕艾尔曼　《从理学到朴学》《中华帝国晚期思想与社会变化面
　　　　面观》江苏人民出版社 1995 年版

〔美〕陈荣捷　《新儒学论集》台北中央研究院中国文哲研究所
　　　　1995 年版

萧萐父、许苏民　《明清启蒙学术流变》辽宁教育出版社 1995 年版

高瑞泉主编　《中国近代社会思潮》华东师范大学出版社 1996 年
　　　　版

杨国荣　《从严复到金岳霖：实证论与中国哲学》高等教育出版社
　　　　1996 年版

冯　契　《人的自由与真善美》华东师范大学出版社 1996 年版

崔龙水、马振铎编　《马克思主义与儒学》当代中国出版社 1996 年
　　　　12 月

熊月之　《中国近代民主思想史》上海人民出版社 1996 年版

黄见德等　《西方哲学东渐史》华中理工大学出版社 1996 年版

王树人、喻柏林　《传统智慧再发现——常青的智慧与艺魂》作家
　　　　出版社 1996 年 2 月版

张祥龙　《海德格尔思想与中国天道》三联书店 1996 年版

刘以焕　《国学大师陈寅恪》重庆出版社 1996 年版

李明辉　《牟宗三先生与中国哲学之重建》台北文津出版社 1996
　　　　年 12 月版

蔡仁厚　《牟宗三先生学思年谱》台北学生书局 1996 年 2 月版

20世纪儒学研究大系

蔡仁厚、杨祖汉编　《牟宗三先生纪念集》东方人文学术研究基金
　　会1996年版

韦政通　《孔子》台北东大图书公司1996年版

林金水　《利玛窦与中国》中国社会科学出版社1996年版

钱素满　《爱默生与中国——对个人主义的反思》三联书店1996
　　年版

郝侠君、毛　磊等　《中西500年比较》中国工人出版社1996年版

冯禹、邢东风主编　《宏观比较哲学名著评介》中国人民大学出版
　　社1996年版

〔美〕本杰明·史华兹　《寻求富强:严复与西方》中译本,江苏人民
　　出版社1996年4月版

〔美〕墨子刻　《摆脱困境——新儒与中国政治文化的演进》中译
　　本,江苏人民出版社1996年2月版

〔美〕郝大维、安乐哲　《孔子　思微》中译本,江苏人民出版社
　　1996年9月版

〔美〕列文森　《梁启超与中国近代思想》中译本,四川人民出版社
　　1996年版

姚新中　《儒教与基督教——仁与爱的比较研究》(英文)英国苏塞
　　克斯大学1996年出版,中译本,中国社会科学出版社
　　2002年1月版

张　灏　《梁启超与中国思想的过渡(1890—1907)》(英文)中译
　　本,江苏人民出版社1997年1月版

田　浩　《功利主义儒家——陈亮对朱熹的挑战》江苏人民出版社
　　1997年7月版

刘海平编　《中美文化的互动与关联》上海外语教育出版社1997
　　年11月版

〔美〕A.J.巴姆　《比较哲学与比较宗教》四川人民出版社1996

年 8 月版

许思园 《中西文化回眸》华东师范大学出版社 1997 年 12 月版

杨念群 《儒学地域化的近代形态——三大知识群体互动的比较研究》三联书店 1997 年 6 月版

郑家栋 《当代新儒学史论》广东教育出版社 1997 年版

张岱年、汤一介主编 《文化的冲突与融合》北京大学出版社 1997 年版

徐葆耕 《释古与清华学派》清华大学出版社 1997 年版

郑师渠 《晚清国粹派——文化思想研究》北京师范大学出版社 1997 年版

陈　来 《有无之境》人民出版社 1997 年版

陈　来 《人文主义的视界》广西教育出版社 1997 年版

牟宗三 《中国哲学的特质》上海古籍出版社 1997 年版,台湾学生书局 1963 年初版

牟宗三 《中国哲学十九讲》上海古籍出版社 1997 年版,台湾学生书局 1983 年初版

牟宗三 《中西哲学之会通十四讲》上海古籍出版社 1997 年版,台湾学生书局 1990 年 3 月初版

牟宗三 《四因说演讲录》上海古籍出版社 1997 年版,据 1991 年春牟宗三在诚明堂讲稿出版

〔美〕杜维明 《现代精神与儒家传统》三联书店 1997 年版

方松华 《20 世纪中国哲学与文化》学林出版社 1997 年版

冯达文 《宋明新儒学略论》广东人民出版社 1997 年版

许纪霖 《寻求意义——现代化变迁与文化批判》上海三联书店 1997 年 12 月版

许纪霖 《无穷的困惑——黄炎培、张君劢与现代中国》上海三联书店 1998 年 8 月版

李宗桂　《传统文化与人文精神》广东人民出版社 1997 年版

罗检秋　《近代诸子学与文化思潮》中国社会科学出版社 1998 年
　　　　6 月版

颜炳罡　《牟宗三学术思想评传》北京图书馆出版社 1998 年 11 月
　　　　版

徐葆耕编　《会通派如是说——吴宓集》上海文艺出版社 1998 年
　　　　10 月

冯　林主编　《重新认识中国(1840—1949)》上、下，改革出版社
　　　　1998 年版

万俊人　《比照与透析》广东人民出版社 1998 年版

杨国荣　《理性与价值》上海三联书店 1998 年版

杨国荣　《存在的澄明——历史中的哲学沉思》辽宁人民出版社
　　　　1998 年版

〔美〕余英时　《现代儒学论》上海人民出版社 1998 年版

韩钟文　《中国儒学史(宋元卷)》广东教育出版社 1998 年 6 月版

楼宇烈、张西平主编　《中外哲学交流史》湖南教育出版社

陈平原　《中国现代学术之建立》北京大学出版社 1998 年版

颜炳罡　《当代新儒学引论》北京图书馆 1998 年版

蒋广学　《梁启超和中国古代学术的终结》江苏教育出版社 1998
　　　　年 6 月版

蔡仁厚　《孔子的生命境界》台北学生书局 1998 年 4 月版

〔美〕杜维明等　《儒学与人权》(英文)美国哥伦比亚大学出版社
　　　　1998 年版

李泽厚　《〈论读〉今读》安徽文艺出版社 1998 年 10 月版

卢钟锋　《中国传统学术史》河南人民出版社 1998 年 10 月版

罗志田　《民族主义与近代中国思想》台北东大图书公司 1998 年
　　　　版

20世纪儒学研究大系

何　俊　《西学与晚明思想的裂变》上海人民出版社 1998 年版

黄时鉴　《东西交流史论稿》上海古籍出版社 1998 年版

漆永祥　《乾嘉考据学研究》中国社会科学出版社 1998 年版

赵　园　《明清之际士大夫研究》北京大学出版社 1998 年版

高瑞泉　《中国现代精神传统》东方出版中心 1999 年 4 月版

刘红星　《先秦与古希腊——中西文化之源》上海古籍出版社
　　　　1999 年 7 月版

刘桂生、林启彦等　《严复思想新论》清华大学出版社 1999 年 12
　　　　月版

周一平、沈茶英　《中西文化交汇与王国维学术成就》学林出版社
　　　　1999 年 12 月版

沈卫威　《回眸"学衡派"——文化保守主义的现代命运》人民文学
　　　　出版社 1999 年版

张汝伦　《思考与批判》上海三联书店 1999 年 9 月版

肖　滨　《传统中国与自由理念——徐复观思想研究》广东人民出
　　　　版社 1999 年版

梁燕城　《破晓年代——后现代中国哲学的重构》东方出版中心
　　　　1999 年版

王元化、李慎之、杜维明等　《崩离与整合——当代智者对话》东方
　　　　出版中心 1999 年版

张世英　《进入澄明之境——哲学的新方向》商务印书馆 1999 年
　　　　版

高克力　《调适的智慧——杜亚泉思想研究》浙江人民出版社
　　　　1998 年版

〔美〕郝大维、安乐哲　《汉哲学思想的文化探源》中译本,江苏人民
　　　　出版社 1999 年版

黄克武　《自由的所以然——严复对约翰·弥尔自由思想的认识与

批判》上海书店出版社 2000 年 5 月版

〔美〕余英时　《论戴震与章学诚》三联书店 2000 年 6 月版,台北东
　　大图书公司 1996 年版

〔美〕成中英主编　《本体与诠释》三联书店 2000 年 1 月版

郑家栋　《牟宗三》台北东大图书公司 2000 年版

韦政通　《中国思想传统的创造转化》台北洪叶文化公司 2000 年版

刘述先　《儒家思想意涵之现代阐释论集》台湾中央研究院中国文
　　哲研究所筹备处 2000 年版

刘克敌　《陈寅恪与中国文化》上海人民出版社 1999 年版

〔美〕杜维明　《文化中国的认知与关怀》台北稻乡村出版社 1999
　　年版

〔美〕列文森　《儒教中国及其现代命运》中译本,中国社会科学出
　　版社 2000 年版

胡守为编　《陈寅恪与二十世纪中国学术》浙江人民出版社 2000
　　年 10 月版

董小川　《儒家文化与美国基督教新文化》商务印书馆 1999 年版

许明龙　《欧洲 18 世纪"中国热"》山西教育出版社 1999 年版

张西平　《中国与欧洲早期宗教和哲学交流史》东方出版社 2001
　　年版

许纪霖编　《二十世纪中国思想史论》上、下,东方出版中心 2000
　　年 7 月

葛兆光　《中国思想史》一、二卷,复旦大学出版社 1998 年 4 月、
　　2000 年 12 月版

郑家栋　《断裂中的传统——信念与理性之间》中国社会科学出版
　　社 2001 年版

郑师渠　《在欧化与国粹之间——学衡文化思想研究》北京师范大
　　学出版社 2001 年 3 月版

20世纪儒学研究大系

单　波　《心通九境——唐君毅哲学的精神空间》人民出版社2001年7月版

〔美〕成中英　《合外内之道——儒家哲学论》中国社会科学出版社2001年10月版

李明辉　《当代儒学的自我转化》中国社会科学出版社2001年7月版

〔美〕杜维明　《东亚价值与多元现代性》中国社会科学出版社2001年1月版

刘述先　《儒家思想开拓的尝试》中国社会科学出版社2001年7月版

张祥龙　《从现象学到孔夫子》商务印书馆2001年4月版

唐文明　《与命与仁——原始儒家伦理精神与现代性问题》河北大学出版社2002年7月版

何信全　《儒学与现代民主》中国社会科学出版社2001年7月版

张汝伦　《现代中国思想研究》上海人民出版社2001年12月版

盛邦和　《解体与重构——现代中国史学与儒学思想变迁》华东师范大学出版2002年9月版

黄俊杰编　《传统中华文化与现代价值的激荡》社会科学文献出版社2002年11月版

论文目录

梁启超　《南海康先生传·康南海之哲学》，《清议报》第100册，1901年12月12日

梁启超　《论学术之势力左右世界》，《新民丛报》第1号，1902年2月8日

梁启超　《先秦学派与希腊印度学派之比较》，《新民丛报》第7号，1902年5月8日，梁著《论中国学术思想变迁之大势》第三章

梁启超 《保教非所以尊孔论》,《新民丛报》第 2 号,1902 年 2 月 22 日

黄遵宪 《致饮冰主人书》,光绪二十八年(1902)八月,见《梁启超年谱长编》,上海人民出版社 1983 年版

黄 节 《保存国粹主义》,《政艺通报》1902 年

梁启超 《近世初祖二大家之学说》,《新民丛报》第 1 号,1903 年

邓 实 《鸡鸣风雨楼独立书》,《政艺通报》第 24 号,1903 年

王国维 《哲学辨惑》,《教育丛书》三集,《教育世界》第 55 号,1903 年

王国维 《孔子之美育主义》,《教育世界》第 69 号,1904 年 2 月

王国维 《论性》,《教育世界》第 70、71、72 号,1904 年 3—4 月

王国维 《释理》,《教育世界》第 82、83、86 号,1904 年 7、8、9 月

章太炎 《癸卯口中漫笔》,《国粹学报》第 8 期,1905 年

章太炎 《与刘申叔书》,《国粹学报》第 1 期,1905 年

潘 博 《国粹学报》叙,《国粹学报》第 1 期,1905 年

王国维 《周秦诸子之名学》,《教育世界》第 98 期第 100 号,1905 年 3、4 月

王国维 《论哲学家及美术家之天职》,《教育世界》第 99 号,1905 年 5 月

邓 实 《国学通论》,《政艺通报》第 3 期,1905 年

邓 实 《国学今论》,《国粹学报》第 5 期,1905 年

邓 实 《古学复兴论》,《国粹学报》第 9 期,1905 年

许守微 《论国粹无阻于欧化》,《国粹学报》第 7 期,1905 年 8 月

章太炎 《俱分进化论》,《民报》第 7 号,1906 年 9 月 5 日

章太炎 《诸子学略说》,《国粹学报》第 8、9 号,1906 年 7 月 20 日、8 月 20 日

刘光汉 《孔学真论》,《国粹学报》第 17 期,1906 年

王国维　《奏定经学科大学文学科大学章程书后》,《教育世界》第
　　　　118、119 号,1906 年 2 月

刘光汉　《中国哲学起源考》,《国粹学报》第 2 卷第 4、11、13 期,
　　　　1906 年

章太炎　《东京留学生欢迎会演说辞》,《民报》第 6 号,1906 年 7
　　　　月 15 日

王国维　《原命》,《教育世界》第 127 号,1906 年 5 月

章太炎　《革命之道德》,《民报》第 8 号,1907 年

刘师培　《近代儒学变迁论》,《国粹学报》3 卷 6 期,1907 年

刘师培　《近儒学术统系论》,《国粹学报》3 卷 3 期,1907 年

王国维　《书辜氏汤生英译〈中庸〉后》,《教育世界》第 160、162、
　　　　163 号,1907 年 10—12 月

邓　实　《国学真论》,《国粹学报》第 27 期,1907 年

邓　实　《国粹无用辨》,《国粹学报》第 30 期,1907 年

章　绛(太炎)　《原儒》,《国粹学报》第 10 号,1909 年

章　绛(太炎)　《原经》,《国粹学报》第 10 号,1908—1909 年

凡　人　《无圣篇》,《河南》第 3 期,1908 年 3 月

绝　圣　《排孔征言》,《新世纪》第 52 期,1908 年 6 月 20 日

鲁　迅　《文化偏至论》,《河南》第 7 期,1908 年 8 月

章太炎　《致国粹学报社书》,《国粹学报》第 10 号 1909 年

章太炎　《原学》,《国粹学报》第 66 期,1910 年

王国维　《国学丛刊序》,《国学丛刊》1911 年 2 月

江　瀚　《孔子发微》,《中国学报》第 1—7 期,1912 年 11 月—
　　　　1913 年 5 月

蓸　诲　《中国古代之哲学》,《进步杂志》第 3 卷第 4、5 期,1913
　　　　年 2 月

马叙伦　《儒学论》,《孔教会杂志》第 1 卷第 12 期,1914 年 1 月

汤用彤　《理学谵言》,《清华周刊》第 20 期,1914 年 11 月

陈独秀　《东西民族根本思想之差异》,《青年杂志》第 1 卷,第 4
　　　　号,1915 年 12 月

汪叔潜　《新旧问题》,《青年杂志》第 1 卷第 1 号,1915 年 9 月

杜亚泉　《静的文明与动的文明》,《东方杂志》第 13 卷第 10 号,
　　　　1916 年 10 月

易白沙　《孔子平议》,《新青年》第 1 卷第 6 期,第 2 卷第 1 期,
　　　　1916 年 2—9 月

谢无量　《中国哲学史》,《大中华》第 2 卷第 7 期 1916 年 7 月

杜亚泉　《战后东西文明之调和》,《东方杂志》第 14 卷第 4 号,
　　　　1917 年 4 月

李大钊　《自然的伦理与孔子》,《甲寅》1917 年 2 月 4 日

陈独秀　《复辟与崇孔》,《新青年》第 3 卷,第 6 号,1917 年 8 月 1
　　　　日

杜亚泉　《迷乱之现代人心》,《东方杂志》第 15 卷第 4 号,1918 年
　　　　4 月

陈独秀　《质问〈东方杂志〉记者——〈东方杂志〉与复辟问题》,《新
　　　　青年》第 5 卷第 3 号,1918 年 9 月

伧　父(杜亚泉)　《答〈新青年〉杂志记者之质问》,《东方杂志》第
　　　　15 卷第 12 号,1918 年 12 月

陈独秀　《学术与国粹》,《新青年》第 4 卷第 5 号,1918 年 5 月 15
　　　　日

李大钊　《东西文明之根本之异点》,《言治》季刊第 3 册,1918 年 7
　　　　月

胡　适　《中国哲学史大纲》导言,1918 年 9 月,商务印书馆 1919
　　　　年 2 月版

蔡元培　《胡适〈中国哲学史大纲〉序》1918 年 8 月 3 日

蔡元培　《致〈公言报〉函并附答林琴南君函》,《新潮》第 1 卷第 4
　　　　号,1919 年 4 月

陈独秀　《本志罪案之答案书》,《新青年》第 6 卷第 1 号,1919 年 1
　　　　月

陈独秀　《再质问〈东方杂志〉记者》,《新青年》第 6 卷第 2 号,1919
　　　　年 2 月

胡汉民　《儒教排他之态度及其手段》,《建设》第 1 期,1919 年 1
　　　　月

胡汉民　《孟子与社会主义》,《建设》第 1 卷第 1 号 1919 年

宗白华　《中国的学问家:沟通、调和》,《时事新报·学灯》,1919 年
　　　　11 月 27 日

陈寅恪、吴　宓　论中、西、印文化之异同,见《雨僧日记》1919 年
　　　　12 月 14 日,收入吴学昭著《吴宓与陈寅恪》,清华大学出
　　　　版社 1992 年版

杜亚泉　《新旧思想之折衷》,《东方杂志》第 16 卷第 6 号,1919 年
　　　　9 月

黄建中　《中国哲学之宇宙观》,《国民》第 1 卷第 1、2 期,1919 年 1
　　　　月

刘经庶　《中国哲学史》,《金陵光》第 10 卷第 3 期,1919 年 2 月

刘叔雅　《怎样叫做中西学术之沟通》,《新中国》第 1 卷第 6 期,
　　　　1919 年

胡汉民　《中国哲学史之唯物的研究》,《建设》,第 1 卷第 1 期,
　　　　1919 年

胡　适　《新思潮的意义》,《新青年》第 7 卷第 1 期,1919 年 12 月
　　　　1 日

毛子水　《国故和科学的精神》,《新潮》第 1 卷第 5 号,1919 年 5
　　　　月

张　煊　《驳〈新潮·国故和科学的精神〉》,《国故》第 3 期,1919 年 5 月

〔德〕尉礼贤博士　《中国哲学与西洋哲学之关系》,《觉悟》,上海《民国日报·副刊》,1920 年 6 月 27 日

李石岑　《现代哲学杂评》,《民锋》第 2 卷第 4 期 1920 年

范寿康　《最近哲学的趋势》,《改造》第 2 卷第 3 期,1920 年

黄建中　《中国哲学通论》,《唯是》第 1—3 期,1920 年 5—7 月

常乃德　《东方文明与西方文明》,《国民》第 2 卷第 3 号,1920 年 10 月 1 日

寓　公　《新思潮研究》,《改造》第 3 卷第 1 期,1920 年 9 月

缪凤林　《评胡适〈中国古代哲学史大纲〉》,上海《时事新报》副刊 "学灯",1920 年 7 月 17、19、25、27、31 日,8 月 1、2、3 日

刘伯明　《东西洋人生观之比较》,《民国日报·副刊 "觉悟"》,1920 年 6 月 4 日

陈独秀　《基督教与中国人》,《新青年》第 7 卷第 3 号,1920 年 2 月

陈嘉异　《东方文化与吾人之大任》,《东方杂志》第 18 卷第 1、2 号,1921 年 1 月

柳诒徵　《论近人讲诸子学者之失》,《史地学报》创刊号,1921 年

胡　适　《中国哲学的线索》,上海《民国日报·觉悟》1921 年 10 月 23 日

梁启超　《前清一代思想界之蜕变》,《改造》第 3 卷第 3、5 号,1920 年 11 月 15 日—1921 年 1 月 15 日

梁启超　《中国文化史纲》,《改造》第 4 卷第 3、4 期,1921—1922 年

梁启超　《评胡适之〈中国哲学大纲〉》,《晨报·副刊》1922 年 3 月,《哲学》第 7 期,1922 年 11 月

20 世纪儒学研究大系

梁启超 《儒家哲学及其政治思想》,《晨报·副刊》,1922 年 12 月

蔡元培 《五十年来中国之哲学》,《申报》五十年纪念专刊《最近五十年》,1922 年

张君劢 《欧洲文化之危机及中国新文化之趋向》,《东方杂志》第19 卷、第 3 期,1922 年

梅光迪 《评提倡新文化者》,《学衡》第 1 期,1922 年 1 月

吴　宓 《论新文化运动》,《学衡》第 4 期,1922 年 4 月,《留美学生季刊》第 8 卷第 1 号,1920 年

汤用彤 《评近人之文化研究》,《学衡》第 12 期,1922 年 12 月

梅光迪 《现今西洋人文主义》,《学衡》第 8 期,1922 年 8 月

刘伯明 《杜威论中国思想》,《学衡》第 5 期 1922 年 5 月

马承堃 《国学摭谭》,《学衡》第 2、3 期,1922 年 3、4 月

柳诒徵 《论中国近世之病源》,《学衡》第 3 期,1922 年 3 月

柳诒徵 《华化渐被史》,《学衡》第 7 期,1922 年 7 月,第 8 期,1923 年 8 月

张尔田 《论六经为经世之学》,《亚洲学术杂志》第 4 期,1922 年 8 月

冯友兰 《论"比较中西"——为谈中西文化及民族性者进一解》,《学艺》第 3 卷第 10 期,1922 年 5 月

冯友兰 《梁漱溟的〈东西文化及其哲学〉》(英文),哥伦比亚大学《哲学杂志》第 19 期,1922 年

张东荪 《读〈中西文化及其哲学〉》,《时事新报·副刊"学灯"》,1922 年 3 月 19 日

胡　适 《读梁漱溟先生〈东西文化及其哲学〉》,《读书杂志》1923 年第 8 号

胡　适 《五十年来之世界哲学》,《申报》五十年纪念专刊《最近之五十年》,1923 年 2 月

宋育仁　《孔教真理论》,《国学月刊》第 19 期,1923 年

张歙海　《孔子学说之精意》,《学衡》第 14 期 1923 年 2 月

梅光迪　《安诺德之文化论》,《学衡》第 14 期,1923 年 2 月

吴　宓　《我之人生观》,《学衡》第 16 期 1923 年 4 月

吴　宓　《白璧德之人文主义》,《学衡》第 19 期,1923 年 7 月

张嘉森　《严氏复输入之四大哲学家学说及西洋哲学之变迁》,《申报》五十年纪念专刊,1923 年

张君劢　《人生观》,《清华周刊》第 272 期,1923 年

丁文江　《玄学与科学——评张君劢〈人生观〉》,《努力周报》第 48、49 期,1923 年 4 月 12 日

张君劢　《再论人生观与科学并答丁在君》,《晨报》副刊 1923 年

丁文江　《玄学与科学——答张君劢》,《努力周报》1923 年 5 月 13 日

梁启超　《关于玄学科学论战之"战时国际公法"》,《时事新报、学灯》,1923 年 5 月 5 日

梁启超　《人生观与科学》,《时事新报·学灯》1923 年 5 月 23 日

王星拱　《科学与人生观》,《努力周报》1923 年

胡　适　《〈科学与人生观〉序》,亚东图书馆 1923 年 12 月出版的《科学与人生观》

陈独秀　《〈科学与人生观〉序》,亚东图书馆 1923 年 12 月出版的《科学与人生观》

陈独秀　《答张君劢及梁任公》,《新青年》第 3 期,1924 年 8 月 1 日

陈独秀　《寸铁·精神生活东方文化》,《前锋》,1924 年第 3 期

释太虚　《东洋文化与西洋文化》,《学衡》第 32 期,1924 年 8 月

翁慕庄　《明清之交西学东渐考》,《时事新报》副刊《学灯》,1924 年 8 月 22、23、26 日

20 世纪儒学研究大系

柳诒徵　《中国文化西被之商榷》,《学衡》第 27 期,1924 年 3 月

张其昀　《中国与中道》,《学衡》第 26 期,1924 年 2 月

梁启超　《中国近三百年学术史》,《史地学报》第 3 卷 1—8 期,
　　　　1924 年 5 月—1925 年 6 月

柳诒徵　《中国文化史》,《学衡》第 41—45 期,1925—1926 年

孤　桐(章士钊)　《新旧》,《甲寅》第 1 卷第 8 号,1925 年 8 月

孤　桐(章士钊)　《原化》,《甲寅》第 1 卷第 12 号,1925 年 10 月

张君劢　《人生观之论战序》,《人生之论战》上,泰东图书局 1925
　　　　年版

吴　宓　《希腊罗马之文化与中国》,贺麟记录,《清华周刊》第 364
　　　　期,1925 年

吴宓译　《白璧德论欧亚两洲文化》,《学衡》第 38 期,1925 年 2 月

缪凤林　《人道论发凡》,《学衡》第 46 期,1925 年 10 月

孤　桐(章士钊)　《评新文化运动》,《甲寅》第 1 卷第 9 号,1925
　　　　年 9 月

黄建中　《中国认识论史·导言》,《学衡》第 51 期,1926 年 3 月

吴宓译　《孔子老子学说对于德国青年之影响》,《学衡》第 54 期,
　　　　1926 年 6 月

潘光旦　《基督教与中国——一个文化交际的观察》,《留美学生季
　　　　报》第 11 卷第 2 号,1926 年 5 月 20 日

常乃德　《中国民族与中国新文化之创造》,《东方杂志》第 24 卷第
　　　　24 号,1927 年 12 月

梁启超　《儒家哲学》在清华学校讲,1927 年,《饮冰室合集·专集》
　　　　第 24 册

吴　宓　《孔子之价值及孔教之精义》,《大公报》文学副刊,1927
　　　　年 9 月 22 日

冯友兰　《泛论中国哲学》,《燕京大学月刊》第 1 卷第 2 期,1927

年 11 月

冯友兰　《孔子在中国历史中之地位》,《燕京学报》1927 年 12 月

曾学传　《历代儒子概论》,《国学》第 1 卷第 7 期,1927 年

傅斯年　《论孔子学派说何以适应于秦汉以来的社会的缘故》,《语言历史学研究所周刊》第 1 集第 6 期,1927 年 12 月

陈植亭　《中国不能产生哲学系统的原因》,《语言历史学研究所周刊》第 7 卷第 82 期,1927 年 5 月

周予同　《经学史与经学之派别》,《民铎杂志》第 9 卷第 1 期,1927 年 9 月

彭　康　《科学与人生观——近几年来中国思想界的总结算》,《文化批判》第 2 期 1928 年 12 月 18 日

张荫麟译　《斯宾格勒之文化论》,《学衡》第 61 期、第 66 期,1928 年 1 月、11 月

张荫麟　《评冯友兰〈孔子在中国历史中之地位〉》,《大公报·文学副刊》第 9 期,1928 年 3 月 5 日

宗白华　《形上学——中西哲学之比较》,1928—1930 年笔记,载《宗白华全集》,安徽教育出版社 1994 年 12 月版

宗白华　《孔子形上学》1928 年,载《宗白华全集》安徽教育出版社 1994 年 12 月版

陈寅恪　《王观堂先生挽词并序》,《学衡》第 64 期,1928 年 7 月

蒋善国　《儒的意义》,《晨报》副刊第 78 期,1928 年 3 月

顾颉刚　《孔子研究课题旨趣书》,《语言历史学研究所周刊》第 5 卷第 57、58 期,1928 年 12 月

朱士焕　《儒道之系统的研究》,《民彝》第 1 卷第 10 期,1928 年 3 月

李云鹤　《先秦儒家之学派》,《语言历史学研究所周刊》第 7 卷第 83、84 期,1929 年 6 月

20世纪儒学研究大系

张申府　《1929 年的哲学界》,《哲学月刊》第 2 卷第 5 期,1929 年
　　　　8 月

蔡元培　《中华民族与中庸之道》,1930 年 11 月 20 日在亚洲学会
　　　　的演讲,收入《蔡元培全集》中华书局 1989 年版

贺　麟　《朱熹与黑格尔太极说之比较观》,《大公报》文学副刊第
　　　　149 期,1930 年

胡远濬　《老孔学说与黑格尔马克思学说之比较》,《中央大学半月
　　　　刊》第 2 卷第 4 期,1930 年 11 月

胡　适　《东西文化之比较》1930 年,见《胡适选集·杂文》,台北传
　　　　纪文学社 1970 年版

潘光旦　《人文选择与中华民族——两个制度的讨论》,《新月》第
　　　　3 卷第 2 期,1930 年辑入《人文史观》

太　虚　《西洋中国印度哲学的概观》,《海潮音》第 11 卷第 2 期,
　　　　1930 年 2 月

陈寅恪　《冯友兰〈中国哲学史〉审查报告》,《学衡》第 74 期,1931
　　　　年 3 月

金岳霖　《冯友兰〈中国哲学史〉审查报告》,见冯著《中国哲学史》
　　　　书后,神州国光社 1931 年 2 月版

冯友兰　《中国中古近古哲学与经学之关系》,《清华周刊》第 35 卷
　　　　第 1 期,1931 年 2 月

素　痴　《中国哲学史》上卷,《太公报》文学副刊第 176、177 期,
　　　　1931 年 5 月 25、6 月 1 日

王星拱　《知难行易和儒家学说》,《新时代半月刊》第 1 卷第 2 期,
　　　　1931 年 5 月

钱宾四　《儒家哲学》,陈振汉记录,《南开》第 111 期,1931 年 5 月

唐君毅　《孔子与歌德》,《国风》半月刊第 1 卷第 3 期,1932 年 9
　　　　月

范存忠　《孔子与西洋文化》,《国风》半月刊第 1 卷第 3 期,1932 年 9 月

郭斌和　《孔子与亚里士多德》,《国风》半月刊第 1 卷第 3 期,1932 年 9 月

梅光迪　《孔子之风度》,《国风》半月刊第 1 卷第 3 期,1932 年 9 月

张其昀　《教师节与新孔学运动》,《时代公论》第 15 号,1932 年

吴　宓　《道德救国论》,《大公报》文学副刊第 214 期,1932 年 2 月 15 日

林语堂　《中国文化之精神》在牛津大学和平会演讲,《申报月刊》第 1 卷第 1 期,1932 年

胡先骕　《中国今日救亡所需之新文化运动》,《国风》半月刊第 1 卷第 9 期,1932 年

柳诒徵　《孔学管见》,《国风》半月刊第 1 卷第 3 期,1932 年 9 月

韦渊然　《孔子之中心思想——仁》,《尚志周刊》第 1 卷第 14 期,1932 年 8 月

张君劢　《科学与哲学之携手》,《再生》第 2 卷第 1 期,1933 年 11 月 1 日

艾思奇　《二十二年来之中国哲学思潮》,《中华月报》第 2 卷第 1 期,1933 年 12 月

吴　宓　《孔诞小言》,《学衡》第 79 期,1933 年 7 月

吴　宓　《论孔教之价值》,《国闻周报》第 3 卷第 10 期,1933 年

胡　适　《儒教的使命》,1933 年 7 月在美国芝加哥大学主讲,见徐高阮《胡适和一个思想的趋向》,地平线出版社 1970 年 10 月版

胡　适　《中国的文艺复兴》,1937 年 7 月在美国芝加哥大学主讲,原题为《当代中国的文化走向》,芝加哥大学出版社

1934 年 5 月版

柳诒徵 《评胡适说儒》,《国风》半月刊第 6 卷第 3、4 合期,1933
年

艾毓英 《总理遗教与儒家学说》,《中兴周刊》第 21 期,1933 年 11
月

谢霄明 《儒家哲学的中心思想》,《东方杂志》第 31 卷第 41 期,
1934 年 7 月

张申府 《现代哲学的主潮》、《清华周刊》第 42 卷第 8 期,1934 年
12 月 17 日

张申府 《尊孔能救得了中国么?》,《清华周刊》第 42 卷,1934 年
11 月 12 日

张季同 《中国思想源流》,《大公报》"世界思潮"第 64 期,1934 年
1 月 8 日

张岱年 《中国知论大要》,《清华学报》第 9 卷第 2 期,1934 年 4
月

潘光旦 《纪念孔子与做人》,《华年》第 3 卷第 24 期,1934 年 8 月

蒋维乔 《孔子之仁道》,《光华大学半月刊》第 3 卷第 24 期,1934
年 10 月

王启人 《孔子及其哲学》,《清华周刊》第 41 卷第 5 期,1934 年 4
月

胡 适 《写在孔子诞辰纪念之后》,《独立评论》第 117 号,1934
年

胡 适 《说儒》,中央研究院历史语言学研究所集刊,1934 年 12
月

侯封祥 《吾人对于孔子学说思想应有的认识》,《北强》第 1 卷第
1 期,1934 年 4 月

柳诒徵 《对于中国文化管见》,《国风》半月刊,第 4 卷第 7 期,

1934 年

熊十力　《中国哲学是如何一回事》,《文哲月刊》第 1 卷第 1 期,
　　　　1935 年 10 月

李石岑　《哲学史上的三个体系》,《教育杂志》第 22 卷第 4 期,
　　　　1935 年 10 月

钱玄同　《重论经今古文问题》,《古史辨》第 5 册,朴社 1935 年 1
　　　　月

刘汝霖　《怎样研究思想史》,《文化与教育》第 5 卷第 4 期,1935
　　　　年 4 月

牛　夕　《中国哲学的系统问题》,《行健月刊》第 6 卷第 2 期,1935
　　　　年 2 月

潘光旦　《中国人文思想的骨干》,《人文》第 5 卷第 1 期,1934 年 2
　　　　月

潘光旦　《儒教与中国民族》,《华年》周刊第 4 卷第 19、20 期,1935
　　　　年 5 月

张荫麟　《冯友兰〈中国哲学史〉》附著者答书,《清华学报》第 10 卷
　　　　第 3 期,1935 年 7 月

章太炎　《论经史儒之分合》,《光华大学半月刊》第 4 卷第 5 期,
　　　　1935 年 12 月

李　俊　《荀子与托马斯·霍布斯》,《珞珈月刊》第 1 卷第 4 期,
　　　　1934 年 2 月

江亢虎　《孔子的人生哲学》,《晨报》1935 年 1 月 10 日—5 月 7 日

张东荪　《现代的中国怎样要孔子》,《正风》第 1、2 期,1935 年 1
　　　　月 16 日

张东荪　《孔子论仁》,《新民月刊》第 1 卷第 1 期,1935 年

蒋　振　《孔子大同与柏氏共和》,《中央时事周报》第 4 卷第 2—4
　　　　期,1935 年

孙道升　《现代中国哲学界之解剖》,《国闻周报》第 12 卷第 45 期,
　　　　1935 年

杨王清　《儒家的政治哲学》,《中山文化教育馆季刊》第 2 卷第 1
　　　　期,1935 年 1 月

李忠运　《戴东原的哲学与弗洛特的心理学》,《大道》半月刊第
　　　　2—4 期,1934 年 1—2 月

吕金录　《儒家思想与现代中国》,《东方杂志》第 32 卷第 19 期,
　　　　1935 年 10 月

范寿康　《孔子思想的分析与批评》,《武汉大学文哲季刊》第 4 卷
　　　　第 3 期,1935 年 6 月

张东荪　《十年来之哲学界》,《宇宙》旬刊第 2 卷第 7 期,1935 年 7
　　　　月

钟贵扬　《晚周与希腊之政治思想及社会生活之比较》,《大夏》第
　　　　1 卷第 9 期,1935 年 2 月

知　堂　《谈儒家》,《世界日报·明珠》第 65 期,1936 年 12 月 4 日

姜忠奎　《儒学叙论》,《国故论衡》第 8 期,1936 年 11 月

邵之冲　《孔子之民生哲学》,《建国月刊》第 15 卷第 3 期,1936 年
　　　　9 月

荷　介　《孟子学说为西学之视说》,《东方杂志》第 3 卷第 7 期

钟鲁斋　《孟子学说对于吾国民族思想上的影响》,《民族》第四卷
　　　　第 1 期,1936 年 1 月

蔡元培　《孔子的精神生活》,《江苏月刊》第 5 卷第 9 期,1936 年 9
　　　　月

缪　钺　《儒学序》,《国风》第 8 卷第 8 期,1936 年 8 月

刘兴唐　《儒家之起源》,《人生评论》第 2 期,1936 年 11 月

钱　穆　《儒家之起源》,《华北日报》史学周刊第 113 期,1936 年
　　　　11 月 26 日

马叙伦　《中国哲学中"命"的问题》,《哲学评论》第 7 卷第 2 期, 1936 年 12 月

蒋维乔　《东方哲学略谈》,《中国学生》第 2 卷第 1—4 期,1936 年 1 月

唐君毅　《论中西哲学中本体观念之一种变迁》,《文哲月刊》第 1 卷第 8 期,1936 年 9 月

孙道升　《中国上古哲学鸟瞰》,《哲学月刊》第 1 卷第 8 期,1936 年 8 月

王眉征　《先秦学术思想之渊源》,《正中校刊》第 34、35 期,1936 年 4 月

谭丕模　《春秋战国哲学思想之流派》,《晨报》"思辨"第 64 期, 1936 年 12 月 4 日

张荫麟　《战国时代的思潮》,《大公报》史地周刊第 75 期,1936 年 3 月 6 日

高名凯　《荀子的哲学》,《人生评论》第 1 期,1936 年 10 月

杨棣堂　《从儒家的仁爱观说到释氏的慈悲观》,《仁爱月刊》第 1 卷第 3 期,1935 年 7 月

穆　伯　《儒教之传入法国》,《国光杂志》第 18 期,1936 年 6 月

王缁尘　《儒家社会主义》,《学术世界》第 2 卷第 1、3、4 期,1936 年 10 月,1937 年 4 月

贺　麟　《文化的类型》,《哲学评论》第 7 卷第 3 期,1936 年 9 月

张君劢　《中国民族文化之过去与今后之发展》,载《明日之中国文化》,商务印书馆 1936 年版

王新命、何炳松、陶希圣等十教授　《中国本位的文化建设宣言》, 《文化建设》月刊第 1 卷第 4 期,1935 年 1 月 10 日

胡　适　《评所谓"中国本位的文化建设"》,《独立评论》第 145 号, 天津《大公报》1935 年 3 月 31 日

萨孟武　《论中国文化的本位建设答胡适先生》,《文化建设》第 1 卷第 8 期,1935 年

许性初　《从五四运动说到十一宣言》,《文化建设》第 1 卷第 5 期, 1935 年

吴景超　《建设问题与东西文化》,《独立评论》第 139 号,1935 年

王新命等十教授　《我们的总答复》,《文化建设》第 1 卷第 8 期, 1935 年 5 月 10 日

陈立夫　《文化与中国文化之建设》,《中国本位文化建设讨论集》,《文化建设》月刊社 1936 年版

中国文化建设协会山西分会月刊　《儒家的哲学》,第 1 卷第 7、8 期,1937 年 4 月

蒙文通　《儒家哲学思想之发展》,《论学》第 4 期,1937 年 4 月

鲁　迅　《在现代中国的孔夫子》,1935 年 4 月 29 日,《且介亭杂文二集》,上海三闲书局 1937 年 7 月版

李澄源　《新儒学派发微》,《论学》第 4 期,1937 年 4 月

陈独秀　《孔子与中国》,《东方杂志》第 34 卷第 18、19 号,1937 年 10 月 1 日

张东荪　《孔子的思想》,《丁丑》第 1、2 期,1937 年 5 月

冯友兰　《论民族哲学》,《南渡记》下编,1937 年

冯友兰、孙道升　《怎样研究中国哲学史》《出版周刊》第 233 期, 1937 年 5 月

梁漱溟　《中西学术之不同》,《朝话》,山东邹平乡村书店 1937 年 6 月版

朱谦之　《宋明理学对于欧洲文化之影响》,《现代史学》第 3 卷第 2 期,1937 年 4 月

张申府　《启蒙运动之史之考察》,《全民报》1937 年

张申府　《什么是新启蒙运动?》,《实报》"星期偶感",1937 年 5 月

23 日

张申府　《五四纪念与新启蒙运动》,《认识月刊》,1937 年 6 月 15
　　　　日

高　亨　《孔子哲学导论》,《经世》第 1 卷第 3 期,1937 年 2 月

李澄源　《周秦儒学史论》,《论学》第 1 期 1937 年 1 月

冯友兰　《别共殊》,《新动向半月刊》第 1 卷第 7 期,1938 年 9 月

冯友兰　《明层次》,《新动向半月刊》第 1 卷第八期,1938 年 9 月

梁漱溟　《关于"五四"的谈话》,《战时文化》创刊号,1938 年

熊十力　《科学真理与玄学真理》(答唐君毅),《文哲月刊》第 1 卷
　　　　第 7 期,1938 年 8 月 10 日

唐君毅　《中西哲学问题之不同》,《重光月刊》1938 年第 4、5 期

方东美　《答熊子贞》,《哲学与文化月刊》革新号第 4 卷第 10 期,
　　　　1938 年

贺　麟　《与张荫麟先生辩太极说之转变》《新动向》第 1 卷第 4
　　　　期,1938 年 8 月

唐君毅　《中西哲学问题之分野》,《新西北月刊》第 1 卷第 2、3 期,
　　　　1939 年

宗白华　《〈柏拉图对话集〉的汉译编辑后语》,《时事新报》"学灯"
　　　　第 54 期,1939 年 10 月 8 日

侯外庐　《中国学术的传统与现阶段的学术运动》,《理论与现实》
　　　　1939 年 4 月

张申府　《论中国化》,《战时文化》第 2 卷第 2 期,1939 年 2 月 20
　　　　日

贺　麟　《五伦观念的新检讨》,《战国策》第 3 期,1940 年

宗白华　《〈西洋文化之理智精神〉编辑后语》,《时事新报》"学灯"
　　　　第 67 期,1940 年 1 月 8 日

允　中　《儒家政治哲学之体系的研究》,《新东方》第 2 卷第 1 期,

1940 年 11 月

林语堂　《辜鸿铭——最后一个儒家》,《西风》副刊第 32 期,1941 年 4 月

朱谦之　《中国思想方法论纲》,《中山学报》第 1 期,1941 年 11 月

贺　麟　《儒家思想之开展》,《思想与时代》第 1 期,1941 年 8 月 1 日

程兆熊　《儒家的思想与国际社会》,《理想与文化》第 1 期,1942 年 1 月

朱光潜　《乐的精神与礼的精神——儒家思想系统的基础》,《思想与时代》月刊,第 7 期,1942 年 9 月

朱光潜　《冯友兰先生的新理学》,《文史杂志》第 2 期,1940 年

王范之　《论唯理主义与冯友兰先生的新理学》,《时代精神》第 7 卷第 2 期,1942 年 11 月

陈觉玄　《中国思想科学化》,《大学》第 1 卷第 7、8 期,1942 年 7、8 月

代锡璋　《儒家民族思想及其影响》,《东方杂志》第 39 卷第 17 期,1943 年 11 月

汤用彤　《文化思想之冲突与调和》,《学术季刊》第 1 卷第 2 期,1943 年

金岳霖　《中国哲学》(英文),1934 年油印样本,钱耕森译,《哲学研究》1985 年第 9 期

陈家康　《真际与实际》,《群众》第 8 卷第 3 期,1943 年

陈家康　《物与理》,《群众》第 8 卷第 5 期,1943 年

冯友兰　《儒家哲学之精神》,《中央周刊》第 5 卷第 41 期,1943 年

冯友兰　《新理学在哲学中之地位及其方法》,《哲学评论》第 8 卷第 1、2 期,1943 年 5 月、7 月

谢幼伟　《现代哲学之背景》,《思想与时代》第 23 期,1943 年 1 月

谢幼伟 《现代哲学之特征》,《思想与时代》第 24 期,1943 年 7 月

杨慕冯 《欧美人研究中国学术的概要》,《大学》第 2 卷第 10 期,1943 年 10 月

贺　麟 《宋儒的新评价》,《思想与时代》第 34 期,1944 年

王　浩 《新理学的形上学系统》,《哲学评论》第 9 卷第 3 期,1944 年 9 月

全增嘏 《中国哲学述略》,《文化先锋》第 4 卷 20 期,1945 年 2 月

钱　穆 《中国哲学的宇宙观》,《军事与政治》第 8 卷第 9 期,1945 年 2 月

钱　穆 《中国学术思想史分期》,《中央周刊》第 7 卷第 17 期,1945 年

唐君毅 《中国原始民族哲学心灵状态之形成》,《中国文化》第 1 期,1945 年 9 月

唐君毅 《中国原始民族哲学思想之特征》,《中国文化》第 1 期,1945 年 9 月

林穆光 《儒家思想与民主主义》,《大学》第 2 卷第 10 期,1943 年 10 月

冯友兰 《对于儒家哲学之新修正》,《胜流》第 2 卷第 1 期,1945 年 7 月

林宰平 《学术思想与民族思想》,《文哲月刊》第 2 卷第 2 期,1931 年 4 月

敖士英 《中国学术思想与民族性》,《新中国》第 5 期,1945 年 6 月

侯外庐 《黄梨洲的哲学思想与近世思维方法》,《中苏文化》,1944 年第 15 卷第 6、7 期

罗　庸 《儒家的根本精神》,《国文月刊》第 21 期,1944 年 6 月

吴经熊 《孔子人格》,《世光》第 4 卷第 3、4 期,1945 年 1 月

胡秋原　《新儒之道路》,《新中国》第 7 期,1945 年 11 月

贺　麟　《陆王之学的新发展》,《建国导报》第 1 卷,第 17 期 1945 年

张东荪　《朱子的形而上学》,《中大学报》第 3 卷第 1、2 期,1945 年 5 月

胡秋原　《论儒学》,《建国青年》第 1 卷第 4 期,1946 年 4 月

陈立森　《儒家哲学思想与革命人生观》,《教育与文化》第 1 卷第 6 期,1946 年 5 月

贺　麟　《王船山的历史哲学》,《哲学评论》第 10 卷第 1 期,1946 年 10 月

洪　谦　《论"新理学"的哲学方法》,《哲学评论》第 10 卷第 2 期,1946 年 12 月

李源澄　《儒学对新中国学术政治社会之影响》,《东方杂志》第 42 卷第 7 期,1946 年 4 月

唐君毅　《船山之性与天道论通释》,《学原》卷 1 第 2、3、4 期

潘光旦　《荀子与斯宾塞论解蔽》,《平明日报》1946 年 12 月 14 日

潘光旦　《人文学科必须东山再起——再论解蔽》,《观察》第 2 卷第 8、9 期,1947 年 4 月

熊十力　《略说中西文化》,《学原》,1947 年

林志钧　《中国哲学的特点》,《哲学评论》第 10 卷第 3 期,1947 年 3 月

张岱年　《中国哲学中之方法》,《哲学评论》第 10 卷第 4 期,1947 年 4 月

黄建中　《中国哲学之起源》上、中、下,《学原》第 1、2、3、4 期,1947 年 6、7、8 月

谢幼伟　《抗战七年来之哲学》,载贺麟著《当代中国哲学》附录,胜利出版公司 1947 年版

胡秋原　《儒家及其流变》,《中央周刊》第 9 卷第 18 期,1947 年

纪玄冰　《中国哲学的主流与逆流》,《新中华》第 6 卷第 6 期,1948
　　　　年 3 月

周宪文　《中国传统思想与现代化》,《新中华》第 6 卷第 9 期,1948
　　　　年 5 月

樊　弘　《社会科学与儒家哲学》,《大公报》1947 年 3 月 30 日

周予同　《儒家和儒教》,《青年界》第 5 卷第 4 期,1948 年 5 月

敬　轩　《老子·卢骚与孔子》,《学术丛刊》第 1 期,1947 年 6 月

嵇文甫　《儒家学说的贵族性》,《新中华》第 6 卷第 9 期,1948 年 5
　　　　月

唐君毅　《论中国原始宗教信仰与儒家天道之关系兼论中国哲学
　　　　之起源》,《理想历史文化》第 1 期,1948 年 7 月

钱　穆　《湖上闲思录》,《申报·学津》第 26、27、28、29、30 期,1948
　　　　年 6 月

贺　麟　《自由主义与学术》,《周论》第 2 卷第 18 期,1948 年 12
　　　　月

冯友兰　《中国哲学的精神》,《改造评论》第 2 卷第 1 期,1948 年 4
　　　　月

冯友兰　《新理学的趋势》,《改造评论》第 2 卷第 4 期,1948 年 6
　　　　月

熊十力　《论事物之理与天理》答徐复观,《学原》第 1 卷第 12 期,
　　　　1948 年 4 月

唐君毅　《中国科学与宗教不发达之古代历史原因》,《文化先锋》
　　　　1947 年 7 卷 1 期,1948 年 9 卷 3 期

王辉明　《儒家民本主义与近代民主思想》,《社会科学论丛》第 1
　　　　期,1948 年 2 月

张申府　《论纪念孔诞》,《大公报》(天津)1948 年 10 月 15 日

20 世纪儒学研究大系

张申府　《中国与西洋》,《中国建设》第 7 卷第 2 期,1948 年 11 月

熊十力　《略论新学旨要——答牟宗三》,《学原》第 2 卷第 1 期,
　　　　1948 年 5 月

胡　适　《自由主义与中国》,《大公报》(重庆)1948 年 10 月 6 日

伍宪子　《仁为孔子学说中心》,《人道》第 2 期,1948 年 1 月

吴世昌　《中国文化与现代化问题》,上海观察社 1948 年 6 月

梁漱溟　《发挥中国的长处以吸收外国的长处》,北培管理局印行,
　　　　1948 年

梁漱溟　《理性——人类的特征》,《勉仁文学院院刊》1 号,1949 年

张君劢　《哲学家之任务》,上海《再生》,1949 年

张君劢　《孔子哲学》印度协会 1949 年印

张君劢　《孟荀哲学》印度协会 1949 年印

张君劢　《中国现代文艺复兴》印度协会 1949 年印

钱　穆　《人生目的和自由》,《民主评论》第 1 卷第 10 期,1949 年
　　　　11 月

钱　穆　《新三不朽论》,《民主评论》第 1 卷第 6 期,1949 年 9 月 1
　　　　日

冯友兰　《中国哲学和她在未来世界哲学中的贡献》,《汉学》第 2
　　　　卷第 4 期,1949 年法文版

冯友兰　《哲学家当前的任务》,《进步日报》1949 年 6 月 19 日

唐君毅　《至圣先师孔子二千五百年纪念》,广州《大光报》1949 年
　　　　8 月 27 日

唐君毅　《从科学世界到人文世界》(《理想的世界》上篇),《民主评
　　　　论》1949 年 1 卷 1 期

唐君毅　《人文世界之内容》,(《理想世界》下篇),《民主评论》1949
　　　　年 1 卷 2 期

唐君毅　《王船山之人道论通释》,《学原》1949 年 3 卷 3 期

牟宗三　《儒家学术的发展及其使命》,《民主评论》第 1 卷第 6 期,
　　　　1949 年 9 月

牟宗三　《理性的理想主义》,《民主评论》第 1 卷第 10 期,1949 年
　　　　11 月

牟宗三　《道德的理想主义与人性论》,《民主评论》第 1 卷第 11
　　　　期,1949 年 11 月

徐复观　《论自由主义与派生的自由主义》,《民主评论》第 1 卷第
　　　　11 期,1949 年 11 月 16 日

胡　适　《中国历史上争取自由的奋斗》,《中央日报》1949 年 12
　　　　月 11 日

胡　绳　《评冯友兰著〈新事论〉》,《理性与自由》,三联书店 1950
　　　　年版

胡　绳　《论反理性主义的逆流》,《理性与自由》,三联书店 1950
　　　　年版

胡　适　《〈朱子语类〉的历史》1950 年 1 月 8 日

胡　适　《朱子论"尊君卑臣"的札记》,1950 年 2 月 7 日稿

冯友兰　《"新理学"底自我检讨》,《人民日报》1950 年 10 月 11 日

冯友兰　《从"新理学底自我检讨"说到新旧哲学的区别》,《新建
　　　　设》1950 年第 3 期

张君劢　《一封不寄的信——责冯友兰》,1950 年 6 月 23 日印度,
　　　　收入《中西印哲学文集》台湾学生书局,1981 年版

张君劢　《世界文化之危机》,香港《再生》第 14 期,1950 年 4 月 15
　　　　日

钱　穆　《新亚书院旨趣及发展计划》,《新亚校刊》创刊号,1950
　　　　年 3 月

钱　穆　《孔子与世界文化新生》,《民主评论》第 2 卷第 4 期,1950
　　　　年 8 月 16 日

20世纪儒学研究大系

唐君毅　《中国近代学术文化精神之省察》,《民主评论》1950 年 1
　　　　卷 24 期

唐君毅　《孔子与人格世界》,《民主评论》1950 年 2 卷 5 期

唐君毅　《辩证法之类型》,新亚书院文化讲座讲词,1950 年,《鹅
　　　　湖》1984 年 9 月 9 卷 8 期

牟宗三　《论凡存在即合理》,《民主评论》第 2 卷第 13 期,1951 年
　　　　1 月

张君劢　《中华民族精神——气节》,香港《再生》1951 年

熊十力　《与友人论六经》,大众书店 1951 年夏印行

唐君毅　《西洋文化精神之发展》,《民主评论》1951 年 2 卷 15、16
　　　　期

唐君毅　《人生之智慧》,《人生》第 1—5 期,1951 年

唐君毅　《中国传统之人生态度》上、中、下,《人生》第 2 卷第 20、
　　　　21、22 期,1951 年

唐君毅　《从纪念孔子之诞辰论中国自由精神》,《自由人》第 50
　　　　期,1951 年

钱　穆　《中国思想史》自序,《香港时报》增刊,1951 年 8 月 4 日

钱　穆　《近五十年中国人心中所流行的一套历史哲学》,《自由
　　　　人》1951 年 7 月 4 日

钱　穆　《中国知识分子》,《民主评论》第 2 卷第 21、22 期,1951
　　　　年 5 月

钱　穆　《人类新文化之展望》,《民主评论》第 2 卷第 23 期,1951
　　　　年 6 月 1 日

唐君毅　《论西方之人格世界》,《民主评论》1952 年 3 卷 3 期

唐君毅　《论中国之人格世界》,《民主评论》1952 年 3 卷 5、6 期

唐君毅　《论接受西方文化思想之态度》上、下,《民主评论》1952
　　　　年 3 卷 15、16 期

唐君毅 《自由、人文与孔子精神》上、下,《民主评论》1952年3卷
20、21期

唐君毅 《康德哲学精神与菲希特之理想主义》,《摩象》1952年第
1、2期

唐君毅 《海德格之存在哲学》,《新思潮》1952年第17、18期

牟宗三 《哲学智慧之开发》,《新生报》1952年6月4日

牟宗三 《孟荀合论》上:《孟子与道德精神主体》,下:《荀子与知性
主体》,《民主评论》第3卷第21、22期,1952年11月

徐复观 《索罗金论西方文化的再建》,《民主评论》第3卷第8、9
期,1952年4月1日、16日

徐复观 《儒家精神之基本性格及其限定与新生》,《民主评论》第
3卷第10期副刊,1952年5月

冯友兰 《孔子思想研究》(合著),《新建设》1954年4月第4期

钱 穆 《朱熹学述》,《民主评论》第4卷第1期,1953年1月1
日

钱 穆 《三陆学述》,《民主评论》第2期1953年1月16日

钱 穆 《孔子与春秋》,香港大学《东方文化》第1卷第1期,1954
年1月

钱 穆 《新亚精神》,《新亚校刊》第4期,1954年2月25日

唐君毅 《中国文化之精神价值》自序,《民主评论》1953年4卷1
期

唐君毅 《中西文化之返本与开新——〈人文精神之重建〉序》,《人
生》1953年6卷总66卷

唐君毅 《中西社会人文与民主精神》,《民主评论》1953年4卷4
期

唐君毅 《人类精神之行程》上、下,《民主评论》1954年第1、2期

唐君毅 《张横渠之心性论及其形而上学之根据》,《东方文化》

1954 年第 1 卷第 1 期

牟宗三　《实在哲学的人文价值》,《大陆》第 7 卷第 5 期,1953 年 9
　　　　月

牟宗三　《人文主义的基本精神》,《人文学刊》第 2 卷第 1 期,1953
　　　　年 11 月

牟宗三　《论上帝隐退》,《民主评论》第 4 卷第 23 期,1953 年 12
　　　　月

牟宗三　《现时中国之宗教趋势》,《新思潮》第 39 期,1954 年 7 月

牟宗三　《中国文化之特质》,《中国文化论集》(一),1954 年 12 月

徐复观　《理与势——自由中国的信念》,《民主评论》第 4 卷第 12
　　　　期,1953 年 6 月 16 日

徐复观　《为生民立命》,《人生》第 7 卷第 2 期,1954 年 1 月 6 日

徐复观　《中国知识分子的历史性格与历史的命运》,《民主评论》
　　　　第 5 卷第 8 期,1954 年 4 月 16 日

徐复观　《象山学述》,《民主评论》第 5 卷第 23 期,1954 年 12 月 1
　　　　日

郭沫若　《儒家八派的批判》,《十批判书》1944 年撰成此文,重庆
　　　　群益出版社 1945 年版,1950 年修改补充,1956 年科学出
　　　　版社重版

嵇文甫　《关于孔子历史评价问题的几点解答》,《历史教学》1954
　　　　年第 9 期

张岱年　《王船山的唯物主义思想》,《光明日报》1954 年 10 月 6
　　　　日

周辅成　《荀子的认识论》,《光明日报》1954 年 4 月 7 日

陈荣捷　《儒家仁概念的演化》,《东西方哲学》第 4 卷第 4 期,1955
　　　　年

侯外庐　《论明清之际的社会阶级关系与启蒙思潮的特点》,《新建

设》1955 年第 5 期

杨　超　《中国古代唯物主义思想之起源初探》,《光明日报》1955
　　　　年 2 月 25 日

张岱年　《张横渠的哲学》,《哲学研究》1955 年第 1 期

张岱年　《十一世纪卓越的唯物主义者张载的哲学思想》,《光明日
　　　　报》1956 年 6 月 27 日

吕世骧　《张横渠的哲学究竟是唯物论还是唯心论》,《哲学研究》
　　　　1955 年 3 期

贺　麟　《批判梁漱溟的直觉主义》,《新建设》1955 年第 8 期

汤用彤、任继愈　《批判梁漱溟的生命主义哲学》,《人民日报》1955
　　　　年 9 月 22 日

汪子嵩　《评 1930 年梁漱溟和胡适的"争论"》,《光明日报》1955
　　　　年 9 月 21 日

汪子嵩　《批判冯友兰先生过去的哲学思想》,《北京大学学报》
　　　　1956 年第 2 期

张君劢　《中国哲学中之理性与直觉》,香港《再生》1955 年,《民主
　　　　社会》第 6 卷第 1 期,1970 年 2 月

张君劢　《学术思想自主引论》,香港《新时代》文化服务社 1955 年

张君劢　《马克思主义与黑格尔哲学》,九龙《祖国》第 17 卷第 1
　　　　期,1956 年 12 月 31 日

熊十力　《谈"百家争鸣"》,《哲学研究》第 3 期,1956 年 6 月

冯友兰　《批判胡适〈中国哲学史大纲〉底实用主义观点与方法》,
　　　　《人民日报》1955 年 6 月 24 日

冯友兰　《批判梁漱溟所谓"周孔教化"》,《北京大学学报》第 1 期,
　　　　1956 年

冯友兰　《关于孔子研究的几个问题》,《光明日报》1956 年 11 月 4
　　　　日

20世纪儒学研究大系

钱　穆　《中国思想通俗讲话》,《民主评论》第 6 卷第 2、3、4 期,1955 年 1 月 16 日、2 月 1 日、2 月 16 日,台北国民出版社 1956 年 3 月版

钱　穆　《中庸新义》,《民主评论》第 6 卷第 16 期,1955 年 8 月 16 日

钱　穆　《中国儒家思想对世界人类新文化应有的贡献》,《星岛日报》17 周年增刊,1955 年

钱　穆　《依〈论语〉论孔学》,《新亚学报》第 2 卷第 1 期,1956 年 8 月 1 日

钱　穆　《略论孔学与孔道》,《中央日报》1956 年 9 月 28 日

唐君毅　《中国人文精神之发展》上、下,《祖国周刊》1955 年 10 卷 8、9 期

唐君毅　《科学与中国文化》上、中、下,《民主评论》1955 年 6 卷 11、13、14 期

唐君毅　《论中国哲学思想史中理之六义》,《新亚学报》1955 年 1 卷 1 期

唐君毅　《中国历史之哲学省察》,《人生》1955 年 10 卷 12 期

唐君毅　《人与人共同处之发现与建立》,《香港人报》1956 年 1 期

唐君毅　《精神上的合内外之道》,《民主评论》1956 年 7 卷 7 期

唐君毅　《说"仁"》,《人生》1956 年 12 卷 1 期

唐君毅　《晚明王学修正运动之起源》,《原泉》1956 年 8 期

唐君毅　《西方人文主义之历史发展》,《祖国周刊》1956 年 16 卷 4 期

唐君毅　《略述刘蕺山诚意之学》,《原泉》1956 年 11 期

唐君毅　《宗教信仰与现代中国文化》,《民主评论》1956 年 7 卷 22、23 期

牟宗三　《王阳明学行简述》,《幼狮月刊》1955 年 3 月

牟宗三　《人文主义与宗教》,《人文杂志》1955 年 4 月

牟宗三　《理性的运用表现与架构表现》,《民主评论》第 6 卷第 19
　　　　期,1955 年 10 月

牟宗三　《道德心灵与人文世界》,《人生杂志》第 11 卷第 4 期,
　　　　1956 年 1 月

牟宗三　《略论儒家的工夫》,《人生杂志》第 12 卷第 1 期,1956 年
　　　　6 月

徐复观　《释〈论语〉的"仁"》,《民主评论》第 6 卷第 6 期,1955 年 3
　　　　月 16 日

徐复观　《儒家的修己与治人的区别及其意义》,《民主评论》第 6
　　　　卷第 12 期,1955 年 6 月 16 日

徐复观　《三十年来中国的文化思想问题》,《祖国周刊》第 14 卷第
　　　　11 期,1956 年 6 月 18 日

徐复观　《为什么要反对自由主义?》,《民主评论》第 7 卷第 21 期,
　　　　1956 年 11 月 1 日

张岱年　《关于中国哲学史的范围问题》,《中国哲学史问题讨论专
　　　　辑》1957 年科学出版社版

贺　麟　《关于对哲学史上唯心主义的评价问题》,《中国哲学史问
　　　　题讨论专辑》1957 年科学出版社版

冯友兰　《中国哲学遗产的继承问题》,《光明日报》1957 年 1 月 8
　　　　日

冯友兰　《再论中国哲学遗产的继承问题》,《哲学研究》1957 年第
　　　　5 期

张岱年　《关于中国哲学思想的阶级性与继承性》,《新建设》1957
　　　　年第 8 期

杨向奎　《孔子思想及其学派》,《文史哲》1957 年第 4 期

金景芳　《论孔子思想》,《东北人大学报》1957 年第 4 期

杨向奎　《孟子的思想》,《文史哲》1957 年第 9 期

杨向奎　《荀子的思想》,《文史哲》1957 年第 10 期

张岱年　《荀子的唯物主义思想》,《学习》1957 年第 1 期

朱谦之　《十八世纪中国哲学对欧洲哲学的影响》,《哲学研究》
　　　　1957 年第 4 期

冯友兰　《魏源——19 世纪中期的中国先进思想家》,《人民日报》
　　　　1957 年 3 月 26 日

张岂之　《论严复》,《中国近代思想家研究论文选》1957 年

朱永嘉　《批判梁启超的唯心主义哲学》,《复旦大学学报》1957 年
　　　　第 7 期

张君劢　《哲学性质与辩证唯物主义》,九龙《祖国》第 19 卷第 4
　　　　期,1957 年 7 月 29 日

张君劢　《我之哲学思想》,《民主中国》第 1 卷第 1 期,1958 年 9
　　　　月 28 日

张君劢　《孟子哲学之意义》(英文),美国《东西哲学》第 8 卷第 1、
　　　　2 合刊,1958 年

冯友兰　《康有为底思想》,《中国近代思想史论文集》,上海人民出
　　　　版社 1958 年 7 月

冯友兰　《梁启超底思想》,《中国近代思想史论文集》,上海人民出
　　　　版社 1958 年 7 月

冯友兰　《新理学的原型》,《哲学研究》1959 年第 1 期

钱　穆　《儒释耶回各家关于神灵魂魄之见解》,《学术季刊》第 5
　　　　卷第 3 期,1957 年 3 月

钱　穆　《中国传统文化与宗教信仰》,《景风》创刊号 1957 年 12
　　　　月

钱　穆　《中国文化与科学》,《中央日报》1958 年 2 月 14 日

钱　穆　《孔诞讲述孔子学说》,《孔道季刊》第 1 期 1958 年 2 月

钱　穆　《答张君劢论儒家哲学复兴方案书》,《再生杂志》复字第
　　　　1卷第22期,1958年7月16日

钱　穆　《孔子思想与世界现实问题》,《中央日报》1958年9月28
　　　　日

唐君毅　《略述明道之学与横渠之学之不同》,《原泉》1957年12
　　　　期

唐君毅　《略述伊川之学》,《原泉》1957年13期

唐君毅　《东洋的智慧》,《人生》1957年14卷6期总162号

唐君毅　《张横渠学术要》,《再生》复字1号1957年第9期

唐君毅　《人类社会科学与人的学问及人的真实存在》上、下,《民
　　　　主评论》1958年9卷4、5期

唐君毅　《谈西方哲学家对中国文化之认识》,《大学生活》1958年
　　　　第3卷第12期

牟宗三　《略论道统学统政统》,《人生杂志》第14卷第2期,1957
　　　　年6月

牟宗三　《儒教耶教与中西文化》,《人生杂志》第14卷第3期
　　　　1957年6月

牟宗三　《孔子与“人文教”》,《人生杂志》第14卷第7期1957年
　　　　9月

牟宗三　《近代学术的流变》,《东风》第4期1958年6月

张君劢、唐君毅、牟宗三、徐复观　《为中国文化敬告世界人士宣
　　　　言》,《民主评论》第9卷第1期,1958年1月1日

郑　昕　《开放唯心主义》,中国哲学史问题讨论专辑,科学出版社
　　　　1957年版

任吉悌　《批判朱谦之“十八世纪中国哲学对欧洲哲学的影响》,
　　　　《哲学研究》1958年第7期

侯外庐、邱汉生　《唯物主义者王安石》,《历史研究》1958年第10

期

朱伯昆　《批判冯友兰先生的哲学史观点》,《北京日报》1958 年 8
月 27 日

张世英　《批判贺麟的新黑格尔主义》,《哲学研究》1958 年第 7 期

黄心川　《批判贺麟先生对外国哲学史几个问题的歪曲》,《光明日
报》1958 年 7 月 20 日

刘世诠　《"开放唯心主义"一文所放出的唯心主义》,《光明日报》
1958 年 8 月 24 日

侯外庐　《十六世纪中国进步的哲学思潮概述》,《历史研究》1959
年第 10 期

侯外庐　《柳宗元的唯物主义思想》,《新建设》1959 年 7 期

张君劢　《现代世界纷乱与儒家哲学的价值》(日文),《日本·亚细
亚》杂志第 17 号,1959 年

张君劢　《儒家哲学之复活》,《民主中国》第 2 卷第 6 期,1959 年 3
月 16 日

张君劢　《当代西方哲学思潮引言》,《民主中国》1959 年

钱　穆　《中国传统思想中几项共通之特点》,《新亚生活》第 2 卷
第 9 期,1959 年 11 月

唐君毅　《世界人文主义与中国人文主义》,《新亚生活》双周刊,
1959 年第 2 卷 9、10 期

牟宗三　《道德判断与历史判断》,《东海学报》第 1 卷第 1 期 1959
年 6 月

胡　适　《中国哲学里的科学精神与方法》,1959 年 7 月在美国夏
威夷大学举行的第 3 届东西方哲学研讨会上的演讲,《东
西文化与哲学》夏威夷大学出版社 1962 年版

胡　适　《中国传统与将来》,1960 年 7 月 10 日在西雅图中美学
术会议的演讲,华盛顿大学 1962 年出版

冯友兰　《论孔子》,《光明日报》1960 年 7 月 22—29 日

冯友兰　《荀子的哲学思想》,《新建设》第 10、11 期,1960 年

钱　穆　《晚明诸儒之学风与学术》,《人生》总 222、223、224 期,
　　　　1960 年 2、3 月

钱　穆　《阳明之学》,《新亚生活》第 3 卷第 3、5 期,1960 年 6、7
　　　　月

钱　穆　《中国文化之潜力及新生》,《少年中国晨报》1960 年 8 月
　　　　6—10 日

唐君毅　《儒家之形上学之道路》,《人生》1960 年第 21 卷第 2 期
　　　　总 242 号

牟宗三　《作为宗教的儒教》,《人生杂志》20 卷第 1 期 1960 年 5
　　　　月

徐复观　《中国古代人文精神之成长》,《民主评论》第 11 卷第 14
　　　　期,1960 年 7 月 16 日

徐复观　《周初宗教中人文精神的跃动》,《民主评论》第 11 卷第
　　　　21 期 1960 年 11 月 1 日

徐复观　《孔子的性与天道——人性论的建立者》,《民主评论》第
　　　　11 卷第 23 期,1960 年 12 月 1 日

杨荣国　《邵雍思想批判》,《历史研究》1960 年第 5 期

华　山　《张载思想批判》,《山东大学学报》1960 年 3、4 期

汤一介　《关于柳宗元哲学思想的评价》,《文汇报》1961 年 2 月 2
　　　　日

嵇文甫　《明清时代反理气二元论思想的发展概述》,《新建设》
　　　　1961 年第 4 期

杨荣国　《周敦颐的哲学思想》,《学术月刊》1961 年 9 期

冯友兰　《论陈亮哲学思想的唯物主义倾向》,《北京日报》1961 年
　　　　6 月 1 日

张君劢　《儒家伦理学之复兴》，香港《人生》第 245 期 1961 年 2 月

冯友兰　《论孔子关于"仁"的思想》，《哲学研究》1961 年 5 期

冯友兰　《王夫之的唯物主义哲学和辩证法思想》，《北京大学学报》1961 年 3 期

唐君毅　《说中华民族之花果飘零》，《祖国周刊》1961 年 35 卷 1 期

唐君毅　《儒家精神在思想界之地位》，《人生》1961 年 22 卷总 262 号

唐君毅　《海德格之〈人生存在相论〉》，《新亚生活》1961 年 3 卷 15 期

张君劢　《与美国逻辑实证派花格尔氏略论东方直觉主义》，台北《狮子吼》创刊号，1962 年

冯友兰　《再论孔子关于"仁"的思想》，《新建设》5 期，1962 年

冯友兰　《再论孔子》，《北京大学学报》1962 年 4 期

冯友兰　《孔子哲学思想的几个问题》，《湖北日报》1962 年 12 月 14 日

高　亨　《孔子思想三论》，《哲学研究》1962 年 1 期

杨荣国　《论孔子思想》，《学术研究》1962 年 1 期

牟宗三　《中国哲学的特质》1、2、3、4、5，《民主评论》13 卷 2、3、4、5、6 期，1962 年 1、2、3 月

徐复观　《中国人的耻辱，东方人的耻辱》，《民主评论》第 12 号第 24 期，1961 年 12 月 20 日

徐复观　《论传统》，《东风》第 2 卷第 6 期，1962 年 3 月

徐复观　《传统与文化》，《华侨日报》1962 年 4 月 8 日

徐复观　《先秦儒家思想结构之完成——〈大学〉之道》，《民主评论》第 13 卷第 18 期，1962 年 9 月 16 日；第 13 卷第 19 期，1962 年 10 月 1 日

张君劢　《致徐复观函论希腊哲学》，1963 年 6 月 6 日，收入《中西印哲学文集》台湾学生书局 1981 年版

张君劢　《人生观论战之回顾——四十年来西方哲学界之思想家》，香港《人生》第 313、314、315 期，1963 年 11 月 16 日、12 月 1 日、12 月 16 日

徐复观　《中国人性论史·先秦篇》自序，《民主评论》第 14 卷第 9 期，1963 年 5 月 1 日

朱谦之　《十七、八世纪西方哲学家的孔子观》，《人民日报》1962 年 3 月 9 日

唐君毅　《论保守之意义与价值》，《人生》1962 年 23 卷总 268 号

唐君毅　《论智慧与德行之关系》，《新亚学术月刊》1962 年 4 期

唐君毅　《儒家之学与教之树立及宗教纷争之根绝》，《大学生活》1963 年 9 卷 10 期

唐君毅　《学术标准之外在化与花果飘零与灵根自植》，《祖国周刊》1963 年 44 卷 4 期

牟宗三　《康德所以只有"道德的神学"而无"道德的形上学"之故》上、下，《民主评论》14 卷第 18、19 期，1963 年 9 月、10 月

牟宗三　《"道德形上学"之完成》，《民主评论》14 卷 20 期，1963 年 10 月

李　侃　《驳新尊孔论》，《光明日报》1963 年 8 月 17、18 日

严北溟　《论"仁"——孔子哲学的核心及其辐射线》，《江海学刊》1963 年第 3 期

冯友兰　《关于孔子讨论的批判与自我批判》，《哲学研究》6 期，1963 年

李定生　《孔子哲学思想批判》，《江海学刊》1963 年 9 期

蔡尚思　《论孔子中庸及其变革思想的实质》，《学术月刊》1963 年 11 期

席泽宗　《朱熹的天体演化思想》,《光明日报》1963 年 8 月 9 日

冒怀辛　《关于戴震哲学思想评价问题》,《江淮学刊》1963 年第 1
　　　　期

任继愈　《孔子讲"仁"能不能是人类普遍的爱》,《学术月刊》1963
　　　　年 8 期

张君劢　《儒学之复兴》,香港《人生》第 237 期,1964 年 6 月 16 日

张君劢　《宋代儒学复兴之先例》,香港《人生》第 336 期,1964 年
　　　　11 月

张君劢　《评梁任公先生〈清代学术概论〉中关于欧洲文艺复兴、宋
　　　　明理学、戴东原哲学三点》,香港《民主评论》第 15 卷第 2
　　　　期,1964 年

张君劢　《孟子致良知说与当代英国直觉主义伦理学之比较》,台
　　　　湾《清华学报》第 8 卷第 2 期,1964 年

钱　穆　《中国文化与中国人》,《人生》总 322 期,1964 年 4 月 1
　　　　日

钱　穆　《从东西历史看盛衰兴亡》,《新亚生活》7 卷 1、2 期,1964
　　　　年 5 月

方东美　《中国形上学中之宇宙与个人》(英文),1964 年夏威夷大
　　　　学主办的第 4 届东西方哲学家会议宣读,中译文,台北
　　　　《哲学与文化》第 18 期

唐君毅　《世界之照明与哲学之地位》,《人生》1964 年 29 卷 5 期
　　　　总 330 号

唐君毅　《中哲学研究之一新方向》,《鹅湖》1964 年 8 月第 34 期

牟宗三　《存在主义》,《中国一周》第 733 期,1964 年 5 月

牟宗三　《"心即理"之渊源——胡五峰之〈知言〉》上、中、下,《民主
　　　　评论》15 卷第 9、10、11 期,1964 年 5、6 月

牟宗三　《十年来中国的文化思想问题》,《中国一周》第 736 期,

1964 年 6 月

徐复观　《文化上的家与国》,《华侨日报》1964 年 10 月 12 日

徐复观　《历史与民族》,《华侨日报》1965 年 4 月 5 日

张君劢　《中国现代化与儒家思想复兴》,1965 年在汉城"亚细亚近代化问题国际学术大会"上演讲,收入《中西印哲学文集》,台湾学生书局 1981 年版

张君劢　《孔子与柏拉图伦理思想比较》,《思想与时代》第 132 期,1965 年

王云五　《孔门学说与现代思潮》,1965 年 2 月为中国青年亚洲关系研究大会演讲,收入《旧学新探》,学林出版社 1979 年 12 月版

韦政通　《儒家道德与知识——对儒家道德思想的批判》,1965 年,收入《传统与现代化》台北水牛出版社 1968 年版

牟宗三　《陆象山与朱子之争辨》1、2、3、4,《民主评论》16 卷第 8、9、10、11 期,1965 年 4、5、6 月

唐君毅　《陈白沙在明代理学中之地位》,《白沙学刊》1965 年 3 月 2 期

冯友兰　《论中国哲学遗产的继承问题》,《哲学研究》1965 年 4 期

冯友兰　《论中国哲学史研究中的几个问题》,《新建设》1965 年 7 期

赵纪彬　《孔子"和而不同"的思想来源及矛盾调合论的逻辑归宿》,《哲学研究》1965 年 4 期

乔长路　《董仲舒的形而上学思想》,《人民日报》1965 年 6 月 18 日

阎长贵　《关于王阳明的"知行合一"》,《光明日报》1965 年 10 月 23 日

王范之　《略论龚自珍的形而上学哲学思想》,《光明日报》1965 年

12 月 17 日

邓艾民　《试论康有为的哲学思想》,《光明日报》1965 年 5 月 28
　　　　日

孙长江　《论谭嗣同》,《历史研究》1965 年 3 期

孔　繁　《章太炎的〈訄书〉中的认识论》,《光明日报》1965 年 7 月
　　　　23 日

徐复观　《毛泽东与中国传统文化》,《华侨日报》1966 年 7 月 31
　　　　日

徐复观　《孔子德治思想发微》,《孔孟月刊》第 4 卷第 12 期,1966
　　　　年 8 月

冯友兰　《再论中国哲学史研究中的几个问题》,《新建设》1966 年
　　　　1、2 期

张君劢　《文化核心问题——学问之独立王国论》,《自由钟》

梁荣茂　《汉代儒家思想发展的趋势》,《孔孟月刊》4 卷 8 期,1966
　　　　年 4 月

陈　泽　《董仲舒对于儒家思想之弘扬与影响》,《孔孟月刊》4 卷 9
　　　　期,1966 年 5 月

雷为霖　《宋明理学与近代两大哲学思想的汇流》,《革命思想》
　　　　1966 年 5 月

吴　蕤　《黄宗羲之志业与学业》,香港《人生》31 卷 5 期,1966 年
　　　　9 月

林　尹　《清代学术思想史引言》,《幼狮学刊》5 卷 1 期,1966 年 8
　　　　月

艾奥林　《评戴东原理字疏证》,《学原》7 卷 3 期,1966 年 9 月

黄大受　《翻译大师严复》,《传记文学》9 卷 4 期,1966 年 10 月

王德毅　《王国维先生的学术贡献》,《国语日报》1967 年 1 月 14
　　　　日

张君劢　《中国对于西方挑战之反应》,《自由钟》第 34 号,1967 年

张君劢　《明日之中国文化再版新序》,《自由钟》第 36 号,1967 年

唐君毅　《朱陆异同探原》,《新亚学报》1967 年 8 卷 1 期

徐复观　《中国文化复兴的若干观念问题》,《出版月刊》第 2 卷第 8 期,1967 年 1 月 1 日

徐复观　《中国文化的研究与复兴》,《华侨日报》1967 年 9 月 27 日

钱　穆　《谈中国文化复兴运动》,《人生》32 卷 2 期,1967 年 5 月

钱　穆　《中国文化对西方世界之贡献》,《革命思想》12 卷 5 期,1967 年

程　运　《张横渠先生的学术事功及其对儒学的贡献》,《幼狮学志》6 卷 2 期 1967 年 7 月

吴　康　《陈白沙学说》,《学园》2 卷 6 期,1967 年 2 月

胡秋原　《伟大的爱国者和思想家黄梨洲》,《中华杂志》5 卷 6 期,1967 年 6 月

胡秋原　《顾亭林之生平及其思想》,《中华杂志》5 卷 7 期,1967 年 7 月

胡秋原　《评章太炎梁任公二先生之所说》,《中华杂志》6 卷 7 期,1968 年 7 月

黄公伟　《晚清名儒曾国藩》,《中国人杂志》1 卷 2 期,1968 年 9 月

黎文生　《梁启超与近代中国思想》,《中国文化研究所学报》1 期,1968 年 9 月

黄公伟　《心性论》,《学园》3 卷 8、9 期,1968 年 4、5 月

方凤阳　《内圣外王的王阳明先生》,《浙江月刊》1 卷 5 期,1968 年 12 月

王　道　《王船山读四书大全说》,《人生》33 卷 4 期,1968 年 8 月

唐君毅　《阳明学与朱陆异同重辨》,《新亚学报》1968 年 8 卷 2 期

20世纪儒学研究大系

唐君毅　《朱子与陆王思想中之一现代学术意义》,《东西文化》
　　　　1968 年 17 期

徐复观　《悼念熊十力先生》,《华侨日报》1968 年 7 月

徐复观　《中国文化中的罪恶感问题》,《华侨日报》1968 年 9 月 19
　　　　日

徐复观　《我与殷海光》,《自立晚报》1969 年 9 月 22 日

徐复观　《无惭尺布裹头归》,《文化旗》1969 年 9 月

〔美〕陈荣捷　《仁的概念之开展与欧美之诠释》,载《儒学在世界论
　　　　文集》香港东方人文学会编,1969 年

张君劢　《孟子与柏拉图》1969 年,收入《中西印哲学文集》台湾学
　　　　生书局 1981 年版

钱　穆　《中国人之宇宙信仰及其人生修养》,《东亚季刊》复刊号
　　　　1969 年 7 月 1 日

钱　穆　《朱子学提纲》,《中华文化复兴月刊》2 卷 11 期,1969 年
　　　　11 月

钱　穆　《朱子泛论心地工夫》,《中华文化复兴月刊》2 卷 11 期,
　　　　1969 年 12 月

钱　穆　《中国文化与科学》,载《中国文化丛谈》台北三民书局
　　　　1969 年 11 月版

戴君仁　《阳明评象山说格物》,《大陆杂志》39 卷 4 期,1969 年 8
　　　　月

范诵尧　《王阳明及其力行哲学》,《战史汇刊》2 期,1970 年 3 月

徐复观　《原人文》,《华侨日报》人文双周刊 1970 年 6 月 7 日

牟宗三　《我与熊十力先生》,《中国学人》第 1 期 1970 年 3 月

唐君毅　《存在主义与现代文化教育问题》上、下,《新亚生活》双周
　　　　刊,1969 年 12 卷 5、6 期

唐君毅　《参加东西哲学学人会议观感》,《新亚生活》双周刊 1970

年 12 卷 13 期

唐君毅　《翻译与西方学术殖民主义》,《人物与思想》1970 年 4、5 期

牟宗三　《儒教耶教与中西文化》,载《生命的学问》,台北三民书局 1970 年版

牟宗三　《从西方哲学进到儒家学术》,《生命的学问》台北三民书局 1970 年版

钱　穆　《孔子之心学》,《孔孟学报》20 期,1970 年 6 月 7 日

方东美　《原始儒家思想之因袭与创造》,1970 年讲于孔孟学会,《方东美先生演讲集》台北黎明文化事业公司 1978 年版

钱　穆　《发扬东方历史文化自本自根开创道路》,《海外文摘》203 期,1971 年 12 月 20 日

方东美　《中国哲学之通性与特点》,1971 年讲于台湾大学文学院,载《方东美先生演讲集》

徐复观　《五四运动的若干断想》,《华侨日报》1971 年 5 月 10 日

唐君毅　《东方人之礼乐的文化生活对世界人类之意义》,《人生》1971 年 34 卷 3、4 期

唐君毅　《海外之中华儿女应为创造 21 世纪之人的中国而发心努力》,《天风月刊》1971 年创刊号

牟宗三　《存在主义入门》,《存在主义与人生问题》1971 年 12 月

牟宗三　《我的存在感受》,《存在主义与人生问题》1971 年 12 月

刘述先　《新儒家认识论在当代的发展》,《探索》第 14 卷,1971 年

刘述先　《儒家哲学的宗教涵义:它的传统观点与当代意义》,《东西方哲学》第 21 卷第 2 期,1971 年 4 月

刘述先　《牟宗三〈心体与性体〉简介》,《东西方哲学》第 4 期,1970 年

刘述先　《熊十力关于因果关系的理论》,《东西方哲学》第 19 卷

　　　　　1969 年

柯雄文　《论孔子伦理学的结构》,《东西方哲学》1971 年第 2 期

钱　穆　《孔孟心性学》国学研究会讲演,1972 年 8 月 16 日《中央
　　　　　日报》

钱　穆　《孔子与中国文化及世界前途》,《东吴学报》2 期,1972 年
　　　　　9 月

唐君毅　《儒教之能立与当立》,《新儒家》1972 年 3 卷 1 期

唐君毅　《天下归仁》,《新儒家》1972 年 3 卷 1 期

唐君毅　《孟学中之兴起心与立人之道》,《新亚学术年刊》1972 年
　　　　　14 期

唐君毅　《中国文化之创造》,《学粹》1972 年 14 卷 5 期

唐君毅　《从学术思想独立谈冯友兰》,《星岛晚报》星期专号 1972
　　　　　年

徐复观　《论"古为今用"》,《华侨日报》1972 年 4 月 21 日、22 日

徐复观　《熊十力先生之志事》,《华侨日报》1972 年 6 月 11 日

徐复观　《人类的智慧来自东方》,《华侨日报》1972 年 7 月 8 日

徐复观　《东与西心的接触》,《华侨日报》1972 年 8 月 25 日

方东美　《从历史透视看阳明哲学精义》(英文),发表于夏威夷大
　　　　　学 1972 年主办的王阳明五百周年纪念会,译文见《生生
　　　　　之德》

牟宗三　《哲学的用处》,《中国文化》第 42 期,1972 年 4 月

牟宗三　《王学的分化与发展》,《新亚学术年刊》1972 年 9 月

〔美〕杜维明　《论作为人性化过程的"礼"》,《东西方哲学》第 22 卷
　　　　　第 2 期,1972 年

刘述先　《儒家对超越和内在问题的态度》,《东西方哲学》第 22 卷
　　　　　第 1 期,1972 年 1 月

刘述先　《儒家伦理主张的哲学分析》,《东西方哲学》第 22 卷第 4

期,1972 年 10 月

戴君仁　《心学家论意》,《大陆杂志》44 卷 4 期,1972 年 4 月

戴君仁　《王阳明与陆象山》,《孔孟学报》第 24 期,1972 年 9 月

刘述先　《阳明心学之再阐释》,《新亚书院学术年刊》14 期,1972 年 9 月

唐君毅　《论晚明东林顾宪成与高攀龙之儒学》,《中国学志》6 期, 1972 年 10 月

〔美〕余英时　《从宋明儒学的发展论清代思想史》,《中国学人》第 2 期,1970 年 9 月

史次耘　《戴东原学术思想精义》,《人文学报》第 2 期,1972 年 1 月

冯友兰　《对于孔子的批判和对于我过去的尊孔思想的自我批判》,《北京大学学报》4 期,1973 年,《光明日报》1973 年 12 月 3 日

冯友兰　《复古与反复古是两条路线的斗争》,《北京大学学报》1973 年 4 期,《光明日报》1973 年 12 月 3 日

钱　穆　《民族自信心与尊孔》,《中央日报》1973 年 12 月 26 日

钱　穆　《中国文化特质》出席东京中日文化讨论会讲演,1973 年 9 月 1 日

钱　穆　《中国文化的最高信仰与终极理想》,日本《师与友》285、287 期,1973 年 10 月

康君毅　《中国文化之精神及其发展》,《东西风》1973 年 7 期

唐君毅　《中国文化之原始精神及其所经历之挑战与回应形成之发展》,《东西风》1973 年 7 期

徐复观　《西方文化中的"平等"问题》,《华侨日报》1973 年 2 月 28 日

徐复观　《中国文化中平等观念的出现》,《华侨日报》1973 年 6 月

　　19 日

徐复观　《孔子与柏拉图》,《华侨日报》1973 年 12 月 20 日

〔美〕杜维明　《主体性与本体性的实在——王阳明思维模式之解
　　析》,《东西方哲学》第 23 卷第 1、2 期,1973 年

何兆男　《象山学说阐微》,《女师专学报》3 期,1973 年 5 月

张君劢　《新儒家思想史》中译本,台北《再生》1974 年 1 月—1975
　　年 12 月连载

冯友兰　《从孔子的文化观批判儒家思想的保守主义、复古主义和
　　中庸之道》,《北京大学学报》1974 年 1 期

林天民　《儒家的"仁"概念与基督教的"爱"概念》,《清风》第 15
　　卷,1973 年

徐哲萍　《中国气化哲学与张载思想之研究》,《华学月刊》32 期,
　　1974 年 8 月

蔡仁厚　《胡子"知言"大义述评》,《孔孟学报》27 期,1974 年 4 月

蔡仁厚　《阳明学的基本义旨》,《孔孟学报》1974 年 9 月

钱　穆　《阳明学的大纲》,日本《师与友》292 期,1974 年 5 月

钱　穆　《孔子传》上、中、下,《综合月刊》68、69、70 期,1974 年 7、
　　8、9 月

钱　穆　《人类文化与东方西方》三届大陆问题研讨会讲演,1974
　　年 9 月 10 日

唐君毅　《西方文化对东方文化之挑战及东方之回应》,《中华日
　　报》1974 年 1 月号
　　《孔子在中国历史文化的地位之形成》,《鹅湖》月刊 1974
　　年 1 卷 2 期

唐君毅　《中国人与中国文化》,《华侨日报》1974 年

唐君毅　《现代世界文化交流之意义及其根据》,《明报月刊》1974
　　年 108 期

徐复观　《孔子的"华夷之辨"》,《华侨日报》1974年4月25日

徐复观　《孔子在中国的命运》,《明报月刊》第100期,1974年4月

刘述先　《儒家宗教哲学的现代意义》,载《生命情调的抉择》台北志文出版社1974年版

程文熙　《张君劢先生与复兴儒家论》,《再生》第4卷1974年7月、8月、10月号

胡信田　《如何认识人生——张载思想述要》,《黄埔月刊》272期,1974年2月

方东美　《中国哲学对未来世界的影响》,1973年讲于台北耕莘文教院,收入《方东美先生演讲集》

方东美　《从周易看孔子的创造精神》,《中央日报》副刊,1974年1月20日

方东美　《儒家哲学——孔子哲学》1974年讲于台湾孔孟学会主办的国学研究会,收入《方东美先生演讲集》

张君劢　《中西文化互相影响》,台北《再生》第5卷第50期,1975年9月20日

〔美〕陈荣捷　《中国人和西方人对"仁"的解释》,《中国哲学杂志》(夏威夷)1975年第2期

〔美〕陈荣捷　《朱熹集新儒学之大成》,《中华文化复兴月刊》7卷12期、37期,1974年12月、1975年1月

黄彰健　《理学的定义、范围及其理论结构》,《大陆杂志》50卷1期,1975年1月

曾昭旭　《中国义理学》上、下,《鹅湖》1、2期,1975年8月

胡秋原　《一百三十年来中国思想史最重大教训》,《中华杂志》13卷12期,1975年12月,14卷1—2期,1976年1—2月

曾昭旭　《民国以来儒学之发展》,《学粹》17卷1期,1975年4月

20世纪儒学研究大系

柯雄文　《儒家的睿智及其对世界的体验》,《东西方哲学》1975 年
　　　　第 3 期

王尔敏　《十九世纪中国士大夫对中西关系之理论及衍生之新观
　　　　念》,《清华学报》第 11 卷 1、2 期,1975 年 12 月

陈忠成　《从宗教观点看阳明学说》,《孔孟月刊》13 卷 9 期,1975
　　　　年 5 月

钱　穆　《现代中国思潮》,《中华日报》1975 年 4 月 30 日

钱　穆　《中国文化之特征》,《中华日报》1975 年 8 月 1 日

唐君毅　《重申孔子在中国历史文化中之原始地位》,《中华日报》
　　　　1975 年 717 期

唐君毅　《中西哲学之比较问题》(田湘军记),《哲学与文化》1975
　　　　年 3 卷 1 期

唐君毅　《中国文化之原始精神》,《鹅湖》1975 年 1 卷 5 期

牟宗三　《中国传统思想与西方民主精神之汇通与相济问题》,《人
　　　　与社会》3 卷 2 期,1975 年 6 月

牟宗三　《阳明学是孟子学》上、下,《鹅湖》1 卷 1、2 期,1975 年 7、
　　　　8 月

牟宗三　《儒家之道德形上学》,《鹅湖》1 卷 3 期,1975 年 9 月

牟宗三　《宋明理学之三系》,《鹅湖》1 卷 7 期,1976 年 1 月

牟宗三　《中国哲学的重点何以落在主体性与道德性》,《哲学总
　　　　论》1976 年 8 月

徐复观　《孔子历史地位的形成》,《华侨日报》1975 年 6 月 17 日

徐复观　《人类之宝的古典——〈论语〉》,《华侨日报》1975 年 10
　　　　月 23 日

徐复观　《面对时代浅谈孔子思想》,《华侨日报》1976 年 11 月 22、
　　　　23 日,12 月 29 日

唐君毅　《上穷六经下开九流的孔子》,《中华文化复兴月刊》1976

年

唐君毅　《从科学与玄学论战谈张君劢先生的思想》,《传记文学》
　　　　1976 年 28 卷 3 期

程文熙　《"新中国"的维新嘉士康有为梁启超张君劢三先生》,《再
　　　　生》6 卷 1 期,1976 年 1 月

项退结　《塑造现代中国的近百年思想》,《哲学与文化》3 卷 2—4
　　　　期,1976 年 2—4 月

〔美〕史华慈、林毓生　《一些关于中国近代和现代思想、文化与政
　　　　治的感想》,《人与社会》4 卷 5 期,1976 年 12 月

〔美〕陈荣捷　《西方对朱熹的研究》,美国《亚洲杂志》1976 年 8
　　　　月,《中国哲学》第五辑三联书店 1981 年版

张　灏　《新儒家与当代中国的思想危机》载傅乐诗编《变革的限
　　　　制:论民国时代的保守主义》,哈佛大学出版社 1976 年
　　　　版,台北时报文化出版事业公司,1982 年 9 月版

罗　光　《宋代哲学思想概论》,《哲学论集》8 集,1976 年 12 月

罗　光　《程颢的哲学思想》,《人文学报》5 期,1976 年 5 月

余英时　《戴震与清代考证学风》,《新亚学报》11 期,1976 年 3 月

张君劢　《中西形上学所以异趋与现实之彼此同归》,台北《再生》
　　　　第 7 卷第 71 期,1977 年 6 月 20 日

徐复观　《"清代汉学"衡论》,《大陆杂志》第 54 卷第 4 期,1977 年
　　　　4 月 15 日

徐复观　《孔子与〈论语〉》,《华侨日报》1977 年 9 月 28、29、30 日

唐君毅　《生命三向与心灵九境》,《鹅湖》1977 年 3 卷 2 期

方东美　《现象学论文集序》,《哲学与文化月刊》革新号第 2 卷第
　　　　2 期,1975 年

陈弱水　《儒学的当代命运》,《仙人掌》杂志第 7 期,1977 年

柯雄文　《荀子人性哲学中的心智层面》,《东西方哲学》1977 年第

20世纪儒学研究大系

4 期

蔡仁厚　《宋明理学之开展与分系》,《鹅湖》2 卷 11—12 期,1977
　　　　年 5—6 月

黎建球　《朱熹的形上思想》,《哲学论集》10 期,1977 年 12 月

庞　朴　《孔子思想的再评价》,《历史研究》1978 年第 8 期

李泽厚　《孔子再评价》,《中国社会科学》1980 年 2 期,论文定稿
　　　　于 1978 年 12 月

丁伟志　《儒学的变迁》,《历史研究》1978 年 12 期

张立文　《朱熹唯心主义认识论批判》,《西北大学学报》1978 年 1
　　　　期

陈元晖　《严复和近代实证主义哲学——严复是中国第一代实证
　　　　主义者》,《哲学研究》1978 年 4 期

牟宗三　《哀悼唐君毅先生》,《鹅湖》3 卷 9 期,1978 年 3 月

徐复观　《悼唐君毅先生》,《华侨日报》1978 年 2 月 14 日

徐复观　《孔子思想的性格问题》,《华侨日报》1978 年 9 月 28、29、
　　　　30 日

秦家懿　《中国的伦理学与康德》,《东西方哲学》1978 年第 2 期

周克勤　《浅释儒家伦理与天主教伦理的形上基础》,《哲学与文
　　　　化》6 卷 5 期,1979 年 8 月

董金裕　《道契天人的周敦颐》,《湖南文献》7 卷 3 期,1979 年 7 月

陆宝千　《朱熹内圣外王的思想》,《中华文化复兴月刊》11 卷 9
　　　　期,1978 年 9 月

王熙元　《王阳明的学术思想及其对世界的影响》,《中华文化复兴
　　　　月刊》11 卷 7 期,1978 年 7 月

黄懿梅　《王船山的知识论》,《幼狮学志》15 卷 1 期,1978 年 6 月

〔美〕陈荣捷　《新儒家范型:论程朱之异》,《中华文化复兴月刊》12
　　　　卷 5 期,1979 年 5 月

牟宗三 《肯定自由、肯定民主》,《联合报副刊》1979 年 6 月 2 日

牟宗三 《黑格尔与王船山》,《古今谈》第 714 期,1979 年 11 月

牟宗三 《从儒家当前的使命说中国文化的现代意义》,《中国文化》第 1 期,1979 年 11 月

牟宗三 《中国哲学之简述及其所涵蕴的问题》,《中国文化》第 2 期,1979 年 12 月

徐复观 《孔子与马克思——为纪念 1979 年孔子诞辰而作》,《华侨日报》1979 年 8 月 28 日

徐复观 《向孔子的思想性格回归》,《中国人月刊》第 1 卷第 8 期,1979 年 9 月 28 日

林镇国 《寂寞的新儒家——当代中国的道德理想主义者》,《鹅湖月刊》第 34 期,1979 年

蔡仁厚 《新儒家的精神方向》,《中国文化月刊》创刊号,1979 年 11 月

何兆武 《论王国维的哲学思想》,《中国哲学》第四辑,1979 年 6 月 20 日

钱　穆 《大战孔子》,《中央日报》1979 年 9 月 28 日

任继愈 《儒家与儒教》,《新疆史学》1979 年创刊号

任继愈 《论儒教的形成》,《中国社会科学》1980 年 1 期

邱汉生 《宋明理学与宋明理学史研究》,《中国哲学研究》1980 年 1 期

冯友兰 《从中华民族的形成看儒家思想的历史作用》,《哲学研究》1980 年 2 期

冯友兰 《程颢、程颐》,《哲学研究》1980 年 10、11 期

牟宗三 《康德与西方当代哲学之趋势》,《鹅湖》5 卷 8 期,1980 年 2 月

贺　麟 《康德黑格尔哲学东渐记》,《中国哲学》第二辑,三联书店

1980 年版

吴　森　《中国大陆之外的中国哲学》,《当代东方哲学》,纽约,
　　　　1980 年

贾春峰　《孔子哲学思想散论》,《安徽大学学报》1980 年 3 月

李耀仙　《孔子论仁的思想》,《南充师范学院》1980 年 2 期

陈景磐　《西方学者孟录、顾立雅等孔子的教育思想》,《北京师范
　　　　大学学报》1981 年第 1 期

张岱年　《孔子哲学解析》,《中国哲学史论》山西人民出版社 1981
　　　　年

牟宗三　《中国哲学的未来拓展》,《鹅湖》6 卷 12 期,1981 年 6 月

牟宗三　《文化建设的道路——现时代文化建设的意义》,《鹅湖》7
　　　　卷 2 期,1981 年 8 月

徐复观　《中国文化中人间像的探求》,《百姓》1981 年 9 月 1 日

徐复观　《中国传统文化中的性善说与民主政治》,《华侨日报》
　　　　1981 年 12 月 9 日

唐君毅　《中国哲学精神价值观念之发展》,《中国文化》1980 年 33
　　　　期

冯友兰　《张载的哲学思想及其在道学中的地位》,《中国哲学》第
　　　　五辑,1981 年三联书店版

钱　穆　《中国文化传统中之士》,《台湾日报》1981 年 9 月 28 日

〔美〕杜维明　《试谈中国哲学中的三个基调》,《中国哲学史研究》
　　　　第 1 期,1981 年 3 月

焦树安　《谈莱布尼茨论中国哲学》,《中国哲学史研究》1981 年第
　　　　3 期

许思园　《中国哲学与西方哲学面貌之不同》,《山东大学文科论文
　　　　集刊》1981 年第 1 期

徐复观　《希腊哲学以道德抑以知识为主的探讨》,《论战与译述》

志文出版社 1982 年版

牟宗三　《康德道德哲学》译者之言,《鹅湖》1982 年 7 月

牟宗三　《汉宋知识分子性格与现时代知识分子出身处世之道》,
　　　　《联合报》副刊,1982 年 12 月 25 日

徐复观　《程朱异同初稿——平铺地人文世界与贯通地人文世
　　　　界》,《大陆杂志》第 64 卷第 2 期,1982 年 2 月 15 日

方东美　《宋明清新儒家哲学十八讲》(台),《哲学与文化月刊》革
　　　　新号 86—102 期,1981—1982 年

冯友兰　《略论道学的特点、名称和性质》,《社会科学战线》1982
　　　　年第 3 期

蔡仁厚　《中国哲学的现代化与世界化》,《鹅湖》第 84 期,1982 年
　　　　6 月

刘述先　《从学理层次探讨新儒家思想本质》,台北《中国论坛》第
　　　　15 卷第 1 期,1982 年 10 月

韦政通　《当代新儒家的心态》,台北《中国论坛》第 15 卷第 1 期,
　　　　1982 年 10 月 10 日

林安悟　《当代新儒家述评》,台北《中国论坛》第 13 卷第 10、11
　　　　期,1982 年 2 月 25 日、3 月 10 日

〔美〕余英时　《从传统迈入现代的思想努力》,《中国论坛》第 15 卷
　　　　第 1 期,1982 年 10 月

〔美〕余英时　《"五四"运动与中国传统》,《史学与传统》,台北时报
　　　　出版事业有限公司 1982 年

金耀基　《从现代化观点看新儒家》,《中国论坛》第 15 卷第 1 期,
　　　　1982 年 10 月

冯契等　《古今中西之争与哲学革命——兼论中国近代哲学的特
　　　　点和规律》,《哲学研究》1982 年第 8 期

金克木　《三谈比较文化》,《读书》1982 年第 7 期

孙中原 《印度逻辑与中国、希腊逻辑的比较研究》,《南亚研究》
　　　　1984 年第 4 期

冯友兰 《宋明道学通论》,《哲学研究》1983 年第 2 期

钱　穆 《学术传统与时代潮流》,《中央日报》1983 年 1 月 12 日

钱　穆 《中国文化演进之三大阶段及其未来之演进》,《香港时
　　　　报》1983 年 4 月 11 日

钱　穆 《中西宗教比较》,《东方杂志》复刊号 17 卷 1 期,1983 年
　　　　7 月 1 日

牟宗三 《中国文化大动脉中的现实问题与终极关心问题》,《鹅
　　　　湖》9 卷 6 期,1983 年 12 月

王邦雄 《从中国现代化过程中看当代新儒家的精神开展》,《鹅
　　　　湖》第 100 期,1983 年 10 月

蔡仁厚 《儒家思想与中国现代化》,《中国文化月刊》40 期,1983
　　　　年 2 月 1 日

〔美〕安乐哲 《孔子思想中宗教观的特色——天人合一》,《鹅湖》
　　　　1983 年第 12 期

王邦雄 《开启一条消化西学的新路——牟宗三先生的思想及其
　　　　风范》,《鹅湖月刊》第 101 期,1983 年 11 月

冯友兰 《对于中国文化前途的展望》,《中国文化研究集刊》复旦
　　　　大学出版社 1984 年版

贺　麟 《傅山哲学思想的主要倾向及其开展傅山研究的重要
　　　　性》,《晋阳学刊》第 6 期,1984 年 12 月

钱　穆 《略论中国哲学》,《东方杂志》复刊 17 卷 3 期,1984 年 3
　　　　月

钱　穆 《孙中山先生诞辰谈中华文化复兴》,《台湾时报》1984 年
　　　　11 月 12 日

徐复观 《复观先生书札》,《中国时报》(美洲版)1984 年 1 月 17、

18、19、20、21 日

刘述先　《魏曼和中国哲学》,《知识分子》创刊号,1984 年 10 月

刘述先　《从民本到民主》,《百姓》第 73 期,1984 年 6 月

蔡仁厚　《当代儒家的关怀与落实》,《鹅湖月刊》第 106 期,1984 年 5 月

汤一介　《论中国传统哲学中的真、善、美问题》,《中国社会科学》1984 年第 4 期

沈松侨　《学衡派与五四时期的反新文化运动》,台湾大学文史丛刊 1984 年

萧萐父　《中国哲学启蒙的坎坷道路》,《王夫之辩证法思想研究》湖北人民出版社 1984 年

陈荣捷　《当代唯心论新儒家——熊十力》,《中华文化复兴月刊》第 18 卷 11 期、12 期,1985 年 11 月

唐君毅　《菲希特之理想主义哲学》,《鹅湖》1985 年 10 卷 11 期

唐君毅　《康德哲学精神——西方近代理想主义哲学精神之一》,《鹅湖》1985 年 10 卷 10 期

牟宗三　《中西哲学之会通》1、2、3、4、5 讲,《鹅湖》11 卷第 4、6 期,《中国文化》第 71、72、73 期,1985 年 9、10、11 月

冯友兰　《孔丘、孔子,如何研究孔子》,《团结报》1985 年 1 月 19 日

傅伟勋　《中国文化重建课题的哲学省察——从生命的十大层面和价值取向谈起》,台湾《哲学与文化》1985 年第 10 期,总第 137 期

傅伟勋　《儒家心性论的现代化课题》,《鹅湖月刊》10 卷 8 期,1985 年 1 月 14 日

沈清松　《当代新儒家的融合导向》,台北《中国论坛》第 21 卷第 1 期,1985 年 10 月 10 日

〔美〕成中英　《当代新儒家的界定与评价》,《哲学与文化》12 卷 12
　　　　　　期,1985 年 12 月 1 日

刘述先　《当代新儒家的探索》,《知识分子》1985 年秋季号

〔美〕杜维明　《从世界思潮的几个侧面看儒学研究的新动向》,《知
　　　　　　识分子》第 2 卷第 1 期,1985 年

涂文学　《黄宗羲和孟德斯鸠思想异同论》,《江汉论坛》1985 年第
　　　　2 期

谢扶雅　《儒教与基督教比较研究》,《中国哲学史研究》1985 年第
　　　　3 期

苏明立　《从东西方哲学的比较看孔子哲学思想的一个特点》,《北
　　　　京师范学院学报》1985 年第 2 期

王子仪　《黑格尔对孔子哲学的偏见》,《许昌师专学报》1985 年第
　　　　4 期

石倬英　《朱熹的"理"与黑格尔的"绝对观念"》,《河北学刊》1985
　　　　年第 5 期

黄克剑　《作为启蒙思想家的睿知与卓识——严复关于中西文化
　　　　比较研究的论著读后》,《读书》1985 年 11 期

汪金铭　《严复前期对中西哲学的比较研究》,《厦门大学学报》
　　　　1985 年第 4 期

黄克剑　《中西学术思想比较之先声——读梁启超〈论中国学术思
　　　　想变迁之大势〉》,《读书》1985 年 12 期

刘述先　《有关比较哲学研究的一些批评反省》,《国际中国哲学研
　　　　讨会论文集》台湾大学 1986 年版

刘述先　《哲学探索的机缘、背景与实存体证》,台北《中国论坛》22
　　　　卷 6 期,1986 年 6 月 25 日

秦家懿　《什么是儒家的精神性?》,载《儒学:能动的传统》〔美〕麦
　　　　克米伦出版公司 1986 年版

胡秋原　《张君劢先生之思想》,《中华杂志》总 272、273 期,1986 年 3 月

〔美〕杜维明　《儒学第三期发展的前景问题》,香港《明报月刊》1986 年第 1、2、3 期

侯外庐　《孔子研究发微》,《孔子研究》创刊号 1986 年

李泽厚　《关于儒学与现代新儒学》,《文汇报》1986 年 1 月 28 日

包遵信　《现代化与西化——评新儒家"现代化不等于西化"》,《文汇报》1986 年 9 月 23 日

宋祖良　《贺麟先生与黑格尔哲学》,《国内哲学动态》1986 年第 1 期

刘述先　《由中国哲学的观点看耶教的信息》,《九十年代》总 198 期,1986 年 7 月

水秉和　《儒家模型及其现代意义》,《知识分子》2 卷 2 期,1986 年冬

李泽厚　《记中国现代三次学术论战》,《走向未来》1986 年第 2 期

忻剑飞、方松华　《东西方文化大交汇的产儿——论"科学与人生观论战"在现代中国哲学中的地位》,《复旦学报》1986 年第 3 期

冯友兰　《怀念熊十力先生》,《光明日报》1986 年 1 月 6 日

冯友兰　《通论道学》,《中国社会科学》1986 年第 3 期

冯友兰　《关于中西文化问题的一点意见》,《瞭望》(海外版)1986 年 6、7 期合刊

曾乐山　《研究中外哲学的相互交流和结合》,《华东师范大学学报》1986 年第 1 期

许苏民　《冲突与融合——西学东渐后论》,《学习与研究》1986 年第 1 期

沈宝平　《中国古代思想对西欧启蒙运动的影响》,《文史知识》

1986 年第 1 期

冯佐哲 《明清之际的中西文化交流》,《文史知识》1986 年第 1 期

刘景山 《中西哲学模式之比较》,《上海社会科学院学术季刊》
1986 年第 1 期

王国傅 《孔子和亚里士多德中道观念的异同》,《毕节师专学报》
1986 年第 1 期

陈世陜 《孔子的伦理思想与资产阶级人道主义之比较研究》,《湖
北大学学报》1986 年第 2 期

吴根梁 《论康有为戊戌维新前对中西文化形态的比较》,《上海社
会科学学术季刊》1986 年第 3 期

王增斌 《从莱布尼茨讨论中国哲学的信中所受到的启示》,《中国
哲学史研究》1986 年第 3 期

陈　炎 《中国的儒家道家与西方的日神酒神》,《文史哲》1986 年
第 6 期

翁绍军 《先秦和古希腊自然哲学的比较研究》,《上海社会科学学
术季刊》1986 年第 3 期

翁绍军 《孔子的"仁"与苏格拉底的"知"》,《读书》1986 年第 5 期

程伟礼 《从"儒家资本主义"看中西体用之争》,《复旦学报》1986
年第 3 期

李泽厚 《试谈中国的智慧》,《中国古代思想史论》人民出版社
1986 年 3 月版

何　新 《中西学术差异:一个比较文化史的尝试》,《中国文化史
新论》黑龙江人民出版社 1987 年版

牟宗三 《生命的智慧与方向——从熊十力先生谈起》,《联合报》
1986 年 1 月 12 日

牟宗三 《中国文化发展中义理开创的大辩论》,《中国时报》1986
年 12 月

20世纪儒学研究大系

冯友兰　《论子论完全人格》,《孔子研究论文集》,齐鲁书社1987年版

冯友兰　《中国哲学与未来世界哲学》,《哲学研究》1987年第6期

李泽厚　《漫说"西体中用"》,《孔子研究》1987年第1期

梁漱溟　《我们今天当如何评价孔子》,《群言》1985年2、3期

梁漱溟　《中西文化我见》,《论中国传统文化》三联书店1985年

梁漱溟　《略论孔子及其后儒家学术传衍分布的分歧与它的时盛时衰》,载《中国文化与中国哲学》第3辑,东方出版社1985年版

梁漱溟　《怀念哲人唐君毅先生》,《鹅湖》1984年1月

梁漱溟　《东方学术概观》,巴蜀书社1986年

梁漱溟　《中国文化将在世界上起巨大影响》,香港《百姓》1986年6月

王鉴平　《冯友兰与新实在论——新理学逻辑分析》,《社会科学研究》1987年第1期

傅伟勋　《冯友兰的学思历程与生命坎坷》,台北《当代》1987年第3期

乌恩溥　《新理学的逻辑发展及其范畴体系》,《社会科学战线》1987年第1期

高瑞泉　《梁漱溟意志主义哲学构架简析》,《华东师范大学学报》1987年第3期

曹跃明　《论梁漱溟哲学的非理性主义的特征》,《南开学报》1987年第6期

杨君游　《贺麟与新儒家》,《中国社会科学院研究生院学报》1987年第5期

杨炳章　《韦伯"中国宗教论"与儒学第三期》,《文史哲》1987年第4期

20世纪儒学研究大系

罗祖基　《试论我国儒家中庸与希腊之中庸异同》,《吉林大学学报》1987 年 2 期

彭三文　《试论梁启超对墨家逻辑、印度因明和西方逻辑的对比研究》,《青海社会科学》1987 年第 2 期

王泽应　《亚里士多德与荀子伦理思想之比较》,《衡阳师专学报》1987 年第 2 期

黎红雷　《法国启蒙哲学与二十世纪中国启蒙运动》,《广西大学学报》1986 年 2 期

黎红雷　《辛亥革命前法国启蒙哲学在中国的传播与影响》,《中国哲学史研究》1987 年第 2 期

朱维铮　《十八世纪中国的汉学与西学》,《复旦学报》1987 年第 3 期

王子亮　《试论孔孟儒学与原始基督的仁爱观》,《齐鲁学刊》1987 年第 6 期

汤一介　《让中国文化走向世界,也让世界文化走向中国》,《人民政协报》1987 年 5 月 26 日

陈少明　《理性的唤醒——西方认识论冲击下的中国近代哲学》,《哲学研究》1987 年第 12 期

李吟波　《西方学者对传统中国哲学的探讨》,《国外社会科学》1987 年第 6 期

张　灏　《传统与现代化——以传统批判现代化、以现代化批判传统》,载《幽暗意识与民主传统》台北联经出版事业公司 1987 年版

刘述先　《史华慈〈中国古代思想世界〉》,《中西哲学论文集》台湾学生书局 1987 年

刘述先　《牟宗三先生论智的直觉与中国哲学》,《中西哲学论文集》台湾学生书局 1987 年版

吴素乐　《倭伊铿人生观对张君劢先生哲学和政治思想之影响》，《纪念张君劢先生百龄冥诞学术研讨会文集》1987年版

朱海风　《张载哲学与斯宾诺莎哲学异同辨析》，《郑州大学学报》1987年第6期

杨丙安　《儒家资本主义与中西文化交流》，《中州学刊》1987年第3期

〔美〕郑宗英　《中国哲学在美国：1965—1985：回顾与展望》，《国外社会科学动态》1987年第5期

〔美〕A．T．蒂米尼卡　《中国哲学和西方哲学的对话》，《哲学译丛》1987年第5期

〔美〕李旷泗　《人的两种形象——孔子与康德比较研究》，《国外社会科学动态》1987年第10期

牟宗三　《宋明理学演讲录》，《鹅湖》13卷12期，14卷1、2、3期，1988年6、7、8、9月

牟宗三　《文化意识宇宙》，《哲学与文化》第15卷第10期，1988年10月

冯友兰　《论中国传统文化的特质》，中国文化书院讲演录第1集，三联书店1988年版

冯友兰　《儒学发展新阶段——道学》，《文史知识》1988年6期

景海峰　《当代儒学思潮简论》，《深圳大学学报》1987年第1期

李泽厚　《略论现代新儒家》，《文化·中国与世界》第3期，1987年

方克立　《"援西学入儒"的现代新儒家》，《文史知识》1988年第6期

费孝通　《论梁漱溟先生的文化观》，《群言》1988年第9期

黄克剑　《大洋彼岸的当代新儒家》，《危机与选择——当代西方文化名著十讲》上海文艺出版社1988年版

黄克剑、周　勤　《返本体仁的玄览之路》，《哲学研究》1988年第5

20世纪儒学研究大系

期

马振铎　《儒学与现代化漫议》,《东岳论丛》1988 年第 5 期

朱义禄　《近代中国的古今中西之争与梁漱溟的文化哲学》,《江海学刊》1988 年第 4 期

徐复观　《心的文化》,载《中国思想史论集》台湾学生书局 1988 年版

张岱年　《儒学与现代化》,《东岳论丛》1988 年第 6 期

方克立　《现代新儒学的产生、发展及其基本特征》,《实事求是》1988 年第 6 期

罗义俊　《第三期儒学发展的回顾与展望》,《文汇报》1988 年 8 月 2 日

罗义俊　《台大方东美在东西哲学会议上》,《文史杂志》1988 年第 5 期

李宗桂　《"现代新儒家"辨义》,《学习与探索》1988 年第 5 期

李宗桂　《现代新儒学与儒学复兴说》,《中国文化概论》中山大学出版社 1988 年 10 月

郑家栋　《现代新儒家的主要特征》,《理论信息报》1988 年 5 月 16 日

郑家栋　《中国现代哲学思潮探索》,《江汉论坛》1988 年第 10 期

郑家栋　《直觉思维与现代新儒家》,《吉林大学学报》1988 年第 2 期

郑家栋　《熊十力对中西哲学观的比较研究》,《学习与探索》1988 年第 2 期

蔡仁厚　《孔学精神与现代世界》,《国际孔学会议论文集》1988 年 6 月

田文军　《新理学研究 50 年》,《哲学动态》1988 年第 4、5 期

田文军　《冯友兰论共相》,《武汉大学学报》1988 年第 4 期

陈先初　《评冯友兰的"新形上学"》,《中国哲学史研究》1988 年第
　　　　2 期

凃又光　《冯友兰新理学通论》,《哲学研究》1988 年第 6 期

郑家栋　《现代新儒家概念及其他》,《中国哲学史研究》1988 年第
　　　　4 期

郑家栋　《熊十力哲学思想的逻辑发展》,《求是学刊》1988 年第 2
　　　　期

郭齐勇　《梁漱溟的文化比较模式论》,《武汉大学学报》1988 年第
　　　　2 期

郭齐勇　《贺麟前期的中西文化观与理想唯心论试探》,《天津社会
　　　　科学》1988 年 1 期

〔美〕成中英　《儒家的孝及现代化:责任、权利和道德、品格》,《中
　　　　国哲学研究》1988—1989 年冬季号

〔美〕余英时　《中国近代思想史上的激进与保守》,1988 年 9 月在
　　　　香港中文大学讲演,《犹记风吹水上鳞》,台湾三民书局
　　　　1991 年

包遵信　《儒家伦理与亚洲四小龙——驳儒学复兴论》,《中国论
　　　　坛》1988 年 5 月号

罗　炽　《方以智对西学的批判吸收》,《湖北大学学报》1988 年第
　　　　2 期

赵德志　《"五四"后西方哲学的输入及其影响》,《中国哲学史研
　　　　究》1988 年第 1 期

汪家熔　《儒家文化的西传——欧洲争注〈三字经〉》,《黑龙江图书
　　　　馆》1988 年 1 期

汤一介　《论利玛窦会合东西方文化的尝试》,《宗教》1988 年第 2
　　　　期

陈卫平　《论柏格森哲学在中国近代的影响》,《中国哲学史研究》

1988 年第 2 期

徐　琳　《论中国的平等观及中西平等观比较》,《成都大学学报》1988 年 3、4 期

李炳海　《孔子与古希腊哲人时间观之比较》,《齐鲁学刊》1988 年第 6 期

查昌国　《荀子与黑格尔的性恶论之异同》,《安庆师范学院学报》1988 年第 4 期

刘景山　《中西哲学模式之比较》,《国际社会科学杂志》1988 年第 5 卷第 2 期

黎洁华　《中西近代哲学交流及比较研究》,《哲学动态》1988 年第 1 期

张慧彬　《张东荪的多元认识论与康德的先验论》,《社会科学战线》1988 年第 3 期

李先焜　《章太炎、梁启超、章士钊的中西逻辑比较研究》,《湖北大学学报》1988 年第 3 期

〔丹〕K. 伦德贝克　《理学在欧洲的传播过程》,《中国史研究动态》1988 年第 7 期

沈其新　《孔子、天皇、上帝——中、日、西传统文化特征之比较》,《广州研究》1988 年第 11 期

张岱年　《卓然成一家之言的哲学家》,《回忆熊十力》湖北人民出版社 1989 年 2 月

冯友兰　《怀念陈寅恪先生》,《纪念陈寅恪先生诞辰百年学术论文集》北京大学出版社 1989 年版

冯友兰　《对孔子"仁"的理解》,《理论信息报》1989 年 10 月 30 日

冯友兰　《对孔子所讲的"仁"的进一步理解和体会》,《孔子研究》1989 年 3 期

牟宗三　《中国文化的过去与未来》,《鹅湖》14 卷第 11 期 1989 年

5 月

杨国荣　《在中西哲学的融合中重建儒学——梁漱溟新儒学思想探析》,《学术界》1989 年第 3 期

王宗昱　《梁漱溟与柏格森哲学》,《社会科学家》(桂林)1989 年第 3、4 期

邹德彭　《亚里士多德与孔夫子》,《汉中师范学院学报》1989 年第 1 期

张恒寿　《严复对当代道学家和王阳明的评论》,《中国社会与思想文化》人民出版社 1989 年

毛世金　《简论梁启超中西文化融合的理论观点》,《四川教育学院学报》1989 年 1 期

刘述先　《中国哲学在海外的回响》,《法言》总 11 期,1989 年 10 月

刘述先　《当代新儒家可以向基督教学些什么?》,《大陆与海外》台北允晨出版公司 1989 年版

纪树立　《科玄论战:五四启蒙的价值偏转》,《文汇报》1989 年 4 月 18 日

胡代聪　《明清之际中西文化的交流、冲突和选择》,《外交学院学报》1989 年第 1 期

侯鸿勋　《孟德斯鸠在中国》,《哲学研究》1989 年第 2 期

许明龙　《孟德斯鸠学说的传入及其在辛亥革命时期的影响》,《法国研究》1989 年第 1 期

陈卫平　《论明清间西方传教士对中西哲学之比较》,《世界宗教研究》1989 年第 1 期

覃莜曼　《柏拉图的"四德说"和孟子的"四德说"之比较》,《广西师范学院学报》1989 年第 1 期

黄晓苹　《孔子的民俗文化观与希尔斯的"奇侷斯玛权威"》,《北京

师范大学学报》1989 年第 2 期

韩锦生　《王夫之与康德认识论特征之比较》,《河南大学学报》
　　　　1989 年第 3 期

王泽应　《斯宾诺莎与王夫之伦理思想之比较》,《船山学报》1989
　　　　年第 2 期

黄见德　《梁启超在中国传播西方哲学的启蒙意义》,《安徽师范大
　　　　学学报》1989 年第 3 期

黄见德　《论王国维对近代德国哲学的研究》,《江淮论坛》1989 年
　　　　第 6 期

刘兴华　《论康有为的中西会通》,《近代史研究》1989 年第 6 期

吕希晨、陈莹　《论张君劢对传播现代西方哲学的贡献》,《中国现
　　　　代哲学与文化思潮》,求实出版社 1989 年 1 月

李宗桂　《现代新儒学思潮：由来、发展及其思想特征》,《人民日
　　　　报》1989 年 3 月 6 日

罗义俊　《论当代新儒家的历程与地位》,《现代新儒学研究论集》
　　　　中国社会科学出版社 1989 年版

林毓生　《新儒家在中国推展民主与科学的理论所面临的困境》,
　　　　《社会信息》(南京)1989 年第 1 期

包遵信　《韦政通与当代新儒家》,《台湾研究》1989 年第 1 期

颜炳罡　《五四与新儒家》,《山东大学文科学报》1989 年第 1 期

高瑞泉　《论中西近代意志主义的异同》,《哲学研究》1989 年第 6
　　　　期

陈卫平　《论"五四"时期的中西哲学比较及其历史影响》,《学术月
　　　　刊》1989 年第 12 期

蔡丹红　《贝克莱、王阳明认识论的主要差异》,《学术交流》1989
　　　　年第 5 期

王路平　《王阳明心学与萨特存在主义的比较》,《贵州社会科学》

　　　　　　1989 年第 4 期

肖　　钢　《费密的"中实之道"与明清之际的反理学思想》,《华南师
　　　　　　范大学学报》1989 年第 2 期

施忠连　《新儒家与中国文化的活精神》,《哲学研究》1989 年第 2
　　　　　　期

方克立　《现代新儒家与中国现代化》,《南开学报》1989 年第 2 期

方克立　《第三代新儒家掠影》,《文史哲》1989 年第 3 期

蒋国保　《中国传统文化的现代走向——方东美论著抉奥》,《哲学
　　　　　　研究》1989 年第 9 期

张学智　《论贺麟前期思想的特点》,《中国哲学史研究》1989 年第
　　　　　　5 期

凃又光　《新理学的"理"论与方法》,《中州学刊》1989 年第 1 期

赵志德　《冯友兰的哲学观》,《吉林大学学报》1989 年第 3 期

黄克剑　《现代文化的儒学观照——评钱穆〈文化学大义〉》,《中国
　　　　　　文化》1989 年创刊号

蒋　　庆　《中国大陆复兴儒学的现实意义及其面临的问题》,《鹅湖
　　　　　　月刊》第 170、171 期,1989 年 8 月 9 日

郑家栋　《现代新儒学哲学的基本特征》,《现代新儒学研究论集》
　　　　　　(一)中国社会科学出版社 1989 年版

谢遐龄　《重释"五四精神",吸收儒学思想》,《复旦学报》1989 年
　　　　　　第 3 期

单世联　《五四·新儒学·人的现代化》,《学术研究》1989 年第 3 期

宋志明　《援西学入儒的尝试》,《现代新儒学的研究论集》中国社
　　　　　　会科学出版社 1989 年版

施忠连　《新儒学与美国的儒学研究》,《现代新儒学研究论集》
　　　　　　(一),中国社会科学出版社 1989 年 4 月版

张文彪　《台湾融中西哲学的三大趋势》,《哲学动态》1989 年第 9

期

刘兴邦 《试论孔子的仁学价值思想体系——兼论中西价值观之比较》,《中国哲学史研究》1989 年第 4 期

高　康 《"万物皆备于我"与"人是万物的尺度"——兼比较普罗泰戈拉与孟子的哲学思想》,《中州学刊》1989 年第 5 期

袁　阳 《"毒瘤"与"蛹体"——中西传统超越意识比较》,《湖北师范学院学报》1989 年第 9 期

郭　良 《理性与"悟"——关于东西方哲学方法的一个比较研究》,《中国社会科学院研究生院学报》1989 年第 5 期

崔新京 《穆勒和西周伦理思想的比较》,《日本问题》1989 年第 5 期

刘伏海 《民主主义与民本主义的区别——黄宗羲与卢梭的契约论比较》,《湖南师范大学学报》1989 年第 5 期

乐黛云 《重估〈学衡〉——兼论现代保守主义》,《论传统与反传统:五四 70 周年纪念文选》台北联经出版事业公司 1989 年版

钱　穆 《中国文化对人类未来可有的贡献》,台北《联合报》1990 年 9 月 26 日

梁漱溟 《纪念熊十力先生》,《玄圃论学集》三联书店 1990 年版

张岱年 《忆熊子真先生》,《玄圃论学集》三联书店 1990 年 2 月版

高瑞泉 《熊十力与柏格森——读〈新唯识论〉札记》,《玄圃论学集》三联书店 1990 年

李善峰 《梁漱溟对 20 世纪的真正意义》,《东岳论丛》1990 年第 4 期

贺　麟 《唐君毅先生早期哲学思想》,载《哲学与哲学史论文集》商务印书馆 1990 年版

金岳霖 《中国哲学》,《金岳霖学术论文选》中国社会科学出版社

1990 年版

徐水生　《金岳霖对中西哲学的融合》,《求索》1990 年第 1 期

张学智　《贺麟对斯宾诺莎思想的吸收与改造》,《文史哲》1990 年
　　　　第 1 期

冯友兰　《中国哲学现代化时代中的理学——金岳霖的哲学体
　　　　系》,冯著《中国现代哲学史》1990 年 6 月定稿,香港中华
　　　　书局香港有限公司 1992 年 7 月版

冯友兰　《中国哲学现代化时代中的心学——熊十力的哲学体
　　　　系》,冯著《中国现代哲学史》

张世英　《中西哲学史上的形而上学》,《学术月刊》1990 年第 9 期

张世英　《朱熹和柏拉图、黑格尔》,《北京大学学报》1990 年第 6
　　　　期

李维武　《冯友兰新理学与维也纳学派》,《现代哲学》1990 年第 4
　　　　期

李振纲　《一位现代儒家的文化寻根意识——梁漱溟的东西文化
　　　　比较研究评价》,《河北学刊》1990 年第 6 期

刘述先　《"理一分殊"的现代解释》上、下,《法言》17、18 期,1990
　　　　年 8 月、10 月

〔美〕成中英　《当代新儒学的哲学中人学与仁学统一基础》,1990
　　　　年,《当代新儒学国际学术会议论文集》台北 1991 年版

吕希晨　《评张君劢新儒学的文化观》,《吉林大学学报》1990 年第
　　　　3 期

许纪霖　《封闭中的困顿——评新儒家的终极价值系统》,《文汇
　　　　报》1990 年 11 月 7 日

朱汉民　《湖湘学派与海外新儒学》,《求索》1990 年第 3 期

韩钟文　《旧学商量加邃密、新知培养转深沉——对朱熹文化教育
　　　　思想研究的回顾与反思》,《教育评论》1990 年第 6 期

汤一介　《再论中国传统哲学中的真、善、美问题》,《中国社会科学》1990 年第 3 期

杨　适　《中西文化的核心及其冲突与前景》,《学术月刊》1990 年第 3 期

高惠珠　《西方实用主义与中国传统实用意识辨析》,《探索与争鸣》1990 年第 3 期

司徒琳　《不同世界间的共同基点——通过黄宗羲与威廉·詹姆斯比较明清新儒学与美国实用主义》,《复旦学报》1990 年第 3 期

王路平　《王阳明与萨特的哲学本体论之比较》,《贵州大学学报》1990 年第 1 期

李荣才　《孔子的"仁"与苏格拉底的"善"》,《朝阳师专学报》1990 年第 2 期

严绍璗　《欧洲"中国热"的形成与早期理性主义中国观》,《北京大学学报》1990 年第 5 期

蒋年丰　《海洋文化的儒学如何可能》,《中国文化月刊》东海大学 1990 年 2 月

张岱年　《论道统与学统》,《国学今论》辽宁教育出版社 1991 年 12 月版

汤一介　《论儒家哲学中的超越性与内在性》,《季羡林教授八十华诞纪念文集》江西人民出版社 1991 年版

贺　麟　《弘扬朱子思想的真精神》,《纪念朱熹诞辰 860 周年国际学术会议论文集》上海三联书店 1991 年 12 月版

韩钟文　《朱子学术思想再评价》,《纪念朱熹诞辰 860 周年国际学术会议论文集》上海三联书店 1991 年 12 月版

〔美〕陈荣捷　《朱子之创新》,《纪念朱熹诞辰 860 周年国际学术会议论文集》1991 年 12 月

〔丹〕柏恩德　《马克斯·韦伯论中国社会和儒家思想》,《齐鲁学刊》1991 年第 1 期

许全兴　《新理学与马克思主义哲学》,《中州学刊》1991 年第 2 期

启　良　《古代中西方中庸思想的比较研究》,《华南师范大学学报》1991 年第 1 期

陈卫平　《评"天人合一"与"神人合一"》,《哲学社会科学动态》1991 年第 2 期

吴　康　《孔子与苏格拉底》,《孔子哲学思想》香港孔教学院 1991 年初版

吴　康　《孔子之仁与孔德的仁道》,《孔子哲学思想》香港孔教学院 1991 年初版

马悦然　《从〈大同书〉看中西乌托邦的差异》,《二十一世纪》1991 年 6 月第 5 期

张学智　《论贺麟的"西哲东哲,心同理同"》,《中国青年政治学院学报》1991 年第 3 期

宋志明　《五四以来的新儒家与中国哲学现代化》,《中国人民大学学报》1991 年第 1 期

冯达文　《古代儒家的本体追求与当代儒者的形上学建构》,《现代哲学》1991 年第 1 期

陈　来　《〈新理学〉形上学之检讨》,《中州学刊》1991 年第 2 期

郑家栋　《冯友兰与近代以来的哲学变革》,《哲学研究》1991 年第 12 期

杨国荣　《从中西的哲学会通看新理学》,《中国社会科学》1991 年第 4 期

李　毅　《马克思主义、新儒家、现代化——试论科玄论战中马克思主义对新儒家的批判》,《河北大学学报》1991 年第 4 期

20世纪儒学研究大系

程伟礼 《西学东渐与儒学改革运动》,《学术月刊》1991 年第 12 期

朱学勤 《老内圣开不出新外王——从〈政道与治道〉评新儒家之政治哲学》,《探索与争鸣》1991 年第 6 期

施忠连 《新儒家与德赛二先生》,《现代新儒学研究论集》中国社会科学出版社 1991 年版

〔美〕余英时 《钱穆与新儒家》,《犹记风吹水上鳞》台北三民书局 1991 年版

黄兴涛、宋小庆 《辜鸿铭〈春秋大义〉及其世界影响》,《文史杂志》1991 年第 4 期

郑家栋 《意义的危机与形上的追求——现代新儒学的哲学取向》,《学习与探索》1992 年第 5 期

李翔海 《康有为与现代新儒学》,《南开学报》1992 年第 5 期

李 毅 《试评现代新儒家会释西学的逻辑》,《哈尔滨师院学报》1992 年第 2 期

陈少明 《黑格尔哲学与现代新儒学》,《哲学研究》1992 年第 2 期

张学智 《贺麟与费希特、谢林》,《哲学研究》1992 年第 11 期

张学智 《贺麟的"新心学"》,《中国社会科学》1992 年第 5 期

唐爱国 《黑格尔的真理观与贺麟的见解》,《中国社会科学院研究生院学报》1992 年第 2 期

洪晓楠 《冯友兰与维也纳学派》,《求是学刊》1992 年第 2 期

汪 晖 《梁启超的科学观及其与道德宗教的关系》,《学人》第 2 期,江苏文艺出版社 1992 年 7 月版

赵吉惠、刘东超 《本体诠释与中西哲学——成中英〈世纪之交的抉择〉评介》,《人文杂志》1992 年第 6 期

李慎之 《中国哲学的精神》,《传统文化与现代化》1993 年第 2 期

刘军宁 《自由主义与儒教社会》,《中国社会科学季刊》(香港)

1993 年 8 月号

刘军宁　《新加坡：儒教自由主义的挑战》，《读书》1993 年第 2 期

乐黛云　《昌明国粹、融化新知——汤用彤与〈学衡〉杂志》，《国故新知：中国传统文化的再诠释》北京大学出版社 1993 年8 月版

周辅成　《吴宓的人生观与道德理想》，载吴宓《文学与人生》清华大学出版社 1993 年版

黄克剑　《志在儒行期于民主——张君劢文化思想探要》，《张君劢集》群言出版社 1993 年版

胡　军　《冯友兰重建形上学的方法》，《求是学刊》1993 年第 4 期

张永义　《论冯友兰和金岳霖对形而上学的重建——〈新理学〉和〈论道〉的比较研究》，《中州学刊》1993 年第 5 期

张学智　《贺麟的新心学与康德、黑格尔》，《北京大学学报》1993年第 1 期

洪汉鼎　《贺师与斯宾诺莎》，《会通集》三联书店 1993 年版

侯鸿勋　《贺麟先生与黑格尔哲学》，《会通集》三联书店 1993 年版

钱广华　《贺麟先生与康德哲学》，《会通集》三联书店 1993 年版

董德福　《现代新儒家与柏格森生命哲学》，《复旦学报》1993 年第3 期

姜允明　《熊十力与怀特海的机体论哲学》，《中国哲学史》1993 年第 1 期

〔美〕成中英　《儒学的探索与人文世界构成的层次问题》，《当代新儒学论文集》台北文津出版社 1993 年版

赵德志　《梁漱溟与生命哲学》，《社会科学辑刊》1993 年第 3 期

蔡仁厚　《儒家与耶教的天人关系以"天道"与"上帝"为中心》，《文化与传播》特刊，上海文化出版社 1993 年 7 月版

吴全汉　《"科学与人生观论战"中的张君劢与柏格森哲学》，《湖北

师范学院学报》1993 年第 4 期

赵德志　《现代新儒学与西方哲学》,《中国社会科学》1993 年第 2
　　　　期

吴　方　《吴宓与〈学衡〉的文化保守主义》,《学人》1993 年第 4 辑

欧阳康　《透视儒学命运的方法论问题》,《天津社会科学》1993 年
　　　　第 1 期

李慎之　《辨同异、合东西——中国文化前景展望》,《东方》杂志
　　　　1994 年第 3 期

李泽厚　《哲学探寻录》,《明报月刊》1994 年第 7—10 期

方克立　《20 世纪中国哲学的宏观审视》,《中国社会科学院研究
　　　　生院学报》1994 年第 4 期

汤一介　《关于儒学第三期发展问题》,《大众日报》1994 年 11 月
　　　　16 日

牟宗三　《中国文化发展中的大综和与中西传统的融会》,《儒学与
　　　　当今世界》台北文津出版社 1994 年版

郑家栋　《现代新儒学的逻辑推展及其引发的问题》(兼论牟宗三
　　　　哲学的精神、方法与定位),《新儒家评论》中国广播电视
　　　　出版社 1994 年 8 月版

夏乃儒　《用世纪之交的目光审视儒学》,《上海师范大学学报》
　　　　1994 年第 1 期

夏乃儒　《21 世纪:儒学在重构中被超越》,《社会科学战线》1994
　　　　年第 5 期

余敦康　《用现实眼光看儒学复兴问题》,《北京日报》1994 年 2 月
　　　　3 日

杨思春　《新儒家与现代人的精神家园》,《中国青年研究》1994 年
　　　　第 1 期

杨国荣　《儒学在近代的历史命运》,《孔子研究》1994 年第 3 期

楼宇烈　《中国儒学的历史演变与未来展望》,《新儒家评论》,中国
　　　　广播电视出版社 1994 年 8 月版

罗　卜　《国粹·复古·文化——评一种值得注意的思想倾向》,《哲
　　　　学研究》1994 年 6 期

李明辉　《当代新儒学的道统论》,《鹅湖月刊》第 244 期,1994 年 2
　　　　月

李　杜　《传统儒学与现代哲学》,《新儒家评论》(一),中国广播电
　　　　视出版社 1994 年 8 月版

张立文　《宋明儒学与现代新儒学形上学之检讨》,《新儒家评论》
　　　　(一)中国广播电视出版社 1994 年 8 月版

单世联　《现代新儒家与德国理想主义》,《社会科学战线》1994 年
　　　　第 5 期

梁燕城　《西方后现代主义与中国儒家哲学》,《社会科学战线》
　　　　1994 年第 2 期

〔德〕卜松山　《儒家传统的历史命运与后现代意义》,《传统与现代
　　　　化》1994 年第 5 期

方克立　《冯友兰与中国哲学的现代化》,《中国文化研究》1994 年
　　　　夏季号

张庆熊　《熊十力和胡塞尔的本体论学说》,《复旦学报》1994 年第
　　　　6 期

景海峰　《梁漱溟对西方文化的理解与容受》深圳大学学报 1994
　　　　年第 4 期

董德海　《梁漱溟生命化儒学的历史内涵与现代意义》,《江海学
　　　　刊》1994 年第 3 期

刘长林　《试论胡适和梁漱溟对孔子人生哲学的现代阐释与转
　　　　换》,《人文杂志》1994 年第 4 期

张西平　《儒家思想开展的新途径——贺麟新儒学简评》,《南京社

20世纪儒学研究大系

会科学》1994年第4期

顾　宁　《西来孔子——艾儒略》,载《中西文化交流先驱》东方出版社1994年版

孟　华　《欧洲的孔子——伏尔泰》,《中西文化交流先驱》东方出版社1994年版

刘立群　《最早研究中国文化和中国哲学的德国人——莱布尼茨》,《中西文化交流先驱》东方出版社1994年版

吴　疆　《如何接着新理学讲?——冯友兰与中国哲学的语言转折》,《中州学刊》1994年第4期

陈其泰　《儒学与西方文化交流》,《新华文摘》1995年第4期

汪荣祖　《严复新论》,《上海文化》1995年第5期

朱维铮　《辜鸿铭和他的〈清流传〉》,《中国文化》第11辑,1995年

郑家栋　《走出虚无主义的幽谷——中国传统哲学与后现代主义》,《中国社会科学》1995年第1期

〔美〕杜维明　《儒家的超越性及其宗教向度》,北京《中国文化》第12期,1995年12月

龚道运　《孔子的儒学与基督教的比较研究》,《国外社会科学》1995年第2期

葛荣晋　《儒家"天人合一"观念与现代生态伦理学》,《甘肃社会科学》1995年第5期

牟钟鉴　《大陆当代儒学巡礼》,《原道》第2辑,团结出版社1995年版

郁振华　《〈知识论〉的中国精神》,《哲学研究》1995年增刊

〔美〕成中英　《当代新儒学与新儒家的自我超越——一个致广大与尽精微的追求》,《新儒家评论》中国广播电视出版社1995年版

郑家栋　《牟宗三思想的意义和当代新儒学的转型》,《哲学研究》

1995 年第 11 期

郑家栋　《新儒家:一个走向消解的群体》,《新儒家评论》中国广播
　　　　电视出版社 1995 年

刘梦溪　《中国现代学术要略》,《中华读书报》1996 年 12 月 18 日

陈其泰　《晚清公羊学的发展轨迹》,《历史研究》1996 年第 5 期

陈卫平　《中国近代进化论思潮形成的内在逻辑》1996 年第 3 期

郑家栋　《儒学传统与现代生活》,《哲学动态》1996 年第 6 期

刘述先　《对于当代新儒家的超越内省》,《当代中国哲学论》(问题
　　　　篇)八方文化企业公司 1996 年版

冯耀明　《本质主义与儒家传统》,《鹅湖杂志》第 16 期,1996 年 6
　　　　月

黄俊杰　《徐复观对古典儒学的新诠释》,刊于《世变、群体与个人》
　　　　台湾大学历史系 1996 年 6 月印

李明辉　《略论牟宗三的康德学》,载《牟宗三先生纪念集》,东方人
　　　　文学术基金会 1996 年版

李泽厚　《为儒学的未来把脉》,《南洋商报》1996 年 1 月 28—30
　　　　日

郑家栋　《当代儒学的境遇与问题》,载《21 世纪中国大预测》改革
　　　　出版社 1996 年

何晓明　《近代中国文化保守主义论述》,《近代史研究》1996 年第
　　　　5 期

〔美〕杜维明　《大陆知识分子的儒学研究》,台北《交流》第 29 期,
　　　　1996 年 6 月

张岱年　《关于马克思主义与儒学关系的几点看法》,载《马克思主
　　　　义与儒学》当代中国出版社 1996 年版

朱伯崑　《谈马克思主义与儒学的关系》,载《马克思主义与儒学》
　　　　当代中国出版社 1996 年版

葛荣晋　《马克思主义与中国传统文化相结合的理论思考》,载《马克思主义与儒学》当代中国出版社 1996 年版

罗　卜　《对一种儒学现代发微法的质疑》,载《马克思主义与儒学》当代中国出版社 1996 年版

赵光贤　《孔子学说在 21 世纪》,载《儒学与 21 世纪》华夏出版社 1996 年版

肖万源　《儒学与 21 世纪中国哲学》,载《儒学与 21 世纪》华夏出版社 1996 年版

钟志邦　《基督教与儒学的对话在中国现代化的展望》,载《儒学与 21 世纪》华夏出版社 1996 年版

郑家栋　《简论儒学的宗教性》,载《儒学与 21 世纪》华夏出版社 1996 年版

赵吉惠　《论儒学前景与 21 世纪人类文化走向》,《中国文化研究》1996 年春之卷

〔美〕杜维明　《危机和创造:儒家对第二个轴心时代的回答》,载 S.L.Chase 编《理解之门:关于同类之爱的全球精神的对话》美国伊利诺斯 Quincy:Franciscan 出版社 1997 年版

蔡仁厚　《当代儒家的学术贡献及其文化功能之省察》,载《儒家思想的现代诠释》中央研究院文哲研究所 1997 年 10 月版

蔡仁厚　《从儒家思想看人权问题》,《中华文化月刊》202 期、《鹅湖》259 期,1997 年 1 月

〔美〕杜维明　《从多元的现代性看儒学的创新》,《明报》北美版 1997 年 4 月 17 日

〔美〕杜维明　《儒学创新的契机》,《读书》1997 年第 9 期

〔美〕杜维明　《重视参与的传统:儒家公众知识分子》,《哈佛亚太评论》1997 年夏季号

20世纪儒学研究大系

韩钟文　《简论蔡元培的儒学观》，"21世纪社会伦理道德国际学术会议论文集》山东友谊出版社1997年版

许纪霖　《"内圣外王"——一个现代的个案》，载《寻求意义——现代化变迁与文化批判》上海三联书店1997年版

徐友渔　《新儒家与康德》，《学术思想评论》1997年第2辑

王岳川　《学术·生命轨迹的延伸——牟宗三的生命与学术道路》，载《思·言·道》北京大学出版社1997年版

张世英　《中国传统哲学与西方后现代主义哲学》，载《文化的冲突与融合》，北京大学出版社1997年5月版

肖　滨　《儒学与两种自由概念》，上海《社会科学》1997年第3期

黄俊杰　《儒学与人权：古典孟子学的观点》，载《儒家思想与现代世界》台北中央研究院中国文哲研究所1997年版

刘小枫　《儒家革命精神源流考》，《道风：汉语神学学刊》1997年第7期

刘小枫　《臆说纬书与左派儒教士》，《中国艺术研究院中国文化研究所学报》1997年第1辑

李泽厚　《何谓"现代新儒学"》，《世纪新梦》，安徽文艺出版社1998年版

李泽厚　《初拟儒学深层结构说》，《世纪新梦》安徽文艺出版社1998年10月版

〔美〕杜维明　《全球化与本土化冲击下的儒家人文精神》，《联合早报》1998年9月27日、11月10日

〔美〕杜维明　《东西方的交融：儒学的人权观》，《哈佛国际评论》1998年夏季号

任剑涛　《儒家自由主义与西化自由主义——徐复观、殷海光政治哲学之比较》，《原道》学林出版社1998年版

徐葆耕　《会通派如是说——〈吴宓集〉前言》，上海文艺出版社

20世纪儒学研究大系

　　　　　　1998 年 10 月版

刘述先　《从典范转移的角度看当代中国哲学思想之变局》,《哲思
　　　　　杂志》1 卷 1 期,1998 年 3 月

刘述先　《论宗教的超越与内在》,《21 世纪》总第 50 期,1998 年
　　　　　12 月号

汤一介　《"太和"观念对当今人类社会可有之贡献》,《中国哲学
　　　　　史》1998 年第 1 期

罗志田　《新的崇拜:西潮冲击下近代中国思想权势的转移》,《中
　　　　　华文史论丛》第 60、61 辑,上海古籍出版社 1999 年版

郑家栋　《西方视野中的儒学与中国哲学》,《哲学动态》1999 年第
　　　　　3 期

姚铭尧　《儒学的自由主义先驱杜亚泉》,《一溪集》三联书店 1999
　　　　　年 8 月版

蔡仲德　《冯友兰与"新儒家"一词在中国》,《解读冯友兰·亲人回
　　　　　忆录》海天出版社 1999 年版

韩钟文　《现代新儒家与陆九渊散论》,1999 年陆九渊思想研究国
　　　　　际学术会议论文,《孔子·儒学研究文丛》齐鲁书社 2001
　　　　　年出版

何兆武　《也谈"清华学派"》,《读书》1999 年第 5 期

刘述先　《儒学的理想与实际——近时东亚发展之成就与限制之
　　　　　反省》,《鹅湖》月刊第 292 期,1999 年 10 月

刘述先　《中华文化在多元文化中的位置》,《21 世纪》第 52 期,
　　　　　1999 年 4 月

李泽厚　《说儒学四期》,《己卯五说》,中国电影出版社 1999 年 12
　　　　　月版

〔美〕余英时　《轴心突破和礼乐传统》,《21 世纪》2000 年 4 月号,
　　　　　总第 58 期

张　灏　《从世界文化史看枢轴时代》,《21 世纪》2000 年 4 月号,
　　　总第 58 期

〔美〕杜维明　《新轴心时代对话——兼论 21 世纪新儒学的使命》,
　　　《南洋商报》2000 年 1 月 1 日

〔美〕成中英　《中国哲学的综合创造与创造综合——兼论本体诠
　　　释学的涵义》,《本体与诠释》三联书店 2000 年 1 月版

叶秀山　《创造与传统——新世纪哲学断想》,2000 年 11 月 16
　　　日,《中国哲学史》2001 年第 1 期

20世纪儒学研究大系